Talent Development Body of Knowledge™:
The Definitive Resource for
the Talent Development Profession

ATD
人才发展
知识体系指南

美国人才发展协会 / 编
苏文华　张野平　周烨　薛跃武 / 译

电子工业出版社
Publishing House of Electronics Industry
北京 · BEIJING

版权贸易合同登记号　图字：01-2020-6440

图书在版编目（CIP）数据

ATD 人才发展知识体系指南 / 美国人才发展协会编；苏文华等译. —北京：电子工业出版社，2022.3
书名原文：Talent Development Body of Knowledge:The Definitive Resource for the Talent Development Profession
ISBN 978-7-121-42683-4

Ⅰ. ①A… Ⅱ. ①美… ②苏… Ⅲ. ①人才培养－美国－指南 Ⅳ. ①C964.712-62

中国版本图书馆 CIP 数据核字（2022）第 028849 号

责任编辑：杨洪军
印　　刷：涿州市般润文化传播有限公司
装　　订：涿州市般润文化传播有限公司
出版发行：电子工业出版社
　　　　　北京市海淀区万寿路 173 信箱　　邮编 100036
开　　本：880×1230　1/16　印张：38.25　字数：1102 千字
版　　次：2022 年 3 月第 1 版
印　　次：2025 年 8 月第 8 次印刷
定　　价：238.00 元

凡所购买电子工业出版社图书有缺损问题，请向购买书店调换。若书店售缺，请与本社发行部联系，联系及邮购电话：（010）88254888，88258888。
质量投诉请发邮件至 zlts@phei.com.cn，盗版侵权举报请发邮件至 dbqq@phei.com.cn。
本书咨询联系方式：（010）88254199，sjb@phei.com.cn。

前言

70 多年以来，ATD（前称 ASTD）始终致力于为不断发展的培训领域中的人才发展提供服务，以满足不断变化的世界和不断变化的商业环境的动态需求。15 位来自石油行业的人士共同创立了美国培训指导者协会，那是因为他们看到了这一领域的需求，并且想要努力满足这些需求。20 世纪 40 年代初，如果想要实现美国的商业雄心，培训就显得至关重要。工业生产规模不断扩大，为当时的战时世界提供支持。被征召入伍的工人离开了工作岗位，为了满足生产需求，必须尽快填补这些空缺岗位。创始人有着自己的愿景。他们希望提高（工业）培训行业的标准和声望，并进一步推动负责培训他人的那些培训人士的教育和发展。

纵观协会发展史，我们始终只有一个目的：人才发展。ATD 始终致力于帮助人们提高自己的知识、技能和能力，使得他们能够帮助员工充分发挥潜力，继而为达成战略目标并获得组织成功做出贡献。在当今商业环境下，变革的步伐要求不断对员工进行技能升级和新技能培养，而且这一需求比以往任何时候都更重要。ATD 在 2019 年发布的一篇研究报告《工作的未来：技术、预测和劳动力准备》中指出，大部分组织（76%）都担心自己的员工并未掌握未来工作所需的各项技能。

技术、干扰、转型、创新与适应能力、不断变化的人口状况，这些因素为在组织内部工作或作为顾问的人才发展专业人士的作用和价值形成了新的背景。执行官们能够，也必须从战略角度运用人才发展职能。这样做有助于企业的成长，创造高绩效的工作场所，产生更大的盈利能力，并提高员工敬业度和留用率。拥有前瞻性思维的组织正在组建任务团队，为未来的工作进行规划，并帮助领导者思考未来几年需要进行的组织变革。这就要求根据未来需求做出人才决策，人才发展专业人士应该准备好应对日益增长的战略需求。

自 1978 年起，ATD 发布了多种胜任力模型，帮助领域内的专业人士理解为了能够在未来的工作中获得成功，他们需要了解什么以及做些什么。ATD 为当今的人才发展专业人士提供了全新的人才发展能力模型。新模型满足了这个行业的一个关键需求，即从胜任力到能力的转变。而且转变非常重大。根据《ATD 能力模型》[①]的观点，胜任力是指个人当前的状态，指的是具备开展某项工作所必需的知识和技能的状态。能力则是指整合知识和技能，不断适应并调整来满足未来的需求。ATD 为人才发展这个职业发布了全新的人才发展能力模型，以及支持性的知识体系，因为我们发现人才发展领域的重要性、影响力和带来的影响都在不断提升。

这一明确的知识体系在人才发展领域是独一无二的，为全球人才发展专业人士提供了有史以来第一个全面的概念、定义、方法和示例集合，目的在于促进这些内容的应用。你可以在人才发展能力模型中找到三大实践领域下 23 种能力的所有知识和技能陈述。

你还会发现，正如全新的能力模型一样，知识体系包含并超越了培训和发展的核心基础方面。一项支持能力模型和知识体系开发的研究显示如果要想取得最有效的成果，人才发展专业人士就需要发展个人能力和建立专业能力，从而对组织能力产生影响。从级别角度来看，这些实践领域（个人、专业和组织）都是平等的，为了在工作中发挥最大的效果，综合运用来自各个领域的知识和技能至关重要。

人的能力、知识和技能的发展对于我们的全球社会同样至关重要。这不仅是关于培训或技能的，而且是关于培养推动绩效、创新、敬业和机会的终身学习文化。正如赛斯·高汀（Seth Godin）所写："学习给我们帮助他人的能力，也给我们每个人一个让事情变得更好的机会。"

ATD 的人才发展能力模型和知识体系为你在当下这个重要时代的自我学习提供了蓝图。让我们利用这些资源来创建一个更美好的工作世界。

托尼·宾汉姆

ATD 总裁兼首席执行官

---

① 本书中文版已于 2021 年 3 月在电子工业出版社出版。

简介

关于人才发展协会

人才发展协会（ATD），前身为美国培训与发展协会，是全世界规模最大的致力于为组织发展人才的协会。ATD 成立于 1943 年，使命是通过提高知识、技能和能力来支持那些努力帮助他人充分发挥潜能的人士。ATD 的会员来自全世界 120 多个国家，就职于各行各业、各种规模的组织。这一全球从业者社群关注 ATD 的出版物、数字内容、专业资源、活动、教育课程和专业认证课程，以提升自身的技能并促进他们的专业发展。

ATD 还通过制定各种标准，并对照这些标准评估胜任力来引导这一专业的发展。自 1978 年起，ATD 已经发布了九种胜任力模型，见证这一专业从培训转变为更广泛、更具战略意义的人才发展职能。这些模型都回答了一个问题：为了获得成功，人才发展专业人士需要知道什么，需要做些什么？这些模型以 ATD 围绕胜任力模型开展的研究为基础，并且经过专家审查，为个人提供了蓝图，帮助他们确定自己当前所掌握的专业概念知识的水平，并确定需要进一步发展的领域。

ATD 提供 100 多项课程，帮助专业人士拓展自己的知识，并培养人才发展行业内各项胜任力领域的新技能。ATD 认证协会（ATD CI）提供两项专业认证以及五项基于评估的认证课程，用于评估并认可执业者对构成人才发展最佳实践的知识和技能的掌握程度。ATD 的胜任力模型是我们的教育和资质认证课程的基础，为人才发展专业人士提供构建结构化、渐进性的专业发展和职业晋升路径的能力。

人才发展能力模型

2019 年，ATD 开展了最新的胜任力研究，而这项研究的最终成果是推出了人才发展能力模型，即 ATD 能力模型。该模型的推出旨在为人才发展专业人士确立新标准，形成一个框架，阐明为了实现自我、他人和组织的发展，从业者需要知道什么，做些什么。《ATD 能力模型》一书详细介绍了当今影响我们专业的趋势、模型中涉及的知识和技能领域，以及背后的研究。

人才发展能力模型包含三个实践领域：

- 个人提升能力。
- 专业发展能力。
- 组织影响能力。

在这三个领域中，又包含 23 种能力，这些能力涵盖广泛的学科领域。如果能够综合且全面地利用这些能力，专业人士就能够在工作场所有效地培养员工。每种能力进一步细分为知识和技能陈述，整个模型共包含 186 项陈述。

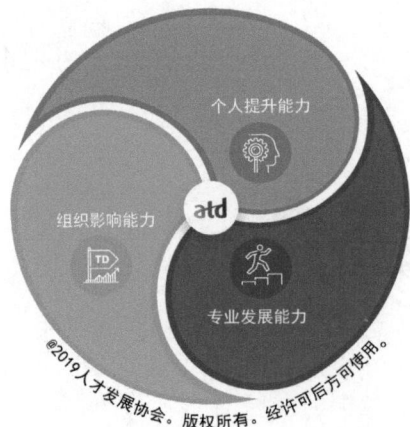

领域 1 个人提升能力

1.1 沟通

1.2 情绪智力与决策

1.3 协作与领导力

1.4 文化意识与包容

1.5 项目管理

1.6 合规与道德行为

1.7 终身学习

个人提升能力

领域 2 专业发展能力

2.1 学习科学

2.2 教学设计

2.3 培训交付与引导

2.4 技术应用

2.5 知识管理

2.6 职业与领导力发展

2.7 教练

2.8 效果评估

专业发展能力

领域 3　组织影响能力

3.1　业务洞察力

3.2　咨询与业务合作

3.3　组织发展与文化

3.4　人才战略与管理

3.5　绩效改进

3.6　变革管理

3.7　数据与分析

3.8　未来准备度

绩效改进　变革管理

组织发展与文化　咨询与业务合作

人才战略与管理　业务洞察力

数据与分析　未来准备度

组织影响能力

人才发展知识体系

获取人才发展实践的相关信息从未像现在这样轻松。除了 ATD 的出版物、活动以及教育产品，人才发展专业人士还可以通过网站和社交媒体平台，轻松地了解思想领袖和行业专家的最新想法、观点和研究。为了满足业务和组织战略要务，人才发展专业需不断转型，因此制定一套界定人才发展的标准很重要。

为了为全新的人才发展能力模型和所有人才发展专业人士提供支持，ATD 着手研究、记录和评估可用于界定这一专业的概念、主题、理论、模型和活动。其间，ATD 利用了 60 多名主题专家撰稿人，并整理了数千本刊物中的观点。最终通过不懈的努力，我们发布了领域内首屈一指的信息资源：人才发展知识体系（TDBoK）。

对于专业来说，ATD 认为 TDBoK 将：

- 作为人才发展最佳实践以及专业成功所需知识和技能的**可靠、持续、集中的来源和参考指南**。
- 能够通过结构化、可搜索的电子刊物**轻松查阅理论、模型、洞察和回答资料**。
- **概述人才发展涉及的广泛学科**（23 种独特能力），以便人才发展专业人士能够接触到新的需精通的领域，确定他们还需要学习的内容，并制定他们未来的发展计划。
- 为人才发展专业提供一套共同的术语和定义，从而形成共同语言。
- **确保专业资源的协调性**，人才发展专业人士可利用这些资源来发展自己的专业——从资质认证到课程、大会、出版物以及在线内容。

TDBoK 还能够满足多样化受众的不同需求。它将：

- 帮助**人才发展领域的新人**，或者希望将自己对于该领域的专业知识正规化的个人，了解该领域所涉及的广泛知识。

- 为**人才发展经理**提供有利于与他们的团队建立共同的理解和语言的资源。

- 通过确定成功所需的知识和技能，为个人和团队发展规划提供指导。

- 作为与**领导层共同创建商业案例时的资料来源**，从而验证适当的方法和人才发展能够带来的好处。

- 使**教育工作者和课程开发人员**能够将他们的课程与基于研究并经审查的框架相协调，该框架定义了卓越人才发展表现。

人才发展能力模型是 ATD CI 认证课程、人才发展师（APTD）和人才发展认证专家（CPTD）课程的基础。因此，可以将 TDBoK 作为重要的备考资源，其中详细介绍了许多理论、模型和定义。随着 TDBoK 的推出，ATD 学习系统将不再被使用。

如何使用人才发展知识体系

TDBoK 通过结构化方式来体现人才发展能力模型。其中包含三个部分，每个部分各代表模型中的一个领域，三个部分共涵盖 23 种能力。每种能力都随附一句描述性句子，以确定为了达到能力模型定义的绩效标准，人才发展专业人士需要了解的知识以及掌握的技能。在每种能力下，人才发展专业人士将找到相关的知识和技能的描述，以及与该主题相关的概念、术语和模型。

利用编号系统可以快速引用各个领域、能力、知识和技能陈述。例如，1.1.1 指的是"通过明确、简洁并且引人注意的方式表达想法、感受和理念的技能"——沟通领域的第一个知识和技能陈述，这是领域 1（个人能力提升）的第一种能力。

TDBoK 还包括下列内容元素：

- **交叉引用**，指明你可以在 TDBoK 中的另一个部分找到关于某个主题的更多信息（参见 5.1.2）。

- **参考文献**，提供出版物中引用的直接来源。

- **推荐阅读**，概括介绍可获得更多背景信息和知识的补充资源。

- **术语表**，定义了 TDBoK 中用到的关键术语。

反馈和未来更新

随着社会、工作场所以及我们行业的发展，我们会对 ATD 的人才发展能力模型和相关资源定期进行审查和更新。因此，本出版物将定期审查和修改，以适应这些变化。ATD 随时向其会员和订阅用户通报其产品的最新情况，并邀请他们提供反馈，以确保我们提供高质量的产品。如需更多信息，请访问其官网或与 ATD 客户服务部门联系。

人才发展知识体系（TDBoK）编辑与投稿者

正是由于志愿投稿者与 ATD 工作人员之间的密切协作，以及他们的专业知识和奉献精神，本书才能顺利出版。伊莱恩·碧柯投入几百小时的时间来编制此书，ATD 对此表示特别感谢。

主设计师和策划人员

伊莱恩·碧柯（Elaine Biech），CPTD 学会委员

伊莱恩·碧柯是一名顾问、引导师，同时也是《华盛顿邮报》畅销书排名第一的《培训艺术和科学》（*The Art and Science of Training*）一书的作者。凭借 40 年的行业经验和 80 多本已出版书籍的骄人成绩，她被誉为"培训行业的巨人之一"。她致力于使自己成为终身学员，认为卓越成就并非偶然。她还荣获大量专业奖项，包括 ATD 的极乐奖（Bliss Award）、火炬奖（Torch Award）和员工合作奖（Staff Partnership Award）。她是 ATD 的董事会成员、CCL 的理事会和执行委员会成员，并且还是 ATD 认证学会的首届 CPLP 荣誉会员。伊莱恩是一名近乎完美的人才发展专业人士，在她的整个职业生涯中，对于人才发展职业的进步发挥了重要的作用。

TDBoK 首席顾问

考特尼·维塔（Courtney Vital），CPTD，ATD 教育部副总裁

各章节作者和主要投稿者

- 霍莉·伯克特（Holly Burkett），Evaluation Works
- 约翰·康尼（John Coné），i4cp 和 The Eleventh Hour Group
- JD 狄龙（JD Dillon），Axonify and LearnGeek
- 芭芭拉·戈雷茨（Barbara Goretsky），Barbara Goretsky Consultancy
- 乔纳森·霍尔（Jonathan Halls），Trainer Mojo 和乔治华盛顿大学
- 梅森·霍洛威（Mason Holloway），Deltek
- 辛迪·休格特（Cindy Huggett），CPTD，独立顾问
- 卢·拉塞尔（Lou Russell），Moser Consulting

开发团队

- 克里斯托弗·柯林斯（Christopher Collins），ATD 教学设计专员
- 嘉莉·克罗斯（Carrie Cross），项目经理
- 伊丽莎白·德克（Elizabeth Decker），ATD 教育产品开发高级经理
- 杰克·哈洛（Jack Harlow），ATD 开发编辑
- 莫吉安·赫特（Morgean Hirt），ATD 资质认证总监
- 梅丽莎·琼斯（Melissa Jones），ATD 新闻经理
- 考特尼·维塔（Courtney Vital），CPTD，ATD 教育部副总裁

主题专家

- 丽塔·贝利（Rita Bailey），Up to Something
- 米米·班塔（Mimi Banta），Banta Training Services
- 罗伯特·布林克霍夫（Robert Brinkerhoff），布林克霍夫评估学院和西密歇根大学
- 黛安·埃尔金斯（Diane Elkins），Artisan E-Learning
- 芭芭拉·戈雷茨（Barbara Goretsky），Barbara Goretsky Consultancy
- 特雷西·哈里斯-班纳特（Tracy Harris-Bennett），Bennett Global Group
- 巴哈·侯赛因（Bahaa Hussein），CPTD，Abudawood Group
- 珍妮·拉宾（Jenn Labin）， MentorcliQ
- 琳恩·刘易斯（Lynn Lewis），CPTD，Learning Solutions
- 西玛·纳格拉斯·梅农（Seema Nagrath Menon），CPTD，独立顾问
- 雷尼·麦克雷（Renie McClay），Inspired Learning
- 莎拉·梅西尔（Sarah Mercier）， Learning Ninjas
- 朱莉·奥马拉（Julie O'Mara），全球包容性研究中心
- 莫林·奥利（Maureen Orey），CPTD，Workplace Performance Group

- 朱莉·帕特里克（Julie Patrick），JP Learning Associates
- 克里斯·罗斯（Chris Ross），CPTD，The Engagement Effect
- 埃迪·特纳（Eddie Turner），Eddie Turner
- 达娜·沃格尔迈尔（Dana Vogelmeier），CPTD，Vogelmeier Consulting

人才发展能力模型顾问小组

- 布里特·安德雷塔（Britt Andreatta），Andreatta Consulting
- 伊莱恩·碧柯（Elaine Biech），ebb associates inc
- 妮可·卡特（Nicole Carter），Signature Health
- 约翰·康尼（John Coné），i4cp 和 The Eleventh Hour Group
- 戴维·福曼（David Forman），Sage Learning Systems 和佩珀代因大学
- 温蒂·盖茨·科贝特（Wendy Gates Corbett），CPTD，Refresher Training
- 乔纳森·霍尔（Jonathan Halls），Trainer Mojo 和乔治华盛顿大学
- 卡尔·凯普（Karl Kapp），布卢姆斯堡大学和 2K Learning
- 达娜·艾伦·科赫（Dana Alan Koch），埃森哲
- 詹妮弗·马蒂诺（Jennifer Martineau），创造性领导艺术中心
- 帕特里夏·麦克拉根（Patricia McLagan），McLagan International
- 卡拉·米勒（Kara Miller），Comcast
- 威廉·罗斯韦尔（William Rothwell），Rothwell & Associates 和宾夕法尼亚州立大学

人才发展能力模型特别工作组

- 格蕾丝·阿莫斯（Grace Amos），Cisco Meraki
- 珍妮弗·布林克（Jennifer Brink），康卡斯特大学
- 布莱恩·戴维斯（Brian Davis），CPTD，华盛顿郊区卫生委员会
- 杰西卡·吉尔（Jessica Gil），European Wax Center
- 詹妮弗·哈索尔（Jennifer Halsall），道明银行
- 斯蒂芬妮·胡卡（Stephanie Hubka），CPTD，Protos Learning
- 巴哈·侯赛因（Bahaa Hussein），CPTD，Abudawood Group
- 约翰·科斯特克（John Kostek），Hitachi Vantara
- 兰斯·勒格雷（Lance Legree），Hilti
- 杰·麦克斯韦尔（Jay Maxwell），CPTD，呼叫中心优化团队
- 肯特·纳托尔（Kent Nuttall），CPTD，Torch Solutions Group
- 约瑟夫·里默（Joseph Reamer），汇丰银行
- 王威（Wei Wang），CPTD，ATD 国际部

ATD 投稿职员

- 伊丽莎·奥克曼（Eliza Auckerman），高级教学设计师
- 霍利·巴茨（Holly Batts），资质认证副总监
- 安珀·布朗德（Amber Bronder），高级营销经理
- 贾斯汀·布鲁西（Justin Brusino），内容总监
- 克里斯滕·菲菲-米尔斯（Kristen Fyfe-Mills），营销和战略传播总监
- 帕蒂·高尔（Patty Gaul），撰稿人/编辑
- 莎拉·哈尔加斯（Sarah Halgas），制作、编辑和创意总监
- 艾米·哈里森（Amy Harrison），技术项目总监
- 玛丽亚·何（Maria Ho），研究副总监
- 詹妮弗·荷马（Jennifer Homer），社群和品牌副总裁
- 苏·凯登（Sue Kaiden），APTD，资质认证高级项目经理
- 保拉·凯特（Paula Ketter），内容开发经理
- 罗丝·里奇（Rose Richey），创意总监
- 杰夫·苏普纳特（Jeff Surprenant），教育产品管理经理

目录

领域 1
个人提升能力

1.1 沟通

沟通是指与他人联系。有效沟通需要掌握沟通原则和技巧的知识，从而能够向特定受众传达适当的信息。人才发展专业人士要积极倾听、引导对话，同时具备以清晰、简洁且引人注意的方式表达想法、感受和理念的技能。

1.1.1 通过清晰、简洁且引人注意的方式表达想法、感受和理念的技能

I. 人才发展专业人士的有效沟通

有效沟通是人才发展专业人士所做一切努力的基础。

1.1.1.1 人才发展专业人士有效沟通的价值

如果想要打造高产、高效的工作场所，有效沟通至关重要。有效沟通有助于组建工作小组、提升员工敬业度、提高客户满意度、提高工作效率，并实现营收增长。沟通不畅就需要付出代价。美国人力资源管理协会（SHRM）针对 400 家员工人数超过 10 万人的公司进行调研，发现每家公司每年由于沟通不足引起的平均损失达到 6240 万美元。某独立市场调研公司针对 1072 名美国员工开展了一项"2018 年员工沟通和敬业度现状"调研，报告指出 56% 的参与者表示难以保持员工的敬业和知情（Dynamic Signal 2018）。

应该优先考虑人才发展专业人士在改善组织内部沟通方面的价值。

1.1.1.2 沟通过程

沟通过程是指发送者将信息传达给接收者的过程。发送者使用一种媒介来发送消息，信息流经发送者和接收者各自的过滤器后，由接收者对信息进行解码。然后，接收者对信息的诠释将成为向发送者提供的反馈的一部分。（见图 1.1.1.2-1）

人才发展专业人士应该理解用于描述沟通过程的各个概念的含义：

- 环境。开展沟通过程的条件或情况；环境可能有助于促进沟通，也可能阻碍沟通。
- 信息。作为沟通内容的信息。
- 发送者。传达信息的人。
- 过滤器。阻碍信息在发送者和接收者之间流通的思维模式、成见或观点，通常基于以往的经历。

- 媒介。用于传达信息的方法，如语音、报告或电子邮件。

- 接收者。接收信息，并对信息进行解码或处理的人或设备。

- 编码。发送者编译信息的过程。

- 解码。将信息转变为想法和理解的过程。

- 反馈。向个人提供关于其之前沟通所产生效果的沟通。

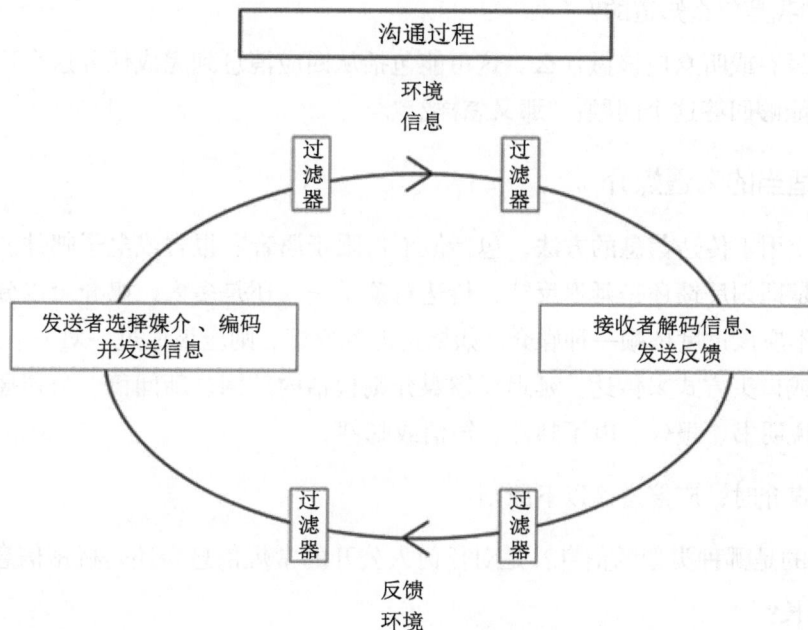

图 1.1.1.2-1　沟通过程

资料来源：摘选自 Elaine Biech 的绘图。

1.1.1.3　有效沟通

作为员工发展的代表，人才发展专业人士必须能够诠释组织、员工和其他利益相关者的需求，并相互沟通。可以通过沟通的 6C 法来定义有效沟通——人才发展专业人士应该能够传递清晰、准确、完整、简洁、连贯、礼貌的信息。

- 清晰（Clear）。选择适合特定受众，恰当、准确的描述性词汇。

- 准确（Correct）。选择准确的词汇，使用正确的语法，避免使用错误的词汇。

- 完整（Complete）。传达清晰明了且全面的信息，包含所有细节。

- 简洁（Concise）。使用简短、具体的句子和短语，避免冗长含糊的内容。

- 连贯（Coherent）。保持一致性，选择简单的句子结构，通过容易理解的顺序呈现信息内容。

- 礼貌（Courteous）。使用友好、积极、不分性别、敏感性语言形成恭敬而真实的信息，避免指责或责备。

1.1.1.4 打造引人注意的信息

引人注意的信息包含四个元素。它必须：

- 阐明能够为听众带来的好处，他们为什么应该花时间来听这些信息。

- 别具一格、鼓舞人心或令人兴奋，能够回答这个问题："这条信息有什么不同？"

- 通过数据、示例或故事令信息完整，将信息与听众想要听的内容联系起来，或者能够回答这个问题："我是怎么知道的？"

- 包括行动号召或听众应该做什么。这可能包括从回应消息到完成任务这个连续过程中的任何内容。它能够回答这个问题："那又怎样？"

1.1.1.5 选择适当的沟通媒介

沟通媒介，或用于传达信息的方法，包括但不仅限于语音、报告或电子邮件。根据信息是单向的还是双向的，是即刻反馈还是延迟反馈，传达对象是一人还是多人，媒介可以分为多种方式。人才发展专业人士不应该过度依赖一种媒介。如果是即刻反馈，则应该通过一对一、大型或小型会议、视频会议、电话或口头方式来传达。延迟反馈媒介则包括内部网、新闻稿、公司通信、社交媒体、信息图表、事实说明书、报告、电子邮件、短信或邮件。

在选择沟通媒介时，应该遵循以下原则：

- 想要传达的是哪种类型的信息？是对任何人公开的常规信息，还是机密信息？

- 信息有多长？

- 信息的传递有多么紧迫？

- 需要多少成本？结果能否证明这笔支出的合理性？

- 是否需要记录信息的传达情况？

- 信息接收群体的规模和分布位置是否重要？

- 受众是谁？发送者与接收者之间是什么关系？

- 可利用什么技术来发送信息？

1.1.1.6 阻碍有效沟通的障碍

如果沟通不畅，就要付出很高的代价。人才发展专业人士应该确保对各自面临的沟通障碍进行反思，并尽可能地解决这些障碍。此外，他们需要意识到他人面临的沟通障碍。这些障碍包括但不仅限于：

- 物理障碍。环境、地点、所选的媒介、技术、沟通者之间的距离、破坏性或令人不适的环境布置。

- 感知障碍。先入为主的想法、漠不关心的态度、行为模式、掌握错误的信息、令人不适的先前经历、非言语和言语交流内容互相冲突、因他人穿着或打扮而分心。

- 情感障碍。自信、缺乏透明度、缺乏信任、缺乏灵活性、信息过量、防卫感、优越感或自卑感。[参见 1.2]

- 人际障碍。无法与他人沟通、肢体语言遭误解、缺乏社交能力、回避与他人沟通、缺乏灵活性、不情愿、无法准确理解重要性。

- 缺乏倾听能力。在倾听的过程中，眼神游离、思考接下来该说什么、听力受损、注意力被其他更紧迫的问题吸引、时间安排不当、专注于自己内心的对话。

- 语言。不同语言、不同个体对文字的含义有不同的理解、代际差异、特定行业的术语、口音、由消极或积极的触发词而导致注意力分散。

- 文化、性别或其他差异。缺乏知识和理解，缺乏尊重。

即使带着最美好的初衷，传递出的信息也可能被扭曲和混淆（Booher 2015）。

1.1.1.7 克服沟通障碍的重要性

与同事、利益相关者、客户和其他人开展有效沟通是人才发展专业人士应该具备的最宝贵的技能之一。有时，他们必须克服沟通障碍，从而影响、阐明决策、激励团队成员、解决问题，并完成有助于提高交流效果的其他任务。

有很多因素会阻碍信息的正确接收和诠释。词不达意、审查反馈、糟糕的倾听表现都有可能扼杀谈话或沟通。即使可以听到对方在说什么，仍然有可能无法理解对方想要表达的意思。两个人之间的沟通都需要经过每个人的过滤器，那么当信息通过发送者和接收者的过滤器（思维模式、成见和观点）的时候，它的意思就可能已经发生了改变。

确定、避免或消除沟通障碍非常重要，因为这些障碍可能引起事故增加，导致不必要的费用，制约公司优化绩效的能力，降低利润，导致客户流失。沟通不足或误解信息含义可能带来不信任的文化，导致员工参与度降低，不确定性增加，客户互动低效，错误增多，缺乏团队合作，冲突加剧，士气低落，以及其他数十种可能降低工作满意度的影响。

人才发展专业人士应该根据其性质，准备好应对目前已经存在的障碍，并预防今后可能出现的障碍。例如，如果物理障碍导致无法集中注意力来理解某条信息，那么人才发展专业人士可以换个地方。如果问题在于语言的使用、术语或表达清晰度，那么人才发展专业人士可以选择安排一名口译人员来帮助解释必要内容。如果是由情绪引起的误解，那么人才发展专业人士可能需要另外安排一个对所有参与者都方便的时间。

人才发展专业人士应该使用类似于下方介绍的流程来克服沟通障碍：

1. 识别障碍，并且确保每个人都理解并同意。

2. 征求相关人员的意见，确定为什么它是（或已经成为）障碍的原因。

3. 确定为了阐明它为什么成为障碍，需要哪些资源（其他人员、数据、可能需要进行一次调研）。

4. 专门安排时间，进行一次讨论或对话。践行沟通的 6C 法，针对如何克服障碍制定计划。[参见 1.1.1.3 和 1.1.7]

理解沟通障碍能够节省时间、金钱，维护关系。出色的沟通有助于提高人才发展专业人士的工作效率、声誉、可信度，并帮助他们获得更多赞赏，进一步提高他们的专业水平，令他们成为受尊敬的领导者。

1.1.2 运用积极倾听的技能

I. 有效沟通技能和策略

人才发展专业人士应该运用积极倾听的技能，努力理解说话者的观点，澄清信息以更好地理解其中的含义。积极倾听是建立出色工作场所关系的关键。积极倾听的概念基于卡尔·罗杰斯（Carl Rogers）的研究，他将其称为反应性倾听。卡尔·罗杰斯和理查德·法森（Richard Farson 2015）创造了"积极倾听"这个词，并写道："尽管人们普遍认为倾听是一种可能的方法，但临床和研究证据清楚地表明，敏感的倾听是最有效的。"无论是面对学员和组织的高层领导，还是面对外部供应商和顾问，人才发展专业人士都应该运用积极倾听的技能。锻炼积极倾听的技能有助于他们培养关系，理解要求，做出更明智的决策，掌握知识，达成共识（Hoppe 2014）。[参见 2.1.3.2]

1.1.2.1 倾听的层次

沟通是一个复杂的过程，涉及不同程度的倾听。人才发展专业人士应该认识到倾听有不同的层次，并且知道应该在什么时候运用哪个层次的倾听。这些层次不存在好坏之分，重要的是使用的时机。倾听可能包括但不限于这些层次：

- 被动倾听。表现出非言语行为，例如，点头表示肯定，眼神交流，记笔记，微笑，或在适当的时候摆出思考的姿势。
- 倾听以获得知识。先听事实和逻辑，然后在头脑中按顺序或模式列出各项事实，形成结论。
- 积极倾听。表现出与讲话者的高度互动，例如，通过提问加深对信息的理解，观察讲话者的肢体语言以捕获潜在信息或表现出关切。
- 倾听以获得澄清。使用不同的措辞来复述，从而加深对于先前评论和对话的理解。
- 共情倾听。通过向讲话者确认你对于他们感受的直觉是否正确，以此来确认他们的感受。

1.1.2.2 培养积极倾听的技能

"真正的倾听是一项艰苦而磨人的工作，常使人谦卑，有时令人不愉快。"作家小罗伯特·沃特（Robert H. Waterman Jr. 1987）说过。当处于信息的接收端时，人才发展专业人士可能遇到理解障碍，并意识到这些障碍是避免错误的第一步。

尼古拉斯（Nichols）和斯蒂芬斯（Stevens）在 1957 年最先指出，如果想要学会倾听，最基本的问题就是大多数人处理信息的速度比信息发送者传达信息的速度快得多。尽管科学家对于语速的具体数值有着不同的观点，但他们都认为听者每分钟至少能听懂 275 个单词，而典型的讲话者每分钟只能说 120~180 个单词。如果讲话者单纯地加快语速，那么他们说的话听起来就会令人感到很仓促或焦虑（Wingfield 1996）。

有些技能有助于提高人才发展专业人士的倾听能力。这些技能主要分为三类：专注和专心技能、跟随技能和反思技能。

1.1.2.2.1 专注和专心技能

专注和专心技能表明人才发展专业人士通过自己的身体表现，展现出自己正在注意他人。这些都是非言语信息，表现出他们在意，而且正在倾听：

- 参与性姿势包括身体向讲话者倾斜，正视讲话者，保持一个开放的姿势（如没有把手臂交叉于胸前），并与讲话者保持适当距离。
- 适当的身体动作是指使用反应性身体姿势。例如，点头，不使用破坏性的身体动作（由于紧张而坐立不安或用手指不停地敲桌子）。
- 眼神交流表现出渴望倾听。应该与讲话者始终保持适当的眼神交流，但并不需要非常强烈。
- 不会令人分心的环境，需要一个没有潜在干扰的地方。

1.1.2.2.2 跟随技能

跟随技能有助于人才发展专业人士始终将注意力放在讲话者身上。如果听者问很多问题、打断讲话者讲话来发表自己的观点，或者在交谈期间说很多话，就可能错过讲话者的观点：

- 敲门砖是指温和地邀请讲话者讲话，当听者感到讲话者想说话的时候可以使用敲门砖。
- 可以用一些鼓励讲话者继续讲下去的措辞和短语，如"请再多讲讲"或"然后呢"。
- 提问通常会有用，但是避免太过频繁地提问。你的目的是理解讲话者，而不是分散他们的注意力。
- 听者提问时，应该避免带有引导性，避免让讲话者觉得听者希望从他们嘴里听到特定的答案。例如，"那件事并没有让你感到心烦，对吧？"就是一个引导性问题，可能影响讲话者，他们就会说自己没有心烦，即使事实上并非如此。
- 默默倾听，为讲话者提供一个安静的空间。

1.1.2.2.3 反思技能

反思技能是人才发展专业人士在积极倾听时可运用的一系列关键技能：

- 复述。用听者自己的话来重述讲话者传递的信息。
- 反思感受。用听者自己的话来陈述交谈过程中传达的情感内容。
- 反思含义。用听者自己的话来表达一种回应，这一回应中融入了感受以及听者认为讲话者正在传达的事实。
- 总结性反思。对交谈过程中表达出的主题和感受进行总结陈述。这种反思有助于推进交谈，或结束交谈。

上面提及的所有技能都有助于人才发展专业人士成为熟练的倾听者。

1.1.2.3　观察和发送非言语信息

如果非言语信息与言语信息互相矛盾，那么接收者可能更信任非言语信息。沟通专家认为，超过一半的沟通都是通过非言语形式完成的。最早开始研究这一话题的阿尔伯特·梅拉比安（Albert Mehrabian 1971）指出，在任何信息中，55% 都是通过非言语元素传达的。还有人表示 90% 的信息都是依靠非言语行为传达的。尽管关于这个数字可能大家各执一词，但更重要的是记住，非言语行为是最重要的沟通途径，也是任何信息的关键部分（Pease 和 Pease 2006）。声音线索传达了大部分非言语的含义。然而，很多含义也通过身体动作来传达，包括动作模式、面部表情和眼神交流等行为。人才发展专业人士必须习惯于自己发出的非言语信息，以及他人表现出来的非言语信息。

有三种不同类型的非言语信息：

- 动作模式，包括手势、身体姿势和头部动作。适当地使用手势可以激励他人。手势使用不当可能令他人分心。身体姿势，无论是放松的还是紧张的，是开放的还是封闭的，都会影响互动氛围。
- 面部表情，可能令人感受到友好或思想不集中，表达感受或表现出人才发展专业人士的沟通意愿。面部表情可能有助于鼓励他人分享、加深信任、促进交谈，也可能起到完全相反的作用。
- 眼神交流，可能让对方感觉到友好，也可能传递出完全相反的信息。直接的眼神交流可能令对方感到胆怯，也可能令对方受到鼓舞。如果做得好，就能够表现出兴趣和专注。

当人才发展专业人士与他人沟通时，应该考虑如何使自己的非言语信息和言语信息互相协调，以及非言语信息将如何对听者产生影响。此外，他们应该学会如何读懂他人传递出的非言语信息（Zenger 和 Folkman 2016）。

1.1.2.4　谨慎地选择回应

除了沟通时使用的语言，几乎没有其他任何东西能够影响他人如何接收信息。虽然本部分探讨的是人才发展专业人士在积极倾听场景下应该如何回应，但是下面提供的建议适用于任何沟通情境：

- 用语简洁。避免使用复杂或杂乱的语言，要使用常用的词和短语。
- 用语客观。为了保持语言的客观性，避免过度使用华丽的词语。尽可能用词准确。
- 用语积极。尽可能使用积极而不是消极的用词来表达信息。
- 包容中性语言。使用中性和其他包容性词语，不会令某些人感到自己被排除在外。
- 思路清晰。为了让对方理解自己表达的信息，避免使用不恰当或过时的语言。如果不确定，就询问对方。
- 代词。人称代词会对人产生特殊的影响，尤其是传达积极信息或好消息时，使用以听者为焦点的代词，如你、你们。
- 选词和发音。选词不当或发音错误会严重制约信息传递的效果。如果对任何词有疑问，就不要使用。

如果人才发展专业人士能够正确地用词，就能够确保听者愿意倾听，并理解传达出的信息。

1.1.3 合理运用技能，有效告知受众信息，并对其产生影响

I. 通过沟通达到告知和影响的目的

人才发展专业人士应该熟练掌握告知和影响的技能，因为他们有很多与他人沟通并使用影响技能的机会。

1.1.3.1 人才发展专业人士在告知和影响方面扮演的角色

人们越来越期望人才发展专业人士能够更出色、更快速、更低成本地提供解决方案，期望他们能够与高层互动，阐明他们将如何帮助组织达成长短期目标。如果人才发展专业人士想要影响组织的愿景和计划，就必须能够特别设计想要传达的信息，读懂学员的肢体语言并适当回应，引导问答环节，处理棘手问题，并传达出学员将运用到实践中且令他们难忘的信息。

有效沟通的第一步是决定沟通什么。首先列出要处理的项目列表，然后根据这些项目给出更详细的谈话要点。确保各个谈话要点之间存在逻辑关系，这样做有助于有条理地进行沟通。如果不对沟通进行管理，那么沟通内容就会分散、不具体，导致听者可能随意理解其中的含义。如果一个人言行不一，就会出现问题。人才发展专业人士在沟通时态度必须真诚，这样对方才会信任沟通中传递出的信息。

人才发展专业人士可能发现自己正在展示人才培养的价值，作为顾问、咨询师、教练或倡导者为管理层提供支持，引导团队会议［参见 2.3.2］，以及作为引导师进行沟通。在开始上述种种展示活动以前，他们必须精心准备，预测自己可能被问到的问题，并思考如何通过视觉辅助工具增强演示效果的方法。这些技能将在任何沟通情境下为人才发展专业人士提供帮助。

1.1.3.2 告知和影响原则

人才发展专业人士有很多机会向组织内所有层面的人员告知信息，并影响他们。例如，人才发展专业人士可能要求领导和经理使用他们的服务，要求主管辅导他们的员工，或者要求学员将学到的新技能运用到工作中。告知和影响原则不仅确保人才发展专业人士有效地完成影响或告知任务，而且作为附带好处，还有助于他们与他人建立联系。

- 真诚地沟通。人才发展专业人士应该确保言出必行、以身作则。如果能够建立真正信任的基础，你就会更容易影响他人。
- 从培养长期关系角度思考。那些一心只想满足自己的需求，而不考虑自己的行为如何对他人造成影响的人属于短视者，也许这次可能得到他们想要的，但这种成功可能不会长期持续下去。
- 阐明结果。人才发展专业人士需要明确沟通的目的，事先知道目标是什么。他们还需要对结果抱有积极的思维方式——态度影响沟通。
- 说正确的话。如果想要影响他人，就要说他们的话。无论是和高层领导还是和车间工人交谈，都应该使用能够引起他们共鸣的话语。
- 从业务结果出发。如果人才发展专业人士知道自己想要怎样的结果，并且事先告诉受众，他

们就会获得对方的信任，更有机会影响他人。

- 确定并沟通个人价值。比尔·特雷休尔（Bill Treasurer 2019）认为，在建立人际关系和确立个人价值的过程中，最重要的四个字是"你要什么"。当然，人才发展专业人士自己想要并且需要的就是和他人沟通，但是如果他们先了解对方想要什么，就有更大的机会来影响他人。

- 使用数据来沟通相关的故事。数据很重要，如果运用数据来讲述相关的故事，通常会产生强大的影响力。

- 自我表露。自我表露是指和他人分享信息。表露的内容可以是私人事务，也可以不是，但是必须与特定的沟通情境相关。如果分享的是私人事务，那么同时也就是邀请他人也这样做。出于这一原因，在培养有效的业务关系的过程中，自我表露是一种有效的策略。

- 记住语言的力量。当和他人交谈或写信给他们的时候，人才发展专业人士要使用他们的名字。使用他人的语言或口头禅，能够立即建立融洽关系。记住，不仅要关注讲话者说了些什么，还要注意他们是怎么说的。

- 获得同意。人才发展专业人士通过沟通来确保取得一致的看法。当需要处理情况、做出决定或解决问题时，如果他们能够合理组织沟通，那么效果会更好，双方就能够合作处理情况——取得一致的看法。

- 传达理解、接受和尊重。出色的沟通者使用的方法通常能够令他人感到自己被接受、被尊重、被理解。

- 保持中立和客观。不管情况有多困难，保持中立比挑战对方更有可能获得成功。

人才发展专业人士应该使用这些原则来告知和影响他人。他们会发现有效沟通还会带来宝贵的附加收获，那就是有助于建立积极的业务关系，并获得他人的信任（Scharlatt 和 Smith 2011）。这样每次都更容易影响他人。

1.1.3.3　去个性化和平息愤怒

当成为某人愤怒的对象时，人才发展专业人士就会处于尴尬的境地。不幸的是，人才发展专业人士的交谈对象可能正面临职业生涯中的低潮。无论对方抱怨或批评的是什么，人才发展专业人士都可以精心准备，运用应对愤怒人士的有效策略，从而将其转化为自己的优势。

运用以下战术可以平息愤怒：

- 倾听，找出原因，认可对方的愤怒。
- 避免对方的愤怒针对特定个人。
- 把重点放在对方抱怨的事实上。
- 表示同情，避免对方产生防卫心理。
- 向对方保证你理解他们的愤怒。
- 提出相关问题来澄清事实。
- 当逻辑不起作用时，那么同意事实或表示对方有权利生气。
- 解释可以做些什么，并指明具体的时间和日期。

- 达成一致意见，并加以确认。

- 必要时，推迟谈话。

因为当生气的时候，人们通常没有办法很好地倾听。总结达成的一致意见，并将其反馈给对方，确保双方听到的解决问题的信息都是一样的。双方都应该了解，为了解决问题，各自必须做什么。

1.1.4　运用说服和影响技能以获得利益相关者的同意、承诺或支持的技能

I.　通过沟通达到说服和影响的目的

人才发展专业人士应该理解说服和影响技能，因为他们有很多机会去说服组织内的利益相关者和领导者。此外，一旦掌握这些技能，就更容易发现他人想要说服自己的意图。

1.1.4.1　理解说服技能

影响是说服的一个方面，可用于影响他人的信念、意图或行为（Gass 和 Seiter 2010）。希腊哲学家亚里士多德指出了说服性沟通的三个关键要素：

- 理性（logos）。清晰表达观点的能力。

- 信誉（ethos）。表达正直和善意的能力。

- 情感（pathos）。营造或控制倾听者情绪的能力。

这也是那些熟练的沟通者想要成功说服他人所必须具备的三种素质。人才发展专业人士可以使用下列方法：

- 运用理性。逻辑论证、数据、结果或科学证据。

- 运用信誉。权威、专业知识、沟通技能、销售技巧或肢体语言。

- 运用情感。传统、心理形象、关系或故事。

事实上，存在多种关于说服的理论，但其中大多数理论都受到了心理学家罗伯特·西奥迪尼（Robert Cialdini 2006）在其著作《影响力：说服心理学》（*Influence: The Psychology of Persuasion*）中提及的研究的影响。西奥迪尼提出的原则包括：

- 互惠。先付出，不求回报。

- 一致。承诺像以前一样行事。

- 社会认同。做某事是因为他人也在做同样的事。

- 权威。听从专家或其他有资质的人的意见。

- 喜欢。找到共同点或真正喜欢另一个人。

- 稀缺。表现出物品短缺或行动时间紧张。

理查德·谢尔（G. Richard Shell）和马里奥·穆萨（Mario Moussa）在他们所著的《恳求的艺术》（*The Art of Woo*）一书中提出了一种策略性说服的方法（2008）。他们解释道，说服是指赢得他人的同意，而不是打败他们。因此，人才发展专业人士必须从不同角度来审视情况，预测他人可能做出的反应。他们建议，应该努力克服对成功影响他人构成最大风险的五大障碍：关系、可信度、沟通不匹配、信仰体系和需求。人才发展专业人士应该准备好在多种情况下说服他人，这些情况包括但不仅限于：

- 作为人才发展代表向高层领导汇报工作。
- 获得对于人才发展项目预算的承诺。
- 获得对于人才发展计划的同意、承诺和支持。
- 为项目或需求提出令人信服的理由。[参见 2.1.4.4]

1.1.4.2 使用沟通风格来影响他人

了解基本的沟通风格有助于说服他人，特别是当沟通涉及情感时。沟通风格会直接影响员工对于每种情况的看法。虽然有几种工具可用于确定社交风格，但最著名的是 DiSC 人格特质和迈尔斯-布里格斯类型指标（MBTI）这两种工具。根据戴维·梅里尔（David W. Merrill）和罗格·瑞德（Roger H. Reid）的观点（1992），沟通者通常会表现出四种风格。下面列出了这四种风格，并在括号中注明了各种风格相应的 DiSC 类型。这些内容展示了如何使用沟通风格来提高某人影响他人的能力。[参见 2.3.5.10]

- 分析型（认真型）人士倾向于完美主义，擅长处理逻辑和细节问题。他们倾向于把自己的感受藏在心里。如果想要影响他们，就应该事先做好充分准备，做到准确、实事求是。提供确凿的证据来支持要点，这一点很重要。
- 友善型（稳重型）人士非常重视人和友谊。他们会想方设法避免冒犯他人。尽管也有自己的观点，但他们通常不会说出自己心里是怎么想的。如果想要影响他们，你可以问"如何"类型的问题，并展示每个人将如何受益来引出他们的观点。
- 驱动型（支配型）人士会对自己和他人有很高的要求，并且通常倾向于克制自己的情绪。他们果断、以结果为导向，喜欢指导每个人。如果想要影响驱动型人士，你需要用词简短、具体且直达主题。
- 表达型（影响型）人士属于社交型人群。他们热情，富有创造力，相信直觉，但是几乎丝毫不愿意忍耐那些不同于自己的人。他们很容易厌倦，往往会偏离正题。如果想要影响这种类型的人士，就要坚持大局，避免细节，让他们感到兴奋。

类似的例子也可以与 MBTI 的 16 种人格类型相匹配。

尽管并不存在"纯粹"的沟通风格，但大多数人通常倾向于其中一种或两种风格。擅长识别四种沟通和社交风格的人才发展专业人士通常知道如何在说服氛围中，最有效地吸引每个人。进入对方的舒适区需要灵活性，这是一项可以通过学习掌握的技能。人才发展专业人士应该掌握关于各种沟通风格，以及如何运用各种沟通风格来影响他人的丰富知识。他们还应该使用工具来确定自己的风格。

1.1.5　以各种形式、通过各种媒介构思、开发和交付信息的技能

I.　编制结果材料

人才发展专业人士必须使用沟通的 6C 法进行沟通，并编制报告、演示、执行简报、商业案例和其他文件。［参见 1.1.1.3］

1.1.5.1　材料的构思、开发和编写对人才发展至关重要的示例

人才发展专业人士有很多机会来开发那些对自己的职能和工作至关重要的内容。他们将编制篇幅较长的内容，如人才发展的业务或战略计划、计划成功总结报告、与顾问达成的协议、提案请求、项目管理计划以及其他人才发展职能完成工作的机会。

人才发展专业人士还负责编制篇幅较短的内容，如商业案例、价值主张、岗位描述、工作目的和目标、博客帖子、文章和绩效考核。

此外，他们可能编制用于培养员工的培训材料，如学员手册、引导师指南、角色扮演、案例研究和重大事件报告。［参见 2.2.7 和 2.3.7］

在某些情况下，人才发展专业人士需要在材料中使用一些非文本信息，如培训材料需要图片、图解和图表等。PowerPoint 演示文稿需要使用视觉工具来阐明要点。信息图表和工作辅助工具通常需要同时使用文本和视觉内容。而在其他一些情况下，视频可能是最合适的信息传递途径。

1.1.5.2　编制书面材料

能够编写出简洁明了的书面材料是一项基本的业务技能。人才发展专业人士在传达各项计划的细节时，必须阐明计划的目标，确定计划的预期结果，并分享理解文件内容所需的所有细节。

无论文件或报告的篇幅长短，都必须严格遵守指导原则。所有书面材料都应该：

- 只有一个目的。每一句话和每一段话都应该与这个目的联系起来。

- 为读者量身定制。语言必须完全可以理解和阅读。不应该包含任何术语、复杂的语言或模棱两可、歪曲或互相矛盾的信息。

- 确保经济性。并不是文件越长提供的信息就越好。每个字都要有意义。每一点都是帮助读者理解内容并采取行动所必需的。文件必须完整而简明。

- 准确。应对内容、数据、日期、参考资料和其他细节的各个方面进行核实。

- 有条理。应该通过便于阅读和理解的方式来呈现材料内容。文章内容要体现作者的风格、权威和可信度。

- 具有视觉吸引力。使用统一的字体、布局和组织结构。文章应该便于读者阅读，包括简短的段落、留白、标题、项目符号、数字、插图等。

精明的人才发展专业人士会和他人分享书面文件，征求他人的评价。他们还会进行自我编辑，确认内容是否清晰、准确，是否采用了正确规范的句子结构、标点符号、语法、大写、标题、所有格和代词，主语/动词是否一致，是否出现经常误用的单词和印刷错误（Booher 2008）。

1.1.5.3　通过写作与他人沟通

在撰写书面沟通材料之前，人才发展专业人士首先要确定一个明确的目标：读者通过这次沟通应该有什么收获？书面沟通内容应该精简，确保能够清楚地说明目标和期望。读者必须知道读完书面沟通材料之后，他们需要承担哪些责任。

书面沟通应该使用便于理解的格式：开篇陈述事实，中间部分提供支持性细节，结尾部分呼吁采取行动。书面沟通分为三个类别：由发起人发起或回复他人的日常通信、传递好消息、传递坏消息（Appleman 2018；O'Quinn 2017）。

日常通信会引发读者一定的情感反应。日常通信有两种类型：由发起人发起或回复他人。

- 由发起人发起的日常通信应该包含三个部分：必要时开篇自我介绍，并简洁、具体、礼貌地陈述询问或请求；中间部分解释询问的目的，并提供附加信息或细节；结尾部分对读者表示感谢。

- 回复他人的日常通信也应该包含三个部分：开篇简明引用先前邮件中的请求，然后感谢对方；中间部分应回答之前邮件中提出的任何问题，就将要采取的行动提供充分细节和其他有帮助的信息；结尾部分感谢对方联系你，希望你提供的信息对他们有帮助，并表示愿意提供更多信息或协助。

传达好消息的通信分为三个部分：开篇应说明好消息，以及读者正面临的被视为好消息的情况（如折扣、确认正确、信息、变更或工作邀请）；中间部分提供支持性细节，如保证，解释过去或未来的步骤，或行动将如何实施；结尾部分应再次重述好消息，并加上美好的祝愿，如祝贺您或其他积极的陈述。

传达坏消息的通信通常采用有助于软化信息的格式。这种格式的目的并不是推迟或回避传达坏消息，而是通过一种可以被对方看到并理解的方式传达这些消息。阐明原因和备选方案也很有帮助。作者应该避免使用类似于"令人遗憾的是"以及"因为你没有做到"这样的话，因为这些话的语气更强烈，并且过早地传达了坏消息。这种类型的通信同样包含三个部分：开篇提及相关情况，说明请求，提出行动建议，并对这种情况做出中立的陈述；中间部分陈述细节和备选方案，中间穿插坏消息的具体内容，应该从细节或原因开始（如"一条标准"），尽可能明确地陈述坏消息，并加入一些潜在的备选方案；结尾部分包括中性或正面的陈述，提供额外的信息，并感谢收件人有兴趣读完这封书信。

1.1.5.4　有效使用电子邮件

书面交流有一定程度的正式性，而电子邮件是其中最不正式的一种方式。但是，电子邮件的便捷性也给它带来了一定的危险。人们在处理电子邮件的时候可能比较大意，会发送一些可能被误解的信息。所以收件人必须能够解读发件人的语气，如果收件人对于语气的解读与发件人的初衷不符，就会出现问题（Booher 2019）。

1.1.6　运用言语、书面或非言语沟通技巧的技能

I.　沟通以获得倾听和理解

无论是口头沟通还是书面沟通，人才发展专业人士都必须熟练运用多种技巧。

1.1.6.1　培养并展示专业形象

人才发展专业人士只有能够向他人传达想法、知识和信息，才算成功。沟通技能对于培养他人的技能、建立协作关系、团队合作或跨部门工作都是必不可少的。人才发展专业人士应该解释决定和理由，并邀请他人提问。他们主持会议、安排议程并影响他人。他们通过沟通以获得倾听和理解。[参见 1.2、1.3 和 2.3]

所有这些职责都需要通过积极的沟通才能履行，而只有树立可信度和个人形象才可能开始沟通。在《打造个人形象》（*Creating Personal Presence*）一书中，戴安娜·布赫（Dianna Booher 2011）写道：“你的形象包括你的身体、精神和情感内涵，以及性格，涵盖了其他人通过与你之间的长期互动而对你产生的想法和感受。如果这种感受令他们愉悦，你就会赢得信任和可信度。”

为了培养专业形象和可信度，人才发展专业人士首先要掌握如何编制策略性信息。这种信息（Booher 2014）：

- 先陈述结论，然后通过具体案例支持结论。
- 把重要事项从琐碎事项中提炼出来。
- 提供策略背景和具体细节。
- 使用恰当的积极语言。
- 提出发人深省的问题。
- 采纳一种观点。
- 使所有要点都令人记忆深刻。

除了编制策略信息，人才发展专业人士还需要通过自信的姿势，遵循可接受的外貌规范，并践行遵从和尊重的态度，通过非言语方式来表现自己的可信度。最终目标是与任何人建立融洽的关系。

1.1.6.2　提出和接收反馈

提出和接收反馈是人才发展专业人士必备的技能，因为反馈是一种继续学习工具。一般来说，在提供反馈时，重点应该关注[参见 1.3.9]：

- 问题或行为，而不是人。
- 事实，而不是观点。
- 分享想法和信息，而不是提出建议。

接收反馈对人才发展专业人士同样有价值，因为如果他们能够做到以下几点，就可以通过反馈获益良多（CCL 2019）：

- 尊重提出反馈的人，要知道他们能够为你提出反馈是一件很不容易的事。
- 积极倾听，在对方反馈结束后再提问。
- 确定哪些具体行为可以引发他人提供反馈。
- 确定需要改进的方面。

提供和接收反馈意味着对他人感兴趣和关心，也可以收集关于实际情况、他人思考方式以及可改进方面的更多资料。反馈就是要求不断进行公开、坦诚的沟通。

1.1.6.3 练习提问技能

人才发展专业人士运用各种提问技巧激发讨论，确认理解程度和共识达成情况，鼓励自由思考和头脑风暴。引导师可以使用的问题类型包括封闭式、开放式和苏格拉底式：

- 封闭式问题只需要简单地回答"是"或"否"。这种问题可能与某个陈述相关，通常可用来结束交谈。这种问题最常用于获得具体信息或达成一致意见。[参见 2.3.3.10.1]
- 如果想要得到的回答不仅是"是"或"否"，就可以使用开放式问题。这种问题可以作为交谈的敲门砖，用于理解问题、确定需求或确认对方是否理解。
- 苏格拉底式问题以希腊哲学家、教育家苏格拉底命名（公元前 470—399 年）。这是一种规则严明的提问形式，提问者假装不了解某个主题，鼓励他人回答。它又称辩证式问题，这种问题的提问流程有助于探寻更多信息、识别假设和观点或澄清复杂主题。这种问题通常以陈述、主张或定义开头，而且提问者尚未认为这些陈述、主张或定义是事实或真相。接下来提出一些只需要学员回答"是"或"不是"的附加问题，再加上一些有助于发现矛盾的支持性数据或概念。最后，学员得出结论，他们原先认为自己知道的东西并不对。

人才发展专业人士像苏格拉底一样，可以通过使用苏格拉底式问题，帮助他人更清楚地阐明自己的观点，证明支持他们观点的概念。除了可以作为一种出色的教学工具，这种问题还可以帮助学员培养批判性思维能力。因为通过对这种问题的提问，学员需要自己得出结论，因此最终目标是引导他们更深入地理解相关问题。

人才发展专业人士可以在多种情况下提问，其中包括获取额外信息，澄清声明，探寻深层含义，关注细节，理解感知，测试内容一致性，实施规划，得出结论以及评估计划或解决方案。如果人才发展专业人士想要开展有效沟通，掌握提问技能至关重要。

1.1.7 引导与个人和团体之间的对话，帮助他们识别、传达或澄清各自想法和感受的技能

I. 为澄清而进行的对话

人才发展专业人士应该理解如何成功引导对话。鼓励个人和团体参与讨论是学习和发展过程的一个重要方面。所在组织的其他成员可能希望他们可以提供定义、澄清和引导。

1.1.7.1 定义并使用为澄清而开展的对话

对话是指两人或多人之间开展的讨论，这种讨论具备坦诚、诚实、真诚的倾听等特点。"对话"这个词语来源于希腊语 diá 和 lógo，可以解释为"语言的流动"或为了澄清所有概念而由多个人表达的"含义"。

1.1.7.2 对话的原则

彼得·圣吉（2006）在讨论和对话之间做出了有力的区分。在讨论中，当团队寻找做出决定的方法时，会提出反对观点并进行辩护。人们希望自己的想法被接受，重点在于要赢。相反，对话是："对复杂和微妙问题进行的一种自由和创造性的探索，彼此深入'倾听'并暂时搁置自己的观点。"

因为在对话中人们愿意接受新想法，所以可以更容易从其他人那里获得信息，获取知识，继而扩展自己的想法，而不是减少自己的想法。这样做的结果就是能够对所有方案进行探讨，并就哪个方案最合适达成一致意见。

圣吉有关对话的观点借鉴了当代量子物理学家戴维·博姆（David Bohm）的研究结果。在介绍对话时，圣吉（2006）讨论了博姆对这个问题的观点："事实证明，对话是一个非常古老的观念，受到古希腊人的推崇，并被许多如美洲印第安人之类的'原始'社会所践行。"除了博姆，圣吉还借用克里斯·阿吉里斯（Chris Argyris）和唐纳德·舍恩（Donald Schon）的研究成果来解释，对话要求个人更清楚地了解这些输入以及如何处理这些输入，他们写道："我们所有人对于对话都有一些感觉，尤其是当交谈开始有了'自己的生命'，引导我们走向事先从未想过或计划过的方向。"

1.1.7.3 引导个人之间对话的指导原则

精明的人才发展专业人士应该具备引导个人之间对话的能力。圣吉和博姆都认可了下面介绍的一些指导原则。如果想要引导有效的对话，双方都必须：

- "搁置"各自的假设（字面意思就是令它们"就像悬空在我们面前"一样）。
- 双方互相视对方为自己的同事。
- 在私密、舒适的环境中。
- 消除所有干扰，留出足够的时间。

1.1.7.4 引导团体对话的附加策略

人才发展专业人士有责任帮助团体识别、传达并澄清自己的想法。圣吉（2006）认为："反思和探究技能为对话提供了基础。"他将反思技能定义为："放慢我们自己的思考过程，这样我们就可以更清楚地了解我们如何形成心理模型以及它们如何影响我们的行为。"探究过程是先提问，再反思并解释回答。圣吉认为："以反思和探究技能为基础的对话可能更为可靠，对如团队成员之间的化学反应之类的环境细节的依赖性更小。"

个人之间对话的指导原则同样适用于团体对话。此外，圣吉和博姆都认为必须安排一名"维持对话氛围"的引导师。

人才发展专业人士在引导对话过程中可使用的其他策略还包括（Ropers 2017）：

- 在成员人数超过 30 人的团体中进行对话是很困难的。
- 使用一个所有参与者都可以直接进行眼神交流的空间。
- 确保每个人都可以轻松地听清他人在说什么。
- 确保座位没有等级差异。
- 自始至终保持中立。
- 编制的问题应该有助于激发成员互相交流意见。
- 认识到他们需要优秀的倾听、重构和总结技能。
- 将团队发展理解为一个动态过程。

对话是强化团队学习、组建团队、建立学习组织的强大工具。如果人才发展专业人士定期引导有效的对话，那么团队成员之间就更容易培养一种信赖的关系，能够更加深入地理解各自的观点。如果所有成员都参与其中，他们就会体验到更广泛的理解是如何形成的。对话会引发学习。[参见 2.3.2 和 3.3.8]

1.1.8　表达和传达价值主张以获得利益相关者同意、支持或理解的技能

I.　使用价值主张

人才发展专业人士应该使用价值主张来获得利益相关者的同意，并得到领导的支持。

1.1.8.1　定义价值主张

"价值主张"一词来源于营销领域。公司承诺，如果消费者购买其产品，就会为他们带来价值。对于人才发展专业人士来说，价值主张代表他们针对将为领导、利益相关者和客户带来的价值做出的承诺。价值主张陈述了通过潜在课程、人才发展解决方案，甚至人才发展职能本身可以取得的成果。[参见 3.1.2]

1.1.8.2　何时使用价值主张

当介绍新课程或新举措时，价值主张最为有用。它能够解释课程通过什么方式、为哪些人带来好处，通常在初次讨论和提议解决方案时提出。它也可能是人才发展职能部门内部或外部顾问编写的提案的一部分。

1.1.8.3　从业务结果开始

价值主张从业务结果开始，也就是最终能够带来哪些好处。价值主张应该考虑三个因素：关联性、利益性和差异性。

- 关联性解释了产品或服务如何解决利益相关者的问题或改善他们的处境。
- 利益性是对主张的价值进行量化（例如，将减少 50% 的错误）。
- 差异性解释了这个解决方案有什么独到之处。

1.1.8.4 快速直达主题

一旦提出业务结果，就需要提供支持点来支撑价值主张。这可能是两到三个要点，这些要点列出了使其独特或有别于组织当前做法的支持性益处或特征。

1.1.8.5 展示数据和信息的技巧

人才发展专业人士可以通过多种不同的方式来展示数据和信息。没有什么比了解受众和他们的期望更重要的了。通常情况下，最好的做法是从业务结果开始，然后提供更多信息。人才发展专业人士需要：

- 在开始展示信息之前，尽可能多地掌握关于受众文化的知识。
- 选择受众期望的媒介，如幻灯片、与幻灯片配套的纸质讲义或信息图表。
- 预测受众可能做出的反应和提出的问题，事先准备好如何回应。
- 使用折线图、饼图、柱形图、条形图、散点图、气泡图、时间序列图、逐年比较，或任何其他能够阐明要点的其他图示。[参见 3.7 和 2.8.7]
- 如果使用幻灯片，则必须遵守色彩使用、文字、图片和其他设计元素的选择和数量方面的专业指导原则。

1.1.8.6 为受众定制信息

需要专门针对利益相关者编写价值主张。如果受众是高管，就不应该使用如"第 4 级评估"或"行动学习"之类的人才发展术语。使用利益相关者所说的语言——价值主张应该加入利益相关者办公室和他们头脑中已经发生的对话。为了确保受众使用数据，展示者必须：

- 思考信息传递的时间，必须在合适的时间向合适的人传达合适的信息。
- 关注信息对利益相关者或受众有什么意义。
- 先从结论以及利益相关者想要听的内容开始，然后再回过来提供支持材料。
- 使用适当的术语。
- 创建相关示例。
- 选择最佳的环境和沟通媒介，将沟通内容传达给预期受众。

最后，在交付包含丰富数据内容的演示时，可能忘记考虑计划对人产生的影响。如果数据与人们的实际情况相匹配，那么演示将更加有效。"研究显示，如果你能够同时向人们的头脑和心灵说话，那么他们就更容易被说服，继而采取行动或改变自己的想法"（Evergreen 2017）。例如，在图表旁边展示一张照片，就是这么简单。优秀的演讲者擅长向受众的头脑和心灵说话。

参考文献

Appleman, J. 2018. *10 Steps to Successful Business Writing*. Alexandria, VA: ATD Press.

Arnold, K. 2014. "Behind the Mirror: Reflective Listening and its Tain in the Work of Carl Rogers." *The Humanistic Psychologist*. 42(4): 354-369.

Booher, D. 2008. *Booher's Rules of Business Grammar: 101 Fast and Easy Ways to Correct the Most Common Errors*. New York: McGraw-Hill.

Booher, D. 2011. *Creating Personal Presence: Look, Talk, Think, and Act Like a Leader*. San Fransicso: Berrett-Koehler.

Booher, D. 2014. "Securing Executive Support." Chapter 38 in *ASTD Handbook: The Definitive Reference for Training and Development*, 2nd edition, edited by E. Biech. Alexandria, VA: ASTD Press.

Booher, D. 2015. *What MORE Can I Say? Why Communication Fails and What to Do About It*. New York: Perigee/Penguin Random House.

Booher, D. 2019. *Faster, Fewer, Better Emails: Manage the Volume, Reduce the Stress, Love the Results*. San Francisco: Berrett-Koehler.

CCL. 2019. *Feedback That Works: How to Build and Deliver Your Message*, 2nd ed. Greensboro, NC: Center for Creative Leadership.

Cialdini, R. 2006. *The Psychology of Persuasion*, 2nd ed. New York: Harper Business.

Dynamic Signal. 2018. "The Crumbling State of Employee Communication." *2018 State of Employee Communication and Engagement*. San Bruno, CA: Dynamic Signal.

Evergreen, S. 2017. *Presenting Data Effectively: Communicating Your Finding for Maximum Impact*. Thousand Oaks, CA: SAGE Publications.

Gass, R.H., and J. Seiter. 2010. *Persuasion, Social Influence, and Compliance Gaining*, 4th ed. Boston: Allyn & Bacon.

Hoppe, M. 2014. *Active Listening: Improve Your Ability to Listen and Lead*. Greensboro, NC: Center for Creative Leadership.

Mehrabian, A. 1971. *Silent Messages: Implicit Communication of Emotions and Attitudes*. Belmont, CA: Wadsworth Publishing Company.

Merrill, D., and R. Reid. 1981. *Personal Styles and Effective Performance*. Boca Raton, FL: CRC Press.

Nichols, R.G., and L. Stevens. 1957. "Listening to People." *Harvard Business Review*, September.

O'Quinn, K. 2017. "Business Writing for Managers." *TD at Work*. Alexandria, VA: ATD Press.

Patterson, K., J. Grenny, R. McMillan, and A. Switzler. 2005. *Crucial Confrontations*. New York: McGraw-Hill.

Pease, B., and A. Pease. 2006. *The Definitive Book of Body Language: The Hidden Meaning Behind People's Gestures and Expressions*. New York: Bantam.

Rogers, C., and R. Farson. 2015. *Active Listening*. Mansfield Centre, CT: Martino Publishing.

Ropers, N. 2017. *Basics of Dialogue Facilitation*. Berlin: Berghof Foundation Operations.

Scharlatt, H., and R. Smith. 2011. *Influence: Gaining Commitment, Getting Results*, 2nd ed. Greensboro, NC: Center for Creative Leadership.

Senge, P.M. 2006. *The Fifth Discipline: The Art & Practice of the Learning Organization*, 2nd ed. New York: Currency/Doubleday.

Shell, G., and M. Moussa. 2008. *The Art of Woo: Using Strategic Persuasion to Sell Your Ideas*. New York: Penguin Group.

Treasurer, B. 2019. *Courage Goes to Work: How to Build Backbones, Boost Performance, and Get Results*, 2nd ed. San Francisco: Berrett-Koehler.

Waterman, R. 1987. *The Renewal Factor: How the Best Get and Keep the Competitive Edge*. New York: Bantam.

Wingfield, A. 1996. "Cognitive Factors in Auditory Performance: Context, Speed of Processing, and Constraints of Memory." *Journal of Audiology* 7(3): 175-182.

Zenger, J., and J. Folkman. 2016. "What Great Listeners Actually Do." *Harvard Business Review*, July 14.

推荐阅读

Booher, D. 2017. *Communicate Like a Leader: Connecting Strategically to Coach, Inspire, and Get Things Done*. San Francisco: Berrett-Koehler.

Cialdini, R. 2006. *The Psychology of Persuasion*, 2nd ed. New York: Harper Business.

Scharlatt, H., and R. Smith. 2011. *Influence: Gaining Commitment, Getting Results*, 2nd ed. Greensboro, NC: Center for Creative Leadership.

1.2 情绪智力与决策

情绪智力以及做出明智决策的能力对职业成功至关重要。情绪智力是理解、评估并调整自己的情绪，正确理解他人的言语和非言语行为，并根据他人的表现适当调整自己行为的能力。情绪智力是建立融洽关系的关键力量。决策时，需要先确定做出决策的必要性和重要性，识别各种选择，收集关于各种选择的信息，并针对适当的选择采取行动。

情绪智力

1.2.1 关于情绪智力的理论知识

I. 情绪智力模型和理论

人才发展专业人士应该理解情绪智力，并将其作为大多数专业人士和个人互动的起点。

1.2.1.1 历史

20 世纪初，诞生了一种测量智力水平的正式方法——智商（IQ）测试。根据年龄和绩效比，用标准化的分数来衡量智商。近年来，还出现了一些其他理论，提议将智商作为踏板，关注人类的情绪智力。

尽管许多人有一种误解，认为情商和智商是对立的，但实际上它们只是不同而已。智商衡量人们如何学习、理解和应用信息，而情商衡量个人如何学习、理解和应用情绪知识。例如，情商（EQ）分值体现了个人对于自己和他人情绪的理解程度，以及对不同情绪的区分，并运用这些知识来引导自己的行动和行为。

情绪智力（EI）一词已经存在了半个多世纪，多年来也经常出现在各种刊物上。1964 年，迈克尔·贝尔多奇（Michael Beldoch）将这个词用到了自己的论文中。1983 年，霍华德·加德纳（Howard Gardner）提出了他的多元智能理论，通过加入人际和内省来证明智商无法解释完整的认知能力。彼得·萨洛维（Peter Salovey）和约翰·梅耶（John Mayer）在 1990 年首次发布了第一个情绪智力模型。耶鲁大学情绪智力中心创始董事、RULER 教学方案的首席开发师马克·布雷克特（Marc Brackett）曾经撰写了超过 125 篇有关情绪智力的文章。RULER（识别、理解、标记、表达和调节）是一种基于证据的情绪学习方法（Brackett 2019）。[参见 2.2.1 和 2.3.5]

尽管有很多人在研究和撰写关于情绪智力的文章，但直到 1995 年丹尼尔·戈尔曼（Daniel Goleman）所著的《情商》（*Emotional Intelligence*）一书出版后，这个词才广为人知。在这本书中，戈尔曼提出了对于职场成功和领导效率来说，非认知技能和智商同样重要。

1.2.1.2　定义

情绪智力是一种监测并准确识别、表达并理解自己和他人的情绪和反应的潜在能力。它还包含控制个人情绪、运用情绪做出明智决策并且有效行动的能力（Mayer、Salovey 和 Caruso 1998）。个人与生俱来就有发展自己的情绪智力的潜力，并且这种智力也会受到人生阅历的影响，其中最明显的是，在成长过程中从父母、老师和熟人身上学到的关于情感的阅历。

情商意味着一种测量方法，但情绪智力测试并不衡量情绪智力。从定义上就可以看出来，情绪智力强调个人运用情感知识来管理自身行为或影响他人的能力。即使最优秀的情商测试，也只能衡量所掌握的情感知识以及这些知识如何发挥作用——它无法评估将知识运用到实践的能力。情绪智力评估非常有价值，因为它提供了关于知识的洞察，可以说是一个起点。虽然为了方便记住，可以用情商这个术语来指代个人所掌握的有关情绪的知识，但要认识到这两个术语是不可互换的。从定义上来看，情绪智力是一种实践能力。虽然一个人可能理解情绪如何工作的原则，但情绪智力的真正定义是如何运用这些知识。

1.2.1.3　有关情绪智力的研究

大量研究指出了情绪智力的价值，工作中几乎方方面面都会受到情绪意识和调节的积极或消极影响。一个人的情绪状态会对他的记忆力和学习效果产生积极的影响，例如，增强信心以做出更明智的决策，改善与他人的联系和有效的工作关系，引起会对健康和幸福状态产生影响的生理反应，增强创造力（Brackett 2019）。在实践中，情绪智力甚至会影响个人收入。研究指出，情绪智力高的人每年的平均收入比其他人多 29 000 美元（Bradberry 和 Greaves 2009）。

1.2.1.3.1　情绪智力的好处

约翰·梅耶（2008）的一项研究发现，较高的情绪智力与一些有价值的结果之间存在正相关，包括：

- 完善对于社交能力的自我认知，提高人际关系的成功率，减少人际攻击和问题。
- 他人会觉得你更友善、更善于社交、对身边的人更有同理心。
- 改善与家人和同事之间的关系。
- 提高工作中的社交活力以及谈判能力。
- 提高生活满意度和自尊，降低不安全感或抑郁程度。

研究还发现，情绪智力与不良的健康选择和行为之间存在负相关。

1.2.1.3.2　模型与理论批判

关于情绪智力一直存在一些困惑和争议。如果想要充分理解情绪智力，人才发展专业人士应该知道，有人担心这种模式会把技能和道德混淆，而且无论是从学术角度还是商业角度，情绪智力都没有任何预测性的结果（Landy 2005）。由于该模型的衡量是以自我评估为基础的，因此这也是一个问题（Salazar 2017）。但是，虽然存在这些问题，情绪智力仍然是获得个人和职业成功所需的关键技能。

1.2.1.3.3　情绪智力的未来

布拉德伯里（Bradberry）对情绪智力的未来持乐观态度。他说虽然一些研究表明全球范围内情绪智力的平均值有所下降，但实践是提高分数的关键。

1.2.1.4　三种模型

情绪智力共有三种主要模型——能力模型、混合模型和特质模型，每种模型都需要不同的工具来衡量情绪智力水平。虽然其中部分衡量标准是互相重叠的，但是大多数研究人员认为各种模型都采用了不同的构想。

1.2.1.4.1　能力模型

能力模型的创建者萨洛维和梅耶（1990）将情绪智力定义为"对情绪和情绪相关问题进行推理，以提升思考的能力"。模型要求对人们的四项相关能力进行评估，以确定他们的情绪智力：

- 感知情绪包括理解言语和非言语信号。
- 情绪推理指用情绪来解决问题或回顾情况。
- 使用和理解情绪指使用上述两种能力来分析情绪并完成行动。
- 管理情绪指调节情绪，从而妥善并且正确地回应他人的情绪（Salazar 2017）。

1.2.1.4.2　混合模型

混合模型以五项胜任力为基础。之所以称之为混合模型，是因为它将情绪智力品质和其他与情绪或智力无关的人格特质混合在一起。五项胜任力分别是自我意识、自我调节、动机、共情和社交技能。胜任力属于可以通过学习掌握的能力，必须努力培养。［参见 1.2.2］

1.2.1.4.3　特质模型

特质模型是其中最新的一种模型，是由佩特里迪斯（Petrides）及其同事开发的（2007）。这种模型的不同点在于，它不是一种基于能力的构造。相反，它指出人们的"情绪特质或情绪自我感知"是其个性的一部分。这种模型将情绪智力视为个人"对于自身情绪能力，包括行为能力的自我感知"（Salazar 2017），基于自我报告的方式进行衡量。

1.2.2　评估和管理自我情绪状态的技能

I.　管理个人情绪

人才发展专业人士应该熟练地监测、识别并控制自己的情绪和反应。

1.2.2.1 戈尔曼的五项胜任力

戈尔曼的混合模型提出了界定情绪智力的五个主要领域。这五个主要领域可以分为两个类别：个人和社会。个人包括自我意识、自我调节和动机。社会包括共情和社交技能。此外，这五项胜任力还涵盖 25 种情绪智力特征。

个人胜任力

- 自我意识。自我意识是指了解自己的内心状态、偏好、才智和直觉。自我意识较强的人能够意识到自己的情绪状态，了解它们的感受和原因。

- 自我调节。自我调节是指能够管理自己的内心状态、冲动和才智。善于自我调节，即善于自我管理的人能够在片刻之间控制或改变自己的冲动和情绪。这包括即使在困难的情况下，也会避免仓促做出判断，先思考再回应的能力。

- 动机。动机是指理解有助于促进目标达成的情绪倾向的能力。如果一个人动机强烈，就会表现出一种发自内心的热情，投入精力下定决心达成目标（Sallie-Dosunmu 2016）。

社会胜任力

- 共情。共情是指认识到他人的情感需求，并以他人需要的方式为其提供有效的支持，这种能力是人际关系的关键。这是一种发现并理解他人的感受、需求和顾虑的能力。

- 社交技能。社交技能包括维护关系和建立人际网络，从而博得他人好感。擅长社交技能的人能够通过有助于建立融洽关系的方式找到与他人之间的共同点。

1.2.2.2 布雷克特的 RULER 模型

耶鲁大学情绪智力中心的马克·布雷克特（2019）是 RULER 模型的主要设计师。这种模型以证据为基础，注重理解情绪的重要性及提升情绪智力技能，以打造并保持积极的文化。RULER 模型共包含五项技能：

- 认识（Recognizing）到自己和他人的情绪是理解任何人情绪状态的第一步。

- 理解（Understanding）情绪、引起这些情绪的原因，以及这些情绪会引起的结果。布雷克特认为这是最具挑战性的学习任务。

- 使用精确的词语来标记（Labeling）情绪可以提高满足他人需求的能力，从而产生共情。

- 表达（Expressing）情绪就是指个人针对自己感受到的情绪采取行动。

- 调节（Regulating）情绪是最后一级，个人实施有效的策略来选择自己将在什么时候有怎样的情绪。

1.2.2.3 培养提升情绪智力的技能

情绪智力是灵活的，可以通过协调一致的、有意识的自我改进来提高这项智力（Bradberry 和 Greaves 2009）。如果人才发展专业人士想要发展自己的情绪智力，则需要制定一项改进计划。这项计划应包含下列步骤：

1. 理解概念。

2. 确定当前基准。

 ○ 完成自我评估。

 ○ 收集他人的反馈意见（例如，通过多个评分人）。

 ○ 检查个人对承压情境的反应。

 ○ 回顾当前行动对他人产生的影响。

 ○ 对行动负责。

3. 制定发展计划。

 ○ 评估改变动力。

 ○ 识别目标。

 ○ 确定如何管理消极情绪。

 ○ 注意措辞。

 ○ 确定压力因素。

4. 练习各种技能和行为。

5. 学习复原技能。

6. 获得导师或教练的洞察。

1.2.3 识别影响自身认知和行为的个人成见的技能

I. 理解成见与情绪智力的关系

如果人才发展专业人士能够理解情绪智力和引起成见的根源，就更有益于改变自身的行为并提升自己的情绪智力。

1.2.3.1 引起成见、偏见和歧视的根源

成见、偏见和歧视是从小就开始的各种情绪。根据戈尔曼（2006）的观点，几乎不可能消除偏见情绪，因为这种情绪从人生早期就形成了。这些情绪在以后的人生中会不断得到强化，因为模式化观念已经形成，相对于否认它们，支持它们显然更容易。[参见 1.4.2.1 和 1.4.5.3]

很多人通常都是和自己志同道合的人聚在一起，也就是说，他们的观点很少会受到质疑，从而就更加肯定自己的观点是正确的，即使事实上并非如此。最终，人们的大脑会始终看到模式并寻找相似的东西（Rabotin 2011），导致模式化观念就更加强烈。

1.2.3.2 发现个人成见的方法

发现成见是消除工作场所成见的第一步。可以通过下列方法来识别成见（Wilkie 2014）：

• 承认有成见。

• 回顾内部谈话。

- 参加专业亲和团体，以更好地理解成见、偏见和歧视。
- 请求他人定期为你的个人行为和行动提供反馈。
- 每日评估个人行动。
- 积极主动地认识到人们的不同能力。
- 采取措施积极为感觉自己被疏离的人提供支持。

1.2.3.3　成见效应

人才发展专业人士应该认识到成见和偏见的破坏性。成见不但会引起法律诉讼，导致公司承受财务损失，还会影响公司声誉——阻碍公司招募最优秀的员工，影响员工绩效和敬业度，引起薪酬歧视，对招募和留住员工造成不利影响。

1.2.3.4　个人成见和偏见

针对隐藏式成见开展的研究结果表明，人类的大脑天生就有快速决策的能力。决策通常以假设和经验，有时甚至以错误的概括为基础，导致人们在完全无意识的情况下做出错误的判断（Wilkie 2014）。

大多数人都有某种成见，但这并不意味着他们是不称职的人或是坏人。如果要直言不讳地指出这些成见，就需要运用情绪智力，所以人才发展专业人士需要具备情绪智力。

人才发展专业人士能够应对工作场所内的个人成见。下列策略有助于人才发展专业人士知道自己应该做什么：

- 鼓励围绕成见开展讨论。培养自我意识是第一步，每个人都必须先承认自己有成见，然后才能消除这些成见。
- 认识到成见会对组织内决策产生的影响，并讨论成见将如何阻碍组织目标的达成。
- 针对员工各自的无意识成见，以及组织内可能存在的隐藏障碍方面的经历进行调研。根据调研结果，制定人才发展解决方案。
- 实施政策和实践，确保无意识成见不会阻碍朝着包容性、多样性工作场所发展所做的努力。例如，对所有招募和面试政策进行审查。［参见 1.4］

1.2.3.5　人才发展专业人士的个人共情

根据戈尔曼（2019）的观点，当人们表现出共情（五项胜任力中的一项）时，通常会有三种不同的能力。每种能力对于共情效果都很重要：

- 认知共情是指理解他人观点的能力。这种能力使得人才发展专业人士能够通过有意义的方式来解释自己。
- 情感共情是感受到他人感受的能力。当培养和辅导他人、与利益相关者活动，以及读懂团体动态时，人才发展专业人士就需要情感共情。
- 共情关怀是感受到某人想要从他人那里得到什么的能力。共情关怀使得人才发展专业人士不仅感受到他人的感受，还能够感受到他们需要什么。这对于那些身处支持职能部门，专门为组织和员工提供所需服务的人才发展专业人士非常重要。

1.2.4 观察并解读个人或群体言语和非言语行为的技能

I. 解读言语和非言语行为

人才发展专业人士应该擅长解读个人或群体的言语和非言语行为。

1.2.4.1 提高效果的实践技能

无论是否有意识，人才发展专业人士总是在不断沟通——提供和接收信息。人才发展专业人士可以通过遵循下列方针来改进并强化自己的信息以及传达这些信息的方式：

- 传达一致的信息——言语和非言语信息保持一致（例如，如果一个人一边摇头表示"否"的同时嘴里在说"是"，那么对方就很难理解信息的真实含义）。
- 通过重复来强化信息。
- 确保面部表情传达预期含义（例如，皱眉头可能表示集中注意力或反对）。一些面部表情适用范围很广，可以表示快乐、悲伤、恐惧、愤怒、不确定、惊讶、厌恶等。
- 确保通过眼神交流传达正确的信息（例如，用直接的眼神交流来表现兴趣，但不要太直接以至于让人害怕）。
- 确认手势和动作表现出你感兴趣而且关注。
- 通过积极的接触进行沟通（如握手、拍拍后背或控制性地紧握手）。
- 注意他人讲话的方式，包括时间、节奏、音量、语音和语调的抑扬变化，避免如"嗯"或"像"等口头禅。

对于人才发展专业人士来说，读懂他人的非言语行为令自己能够理解完整信息，这也很重要。人才发展专业人士需要通过几种方式来关注非言语行为［参见 1.1.2.3］：

- 读懂混合的非言语信号，避免从一个手势解读出过多的含义。
- 注意信息不一致。
- 如果事情看起来不对劲，或者信息混杂，那么倾听并相信直觉。
- 注意表现出关注或兴趣的眼神交流、面部表情、手势、语调、身体接触或非文字声音。
- 在与他人交谈时，观察对方是否有困惑的表情，询问对方是否理解提及的内容，并向对方保证，如果对方不理解，可以直接提问。

1.2.4.2 观察群体行为

面对群体时，人才发展专业人士的一个挑战是他们必须同时读懂 10 人、20 人甚至 40 人。经验丰富的人才发展专业人士可以通过与每个人建立联系来克服这一挑战——扫视整个群体，同时与个人眼神交流。他们会确保自己均衡地注意教室的每个角落，认识到自己关注度最低的位置（通常是教室里非惯用手的那一侧）。当想让他人提问时，他们会学会向他人发出无声的信号来进行交流。他们会注意群体中谁在开小差、谁说得太多、谁表达了不同意见，并且掌握了应对各种情况的技巧。他们将利用休息时间与那些可能需要鼓励、建议、支持或反馈的人沟通。

1.2.4.3　观察并解读虚拟群体的行为

组建虚拟群体时，人才发展专业人士必须在开始工作、项目或课程之前，制定参与规则。召开后续跟进会议时，人才发展专业人士要认识到，第一步是确保虚拟群体的所有成员都收到并消化了同样的沟通内容，并完成了各项课间任务。

他们需要在每次正式会议之间对虚拟群体成员进行沟通，避免问题发生，并表现出对所有成员的尊重和支持。他们应该观察所有成员在课间的行为，如有限的书面沟通、回复迟缓、任务延迟完成或未完成等。他们在开始每次集体会议时，还应该点名，并应确保每个人都发言。如果人才发展专业人士发现有人没有参与进来，就向他们直接提问。通过以上这些观察，人才发展专业人士可以揭示是否存在问题。精明的人才发展专业人士在掌握所有事实之前，不会对这些行为做出任何解释。

1.2.4.4　将情绪智力与人才发展联系起来

人才发展专业人士应该寻找实践并示范情绪智力技能的方法。例如，可以制定情绪智力发展计划，其中包含下列事项（Bradberry 和 Greaves 2009；Nadler 2011）：

自我意识策略：

- 记情绪日记。
- 征求反馈。
- 观察自身情绪产生的连锁反应。

自我管理策略：

- 学会好好想一想或数到 10。
- 与一名经验丰富的自我管理者访谈。
- 控制自我对话。

社交意识策略：

- 提前计划社交聚会。
- 跟人打招呼的时候叫他们的名字。
- 练习观察并应对肢体语言。

关系管理策略：

- 处理困难的谈话。
- 认同他人的感受。
- 建立信任。

人才发展专业人士还应该准备好培养并辅导他人提升自己的情绪智力技能。他们可能建议个人从评估开始，然后辅导个人设计发展计划，这些计划可能包含上文提及的部分策略。[参见 2.7]

1.2.5 为应对他人行为、态度或想法的变化或预期变化而调整自我行为的技能

I. 培养情绪智力

人才发展专业人士应该观察并识别他人的行为和态度，并适当地调整自己的行为。

1.2.5.1 需要改变行为的情况

在很多情况下，人才发展专业人士都需要调整自己的行为，或从他人的角度理解当时的情况。然后，他们将决定需要哪些技能并进行练习，以便为以下事情做好准备：

- 预测个人行为、态度或想法。
- 观察群体传达的言语和非言语信息。
- 做出艰难的决定。
- 应对挑战性情况。

1.2.5.2 运用戈尔曼的五项胜任力

人才发展专业人士应该掌握情绪智力知识只是开始，最终需要运用情绪智力技能，例如：

自我意识

- 创建一份优势和才能清单，建立信心。
- 努力提升缺乏优势的各个领域。

自我调节

- 表现出尝试新事物的意愿。
- 读一本书或参加一节有关适应力的课。

动机

- 制定一系列与部门和组织目标相一致的个人目标。
- 自愿参加下一个跨职能小组。

共情

- 寻找一个可能并不是始终看起来和自己完全合拍的人，和他建立关系。
- 预测客户的需求，并制定计划来满足这些需求。

社交技能

- 练习积极倾听技能，并获得同事的反馈。
- 与他人合作，帮助他们满足他们的需求。

1.2.5.3　培养并调整行为来提升情绪智力

人才发展专业人士应该认识到各种不同的情境，并能够调整自己的行为来改进结果。在困难情况下保持冷静的能力非常重要，特别是在职业场景中。人才发展专业人士可以通过反思自己的情绪来培养这种能力。人才发展专业人士可以征求他人对于过往情况的见解，并探究他们为什么会做出这样的反应、是什么引发了这种反应，以及他们可以做些什么不一样的。

1.2.5.4　工作场所中的情绪智力

当前的工作场所需要每个人都具备情绪智力。情绪智力水平高的领导者可作为榜样，鼓励员工参与，降低员工离职率并提高工作效率。个人贡献者表现出情绪智力对于改进沟通和协作也十分重要。加速情绪智力需求的工作场所的特征包括：

- 提高敬业度的需求。
- 对于多样性和包容性的要求。
- 全球化水平提高。
- 技术运用增加。
- 对于招募和留住员工的需求增加。
- 协作和管理优先事项。
- 对于确保竞争优势的需求。

1.2.6　有关学习或表现出适应技巧和方法的知识

Ⅰ.　培养适应能力

挫折是人生的一部分，人才发展专业人士需要研究他们应该如何应对逆境，然后发挥复原力。

1.2.6.1　复原力的定义和特征

复原力（或弹性）是指在发生预期外情况时的适应和恢复能力。每个人都可以发展以下四个特征来建立适应能力（Hanson 2018）：

- 认识到挑战不应该是一种令人害怕的事件。失败和错误能够提供成长经验与机会。
- 寻找资源，树立信心并获得承诺，无论是否面对各种挫折，都继续朝着个人和职业目标努力。
- 调整自己的想法、感受和行动，保持积极的状态，从日常工作中吸取经验教训。这也意味着带着热情和共情对待他人。
- 有技巧地与他人和更广阔的世界相处。

1.2.6.2　复原力的价值

复原力强的员工无论是体格上还是精神上都更健康，能够为组织节省很多成本。此外，复原力强的员工，其工作效率更高，更愿意学习新技能或担任新角色。复原力强的员工在承压状态下表现得更出色，当周围事物不确定的时候，仍然能够保持冷静——这种能力在当前这个不断变化的时代非常有用。

很多雇主对于复原力的关注度不断提高，而且复原力培训课程在组织内也越来越盛行（Kohill 2017）。

1.2.6.3　学习并练习复原力技巧

人才发展专业人士可以通过各种方法来培养并维持自己的复原力，从基本的每天锻炼身体、保持充足睡眠和健康饮食开始，另外，还需要积极的思考，从错误中吸取经验教训。可以通过以下技能来培养这种能力：

- 与同事和朋友建立稳固的关系。
- 练习一种技巧，如冥想或者正念。
- 练习思维意识，避免消极思维导致努力脱离正轨。
- 通过练习认知重建来改变对消极情境的认知。
- 制定与个人价值观相符、可衡量的个人目标。
- 找到从错误和失败中吸取经验教训的力量。
- 通过言行做出积极的回应。
- 保持对人生事件的看法。
- 找到人生目标。

1.2.6.4　帮助他人提高复原力

人才发展专业人士可以通过传授关于复原力的知识来帮助他人提高复原力，但是他们还应该确保制定衡量标准来培养工作场所复原力，例如：

- 辅导领导者以身作则，并培养领导层面的复原力。
- 通过鼓励员工发现工作的意义来培养他们的目标感。
- 确保组织有支持变革的文化和计划。
- 鼓励员工在工作中和社交活动中团队合作、互相联系。
- 鼓励培养健康的习惯。
- 营造积极、灵活、令人愉悦的氛围。

决策

1.2.7 关于决策模型的知识

I. 决策

人才发展专业人士应该运用有条理的决策流程，使得需要参与其中的每个人都能贡献自己的想法，并在决策过程中扮演积极的角色。

1.2.7.1 问题解决流程

如果遵循有组织的程序，就更容易解决问题。运用决策流程有助于人们记住做出最佳决策所需的各个步骤。虽然有大量不同的流程，但是必须遵循下面介绍的六个步骤：

1. 定义问题。

2. 研究并分析问题。

3. 建立一份标准清单，用于评估可能的解决方案。

4. 列出所有可供选择的方案。

5. 选择最佳方案，并讨论如何实施该方案。

6. 监督实施情况，并根据需要修改方案。

大多数人从第四步开始，跳过前面三个重要的步骤——有效的决策制定取决于问题的定义。之所以会产生问题，是现状和预期存在差异。差异应该以问题的形式来陈述。例如，"我们如何减少生产线上的错误数量"这种说法比"制定提高质量的计划"更有效。

人才发展专业人士可以使用这些指导方针来提出问题，在问题的引导下做出更好的决策（Quinlivan-Hall 和 Renner 1990）：

- 如何：问题表明一种流程。

- 哪里：问题指出地点。

- 谁：问题指明涉及的人。

- 何时：问题指明时间。

- 什么：问题对流程和内容进行整理。

问题越具体，决策就会越成功。

1.2.7.2 决策模型

人才发展专业人士应该了解几种著名的决策模型。

- KT 法是组织中使用的最古老的正式方法之一。这种用于收集、排序并评估信息的结构化流程由查尔斯·凯普纳（Charles H. Kepner）和本杰明·特里戈（Benjamin B. Tregoe）在 20 世纪

60 年代提出，在企业管理界备受推崇。KT 法的一个重要方面是风险评估和优先排序。这一决策方法的理念不是寻找一个完美的解决方案，而是尽可能做最好的选择。这一流程包括列出"必须拥有的"、"想要拥有的"和制约因素，努力限制那些可能把人们的注意力从结果上引开的有意识和无意识成见。对照这三项对备选方案进行评级和加权。这种分步方法便于使用，尤其是在有多种潜在方案的情况下（Kepner 和 Tregoe 1997）。

- Vroom-Yetton-Jago 决策模型的事实依据是并不是所有的决策都值得花费同样的时间。人才发展专业人士先对照这三个因素对决策进行分析：决策质量的重要性、是否需要下属承诺或支持、时间限制。根据分析结果，分配这三种领导力风格中的一种进行决策：专制型、顾问型或协作型（MindTools ND）。

- OODA 循环包含四个阶段：观察、定向、决策和行动。尽管这四个阶段中有三个一看就明白其含义，但是"定向"通常需要进一步说明。定向是指问题解决者需要使自己看向新的信息，不要被以往的经历所影响（Ullman 2007）。

- 成对比较分析使用比较矩阵，将每个方案与所有其他方案进行成对比较，以确定首选方案。当涉及许多相互竞争的方案时，这种工具最有效（Free Management Books ND）。

- 德尔菲法使用一份精心设计的问题清单，这份清单经过几轮的开发和完善。参与者在专家小组面前提出意见，互相针对各自的回答提供反馈意见，逐步达成共识。这种方法经常和头脑风暴进行比较，但是使用德尔菲法时没有直接的群体互动（Mulder 2017）。

1.2.7.3 决策方法

决策可以由个人或群体和团队的形式来做出。无论是哪种形式，都有几种方法可供选择。

个人决策方法：

- 一份决策平衡表，列出每种方案的优缺点（利弊）。最初提出这种流程的是本杰明·富兰克林（Benjamin Franklin）和柏拉图（Plato）。

- 一种加权矩阵，一条轴列出可行的解决方案，另一条轴列出加权标准，决定哪种解决方案得分最高。

- 满意决策是指不断对备选方案进行审核，直到满足可接受阈值。

群体决策方法：

- 共识，努力避免"赢家"和"输家"，并要求少数人同意以言行支持决策。少数人可以要求修改决策，去除其中令人不快的特征。

- 民主或多数投票需要获得群体中至少 50% 的成员的支持。

- 在权威规则中，一个人做决策，通常需要集体提供意见。

- 如果有一个明确的专家，而且从技术角度来看他具备做出决策的能力，此时就会使用专家决策。

- 少数控制由集体中的少数群体做出决策，并要求每个人都同意支持该决策。

1.2.7.4 运用情绪智力知识来改进决策

情绪智力在决策过程中非常有用，能够帮助人们意识到可能在决策时带有情绪，并努力避免在决策时融入不该有的情绪。情绪智力高的领导者通常不太容易犯错，因为他们会认识到自己的情绪来源。领导者也可以通过根据决策确定自己情绪的真正来源，帮助他人减少焦虑产生的影响。

情绪智力还可以帮助人们更好地理解触发因素或原因，并管理针对决策情况的自动反应。相对于被动反应，具有出色情绪智力的人才发展专业人士更可能停止或考虑决策并针对新情况做出回应。基于感受、本能和直觉产生的信息，以及理性智力产生的信息，才能做出更明智的决策。人才发展专业人士可以使用记忆（短期、长期和工作记忆）对各项选择分配不同的权重或偏好。正是情绪智力对控制和运用情绪提供指引，从而适应改变、与他人相处或处理带来压力感的决策。最后，情绪智力能够帮助人才发展专业人士在做出决策时保持乐观的态度。[参见 2.1.2.2]

1.2.8 运用逻辑和推理技巧来确定问题备选解决方案、结论或方法优缺点的技能

I. 探索批判性思维

对于人才发展专业人士来说，不断提升自己的批判性思维技能，从而取得最有效的决策成果，这一点至关重要。

1.2.8.1 批判性思维技能

人才发展专业人士应该针对情况和相关事实、数据与证据实施批判性思维或分析，从而做出更明智的决策。在理想情况下，批判性思维只关注事实信息，是客观的，不会受个人意见或成见的影响。

批判性思维流程包括：

- 确定和组织。确定情况以及影响情况的因素，按照优点/缺点或意见/事实等类别分类组织这些因素的能力。
- 研究。找到信息来源，并开展独立验证的能力。
- 识别成见。识别某人自己和他人的成见，避免这些成见影响判断的能力；分析至关重要。
- 通过推断得出结论。总结并评估信息，并利用信息推断潜在成果，避免盲目下结论的能力；信息解读技能。
- 解决问题。整理自己的想法，并运用所有问题解决步骤的能力。
- 确定相关性。确定什么信息是最重要的能力。
- 提问和好奇。提出开放式问题的能力。

1.2.8.2 批判性思维所需的步骤

对于人才发展专业人士来说，批判性思维是一种重要技能，下面介绍六个步骤以及相关技能：

1. 组织信息。在掌握信息之后，关键在于选出最重要的信息，并通过能够体现联系、主题或层级的方式对这些信息进行分类。

2. 结构推理。意见将是批判性思维的一部分，但这一步骤要求各项陈述有合理理由支持，并考虑不同意见。目标是找到体现推理的方法，从而揭示陈述或数据之间的关系。

3. 考虑证据。仔细审查证据，以确定其来源和可靠性。例如，证据是否来自有成见的新闻来源或者研究者？

4. 识别假设和成见。对论据的逻辑结构进行审查，确定其是否有效。这要求识别可能存在的任何假设和成见。

5. 评估论据。对论据进行审查，不仅要确定各项论据的利弊，还要确定每一方论据的强弱。

6. 传达结论。无论论据多么有力，如果不合理通过书面或口头方式来呈现，那么可能也不会成功。

1.2.8.3 做出团队决策

与个人决策一样，团队需要遵循有组织的决策流程。他们应该商定明确的决策流程。团队决策的问题解决模型与本节前文介绍的六步骤流程相同。[参见 1.2.7]

团队决策有优点也有缺点。下面列举了其中的一些优缺点：

优点：

- 互相启发得到更多的想法。
- 通常有助于获得更多的支持和承诺。
- 得到更多解决方案。
- 更愿意承担风险。
- 鼓励有创意的想法。

缺点：

- 耗时。
- 潜在的参与不均衡。
- 由于个性类型引起的矛盾。
- 增加竞争。
- 群体思维（群体所有成员的想法都与群体共识一致）。

对于团队决策的各种缺点，人才发展专业人士必须尤其注意群体思维。心理学家欧文·贾尼斯（Irving Janis）在 1972 年创造了这个术语，用来描述群体做出错误或非理性决定的情况。群体思维的主要特点是，群体的每位成员都为了让自己的意见与群体共识达成一致而刻意改变自己已经提出的意见。可能引起群体思维的情况包括群体孤立、群体凝聚力高、命令型领导、缺乏与系统决策程序相关的规范、成员同质化，以及外部威胁引起的高度压力。

1.2.8.4　决策模型

事实上存在很多决策工具。人才发展专业人士可以先决定最佳方法或模型，这取决于需要多少人参与、需要投入多少时间，以及决策的相对重要性。有助于决策的其他工具包括多重投票、亲和图和对策矩阵。人才发展专业人士可以权衡每种工具的优缺点，这样有助于做出最佳选择（见表1.2.8.4-1）。

表 1.2.8.4-1　决策模型

技　巧	描　述	优　点	缺　点
多重投票（团队列名法）	一种群体决策方法，通过一系列结构化的投票步骤，将想法清单筛减至关于可管理的数量	• 适合团队决策情况。 • 最大限度减少团队动力问题。 • 形成一份按顺序排列的列表。 • 可以比讨论产生更多的想法。 • 限制那些有强烈意见的人的权力。 • 减少被迫从众的压力。 • 可秉持民主原则确定优先顺序。 • 通常会产生一种完结感	• 需要准备。 • 经严格规划。 • 最适用于单一、明确定义的问题。 • 最大限度减少讨论。 • 无法对各种想法进行充分探讨
亲和图/关系图	一种根据不同想法之间的自然关系，按照逻辑原则将大量想法组织成不同组的工具	• 鼓励均衡输入，考虑每个人的想法。 • 鼓励非常规思维。 • 简单、高成本效率、透彻。 • 对于类别达成一致共识。 • 展现所有想法。 • 更深入理解他人是怎么想的。 • 适合事实似乎缺少结构的情况。 • 适合大规模或复杂问题	• 大约需要两个小时。 • 必须消除任何可能导致参与者分心的因素。 • 必须遵循程序化流程。 • 在沉默环节，参与者可能感到奇怪。 • 无法表现出引起效果的系统性原因。 • 无法表现出因果关系
对策矩阵	一种用于记录问题原因、解决方案和实施优先性的工具，为制定行动计划提供依据	• 鼓励运用批判性思维。 • 确定原因、解决方案和实施优先性。 • 为行动计划的制定提供依据	• 需要有合适的人参与。 • 很难实现均衡参与。 • 可能看起来是一个复杂的过程

人才发展专业人士可能想要探讨的其他工具包括：

- 优点和缺点分类。识别各种备选解决方案的优点和缺点。
- 决策矩阵。在列和行中列出值以识别和分析关系的工具。
- 加权标准。一种将一个轴上的备选方案与另一个轴上的加权（按重要性排序）值进行比较的决策矩阵。
- T 形图。一种将某个解决方案的两个面，如利与弊进行比较的组织工具。
- 决策树。一种按照各种决策及其结果进行分类的分支模型。

- 成本效益分析。通过评估以最优成本取得效益的最佳方法，估算各种方案的价值。

- SWOT。一种二乘二式的视觉效果，用于显示某个想法、问题或解决方案的优点、缺点、机会和威胁。

- 力场分析。一种由库尔特·勒温（Kurt Lewin）提出的诊断工具，用于评估两种类型的力（动力和阻力）。

- 帕累托图。显示值的直方图和显示累计值的折线图。

虚拟团队可能需要独特的工具来开展协作性头脑风暴和群体决策活动。人才发展专业人士应该先研究几种不同的工具，然后选择最能够满足各自特定需求的最佳工具。确保每个人都了解电子工具将如何处理群体活动，这一点很重要。群体决策流程通常与个人决策流程相同：定义目标、阐明标准、形成想法、组织可能性、评估解决方案和选择决策。运用虚拟决策工具的优点在于利用电子方法来完成其中的一些步骤。例如，一些工具通过合并相似的备选方案，降低冗余性来组织各种可能性。参与者利用其他工具可以与他人协商解决方案。通过这种流程，参与者最终将取得协作协议。

参考文献

Beldoch, M. 1964. "Sensitivity to Expression of Emotional Meaning in Three Modes of Communication." In *The Communication of Emotional Meaning*, edited by J.R. Davitz and M.Beldoch. New York: McGraw-Hill.

Brackett, M. 2019. *Permission to Feel: Unlocking the Power of Emotions to Help our Kids, Ourselves, andour Society Thrive*. New York: Celadon Books.

Bradberry, T., and J. Greaves. 2009. *Emotional Intelligence 2.0*. San Diego: TalentSmart.

Cherniss, C., and M. Adler. 2000. *Promoting Emotional Intelligence in Organizations*. Alexandria, VA: ASTD Press.

Free Management Books. ND. "Paired Comparison Analysis." www.free-management-ebooks.com/news/paired-comparison-analysis.

Gardner, H. 1975. *The Shattered Mind*. New York: Knopf.

Goleman, D. 2001. *Primal Leadership*. Boston: Harvard Business School Press.

Goleman, D. 2006. *Emotional Intelligence: Why It Can Matter More Than IQ*, 10th anniversary edition.New York: Bantam Books.

Hanson, R., and F. Hanson. 2018. *Resilient: How to Grow an Unshakable Core of Calm, Strength, and Happiness*. New York: Penguin Random House.

HBR Press. 2019. *Emotional Intelligence Focus*. Boston: HBR Press.

Hunt, J., and M. Fitzgerald. 2013. "The Relationship Between Emotional Intelligence and Transformational Leadership: An Investigation and Review of Competing Claims in the Literature." *American International Journal of Social Science* 2(8): 30-38.

Kepner, C. H., and B.B. Tregoe. 1997. *The New Rational Manager*. Princeton, NJ: Princeton Research Press.

Kohll, A. 2017. "How You Can Build a More Resilient Workforce." *Forbes,* January 5. www.forbes.com/sites/alankohll/2017/01/05/how-you-can-build-a-more-resilient-workforce/#536ce39e9b50.

Landy, F.J. 2005. "Some Historical and Scientific Issues Related to Research on Emotional Intelligence." *Journal of Organizational Behavior* 26:411-424.

Mayer, J. 2008. "Human Abilities: Emotional Intelligence." *Annual Review of Psychology* 59:507-536.

Mayer, J.D., P. Salovey, and D. Caruso. 1998. "Competing Models of Emotional Intelligence." In *Handbook of Human Intelligence*, edited by R.J. Steinberg. New York: Cambridge University Press. MindTools. ND. "The Vroom-Yetton Decision Model: Deciding How to Decide." www.mindtools. com/pages/article/newTED_91.htm.

Mulder, P. 2017. "Delphi Technique." *Tools Hero*. www.toolshero.com/decision-making/delphi-technique.

Nadler, R. 2011. *Leading with Emotional Intelligence: Hands-on Strategies for Building Confident and Collaborative Star Performers*. New York: McGraw-Hill Companies.

Petrides, K.V., R. Pita, and F. Kokkinaki. 2007. "The Location of Trait Emotional Intelligence in Personality Factor Space." *British Journal of Psychology* 98(2): 273-289.

Quinlivan-Hall, D., and P. Renner. 1990. *In Search of Solutions*. Vancouver, BC: PFR Training Associates.

Rabotin, M. 2011. *Culture Savvy: Working and Collaborating Across the Globe*. Alexandria, VA: ASTD Press.

Salazar, A. 2017. "Emotional Intelligence: What Is It, Interpretation Models and Controversies." CogniFit: July 14. https://blog.cognifit.com/emotional-intelligence.

Sallie-Dosunmu, M. 2016. "Using Emotional Intelligence in the Workplace." *TD at Work*. Alexandria, VA: ATD Press.

Salovey, P., and J. Mayer, 1990. "Emotional intelligence." *Imagination, cognition, and personality* 9(3): 185-211.

Ullman, D.G. 2007. "'OO-OO-OO!' The Sound of a Broken OODA Loop." *Crosstalk*, April.

Wilkie, D. 2014. "Tips for Rooting Out Hidden Bias." *HR Magazine*, December 1.

推荐阅读

Bradberry, T., and J. Greaves. 2009. *Emotional Intelligence 2.0*. San Diego: TalentSmart.

Goleman, D. 2006. *Emotional Intelligence: Why It Can Matter More than IQ*, 10th anniversary edition. New York: Bantam Books.

Heath, C., and D. Heath. 2013. *Decisive: How to Make Better Choices in Life and Work*. New York: Crown Business.

1.3　协作与领导力

领导力是指具有影响力和愿景，有助于促进协作。要想变得善于协作，就必须具备营造环境、鼓励团队协作和相互尊重的能力，尤其是在跨职能部门之间。协作与领导力都要求从业者有效沟通，提供反馈并对他人的工作进行评估。领导力还需要有效协调人员和任务，从而为组织战略提供支持。高效的领导者会激发员工和团队的信任与敬业度。

与他人协作

1.3.1　建立和管理专业关系的各种理论、方法和技巧的知识

I.　建立和管理专业关系

人才发展专业人士应该理解建立和管理专业关系所需的方法和技巧，因为组织内的大部分工作都是通过协作和团队合作的形式完成的。[参见 1.2]

1.3.1.1　定义团体动力

人才发展专业人士是群体和团队的成员。团体动力是指有某些共同点的群体，包括社交社群。团队是指有共同目标的特殊群体。因为有了目标，团队成员之间就会形成一种动力，使得他们互相依赖以取得成功（如运动队以整体的形式在比赛中决定输赢）。团体动力流程确保所有成员都成为有效的贡献者。

人才发展专业人士需要认识到团队经历的各个自然阶段，知道如何帮助团队度过这些阶段，并理解如何应对成员的某些可能产生不利影响的行为。

人才发展专业人士的职责是与其他人合作，考虑构成团体动力的所有不同品质、希望、需求和行为风格。动力是指个人在与其他人共同工作或学习时的互动方式，包括目标设定、沟通、决策、提供领导力和解决冲突。

1.3.1.2　团体动力流程

团体动力是社会科学的一个领域，关注群体的性质。当聚集在一起时，人们可能担心个人身份、自己与他人的关系如何、团队成员关系如何影响他们的工作职责。此外，他们对于归属感或与其他群体成员之间联系感的渴望，可能引起一种与个人正常状态下截然不同的态度（无论是自己意识到

的还是没有意识到的）。群体共识也有可能影响甚至压倒个人的偏好和行为。当面对群体时，个人行为也可能由于团体动力而发生变化。

群体和团队可以通过多种方式发展。引导师可以帮助团队或群体从组建期过渡至执行期。在这一过程中，引导师的目标是提供适当的反馈和适时的引导工具，以改变团队当前的行为。引导师应该认真观察群体的整体行为，以及团队成员之间的互动。

观察群体行为时，倾听是一种关键工具。倾听可以让你表现出对个人所讲的话感兴趣，并且尊重其他人的经历。有几种不同层次的倾听：

- 被动倾听描述了一个过程，在这个过程中，倾听者与讲话者没有互动，具体的示例包括听广播或播客。
- 专注倾听是指倾听者与讲话者之间有一些互动的情况，如课上听讲或会议上记笔记。
- 积极倾听描述了一种情况，在这种情况下，倾听者与讲话者保持高度互动，倾听内容、含义和感受。

人才发展专业人士应该通过积极倾听来建立并管理专业关系。当人才发展人士处于下列场景时，倾听技能至关重要［参见 1.1.2］：

- 在引导学习过程中回答学员的问题。
- 在辅导经理过程中解决他们的顾虑。
- 回应高层领导的要求。
- 在与经理磋商时，解决问题。

1.3.1.3　利用团体动力

人才发展专业人士可以通过以下方法，利用团体动力来打造高绩效团队：

- 让每个人都参与到愿景创造中。
- 说明决策职责。
- 确定并利用协作机会。
- 树立价值观或指导原则。

1.3.1.4　培养团队合作与协作

人才发展专业人士可以采取多种措施来培养团队合作与协作。团队动力是指影响团队行为方向和绩效的无意识的心理力量，包括打造共同体验和保持良好的沟通。

1.3.2　建立和管理各单位之间协作的方法与标准的知识

I.　打造协作环境的方法和技巧

协作为每个团队成员提供了平等的交流和参与集体完成项目和目标的机会。人才发展专业人

士应该通过表现出尊重、重视他人技能，并承认他人感受、意见和想法的方式来与同事协作。[参见 1.2]

1.3.2.1　确定现有协作网络

人才发展专业人士应该从他们所属的团队开始，确保每个人都使用协作技能来实现目标。协作有时候是指将团队合作提升至更高水平。人才发展专业人士应该确定其他现有的协作网络，如内部客户、供应商或其他能够将协作范围扩展至直属团队以外群体的联盟。

1.3.2.2　建立新的协作网络

对于人才发展专业人士来说，在跨部门合作的情况下，需要建立新的协作网络，以改进流程、解决问题或着手新项目，这一点很重要。协作网络是一个有共同目标的网络，而且这个目标对每个人都有利。人才发展专业人士可以先举一个能够令人信服的案例，说明建立网络能够取得怎样的成果、为什么建立网络能够带来好处、如何利用彼此的优势来获益，并获得大家对于协作的支持。他们可以使用协作门户来分享数据，解决问题并掌握最新信息和变化（Zack 2019）。

1.3.2.3　营造激励氛围

激励源于马斯洛需求层次理论，该理论指出一旦人的生理需求（饮食、睡眠）和安全需求（稳定）得以满足，他们就会想要满足自身的归属需求和尊重需求。激励氛围有助于建立自我尊重，包含所有有助于对员工行为产生积极影响的行动。人才发展专业人士应该营造激励氛围，因为这种氛围有助于提高工作效率，鼓励员工参与并培养员工对于组织的长期承诺。由于动机是工作场所氛围和学习环境的组成部分，因此人才发展专业人士应该决定他们如何满足这些需求，并激励员工和学员。[参见 2.1.3.3 和 3.3.10]

外在动机和内在动机都很重要。内在激励型员工更有可能全身心投入自己正在做的事情中。可用于营造激励氛围的方法包括：

- 感谢员工和他人的出色表现。
- 确保他人每天都有机会做自己最擅长的事。
- 提供即时而具体的反馈。
- 花时间以正式和非正式的形式与员工和他人见面，倾听他们的想法。
- 维持透明、信任和有趣的工作场所。
- 鼓励员工提出各种倡议和新想法，并给予奖励。
- 与员工和他人分享信息。
- 邀请员工参与决策。
- 让员工意识到自己是各自工作和组织的主人。
- 为员工提供学习新技能的机会。
- 将授权作为激励工具。

1.3.2.4 鼓励共同经历

共同经历是指和他人看到、听到或做同样的事。尽管这是一个简单的概念，但是共同经历会对人的社会化产生深刻的影响，因为它们能够提升个人的经历。耶鲁大学开展的一项研究显示，让两个人一起吃一块巧克力，他们会觉得比一个人吃更好吃（Hathaway 2014）。共同经历很强大，因为它们把人们聚集在一起，增进彼此的感情。人才发展专业人士可以使用共同经历来建立并管理专业关系。

1.3.2.5 认可、奖励和庆祝协作行为

有人指出，领导者应该研究他们对于员工的有效协作行为是如何奖励的（Cross、Taylor 和 Zehner 2018）。他们应该注意，组织内的协作努力是否均匀分布。虽然有些员工可能达成了自己的目标，但是与同事之间的合作并不顺利，因为他们无暇同时顾及目标和协作。员工应该像足球队的主攻和助攻一样都能够获得同等的奖励。如果员工能够达成各自的目标，同时为同事提供协助，那么这样的组织才最有效。

1.3.2.6 意识到协作过载

根据过去 20 年里收集到的数据，管理者和员工在协作活动中投入的时间增加了 50% 以上（Cross、Rebele 和 Grant 2016）。尽管这会改善跨职能工作效果并增强人与人之间的联系，但要记住，在组织中，协作并不总是完美的。例如，20%~35% 的增值协作通常只来自 3%~5% 的员工。

更令人担心的是，员工可能把多达 80% 的时间都花在协作活动（如参加会议、打电话和回复邮件）上。结果，他们不得不把工作带回家，绩效也会受到影响，因为他们被淹没在堆积如山的咨询、访问、意见征询或会议出席请求里。

人才发展专业人士应该评估各自的协作过载情况，并协助为领导者和管理者提供关于如何确保协作适度的指导。

1.3.3 关于建立和管理团队及工作组的技能

> **I. 建立和管理高绩效团队**
> 建立团队是人才发展专业人士的一项自然任务，因为他们的一个关键角色就是帮助他人培养必要的团队合作技能，如沟通、问题解决、目标设定、冲突解决和决策。

1.3.3.1 团队合作的优点

团队合作是由一群有着共同的目标、明确的角色、有效的沟通以及相互合作和支持的意愿，共同行动而产生的协同效应。

团队合作鼓励信任和认同感，有助于增强责任感和内部效率。有效团队的绩效始终比个人独立工作取得的绩效更加优秀，尤其是当需要各种不同的技能时。

1.3.3.2　定义高绩效团队

组织内高绩效团队的概念是指高度关注目标，并且能够取得卓越成果的团队、组织或虚拟群体。高绩效团队的表现总是能够超越其他同等团队，也能够超越团队组建时提出的期望要求。

1.3.3.3　成功团队的特点

成功团队从明确的目标、指定的角色、公开和清晰的沟通以及有效的决策开始。具备这些基础后，团队就可以加入接下来的三个关键要素：均衡参与、重视多样性和冲突管理。有效的高绩效团队通常会通过合作关系，在积极的氛围下运作。参与式领导确保每个人都意识到自己是团队的一分子（McDermott 2014）。

1.3.3.4　确立参与规则

在团队组建期，人才发展专业人士应该确立参与规则。其中包括后勤和会议期望要求、沟通期望要求、如何定义角色以及如何做出决策。

1.3.3.5　团队发展模型

人才发展专业人士应该了解最常见的团队发展模型。每个团队都会通过独特的方式完成团队发展过程中的各个阶段。所有模型的目标都是推动团队从初始阶段（组建期）不断达到尽可能高效运作的状态。其中，有些阶段可能比其他阶段更加痛苦；团队可能被困在某个阶段，无法继续前进。团队成员或环境变化都可能导致团队退回前一个阶段。对于人才发展专业人士来说，了解团队所处的阶段非常有用。共有几种分类模型可供选择。

1.3.3.5.1　塔克曼模型

塔克曼模型是最著名的一种模型。1965 年，塔克曼（Tuckman）提出了一种团队成长模型，其中包含四个阶段：组建期、激荡期、规范期和执行期。1997 年，塔克曼和詹森（Jensen）又在原模型基础上增加了第五个阶段：休整期。团队并不一定以严格的线性模式经历这几个阶段，因为存在各种影响团队发展的因素，如团队成员的成熟度、是否提供引导等。该模型的五个阶段分别是（ATD 2018）：

- 组建期的主要特点是团队成员依赖以往行为。成员不确定自己为什么在这里，他们向团队领导者寻求指导，尽量避免争议，确保稳妥。在这一阶段，成员通常非常礼貌，不愿意参与，经常会避免讨论严肃话题及表露个人感受。为了从这一阶段进入下一阶段，团队成员必须愿意面对威胁性话题，愿意承担可能出现冲突的风险。在这一阶段，团队产出很低。

- 在激荡期，冲突和竞争开始显现，有时会产生敌意或防御心理。随着团队开始努力合作，可能出现关于目标和目的的分歧。在这一阶段，各种界限受到考验，权力斗争或冲突可能开始显现，派系可能开始形成。有些成员保持沉默，而有些成员试图占据主导地位。为了从这一阶段进入下一阶段，团队成员必须愿意为了满足整个群体的要求而放弃个人喜好。在这一阶段，团队产出仍然很低。

- 在规范期，团队开始融合为一个具有凝聚力的集体，有了更多的合作、更深入的理解，确定了集体目标和目的，成员为达成这些目标而努力。团队现在已经协商了各成员的角色，成功管理了差异，制定了书面和非书面规范，认识了相互依存的必要性，并且掌握了决策方法。团队已经准备好开始完成指定工作。这一阶段的主要特点是团队开始展现出凝聚力，并且认可成员做出的贡献。在这一阶段，团队产出处于中高水平。

- 在执行期，团队身份确立，士气高涨。成员以任务和人为导向。这一阶段的特征是高度信任。鼓励成员发挥各自独有的才华。成员以高度灵活的方式安排自己，并尝试各种解决方案。当团队达到这个阶段时，团队成员在人际互动方面的能力、范围和深度令他们各自独立。如果团队能够避免群体思维，那么这一阶段的产出将非常高。

- 休整期是准备终止的时候。一旦目标达成，团队就会认识到自己的成就，可能得到他人的奖励，然后解散。团队解散的原因是工作已经完成或者团队成员不再面临任务的挑战。

1.3.3.5.2 齿形阶梯

齿形阶梯是另一种团队发展模型，这种模型与塔克曼模型非常相似。团队不一定以严格的线性模式历经齿形阶梯中的各个阶段。团队在达到第 4 和第 5 阶段之前，可能数次在第 3 和第 2 阶段之间反复。齿形阶梯指出了团队需要历经以下几个阶段才能达到成熟状态：

- 第 1 阶段 礼貌阶段。团队成员在这一阶段努力给他人留下良好的第一印象。

- 第 2 阶段 目的。在这个阶段，成员通常会问"我们为什么在这里"，并且探索他们应该做什么。团队确定目标、目的和要完成的任务。

- 第 3 阶段 争夺权力。开始确立团队和个人权力基础。权力、影响力和胜任力开始表现出来。

- 第 4 阶段 绩效进步。随着团队成员开始合作，动态互动也随之出现。这种互动具有建设性，而且会产生积极的影响。

- 第 5 阶段 协同作用。通过合作，团队能够完成个人单独工作无法取得的成果。有一种精益求精的感觉。

1.3.3.5.3 其他团队绩效模型

德雷克斯勒·西比特（Drexler Sibbit）绩效模型包含七个连续的步骤，用于建立团队和团队文化。这七个步骤分别是确定方向、建立信任、明确目标、承诺、实施、取得高绩效和改进。这一模型的一个重要部分就是每个步骤都有已解决和未解决的两面性特征。

《团队的智慧》（*The Wisdom of Teams*）一书中提出的卡特森伯奇（Katzenbach）和史密斯（Smith）模型使用了一个三角形模型，其中每个顶点代表大多数团队的关键可交付成果：集体工作成果、绩效结果和个人成长。为了达到这些目标，团队必须努力具备必要元素，包括技能、承诺和责任。

GRPI 团队效能模型是由理查德·贝克哈德（Richard Beckhard）提出的一个简单模型，这个模型代表了每个团队都需要的四个基本维度：目标、角色、流程和人际关系。这个模型常被用作新团队规划工具、发展中团队维护工具，以及在需要策划团队建设倡议时的诊断工具。

帕特里克·兰西奥尼（Patrick Lencioni）在《团队协作的五大障碍》一书中定义了有助于建立具有凝聚力的团队的五种行为：信任、冲突解决、承诺、责任和结果。书中将缺乏信任、害怕冲突、缺少承诺、逃避责任和不注意结果描述为团队协作的五大障碍。

1.3.3.6　建立团队信任

如果所有团队成员能够全面参与，那么团队和组织将从中受益。每个人都会带来自己独特的见解、技能和想法，推动团队在实施绩效解决方案时取得成功。下面介绍的指导原则能够帮助人才发展专业人士确保所有团队成员都参与其中：

- 确立明确的沟通方法和风格。
- 就团队项目的目的、目标和使命达成一致意见并始终关注这些内容。每位成员都必须相信自身与整体项目计划之间有着明确的联系。此外，还应该制定明确的项目时间线。
- 协助团队成员互相建立关系。团队必须有集体介绍、休息和庆祝的机会。
- 确保团队成员在日常工作中保持联系。他们需要适应组织结构内的各种关系。
- 熟悉任何文化差异，并以个人和团队的形式应对这些差异。团队成员需要知道他们可以克服任何文化差异，并欢迎其他工作方法。
- 确立行为规范。这应该包括沟通方式、冲突管理、领导者和其他角色在集体内的位置、承诺失效产生的后果，以及可能被团队成员视为威胁的任何事物。一些行为规范包含准则，例如，所有团队成员都必须参加集体讨论；当其他成员发言时，成员不得打断；所有成员都需要准时参加会议。

1.3.3.7　团队建设流程

随着时间的推移，团队的效率有时会降低。此时，人才发展专业人士可能指定某人来引导团队建设流程。尽管从规模和需要达到目标角度来看，每次团队建设的性质都各不相同，但是总体来说，如果能够满足下列条件，就能够取得最佳效果：

- 活动在非工作场所进行。
- 团队建设活动持续一到两天。
- 每个人都必须参加。
- 安排一名中立引导师。
- 团队明确目标，确定阻碍目标达成的因素，并采取行动消除这些因素。
- 引导师为团队制定活动策略。
- 团队运用自己的数据来应对必要的改变。

1.3.4　整合和综合他人观点以实现不同观点一致性的技能

I.　从多样性中建立一致性和协同性

人才发展专业人士应该运用多种方法来实现成功最大化，包括识别、吸收和融合各种想法。运用多种来源的最佳想法，增加可供选择的方案，提高发现独特解决方案的可能性，这样更有可能获得整个团队的支持。

1.3.4.1　沟通的价值

思想的多样性能够给工作环境带来新的想法和多方面的观点。跨文化沟通技能对于一致性和协同性的实现至关重要。在同事、经理、客户和高管之间进行清晰、有效的沟通，从而创造机会均等的工作场所，在这个工作场所中，不同的人都能够取得卓越表现。工作场所包容并尊重其中的每个人不但有利于绩效提升，也有利于改善工作条件。由于肢体语言、思维过程与沟通规范差异可能引起误解，因此在多元化的工作环境中，经常会出现沟通挑战。在多元化的工作环境中，无论对于哪个岗位，沟通都非常重要。

1.3.4.2　鼓励所有人为成功做出贡献并赢得支持

思想的多样性会产生不同的观点和方向。人才发展专业人士应该鼓励每个人都为实现目标做出自己的贡献，并树立协调性以激励每个人都支持为实现这一目标而制定的同一项计划。这样做能够节省时间、精力和金钱。

1.3.4.3　运用批判性思维技能

批判性思维是一种强调避免仓促判断的态度，将逻辑探究和问题解决结合起来，从而做出评估性决策或行动的过程。[参见 1.2.8]

1.3.4.4　表现创新和创造性思维

多样性在工作场所非常重要，因为它有助于提升创造力，激发创新。内在多样性能够为解决问题增加富有创意的想法，提升盈利能力，并支持未来的创新。例如，创新环境这样的外在多样性能够为组织赢得良好的声誉，继而能够吸引并招募到具备各种技能的员工。

1.3.5　关于冲突管理技巧的知识

I.　冲突解决模型和技巧

人才发展专业人士可能每天都需要管理冲突，知道如何管理冲突以确保协作和团队合作的顺利进行。

1.3.5.1　肯尼斯·托马斯和拉尔夫·基尔曼冲突模型

经验丰富的人才发展专业人士应该设法了解员工对于冲突的反应，因为每位员工的反应可能都各不相同。了解员工这种反应行为如何适应不同的冲突管理风格，对于认识其对冲突局势的影响至关重要。其中最常用的是肯尼斯·托马斯（Kenneth Thomas）和拉尔夫·基尔曼（Ralph Kilmann）冲突模型，该模型定义了五种不同的冲突响应方式。模型的两个维度分别是合作和独断（见图 1.3.5.1-1）。针对冲突做出的五种响应方式：

- 竞争。采用对抗性响应，意味着个人在不考虑，而且经常是在牺牲其他相关人士利益的情况下努力满足自己的需求。
- 适应。适应性响应是指忽视自己的关切，而满足他人的关切。

- 逃避。在这种响应中，个人不对冲突做出任何应对。他们既不努力满足自己的利益，也不满足他人的利益。
- 协作。与他人协作，找到一种能够满足所有人利益的解决方案。
- 妥协。妥协是指努力满足所有相关人士的部分需求。

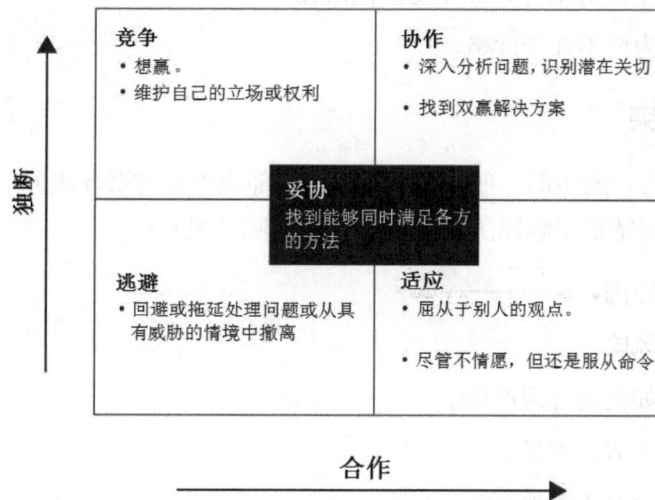

图 1.3.5.1-1　托马斯·基尔曼网格

资料来源：Batista, E 2007。

这五种响应方式本身不存在优劣之分。但是，根据实际情况，某种响应方式可能比其他方式更有效。例如，如果处理紧急情况，那么竞争比协作更好。有时则最好暂时逃避冲突，让参与者恢复平静。

个人可能有自己偏好的响应方式，即便如此，在工作中响应冲突的方式也会跟在家里不一样。个人对于冲突情况的响应是一种通过学习掌握的行为，随着生活阅历的不断丰富，人们的响应方式会发生改变。了解自己偏好的冲突响应方式及其潜在的积极和消极影响对于管理冲突很重要。学会识别他人的偏好，这是一种有助于人才发展专业人士与他人更有效沟通的工具。

分配不同的角色，从职责和与他人之间关系的角度明确角色对于人们的期望要求。例如，领导者的角色体现了对其所履行的职责，以及其在履行这些职责时应该向谁咨询的期望要求。可以通过针对群体中的每个角色制定明确的期望要求来减少群体内可能发生的冲突。

1.3.5.2　冲突解决策略

了解他人响应冲突的方式很重要，但是对于人才发展专业人士来说，了解自己如何响应冲突显然更重要。人才发展专业人士应该示范并运用下面介绍的冲突解决策略：

- 使用以"我"为主体的信息，而不是以"你"为主体的信息。
- 直接解决冲突。
- 避免使用"始终"和"从未"这种过于夸张，而且很少与实际情况相符的词语。

- 从行为和性格方面考虑目前对另一个人的了解。
- 思考他们与其他人之间的关系和以往交往情况、他们的沟通方式和常规行为模式，这样有助于预测他们的潜在反应。
- 把重点放在他们需要谈论的内容上并以明确、具体、中立的方式沟通关注点，例如，确定中心问题，保持专注，防止有人转移到其他话题。
- 确保焦点在于行为而不在于性格。

1.3.5.3　管理团队冲突

所有冲突并不是一对一发生的，有时发生在团队内部或外部的群体之间。运用下面介绍的步骤，有助于识别冲突，并更清楚地了解团队发生冲突时的实际情况：

- 确定冲突的根本原因。
- 确定团队面临的风险。
- 评估团队目前是如何处理现况的。
- 倾听双方，甚至多方的意见。
- 必要时，单独与每个人交谈。
- 要求团队收集事实数据。
- 把各冲突方聚集在一起。
- 找到共同点。
- 明确对于最终结果的期望。
- 制定团队行动计划。

1.3.5.4　化解冲突局势的方法

有时必须尽快化解冲突局势。有效的化解冲突局势的方法包括：

- 保持镇静。
- 倾听所有观点。
- 识别一致点和分歧点。
- 管理自己的响应。
- 设定限制和基本规则。
- 处理具有挑战性的提问。
- 面对消极情绪。
- 优先处理主要冲突点。
- 防止肢体冲突。

1.3.6　冲突管理技能

I.　管理冲突

冲突可以是好的、坏的或者不好也不坏的。人才发展专业人士应该知道在什么情况下解决冲突，什么情况下不解决冲突。

人生不可能总是顺风顺水，总会有发生冲突的时候。无论是人才发展专业人士之间还是两名员工之间发生冲突，都可以用下面这个流程来处理。指导原则是保持冷静、耐心和尊重，最重要的是，不要置之不理，要立即处理。

下列步骤将帮助人才发展专业人士解决冲突：

1. 奠定基础。使用特定的沟通技能来重述、复述、积极倾听和总结，确保每个人都明确、完整地理解情况。

2. 收集信息。试着从客观的角度理解动机和目标，以及其他行为可能对其产生的影响。要专注于工作问题，例如，是否有些事阻碍了决策？扰乱了团队合作？破坏了客户服务？带着共情去倾听，从双方角度看待冲突，厘清各方的感受。

3. 就问题到底是什么达成一致意见。这似乎很明显，但如果各方不能就具体问题达成一致，就找不到问题的解决方案。

4. 通过头脑风暴探讨可行的解决方案。每个人都必须提出一些想法，这样大家才会觉得自己也为解决方案出了一份力。

5. 就解决方案达成一致意见。到此时，冲突可能已经解决，但如果还没有解决的话，就要找到一个在一定程度上满足所有人的解决方案，但这可能需要协商。

管理和领导他人

1.3.7　关于管理和领导他人的方法与技巧的知识

I.　管理和领导方法

成功的人才发展专业人士能够在很多情况下充当强有力的领导者和管理者。他们有时候需要管理自己的团队，有时候需要领导并非由其直接管理的人员。领导是指让他人理解和相信愿景，并与团队合作以达成目标。管理更多的是执行和确保日常事务按其预期方式进行。彼得·德鲁克（Peter Drucker）说过："管理就是把事情做对；领导就是做正确的事。"让我们从人才发展专业人士作为管理者的角色开始探讨。

1.3.7.1　管理原则

组织需要明确的管理结构。高效、善意的管理能够为其他员工定下基调，然后渗透并影响整个组织的文化。因此，让管理者在整个组织中树立一个优秀的榜样将很有帮助。亨利·法约尔（Henri

Fayol 2016）常被认为现代管理的奠基人，他写了一篇关于管理原则的经典理论，其中指出了 14 条管理原则（Northouse 2019）。这些原则分别是：

- 分工原则。
- 权利与责任对等原则。
- 纪律原则。
- 统一命令原则。
- 统一领导原则。
- 个人利益服从集体利益原则。
- 人员报酬公平原则。
- 集权原则。
- 等级链（命令链）原则。
- 秩序原则。
- 平等原则。
- 保持人员稳定原则。
- 主动性原则。
- 团队精神原则。

1.3.7.2 管理职能

人才发展专业人士需要了解关于财务、会计、营销、系统、流程、结构、员工监督和控制的知识。人才发展经理需要熟练掌握这些知识，以便能够将其应用于直接管理情境，并帮助指导人才发展经理提高绩效。

- 计划。优秀的领导必须是预言家，他们能够设定目标和目的、制定战略、确立优先任务，并擅长时间安排、任务排序、组织和预算制定等工作。计划包括确定目标和实现目标的过程或方向。人才发展经理还应该设定产品或服务层面的目标，例如，决定明年将三项讲师主导课程转变为混合学习课程。计划过程还包括将目标分解为多个子目标，并制定相应的行动计划。

- 组织。优秀的领导能够设计有助于达成目标的结构，这种结构将人力和非人力资源与组织任务联系起来。其中包括将工作分解为多项工作任务，把各项任务分配给不同的员工，并下放权限，使得员工能够有效地完成各自分配到的任务。成功组织的关键在于团队合作，以及营造有利于合作并促进理解的环境。

- 协调。协调资源是一项长期的领导任务，包括在组织内安排各种活动，令员工拥有达成目标所需的资源和方法。

- 指导。组织内所有级别的领导都有责任让正确的事情发生。目的和长期目标有助于定义对于特定组织来说，什么才是正确的。对于任何级别的领导，与他们最相关的一项责任就是提供指导。

- 控制。领导应该确保每件事都按计划妥善进行，其中包括对情况进行评估或评价。例如，人才发展经理将当前绩效与理想或预期成果进行比较，然后努力解决任何会产生影响的差异，令组织运营严格按计划进行。领导能够提供有价值反馈的一些控制方法，包括制定预算、质量控制计划以及人才发展经理自己的观察。信息控制必须及时，如果无法及时收到信息以便采取纠正行动，就意味着控制系统不完善。

1.3.7.3　解决问题

解决问题是人才发展专业人士在充当经理或主管角色时职责的一个关键组成部分，因为这为他们提供了发现那些没有正常运作的流程或互动，确定其中的原因，并制定行动计划来对其进行改进的方法。下面介绍的七步流程适用于决策和解决问题：

1. 确定决策或问题。是否值得投入时间？

2. 收集信息并了解他人的利益。在做决策之前，应该了解些什么？

3. 分析情况。是否存在备选方案？

4. 制定方案或备选方案。可能形成多少方案？提出"如果……怎么样"问题。

5. 评估方案。将使用什么标准来评估？

6. 选择首选方案。这个决定可能引起哪些风险和问题？

7. 实施计划。该计划的实施目前是否已经获得相关人员的承诺和所需的资源？

1.3.7.4　改进流程

改进流程是一种主动识别、分析和改进某项职能流程的方法。因为存在大量方法和方法论，所以人才发展专业人士需要审视流程，并确定需要关注哪些步骤。

启动改进流程倡议时，需要先理解流程的四个基本组成部分：

- 输入。流程输入是指执行流程所需的单个项目。传统上称为四个 M 和一个 E：方法（method）、材料（material）、机器（machine）、人（man）和环境（environment）。

- 控制。流程控制是指专为流程开发的信息和物理控制标准。图纸、规范、程序、教育和培训、执行者体验、数据、竞争对手和信息就是流程控制的一些例子。

- 输出。流程输出包括预期和意外输出，通过确定流程的期望结果来定义。通常根据客户要求和规范来确定。客户可以来自内部或外部。完成的采购订单、成品、引导师手册和带薪员工都属于流程输出的例子。

- 资源。流程资源是指执行流程所需的设备、系统和人力资源。加热、水和电气系统，物理设施，设备和机械，人员都属于流程资源的例子。流程中并不消耗资源，在下一个流程循环中仍可继续使用这些资源。

为了取得期望的流程改进结果，通常需要考虑多个流程组成部分。每个流程都可能是另一个流程的输入或控制。绘制流程图有助于显示改变与系统中其他流程之间的相互关系以及产生的潜在影响。如果想要确定根本原因，就必须将基本模型扩展至包含两个附加组成部分——流程开始时的供应商和流程结束时的客户（如有缺陷的供应商材料或未记录的客户期望）。

人才发展专业人士应该学会使用各种流程改进工具，这些工具包括但不仅限于：

- 流程图，有助于更清晰地了解流程，指明流程的开始和结束。［参见 3.5.2.5］
- 流程改进模型用于提供一组可重复的步骤。其中最受欢迎的一款模型是由休哈特（Shewhart）最早提出，并经戴明（Deming）推广开来的计划、执行、检查、行动（PDCA）持续改进模型。所有流程（无论是六步骤还是八步骤流程）都遵循相同的一般原则。PDCA 模型的步骤包括：
  - 计划。确定需要解决的问题和改进机会。
  - 执行。实施解决方案、行动计划和流程变革。
  - 检查。跟踪、分析和评估变革的结果。
  - 行动。根据上一步的分析结果，反思并处理吸取的经验教训。
- 亲和图、关联图、多重投票、帕累托图、因果图和 5why 技巧都将在其他各领域分别详细介绍。［参见 3.5.5 和 3.5.2］

1.3.7.5　澄清和阐明变革

每个人才发展专业人士都会在职业生涯中的某个时间经历一次组织变革。他们必须了解如何传达变革，并理解为什么明确的沟通非常重要。变革会对员工和组织产生巨大影响。如果没有围绕变革开展明确而充分的沟通，就会增加员工的焦虑，导致他们抵制变革。最终会影响员工绩效和工作满意度，导致工作效率降低，并且影响组织的营收结果。如果组织及其领导者没有向员工清楚地传达关于变革的相关情况，员工就会开始编自己的"变革故事"，而这些故事往往比实际情况更糟糕。

另外，如果能够清楚地传达关于变革的情况，确保及时告知员工相关信息，就有可能获得员工的接受和支持。员工对变革的理解越透彻，做出的承诺也就越坚定。员工将更愿意支持变革，并参与变革。

人才发展专业人士可以通过描述将发生怎样的变革，以及为什么必须实施这样的变革来为组织的变革努力提供支持。他们可以充当决策咨询人，澄清误解，寻求建议和支持，并满足任何沟通需求。

1.3.7.6　辅导员工绩效

辅导是一种有助于培养员工胜任力、克服各种技巧提升障碍的长期流程。这是人才发展专业人士在培养他人（无论他们是什么角色）过程中可使用的最有效的方法之一。辅导有助于员工更快地发展，更充分地准备迎接可能到来的晋升机会。辅导有利于组织，因为员工绩效改进就意味着组织绩效和营收结果都会得到提升。

人才发展专业人士将有更多的机会提供员工绩效辅导。例如，他们可以辅导经理，帮助他提高沟通水平，或辅导员工，帮助他学会新技能或改变自己的行为。虽然出于改进员工绩效而实施的辅导有很多种模型可供使用，但大多数模型都遵循相似的流程。下面介绍一款通用模型，需要根据辅导对象的实际情况，以及辅导对象与人才发展专业人士之间的关系对模型进行适当的调整：

1. 描述需要改变的绩效相关行为。

2. 征求员工的回应。

3. 阐明期望。

4. 获得同意。

5. 制定协作式改进计划。

6. 获得承诺，并确定下次会议时间。

人才发展专业人士将监督行为改变和计划实施情况，并提供反馈意见，进一步强化计划的实施。

当提供员工绩效辅导时，人才发展专业人士应该记住，将员工与组织联系起来是员工自发努力的关键推动因素之一（Scisco、Biech 和 Hallenbeck 2017）。

1.3.7.7　培养员工

人才发展专业人士应该与员工保持联系，辅导他们，帮助他们发展技能、确立职业目标，准备好讨论发展机会，包括但不限于辅导、指导、拓展任务、轮岗和见习。［参见 1.2.6.4、1.4.3、2.2、2.3、2.6、2.7 和 3.5］

1.3.8　匹配、分配和授权的技能

I.　授权

作为领导者，人才发展专业人士必须授权。为此，他们需要识别、发展、利用员工的技能和能力，并确保成功。

授权是指将任务或活动，以及执行任务或活动所需的职权都分配给他人；而责任则仍然由授权人承担。授权有众多优点，包括能够激励员工、培养信任关系。它是一种有效的时间管理技巧，有助于打造积极的工作环境、形成强大的团队、培养他人并加强扎实的管理实践。

人才发展专业人士应该将那些能够同时为员工和职能部门带来最大好处的任务授权给员工完成，因为在工作任务中，能够为他人提供学习和成长挑战和机会的部分通常是最具激励性的。此外，人才发展专业人士可以将需要多次执行的例行任务、已经明确定义的研究任务、需要集中精力的统计分析、为获得独特体验而临时和专门分配的任务、代表出席会议等任务授权给他人完成。要避免授权危机或高压任务、成功难度较高的任务、处于试验期的任务，或使用替代人选会被认为不妥的任务。图 1.3.8.1-1 提供了在做出适当的决定时，可供参考的决策框架（Biech 2015）。

什么时候授权任务?

利用这一决策框架来帮助你确定什么时候应该授权任务。

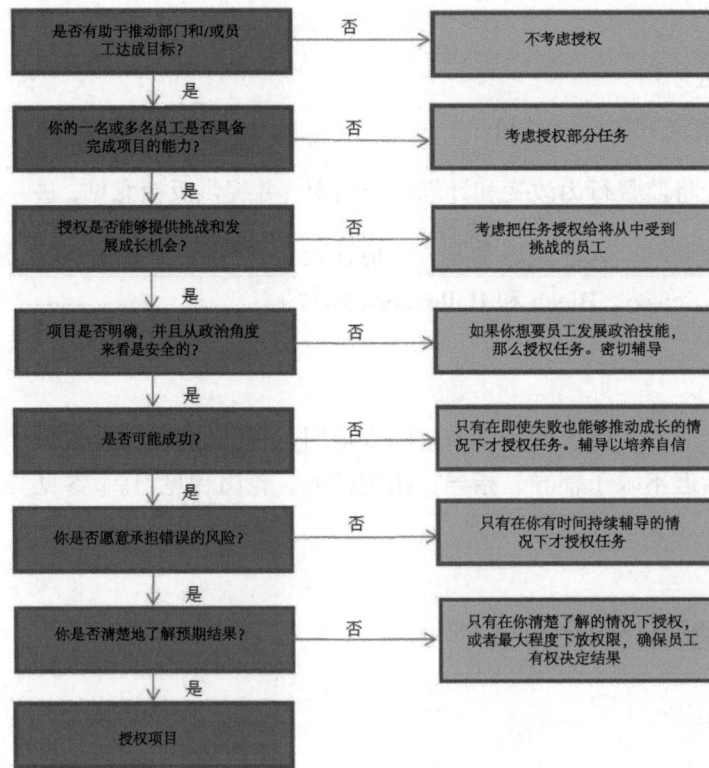

图 1.3.8.1-1　做出适当的授权决定

资料来源：Biech 2015。

授权流程包含四个步骤：准备、沟通、监督和评估。

准备阶段

授权准备阶段需要决定期望得到的结果、需要授予的权限级别、要求的时间表、跟踪计划以及需要的资源。人才发展专业人士也希望自己选择了正确的人选。他们可以提问：

- 谁有资格，也有时间来完成任务？
- 谁可以参加培训？
- 从发展角度来看，谁可以从中受益？
- 谁能够受到激励？
- 谁可以接受计划的权限级别？

沟通阶段

授权任务时，人才发展专业人士应该安排一个对于授权人和授权对象都方便的见面时间。下面介绍的步骤将确保整个授权过程有一个有效的开头：

- 营造积极的氛围。

- 获得初步同意。
- 安排任务。
- 共同确定所需的指导。
- 共同制定行动计划，包含具体的里程碑事件和日期。
- 确保双方明确理解。

监督阶段

为授权项目进行监督并不代表管控。监督是指在预先决定的检查点对项目进行检查，但是不会随意干预项目实施。如果人才发展专业人士想要实施有效的监督，就需要在必要时提供资源、回答问题、辅导以提高绩效、在必要时铺就政治道路，并提供支持。

评估阶段

人才发展专业人士应该对项目结果以及项目授权成果进行评估。他们可以提问：

- 项目是否达到了预期结果？
- 项目是否达到了授权对象的发展目标？
- 管理者如何巧妙地授权这个项目？
- 管理者与授权对象之间的关系是否顺利？

其他考虑因素

授权对所有相关人员都是有益的。运用下列技巧将确保授权成功：

- 将整个项目授权给一个人。
- 明确指定授权结果。
- 分配的是项目，而不是方法。
- 询问员工的想法和意见。
- 对取得的结果给予奖励。

1.3.9　关于提供反馈的原则和技巧的知识

I.　反馈的重要性

反馈是指一个人向另一个人提供的关于某个流程、行为或行动有用性或成功性的建议或信息。在辅导以及所有人才发展活动中，学员接受关于各自学习进度的反馈，帮助他们实现行为改变。人才发展专业人士应该理解反馈技巧能够帮助员工和学员认识到自己是否在真正学习，并取得进步。

1.3.9.1　反馈原则

建设性反馈提供有用的意见和建议，有助于产生积极的结果、改善流程或改进行为。它能够向反馈意见的接收者传达鼓励、支持、纠正措施和指导。

人才发展专业人士可以通过员工能够理解和接受的方式提供反馈。反馈必须：

- 及时。拖延反馈将严重影响任何奖励的有效性。尽可能及时感谢员工，并提供切实的奖励。
- 真诚。发自肺腑、真诚地表扬员工。虚假的表扬弊大于利，无论是对相关员工还是对其他人，这样会导致他们无法完全相信自己受到的表扬。
- 具体。如果讲话很笼统，员工就会觉得讲话者根本不了解他们的工作。反馈时讲述一些关于员工所取得成绩的细节，这样会让员工知道他们受到重视，让大家都知道他们取得了哪些成绩（Weitzel 2007）。

1.3.9.2 反馈流程

提供建设性的反馈，并周全地考虑提供反馈的方式。反馈流程包含三个步骤：

1. 计划。
2. 交付。
3. 根据需要跟进。

1.3.9.3 关于提供和接收反馈的指导原则与技巧

反馈能够为职业和个人发展提供支持。它清楚地描述了关于绩效和行为的期望要求。人才发展专业人士应该遵循关于提供和接收反馈的指导原则。

如果你能够遵循下列指导原则，对方通常就会感谢你的反馈：

- 诚实、直接。
- 具体。
- 阐明观察到的行为。
- 表达感受。
- 及时提供反馈。
- 发表自己的意见。
- 适当情况下提供支持。
- 确认对方是否已经准备好接受反馈。
- 避免对意图进行假设。
- 确认对方是否理解反馈的意思。
- 说明效果和结果。
- 仅提供可作为学员行动依据的反馈。
- 不夸大其词、使用标签或妄下判断。
- 以陈述的语气来说明问题。
- 提供积极的纠正性反馈意见。

作为经理、主管或人才发展专业人士，提供建设性反馈意见很重要，而礼貌地接受反馈同样重要。人才发展专业人士在接受反馈时，应该记住下列提示：

- 对提供反馈意见的人表示尊重。
- 认真听取反馈。
- 提出开放式问题。
- 正常呼吸。
- 问"我如何从中成长"。
- 不要采取防守或好争辩的态度。
- 花时间认真思考反馈。
- 愿意改变自己的行为。

1.3.10　关于领导力理论的知识

I.　关键领导力理论

除了作为高效的管理者，人才发展专业人士还应该是激发团队的领导者。他们拥有通过充当他人的榜样、员工培养者、经理和领导者的教练来影响员工和组织领导的能力，或者能够培养这种能力。

1.3.10.1　常见领导力理论

组织需要优秀的领导者，来最大限度地提高工作效率，完成组织的战略要务。优秀的领导者能够塑造积极的文化，打造吸引员工的工作场所，从而帮助组织吸引和留住优秀的员工。他们了解自己的长处和短处，有自知之明，并且适应力很强。优秀的领导者会与他人合作，拥有出色的人际交往和沟通能力。他们还具备员工发展技能，能够创造和实现愿景。

领导力理论试图解释某些人为什么能够成为领导者，以及他们如何担任领导者。这些理论还解释了不同的领导风格对组织产生的影响。虽然有很多种不同的理论，但其中大部分都属于以下类别（Northouse 2019）：

- 伟人理论，认为伟人天生就是领袖，他们生来就充满自信、魅力和智慧。
- 特质理论，认为有些人具备某些特质，令他们成为更出色的领导者。
- 行为理论，关注领导者的行动。20 世纪 30 年代，库尔特·勒温提出领导分为三种类型：
  - 民主型领导者，他们在决策前允许团队发表意见。
  - 专制型领导者，他们在决策时不会征求团队的意见。
  - 放任型领导者，他们允许团队自行决策，不会干预。
- 权变理论，指出不存在所谓正确的领导者类型，一些领导者关注与环境相关的特定变量。
- 情境理论，与权变理论密切相关，即领导者根据情况、人员和需要做出的决定来选择最佳行动。

- 参与式理论，认为融合他人意见的领导风格才是理想的风格。

- 管理或交易理论，关注领导者所扮演的角色以及集体绩效。这些领导理论以奖惩体系为基础，领导者通过他们所提供的作为交换来影响他人。

- 关系或变革理论，关注领导者和跟随者之间形成的联系。他们通过帮助团队看到任务的更高价值来鼓舞和激励他人。虽然他们也关注任务，但希望所有团队成员都充分发挥自己的潜力。

1.3.10.2　当代领导力理论

"长久以来，没有人会真正推荐命令控制型的领导风格，但目前为止并没有出现完善的替代风格。"《哈佛商业评论》（Ancona、Backman 和 Isaacs 2019）刊登的一篇文章篇首如是说道。尽管考虑到组织内部结构、技术角色、灵活性和创新需求等方面的变化，新的领导理论在 21 世纪出现还为时过早，但人才发展专业人士应该期待全新的领导方法和理论在不久的将来就会出现。《哈佛商业评论》刊文作者还指出，成熟的公司正在努力实现创新和守纪两者之间的平衡。

文章定义了三种类型的领导者：组织内低层企业家型领导者、中层赋能型领导者和高层架构型领导者。在 10 年间针对几家终身制公司开展的研究结果显示，这些公司鼓励各级员工担任领导职务。这样做的结果就是，这些公司继续高效运作，并仍然能够快速把握并利用新的机遇（Ancona、Backman 和 Isaacs 2019）。

当代领导力理论面临难关，新领导力流程仍然需要一定的时间才能实现社会化。

许多领导者无法适应开展领导工作过程中可能出现的要求。从组织角度来看，释放官僚作风会增加组织管理的复杂性。但是，即使面临这些阻碍，人才发展专业人士也应该看到在这十年里，很多新的领导类型正在形成，并且吸引力也在不断提升。其中的一些例子包括：

- 罗伯特·格林利夫（Robert Greenleaf）提出的仆人式领导者，这种领导者专注于人员的发展和幸福，领导者分享权力，将他人的需求置于组织需求之前（Blanchard 2010；George 2010）。

- 真诚领导者强调领导者的真诚和自我意识，以诚实和透明为基础，重视员工的意见，强调内心道德视角（Northouse 2019）。

- 适应性领导者注重在不断变化的环境中调整和发展，这是一种"有目的的实时进化"（剑桥领导力协会）。

- 全球领导者强调基于全球多个区域开展运营活动的组织的独特要求。这种领导者专注于具备深刻的自我意识、对文化多样性的敏感度、专业和个人影响力，以及全球战略思考的能力（Rhinesmith 2010；Northouse 2019）。

1.3.10.3　针对情境决定合适的领导力

人才发展专业人士应该投入时间来确定自己的领导风格，并确认这种风格是否最适合自己所处的情境。

根据库泽斯和波斯纳（2017）的观点，领导者必须以身作则，共启愿景，挑战现状，使众人行，激励人心。这样做能够确保人才发展专业人士有效地提升自身的协作和领导技能。

参考文献

Ancona, D., E. Backman, and K. Isaacs. 2019. "Nimble Leadership: Walking the Line Between Creativity and Chaos." *Harvard Business Review*, July-August.

ATD. 2018. *10 Steps to Successful Facilitation*, 2nd ed. Alexandria, VA: ATD Press.

Biech, E. 2015. *New Supervisor Training*. Alexandria, VA: ATD Press.

Blanchard, K. 2010. "Leadership Ethics and Integrity for the 21st Century." Chapter 21 in *The ASTD Leadership Handbook*, edited by E. Biech. Alexandria, VA: ASTD Press.

Cambridge Leadership Association. ND. "Adaptive Leadership." Cambridge Leadership Associates. cambridge-leadership.com/adaptive-leadership.

Cross, R., R. Rebele, and A. Grant. 2016. "Collaborative Overload." *Harvard Business Review*, January-February.

Cross, R., S. Taylor, and D. Zehner. 2018. "Collaboration Without Burnout." *Harvard Business Review*, July-August.

Fayol, H. 2016. *General and Industrial Management*. Cambridge: Ravenio Books.

George, B. 2010. "The Authentic Leader." Chapter 19 in *The ASTD Leadership Handbook*, edited byE. Biech. Alexandria, VA: ASTD Press.

Hathaway, B. 2014. "Chocolates (and Life?) Sweeter When Shared." *Yale News*, September 9. https://news.yale.edu/2014/09/09/chocolates-and-life-sweeter-when-shared.

Kouzes, J.M., and B.Z. Posner. 2017. *The Leadership Challenge: How to Make Extraordinary Things Happen in Organizations*, 6th ed. Hoboken, NJ: John Wiley & Sons.

McDermott, L. 2014. "Developing High-Performance Leadership Teams." *TD at Work*. Alexandria, VA: ATD Press.

Northouse, P. 2019. *Leadership Theory and Practice*, 8th ed. Thousand Oaks, CA: SAGE Publishers.

Rhinesmith, S. 2010. "Globally Savvy Leaders." Chapter 25 in *The ASTD Leadership Handbook*, edited by E. Biech. Alexandria, VA: ASTD Press.

Russell, L. 2005. "Leadership Development." *Infoline*. Alexandria, VA: ASTD Press.

Scisco, P., E. Biech, and G. Hallenbeck. 2017. *Compass: Your Guide for Leadership Development and Coaching*. Greensboro, NC: The Center for Creative Leadership.

Weitzel, S. 2007. *Feedback that Works: How to Build and Deliver Your Message. Hoboken*, NJ: John Wiley & Sons.

Zack, D. 2019. *Networking for People Who Hate Networking: A Field Guide for Introverts, the Overwhelmed, and the Underconnected*, 2nd ed. Oakland, CA: Berrett-Koehler.

推荐阅读

Biech, E. ed. 2010. *The ASTD Leadership Handbook*. Alexandria, VA: ASTD Press.

Johansen, B. 2017. *The New Leadership Literacies: Thriving in a Future of Extreme Disruption and Distributed Everything*. Oakland, CA: Berrett-Koehler.

Zenger, J., and J. Folkman. 2019. *The New Extraordinary Leader: Turning Good Managers into Great Leaders*. New York: McGraw-Hill.

1.4 文化意识与包容

当今全球商业环境都对文化意识和培养包容性工作环境的能力提出了要求。在这两方面都有效，意味着尊重不同观点、背景、习惯、能力和行为规范，同时确保所有员工得到尊重并参与其中，使其能力、洞察力和见解得到充分运用。

文化意识

1.4.1 关于工作场所文化差异的知识

I. 工作场所中的文化差异

人才发展专业人士应该理解文化差异可能对工作场所产生的影响。这些知识有助于增加信任、建立工作关系、改善沟通，并增加做出更周到、更有洞察力的决策的机会。

1.4.1.1 个人自我意识

人才发展专业人士应该理解自己无意识的工作习惯、沟通方式和其他个人特有的习性将如何对自身的工作风格以及他人的工作风格产生影响。例如，如果学员的文化信仰倾向于更正式或直接的方法，那么开始培训时总是安排破冰活动可能无法达到令学员放松、让他们准备好进入状态的预期效果。另外，在那些认为会议一开始就应该讨论一些更偏向私人问题（如家人和健康问题）的国家，如果会议一开始就讨论工作，则往往被视为一种不利的做法。

人才发展专业人士应该意识到个人差异会如何影响工作场所，以及他们各自的形象和给人留下的感受。不同文化在以下方面都有着不同的价值观、态度和信仰：

- 沟通方式。
- 组织规范。
- 商业习惯。
- 个人价值观和观点。
- 服装和庆典。
- 家庭义务和期望。

1.4.1.2 培养文化意识技能

人才发展专业人士必须培养识别不同文化背景下个人差异的能力，这对于提高文化意识水平、培养接受差异的能力、理解不同的人及其各自的文化至关重要。这需要一个与来自其他文化的人互动和交流的过程，以确定个人障碍。下面阐述的各个元素都有助于接受差异：

- 知识。通过了解他人的文化规范、历史、基本语言和宗教来清楚地了解他人。
- 倾听。花时间倾听他人的意见，练习使用积极倾听和对话技能。[参见 1.1.7 和 2.3.2]
- 共情。澄清、理解并关联他人对工作场所发生的情况的看法和观点，抱有同情心。
- 自信。个人的弱点和困难，必须通过自信来克服。努力消除或削弱任何阻碍你接受文化差异的困难和障碍。
- 文化自我意识。清楚地了解当前态度、信念或价值观是怎样形成的，这样可能有助于欣赏并接受不同的观点。

1.4.1.3 文化理论、模型和评估的作用

文化理论和模型可以通过识别有着不同文化背景的员工如何看待权力或竞争，从而更深入地理解一个组织内的文化差异。评估有助于衡量这些标准。[参见 1.4.1.10]

不可能仅凭借一种理论或模型对文化做出完整解释，"正如研究者的发现，国家文化产生的影响能够在其成员之间塑造强大的价值观体系"（Katz 2005）。因此，了解某个国家的价值观，给我们提供了一个非常有用的思路来培养全球性意识。应该利用这一框架来描述某个国家的一般文化趋势。组织顾问弗恩斯·特朗皮纳斯（Fons Trompenaars）和查尔斯·汉普登-特纳（Charles Hampden-Turner 2012）说过，"如果不考虑移民效应、多文化社会发展、年龄和世代差异，以及企业文化成为一种主要变量的情况，那么描述 X 国家的（一种）文化是一项非常简单的任务"。

II. 文化动态

人才发展专业人士明白文化动态是由人、组织和环境之间发生的互动引起的微妙变化而形成的。他们知道文化对所有社会群体是多么重要，因为文化定义了每个人，让他们在不断变化的世界中拥有认同感、归属感和稳定感。

1.4.1.4 文化的全球化

文化理论描述了如何根据人们所处的地域，区分来自不同文化群体的人士。虽然通过比较和对比观念信仰就能够理解文化，但必须承认大多数方法都有其局限性。作家莫林·拉博丁（Maureen Rabotin 2011）表示，"培养文化悟性并非意味着从差异角度来感知文化，而是通过有助于扩展我们的世界观和文化视野的增值能力来感知文化"。

人才发展专业人士通常都在自身的文化、他人的文化、组织的文化，以及组织所在地文化的影响下工作。这些文化之间的差异可能引发冲突，从而影响组织执行全球战略计划的能力。但是，如果应对得当，这种文化多样性也会给组织带来全新的协同和创新机遇。人才发展专业人士，尤其是

担任领导岗位的人才发展专业人士必须承认包括自身文化在内的所有文化的复杂性，同时认识到文化力量会对全球战略的实施和本地业务的实践产生影响。很难确定如何在其他地区管理组织的需求。特朗皮纳斯和汉普登-特纳（2012）在他们所著的一本关于全球化的书中写道："这种一致性和适应性之间的平衡对于企业成功至关重要。"

想要在全球化趋势下获得成功，人才发展专业人士应该努力理解对正在进行中的工作产生影响的不同文化影响层次。他们应该问自己："过去发生了哪些重要的国家、经济、政治和地区事件，或者正在发生哪些重要的事件？"

1.4.1.5　国家文化

随着岁月的流逝，地理边界发生了巨大的变化。因此，仅仅根据地理边界已经无法全面了解一个国家的文化。出于这一原因，很多研究者都开始关注社会性文化，这是一种存在于一个国家内的规模更大，同时非常重要的文化群体，如说法语的加拿大人和说英语的加拿大人。

有些人对国家文化存在于商业世界的程度提出了疑问。有些人（Taras、Steel 和 Kirkman 2011）通过大量数据分析发现，虽然文化的某些方面日趋同质化，但是其他方面的差异越来越明显。虽然西方商业理念可能很大程度上塑造了当前的国际商业形态，但是世界正在新影响力的作用下继续发展。过去，占主导地位的工业化国家是高技术、高素质人才的提供者和使用者，但是现在这一角色正在向其他国家转变，如巴西和印度。根据韬睿惠悦（2012）的观点，这种转变"不仅对于人才获取，而且对于如何管理并雇用拥有不同文化背景、生于不同时代的劳动力有着巨大的意义——他们很多人都在非传统环境中工作"。为了适应这些变化（开始提升他们的全球性思维能力），人才发展专业人士必须更多地学习社会性文化及其运作方式。

1.4.1.6　亚文化

亚文化成员的信仰、价值观和行为与同一社会中其他成员有着明显的差异。每个人都归属于一种亚文化，包括生来就属于和后天加入两种情况。这些群体以及构成群体的个人都必须选择他们希望融入这个群体的程度，或者表达与他们所生活的更大范围社会之间的差异。

一些亚文化是由新群体移居融入现有社会发展而来的。"在复杂的多样化社会中，成员可能来自世界的不同地区，他们通常会保留大量原始文化传统。因此，他们都成为新社会中易于辨别的亚文化的成员。每种亚文化的成员都有着共同的身份、饮食传统、方言或语言以及由他们共同的祖先背景和经历形成的其他文化特质"（O'Neil 2013）。例如，印度共有 100 多个民族，主要语言超过 29 种，埃及也由大量不同文化和宗教融合而成。"随着亚文化和主导国家文化之间的文化差异逐渐模糊并最终消失，除那些声称有着共同祖先的群体外，亚文化将不复存在"（O'Neil 2013）。

亚文化概念的另一个轻微变体就是多个国家或宗教相融合，形成一种特殊的共同信仰或价值观。例如，在《文化人类学》（*Cultural Anthropology*）一书中，恩贝尔夫妇（Ember and Ember 2011）讨论了"西方文化（社会的文化特征源于欧洲）或贫困文化（假定全世界贫困人口的文化特征）"。在处理特定情况或与特定群体打交道时，这些更大规模的公认信仰也会对应该考虑的因素产生影响。

1.4.1.7 组织文化

组织文化是指形成组织社会、心理环境的价值观、信仰、实践和行为的总和。社会心理学家吉尔特·霍夫斯泰德（Geert Hofstede）认为，国家文化以根深蒂固的价值观为基础，组织文化则更多地关注实践。组织文化受组织所处行业、创始人和领导者的性格以及组织所雇用的员工类型的影响。组织文化定义了关于员工如何着装（休闲或正式）、如何看待并重视员工（肯定）以及他们如何决策（集体或管理者独自）的期望要求（Carpenter 和 Dunung 2018）。

组织文化最宽泛的定义通常通过员工之间的日常互动来体现。组织内只有极少数人能够以个人贡献者的身份工作；大多数人都必须在团队环境中与他人合作才能取得业务成果。这些团队可能分散在不同的地理位置，而且很多是虚拟团队。全球化形势要求这些团队设立全新的结构。例如，存在时区差异时必须明确规定工作时间、沟通方法、各岗位之间如何远程合作，以及培养分散在不同地理位置的成员之间的信任关系，并且为他们创造学习机会的新方法。组织通常需要努力实现公司价值观和规则的一致性，与适应和融合地方影响的灵活性两者之间的平衡。

1.4.1.8 环境因素

除了理解公司的组织和国家文化，人才发展专业人士还应该探讨后勤因素可能对全球业务产生的影响。这些因素（如政治、经济和法律）会对组织及其培训和发展需求产生影响。如果人才发展专业人士了解这些因素及其对组织所产生的影响，他们就能够做好充分的准备，为组织提供帮助。

环境扫描是一份关于影响组织运作方式的政治、经济、社会、文化、全球、技术和就业力因素清单。这些因素涉及内部和外部影响力。在整个扫描过程中，需要分析可能影响组织运作的当前环境和趋势，并评估客户需求和利益相关者期望。对于如何开展环境扫描并没有一个完美的标准，但是人才发展专业人士应该尽可能多地获取关于影响组织发展方向的各项因素的信息。以下列举了一些示例：

- 经济因素，包括就业率和利率对国内生产总值利率、消费物价指数、可支配收入和通货膨胀的影响。

- 政治因素，包括政府服务私有化程度、影响供应商和消费者的政治趋势，以及政府机构党派偏见程度。

- 社会学因素，包括工人技能、企业责任和道德、人口流动、移居、迁移、年龄、性别、世代差异、少数群体和非传统劳动力。

- 文化因素，包括国家和地方文化对员工与组织产生的影响，以及企业文化对部门、地区和组织产生的影响。

- 全球影响，包括跨国组织（如欧盟）、工资比较、贸易协定和全球化产生的影响。

- 技术因素，包括技术进步对技能和工艺变化产生的影响。

- 就业因素，包括招聘和工会对失业、离职率和重新安置的影响。

1.4.1.9 社会经济和宏观经济条件

全球化通常是指经济全球化，即国家经济通过贸易、外国直接投资、资本流动、资本转移和技术传播等方式融入国际经济的趋势。其他国家不断变化的竞争局面也会迫使组织通过变革以保持在市场中的竞争优势。例如，全球经济和价格合理、可广泛使用的技术创造了更多的竞争，促使组织实施流程改进、减少经营成本、提高工作效率。

这些因素都会对全球商业产生重大影响。其中大量因素都要求组织开发新知识，因此组织必须在参与全球事务之前着手开展广泛的研究。除了环境扫描，组织还必须与相关人士沟通，委托国际顾问，学习谈判技巧，制定包含应急措施的计划。

人才发展专业人士"需要了解各地区或国家在可用技能质量和类型、典型员工离职率、就业法规、劳动力成本、医疗政策和成本、人才流动政策、文化规范和价值观、雇主品牌优势，以及可能吸引和留住人才的具体就业价值观各方面的差异"（Gartside 和 Sloman 2014）。

1.4.1.10　模型、理论和跨界评估

除了全球文化视角，还可以使用大量其他的方法和模型来对组织文化进行分类。目前有几种具有影响力的模型。

1.4.1.10.1　霍夫斯泰德文化维度理论

这种理论揭示国家和地区文化群体会对组织行为产生影响。霍夫斯泰德指出了国家文化的五个维度——权力差距、个人主义 vs 集体主义、男性化 vs 女性化、不确定性规避、长期取向 vs 短期取向。这五个维度决定了国家而不是个人的价值观，影响着在全球工作的管理者。之后，在迈克尔·明科夫（Michael Minkov）的研究和他自己的更多研究的基础上，霍夫斯泰德在原来的框架中添加了第六维度——放纵 vs 克制。霍夫斯泰德的研究成为跨文化交流领域最早的可量化框架。

尽管他在这一领域赢得了极高的声望，但人们对于他的研究也并非一片赞扬之声。有人认为仅用几个维度来定义文化未免过于简单，并指出他的理论未提及国家内部可能存在的地区差异，还模糊了全球化过程中出现的文化界限。霍夫斯泰德并未否认人会受到地区和其他因素的影响，他和其他研究者的研究只是验证了国家价值观对于文化认同的重要性。这六个维度最适用于将一个国家或地区的文化属性与其他国家或地区进行比较。下面详细探讨了这六个维度。

- 权力差距。这一维度表达了社会中权力较小者对权力分配不均的可接受程度和期望度。对这种维度评分较低的国家通常更倾向于民主的管理风格，对任何不公平现象提出质疑。

- 个人主义 vs 集体主义。这一维度描述了人倾向于融入某个群体的程度。利己主义是个人主义社会中的主导思想，在此类社会中人们更关注自身和家人的利益。

- 男性化 vs 女性化。男性化国家通常更具竞争力，体现更传统的男性价值观，如坚定、成就和物质奖励。女性化社会则更偏好合作、谦逊、关心他人以及对于高品质生活的追求。

- 不确定性规避。这一维度涉及某个社会在面临新的或未知情况时，对于不确定性的容忍程度。对不确定性规避评分较高的国家更倾向于制定大量规则和规章，以避免未知情况发生。

- 长期取向 vs 短期取向。倾向于长期取向的文化更加务实，更容易满足于由于长期节约、适应和坚持之类的行为而获得的回报。

- 放纵 vs 克制。崇尚自我放纵价值观的国家允许并鼓励满足基本需求，而克制型国家则遵守更

严格的规范。

1.4.1.10.2 特朗皮纳斯和汉普登-特纳的困境理论

困境理论模型是由特朗皮纳斯和汉普登-特纳（2012）共同开发的，并且出版在他们的著作《跨越文化浪潮》（*Riding the Waves of Culture*）中。他们认为，人类普遍都会由于自身与他人、时间和环境的关系而遭遇各种问题。虽然这些问题普遍存在，但并不是所有问题的解决方案都普遍一样。他们的模型提出可将文化偏好分为下面所述的七种维度。

他们提出这一框架的目的在于降低方法的二元性和线性效应，也就是说，拥有一种文化类别的同时并不排斥与其相对的另一种类别。特朗皮纳斯和汉普登-特纳理论指出两个值互相影响，即如果人们互相合作，那么他们能够获得比一个人独立工作更出色的解决方案。这一综合模型涵盖大量支持数据，但是批评家指出模型中提出的七种维度过于复杂。下面详细探讨了每个维度。

- 普遍主义 vs 特殊主义。对于存在更多普遍主义者的国家，人们认为规则、规章、法律和义务非常重要，这些能够在决策过程中为其提供极大的帮助。他们认为规则比人们互相之间的关系更重要。

- 个人主义 vs 社群主义。与霍夫斯泰德的第二个维度，即个人主义 vs 集体主义类似，该维度描述了对于个人或群体认同的偏好。个人主义国家更关注个人责任、自由和成就；而社群主义国家则崇尚安全、支持和忠诚的价值观。

- 具体 vs 扩散。这种困境通常涉及人们对工作和个人生活相分离的期望程度。而那些倾向于扩散视野的人则认为工作和个人生活是相互重叠的，密切的关系对于工作成功至关重要。

- 中立 vs 情绪化。中立文化倾向于压抑情绪，在决策过程中以逻辑框架为基础。情绪化文化则不会刻意压制情绪的表达，认为这是有帮助的行为。

- 成就 vs 归因。这一维度描述人们对于身份的看法。成就取向重视表现，认为你的所为定义了你本身以及你的价值。归因价值观肯定权力和地位在身份获取过程中的重要性。

- 顺序 vs 同步。这一维度描述了人们如何看待并管理时间的困境。顺序文化重视准时性和事先计划。同步文化认为时间具有轮回性和流动性，在项目的规划和跟进方面也更加灵活。

- 内部指向 vs 外部指向。内部指向意味着人们相信他们控制了环境，动机主要来自内部。而有外部指向的人则认为环境更强大，需要加以控制。

1.4.1.10.3 其他模型

其他研究人员也通过模型和评估对文化意识的发展做出了贡献。

- 全球领导力和组织行为效力（GLOBE），正如"创新领导力中心"的霍普（Hoppe）和埃克特（Eckert 2012）所指出的，这种模型以霍夫斯泰德和其他研究者的早期作品为基础。沃顿商学院教授罗伯特·豪斯（Robert House）最先提出了这一模型。该模型试图回答这样一个问题：文化与社会、组织和领导者效能之间有怎样的联系？GLOBE 研究者致力于研究群体如何在当前环境中实践这些信仰。由于在同一国家内也可能存在文化差异，因此研究者提出的结论都是基于社会小规模群体层面而得出的。GLOBE 的九种文化能力分别是自信、未来取向、性别平等、不确定性规避、权力差距、制度集体主义、团体内集体主义、绩效取向和人文取向。他们的研究还发现，在所有文化中都受到重视的两种领导特征：魅力价值与团队取向。

- 刘易斯（Lewis）跨文化交流模型将文化规范分为三个类型：线性活动型、多重活动型和反应活动型。和霍夫斯泰德一样，刘易斯认为各个国家的文化和行为都是根深蒂固的，通常很难轻易改变。虽然该模型由于其彻底性和易于理解性而受到赞赏，但是仍然有些批评家指出刘易斯的模型除普通沟通应用外几乎没有其他用途。批评家更希望该模型能够解决更多的商业环境内的问题。

- 组织文化评价量表是由奥赖利（O'Reilly）、查特曼（Chatman）和考德威尔（Caldwell）基于文化可以通过在组织内强化的价值观加以区分这一信念而提出的。这是一种自我报告工具，可用于区分八种类别：创新、支持、稳定、尊重他人、结果取向、关注细节、团队取向和积极主动。

- 丹尼森（Denison）模型主张可用四个维度来定义组织文化：使命、适应性、参与度和一致性。

- 迪尔（Deal）与肯尼迪（Kennedy）将组织文化定义为"周围做事的方式"：努力工作尽情享受型文化、硬汉型文化、流程型文化和赌注型文化。

- 沙因（Schein）认为文化是最难改变的属性，其中的两个关键原因是外部适应和内部整合。他将文化分为三个层次：人工产物、信奉的价值观和基本假设。

- 组织文化评价量表（OCAI），是由卡梅隆（Cameron）和奎因（Quinn）提出的一种文化模型，指出了四种文化类型：团队、灵活、市场和层级。

1.4.2 关于影响决策与行为的社会和文化规范的知识

I. 社会和文化规范

人才发展专业人士应该了解影响组织内行为的规范。

1.4.2.1 社会和文化规范对行为的影响

文化培养并塑造人们的价值观、假设和行为。人们可以通过各种方式来提升自己的文化意识。人才发展专业人士应该从更多地了解自己开始，然后了解哪些因素会影响自己的行为。

自我意识

必须先确认并理解自身的文化背景，及其对其他文化认知产生的影响。所有人都必须完成这个称为自我意识的步骤，尤其是有着多样化背景的员工，并且试图在全球化程度更高的环境中评估政策和实践的组织领导者。人才发展专业人士经常担任这种类型的文化自我评估的支持者或引导者的关键岗位。

自我意识之所以很难，是因为那些根深蒂固的（个人或组织）信念和价值观通常都很难改变，甚至无意识存在着。这些信念如此之深刻，以至于已经被视为事实。如果不采用精心策划的方法来提升一个人的意识，那么他可能无法意识到需要对自己的信念提出质疑，或者如何识别自身信仰与他人信仰之间的差异。

班尼特跨文化敏感度发展模型

弥尔顿·班尼特（Milton Bennett）提出了一种模型——跨文化敏感度发展模型（DMIS）来解释为什么有些人的跨文化互动能力就不断提高，而有些人则原地踏步。根据班尼特（2004）的观点，"该模型的基本假设是随着一个人体验到的跨文化差异越来越复杂，他在跨文化关系方面的胜任力也会越来越得以提升"。他指出了跨文化敏感度提升的六个阶段：拒绝差异、抵制差异、最小化差异、接受差异、适应差异和融入差异。

图 1.4.2.1-1 揭示了班尼特跨文化敏感度发展模型。前三个阶段带有民族优越主义（对照自己的一套标准对他人进行评估），而后三个阶段则带有民族相对主义。"民族相对主义"一词的含义与民族优越主义相反，前者是指"某个人自身的信仰和行为只是大量可能性中的一种现实体现"。

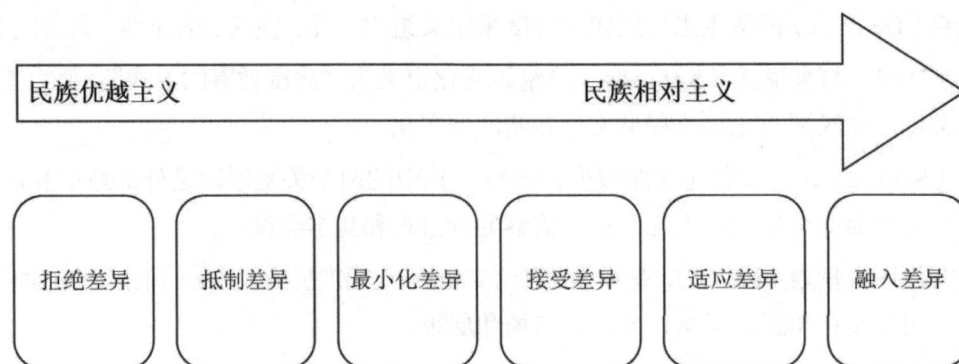

图 1.4.2.1-1　班尼特跨文化敏感度发展模型

下面详细地探讨了该模型中的各个阶段：

- 拒绝差异。人们对于自身经历以外的其他文化不感兴趣或毫无意识，缺乏扩展意识的动力。
- 抵制差异。人们可能承认除自身文化外还存在其他文化，但是认为自身文化更优越。这种信念通常会导致负面刻板的影响，并且公开表示对于其他不同者的轻视。
- 最小化差异。在这一阶段中，人们承认不同文化有着不同的外在表现形式，如饮食和服饰，但是未更深层次地理解文化差异。随着自身差异意识的提升，人们对其他群体的刻板印象会减少。个人会高估自己的容忍度和接受度。
- 接受差异。这是从民族相对主义视角产生敏感度的第一阶段。人们认识到存在大量可能影响信仰和行为的文化视角，尽管他们并不一定理解这些视角。
- 适应差异。人们更愿意通过提升对于他人经历的意识来扩展自己的世界观。人们能够对他人产生共情和同情。
- 融入差异。当人们处于这一阶段时，能够将其他文化的观点融入自身文化中。人们能够更轻松地进出不同的文化视角。

1.4.2.2　社会和文化规范如何影响行为与决策

文化信仰和行为并不是与生俱来或继承得到的，而是通过学习掌握的。从婴儿期开始一直持续到成年期，人们通过与环境互动学习如何思考和行事。行为主义和认知主义是对于人们如何获取并维持行为模式的一种解释。此外，文化适应是指人们逐渐获得他人文化规范和信仰的过程，通常会通过多种方法实现。了解这些流程能够帮助人才发展专业人士对其工作环境中的不同文化背景更加敏感。[参见 2.1.1.2]

价值观、信仰、偏好和态度

幼儿的价值观是父母或其他熟悉的成人传授的。随着年龄的增长，人们接触到了更多的人和价值观，可能需要从中选择最适合自己的价值观。培养对于这些价值观的自我意识可能是一项艰巨的任务，因为价值观通常根深蒂固，而且并不一定会通过言语表达出来。此外，人们的行为与他们口中所重视的对象并不一定完全一致，此类情况包括他们认为不按照自己所说的价值观行事会给他们带来更大的回报，或者另一项价值观的优先性更高。当某人被要求针对为什么他们相信或为什么他们以某种方式行事进行阐述或辩护时，价值观就会得以体现。这种价值观冲突可能成为一种催化剂，促使人们不再拒绝差异，并且使他们过渡到上文提及的班尼特跨文化敏感度发展模型中的意识提升阶段。

假设和成见

假设是指在"没有证据"的前提下就被认为是真实的内容，人们经常会忘了它们是没有证据的。直觉是做出假设的一个重要部分，因为人们凭借直觉、根据经验来诠释含义。但是，直觉并不一定正确。因为很多人通常只会和那些与自己相似的人分享经历，所以他们的观点通常不会遭到质疑。在这种情况下，即使他们的观点不正确，他们也会认为自己是正确的，最终，人们的大脑会始终看到模式并寻找相似的东西（Rabotin 2011）。如果他们经历不同于平常的体验，那么这种模式就会产生很大的局限性。

成见是指有利于或不利于一件事、一个人或一个群体的意见，通常被视为不公平的表现。一般情况下，人们都会倾向于认为自身价值观对于什么是好的或坏的、对的或错的、公平的或不公的定义都是真理。当人们接触到与自己的观点不符的意见时，这种情况就尤其明显。如果假设是基于这种成见得出的，那么人们就会对自身行动合法化，并且认为其他文化都是错误的。当人们基于自身成见去看待周围的情境时，就会产生负面刻板印象。[参见 1.2.3]

行为模式和范式

行为是由于隐性价值观和假设产生的显性形式。范式是"约束特定群体典型行为和行为模式的非书面规则，此类群体基于文化、语言、种族渊源、人种等因素而有着不同的身份，并且凭借身份区别于其他群体"（Ember 和 Ember 2011）。虽然一个群体内可能存在个人行为差异，但是大多数行为都会在可接受的文化界限之内，因为群体都存在文化一致性趋势。这些行为对于每种文化的形成都起到了一定作用。

符号学

符号学是一门研究含义是如何形成并传达的学科。任何用于交流的东西都是一种符号，它可以是视觉上的和语言上的，并且人们会针对每种符号赋予其含义。例如，字母 g-a-t-o 与毛茸茸的哺乳动物并不存在任何联系，但是在西班牙语中，这些字母就代表这种动物。讲英语的人会将这种动物叫作 c-a-t。人们并不需要看到真正的猫，就能够想象它的样子或描述它的特征。他们学会这些符号，并理解符号的含义，从而几乎无须任何思考就可以针对这些符号做出回应。交流环境与实际所使用的语言同样重要。此外，同一个符号也可能有着不同的含义。在一些西方文化中，拇指朝上的隐含意义是指某件事没有问题，但是如果人在潜水时，这个手势就表示回到水面上来。在一些国家，"拇指朝上"的手势甚至是带有冒犯性的。环境以及文化所赋予的隐含意义是含义的重要组成部分。

手势

上文提及的拇指朝上的例子说明了手势作为一种特定的非言语行为形式的重要性。使用肢体动作来表达含义也是潜在价值观和信仰的内在部分，因此通常无须过多考虑就能够轻松表达。人才发展专业人士应该尽量避免身处不同文化群体环境时不自觉地使用手势，并且通过对方的表情来确定他们是否受到冒犯。例如，用手指指着一件东西可能对于有些人来说是一种善意并且有帮助的手势，但是另一些人就会觉得受到冒犯，交叉双腿这一动作同样如此。做出手势可能是一种自发行为，而且对方对于手势含义的理解也是自发的，因此有可能激起强烈的反应。

习性

习性是一种某人特有的行为，在他人或某个群体看来这种行为非常古怪且特殊。此类行为与个性特点之间的联系比文化影响更密切，但是由于很多文化行为在其他文化群体看来非常古怪，因此其他文化群体会将他们不常看到的任何行为视为怪异的行为。看似怪异的行为会令人感到讨厌或导致注意力分散。人才发展专业人士应该接受培训，以便能够意识到自己表现出来的怪异行为，此类行为尤其在向群体公开讲话或使用戏剧性的手势时最为明显。从文化角度了解在何种情况下自己文化行为会成为其他文化成员眼中的怪异行为，这样能够帮助你消除这种明显的异常表现。

细微差别、成语、表达、俚语和俗语

语言存在各种细微差别，可能严重影响其含义。即使在同一种语言中，不同文化也会对相同的表达和术语赋予特殊的含义。如果没有经过与群体的充分互动，了解相关说法的具体使用环境，就无法轻松地理解这些含义。如果所使用的语言并非母语，那么可能更加难以解读其中的细微差别。因为成语和俗语都无法通过字面或比喻形式加以解释，所以听起来可能显得抽象、没有意义。核心原则之一是摒弃特定于某种文化的引用，如成语、俗语和俚语。无论是书面还是口头交流，人才发展专业人士都必须在与不同于自身文化的其他群体成员合作时，避免使用自身文化所特有的术语。

幽默

虽然每种文化都有各自的幽默元素，但是对于每种文化来说什么才是有趣的却存在巨大的差异。幽默能够帮助人们在面对新情况时平缓情绪；但是，如果他人认为幽默并不妥当，反而会令人感到不受尊重。幽默通常带有民族主义色彩，在没有充分了解对方观点的前提下，讲话者仅仅从自己的世界观角度说出他们认为幽默的内容。如果想要理解一则笑话，对方就必须了解相关背景。人才发展专业人士应该认识到在面对新情况时，最好避免使用幽默元素。

着装规范

服装的作用并不仅是遮体，也是一个人身份的外在表达。人们通常会根据外表来判断一个人，其中服装是一个主要因素。服饰可以体现受文化约束的概念，如质朴、温顺、表达、礼节、身份或年龄。在有些地方，服饰也可能受气候条件和环境的影响。从历史上来看，服饰一直是阶级身份的象征，是权力差异的有形表现，虽然当前这种象征意味已经不是那么明显（Twigg 2009）。人才发展专业人士应该意识到他们即将开展工作的国家和组织的着装习俗与期望要求，认识到人们会根据他们的外表对他们做出判断。尽可能穿戴各种文化都可以接受的服饰，这样有助于最大限度减少由于外表导致的注意力分散。

关系模式

商业领域中的关系概念通常也受文化的影响。那些倾向于集体主义价值观的文化寻找关系的方式往往有别于倾向于个人主义价值观的文化。在认为关系非常重要的文化中，人们通常会在致力于达成业务目标之前，通过共同努力建立更加私人化的关系。而且，他们认为即使某个项目或合同完成后，这种关系应该继续存在。人才发展专业人士不应该假设对于某种特定文化来说，关系模式应该是怎么样的，因为他们的工作是要求他们与其他人建立关系，这一点很重要。他们需要理解业务关系对于工作中接触到的其他人的意义，避免对方认为两者之间的关系过于私人化或公务化。

习俗

习俗是一种有着象征或情感意义的行为实践。习俗通常遵循特定的程序模式，甚至可以提供行为准则。习俗可以包括日常事件，如问好、会议，或者定期发生的特殊事件，如生日，或者特殊纪念场合或仪式，如葬礼、婚礼或退休。人才发展专业人士必须意识到此类活动对于相关人士的含义，并且认识到无法轻易将此类含义强制施加到其他人身上。就像价值观一样，在人们受到质疑或质问之前，他们可能根本就没有意识到习俗对于他们的含义。

商业规范

文化会从多个角度影响业务实践。从人们如何完成身体上和语言上的会面和互动，到组织如何向客户销售产品或传递价值观，不同地区或国家的商业规范可能有非常明显的差异。

- 员工和项目管理。权力差距价值观支配着最有效的人员管理方法。对于项目来说，集体主义可能偏向于群体，而个人主义则关注个人贡献。准时文化可能使得他们在某个项目完成之前，一直只开展这一个项目；而对其他人来说，这可能意味着同时开展多个项目。
- 风险承担倾向。风险承担包括可以披露的信息和披露的程度、对于考虑新方法的意愿，以及某人对于不确定性的容忍程度。与不确定性规避分值较高而且倾向于达成集体共识的国家谈判时，通常需要比与那些更愿意承担风险的国家付出更多的精力。
- 营销、销售和分配。国家观点和法规决定了营销方法与销售实践，如擅长运用折扣和促销的程度。
- 决策和谈判。关于谈判的文化观点应该关注双赢或输赢结果。有些文化根据怎么样对某个人最好来做出决策，而有些文化则根据怎么样对每个人最好来做出决策。
- 中立 vs 情绪化。中立文化倾向于压抑情绪，在决策过程中以逻辑框架为基础。情绪化文化则不会刻意压制情绪的表达，经常自发地表现情绪，认为这是可以接受并且有帮助的行为。

跨文化概念

人们会从不同的角度观察并评估事物。被某种文化所接受的行为在另一种文化中可能并不适宜。当人们试图使用自身文化中的含义来理解他人面对的现实时，就会产生问题。随着自我意识的提升，人们发现自身的经历会对各自世界观的形成产生影响，而且更容易接受这种思维模式。具备自我意识意味着人们必须更加：

- 意识到自身的成见和价值观，避免将这种成见和价值观施加给他人。
- 意识到自身的价值观和成见会影响来自不同文化群体的客户。
- 适应文化差异。
- 意识到自己的态度、信仰和行为可能令他人感到压抑（Weng 2005）。

1.4.3 关于培养文化意识、鼓励文化敏感和拓宽视野方法与技巧的知识

Ⅰ. 培养跨文化意识和能力

人才发展专业人士应该掌握关于在各自组织内培养文化意识的各种技巧和最佳实践的知识。

1.4.3.1 重要性和关系

人才发展专业人士应该知道提倡文化意识不仅是做点好事。它可以帮助团队更好地运作，做出更好的决策。多样性能够带来新鲜的想法和多文化视角，激发创造力，拓宽传达给客户信息的渠道。如果企业重视并支持广阔的视野，就有助于形成独特的企业身份，更容易吸引并留住有才华的员工。

1.4.3.2 文化欣赏的类别

人才发展专业人士可以培养文化意识并鼓励人们在三个层面上拓宽他们的视野：

- 个人文化意识与自我和他人有关。
- 工作场所行为和包容关系到整个组织，以及影响员工互动方式的社会、心理环境的信念和价值观。
- 全球思维是指吸收世界各地的传统和规范，并针对如何适应文化差异形成概念的能力。

1.4.3.3 提高文化意识

工作场所已经成为文化大熔炉，有助于加强组织内的沟通和团结。人才发展专业人士能够提高文化意识，并帮助他人认识到文化差异。如果人们能够认识并欣赏这些差异，工作就会更加出色。人才发展专业人士可以通过下列方式提供帮助：

- 促进在组织内围绕不同的文化开展分享和公开讨论活动。
- 努力培养关于公司文化的意识和知识。
- 创造正式的学习和评估机会。

1.4.3.4　培养对文化差异的接受能力

一旦人们认识到文化差异，就必须培养他们接受这些差异的能力。人才发展专业人士可以通过下列方式提供帮助：

- 制定文化意识策略。
- 鼓励对语言差异的文化敏感度和共情。
- 开展尊重差异的包容性活动。
- 实施自我意识工具、对话和教育。
- 通过指导拓宽视野。
- 确立领导责任制。

包容

1.4.4　关于适应和调整态度、观点与行为以在不同环境或情境下有效运作的技能

I.　工作场所多样性最大化

人才发展专业人士必须擅长根据多样性情境，灵活地调整自己的观点和行为。

1.4.4.1　多样性领域

人才发展专业人士应该关注如何使多样性和包容性成为组织价值观和优先任务的自然组成部分。多样性是一个宽泛的术语，包括种族、民族、性取向、信仰、年龄和其他令人独特的因素。多样性领域包括关注性别平等、种族平等、代际差异、个人空间、残疾意识、宗教适应、多种语言和思想多样性。

性别平等

工作场所内可能存在性别歧视，尤其是女性仍然在薪酬和晋升机会方面受到歧视。但是，很多组织已经成为性别平等领域的典范，其中一部分原因就是不断增加多样性培训课程。性别平等的重要性因文化、国籍和国家而异。因此，建议人才发展专业人士针对此类问题需要根据实际情况进行处理。

种族平等

提高种族平等意识并采取积极的策略，就会更加理解和欣赏多样性与包容性。事实证明，包容实践有助于取得更出色的组织成果。对组织来说，种族平等是一种有益于改进财务表现的选择，因为多元化团队有助于在整个组织内取得更优秀的绩效。多样性有助于组织培养更广泛的员工视角，从而做出更明智的决策，提供更出色的客户服务，实现创新产品开发和向新市场扩张。

代际差异

在当今的工作场所内，人才发展专业人士努力吸引、培养和鼓励不同世代的员工，而且他们有着不同的工作风格和职业期望。由于目前五代人共同工作，人才发展专业人士需要提高工作场所内对于不同世代的员工如何看待并处理工作的意识。对代际之间的这种理解有助于避免不必要的冲突。

个人空间

有着不同文化背景的人在管理个人空间方面采取的方法大相径庭。对于那些文化崇尚近距离交流的人来说，用足够个人空间来强化社交距离文化的人就显得冷漠、孤僻。空间关系是指人与人的空间位置关系。研究人员指出，在人脑中，杏仁核会说服人们保持与另一个人之间"正确"的距离（Kennedy 等人 2009）。为了帮助人们认识到尊重不同个人空间理念的重要性，人才发展专业人士发挥着积极的作用（如在会议、辅导和培训课程时）。

残疾意识

1990 年《美国残疾人法案》和其他国家的立法对残疾人培训设计产生了影响。在美国，通过颁布《美国残疾人法案》禁止在就业、公共服务、交通、住宿以及电信服务等领域歧视残疾人。其中涵盖就业的所有方面，包括申请和甄选过程、在职培训、加薪、福利和雇主赞助的社会活动。

宗教适应

宗教通常被认为一种不同于文化的观念。宗教是一系列超越自我和自然世界的信仰，这些信仰做出了关于存在和行为的定义（Fein 2010）。但是，宗教和文化在某些领域明显重叠。在宗教和政府分离更加明显的地方，也许更容易将宗教视为一种亚文化，但在两者紧密结合的地方，了解宗教的影响对于理解特定文化群体的生活方式至关重要。有些文化已经在宗教信仰的影响下发生改变，而有些宗教则基于其所在地的文化发生了调整。很多人才发展专业人士可能在工作中尚未触及宗教信仰问题，但是如果宗教信仰严重影响了组织文化，就应该认识到它的影响力。

多种语言

对于基于教室的培训和在线学习来说，人才发展专业人士需要提供多种语言的教学和培训材料，协助学习迁移。即使说同一种语言的人在交流过程中也可能出现困难，因为信息在形成和听取的过程中涉及多方面的因素。如果语言不同，那么各种语言本身在交流过程中存在的困难就会混合在一起。下面介绍一些需要考虑的口头语言因素：

- 口音、方言和语言学。口音是指人读单词和单词发音的方式。人才发展专业人士在安排讲师时，应该尽可能选择和学员说同一种语言、有着相似的口音或方言的讲师。

- 翻译。翻译错误虽然发生相对频繁，但通常最容易发现和纠正。当一方将错译归结为对于接收方文化的不尊重时，双方就会产生矛盾。

- 细微错误。如果双方并不精通同一种语言，那么对于含义理解的细微差别就有可能导致误解产生。人才发展专业人士必须避免使用俚语、口语，有时还要避免幽默。

思想多样性

思想多样性是指员工由于其能够从不同角度看待问题、采用不同方法解决问题或为工作带来不同思考过程的能力而受雇用。从表面上看，这似乎是个好主意，但事实上有很多反对者。反对的理由是，在雇用过程中不应该将思想多样性放在与人口多样性同一层面来看待。但是，反对者表示应该通过多元化代表来实现思想多样性。

人们思考、解决问题和沟通的方式是由他们的生活经验决定的，也就是他们学会思考的方法。因此，虽然这一概念既有支持者也有反对者，但人才发展专业人士应考虑希望通过多样性达成的具体目标。

1.4.4.2　适应性和灵活性

在多样性环境中有效运作的关键在于个人和组织的灵活性。个人灵活性是指无论发生什么情况，个人都能够应对自如。组织灵活性是指组织的敏捷性。

灵活的个人通常具备下列特点：

- 出色的倾听者。
- 愿意学习。
- 自信。
- 足智多谋。
- 遵守纪律。
- 团队合作者。
- 愿意接受反馈。
- 适应力强。
- 能够轻松适应改变。
- 愿意承担风险。

灵活的组织通常具备下列特点（Biech 2014）：

- 员工友好的工作场所，关注员工满意度。
- 灵活的福利制度，包括工作时间、教育福利、退休规定。
- 快速决策与学习周期。
- 支持下一代的技术。
- 创造力、冒险和创新文化。
- 为客户量身定制结果。
- 快速从错误中恢复和学习的能力。
- 愿意随外部压力而不断成长。

- 出色的沟通。
- 专注于提高敬业度分值，为员工带来福利。

1.4.5 关于鼓励和提升工作场所多样性和包容性的知识

I. 提倡工作场所多样性和包容性

人才发展专业人士应该准备好主导、支持并利用任何提倡工作场所多样性和包容性的组织战略。

1.4.5.1 提倡多样性和包容性的价值

具备多样性、包容性特点的员工队伍有助于创造更具创造性和创新性的工作环境。这样的环境能够吸引人才，避免员工流动。在组织努力适应不断变化的世界的过程中，多样性有助于组织提升竞争力。人才发展专业人士应该通过实施具体的程序来向员工宣传多样性的优点，包括：

- 帮助员工认识差异。
- 通过各种沟通渠道向员工传达多样性的重要性和价值。
- 创建一个商业案例来检查成本和投资回报率。
- 围绕多样性和包容性提问并开展对话。
- 评估招募和雇用流程，以便更有效地吸引并留住多样性员工。

1.4.5.2 建立共同的责任感和责任制

有效的领导者通常会在推出新战略之前，获得支持。在提倡工作场所多样性和包容性的过程中，建立一种共同的责任感，并澄清责任制包含什么，使得每个人都将这项任务作为自己的义务。人才发展专业人士有许多方法可供选择，包括：

- 帮助员工确定在推行多样性和包容性责任制过程中可采取的具体步骤。
- 帮助员工明确为什么需要强调多样性和包容性。
- 明确所有术语的定义，确保每个人都持有相同的观点。
- 鼓励其他人参与确定目标解决方案。

1.4.5.3 考虑偏见培训的益处

偏见培训，有时被称为敏感性培训，通过提高对特定沟通问题的认识来创造价值。培训还可能突出普通员工经常忽略的问题。如果想要获得成功，就应该针对组织专门设计培训课程，安排外部引导师负责引导课程，并要求每个人（包括高层领导）都参加。培训主题可包含但不仅限于：

- 组织面临的任何特定的阻碍或障碍。
- 关于包容和沟通的澄清。
- 针对特定技能实践的角色扮演。

- 突出可接受的行为与不可接受的行为之间差异的案例研究。
- 揭开难以讨论的敏感话题的讨论。

1.4.5.4 提供导师

组织为有多样性背景的候选人提供导师，确保他们在组织内的发展和成功。对于多样性的员工和整个组织来说，能够得到了解组织的人的支持是无价的。所有导师项目都需要明确的结构，多样性导师课程尤其如此。人才发展专业人士应该针对多样性候选人的指导制定计划，并明确目标，例如：

- 为导师和多样性候选人提供培训与支持。
- 确保资金和人员调配。
- 确立与组织多样性策略相一致的目标。
- 召集有专业知识的员工作为导师。
- 确保领导参与。
- 确保高品质的互动（Labin 2017）。

1.4.5.5 多样性和包容性评估

人才发展专业人士应使用经实践验证，适用于一般性评估或学习解决方案评估的工具。评估应关注两个对象：组织和个人。全球多样性和包容性基准（GDIB）是一种普遍接受的组织工具，它能够提供足够的数据，为多样性和包容性战略制定全面评估方法。GDIB 是由多样性和包容性领域的先驱朱莉·奥马拉（Julie O'Mara）和艾伦·里克特（Alan Richter）以及一个由 80 名专家组成的小组开发的免费资源。组织评估能够揭示公司未来教育需求，并为战略制定提供依据。

除了开展组织评估，还可以鼓励员工完成多样性和包容性评估，这也是了解个人成见、偏见和模式化观念过程中的一个早期步骤。对于什么才是好的、什么才是对的、自己喜好什么这种根深蒂固的价值观，人们需要通过刻意努力和深入研究才能将它们暴露出来，因为他人，甚至持有这些价值观的当事人也未必清楚。无论使用哪种工具，评估都应该收集关于知识、理解、接受和行为的信息。

1.4.5.6 重视多样性

人才发展专业人士应该自己表现出如何重视多样性和包容性，同时应该指导他人重视多样性并表现出包容性。例如，他们可以：

- 承认并庆祝不同文化的节日。
- 调动团队成员，促进员工发展，提供新机会，鼓励工作单位多样性。
- 针对文化差异开展庆祝活动，培养员工对其他文化和群体的意识。
- 强调通过组合各种差异创造独特的机会，整体价值超过各部分的总和。
- 制定多样性导师结对机制。
- 确立透明的领导责任制。

1.4.5.7　工作场所中包容性的角色

人才发展专业人士应该准备好与各种多样性和包容性角色以及委员会打交道。组织可能委任一名多元化经理或者首席多元化官。两者都负责培养、促进、监督、鼓励和支持多样性、开放性与包容性的环境。他们的职责范围覆盖整个组织，整合组织的多样性和包容性战略。他们的职责可能包括但不仅限于：

- 提升接触机会。

- 加强内部和外部关系。

- 提高组织多样性战略的可见性。

- 提供关于多样性、接触机会和公平问题的专业知识。

- 提高弱势群体员工的成功率。

- 招募并扩大多样性求职者的人数。

当确立长期流程和实践时，组建工作场所包容性委员会可能有所帮助。它能够帮助高层领导理解与工作场所的多样性和包容性相关的细微差别，推动他们在任何特定时间做必要的事情。人才发展专业人士应该帮助组织认识到按计划招募委员会成员的价值。安排受众人尊重、能够代表多数组织观点的资深员工担任委员会成员，这样有助于组建有效的团队。此外，委员会还必须获得领导层的支持，编写章程，制定目标和预算，规定委员会成员任期长短并制定沟通计划。委员会负责两项任务，即收集信息和确定文化影响。

- 收集信息。人才发展专业人士使用各种工具收集关于文化、包容性和多样性的信息，然后客观分析数据。为避免分析结果带有偏差，可使用特定的方法和策略，如安排经过培训的观察者使用适当的工具进行分析。在观察过程中，安排多名观察员、多份检查清单也有助于避免观察偏差的发生。［参见 2.8.6.2］

- 确定文化影响。如果价值观和业务实践之间存在差距，就会产生问题。人才发展专业人士可以使用文化审计对组织进行分析，审查组织的假设、规范、哲学和价值观，从而确定文化是否会阻碍或支持组织愿景和使命的达成。

1.4.6　将多样性和包容性原则整合至人才发展战略与倡议中的技能

I.　工作场所多样性和包容性规划

人才发展专业人士应该擅长将多样性和包容性融入工作场所中。

1.4.6.1　人才发展专业人士在多样性和包容性中扮演的角色

人才发展专业人士应该承认、接受并支持多样性和包容性，提高自身决策和组织决策发挥效果的可能性。首先，应该确保组织有明确的理由将多样性和包容性融入组织文化中。

组织可通过各种方法最大限度地提高工作场所的多样性。组织必须了解多样性的各个方面，并采用适当的方法来满足多样性群体的战略倡议需求。多样性战略应着眼于令个人展现独特性的每个不同方面。如果组织战略措施发生变化,那么可能对有着不同背景、世代,以及持有不同观点的员工产生影响。因为越来越多的组织参与到全球竞争中,所以人才发展专业人士在创建职业规划和人才管理项目时,需要着眼于全球多样性,并加以思考。这也需要掌握跨文化交流技巧,并重视不同的文化模式。

整合多样性和包容性的理由

人才发展专业人士应该先确保各自组织理解要将多样性和包容性融入公司文化的理由。在很多缺乏多样性正式政策的组织中,即使他们的员工群体体现了种族和文化多样性,也面临着潜在的种族歧视诉讼。每家组织需对其采用的多样性和包容性策略进行评估,并制定战略。最好的方法是为包容性实践建立一个强有力的案例,包括但不限于:

- 组织有能力吸引并留住有着各种文化背景的最优秀、最聪明的求职者。
- 由于人口结构的变化,客户多样性有助于增加市场份额,创建令人满意的客户群。
- 员工学会沟通并真正互相理解,这样有助于提高他们的创造力、响应能力和工作效率。
- 扩大求职人才库,并且采用客观的招聘和晋升标准将有助于提高公平性,并增加机会。
- 提升员工敬业度,从而更好地留住员工。
- 多样性有助于培养多种视角,从而使组织做出更明智的决策。更广阔的视角可以带来更好的客户服务、创新的产品开发和新市场扩张。
- 包容性文化能够培养思维更灵活、更广阔的领导者,他们更能适应全球化经济。
- 如果能鼓励员工克服文化误解并欣赏差异,组织的整体绩效就会提高。
- 员工觉得自己更加受到重视,工作效率也会提高。

人才发展专业人士可以参与帮助组织确定强化多样性和包容性文化的理由。人才发展专业人士能够通过对话解释组织的文化是如何随社会发展而形成和改变的。文化包括对世界和价值体系的共同看法,包括员工之间如何交谈、员工对于不确定性的耐受力、员工承担风险的意愿以及在与领导和同事互动时的自如程度。这些因素和其他因素直接影响学习和发展偏好以及人们在工作中的互动方式。

人才发展专业人士参与多样性和包容性

人才发展专业人士应该准备好通过多种方式支持组织在多样性和包容性方面的表现。一旦组织了解了为什么要改进文化的多样性和包容性,人才发展专业人士就应该研究各种鼓励和提倡工作场所多样性和包容性的方法,并准备好为组织提供协助。[参见 1.4.5]

人才发展专业人士可能发现自己需要接触到多样性和包容性的多个方面。他们的角色包括但不限于:

- 制定组织的多样性和包容性战略[参见 1.4.6.2]。
- 领导实施组织的多样性和包容性战略。
- 确保多样性战略涵盖所有地点。
- 创建多样性商业案例。

- 帮助确定多样性能力。

- 设计并支持多样性招聘计划。

- 协调所有培训和发展机会，以确保他们展现出组织所期望的、代表不同文化的、所有人都能接触到的多样性和包容性形象。

- 为团队和群体安排团队建设或其他练习，克服消极的模式化观念，发展技能或改善沟通。

- 为那些下属有着多样性背景的主管和经理提供多样性和包容性支持。

- 为多样性员工制定导师计划。

- 设计包容性继任者计划流程。

- 采购并管理组织多样性和包容性评估或自我评估。

- 提高整个组织内弱势群体的成功率。

- 针对如何利用员工多样性提出建议。

- 针对多样性和包容性如何支持组织的品牌和知名度提供意见。

- 将多样性战略的适用范围扩大至客户和供应商。

- 向领导者汇报多样性和包容性战略是否达到了预期目标。

- 帮助领导者理解自身在支持多样性和包容性方面应承担的责任。

- 确定责任衡量标准。

组织文化可能促进，也可能阻碍多样性和包容性战略取得成功。人才发展专业人士可以在这一过程中发挥作用，协调多样性和包容性战略，并实施支持策略，以确立并强化所需的文化。他们应该记住，交谈能够改变文化。

1.4.6.2　制定包容性战略

人才发展专业人士经常被委托负责包容性战略的制定工作。工作场所多样性和包容性战略是一种书面政策，表达了必须将多样性和包容性作为组织文化一部分的这种理念，通过确立统一的政策和组织体系来展示这一理念。必须获得高层领导的支持——坚定、透明、明确的信念：包容性与组织的目标、目标和营收成果息息相关。

工作场所包容性战略应该包含三个领域的目标：

- 客户。这可能包含全球市场扩张目标。

- 员工。这可能包含对工作场所有益的目标，例如，提高女性专业人士的留任率。

- 社群。这可能包括能同时体现组织、社群和多样性的目标，例如，为有价值的事业捐赠时间和财政资源。

该战略还应该包含有助于打造更具包容性的工作场所的使命、愿景和价值观：

- 愿景。愿景宣言设定了期望的包容性目标并定义未来。它能激发行动并获得对于达成目标的承诺。

- 使命。使命宣言必须明确，并且与组织的身份密切相关。它应该具有激励和鼓励的作用。尽管这可能不会立即显现，但所有构成要素都要能从对于工作场所多样性和包容性的承诺中受益。

- 价值观。价值观体现组织最深层次的信仰。价值观是不可协商的，是组织如何定位自己的身份，令自己与其他组织显得不同的方式。价值观应该体现在组织的各个层面上，并制定于制度的具体行为中。领导者必须充当工作场所包容性价值观的典范（Silveira 和 Walters 2017）。

1.4.6.3　实施包容性战略

人才发展专业人士可能收到组织的要求，帮助组织实施包容性战略。人才发展专业人士需要协助、领导或者引导他人完成以下列出的任何实施步骤：

- 制定行动计划。
- 组建、引导或协调工作组。
- 鼓励参与。
- 设定可衡量的目标。
- 启动导师计划来支持包容性战略的实施。
- 确定将构成本组织政策和程序组成部分的最佳实践。

1.4.6.4　促进工作场所包容性

人才发展专业人士需要促进在员工发展计划的培训分析和规划过程中加入新的文化理念或少数群体和性别群体。在此过程中，人力资源职能部门和高层管理者要制定一项策略，面试并招募有着多样性背景的员工，从而扩大组织的多样性。促进包容性包括吸引多样性员工，并最大限度地推动学习和发展任务。

- 吸引多样性员工。为了吸引多样性员工，人才发展专业人士需要一种支持不同背景和倾向的企业结构，还需要内部资源以及识别不同文化种类的能力。根据企业结构，人才发展职能部门可能与其他人力资源职能部门合作，通过招聘网站或社交网络找到合适的人选来担任相关职务。人才发展专业人士需要提前考虑，决定是否需要在入职流程中加入任何补充和变更。
- 最大限度地推动学习和发展任务。人才发展专业人士在设计和交付培训课程或与员工互动时，需要考虑所有文化概念和差异。他们将对所有培训和发展项目、沟通措施和所有产品及服务进行检查，确认是否关注多样性和包容性原则，考虑无障碍，使用中性词汇、适当的例子和其他内容。交付过程中还应考虑不使用术语、要适当着装、对年龄的态度、个人空间、工作、时间、对权威的反应等。

1.4.6.5　学习道德标准和法律问题

人才发展专业人士应该遵循有关员工信息保密的道德标准，尤其是与咨询以及心理和性格测试相关的信息。他们应该认识到只有具备资质的人士才可进行心理评估，并确保由经过认证的专业人士完成评估。了解人才管理周期各方面的法律后果，确保遵守适用的法律法规。

机会平等

美国通过平等就业机会委员会实施与员工雇用、晋升以及解雇相关的法规。这些法规还涵盖培训的某些方面。例如，平等就业机会委员会的《员工甄选统一指南》"适用于作为任何招聘决定……雇用……晋升……降职……决定依据的考试和其他甄选程序。其他甄选决定，如培训或转岗候选人甄选，如果能够最终引起上述任何决定，也可视为雇用决定"。人才发展专业人士还应了解各自所在国家的法规。［参见 1.6.5.2］

残疾

在美国，要被视为合格的残疾人，求职者或雇员必须履行工作的基本职能。雇主必须合理地照顾已知的精神疾病或身体残疾的员工，除非他们能够证明，如果根据《美国残疾人法案》规定行事，他们会遭受过度负重。然而，《美国残疾人法案》并不保证残疾人一定有权获得他们正在申请的工作。雇主无须优先考虑有残疾的求职者，但是必须为他们提供合理的照顾，使得他们能够履行各自工作岗位的关键职能。［参见 1.6.4.6］

人才发展专业人士应意识到，《美国残疾人法案》要求在开展有效的沟通和培训过程中，不应该将残疾人排除在外。这可能意味着为有听力障碍的员工提供书面材料、手语翻译、关闭字幕的视频，或为有视觉障碍的员工提供文本录音或特殊阅读软件。其他国家的人才发展专业人士还应了解各自所在国家的法规。

雇用实践和测试

新员工雇用或老员工晋升都可能引起焦虑，因为风险很高，没有人愿意做出错误的决定。人才发展专业人士在雇用和职业规划流程中可以使用多项指标和考核来缓解这种焦虑。他们还可以使用考试、个性或心理测试来判断潜在或当前员工的适合性，这些测试可以用作辅导和员工发展工具。事实上，很多用人组织会将这些工具作为全面面试后的辅助评估。［参见 1.6.5.2］

挑选学员

参加人才发展项目学员的挑选是人才发展专业人士应该了解的另一个重要法律问题。人才发展专业人士应该确认所在国家法律是否要求在入职前提供培训，挑选学员参加培训项目，或根据培训项目中的表现来分配工作。［参见 1.6.5.2］

参考文献

Bennett, M.J. 2004. "Becoming Interculturally Competent." In *Toward Multiculturalism: A Reader in Multicultural Education*, 2nd ed., edited by J. Wurzel, 62-77. Newton, MA: Intercultural Resource Corporation.

Biech, E. 2014. ASTD *Handbook: The Definitive Reference for Training and Development*, 2nd ed. Alexandria, VA: ASTD Press.

Cameron, K., and R. Quinn. 2011. *Diagnosing and Changing Organizational Culture: Based on the Competing Values Framework*. Hoboken, NJ: John Wiley & Sons.

Carpenter, M., and S.P. Dunung. 2018. *International Business: Opportunities and Challenges in a Flattening World*. Boston: FlatWorld.

Deal T., and A. Kennedy. 2000. *Corporate Cultures: The Rites and Rituals of Corporate Life*. New York: Perseus.

Denison, D., S. Haaland, and P. Goelzer. 2004. "Corporate Culture and Organizational Effectiveness: Is Asia Different From the Rest of the World?" *Organizational Dynamics* 33:98-109.

Ember, C.R., and M.R. Ember. 2011. "Culture and Culture Change." In *Cultural Anthropology*, edited by C.R. Ember and M.R. Ember, 14-39. Upper Saddle River, NJ: Pearson Higher Education.

Fein, J. 2010. Module 10: Culture and Religion for a Sustainable Future. Paris: United Nations Educational, Scientific and Cultural Organization.

Gartside, D., and C. Sloman. 2014. "Adapting to a Workforce Without Borders." *T+D*, April. 36-40.

Goldsmith, M., C.L. Greenberg, A. Robertson, and M. Hu-Chan. 2003. *Global Leadership: The Next Generation*. Upper Saddle River, NJ: Pearson Education.

Hofstede, G.H. 2001. *Culture's Consequences: Comparing Values, Behaviors, Institutions, and Organizations Across Nations*. Thousand Oaks, CA: Sage Publications.

Hofstede, G., G. Hofstede, and M. Minkov. 2010. *Cultures and Organizations: Software of the Mind*. New York: McGraw-Hill.

Hoppe, M.H., and R. Eckert. 2012. *Leader Effectiveness and Culture: The GLOBE Study*. Greensboro, NC: Center for Creative Leadership.

Katz, L. 2005. "Organizational Versus National Culture." *Leadership Crossroads*. www.leadershipcrossroads. com/mat /Organizational%20vs%20National%20Culture.pdf.

Kennedy D., J. Gläscher, J. Tyszka, and R. Adolphs. 2009. "Personal Space Regulation by the Human Amygdala." *Nat. Neurosci* 12(10): 1226-1227.

Labin, J. 2017. *Mentoring Programs That Work*. Alexandria, VA: ATD Press.

Lewis, R.D. 2006. *When Cultures Collide: Leading Across Cultures*, 3rd ed. Boston: Nicholas Brealey Publishing.

Lubin, G. 2013. "The Lewis Model Explains Everything in the World." *Business Insider*, September 6.

Luthans, F., and J. Doh. 2015. *International Management, Culture, Strategy and Behavior*, 9th ed. New York: McGraw-Hill.

Meister, J.C., and K. Willyerd. 2010. *The 2020 Workplace*. New York: Harper Business.

Minkov, M. 2012. *Cross-Cultural Analysis: The Science and Art of Comparing the World's Modern Societies and Their Cultures*. Thousand Oaks, CA: SAGE Publishers.

O'Neil, D. 2013. "Language and Culture: An Introduction to Human Communication." https://www2. palomar.edu/anthro/language/default.htm.

O'Mara, J., and A. Richter. 2011. "Global Diversity and Inclusion Benchmarks: Standards for Organizations around the World." The Diversity Collegium.

O'Mara, J. and A. Richter. 2017. Global Diversity and Inclusion Benchmarks Assessment." The Diversity Collegium. http://centreforglobalinclusion.org/wp-content/uploads/2017/07/GDIB_-Assessment Checklist_ 100217.pdf.

Rabotin, M. 2011. *Culture Savvy: Working and Collaborating Across the Globe*. Alexandria, VA: ASTD Press.

Schein, E. 1992. *Organizational Culture and Leadership: A Dynamic View*. San Francisco: Jossey-Bass.

Silveira, E., and J. Walters. 2017. "Building Blocks of Workplace Inclusion." *TD at Work*. Alexandria, VA: ATD Press.

Taras, V., P. Steel, and B.L. Kirkman. 2011. "Three Decades of Research on National Culture in the Workplace: Do the Differences Still Make a Difference?" *Organizational Dynamics* 40:189-198.

Thomas, Jr, R.R. 2010. *World Class Diversity Management: A Strategic Approach*. San Francisco: Berrett-Koehler.

Thomas, D.C. 2008. *Cross-Cultural Management: Essential Concepts*, 2nd ed. Thousand Oaks, CA: Sage.

Towers Watson. 2012. "Global Workforce Study Engagement at Risk: Driving Strong Performance in a Volatile Global Environment." Towers Watson.

Trompenaars, F., and C. Hampden-Turner. 2012. *Riding the Waves of Culture: Understanding Diversity in Global Business*, 3rd edition. New York: McGraw-Hill.

Twigg, J. 2009. "Clothing, Identity and the Embodiment of Age." In *Aging and Identity: A Postmodern Dialogue*, edited by J. Powell and T. Gilbert, 1-19. New York: Nova Science Publishers.

Weng, C. 2005. "Multicultural Lawyering: Teaching Psychology to Develop Cultural Self-Awareness." *Clinical Law Review* 11:369-404.

推荐阅读

Livermore, D. 2015. *Leading with Cultural Intelligence: The Real Secret to Success*, 2nd ed. New York: AMACOM.

Steffey, D. 2018. *Destination Facilitation: A Travel Guide to Training Around the World*. Alexandria, VA: ATD Press.

Trompenaars, F., and C. Hampden-Turner. 2012. *Riding the Waves of Culture: Understanding Diversity in Global Business*, 3rd edition. New York: McGraw-Hill.

1.5 项目管理

分析某项学习计划或人才解决方案的组成元素，并对各元素的优先性进行排序，有助于打造对学员来说有意义且与其切实相关的学习体验。有效项目管理需要具备在有限时间内规划、组织、指导和控制相关资源并完成特定目标的能力。

1.5.1 关于项目管理原则和流程的知识

I. 项目管理原则

人才发展专业人士应该认识到，为了与多方利益相关者共同管理多个项目，需要制定切合实际、简单且可重复的项目管理流程。

1.5.1.1 什么是项目

项目是指一项临时工作，明确开始和结束时间，并明确范围和资源。从每个项目的独特性来看，项目不是一种常规操作，而是为了达成某个目标而专门设计的一系列特定操作（PMI 2017）。上述内容是以项目管理协会（PMI）标准定义总结得出的。通过了解其他组成部分的定义，人们能够更清楚地理解项目管理：

- 流程是指由可以系统化的不断重复的任务组成的一份标准列表。例如，每个工资周期的工资支付流程都是相同的。
- 计划通常由相关项目组合而成。
- 任务是指一个工作单位，通常一个人在半天时间内可以完成。项目由多个任务组成。
- 项目管理是指通过运用知识、技能、工具和技巧来满足项目要求。
- 项目管理团队是指负责完成相关任务，为项目经理达成项目目标提供支持的一组人员。项目管理团队通常需要和不在一起工作的人开展协作。

项目可以变成流程。例如，人才发展课程开发人员根据学习目标和要求为客户分析、设计并创建学习解决方案。这种开发活动，从开始到结束的整个过程就构成一个项目。一旦项目完成，在课程失去效果之前，就可以不断重复使用。这种持续使用培训课程的行为就是一种流程。项目和流程都是由多个任务组成（单一工作单元）的。

1.5.1.2　项目管理与人才发展的关系

项目管理对于人才发展专业人士向组织交付价值的能力至关重要。通过实施系统性的项目管理方法，人才发展专业人士可以监督并预测项目每个阶段的完成日期，确保项目按时、按预算、按质量规范完成。项目管理实践能够帮助人才发展专业人士展现出有效的人才发展规划和执行所产生的价值。

随着项目复杂性不断提升、速度和节奏要求不断提高，再加上技术使用增多，所有这些都对人才发展项目经理提出了严苛的期望要求。因此，系统性方法已经成为他们成功的基础，如果想要项目获得高质量的结果，人才发展专业人士就不能再依靠即兴发挥。

1.5.1.3　将项目管理运用于人才发展

人才发展专业人士在制定人才发展解决方案和新计划时，应该使用系统性的项目管理方法。这些解决方案应该包括从开发一节课到实施基于胜任力的全新发展框架的方方面面。项目的实例包括但不仅限于：

- 创建一项认证课程。
- 设计一个新的领导力发展计划。
- 将当前的教室课程转换为混合学习方案。
- 创建一个系统性的使用主题专家的流程。
- 开发新员工入职培训。
- 制定轮岗流程。
- 新工作岗位设定流程的标准化。
- 创建一种主管辅导员工的方法。
- 创建一个流程和一份检查清单，帮助员工管理各自的职业。
- 制定在组织内利用社会化学习的计划。
- 设计一个持续生产数字化学习产品的流程。

人才发展专业人士应该使用项目管理方法来满足利益相关者的请求，开发新的流程或服务，改进当前流程或服务，并根据组织的新技术或运营战略做出调整。

1.5.1.4　何时使用项目管理

人才发展专业人士可能面临各种场景，其中有些适合采用项目管理实践，有些则不适合。有时候这些场景甚至看起来非常相似。辅导就是一个很好的例子。人才发展专业人士可能接到一项任务，负责创建一个可在整个组织内使用的辅导流程，这项任务可能成为项目管理的对象。人才发展专业人士也可能在与直接上司和内部客户互动时使用辅导技能，而外部顾问也可能将辅导技能用在客户身上。这两种情况都不属于项目管理。

人才发展专业人士知道何时将更广泛的流程和工具应用于项目管理方法。根据项目的定义，人才发展专业人士可以确信，如果他们正在谈论的内容包含四个因素，那么它就是一个项目：

- 有明确的开始日期，而且在此以前不存在。

- 有明确的结局，可以通过到达明确定义的终点或达成目标来界定这一结局。

- 是一个独特、临时的一次性事件，不会再次重复。

- 能够达成一个目标，或交付一个在项目开始之前从未存在过的成果。

在现实中，每个项目的条件都不可能绝对理想：交付期太短、预算太紧、范围太大，或者时机很糟糕。精明的人才发展专业人士会认识到这一点，并将深入挖掘自己的项目管理技能，在面临这种情况时做一些必要的调整。

1.5.1.5　确保项目管理成功的初步要求

为确保项目管理获得成功，必须明确角色，并就采取的管理方法达成一致意见。项目管理专业人士可以从几种管理模型和框架中进行选择。尽管根据所使用的项目管理模型，整个项目管理过程包含四到七个阶段，但大多数模型在表现方式和所需任务方面都有相似之处。各种项目管理模型共有的阶段包括：

- 启动或开始项目，包括撰写项目章程。

- 策划或决定项目日程、所需资源和预算。

- 管理、执行或控制工作进度，提供反馈和解决差异。

- 结束或完成项目，包括文档记录和组织项目总结。

项目管理需要专业的角色。如果想要项目获得成功，就需要安排各种角色。专业水平的高低会极大地延长或缩短工作时间。"专业包括完成任务的能力和内容领域的知识"（Russell 2016）。项目管理中的关键角色包括主题专家以及完成项目所需的人员，包括但不仅限于：

- 项目发起人，是为项目提供资金，并负责确保达成项目目标的人。

- 项目经理，是指担任项目管家，负责项目规划、组织和管理的人。

- 项目利益相关者，任何对项目感兴趣的人，包括项目发起人、项目经理和为完成项目而需要参与其中的任何团队成员。利益相关者向项目经理和其他利益相关者提供信息。项目经理也可以同时扮演利益相关者的角色。但是，重要的是要明确界定各角色，避免偶然遗忘自己应该完成的工作。

II.　项目管理流程

项目管理流程是一种建议如何成功完成项目的模板。项目管理流程有很多版本，包括美国项目管理协会（PMI.org）和其他国家的 PRINCE（PRINCE2.com）。

1.5.1.6　启动

启动是项目管理的第一个阶段。在这一阶段中，需要编制项目章程并获得批准。这一阶段包含下列任务：

- 确立组织目标，在营利性组织中，通常基于增加收入、降低成本或改善服务水平来制定目标；

而在非营利性组织中,通常基于达成使命和证明组织投资某个项目的理由来制定目标(Russell 2012)。

- 确定项目范围,包括交付项目规定的服务或产品所需的所有任务和工作。

- 确定项目目标,指通过项目可以取得的可衡量的交付成果。

- 确定风险,确定可能影响项目目标是否达成或项目时间线的潜在事件。

- 确定制约因素,指控制项目的组成部分,如时间、成本和质量。

- 确定利益相关者,指可能影响项目结果,或者受项目结果影响的个人或群体,如客户和供应商,也包括参与项目的任何个人,如团队成员和项目经理。

- 制定治理计划,针对组织和特定项目量身定制治理计划,包含但不限于在制定项目监管和授权规则时,应考虑的政策、程序和关系。

在启动阶段启动项目的同时,回答这些问题:"我们为什么要这样做? 我们为什么要花钱买这个而不是别的东西? "在项目小组完成项目章程的编制,并概括阐述作为项目成果交付的产品、服务或流程的要求之后,启动阶段即结束。人才发展专业人士应该召开一次项目章程简报会,决定是否继续推进项目。如果项目得到确认,则由项目发起人签署章程,接下来策划阶段开始。跳过这一阶段可能对项目产生不利影响。[参见 1.5.2.1、1.5.2.2 和 1.5.3]

1.5.1.7　策划

策划阶段是项目管理流程中的第二个阶段。精心设计的章程能够为这一阶段提供有用信息。尽管章程没有提供关于排序的信息,但是它针对需要发生什么提出了预期要求,并回答了"需要在什么时候完成什么工作"以及"我们应该如何设计、组织和执行这个项目"两个问题。此阶段的成果是项目管理计划,其中整合了许多子计划, 包括下面所列的这些任务取得的成果:

- 确定关键里程碑。确定高级别目标(由一组任务组成)应该完成的日期有助于确定顺序。

- 制定时间表。计算完成每项任务所需时间的总和,得出项目完成日期,以此为基础制定日程表。然而,由于项目通常有截止日期,在编制日程表的过程中,需要大致估算每项任务所需的时间,然后从截止日期倒推确定分别完成各项任务的日期。在日程表中还应包含每项任务的截止日期。

- 分配资源。资源包含两个部分:团队成员和所需的实物。通过考察个人的专业知识、资源可用性和环境因素(如其他非相关职责)来决定最佳选择,确定和分配任务负责人。实物包含设备、软件或特定空间。

- 编制预算。考虑每个项目所需的所有经费,如劳动时间、供给品、培训、会议、差旅、电话会议以及任何其他额外的费用。

- 制定沟通计划。沟通计划对于让所有利益相关者了解情况至关重要。沟通计划应该包括一个妥善的消息传递计划,以及基于交付成果和里程碑事件制定的沟通时间表。

- 制定风险管理计划。该计划的目的是识别可能存在的风险,如时间或成本估算、由缺乏经验的团队成员完成的工作、不断变化的要求以及任何可能导致需要调整计划的其他因素。评估可能发生的风险,确定风险系数、风险发生的可能性及影响、风险是否可以预防,以及在无法预防情况下的风险缓解措施。

- 制定变更管理计划。该计划描述变更申请将如何获得批准以及如何融入整体计划。该计划应该确定谁有权做出变更，以及变更范围。

约束是策划的重要组成部分。约束是定义项目限制的任何制约条件，如范围、资源、时间或固定预算。如果由知识渊博的人才发展专业人士担任项目经理，那么他会理解如何排序并接受约束，并推动项目前进。

一旦项目计划制定完成，且针对项目将如何在项目发起人的监督下、在项目经理的辅助下达成一致意见后，策划阶段即结束。项目计划还可能包含但不限于沟通计划、风险管理计划、日程表和时间线、利益相关者计划、资源计划以及变更管理计划。

对于符合项目管理的人才发展专业人士来说，必须接受项目计划经常改变这一事实。他们可以通过灵活应变，考虑如何在项目约束条件内进行适当调整，并确定如何将变化传达给团队来做好准备。

在准备下一阶段时，项目经理还应该定义角色和职责，以确定哪个人或哪些人可以：

- 结束项目（通常只有一个人——项目发起人）。
- 变更项目范围。
- 变更项目预算。
- 变更项目时间线。
- 变更分配给项目的人力资源。

如果有权针对项目执行做出任何改变的人知识渊博，并且负责任，那么担任这些角色的人就会更少，项目团队的工作效率也会更高。

1.5.1.8　管理

管理阶段是项目流程中的第三个阶段，也可能是最长的一个阶段。该阶段使用前两个阶段提供的输入（章程、要求和项目计划），同时还会增加更多资源，帮助执行计划中确定的工作。在这一阶段中，充当项目管理角色的人才发展专业人士负责监督、管理和执行项目计划。他们的角色通常包含下列任务：

- 控制进行中的工作。跟踪、审查和报告工作进度，明确了解项目当前的状态。
- 提供状态和反馈。与利益相关者分享项目状态，确保他们了解项目在进度、预算和目标达成方面的进展。提供关于未来预算状态、日程和质量预测的观点。
- 解决冲突。当一群有着多样性背景的人一起参与一个项目时，必然会存在差异。当这种情况发生时，项目经理需要围绕实现目标、保持进度以及与项目结果相关的其他方面来协调团队成员和利益相关者。
- 管理变更。由于无法预测项目期间可能发生的每一件事，因此运用项目治理计划和在策划阶段做出的决定，制定变更应对流程会很有帮助。由于面对变更需要做出批准、推迟或拒绝等决定，因此应以书面形式记录。

- 运用治理计划。使用章程中创建的治理计划有助于指导由谁决定、如何处理请求的变更。
- 管理风险。尽管在前几个阶段中已经识别了潜在的风险，但并不意味着它们肯定会发生。项目经理必须对风险迹象保持警惕，并尽快决定是否应该实施风险缓解计划。

人才发展专业人士应该安排启动会议来启动管理阶段，建立团队成员之间的融洽关系，并阐明团队成员的角色和职责。项目很少会完全按照计划展开，因此，担任项目管理角色的人才发展专业人士必须灵活应变，并有明确的变更管理计划。虽然任何阶段都有可能发生变更，但是妥善管理在本阶段提出的变更建议尤其重要。建议的变更无论是否实施，都应记录在案，包括它们对项目子计划的任何影响。

必须将所有变更都记录在案，因为可能由于变更的发生而需要改变任务顺序、修改完成日期、成本估算或产生不同的资源要求，继而必须对项目管理计划做出调整。只有在建议的变更获得正式批准后方可加以实施。

管理阶段满足了基于意外情况做出调整的需求。尽管章程没有改变，但计划确实改变了，并且在整个项目中，当事件、期望和环境发生变化时，计划都会进行调整。管理阶段覆盖项目整个生命周期。

1.5.1.9　结束

结束是最后一个阶段，在这一阶段中最终完成所有项目操作，包括以下任务：

- 交付成果完成移交。必须将项目服务、产品和其他成果移交至作为项目实施对象的适当团队或组织。
- 组织项目后总结。可通过多种方式系统性地总结项目，确定哪些方面做得好、哪些方面需要改进以及吸取了哪些经验教训。
- 完成项目相关文档。与团队成员一起，针对项目期间尚未完成的任务编制一份清单，编制最终预算报告，并完成最终报告。所有项目文档和交付物都应该保存在指定地点。
- 庆祝取得的成绩。对团队以及参与项目的每个人做出的贡献给予认可。

这一阶段强调应该通过学习提高下一个项目的效果，并且对经验教训加以总结。这可能是与人才发展专业人士最密切相关的一个阶段，因为通过这一阶段，他们有机会从项目后总结中学习经验，并将经验分享给组织的其他人员。

当项目小组按照项目经理的规定完成项目，项目服务、产品和其他结果都移交至相关团队，所有项目文档都最终完成，团队庆祝项目获得成功，团队成员正式退出项目时，意味着结束阶段完结。

1.5.1.10　混合方法论选择

在这里以及任何其他项目管理策略中展示的方法均适用于大多数项目普遍接受的实践，为项目管理奠定了基础。每个行业都可以选择根据这一基础打造自己的混合项目管理策略。当发生这种情况时，由此产生的技术体系、程序、指南和规则就称为方法论。

存在多种不同的人才发展方法论，包括 ADDIE、敏捷型项目管理、快速原型制作和迭代模型，每一种都是对现有项目管理策略进行调整而产生的结果。人才发展专业人士应该理解各种方法论之间的总体差异，这样才能选择合适的方法论，甚至结合多种方法论来满足项目要求。

1.5.2 协调和计划会议相关后勤工作的技能

I. 项目发起人和项目经理的角色

担任项目经理的人才发展专业人士必须区分项目发起人和项目经理之间的差异。这种差异至关重要。为了项目获得成功，人才发展专业人士必须将不同角色和职责的范围结合起来，还必须协调与这两个人和其他利益相关者会议的后勤工作。

1.5.2.1 项目发起人角色

项目属于组织，只有一名项目发起人，他代表组织。项目发起人提供项目经理完成任务所需的时间、资金和资源，同时还负责：

- 关注项目的最终结果。
- 担任项目的执行领导。
- 与其他高层官员和利益相关者协调。
- 抛开细节，专注战略。
- 规定项目约束条件，包括最终截止日期、人员调配、预算和范围。

项目发起人的任务包括：

- 审批预算、资源和时间线（包括项目经理提供的细节信息）。
- 与同级进行沟通，消除障碍，使项目经理能够完成项目。
- 审查并批准最终交付成果，决定项目何时正式结束。
- 签署章程。

1.5.2.2 项目经理角色

组织依靠项目经理担任项目管家的角色。项目经理负责策划、组织和管理项目流程，同时负责：

- 关注日程和需要完成的工作。
- 解决问题，管理人员、任务和截止日期。
- 定期向项目发起人汇报项目进度。
- 经常与关键利益相关者沟通。
- 通过向项目发起人提供多种选择来解决复杂问题。
- 与团队成员协作，培养团队内部的信任和尊重。
- 努力应对项目约束条件，包括日程、资源、预算、质量和范围。

- 策划、准备、协调和主持会议。[参见 2.3]

项目经理的任务包括：

- 策划项目。
- 管理变更。
- 组织所需的活动。
- 根据需要管理问题和挑战。

项目经理不会自己亲手去做任何实际性的任务。相反，这个角色的重点任务是策划、组织和管理。然而，项目经理同时可能扮演其他角色。

1.5.2.3　项目管理优先任务

所有项目都需要平衡五项优先任务：

- 日程，关于各项任务应该在何时完成的时间表以及整个项目应该在何时完成的最终日期。
- 成本，项目实施需要多少预算。
- 质量，用于明确要求的独特属性或特征。
- 范围，为了交付项目规定的服务或产品而需要完成的所有任务和工作。
- 资源，完成项目所需的人员和实物。

每项优先任务都至关重要，项目经理必须决定在特定时间需要最关注哪项任务。其中任何优先任务发生改变，都会影响项目的其他部分。例如，如果预算减少，就可能需要调整日程，继而引起资源减少、范围缩小，项目产生的产品或服务减少。而且，减少预算还可能影响质量。

1.5.2.4　有关会议引导的后勤工作

项目经理的许多任务都是在会议上完成的，因此，他们必须知道如何协调后勤工作，以策划和引导会议。后勤策划工作包括：

- 会议室，根据参加会议的人数安排合适的会议室。
- 座位安排，策划最有助于实现会议目标的座位安排方案。
- 设备和视觉工具，安排完成目标所需的设备和工具，并在会议前完成设备检查。
- 议程，所有会议都应该有一个议程，阐明会议目标、分配给每项目标的时间以及负责人。
- 谁、什么、哪里和何时，确保邀请了合适的人，而且他们知道会议召开的地点和时间。
- 期望，如果与会者需要完成会前任务，就要确保他们在会前及时获得这一信息。
- 虚拟与会者，确保需要通过虚拟方式参加会议的人员都有准确的呼入号码，同时获得出席会议人员同样的会议材料。[参见 2.3.1.1、2.3.1.15 和 2.3.2.3]

1.5.3 评估潜在活动的影响、风险、可行性和结果并确定其优先顺序的技能

I. 定义项目的目的

负责管理项目的人才发展专业人士必须在启动阶段完成项目章程的编写，这是评估并确定活动优先顺序过程中至关重要的第一步。章程阐述了项目的细节，更重要的是，完成章程即意味着正式授权启动项目，并提供了在开展所有项目活动过程中使用资源的权限。

项目章程是项目启动阶段的成果。项目章程阐述项目的必要性，并简要描述项目的可交付成果和组成部分，提供关于项目的简短、高水平概述，以及对任何相关人员的要求。项目章程是"由项目启动人或发起人签发的一份文件，正式授权项目成立，并授予项目经理将组织资源用于项目活动的权限"（PMI 2017）。

人才发展专业人士应该了解项目章程的细节，尤其是为什么组织承接了这一项目。项目章程还为可能同时担任项目经理的人才发展专业人士和项目团队提供持续指导。项目章程应该概括阐述项目的影响和结果。

项目经理和项目团队通常负责起草项目章程，由项目发起人审核并批准。虽然项目章程可能内容简短，但是应该明确而且有质量。项目章程应该用词宽泛，这样即使需要对项目进行微小的改动，也无须修改项目章程即可轻松管理。

项目章程介绍了项目的可行性，包括对几个主题进行高层次的介绍，其中包括但不限于：

- 项目的理由、目的和需求。
- 组织和项目目标。
- 成本效益分析。
- 关键利益相关者。
- 高层次风险。
- 高层次约束和界限。
- 预算总汇表。
- 关键里程碑。
- 成功标准。
- 项目经理和其他必要人员的权限。

人才发展项目经理应该采用项目章程模板（网上有很多），以便更轻松地编制项目章程。编制项目章程时的参考资料包括：项目案例研究之类的文件；工作说明书；任何合同或协议，如谅解备忘录、服务水平协议、电子邮件或其他书面通信；企业环境因素，如市场条件、监管要求或其他限制；任何可能影响项目章程的组织标准、政策和流程。

项目章程至关重要，因为它能够为项目提供明确定义的良好开端，包括项目经理的姓名和权限、项目时间线、范围和其他总体信息。此外，项目章程编制了项目的正式记录，为项目经理提供了清

晰的信息，为高层领导者接受项目提供了理由，并为项目的普遍说明提供了明确的文件（Horine 2017）。

项目章程还阐明，未来项目一旦达成目标，即可圆满结束。由于项目在实施过程中可能发生变化，因此可以通过变更管理计划对变化进行跟踪，而且变更管理计划是项目计划的一部分。由于各种原因，最终结果可能与项目章程中的设想并不相同。变更管理计划有助于应对这些变化。

尽管跳过项目章程，直接开始制定项目计划这一做法看起来很诱人，但这是一个错误，因为只有编制了项目章程，才意味着正式授权项目成立，同时向项目经理授予权限。如果没有项目章程，或者项目章程未经正式签署，就意味着从官方角度来看，项目并不存在。

1.5.4　制定有效整合资源、任务和时间线的项目计划与日程的技能

I.　项目管理策划

担任项目管理角色的人才发展专业人士应该根据所需的任务和依赖关系制定一份项目计划，确立项目时间线。

项目计划是策划阶段的成果。它确定了如何策划、管理和执行项目，包含多个组成部分。着手策划之前，明智的做法是先对章程进行确认，并确保制定计划的每个人都理解项目的意图和目标。这样做还有一个好处就是，确保在计划获得承认后，各方面都没有发生改变。一旦所有人都达成一致意见，就可以开始策划项目计划的各个部分。共有四个部分需要考虑［参见 1.5.1.7］：

- 确定需要完成什么：
  - 确定后勤任务，包括会议、必要的培训、入职培训和审查。
  - 就各项标准达成一致意见。
  - 确定资源要求和资源获取计划。
  - 分配资源，包括团队成员和所需的实物资源。
- 预估需要开展的工作，并编制日程：
  - 从项目章程的关键里程碑事件开始。
  - 确定时间线中的固定截止日期，然后倒推以确认每项任务必须开始和结束的日期。
  - 确定完成项目所需的必要技能，然后确定每项任务的最佳资源。管理时间线，以确保必要的人员在特定任务到期时可用。
  - 将任务分配给具备相应技能的人员。分配到任务的人员作为该项任务的负责人。
  - 预估完成每项任务所需的时间，最终确定日程。日程表中还应包含每项任务的截止日期。
- 确定项目成本和预算：
  - 编制预算，考虑每个项目所需的所有经费，如劳动时间、供给品、培训、会议、差旅、电话会议以及任何其他额外的费用。
- 制定各项子计划，确保项目顺利实施：

  o 制定变更管理计划。

  o 制定沟通计划。

  o 制定风险管理计划。

1.5.5 为应对目标、标准、资源、时间变化或预期会发生此类变化而调整工作流程和输出的技能

I. 项目管理实施

　　人才发展专业人士应该利用项目章程和项目计划更有效地开展项目计划中确定的工作。他们应该确保客户在管理阶段结束时收到项目结果。

　　在策划阶段完成项目计划后，团队应该准备好开始进入项目的管理阶段。在这一阶段，项目经理的灵活性至关重要，因为项目在实施过程中，几乎不可能完全照着最初制定的计划进行。在这一困难而关键的阶段中，需要对照基准计划监督并跟踪实际执行情况、调配资源和发现差错。

　　管理阶段要求项目团队：

- 在项目预算和范围内按时完成工作，同时满足质量要求。

- 提醒项目经理任何问题或机会。

- 如果问题发生，则向项目经理建议潜在的解决方案。

- 如果有机会，则帮助其他开发人员。

- 与客户团队合作。

- 为项目交接编制培训材料。

- 准确报告项目状态，以跟踪整体进度。

　　实际情况是，在制定项目计划时的假设会发生改变，因此项目日程也将改变。为了获得成功，充当项目管理角色的人才发展专业人士必须接受日程变更。尽管在策划阶段编制项目日程表可能很困难，而且很耗时，但这是非常值得去做的。必须谨慎地按照正确的顺序排列各项任务和依赖关系，最大限度地利用时间线，特别是在整个项目中不可避免地需要对日程进行调整时。针对所有变更可能采取的最好的防御措施就是制定完善的项目计划、灵活的时间表和明确的变更控制流程。

　　管理阶段要求项目经理：

- 根据项目计划和日程，监督项目进度并识别差异。

- 监督时间、成本、质量和范围的变化。

- 观察并培养团队成员的技能。

- 适应项目变更并确定其优先顺序，包括学习目标、业务和项目目标以及里程碑。

- 按照可预测的日程表，向所有利益相关者传达项目状态和进度。

- 为了响应客户提出的变更，调整工作流程和输出，以此进行协作和沟通。

- 制定计划，将最终交付成果移交给客户。

完成后，项目经理获得项目发起人的批准，将完成的可交付成果移交给客户。项目发起人还负责与关键客户一起对所有成果进行审查，以获得客户的批准。只有在客户正式批准并接受项目输出或交付成果后，才意味着客户认可项目完成。

在项目结束阶段，项目经理还有其他工作。他们必须完结项目，将已完成的可交付成果移交给新的所有者（此时维护工作开始），并评估下次如何更有效地工作。

1.5.6　确立、监督和传达目标、目的与里程碑达成进度的技能

I.　评估项目管理进度

担任项目经理角色的人才发展专业人士必须在整个项目过程中监督并传达项目进度。他们必须不断关注可能出现的挑战和障碍，并且尽早采取措施加以缓解，对可能出现的任何意外结果保持警惕。

1.5.6.1　在项目管理过程中监督并沟通进度

作为策划阶段的一部分，项目经理确定两个可能对人产生影响的关键流程：监督项目的当前状态和保持持续的沟通。

监督项目的当前状态包括审查、跟踪和记录进度，以确保工作满足项目计划中定义的目标。这是项目经理的角色。如果没有事先就角色和职责做出明确定义并达成一致意见，监督就不可能完成，而这些都是项目经理应该在项目计划和日程表中确立的。项目经理需要完成的任务包括但不限于：

- 检查个人任务的完成状态。
- 对照计划比较实际表现。
- 更新当前成本和日程表。
- 评估客户和利益相关者请求。
- 确保始终与组织目标保持一致。

保持持续的沟通令客户、利益相关者和项目发起人了解项目的进展。担任项目经理角色的人才发展专业人士应该及时向项目发起人发送详细的进度报告。如果无法及时提供可预测的更新，项目发起人可能质疑他们领导项目团队的能力。

关键在于确定状态更新时间线，根据项目规模，选择合适的固定频率发送更新（如每两周一次）。如果项目经理能够共享项目日程表，或展示哪些任务已经完成、即将开始，以及增加或删除了哪些任务，那么看到日程表的每个人都会对项目更有信心。

项目发起人关注确保交付的产品或服务达到既定目标要求。人才发展项目经理应该发送项目发起人想要了解的状态更新，而不是项目经理自己想要分享的信息。项目经理应该了解项目发起人想要什么信息，以及想要多少信息。［参见 1.5.4 和 1.5.5］

担任项目管理角色的人才发展专业人士必须创建并传达最有益于项目成功的信息。沟通计划应包括每次沟通的时间和方式以及信息等内容。虽然项目经理可能非常忙碌，没有时间与所有利益相关者交谈，但是可以设计并通过社交媒体、视频或电子邮件的形式向项目团队定期发送简要的更新，这样有助于确保项目团队继续充满信心地互相合作。项目经理应该考虑在公司里找一名沟通活动专家来设计这种沟通。

1.5.6.2 完成项目

将交付成果移交给客户之后，项目管理阶段即完成，接下来是项目结束阶段。项目经理应负责完结项目。一旦将项目交付给客户，开发人员和利益相关者的工作即结束。这一阶段经常会被跳过，因为工作人员很快就进入了新的项目。然而，项目经理必须找时间妥善结束项目，这样才能从中吸取经验教训以供未来使用。

完成后，项目经理与项目发起人共享最终结果，项目发起人还负责跟进客户。一旦项目结束阶段完结，则意味着发起人认可项目完成。接下来由项目经理专门负责记录在结束阶段获得的战略知识。项目经理必须负责结束项目，并记录项目评估结果。结束阶段要求项目经理（Russell 2007）：

- 与项目发起人见面，征求项目评估反馈。
- 与客户合作，为客户团队明确项目开展的时间线。
- 为客户提供培训（根据需要）。
- 重新将员工分配至下一个项目。
- 发布项目后评估，并与利益相关者会面，讨论如何提高未来项目的效率和效果。
- 将相关的工作成果（如项目章程和项目计划）存档，以便在将来的项目中使用。考虑为组织创建一个共享项目档案。
- 和整个团队一起庆祝。

参考文献

DeMarco, T. and T. Lister. 2013. *Peopleware: Productive Projects and Teams*, 3rd ed. Upper Saddle River, NJ: Addison Wesley.

Duncan, W.R. 1996. *A Guide to the Project Management Body of Knowledge*. Newton Square, PA: Project Management Institute.

Horine, G. 2017. *Project Management: Absolute Beginner's Guide*, 4th ed. Indianapolis: Que Publishing.

Lewis, B. 2006. *Bare Bones Project Management: What You Can't Not Do*. Eden Prairie, MN: IS Survivor Publishing.

PMI. 2017. *A Guide to the Project Management Body of Knowledge*, 6th ed. Newtown Square, PA: Project Management Institute.

Russell, L. 2007. *10 Steps to Successful Project Management*. Alexandria, VA: ASTD Press.

Russell, L. 2012. *Managing Projects: A Practical Guide for Learning Professionals*. Alexandria, VA: ASTD Press.

Russell, L. 2016. *Project Management for Trainers*, 2nd ed. Alexandria, VA: ATD Press.

Toenniges, L., and K. Patterson. 2005. "Managing Training Projects." *Infoline*. Alexandria, VA: ASTD Press.

推荐阅读

Horine, G. 2017. *Project Management: Absolute Beginner's Guide*, 4th ed. Indianapolis: Que Publishing.

Russell, L. 2016. *Project Management for Trainers*, 2nd ed. Alexandria, VA: ATD Press.

1.6 合规与道德行为

合规与道德行为是指人才发展专业人士必须诚信行事，并遵守其工作和生活地的管辖法律。对于人才发展专业人士来说，合规与道德行为可能还意味着了解并遵守与内容创建、无障碍、人力资源、就业和公共政策相关的法规及法律。

1.6.1 诚信行事技能

I. 人才发展专业人士的道德原则

人才发展专业人士应该表现出有道德的行为，必须了解与人才发展相关的合规要求。

1.6.1.1 合规与道德行为比较

道德行为是指表现出良好的价值观，并按照符合社会、组织和职业信仰的方式行事。道德行为定义了个人关于是非的道德判断，基于组织内个人或群体的决策而得出，通常与合规相关，尽管道德规范很少由外部机构强制执行或由特定的监管法律规定。

合规是法律、（政府）专门机构或不属于组织范围的政策强制规定的行动，通常随附培训课程要求。合规是强制性的，人才发展专业人士必须诚信行事，因为道德行为表现出对基本道德准则的尊重，人才发展专业人士经常负责为组织奠定基调。

1.6.1.2 道德和合规的必要性

合规与道德行为是指执业者必须诚信行事，并遵守其工作和生活地的管辖法律。对于人才发展专业人士来说，合规与道德行为可能还意味着了解并遵守与内容创建、无障碍、人力资源、就业和公共政策相关的法规及法律。

道德行为基于组织内个人或群体的决策而得出。道德行为有益于业务，因为它表现出对基本道德准则的尊重，而合规则由法律强制执行。

1.6.1.3 在当今快节奏的世界里保持道德的行为

当前技术快速发展，竞争日益激烈，因此想要在当今商业环境中采用道德的业务策略显得更加困难。此外，这些快速的变化还会导致素质下降或不道德行为的增加。面临这种快节奏、激烈竞争和复杂的环境，人们在决策之前可能没有时间进行反思并收集关键信息（Gino、Ordóñez 和 Welsh 2014）。

　　哈佛大学在 1915 年率先开设了商业道德课程，现在很多其他商学院也提供这种课程。然而，尽管有各种课程，不道德的行为还是在工作场所不断发生。人才发展专业人士有责任让大家重新开始关注所在组织内的道德问题。有道德的人才发展实践和人才发展专业人士的行动能够为组织的道德文化奠定基础，并且成为当今快节奏世界的典范。

1.6.1.4　人才发展专业人士的典型诚信行为

　　无论是对自己的职业还是对所在组织，人才发展专业人士从担任这一角色开始就接受了一项个人义务，那就是确保自己的核心价值观和行为都体现出诚信。"诚信"一词来源于希腊语 integritas，意思是一个或整体。如果想要成为整体，一个人内心的价值观和外在表现就必须保持一致。诚信可以有很多含义，但至少包括美国律师协会和美国仲裁协会确定的基本价值观：

- 诚实，作为真理见证者的个人、客观而持续的承诺。

- 公平，在所有商业关系中保持公正的态度，具体表现包括通过平等、公正的方式尊重他人的多样性。

- 合法，遵守有关商业、工作场所个人权利和客户期望的法律的文字和精神。

- 热情，尊重人类生命的尊严，以个人和道德的方式回应他人的需求。

- 尊重，认识到所有人都需要他人对自己的思维方式、个人生活中开展的各项活动以及个人信仰这些令自身独特的方面表示理解。

- 忠诚，一种人与人之间、员工群体之间、雇主与员工之间或企业及其客户之间的信任感。

- 可靠，符合或超越所有相关方期望的、始终如一的个人行为。

1.6.1.5　诚信在行动中的表现

诚信是指秉持原则做正确的事。工作场所中哪些行为是诚信的表现？思考下面的例子：

- 秉持诚信原则的员工在所有的交流中都是诚实的。他们不会以选择性忽略或掩盖部分事实的方式误导或欺骗他人。如果一个组织正面临衰退或未来的变革，那么诚信的人不会做出无法兑现的承诺，而且会坦诚地揭示未来可能面临的困难。

- 秉持诚信原则的员工可靠、值得信赖。人才发展专业人士应该严守交付日期要求，如果发现可能导致无法按照质量要求按时交付产品的问题，应尽快告知他人。

- 秉持诚信原则的员工对利益冲突持开放态度。例如，人才发展专业人士会坦诚地说明与潜在供应商之间的个人关系，也许会回避参与最终决策。

- 秉持诚信原则的员工不会为了获取个人利益而滥用职权。和同事一起工作时，人才发展专业人士愿意和他人分享自己的知识，来帮助他人取得更大的成绩，而不是当他人失败时有所保留。

- 秉持诚信原则的员工尊重所有其他员工，维护尊严、自主、隐私和他们的权利。例如，对于那些认为自己没有责任去培养员工并且好争辩的主管，人才发展专业人士会富有同情心且谦逊地对待他们。人才发展专业人士将继续寻求能够引起主管共鸣的理由（Hartman、DesJardins 和 MacDonald 2014）。

1.6.2 确立、维护和执行自身与他人的诚信及道德行为标准的技能

I. 创造道德、诚信和合规的文化

有效的合规标准具有战略意义并与组织保持一致。人才发展专业人士承担双重职责，那就是管理自己个人道德行为的同时，协助组织创造道德、诚信和合规的文化。

1.6.2.1 确立、维护和执行个人道德行为

由于人才发展专业人士的工作会同时影响个人和组织，因此树立道德和诚信榜样至关重要。运用组织道德或行为规范以及绩效和诚信标准，以此作为框架帮助人才发展专业人士在面对道德困境时做出决定。规范是专门用作支持日常工作决策的指南。规范阐明了价值观和原则，帮助执业者将这些价值观付诸实践。

但是，有时候道德规范并不够具体。各行业面临的道德困境可能不尽相同，但是大多数困境都存在下述两者之间的冲突：

- 长期和短期。
- 原则和权宜之计。
- 自身利益和社区需求。
- 真相和忠诚。

了解如何做出深思熟虑且负责的决定很有帮助。加拿大教练协会提出了决策的六个步骤。人才发展专业人士应该：

1. 确定事实。
2. 确定是否涉及法律或道德问题。
3. 确定所有方案以及可能产生的结果。
4. 评估方案。
5. 选择最佳方案。
6. 实施决定。

道德行为并非事关对错，而是在相互竞争的价值观之间做出选择。人才发展专业人士可以通过提出下列问题对某项决定进行测试：

- 我能为自己的行动辩护吗？
- 我对决定感觉如何？
- 这是对大多数人来说最好的选择吗？
- 如果我的家人、同事和朋友知道了这个决定，我会有什么感觉？

人才发展专业人士可以通过以身作则、预测可能出现的道德冲突、有礼貌地交流、倾听、前后一致，遵守约定的界限，在必要时勇于重新设定道德界限。

1.6.2.2　确立、维护和执行组织标准

人才发展专业人士应帮助确立、维护和执行组织的道德行为标准。如果没有将合规元素融入组织的系统和文化中，就可能导致遭受法律诉讼、罚款、损害品牌声誉或其他重大损失。人才发展专业人士可以协助组织避免这些问题。特拉维斯·沃（Travis Waugh 2019）在其所著的《全面合规：改变行为的合规培训》（*Fully Compliant: Compliance Training to Change Behavior*）一书中建议了一种流程，人才发展专业人士可以使用该流程帮助组织建立道德和合规文化（Waugh 2017；Chen 和 Soltes 2018）。

- 使合规与组织战略保持一致。如果组织确立并执行了道德行为标准，就更容易吸引并留住人才，并且有效提高员工的敬业度和工作效率。人才发展专业人士可以通过解决传统道德和合规执行方面的障碍来促进协调。

- 指定一名道德和合规负责人并成立委员会。人才发展专业人士可以先成立道德委员会，并且在适当情况下指定一名支持者或负责人。人才发展专业人士了解团队成员为了确定目标、期望取得的结果和衡量标准而需要掌握的技能，并确保与组织战略保持一致。由于人才发展专业人士知道谁是学习的倡导者、谁是非正式领导，因此可以推荐委员会成员。人才发展专业人士知道如何激励个人，并确保团队成员参与其中。这对于确立并维护有效的道德和合规计划至关重要。

- 按类别制定组织标准、政策和程序。在组织制定道德标准时，人才发展专业人士可以帮助组织识别参与到道德和合规主题中的主题专家。他们可以和人力资源专家合作，协助主题专家确定有助于维护道德和合规文化的标准。

- 记录每个类别的书面标准和法律要求。人才发展专业人士可以记录法律法规及其具体的要求。有些法律规定了哪些人需要接受培训。有些法律规定了时间的长短或重复发生的次数。人才发展专业人士可以使用这些要求来计划培训内容、学员和日程。

- 针对每个类别开展风险评估。通过风险评估，人才发展专业人士可以在开展培训和发展活动的过程中，考虑高层领导认为最具风险的问题。通过适当的沟通和发展来处理这些风险，这也是人才发展职能对组织目标达成做出的贡献。

- 必要时开展开放式沟通和培训。人才发展专业人士应该在法律要求允许的范围内，不受约束地交付培训课程。合规主题可能包括道德决策、旁观者干预培训、利益冲突或组织行为规范或道德政策介绍。出色的培训会令组织从文化上接受合规培训，最终提升组织的道德水平。

- 审计、监督以及必要时的修改。为了执行标准并改变文化，人才发展专业人士有责任帮助组织塑造员工的行为，使诚信成为他们的本能。组织通过客观衡量员工的行为来表现出价值。人才发展专业人士自己示范适当的行为，并鼓励他们也这样做。如果依照计划行事，执行起来应该会更轻松一些，但并不意味着不会发生问题。一旦发生问题，人才发展专业人士和组织必须始终如一地对受指控的不当行为做出适当的回应。

1.6.2.3　确立道德规范

人才发展专业人士还可以通过向员工提供备忘录，帮助组织维护和执行诚信与道德行为标准，

可以通过道德规范的形式来提醒员工。通过制定总结政策和程序的内部宣言，组织向员工发出关于合规、道德和法律要求的提示。道德规范有助于确保员工了解组织政策和程序。

例如，ATD 为成员编制了一份道德规范，为组织管理型人才发展专业人士提供指导。ATD《道德规范》是由专业人士为这一职业而专门编制的，是人才发展专业人士对自己、对职业和对社会的义务的公开声明。其中要求其成员努力：

- 承认每个人的权利和尊严。
- 开发人类潜能。
- 为他们的员工、客户和学员提供最高质量的教育、培训与发展。
- 遵守所有版权和与其职位相关的法律与法规。
- 了解人才发展领域的相关知识和胜任力。
- 在其职业实践中恪守保密和诚信的态度。
- 支持同行，避免任何阻碍他们践行职业活动的行为。
- 以道德和诚实的方式行事。
- 提升公众对于人才发展的认识。
- 公正、准确地展现自身与人才发展相关的证书、资质、经验和能力。
- 致力于推动行业的持续发展。

1.6.3 了解、获取并使用信息相关的法律、法规和道德问题

I. 与数据和信息相关的法律、法规和道德问题
人才发展专业人士需要掌握与数据和信息相关的法律、法规和道德问题的知识。

1.6.3.1 适用法律的来源

随着组织的规模不断扩大，其必须遵守的与信息获取相关的法规和法律也变得更加复杂。在大多数情况下，联邦法律是组织必须遵守的基准法律。州和地方政府可能制定高于联邦法律的要求。对于美国境外的组织，人才发展专业人士应该确定其所在国家，相关问题的最终决定权掌握在哪个机构手中。在大型组织中，人力资源专业人士和组织律师通常作为人才发展专业人士获取相关知识的来源。

1.6.3.2 定义常见信息类型

在处理各种信息的过程中，要求人才发展专业人士细心、勤勉、谨慎，避免无意中让信息落入未经授权访问的人手中。此类信息包括：

- 智力资本，如员工专业知识、组织流程或公式。
- 个人可识别信息，如员工联系信息。
- 患者信息，如健康信息。

- 客户数据，如订单数量或员工联系信息。

1.6.3.3　妥善使用信息

人才发展专业人士有时候需要访问专有信息。例如，他们可能需要访问个人可识别信息来为员工注册大学课程，或者他们在为客户服务代表提供辅导时，可能需要使用客户数据。人才发展专业人士需要知道信息是如何存储的、谁有权访问、如何对敏感度进行分类，以及如何定义可接受的使用策略。这一点非常重要。如果信息处理不当，可能对下列各方面造成严重损害：

- 组织的竞争优势。
- 员工。
- 患者。
- 客户的业务或客户关系（SHRM 2015）。

1.6.3.4　数据隐私条例

欧盟《通用数据保护条例》（GDPR）的发布是数据隐私条例的一个重要里程碑。《通用数据保护条例》于 2018 年 5 月正式生效，旨在统一整个欧洲的数据隐私条例，保护和授权所有欧盟公民的数据隐私，重塑组织处理数据隐私的方式。

尽管《通用数据保护条例》仅适用于与欧洲客户开展业务的公司，但是也有很多公司将这一条例在全球范围内引用。考虑到全球公司及其关系，这显然是意料之中的。如果人才发展专业人士从员工那里收集个人数据，那么这些政策可能对他们产生影响，包括提高透明度、严格的信息处理法律要求以及加强问责。

1.6.4　了解教学内容开发相关的法律、法规和道德问题

I.　与教学内容相关的法律、法规和道德要求

人才发展专业人士需要掌握与教学内容设计和交付相关的法律、法规和道德问题的知识。教学内容产生了一些问题，包括在辅导或变革管理环境中，与其他人打交道时的道德行为。人才发展专业人士需要掌握相关的版权法和无障碍要求的知识（Orey 2017；GSA 2017）。

1.6.4.1　适用法律的来源

大多数大型组织都有人力资源专业人士，它们将协助人才发展专业人士更好地了解无障碍要求和工作场所政策，此外，还有谙熟知识产权和版权法的组织律师。

1.6.4.2　道德和行为规范辅导

人才发展专业人士有时候会充当组织内其他人员的教练。在为他人开发辅导内容并制定辅导计划时，他们应该遵循辅导道德和行为规范。教练协会已经制定了道德准则，重点关注利益冲突、隐私、保密和教练关系限制。[参见 2.7.8]

1.6.4.3 变革管理与道德和诚信

变革管理会引起各种道德问题，例如，人才发展专业人士如何处理某个想要篡改数据的执行官，某项变革计划以权力关系为基础，存在隐藏的变革议程，如何处理价值观冲突。［参见 3.6.2］

1.6.4.4 版权和知识产权的正当使用

学习项目的设计和开发需要整合各种信息来源，这意味着人才发展专业人士必须遵守版权法。美国版权局对版权的定义是（2006）"美国法律针对'原创作品'提供的一种保护形式，包括文学、戏剧、音乐、建筑、制图、舞蹈、哑剧、画刊、图形、雕塑和视听创作作品"。

目前，世界上不存在国际版权法，因此防止未经授权的使用依赖每个国家的法律。这里提及的版权法是美国法律。在美国境外工作的人士应该参考适用于各自所在国家和地区的版权法律及法规。一个组织的法务和人力资源部门可能拥有最新的信息。

版权登记是一种法律形式，旨在对特定著作权的基本事实进行公开记录，但是，登记不是版权保护的一个条件。根据美国版权局（2006）的观点，"美国法律不再要求使用版权声明，尽管这种做法通常是有益的"。然而，由于先前的法律确实包含了这样的要求，因此早期作品的版权状态仍然使用版权声明。

人才发展专业人士需要知道何时以及如何获得版权许可。例如，版权法保护以有形的形式（如书籍、杂志、视频、电影、MP3 或软件）表达的想法（但不保护想法本身）。但是，想法、流程、程序、操作方法、概念、原则和发现则不受版权保护。例如，虽然一本书中提到的想法不受版权保护，但其确切的文字、解释或插图可能受版权保护。人才发展专业人士需要获得书面许可，才能以另一种有形形式引用准确的词语（Swindling 和 Partridge 2014）。

在美国，《1976 年版权法》规定一旦以某种可以被感知或沟通的固定形式创作一份作品，那么版权随即产生。作者或所有人的专有权受正当使用原则的约束，这项原则允许在某些条件下，出于特定目的逐字摘录受版权保护材料中的简短内容，此类目的包括教学和研究，在此情况下不需要获得版权持有人的许可或向其支付任何费用。是否属于正当使用取决于几项因素，包括：

- 使用的目的和特点，包括是否属于商业性质或用于非营利教育目的。
- 受版权保护作品的性质。
- 所使用的受版权保护作品部分的量和真实价值与作品整体之间的比例关系。
- 对于潜在市场或受版权保护作品价值产生的影响。

正当使用标准适用于培训材料，然而，每种情况都具有独特性。如果人才发展专业人士想要制作受版权保护作品的多份副本，就要先获得版权持有人的许可（ALA 2019）。

1.6.4.5 为调查做准备

人才发展专业人士在开发教学内容前，需要先开展调查。在这种情况下，他们必须意识到与调查相关的学员的权利和道德问题。为调查提供资金的组织通常已经拥有确定的调查人员规范（例如，美国食品药品监督管理局公布了一项道德研究规范）。大多数内容的调查规范包含五个道德领域：

- 知情同意，是指一个人在知情、自愿的情况下，明智地选择同意参加调查活动。
- 保护，要求研究人员在可能产生的后果超过研究的收益时，抵制探究性问题。
- 匿名性和保密性，意味着不得将受试者的身份与他们各自做出的回答联系起来。
- 客观性，意味着为确保衡量的准确性，应避免设计、数据分析或诠释过程中存在成见。
- 开放性，要求在进行研究之前对研究目的进行诚实的讨论，并如实交付结果。

人才发展专业人士可以通过了解自己应该履行的道德义务，以及可用的资源，避免面对道德困境（例如，各自组织的道德规范或价值观宣言）。

1.6.4.6　无障碍要求

负责设计和交付培训课程的人才发展专业人士应该了解可能对雇主产生影响的法律。例如，1990年颁布的《美国残疾人法案》禁止在就业、公共服务、交通、公共住宿和电信服务方面歧视残疾人。对于人才发展专业人士来说，了解法律产生的影响非常重要，因为法律要求雇主为残疾人提供合理的照顾，使其能够履行自身的工作职责。在设计和交付学习解决方案时，人才发展专业人士应该考虑需要的辅助工具。例如，为视觉障碍员工安排口译人员，辅助阅读的放大镜，将文本制作成录音，或在教学材料排版时使用超大字体。了解其他地区法律中的无障碍要求（EEOC 2011；Sherbin 和 Kennedy 2017）。

1.6.4.7　培训质量标准的角色

因为培训行业目前缺乏真正的质量标准，因此在衡量课程质量时，通常依赖国际标准化组织（ISO）的指导方针、标杆管理、胜任力、最佳实践、观察到的成就、参与者和组织领导的意见。

ANSI/IACET 是一项与人才发展密切相关的标准。ANSI（美国国家标准协会）是国家、地区和国际标准的信息来源；IACET（国际继续教育和培训协会）的使命是"通过认证提供高质量学习和发展的标准框架，从而提高全球劳动力素质"。ANSI/IACET 的继续教育和培训标准为开发有效的继续教育和培训课程提供了行之有效的模型。

即使没有明确的人才发展标准，人才发展专业人士也应该通过成立内部治理小组、确定课程审查频率并努力实现持续改进，尽最大努力完成高质量的实践（Neal 2014）。

1.6.5　了解人力资源和人才发展相关的法律、法规和道德问题

I.　人才发展法律、法规和道德问题

人才发展专业人士需要掌握关于人力资源和人才发展法律、法规和道德问题的知识。

1.6.5.1　适用法律的来源

下面提到的法律法规是关于美国的一些例子。在美国境外工作的人士，或者为在美国境外设有办事处的组织工作的人士，应该参考适用于各自所在国家和地区的与人才发展相关的法律和法规。一个组织的法务部门和人力资源部门可能拥有关于雇用实践、考核、晋升以及与劳动法相关的其他

问题的最新信息。

1.6.5.2 雇用实践和测试

人才发展专业人士会发现自己参与了雇用和晋升活动。在雇用、晋升或人才保留中使用测试是一种被广泛接受的做法。然而，如果在重大雇用决策中使用的衡量标准存在歧视行为，那么可能存在潜在的法律问题。联邦法院决定的问题是，某项程序"在多大程度上对任何种族、性别或民族群体成员的雇用、晋升或其他就业或入会机会产生不利影响将被视为具有歧视性……除非该程序已经过验证"（29 CFR § 1607.3）。

一般来说，这种验证过程要求雇主确认测试标准直接与工作绩效相关，并且他们确实按照这些标准来衡量员工的表现。如果将测试用于雇用、晋升或任何类型的就业安排，那么测试必须有效、可靠而且合法。如果已经根据美国平等就业机会委员会指导方针对考核程序进行了验证，就应认为该程序不存在歧视性。

出于监管要求，很多行业都会要求员工持有适当的许可和证书。人才发展专业人士负责为许可和认证提供课程或创造机会，维护数据库，用于跟踪所有员工及其许可证状态、测试结果以及是否符合任何进行中的培训和许可有效期更新要求。美国境外的人才发展专业人士应该确认各自所在国家的雇用、测试和就业安排的监管方式。

1.6.5.3 学员挑选指导方针

人才发展专业人士可能参与挑选人才发展项目的学员。例如，平等就业机会委员会颁布的法规对招聘、晋升和培训情况进行管辖。人才发展相关示例包括：

- 要求员工入职前接受培训。
- 挑选员工参加内部和外部课程。
- 使用培训过程中的衡量标准来衡量工作绩效和人才保留。
- 根据培训课程中的表现来分配工作。

雇主应负责提供证据证明这些特定要求与工作绩效相关。美国境外的人才发展专业人士应该确认各自所在国家对于学员挑选的监管方式。

1.6.5.4 骚扰预防培训指南

反骚扰已经受到全世界的关注。2018 年 6 月，美国国家科学院、工程院和医学院发布了一篇报告，整理了当前有关骚扰预防培训的所有可用研究。数据显示在反骚扰培训中，哪些部分有效果，哪些部分没有效果。

如果想要发挥效果，骚扰预防培训应该：

- 关注期望的行为。
- 将沟通等软技能与骚扰预防联系起来。
- 在新员工入职培训中介绍这一主题。

- 提供旁观者干预培训。
- 课程对象为高层管理者时，由外部顾问负责授课。

骚扰预防培训应避免：

- 强调"不该"做什么。
- 花费大量时间来了解法律。
- 试图改变学员的态度。
- 培训时不安排现场讲师。

人才发展专业人士经常被要求设计和交付道德行为与合规培训课程。这一个指出了哪些部分有效、哪些部分无效的清单提供了指南，有助于设计出有效的培训课程。人才发展专业人士应调查其所在地区是否发生了变化。

1.6.5.5　劳务关系

在美国，有两部关于劳务关系的法律会对人才发展产生影响。《瓦格纳法案》禁止在雇佣条款和条件方面歧视工会雇员，包括学徒和学习项目。国家劳动关系委员会认为，培训是一种就业条件，是集体谈判的一个强制性主题。《塔夫特-哈特利法案》允许非强制性的雇主言论自由，这可能对培训师产生影响。例如，在培训中，讲师不得使用任何可能侵犯个人思想或信仰体系的例子、案例研究或角色扮演活动。[参见 1.6.3]

在美国，人才发展专业人士通常需要与地方工会密切合作，从而：

- 定义应该提供的培训类型。
- 确定为了满足《美国职业安全与健康法案》指导方针而需要提供的安全培训。
- 保管已完成所需培训的人员的记录。
- 针对学徒实习所需的在职培训提供建议。

1.6.6　了解雇用长期、临时或分散劳动力相关的法律、法规和道德问题

I.　与雇用相关的法律、法规和道德问题

人才发展专业人士需要掌握与雇用和安全相关的法律、法规和道德问题的知识，其中包括长期、临时、配置或分散劳动力。

1.6.6.1　适用法律的来源

人才发展专业人士应该咨询各自的人力资源部门或法务部门，更多地了解关于长期、临时和分散劳动力雇佣的法律。美国国家税务局是另一个可了解美国最新法律内容的来源。

1.6.6.2　影响长期、临时或分散劳动力的法律、法规和道德要求

很多组织会采用分散劳动力策略，并从中获益，但是这种策略同样也存在挑战。劳动力可以分

为三个常规类别：配置型长期员工、分散或远程员工以及临时非员工。这些挑战包括跨多个地点管理者、安全地使用技术以及保护品牌。

配置型长期员工是最常见的劳动力类型。尽管每个国家的法律都存在明显的差异，但是在美国，可能要求组织提供失业福利、医疗保险、带薪假期、带薪病假或退休福利。人才发展专业人士可能参与法律保护活动，如维护防止歧视和骚扰的法规。[参见 1.6.2 和 1.6.5]

在分散或远程员工方面，人才发展专业人士面临的最大挑战是必须通过观察以外的其他方式来衡量这些员工的工作成果。人才发展专业人士有责任确保：配置型长期员工具备与分散或远程员工有效合作所需的工具和技能；每个人都同意工作量分配公平；对于所有问题都有令人满意的沟通方式。

分散或远程员工可能只能获得有限的管理层支持。使用移动设备工作的分散或远程员工必须具备保护敏感数据的技能，并遵守组织的网络安全指南。人才发展专业人士需要确保分散或远程员工接受有效的培训，以遵守网络安全要求。尽管雇用条件可能存在一些差异，但分散或远程员工通常享受与配置型长期员工同样的福利和法律保护。

从法律和监管角度来看，临时或独立工作者通常差异最大。独立工作者与员工之间的差异通常取决于雇主对此人的管控程度——雇主的管控程度越高，此人作为员工的可能性就越大。在美国，有两种类型的标记，即 W2（员工）和 1099（顾问/订约人），这是在用于记录他们收入的美国国家税务局表格中使用的分类。当出于对特定专业知识的需求或弥补临时技能差距的目的而雇用临时工时，组织通常只提供少量福利或者不提供任何福利、少量的法律保护，同时也没有义务为他们提供发展机会。

雇用独立工作者的法律后果对人才发展职能部门特别重要，因为他们经常使用外部顾问和培训师。人才发展部门的员工可能需要与临时非员工一起工作，并且可能负责他们的学习和发展。了解雇用状况非常重要，因为错误划分外部顾问或内部人才发展专业人士的类别可能产生严重的财务后果，引起惩罚性赔偿，也会导致组织遭受罚款（OFCCP ND）。

人才发展专业人士可以帮助每个人协同工作，保护组织的品牌形象。如果人才发展专业人士努力培养员工，使得他们有效沟通并培养分散团队之间的信任，就可以避免挑战的发生。每个人都必须了解组织的价值观，以及如何实施这些价值观。

1.6.6.3 工作场所安全和《美国职业安全与健康法案》

安全是培训师及其组织需要履行的一个潜在责任领域。引起安全违规的原因包括：

- 造成正在接受培训的人员、客户或公众受伤。
- 由于不安全的培训设施或设备造成受伤。
- 未对需要培训的员工提供培训。

例如，《美国职业安全与健康法案》要求雇主"为员工提供一个安全的工作场所，不存在任何正在或可能造成死亡或严重伤害的公认危害"。每个行业都有明确的安全标准，这些标准会对人才发展专业人士，以及负责指导学习和发展项目的人员产生影响。在美国境外工作的人士必须了解哪些法规适用于他们的员工，以及他们需要提供哪些培训来确保法规和法律得以妥善遵守。

1.6.7　与各区域和市场特定的教育和劳工公开政策相关的知识

I.　对人才发展产生影响的全球法律和法规

对于那些工作范围覆盖不同地区和国家的人才发展专业人士来说，他们需要考虑独特的因素，他们必须了解其他国家和地区的法律与要求。

1.6.7.1　不同国家之间的道德差异

各国的道德观念差异很大。常见的国际道德观念差异包括工作标准和条件、工作场所多样性和平等机会、童工法、监督监管、人权、宗教、信任和诚信、贿赂和腐败。如果想要更多地了解这些差异，人才发展专业人士应该：

- 向组织的人力资源部门收集数据。
- 与来自各个国家有着不同文化背景的人士交谈。
- 看书。
- 上网了解不同国家或文化的新闻。
- 参观文化中心。

1.6.7.2　IT 合规

人才发展专业人士经常需要协助 IT 部门，以确保其跟上新兴和快速变化的信息技术，包括提高本组织计算机网络的可用性、可靠性和安全性。为确保所有系统和架构能够协作运行，相关组织制定了国家 IT 标准。人才发展职能部门必须通过提供课程和信息来遵守这些要求。人才发展职能部门将于与 IT 部门密切合作，帮助 IT 部门满足法律要求，并且保护组织免受网络钓鱼和其他黑客攻击。人才发展专业人士还可以帮助 IT 部门设计、更新或强化必要的培训，如网络安全意识培训。

1.6.7.3　数据法

《数据法》是世界第一部数据保护法。这部法案于 1973 年 5 月 11 日在瑞典颁布，适用于世界所有国家。此后，各国相继通过了其他数据隐私法，为欧盟《通用数据保护条例》提供了基本概念。信息隐私《数据法》规定了数据保护领域的一些基本原则，包括：

- 对于所有收集到的数据，都应该有明确的指定用途。
- 除非获得法律授权或个人同意，否则不得将收集到的信息披露给他人。
- 记录必须准确并且保持最新状态。
- 必须提供便于个人查阅与自身有关的数据的机制。
- 应及时删除不再有用的数据。
- 禁止将个人信息传输到不受保护的地方。

1.6.7.4　联合国公约

21 世纪签署的第一项全面人权条约事实上是一项人权文书。联合国于 2006 年 12 月 13 日通过了《残疾人权利公约》及其任择议定书。这项公约涉及广泛的残疾人群体，并重申任何残疾人都享有所有人权和基本自由。公约指出为使残疾人行使自身权利而需要做出调整的领域，以及必须加强权利保护的方面。关于基本的无障碍问题，该公约要求各国确定并消除各种障碍和阻碍，确保残疾人能够使用环境、交通、公共设施和服务以及信息和通信技术。人才发展职能部门的任务与《美国残疾人法案》非常相似，那就是确保残疾人能够无障碍地参加课程的学习（联合国 2006）。

1.6.7.5　区域特定法律和法规

就业法、教育和劳动法规要求因国家而异，有些法律可能在不同州之间也有差别。

参考文献

29 CFR § 1607.2 and 1607.3.

ALA (American Library Association). 2019. "Copyright: Distance Education and the TEACH Act." ALA, March 10. www.ala.org/advocacy/copyright/teachact/distanceeducation.

Bishop, W. 2013. "The Role of Ethics in 21st Century Organizations." *Journal of Business Ethics* 118:635-637.

Carroll, A., and A. Buchholtz. 2014. *Business and Society: Ethics, Sustainability, and Stakeholder Management.* Stamford, CT: Cengage.

Chen, H., and E. Soltes. 2018. "Why Compliance Programs Fail." *Harvard Business Review*, March-April.

EEOC (U.S. Equal Employment Opportunity Commission). 2011. "Facts About the Americans With Disabilities Act." www.eeoc.gov/eeoc/publications/fs-ada.cfm.

Ferrell, O.C., J. Fraedrich, and F. Ferrell. 2017. *Business Ethics: Ethical Decision Making and Cases*, 12th ed. Boston: CENGAGE Publishing.

Gallo, A. 2010. "You've Made a Mistake. Now What?" *Harvard Business Review*, April 28. https://hbr.org/2010/04/youve-made-a-mistake-now-what.

Gino, F., L.D. Ordóñez, and D. Welsh. 2014. "How Unethical Behavior Becomes Habit." *Harvard Business Review*, September 4. https://hbr.org/2014/09/how-unethical-behavior-becomes-habit.

GSA (U.S. General Services Administration). 2017. "Accessibility News: The Section 508 Update." www.section508.gov/blog/accessibility-news-the-section-508-Update.

Hartman, L.P., J.R. DesJardins, and C. MacDonald. 2014. *Business Ethics: Decision Making for Personal Integrity and Social Responsibility*, 3rd ed. New York: McGraw-Hill/Irwin.

IACET. 2012. "ANSI/IACET 2018-1 Standard for Continuing Education and Training." IACET. www.iacet.org/standards/ansi-iacet-2018-1-standard-for-continuing-education-and-training.

Neal, B. 2014. "How to Develop Training Quality Standards." *Infoline*. Alexandria, VA: ASTD Press.

Noe, R.A., J.R. Hollenbeck, B. Gerhart, and P.M. Wright. 2015. *Human Resource Management: Gaining a Competitive Advantage*, 9th ed. New York: McGraw-Hill.

OFCCP (Office of Federal Contract Compliance Programs). ND. "Guide for Small Businesses with Federal Contracts." www.dol.gov/ofccp/TAguides/sbguide.htm.

Orey, M. 2017. "Designing Section 508 Compliant Learning." *TD at Work*. Alexandria, VA: ATD Press.

SHRM. 2015. "Complying with Employment Record Requirements." https://www.shrm.org/ resourcesandtools/ tools-and-samples/toolkits/pages/complyingwithemploymentrecordrequirements. aspx.

Sherbin, L., and J. Kennedy. 2017. "The Case for Improving Work for People with Disabilities Goes Way Beyond Compliance." *Harvard Business Review*, December 27.

Steingold, F. 2013. *The Employer's Legal Handbook*, 11th ed. Berkeley, CA: NOLO.

Swindling, L.B., and M.V.B. Partridge. 2014. "The Legal Aspects of Training: Protect What Is Yours and Avoid Taking What Belongs to Someone Else." Chapter 18 in *ASTD Handbook: The Definitive Reference for Training and Development*, edited by E. Biech. Alexandria, VA: ASTD Press.

Treviño, L.K., and K.A. Nelson. 2013. *Managing Business Ethics: Straight Talk About How to Do It Right*, 6th ed. Hoboken, NJ: John Wiley & Sons.

UN (United Nations). 2006. "The Convention in Brief." From the Convention on the Rights of Persons With Disabilities (CRPD). United Nations, December 15. www.un.org/development/desa/disabilities/ convention-on-the-rights-of-persons-with-disabilities/the-convention-in-brief.html.

U.S. Copyright Office. 2006. "Definitions (FAQ)." Copyright.gov. www.copyright.gov/help/faq/faq-definitions.html.

Waugh, T. 2017. "Building Compliance Training That Actually Matters." *TD at Work*. Alexandria, VA: ATD Press.

Waugh, T. 2019. *Fully Compliant: Compliance Training to Change Behavior*. Alexandria, VA: ATD Press.

推荐阅读

Collins, D. 2019. Business Ethics: How to Design and Manage Ethical Organizations, 2nd ed. Thousand Oaks, CA: SAGE Publications.

Dalio, R. 2017. Principles. New York: Simon & Schuster.

Waugh, T. 2019. Fully Compliant: Compliance Training to Change Behavior. Alexandria, VA: ATD Press.

1.7　终身学习

终身学习，有时也称持续学习、敏捷学习或学习驱动。终身学习的特点是自我激励、永不满足的好奇心以及理智的冒险精神。人才发展专业人士应以个人和职业发展的理由追求知识，在终身学习方面树立榜样，对自己的专业发展做主，告诉他人也可以而且应该这样做。

1.7.1　了解学习渴望如何随着时间的推移而促使知识和技能的扩展

I.　终身学习

人才发展专业人士应该通过不断追求知识以及学习新技能的愿望，在终身学习方面充当组织和客户的榜样。

1.7.1.1　终身学员的特质

终身学员的特质通常与两个学习理论相关：认知主义和建构主义。认知主义通过理解过往所学的知识与当前正在学习的知识之间的联系来获得学习。事实上，乔治·汉伦波克（George Hallenbeck 2016）在他的模型中使用了"意义建构"一词来描述从经验中学习，这是终身学习的关键要素。建构主义从理论上说明，学习源于许多方面，包括人生经历，而最终所学到的知识取决于个人特质以及学员如何将所学知识内化。[参见 3.8.6.6 和 2.1.1]

ATD 在 2018 年发布的一篇终身学习的报告中指出，"高绩效者更有可能将培养终身学习行为作为一项优先任务"。根据该研究，这些终身学员的特质包括：

- 将学习视为一种激励人心的机会。
- 自我激励。
- 自我意识，了解自己的兴趣。
- 思想开明。
- 强烈的求知欲。

1.7.1.2　终身学员的行为

终身学员表现出大量行为。ATD 研究指出终身学员最主要的行为包括：

- 提问。
- 试验和尝试新事物。

- 寻找资源，自己开展研究。

- 运用新知识。

- 分享知识，教导他人。

终身学习并不依赖技术。事实上，ATD 的终身学习报告中指出了 13 种终身学员的潜在特征，其中精通技术排在最后。相比之下，报告指出"终身学习更多地依赖个人的思维模式、决心、求知欲和其他特征"（ATD 研究 2018）。在其他研究中，皮尤研究中心发布的一项研究发现，数字技术在学习交付方面发挥了非常重要的作用（Horrigan 2016）。虽然技术技能并不属于必要技能，但是在学习过程中必须具备运用技术技能的能力（例如，使用智能手机观看视频或阅读电子书）。

1.7.1.3 对员工的好处

无论是从个人还是职业角度，终身学习都能够为员工带来好处（ATD 研究 2018；Horrigan 2016；Hallenbeck 2016）。

个人好处：

- 更多提高生活质量的机会。

- 增强自信和自尊。

- 挑战信念和观点。

- 获得更满意的生活。

- 促进个人发展。

- 降低职业发展失败的可能性。

职业好处：

- 提高适应变化的能力。

- 更愿意承担风险。

- 提高工作绩效。

- 提高敬业度。

- 促进职业发展。

- 增加晋升机会。

1.7.1.4 对组织的好处

虽然似乎个人受益最大，但组织也可以通过致力于打造支持终身学习的文化来获益。ATD 围绕终身学习开展的研究结果显示，对组织最有利的五个方面都得到了改善：

- 员工敬业度水平。

- 组织整体绩效。

- 留住人才的能力。

- 满足不断变化的组织需求和目标的能力。

- 组织的竞争力。

学习型组织是这样一种场所："人们不断提升自身能力，创造自己真正想要的结果；培养全新、广阔的思维模式；释放集体抱负；人们不断学习如何共同学习。"（Senge 2006）《哈佛商业评论》将学习型组织的优势描述为"拥有更为出色的创新、敏捷性和组织学习能力"（Groysberg 等人 2018）。人才发展专业人士应该准备好能够证明终身学习价值的证据，以及与组织相关的示例。[参见 3.3.7]

1.7.1.5　终身学习所需的技能

乔治·汉伦波克（2016）认为，"具备学习敏捷性特征的人的主要特点是他们愿意也能够从经验中学习"。但是他强调他们必须擅长将学到的知识运用到实践中。他认为只有将知识运用到实践中，才意味着真正学到了这项知识。

根据汉伦波克的观点（2016），如果想要成为终生敏捷型学员，就需要掌握四种类型的技能，其中包括但不限于：

- 寻求技能。确定自己舒适区边界的能力，承担风险的能力，扩大自己人际网络的能力。
- 意义建构技能。识别学习机会的能力，对自己的信仰和观点提出质疑的能力，从心理和身体上做好学习准备的能力。
- 内化技能。反思和监控进展的能力，寻求反馈的能力，以及识别有助于提升自我意识的经历的能力。
- 应用技能。衡量进步的能力，识别联系和一致性的能力，以及在计划和自发情境中应用所学的能力。

1.7.1.6　机会

人才发展专业人士应该寻找方法，向他们的领导展示终身学习和学习文化如何为个人和组织提供机会。例如，雇主希望员工具备解决问题、沟通、批判性思考和与他人合作的能力；通常只有那些具备自我意识，并且愿意学习的员工才能掌握这些能力。ATD 开展的一项研究（2018）结果显示，对组织来说，最重要的三个好处是提高敬业度、改进绩效和留住人才。[参见 1.7.1.4]

另外，员工也想要学习、发展和成长。如果秉持终身学习文化，就会更快地得到晋升机会，也会对各种机会做更充分的准备。对于员工来说，成功的工作绩效和职业晋升机会都与他们对学习的渴望有关。[参见 1.7.1.3]

1.7.1.7　学习方案

人才发展专业人士应该了解学习渴望如何随着时间的推移而促进知识和技能的扩展。如果想要充分利用这些渴望，人才发展专业人士应该准备好为他人提供学习方案。学习方案至少可以分为四个类别：

- 在岗学习，例如，访问在线教程，工作见习或完成轮岗。
- 参加课程、培训课程或认证计划，例如，参加在线课程，参加面对面学习活动或取得证书。
- 非正式日常学习方案，例如，加入一个管理者网络小组，指导一名实习生，或者对未来项目开展研究。

- 在组织外学习，例如，参加志愿工作，在会议上发言或参加行政交流活动。

1.7.1.8　保持成长思维

学习文化要求具备成长思维，或者秉持人们可以通过保持求知欲和学习来提升才华和能力的信念。成长思维最初是由卡罗尔·德韦克（Carol Dweck 2013）提出的。她的研究结果指出，具备成长思维的员工更渴望学习，更倾向于支持改变，从批评中学习，从他人的成功中寻找灵感。［参见 3.3.7.10］

麦肯锡咨询公司发布的一篇报告指出了有助于人才发展专业人士和其他人士成为终身学员的七种终身学习思维实践（Brassey、Coates 和 van Dam 2019）：

1. 通过确保他们拥有德韦克定义的成长思维，专注于成长。人才发展专业人士可以帮助员工认识到学习无止境。
2. 精通多个主题，成为一系列大师。随着世界变化越来越快，人们工作的时间也越来越长，人才发展专业人士应该鼓励员工培养不同领域的专业知识，以确保自身能够适应变化。
3. 走出舒适区。人才发展专业人士可以鼓励人们尝试新任务，掌握新知识并培养新技能。
4. 建立个人品牌和网络，了解他们需要哪些技能，设定目标，了解他们希望凭借自己的哪些优势而出名，并构建他们的网络。人才发展专业人士可以帮助他人发现自己的不同之处，并帮助他人准备好迎接新的机会。
5. 通过制定学习目标、衡量进步、与导师合作、寻求反馈并做出投资，拥有自己的个人发展之旅。人才发展专业人士可以向他人展示，如果想要掌控自己的发展，需要掌握哪些知识。
6. 探索 ikigai（日语，代表存在的理由），通过讨论做自己喜欢的事情、世界需要什么、他们擅长什么以及他们可以获得哪些回报这四个元素之间的交点，人才发展专业人士可以了解为了与未来发展保持一致需要关注的四个元素。
7. 保持活力，这就要求他们优先考虑自己的健康状况，包括关于睡眠、锻炼、饮食、冥想和积极心态等方面的决定。

1.7.2　了解自身和他人的职业探索与终身学习资源

I.　职业探索基础原理

探索个人成长和职业发展方案是人才发展专业人士应该掌握的一项宝贵技能。他们应该了解职业探索的基本原理，从而实现个人成长，并帮助他人学习和成长。

1.7.2.1　终身学习在职业探索中扮演的角色

为了取得成果并达成目标，组织必须充分发挥员工的潜力。学习文化可以提高效率和员工满意度，培养主人翁意识和责任感，创建知识共享文化，并提高员工适应变化的能力（Biech 2018）。随着个人和组织都能够从中获益，终身学习的作用变得越来越明显。

组织和组织内的角色正在发生巨大变化。现在正是时候重新构想未来的时机，未来需要员工掌握新的技能和知识。如果想要茁壮成长，个人就必须处于持续学习模式中。芭芭拉·米斯蒂克（Barbara Mistick）和凯瑞·威利德（Karie Willyerd 2016）说过，"塑造未来工作场所的正是当前正在进行中的大趋势"。他们的研究指出，努力为未来做好准备的终身学员才是未来能够茁壮成长的人。[参见 3.8]

阿曼达·史密斯（Amanda Smith 2019）认为，当个人"完全掌控自己的学习，从需求评估到目标设定、主动参与和评估结果"时，就会发生自主学习。她还认为，人才发展专业人士必须融合各种学习机会，将个人职业与终身学习联系起来，并为他们提供支持。在这种情况下，对于个人和组织来说，终身学习就会成为一种价值。[参见 1.7.1.3 和 1.7.1.4]

人才发展专业人士应该能够平衡他人职业发展渴望与组织的未来人才要求。通过了解组织将要做什么，以及领导者和员工在五年及以后完成工作需要哪些技能，他们将能够向员工提供明智的建议（Biech 2018）。人才发展专业人士必须掌握职业发展理论，从而提供衡量结果的方法和途径。本书后面章节将集中介绍这些理论。[参见 3.4.14]

1.7.2.2　职业发展理论和方法

职业发展理论和方法为个人职业发展提供了基础，并与组织人才管理密切相关。为了有效地开展工作，人才发展专业人士必须掌握关于各种职业发展理论和方法的实用知识，并知道如何将这些理论和方法最好地应用于个人或组织。

威廉姆逊的特质因素论（20 世纪 30 年代末）

这种传统的职业决策方法以唐纳德·帕特森（Donald G. Paterson）和威廉姆逊（E. G. Williamson）的研究成果为基础，目前这种方法仍在广泛使用中。特质是指可以通过考核衡量的特征，因素是指为了成功履行工作所需的特征。这种方法的理论基础是，可以从拥有的特质（如智力、野心、才能和自尊）来理解人们。因素是这些特质的统计学表现。特质因素咨询的目的是选择合适的人来从事特定工作。

萨珀的发展框架（1957 年）

萨珀（D. E. Super）提出的职业发展理论的基础理念是职业发展需要经历五个不同的阶段，职业的选择受到每个人的自我形象的影响，以及这种自我形象如何映射到已经在特定职业中的人。这五个阶段分别是：

1. 成长阶段，儿童时期，人们通过在家里、朋友间和学校里的互动发展兴趣和价值观。

2. 探索阶段，从青春期到 20 几岁，人们的兴趣、才能和价值观随着他们对不同角色和生活状况的不断探索而巩固。

3. 确立阶段，人们会在 20 几岁达到事业稳定状态。

4. 维持阶段，到 45 岁，大多数人的职业已经安顿下来。

5. 衰退阶段，能够在退休后仍然维持职业兴趣的人才是最成功的退休者。

人格或类型学理论

还有几种理论有助于解释职业选择的方式和内容。例如，职业选择内容理论关注职业选择的一致性，以及从职业选择与个人核心优势和特点之间的匹配性来判定选择是否切合实际：

- 罗伊（Roe）在 1956 年提出的职业理论提出了八个服务组和六个决策层面。许多根据兴趣来决定最佳职业选择的测试都将这一理论作为基础。

- 霍兰德（Holland）在 1960 年提出的职业一致性模型通过访谈帮助个人确定最适合自己的职业选择，访谈涉及六种工作环境：现实型（运动协调和具体问题解决）、研究型（想法和智力活动）、艺术型（自我表达）、社交型（与他人互动）、企业型（语言和社交技能）和常规型（规章制度）。

- 心理动力理论是一种通过理解能够激励个人的因素，以及人类内心存在的冲突来预测职业成功、选择和行为的工具。

斯恩的职业锚理论（20 世纪 80 年代）

爱德加·斯恩（Edgar Schein）提出了他所谓的"职业锚"理论，这一理论将胜任力、动机、价值观和态度相结合，为个人职业选择提供指引。这些锚成为个人职业选择的驱动力。斯恩的研究指出，个人对于自己了解的不断深入，会影响他们的职业选择。斯恩将推动这些职业决定的基本因素划分为八个职业锚，并且适用于所有人：技术/职能型、管理型、自主/独立型、安全/稳型定、创业型、服务/奉献型、挑战型和生活型。这个工具将帮助个人获得个人洞察力并做出选择。

行为理论（1998—2002 年）

行为职业咨询是一种充分利用心理学概念进行职业决策的科学方法。这种方法指出，职业相关行为都是以往事件的结果，并且可以将这些行为分解为其组成部分，使得客户能够理解自己的行为。例如，克朗伯兹（Krumboltz）指出了社会学习理论与职业发展和决策之间的直接联系。克朗伯兹的模型叫作 DECIDES 模型：

- 定义问题（Define the problem）。
- 制定行动计划（Establish an action plan）。
- 阐明价值（Clarify values）。
- 确定替代方案（Identify alternatives）。
- 发现可能的结果（Discover probable outcomes）。
- 从系统角度排除各种替代方案（Eliminate alternatives systematically）。
- 开始行动（Start action）。

1.7.2.3 职业规划流程

职业规划流程要求人才发展专业人士掌握几种技能，协助他人完成职业探索。这些技能包括选择评估工具、对个别员工进行访谈和咨询、根据评估结果编制报告并解释其内容，以及协助个人制定切合实际的职业计划。人才发展专业人士应该知道可以在哪里，通过什么方式找到关于职业探索机会的资源和工具。例如：

- 在线数据库——行业探索网站、国家职业信息库（如美国劳工部的 O*NET 网络）。
- 现场活动——行业展示和校园活动。
- 网络——本领域或相关领域的人士［参见 2.3.6、1.3.2.1 和 2.5.9］。
- 专业出版物。
- 职业咨询专业人士。
- 特定职业的胜任力模型。
- 工具（如职业介绍、薪资查询工具和技能匹配工具）。

1.7.2.4　终身学习网络资源

了解职业探索资源对于人才发展专业人士至关重要。每位人才发展专业人士都应制定一份方案清单，可包括以下类别：

- 在线课程。
- 视频讲座。
- 流媒体纪录片。
- 开源学习。
- 数字教育指南。
- 在线会议和学习活动。
- 教育知识库。

1.7.3　通过专业发展活动为自己获取新知识的技能

I.　专业发展活动

人才发展专业人士应具备为自己及其支持的客户识别并获取专业发展活动的技能。

1.7.3.1　树立终身学习与专业发展的榜样

学习是不可避免的，可以随时随地获取知识，然而，人才发展专业人士必须具备一套心理工具，使自己成为他人终身学习的榜样。根据埃里卡·安德森（Erika Andersen 2016）的观点，终身学员具备自我意识，具有强烈的求知欲、好奇心、脆弱性。

这意味着人才发展专业人士能够确定自己需要学习什么，并且为了学习，愿意令自己处于非舒适情境。他们对自己诚实，能够评估自己的需求，并确定自己的专业发展目标。他们通过监测趋势和未来需求，并对照自身知识和技能与未来需求之间的差距，确定专业发展需求。他们可以将这些信息应用于自己的需求或他人的需求。

为了充当终身学习榜样，人才发展专业人士必须帮助他人学会如何学习。元认知监测是指学员为管理自己的学习而采取的行动，包括三个基本组成部分：策划、监控和评估（Schraw 1998）。人才发展专业人士必须运用批判性和创造性思维来选择满足发展需求的手段。有多种学习场合供他们选择，如会议、阅读、轮岗任务、拓展任务、见习、指导、技术方案或社交网络。[参见 2.1.5.10]

1.7.3.2 阻碍终身学习的因素

人才发展专业人士还应该了解可能阻碍终身学习的障碍。ATD 研究（2018）指出了五种障碍，其中最常见的是个人"对于非必要学习缺乏动力"，其次是组织文化。如果组织文化不支持终身学习，如果领导在终身学习方面无法以身作则，那么鼓励其他员工成为终身学员将成为一个潜在问题。

ATD 指出的另外三个障碍包括"无法量化终身学习对组织成果的影响，对于非工作相关学习缺乏责任感，以及员工不知道如何指导自己的学习"。

人才发展专业人士还应该认识到社会经济阶层、种族和民族差异也对终身学习形成挑战。皮尤研究中心发现有些人"不太可能参与专业或个人学习，而且对于学习影响的看法也不是那么积极"（Horrigan 2016）。

1.7.3.3 支持终身学习的人才发展策略

彼得·圣吉表示，"自从我写了《第五项修炼》第一版之后，几十年来发生了很大的变化。但是有一件事没有改变，那就是组织内部的人员仍然需要以个人和集体的方式开展学习"（Biech 2018）。人才发展专业人士应该能够为自己和他人采用多种策略，如 ATD 研究（2018）建议的策略：

- 访问课程和学习资源。
- 与教育机构合作。
- 提供学费资助。
- 为员工和领导制定个人发展计划。[参见 2.7.3.3 和 2.6.2.2]
- 让个人更容易发现学习机会。
- 提供学习资源（例如，现场课程、网络研讨会和虚拟工作坊清单，自步学习课程库，移动学习和微学习资产）。
- 鼓励知识分享（例如，协作工作的实践，使用知识共享平台，并且在会议上安排分享知识的时间）。

1.7.4 在组织内外各种人员和团队中发展、维护和利用人际网络的技能

I. 人际交往技能

人才发展专业人士应该锻炼自己在发展和利用人际网络方面的技能，从而利用自己的人际网络，并帮助他人发展自己的人际交往技能。

1.7.4.1 人际交往的专业目的

人际交往通过多种形式，在多种场所展开。人才发展专业人士应该考虑自己以及其他员工对于人际交往的需求。人际网络可以存在于组织内部或外部，可以有很多用途。如果想要发挥效果，就需要发展、维护并利用人际网络。最重要的人际交往需要一种慷慨的态度，即先付出和提供帮助。

人才发展专业人士应该在组织内部和外部构建人际网络。他们可以通过介绍人际网络内的成员互相认识，或提供对于他们来说有用的信息来为成员提供支持。人才发展专业人士可以定义各种可用于不同用途的非正式网络。例如：

- 建议网络可用于解决问题。
- 信任网络提供分享敏感信息的场所。
- 沟通网络用于讨论工作相关事务。
- 信息网络关注系统和程序改革或改进需求。
- 影响网络关注组织政治、权力分配和文化问题。
- 情感网络是组织中能够帮助创建企业文化的朋友。

鉴于组织经历的重大变革，所有员工都应该拥有可供使用的跨越部门界限的人际网络，针对必须调换岗位、部门甚至工作地点的情况做好准备。内部人际交往还有其他好处。［参见 1.7.4.3］

个人应该考虑在组织内部开展人际交往。这样做的一个很明显的理由是，为其他工作机会做好准备。但是也存在其他理由，例如，获得一些有助于解决工作中问题的新想法，提升事业水平，获得新的技能，通过引人注目来提高自己的形象，并学习可以迁移到工作中的最佳实践。

目前，社交媒体已经成为人际交往一个不可或缺的部分。专家普遍建议，个人不需要加入所有社交媒体网络。相反，他们应该通过确定自己想遇见谁，以及他们可能在哪一个社交媒体上找到他们来选择对自己最有益的网络。［参见 1.3.2］

对于从事咨询工作或作为自由职业者，且并非受雇于组织内部的人才发展专业人士来说，人际交往至关重要。人才发展顾问应该找到优化自身社交网络形象的方法，帮助他人更多地了解自己的服务。他们需要制定战略、确立目标，并贯彻执行计划。他们还需要记住，他们和员工之间的区别在于，他们正在建立人际关系网，目的在于推动自身个人发展，提升职业水平并发展业务。人际交往还可以帮助顾问和自由职业者获得转介绍的机会，展现积极的影响力，与更有影响力的人联系，并与潜在的合作伙伴、协作者和客户会面。

1.7.4.2 人际交往的个人目的

建立并维护联系是人际交往的潜在目的。人才发展专业人士应该知道如何帮助个人确定人际交往对于自身的个人目的，因为除非个人可以发现它的价值，否则人际交往毫无意义。人际交往的个人目的包括但不限于：

- 寻找个人导师。
- 了解自己的机会。

- 提供一个决策咨询平台。
- 锻炼沟通和社交技能。
- 结交新朋友。

人才发展专业人士可以引导个人决定自身对人际交往的个人目的。他们可以使用几个问题来帮助那些不熟悉人际交往的个人来确定自身目的，并制定人际交往计划：

- 你是出于个人还是专业理由而开展人际交往？
- 你试图解决什么问题？
- 你的职业抱负是什么？
- 你对于自己未来三年的发展目标是什么？

接下来，人才发展专业人士可以使用以下问题来帮助引导个人确定在哪里开展自己的人际交往，以及如何有针对性地开展人际交往：

- 理想的人际交往合作伙伴需要具备哪些技能、知识或经验？
- 你可以在哪里找到这种类型的合作伙伴开展人际交往？
- 你可以想到一些具体的人吗？
- 你将如何开始与这位人际交往合作伙伴联系？你们有什么共同点？

人才发展专业人士还可以播下真诚的人际交往的种子。个人应该认识到，当各方带着真实、诚实和可靠的态度，以及对于寻找共同价值的意愿建立关系时，人际交往才最有价值。［参见 1.7.4.6］

1.7.4.3 人际交往的好处

人际交往能够带来各种好处。人际交往的美妙之处在于，它可以变成任何人想要的任何东西。这意味着这些好处将与人际交往的目的保持一致，那就是确保自身从个人和职业角度均能获益。

个人好处：

- 建立自尊和信心。
- 扩大支持网络。
- 建立联系。
- 培养个人关系。
- 提升可见性和识别度。

职业好处：

- 增加晋升机会。
- 获取专业技能和职业建议。
- 找到更合适的工作。
- 创造一个可以找到任何问题答案的知识来源。
- 提供表达并讨论行业相关方案和意见的场所。

因为成功的人际网络参与者知道真诚的人际交往是互利的，所以他们应该审视自己通过人际网络为他人提供的好处，以及自己可以从中获得的好处。没有人期望人际网络参与者是无私的，但是帮助他人也能够得到回报。例如，人际网络参与者可以带来的好处包括：

- 创造机会帮助他人开始自己的职业。
- 提供讨论慈善或个人事业的论坛。
- 发展新的友谊。
- 成为他人的导师。

1.7.4.4 人际交往所需的行为

人才发展专业人士和选择发展人际网络的其他人都必须掌握成功开展人际网络活动所需的几项技能，尤其是在按照计划参加人际交往活动的过程中：

- 有技巧地倾听。人际交往是一种互利的关系，因此倾听比交谈更重要。共同倾听，建立信任。
- 展示外交和技巧。向每个人示范良好的人际交往技能——谨慎、敏感、有洞察力。使用沟通的 6C 法，最重要的是，不要吹嘘。[参见 1.1.1.3]
- 表现出积极的态度。这应该体现在一个人的语言、语调、肢体语言和人生观上。
- 保持移动。尽量缩短与每个人打交道的时间。不要独占他人的时间或令人感到厌烦。
- 愿意付出。专注于对方，不要期望任何回报。这不是交易，而是为了实现共同利益而建立并维持联系。要帮助他人获得成功。
- 从战略角度进行策划。就像企业通过投资获得收益一样，投资人际交往也能够实现投资者期望的回报。
- 实践真实性。每个人都不应该把自己假装成他人。如果有人只想通过人际交往得到而不想付出，他就会被发现。
- 记住名字。人际交往就是为了未来建立关系。虽然想要记住每个人的名字并不容易，但是有一些技巧可以帮助你提高名字记忆能力。
- 提有趣的问题。人际交往的目的就是要让他人开口说话。问一些能激发他人激情的问题：什么让他们兴奋，他们身上发生过的最好的事情，他们期待什么，或者什么对他们重要。
- 跟进。人际交往发挥最佳效果是在人际交往结束后，所以活动结束后立即以个人方式跟进。

1.7.4.5 确立目标：谁、什么、哪里、何时、如何

就像几乎所有成功的努力一样，人际交往应该从目标开始。成功的人际网络参与者通常会有短期和长期目标。每种目标的难度都会不断增加，并关注持续学习和发展。设定人际交往目标可能与撰写 SMART 目标不同，因为人际交往目标实际上需要分解为谁、什么、哪里、何时、如何。或者它们可能只关注这五个问题中的一个。

人才发展专业人士可以使用"谁、什么、哪里、何时、如何"问题来关注自己的目标，并帮助他人确立自己的人际交往目标。

- 谁。或许，目标是与有影响力的人建立联系。因为经常有人想要和他们接触，因此需要确定如何与他们联系，以及如何表达感谢。虽然问题是"谁"，但是也可能识别出一个群体。例如，如果专业目标是写书，那么可能是作者；如果个人目标是加入乡村俱乐部，那么可能是高尔夫球手。

- 什么。这个目标可能引发一些问题，如最终目标是什么，需要解决什么问题，或者哪些方面未知。

- 哪里。这个目标需要一些研究来确定是否已经安排了公司、社区、团队、俱乐部或城市范围的人际交往活动。了解在哪里举办人际交往活动是一个很好的着手点。

- 何时。随着个人开始人际交往之旅，一些目标可能变得更加灵活。目标可能仅仅意味着每周或每月安排一次活动，以了解更多有关活动的信息。

- 如何。目标可能是找到共同的联系。这可能是一个地点、一个人、一个兴趣或者把他们与各自参与人际交往的最终理由联系起来的东西。

对于长期目标，罗布·克洛斯（Rob Cross）和罗伯特·托马斯（Robert Thomas 2011）建议遵循他们的四步模型开始建立有效的人际网络：

1. 分析当前网络提供了什么。

2. 对能量消耗大的关系减少层次或放弃。

3. 通过增加有助于实现既定目标的人员来实现多样化。

4. 通过使用网络来积累资本。

他们还建议列出希望在明年取得的三项成果，以及有助于达成这些成果的人员。

1.7.4.6 确保人际交往成功

一旦人才发展专业人士建立了网络，就应该对网络中的人进行跟踪，保持网络活力，并以诚信的态度利用网络继续完成其最初的目标。

- 监测网络。想要开始人际交往可能很难，但是失控起来却可能很快。人们应该确保内心有坚定的目标，并且专注于这些目标。另外，为了在人际交往中保持诚信，他们需要确定在人际交往中得到了多少就要相应地付出多少（Zack 2010）。人们需要不断对自己人际网络中的人进行筛选，确保达成各自的预期目标，以此开展有效的监测。他们可能需要做出艰难的决定——由于时间有限，可能需要最大限度地减少花费在那些只想获取、浪费时间、耗费他们大量精力或营造出消极氛围的人身上的时间或将之从人际网络中淘汰出去。

- 维持充满活力的网络。组织可以通过增加新人来取代那些被淘汰的人，以此维持人际网络的活力。最成功的人际网络通常将满足不同人群的需求作为优先任务。他们定期安排人际交往活动，以建立并不断维护自己的人际网络。身处充满活力的人际网络，人们可以随时联络网络中的任何人。如果想要维持网络活力，要做的是给予和提问。这意味着当有人想"针对某个想法征求意见"或需要获得关于某件事情的介绍时，就可以使用人际网络。当个人需求支持、想法或联系时，也能够起到维持网络的作用。人际交往需要使参与其中的人都能够获益。

- 秉持诚信的态度运用人际网络。有时候新的人际网络参与者会在建立人际网络后却不使用。采取正确的思维方式，以一种富足的心态找到正确的平衡，使双方都能够从人际交往中获益。人才发展专业人士可能关心给予和获得共同价值，但是这通常很难做到，特别是当其中一个人地位较高时。如果另一个人地位较高，他们可以考虑这个人可以带来什么价值。这可能就像有机会投资他人的职业发展，或针对给出的建议所取得的结果进行汇报一样简单。记住对他人说谢谢，很多时候这是有些人唯一需要的价值。感恩是利用诚信建立人际关系的关键部分（Azulay 2018）。

参考文献

Andersen, E. 2016. "Learning to Learn." *Harvard Business Review*, March.

ATD Research. 2018. *Lifelong Learning: The Path to Personal and Organizational Performance*. Alexandria, VA: ATD Press.

Azulay, H. 2018. "Networking With Integrity." *ATD Insights*, August 29. www.td.org/insights/networking-with-integrity.

Biech, E. 2018. *ATD's Foundations of Talent Development: Launching, Leveraging, and Leading Your Organization's TD Effort*. Alexandria, VA: ATD Press.

Brassey, J., K. Coates, and N. van Dam. 2019. *Seven Essential Elements of a Lifelong-Learning Mind-Set*. New York: McKinsey & Company.

Cross, R., and R. Thomas. 2011. "A Smarter Way to Network: Successful Executives Connect With Select People and Get More Out of Them." *Harvard Business Review*, July-August.

Dweck, C. 2013. *Mindset: The New Psychology of Success*. New York: Random House.

Groysberg, B., J. Lee, J. Price, and J. Cheng. 2018. "The Leader's Guide to Corporate Culture." *Harvard Business Review,* January-February.

Hallenbeck, G. 2016. *Learning Agility: Unlock the Lessons of Experience*. Greensboro, NC: Center for Creative Leadership.

Horrigan, J. 2016. "Lifelong Learning and Technology." March 22. Washington, D.C.: Pew Research Center.

Mistick, B., and K. Willyerd. 2016. *Stretch: How to Future-Proof Yourself for Tomorrow's Workplace*. Hoboken, NJ: John Wiley & Sons.

Schraw, G. 1998. "Promoting General Metacognitive Awareness." *Instructional Science* 26:113-125.

Senge, P. 2006. *The Fifth Discipline: The Art and Practice of the Learning Organization*. New York: Doubleday.

Smith, A. 2019. "Self-Directed Learning Made Simple." *TD at Work*. Alexandria, VA: ATD Press.

Zack, D. 2010. Networking for People Who Hate Networking. San Francisco: Berrett-Koehler.

推荐阅读

Hallenbeck, G. 2016. *Learning Agility: Unlock the Lessons of Experience.* Greensboro, NC: Center for Creative Leadership.

Mistick, B., and K. Willyerd. 2016. *Stretch: How to Future-Proof Yourself for Tomorrow's Workplace.* Hoboken, NJ: John Wiley & Sons.

领域 2
专业发展能力

2.1 学习科学

实施过高效学习项目的组织都引入了学习科学的关键原理。学习科学是一个跨学科研究领域，旨在促进对学习、学习创新和教学方法的了解。应用最佳实践的人才发展专业人士，能够理解并运用基础学习理论、成人学习理论原则和认知科学来设计、开发和交付获得最大成果的解决方案。

2.1.1 关于行为主义、认知主义和建构主义的基础学习理论知识

I. 基础学习理论

人才发展专业人士应该熟悉基础学习理论，如行为主义、认知主义和建构主义。这些理论再结合相关技巧会影响人才发展专业人士在工作场所引导学习的方式。

2.1.1.1 学习理论知识对于人才发展专业人士的价值

人才发展专业人士必须以学习理论为基础，学习理论为执业者如何最有效地帮助他人学习提供了做出明智决策的框架。那些最优秀的学习理论都是多年研究和讨论的结晶，给客户和利益相关者以信任，给执业者以信心。现代组织发展的奠基人库尔特·勒温曾说过，"没有什么比优秀的理论更实用了"。

然而，并不是所有的学习理论都经得住时间的考验。因此，人才发展专业人士需要理解不同的理论，每种理论潜在的价值和假设前提，与每种理论相关的技巧，如何在学习生态系统中利用各种理论以支持人才发展，以及这些基于研究得出的理论的可靠性。

2.1.1.2 基础学习理论

人才发展由培训和成人学习领域演变而来，它建立在有关学习以及学习是如何发生的众多理论基础之上。在过去 100 多年里，研究者、心理学家、执业者和思想领袖从成人为什么学习、如何学习以及何时学习角度不断充实着这些理论。他们的工作最终形成了三个最有影响力的学习理论：

- 行为主义。
- 认知主义。
- 建构主义。

2.1.1.2.1 行为主义

行为主义是关于预测和控制行为的。它关注可观察到的行为，并指出当刺激和反应之间的联系

加强或减弱时，学习就会发生。这一理论在 20 世纪上半叶对培训和发展领域影响最大，然而这一理论包含的元素仍然存在于当今培训的学习技巧和学习语言中。

行为主义的重点是"奖赏"和发现影响内在流程的外部控制因素，目标在于通过强化来重塑行为，直到学员完全内化吸收这个强化内容，从而形成新行为，其行为本身成为一种奖赏。斯金纳（B.F. Skinner）提出了操作条件反射理论，这一理论认为行为是由强化或惩罚所带来的后果塑造的。他使用程序化学习，将需要学习的信息划分为若干子步骤。学员在每一步骤做出回答，立即被告知他们的回答是正确的还是错误的。随着学员不断深入学习教材，他们的行为逐渐被塑造，直到学习目标的达成。

行为主义的优点包括：

- 确立明确、准确的目标。
- 确保开展行为实践，而不仅是理论。
- 尽最大努力，帮助学员获取行为技能。
- 过程高度明确。
- 行为可观察（学员知道自己何时获得成功）。

2.1.1.2.2　认知主义

认知理论是关于人们如何思考和记忆的，"试图去理解已经了解的内容"（Clark 1999）。认知主义关注的内容涉及人们如何感知、思考、记住、学习、解决问题的心理过程，以及哪种刺激因素更容易被注意。行为主义学习理论几乎只关注外部活动，而认知主义学习理论则关注内在发生了什么（Sink 2014）。行为主义者将"思考"看作一种行为，而认知主义者认为人们思考的方式会影响他们的行为，因此思考本身并不是一种行为。

认知主义的基本原理是学习主要是通过接触逻辑化呈现的信息，以及提取或演练来保持记忆，以此完成学习。认知主义意味着关注点从行为到记忆和思考过程的转变。对于认知学家来说，大脑的基本模式是信息处理系统。人才发展专业人士利用认知学习策略，并以行为学派为基础，来扩展他们为学员打造发展方案的战略和战术选择。

认知主义的优点包括：

- 将人作为成人对待。
- 关注思考技能。
- 强调基础知识。
- 构建信息、概念和规则的基础。
- 提供行动依据（Sink 2014）。

2.1.1.2.3　建构主义

建构主义关注通过经历以及与环境之间的互动来获取知识。根据瑞士发展心理学家让·皮亚杰（Jean Piaget）指出的观点，学员通过同化和顺应来构建知识。一旦发生同化，个体就会在不改变现有知识框架的前提下，将新经历融入该框架中。

相反，当人们的新经历与内在信念相矛盾时，他们就会改变自己对于新经历的认知，以适应原有的内在信念。建构主义理论指出，顺应是指重新构建一个人对于外部世界的精神信念，以顺应新经历的过程。这是一种由失败引发学习的机制。在学习中，需要精心设计与学员真实生活经历相似的体验机会。建构主义者关注学员，重视个体文化，认为个人的学习方式受文化背景的影响。建构主义者还认为只有在学员相信自己会获得成功时，才会具备学习的动机。

建构主义的优点包括：

- 以探索为导向。
- 以学员的理解为中心。
- 通过与真实世界之间建立相关性促进学员的理解。
- 允许学员背景和经历差异。
- 在整个学习过程中，有引导师引导学员（Sink 2014）。

2.1.2　了解关于学习的认知科学原理和应用

I.　关于学习的认知科学原理

人才发展专业人士应该掌握关于认知科学的知识，因为认知科学提供了一个框架，有助于理解学员如何认知他们的世界，并在此基础上来构建他们的学习。认知科学的核心是记忆和认知。

2.1.2.1　科学方法

人才发展专业人士应该熟悉科学方法，以及这种方法为什么对人才发展专业很重要。他们需要对每天观察到的所有信息进行整理。

认知研究以科学方法为基础，因此认识科学方法是什么是有用的。科学方法是用来检验观察结果和回答问题的一套流程。在所有科学中，都采用六步问题解决法：

1. 设定一个观察。
2. 提出一个关于观察的问题。
3. 构建一个描述观察的假设。
4. 做出预测来验证这个假设。
5. 分析数据并得出结论。
6. 使用结果来创建新的假设。

人才发展专业人士应了解有助于改进人们学习方式的前沿研究、其组织所需的创新产品，以及先进技术和工具。但他们所看到的一切可能并不是以事实和数据为基础的。如果他们正在研读研究资料，必须清楚什么是一份优秀的研究，了解研究中使用的方法论，并询问如果再次开展这项研究是否可以得到相同的结果。如果正在购买产品，他们应该要求提供相关说法的支持数据，以及谁会审核这些数据。将科学的方法运用到人才发展中，也就是在决策时，必须了解最新的研究数据，并掌握批判性洞察力。当看到一些关于新的大脑科学、奇迹领导力发展课程或移动学习的神奇力量等好得令人难以置信的说法时，人才发展专业人士需要退后一步，了解这些说法背后的科学依据，或许可以用科学方法的六步问题解决法来进一步探索。

2.1.2.2　大脑和信息处理：人们如何学习

有很多关于大脑如何感知世界的理论。大多数理论探讨的是短时记忆和长时记忆的功能。20 世纪 60 年代末，有人（Atkinson 和 Shiffrin 1968）提出了记忆多存储模型，该模型指出大脑通过三个独立的阶段处理信息——感官记忆、短时记忆和长时记忆。该模型指出，新的信息先进入感官记忆，在短时记忆中进行处理，经过演练或练习后无限期地存储在长时记忆中（见图 2.1.2.2-1）。

信息处理

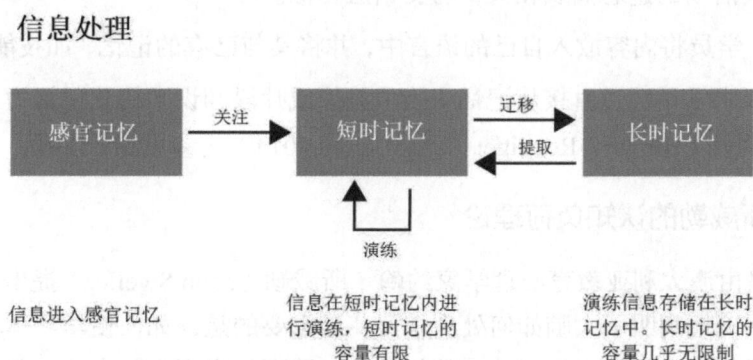

图 2.1.2.2-1　信息处理

像许多理论一样，这一模型也受到了检验和评判，但是这一模型也影响了对记忆和认知的讨论方式，许多理论借鉴了它的结构并使用了它的语言。简单地说，工作记忆是人们运用新信息对现有记忆进行处理，从而理解所学知识的场所。工作记忆是大脑功能的一部分，而不是大脑内的特定位置。分子生物学家约翰·梅迪纳（John Medina 2008）将其描述为"一个繁忙的工作空间，我们可用于临时存储最新获取的信息"。学员可以在这里存储并处理一些信息，然后将其与长时记忆中的现有知识相结合（Clark 和 Mayer 2016）。

2.1.2.3　大脑和刻意练习

认知学习的一个关键概念是指当信息在工作记忆和长时记忆之间传递时，大脑对信息进行提取或演练，从而增强长时记忆。约翰·梅迪纳（2008）指出，"如果我们不重复使用信息，它就会消失"。为确保信息内容能够被记住并且存储在长时记忆中，需要不断对其进行练习。心理学家安德斯·爱立信（Anders Ericsson）强调，练习至关重要，但并不是所有形式的练习都有助于形成持续的记忆留存。他使用"刻意练习"一词来指代有效的练习形式，以区别于其他练习方法（Ericsson、Krampe 和 Tesch-Römer 1993）。

他的研究显示，需要经过数万小时的刻意练习才能培养出一定的专业能力。例如，他谈到古典音乐家，他们经常需要学习和练习 15 年，然后才能达到在世界舞台上表演的专业水平。人们对他1993 年研究的重新论证所获得的结论是，练习至关重要，但也许重要性并不是那么高。研究发现，长时间的练习可以使人成为专家。事实上，研究发现专家级音乐家练习的时间实际上比那些水平一般的音乐家的练习时间更短（Macnamara 和 Maitra 2019）。

这两项研究都探讨了如何通过刻意练习掌握专业知识，然而，工作场所的人才发展更多的是关于熟练程度而非专长。刻意练习技巧能够帮助人才发展专业人士交付更深、更牢的学习成果，从而获得更出色的长时记忆：

- 交错，是指教学过程中的各个主题交替。例如，如果有九小时用于学习三项技能，看起来有吸引力的做法是先花三小时学习第一项技能，然后花三小时学习第二项技能，最后花三小时学习第三项技能。而交错练习建议以三小时为一个单位，在每个时间单位中涵盖所有主题。
- 间隔练习，发生在有时间间隔的学习中，在练习的间隔期内学员可能遗忘部分学习内容。这种技巧与艾宾浩斯的遗忘曲线相关，与交错法相似。
- 通过加工法，学员将内容放入自己的语言中，并将其与已有的记忆，如技能或知识联系起来。
- 提取练习，要求学员通过直接从记忆中唤醒技能或片段知识来构建记忆力，而不是通过复诵文字或观看演示（Brown、Roediger 和 McDaniel 2014）。[参见 2.1.5.9]

2.1.2.4 约翰·斯威勒的认知负荷理论

认知负荷理论是由澳大利亚教育心理学家约翰·斯威勒（John Sweller）提出的。这一模型向人才发展专业人士更明确地阐明了大脑如何处理学习，最重要的是，如何使学习体验更有效。认知负荷是指为了处理容量非常有限的工作记忆内的新信息，需要付出多少努力（一些研究表明，它只能保存三到五个信息块，Cowan 2010）。人才发展专业人士需要对内容进行设计，避免容量超负荷。有三种形式的认知负荷：内在认知负荷、外在认知负荷和相关认知负荷（Sweller、Van Merriënboer 和 Paas 1998）。

- 内在认知负荷是指根据内容的复杂性，学员需要付出多少努力。
- 外在认知负荷是指根据内容呈现的方式，学员理解内容需要付出多少努力。人才发展专业人士需要创造易于理解的内容。
- 相关认知负荷是指学员为了在长时记忆中建立框架或心智模式而进行的工作，如通过练习或演练。

认知负荷理论关注的是，大脑如何在模式下工作，以及人才发展专业人士能够做什么来创造无须太多认知努力的学习体验，换句话说，就是如何使学习更容易。认知负荷理论对于该领域的一个关键贡献是通道效应，它解释了工作记忆通过听觉和视觉通道处理信息。它指出相比于单一的视觉信息，当视觉信息伴随着听觉信息时，认知负荷会有所下降。

2.1.3 了解成人学习理论和模型

I. 成人学习理论和模型

人才发展专业人士应该理解，哲学家、理论家和研究人员已经提出了关于成人如何学习的观点和理论。这对培训、成人教育以及现在的人才发展都产生了影响。如果人才发展专业人士熟悉 19

世纪主要影响者约翰·杜威（John Dewey）、斯金纳（B. F. Skinner）和保罗·弗莱雷（Paulo Freire），他们就会更加清楚地理解人才发展促进了员工学习。

2.1.3.1 马尔科姆·诺尔斯的成人学习理论

提倡成人学习方式不同于儿童的学术理念，马尔科姆·诺尔斯（Malcolm Knowles）是其中最具影响力的美国成人教育学家。当时欧洲围绕这一想法已经讨论了一段时间，而且已经用"成人教育学"一词将成人教学的技巧与儿童教学的技巧区分开来。与儿童教学相关的技巧被称为教育学。南斯拉夫教育家杜桑·萨维切维奇（Dusan Savicevic）在 1967 年将"成人教育学"这一术语引入美国。第二年，诺尔斯在《成人领导力》杂志上发表了一篇题为"成人教育学并非教育学"的文章（Knowles、Holton 和 Swanson 2015）。从那时起，他提出了很多理念，这些理念至今仍然影响着培训和人力资源发展（见表 2.1.3.1-1）。

表 2.1.3.1-1　教育学和成人教育学各自学员的特点

学员的特点	教育学	成人教育学
学员的自我意识	依赖他人传授	自主学习
学员的过往经验	不参照经验	将经验作为自己和他人学习的来源
学习意愿	与年龄和课程直接相关	从人生经历发展而来
目标导向的学习	以自我为中心	以任务或问题为中心
学习动机	基于外部奖励和惩罚	基于内在激励和好奇心

教育学

在诺尔斯的模型中，教育学的基础理念是向儿童传授明确的任务，帮助他们准备好学习其他更复杂的任务。例如，先教会儿童如何数数，然后他们可以学习加减法；接下来教他们乘除法；再接下来学习代数、几何等。教育学的特点是采用传统课堂的教学形式。教育学的主要假设包括：

- 讲师是这一领域的专家。
- 讲师负责学习过程的方方面面。
- 教学以内容为主。
- 学习动机来自外部。

成人教育学

诺尔斯的成人教育学理论改变了教育学中的许多假设。成人教育学的主要特征是，课堂上的老师和学员是平等的，学员对学习的方式和时间有更多的控制权。诺尔斯的成人教育学理论基于六项与成人相关的假设：

- 他们需要理由。成人需要知道为什么某些事情很重要，为什么需要花时间参加学习活动。出于这一原因，成人教育工作者确保学员尽早了解培训的目的很重要。学员需要知道这些信息或内容将如何影响他们，为什么他们应该关注，以及它们将如何带来改变。
- 学员的自我意识。人们在进入学习环境时，会带着一种自己是谁的自我意识。他们认为自己是自我导向、负责任的成人，不喜欢接受他人的命令。出于这一原因，帮助成人识别他们的需求并指导他们的学习体验至关重要。

- 学员经验的作用。成人能运用自己的人生经验来理解新知，他们用很多经验来促进学习，因此帮助他们认识到这一点很重要。成人教育工作者应该在小组学习过程中以学员的经验为基础，并充分运用这些来之不易的经验和知识。

- 学习意愿。成人需要看到学习体验与他们自身需求之间有什么关联。了解新知识如何帮助他们应对日常工作和生活，将有助于提升他们的学习意愿。

- 目标导向的学习。成人务实，愿意投入精力去学习他们认为能帮助他们提升绩效或解决问题的东西。成人教育工作者应该花时间了解班上学员的需求，并根据这些需求开发和调整内容。

- 动机。成人对内部动机（如工作满意度、自尊和生活质量）产生的反应最好。当产生内在价值或带来个人收益的具体需求出现时，成人会更有动力学习。出于这一原因，成人教育学执业者应该将学习与内在动机联系起来。

2.1.3.2　卡尔·罗杰斯的以学员为中心教学法

美国心理学家卡尔·罗杰斯（1951）被誉为人本主义心理学领域的创始人，他认为，"我们不能直接教他人，只能引导他学习"。他将治疗视为一种学习过程，并提出以学员为中心的教学法，并得出上述结论。罗杰斯的"学员中心说"因人们对其著作的诠释不同而有不同版本。他的理论支撑了教学重点的转变，即学员为学习负起责任，学员与引导师之间的关系是平等的。

在以学员为中心的方法中，学员从开始到结束始终参与其中，并且可以选择学什么。人才发展专业人士面临的挑战包括主动学习技巧，以确保学员参与学习中，并满足他们的需求。罗杰斯的关键理念包括假设学员：

- 想要控制自己学什么以及怎么学。
- 能被信任来发展自己的潜力。
- 应该获得鼓励自行选择各自的学习形式和学习方向。

罗杰斯提出了经典的以学员为中心的方法，并阐明了这种方法对于引导师的意义：

- 通过阐明课程目的，确立最初的氛围。
- 尽可能准备丰富的资源，以满足课程中可能出现的各种需求。
- 限制讲授的时长并融入能够鼓励学员参与的活动。
- 准备好向学员介绍这节课能让他们获得什么。
- 安排时间做开放讨论。
- 创造一个友好的环境来减少学员的不安全感。
- 准备的讨论问题帮助引导师成为引导者，而不是专家角色。

2.1.3.3　亚伯拉罕·马斯洛的需求层次模型

亚伯拉罕·马斯洛（1954）以其提出的需求层次模型（见图 2.1.3.3-1）而闻名。动机是学习的关键部分，人才发展专业人士需要理解哪些因素能够引导学员想要学习。马斯洛主张每个人都有各自想要努力满足的复杂需求，而且这些需求会不断变化和发展。个人只有在低层次需求得以满足后，才有可能实现高层次的需求。马斯洛按照从生理到心理的顺序针将这些需求划分出了一个逻辑层次：

- 生理需求包括饮食、性和睡眠。
- 安全需求包括远离恐惧，对于安全、稳定的需求。
- 归属需求是指对于朋友和家庭的需求。
- 尊重需求包括自尊以及被他人高度重视的需求。
- 自我实现需求是指超越自我的需求。

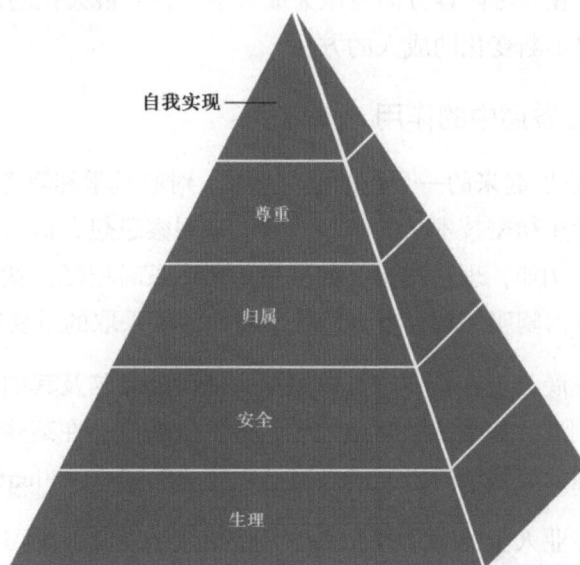

图 2.1.3.3-1 马斯洛的需求层次模型

资料来源：Sharpe, C. 1997。

大多数工作能够满足四个低层次的需求：工资或薪水满足生理需求、安全的工作环境满足安全需求、同事之间的关爱满足归属需求、同事和同侪之间的尊重满足尊重需求。自我实现需求通常与他们获得成长和成就的机会数量与机会类型有关。如果人才发展专业人士能够了解学员，并且营造适当的氛围和安全感，就能够满足成人学员的低层次需求。

2.1.3.4 帕特里夏·克洛斯的成人学习理论

帕特里夏·克洛斯（Patricia Cross）开发了两个概念框架来描述成人学习的各个方面：反应链和成人学员的特征。她的大部分作品综合了关于成人学习、参与和发展阶段的相关研究内容。

2.1.3.4.1 反应链

克洛斯（1981）将反应链描述为成人参与学习的框架，目的在于"识别相关变量并假设其相互关系"。她提出的关系以情境特征（如时间安排、地点、强制与自愿）和个人特征（如智力、生活阶段和词汇）为基础，而这些特征是引起这些准则的原因：

- 参与动机是一个人对积极和消极力量感知的结果。某些个性类型的人不喜欢学习，因为他们具有较低的自尊感。
- 学习活动中的参与度会影响个人对于学习和学习成果的感受。
- 只有先满足较低层次的安全需求，才能满足更高层次的尊重和自我实现需求。
- 期望获得奖励对于动机激发很重要。

2.1.3.4.2　成人学员的特征

克洛斯在她的成人学员的特征（CAL）框架中提到了成人学习与儿童之间的差异，从而有助于开发替代教学策略。通过综合几位成人教育学者的工作成果，CAL框架建议人才发展专业人士应该充分利用学员的经验，并且在学习内容方面应该为成人学员提供最大化的选择。CAL框架还从发展阶段的角度提供了一种探讨不断变化的成人的方法。

2.1.3.5　神经科学在人才发展中的作用

神经科学是近20年来发展起来的一个新的研究领域，对心理学和教育学产生了重要影响。神经科学是一个跨学科领域，运用精密技术（如脑扫描仪）来观察思想、情绪和行为，然后运用生物学来描述大脑内发生了什么。例如，理论指出，如果想要形成长时记忆，就需要在工作记忆和长时记忆之间进行提取和演练，从而阐明了教育者为确保学习而需要采取的重要行动。

随着神经影像技术的发展，现在科学家可以更深入地研究大脑及其如何运作。这些影像提供了关于大脑如何回应不同的刺激，如受威胁时或愉悦时的大脑反应。在某些情况下，神经科学还能够为认知研究和人本主义心理学等领域的研究成果提供支持（Satel和Lilienfield 2013）。

神经科学对人才发展专业人士的一个重要影响是情绪领域及其对学习的影响，如大脑边缘系统和杏仁核对事件的处理和反应方式。例如，一些研究表明，如果某种情况威胁到了一个人的自主意识，就有可能导致大脑将资源从负责决策和认知处理的前额叶皮质重新定向到执行做出战斗或逃跑反应的肾上腺。这就限制了人们处理想法和做出决策的能力，而这对于一个人来说并不是理想的学习状态。这就进一步强化了如卡尔·罗杰斯这样的思想领袖在20世纪50年代提出的建议。那些指出激发神经元有助于增强记忆的研究，与认知学习领域关于提取和演练信息有助于提升记忆保持力的研究相呼应，而后者与思想领袖约翰·斯威勒和安德斯·爱立信的研究相似。

神经科学领域仍处于萌芽阶段，其许多发现仍然需要进一步研究。人才发展专业人士应该使用科学方法来确定神经科学的某些元素是否的确属于认知科学（Shank 2016；Collins 2016）。重要的是，要运用批判性思维，关注可能真正具备深刻意义的新发展，尽管可能并不是每个概念都是新生事物或适用，但如果人才发展专业人士忽视神经科学，就可能导致他们付出沉重的代价。[参见2.1.2.1]

II.　有助于确保学习效果的设计理论和模型

有些理论和模型可以帮助人才发展专业人士设计出有效且高效的学习体验。其中几种最有用的包括本杰明·布鲁姆（Benjamin Bloom）、罗伯特·加涅（Robert Gagné）、罗伯特·梅杰（Robert Mager）、赫尔曼·艾宾浩斯（Hermann Ebbinghaus）和阿尔伯特·班杜拉（Albert Bandura）提出的理论和模型。

2.1.3.6　本杰明·布鲁姆的分类学

1956 年，本杰明·布鲁姆召集了一个教育工作者委员会，该委员会认为学习目标分为三个重要领域，并确定了目标的不同复杂程度。

- 认知领域（也称知识）涉及智力技能的发展。示例包括对于工程设计原则的理解、如何合理布置花园内的植物，或者如何完成某项任务或流程中的一系列步骤。
- 动作技能领域（也称技能）指身体动作、协调以及利用动作技能完成任务。这项技能的示例包括操作某种设备的能力。
- 情感领域（也称态度）指人们对事物的情感反应，如感受、动机和热情。尽管培训师无法改变学员的态度，但是可以影响他们的态度。人才发展专业人士可以通过选择合适的活动来帮助他们。

随着布鲁姆分类学的诞生，缩写词 KSA（知识、技能和态度）开始受到普遍使用。明确学习目标所属的领域有助于人才发展专业人士选择适当的教学方法。例如，如果要教授动作技能，如维修复印机，那么所需的技巧通常与引导一场有关变革管理中的阻力专题工作坊所使用的工具包不同。评估和评价方法也会有所不同。

分类学还将学习分为六个层次的行为：知道、理解、应用、分析、综合和评价。这使得学员和引导师在学习和践行这项技能时能够更加明确。20 世纪 90 年代末，布鲁姆以前的学生洛林·安德森（Lorin Anderson）修改了布鲁姆提出的六个层次，将类别名称从名词改为动词，并颠倒了评价和综合的顺序。她还将"综合"一词改成了"创造"。每个层次的新术语分别是记忆、理解、应用、分析、评价和创造，如图 2.1.3.6-1 所示。

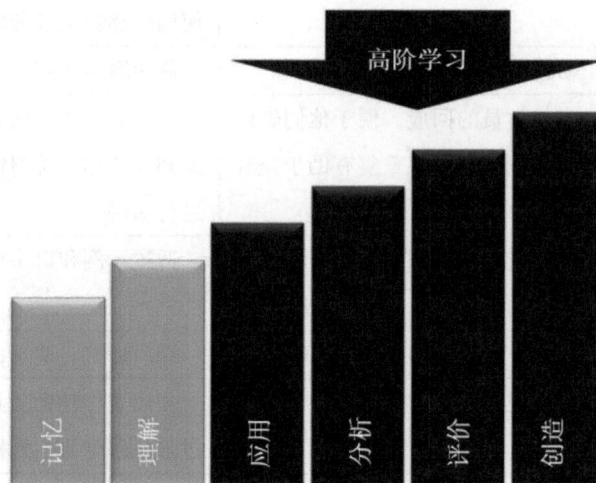

图 2.1.3.6-1　布鲁姆分类学修订版

2.1.3.7　罗伯特·加涅的五种学习类型和九步教学法

20 世纪 80 年代，美国教育心理学家罗伯特·加涅将学习广泛地分为五种类型：

- 智力技能指掌握概念、规则和程序。从某种意义上说，就是知道如何执行任务。

- 认知策略是指学员运用自己的学习策略来获取、记住和应用信息。
- 言语信息是指学员可以阐明或陈述用于理解新信息的信息。
- 动作技能指执行实践任务或遵循流程步骤。
- 态度指影响学员针对某件事所采取的行动的偏见或价值观。

九步教学法是罗伯特·加涅提出的一种课程计划模型（见表 2.1.3.7-1）。课程计划是一系列有助于达成期望目标的连续事件。它很重要，尤其是需要按照内容和质量标准多次实施相同的课程内容且有时候是在不同的地方（Gagné、Briggs 和 Wager 1988）。研究显示，合理的教学顺序有助于学员更好地掌握概念、技能和流程步骤。加涅的九步教学法将理论与实践相结合，适用于大多数的教学设计场景。

表 2.1.3.7-1　加涅的九步教学法

事　件	目　的	示　例
1. 引起注意	为课程奠定基础，确定方向，激励学员	呈现一个好问题或新场景；使用多媒体示例；提问
2. 告知学员学习目标	促使学员构架信息	说明学员能够取得怎样的成果，以及他们将如何运用知识；提供演示
3. 激发对先前知识的回忆	展示先前知识与当前学习之间的关系，为学员提供有助于学习和记忆的框架	提醒学员与当前内容相关的先前知识；征求例子；引导讨论
4. 呈现内容	向学员介绍新内容	使用文本、图形、模拟、数字、图片、工作辅助工具；将信息划分为小块，促进信息提取；使用能够吸引各种学习风格的技巧
5. 提供学习指导	协助长时记忆	使用案例研究、示例、图形、口诀和类比法
6. 引出行为（实践）	激发学员的回应，便于他们确认各自正确的了解；重复有助于提升知识留存	学员运用所学内容进行问题解决的技能训练或知识应用；练习键盘技能；制作模拟产品；进行演讲
7. 提供反馈	解释受训者的回应是否正确；分析学员的行为；尽早纠正问题	通过示例和口头意见提供指导；强化
8. 评估绩效	确定掌握程度和整体进度信息	课后测验；演示；口头评估
9. 促进保留与迁移	确保技能和知识得以运用	使用工作辅助工具；在线支持；帮助台，通过强化理念为主管提供协助

加涅的九步教学法包含对于学员处理信息的方式至关重要的教学设计元素。由于九步教学法是基于实证研究而得出的，因此人才发展专业人士应该利用这九种教学事件来确保学习发生。

2.1.3.8　罗伯特·梅杰的标准参照教学法

罗伯特·梅杰认为使用具体、可衡量的目标不仅能够在课程开发过程中为设计师、在引导过程中为培训师提供指引，还能够在学习过程中为学员提供帮助。这些教学目标，也称行为或绩效目标，是标准参照目标的同义词，这些目标用于衡量学员完成学习后能力是否达到某个具体要求（Mager 1997）。

梅杰的核心理念是应该将学习目标划分为由较小任务或学习目标组成的子集。他也是最先提出在撰写目标时，应该使用具体的动词而不是模糊的语言这一主张的研究者之一。根据他的定义，行为目标应该包含三个组成部分（Mager 1997）：

- 表现，是用动词描述的一种明确的、可观察的行为。
- 条件，描述实施行为时所处的环境，应包括所需的工具或协助。
- 标准，描述应该阐明期望达到的绩效水平，包括认可标准的可接受范围。

对于人才发展专业人士来说，其应用就在于大多数培训和学习解决方案都应该从学习目标开始，并以学习目标结束。他们使用明确的术语来描述学员应该如何执行任务，并提供一个标准来跟踪进度并衡量最终的成功。

2.1.3.9　赫尔曼·艾宾浩斯的遗忘曲线

记忆领域最早出现的思想领袖是德国心理学家赫尔曼·艾宾浩斯。他在 19 世纪进行了一系列实验，表明遗忘或记忆衰退的过程是自然发生的，而且发生的方式是一致的。可以用一张图来说明这种衰退，现在这张图被称为遗忘曲线（Ebbinghaus 1964）。遗忘曲线指出，超过一半的记忆都会在一小时内被遗忘。在最初的一小时以后，衰变的速度就会减慢。

艾宾浩斯认为，包括压力、睡眠和内容难度在内的许多因素都会影响遗忘的程度，可以运用实践技巧来减缓衰退速度。他特别建议使用记忆法和重复法。基于重复过程，他又提出了间隔学习技巧，学员在一段时间内按顺序提取记忆，每次提取之间的时间间隔逐步增加。艾宾浩斯的理论遭到了批评，包括他将自己作为实验对象，但这并不意味着结果是错误的。事实上，最近开展的实验再现了艾宾浩斯最初的研究发现（Murre 和 Dros 2015）。

对于人才发展专业人士来说，其应用就是可以通过每隔一段时间为学员设计回忆机会来减少记忆衰退。这可以是在教室环境内，也可以通过微学习、辅导或如游戏化之类的创新实践，还可以要求主管跟进学员在学习后的表现。

2.1.3.10　阿尔伯特·班杜拉的社会认知理论

阿尔伯特·班杜拉是一位著名的心理学家，他提出了社会认知理论，而这一理论是从社会学习理论演变而来的。最著名的是一系列被称为"波波玩偶的实验"，他通过这些实验研究了攻击性行为，并证明父母作为榜样会影响孩子的行为。班杜拉借鉴了斯金纳的理论，该理论认为有效的学习依赖正向强化（Knowles、Holton 和 Swanson 2015）。

在讨论媒体，如电影和电视在示范行为方面所产生的影响时，班杜拉的理论起到了重要作用。社会认知理论被认为是连接行为主义和认知主义的桥梁，它促使教育工作者将榜样融入教学中，帮助学员学习新的模式或行为（这称为示范效应），或者减少现有的模式或行为（这称为抑制效应）（Bandura 和 Walters 1963）。人才发展专业人士可以将示范作为反思工具，例如，示范一种行为，然后要求学员提供建设性的反馈意见。

对于人才发展专业人士来说，其应用在于能够设计出便于引导师示范理想行为的学习体验。此外，还可以应用于创造某种学习体验，在体验过程中学员可以示范行为或执行任务，同时为其他学员提供观察和模仿的机会。

2.1.4 了解沟通理论和模型及其与学习之间的关系

I. 沟通的概念模型

人才发展专业人士应该是机敏的沟通者，理解沟通理论以及如何利用它们来改善学习机会。

2.1.4.1 香农-韦弗通信模型

数学家克劳德·香农（Claude Shannon）和科学家沃伦·韦弗（Warren Weaver）在1949年提出了第一批通信模型中的一种，并将其用于提高无线电和电缆通信的效率。他们的五阶段传播模型第一个提出噪声或过滤器可能干扰良好沟通，而这正是人才发展专业人士需要考虑的。这五个阶段分别是：

- 信息来源。信息制造者。
- 信息发送者。负责为在机器上传输的信息进行编码的人。
- 噪声源。干扰信息的因素，如静电或环境因素。
- 接收者。对信息进行解码的机器或人。
- 目的地。接收信息的人或地方。［参见 1.1.1.4］

2.1.4.2 戴维·贝罗的来源-信息-渠道-接收者模型

1960年，戴维·贝罗（David Berlo）进一步发展了香农和韦弗的模型，引入了动态机制来考虑沟通中更个人方面的因素。他将其描述为"沟通要素的模型"（Croft 2004）。该模型中每个阶段的个人元素包括：

- 来源。沟通技能、知识、态度、文化和社会体系。
- 信息。取决于元素和结构、内容、处理和编码。
- 渠道。五种感官：视觉、听觉、触觉、嗅觉和味觉。
- 接收者。与来源相同，沟通技能、知识、态度、文化和社会体系（James 2008）。

为了确保有效沟通，人才发展专业人士应强调贝罗模型中对来源和接收者的重视。［参见 1.1.1.4］

2.1.4.3 建构主义模型

建构主义沟通模型指出，沟通不仅是信息的传递，而是一个人们通过借鉴内部范式，增进理解或增长知识的复杂过程。建构主义是由皮亚杰的学生西摩·帕佩特（Seymour Papert）提出的，它关注的是帮助他人建构主义的过程。它认为影响沟通的复杂因素包括社会范式、语言学、修辞学和会话动力学等。

采用建构主义方法的人才发展专业人士应该尝试为学员创造机会，通过打造学员参与的学习环境增加他们的知识。因为他们知道，无论自己的演示多么完美，不同的人都会有不同的解读。人才发展专业人士认为，香农、韦弗和贝罗提出的沟通模型过于简单。这些模型将交流简化为一种非情感过程，未考虑人们用于理解信息的丰富经历。

2.1.4.4　与学习相关的沟通理论

人才发展专业人士应该认识到沟通是学习过程的一个关键部分。可以应用一些理论来理解他们应该如何有效地与组织内部和外部的人士沟通。

- 认知失调，是指某人的态度、信仰或行为处于冲突的情况（McLeod 2018）。大多数人希望这些方面是和谐的，所以当这些冲突发生碰撞时会导致不适。认知失调是由心理学家利昂·费斯廷格（Leon Festinger）在 1957 年提出的，对于学员来说，如果被要求从不同的角度看待事物或从不同的视角探索流程，就可能发生认知失调。

- 说服理论，研究人们如何利用信息影响他人。即将常规信息传达给接收者，当接收者吸收后形成判断或意见时，改变接收者的思维，甚至鼓励他们采取行动。存在大量说服理论，而且大多数都受到罗伯特·西奥迪尼（Robert Cialdini）在 20 世纪 80 年代所做研究的影响。原则包括互惠、一致、社会认同、权威、喜欢和稀缺。［参见 1.1.4.1］

- 理性行为理论，关注如何根据预先存在的态度和意图来预测某人是否会采取行动（Doswel 等人 2011）。其目的是了解听者或学员在信息传递后改变行为的可能性（Colman 2015）。

- 扩散理论，解释了随着时间的推移，新思想或行动是如何被广泛采用的。扩散理论出现于 1943 年，当时布莱斯·瑞安（Bryce Ryan）和尼尔·格罗斯（Neal C. Gross 1950）研究了艾奥瓦州农民需要多长时间才能开始采用杂交种子。这种理论最初运用于创新，有助于理解改变的动力，因为它显示一开始只有很少的人愿意改变。扩散理论提醒人才发展专业人士新的学习结束后，需要一段时间之后学习内容才会在实践中被采用。可以通过钟形图来说明扩散采用的情况，该图指出在采用过程中一共有五个阶段：
  - 革新者（2.5%）。
  - 早期应用者（13.5%）。
  - 早期大多数（34%）。
  - 后期大多数（34%）。
  - 滞后者（16%，Kaminski 2011）。

- 机器学习，是计算机科学的一个领域，与人工智能密切相关。计算机对某人或某一信息主题的知识模型通过新数据的输入而不断扩展。组织通过决策树、决策规则和人工神经网络等算法促进这一过程。在线学习的好处包括对内容进行个性化设计，并为学员提供预测相关学习资料的菜单；自动完成费时任务，如根据学员的喜好安排和交付内容；提供一些个性化反馈（Lynch 2019）。

- 渐进理论，这是一个人们如何看待自身智力的理论，由斯坦福大学心理学教授卡罗尔·德韦克提出。个人看待自身智力的方式会影响他们应对各种困难学习任务的方式。如果个人认为智力是不变且稳定的，那么当面对超出自身控制能力或认为存在过度挑战的情况时，就容易产生无助感，这就是著名的整体理论。智力渐进观点认为智力可以随着学习，并通过运用策略而不断增长。对于自身智力持渐进观点的学员采用求精取向的思维模式，成功的可能性更高（David 2014）。

2.1.4.5 理查德·梅耶的多媒体理论

人才发展专业人士出于各种目的来创建和策展数字内容，包括教室学习、微学习和分布式学习。他们可以单独使用数字文本、图形、音频和视频，也可以将这些内容组合起来。应该采用有助于知识迁移的方式来组织和制作内容。

理查德·梅耶（Richard Mayer）的多媒体认知理论是基于认知研究提出的关于如何实施有效多媒体学习活动的一系列关键原则。该理论借鉴了约翰·斯威勒（John Sweller）的认知负荷理论和艾伦·佩沃（Allan Paivo）的双重编码理论，后者认为视觉和言语沟通是工作记忆中两个截然不同的系统。在他们所著的《电子学习与教学科学》（*eLearning and the Science of Instruction*）一书中，梅耶和露丝·克拉克（Ruth Clark 2016）提出了有效运用多媒体的关键原则：

- 多媒体原则，使用文字和图形相结合，而不是单独使用文字。
- 接近原则，将文字与相应的图形对应起来。
- 形式原则，以音频陈述而不是屏幕文字的形式来呈现文字。
- 冗余原则，用音频或文字来解释视觉内容，避免同时使用两种形式。
- 一致性原则，避免增加可能影响学习的额外材料。
- 个性化与具象化原则，使用会话风格、礼貌用语、人声和虚拟教练。
- 分块和训前准备原则,通过将一节课划分为多个部分来管理复杂课程。[参见 2.1.2.3 和 2.1.5.1]

即使能够运用这些关键原则，对学习课程的可用性进行测试仍然至关重要。根据互动设计基金会（Interaction Design Foundation）的观点，可用性是指产品或网站的易用性，是整体用户体验的一部分（Soegaard 2019）。以电子学习课程为例，如何在学习管理系统（LMS）架构下找到合适的课程，或者如何在某人的工作中运用这一课程,这些问题与内容的呈现同样重要（Norman 和 Nielsen 2019）。

2.1.5 将认知科学和成人学习理论应用在有助于最大限度提升学习或行为成果的设计方案中的技能

I. 认知科学在成人学习中的应用

人才发展专业人士应该擅长应用认知科学，从而更好地了解人们是如何学习的。认知科学提供关于如何创建便于快速理解的内容，如何帮助学员通过激活现有记忆来理解新的内容，以及如何通过刻意练习确保学员记住所学内容的相关指引。

2.1.5.1 使用认知科学来设计教学内容

人才发展专业人士可以将认知学习原则用于教学设计。例如:

- 认知负荷,将内容划分为小块,避免工作记忆超负荷。描述时同时使用视觉和言语(双重编码理论)。提供有效的例子帮助学员理解新的学习内容。[参见 2.1.2.4]

- 处理信息,为学员提供激活自己现有的记忆,从而理解新信息的机会,给他们时间反思、讨论并处理记忆。

- 留存,在学习中融入定期提取现有记忆的机会,包括间隔学习、交错和加工等技巧。

- 元认知,与学员讨论学习过程以及将用于支持学习的策略。

2.1.5.2 社会化学习理论

社会化学习是不断向他人学习的过程。这一定义因其在职场的应用而被进一步确立。人才发展专业人士在决定如何使用认知科学来培养人才,尤其是涉及员工承担个人学习责任时,应该考虑社会化学习的价值。[参见 1.7]

阿尔伯特·班杜拉提出的社会化学习理论有时被认为是行为主义和认知主义的补充。该理论展示了引导师和其他人的示范作用,如何帮助学员成功采用新行为或替代现有行为(Bandura 和 Walters 1963)。

对于人才发展专业人士来说,其应用在于能够设计出便于他们在学习过程中和工作场所中示范理想行为的体验。如果目的在于鼓励学习规则的建立,那么社会化学习将增强组织文化并促进协作。人们需要相信自己是群体一部分,需要在学习任务中支持他人,或获得他们的支持。组织可以通过视频、电脑、网络摄像头和智能手机为虚拟团队员工或在其他地方的员工提供社会化学习支持。当人才发展专业人士考虑有助于强化学习的机会时,他们应该确定这些机会是否适合员工的日常工作和生活,以及如何将学习带到工作中。[参见 2.1.3.10]

2.1.5.3 生理需求

通常很容易把学习看成只是通过新的视觉和听觉刺激来激活长时记忆,然后在工作记忆中对这些记忆进行处理,以形成新的或更完善的认知基模。但学习也是一个发生在神经元突触的生理过程,而大脑细胞的交流活动也正是在突触区域完成的,并且可以通过大脑造影来观察(加州大学欧文分校,2008)。因此,大脑会受到睡眠、情绪、压力和饮食等因素的影响。

- 睡眠会显著影响学习能力。缺乏深度睡眠会影响人的学习和表现能力,如导致记忆形成不良、情绪消极、信息提取能力差、缺乏判断能力和感知能力差(睡眠医学科 2007)。深度睡眠中断也会抑制神经可塑性(Sandoiu 2017)。相反,优质睡眠能够在学习体验结束后更好地巩固记忆,获得更好的情绪,并从整体上提高学习能力。

- 学员的情绪会影响学习,特别是注意力水平和动机(加州大学欧文分校 2007)。情绪一直被描述为"感官输入和思维之间的中继站"(Lawson 2002)。焦虑、愤怒和沮丧情绪会影响学员把注意力集中在认知处理上的能力。

- 实践也证明消极压力会抑制学习能力。然而，并不是所有压力都是不好的，适度的情绪激发可以促进记忆的形成。只有当压力水平过高时，学习能力才会遭到抑制（Lindau、Almkvist 和 Mohammed 2016；Diamond 等人 2007）。[参见 2.1.5.8]

- 研究表明饮食也会影响学习过程。尽管对于哪些食物有助于促进大脑功能有着各种不同的观点，但是大家对酒精影响大脑的观点基本上是一致的。饮酒会导致短时记忆丧失，有时会丧失对身体功能的控制（国家卫生研究院 2004）。

总体来说，有效的学习不仅是设计优秀的课程计划，也不仅是引导参与式的学习体验。学习是否成功还取决于学员的生理因素，这些因素会影响多个方面（如处理、记忆巩固和动机等）。

II. 学习和行为成果最大化

人才发展专业人士应该确定他们可以做些什么来最大化学习成果。无论是关于如何增强记忆、了解激励学员的因素，还是决定适当的压力水平在学习中所起的作用，他们都有更好的能力来获得自己想要的成果。

2.1.5.4 双重编码理论

艾伦·佩沃的双重编码理论指出，听觉和视觉处理是工作记忆中两个截然不同的系统。编码是将信息输入记忆的过程，是记忆过程的第一阶段。当信息作为刺激到达感官后，大脑通过编码改变信息，使得信息可以进入记忆。编码通过自动（无意识的）和特定的有意识加工（当观察者或听者有意识地试图记住信息时）两种形式完成。当信息进入感官记忆时，它会变成一种可以储存的形式。它可以作为视觉、声音或意义进行编码或更改。[参见 2.1.5.1]

2.1.5.5 信息存储和提取、记忆和认知负荷

如果人才发展专业人士能够理解记忆过程，就更有可能有效应用认知科学和成人学习原理。记忆是用于获取、保留和提取信息的过程。记忆使用编码、存储和提取三个领域：

- 编码，是创建新记忆的第一步，先将信息转换为相关概念，存储在大脑中以供后续提取。

- 存储，是指大脑将新信息存入记忆的方法。

- 提取，有时候也称回忆，是指大脑如何访问已编码和存储的信息的方式。[参见 2.1.2.2、2.1.2.3、2.1.3.5 和 2.1.3.9]

2.1.5.6 动机

一个人的学习动机会对学习体验是否成功有重大影响。人才发展专业人士应该掌握关于动机以及动机对于个人影响的理论。一些专家创立了动机理论，包括与学习最密切相关的理论，如马斯洛、克洛斯、诺尔斯和德韦克。其中很多理论提出了相似的动机因素，并互相影响。

成人的学习动机受各种因素的影响，包括但不限于他们以往的经历、他们的熟人、他们所处的人生阶段、他们所处的环境，或他们生活和工作所处的文化背景。这些因素共同形成了学习的理由，如个人发展、增加就业机会、更好地完成工作、满足求知欲、获得认可，或者仅仅是学习或建立社

会关系的愿望（Merriam、Cafferalla 和 Baumgartner 2007；Solomon 2004）。原因可以是内在激励，也可以是外在激励。

人才发展专业人士应该认识到需要平衡内在和外在动机：

- 外在动机促使学员参与活动或改变行为，因为它是由外部因素驱动的。他们可能想学习从而为升职做准备，避免绩效不佳，或获得加薪。
- 内在动机促使学员投入于某种行为，因为它是由内部因素驱动的。他们可能想学习探索一项挑战，掌控自己或自己所处的环境，获得成就感，或者仅仅是为了享受学习新事物的乐趣。

人类是多面体，每个人都是独一无二的，因此，动机科学既不简单，也不直截了当。例如，可使用外在动机来鼓励个人学习新技能；一旦内化并开始实践技能，学员就可能出于内在动机而持续使用这些技能。如果内心已经认为做某件事能够给自己带来好处，此时如果再给予外部激励，就会导致内心对于参与这项活动的动机减少。这称为过度理由效应（Griggs 2016）。

每个人都是独一无二的，因此外在动机和内在动机都很重要。诺尔斯（Knowles）的假设主要集中在自我指导、学习意愿和即学即用的内部或内在动机上。他们没有过分考虑外部的社会、家庭和文化动机，这些动机会令情况更加复杂，而且对于学员至关重要。[参见 2.1.3.1 和 2.1.3.4]

人才发展专业人士可能觉得为每位学员提供激励是一项非常具有挑战性的任务，因为每个人的动机都各不相同，而且对于怎样才有足够的动机去学习、改变行为或继续实践一种新行为有不同的观点。此外，环境或个人需求变化也会促使个人改变自己关于怎样才有动机去学习的看法。解决这种情况的一种方法是平衡内在和外在动机因素。人才发展专业人士可以借鉴激励成人学习的基本原则。

- 包容和尊重。人才发展专业人士应该努力营造一种互相尊重和连接的氛围，以确保人们相信他们是一个环境的一部分，在这个环境中，他们可以表达自己，而不必担心受到羞辱。这就要求在所有人才发展互动中开展有意义的对话，并维持良好的学员-引导师关系。
- 态度和自信。人才发展专业人士应该鼓励个人树立积极的态度并建立自信。他们可以让互动与学员切身相关、提供选择并确保他们拥有成长思维，以此帮助学员了解发展和学习的价值。
- 自主性和意愿。人才发展专业人士应该确保个人感觉事情处于自己的掌控之中，并鼓励他们从个人和职业角度发展自己的愿望。创造一个参与的环境，确保学员理解讨论与自身的相关性，以及所有学习活动都将与他们自己的个人目的相联系。
- 胜任力和经验。成人有一种内在的欲望，希望自己是有能力的。人才发展专业人士应该为个人创造展示自己胜任力和培养新技能的机会，同时向他们提供反馈和奖赏（Maslow 1954；Cross 1981；Knowles、Holton 和 Swanson 2015；Dweck 2006）。

2.1.5.7 引入适度压力（耶基斯与多德森法则）

人才发展专业人士可以通过向学习体验中引入适度压力来帮助学员提高自己的绩效。由罗伯特·耶基斯（Robert M. Yerkes）和约翰·多德森（John D. Dodson）于 20 世纪初共同提出的耶基斯与多德森法则表明，有限的压力（或唤醒）会提升绩效，但一旦超过某一点，绩效就会下降（Yerkes

和 Dodson 1908；见图 2.1.5.7-1）。压力与绩效之间存在一种"倒 U 曲线"关系。

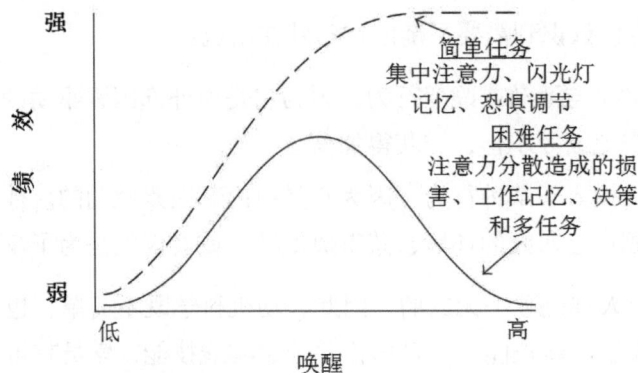

图 2.1.5.7-1　耶基斯与多德森法则

资料来源：Diamond 等人，2007。

随后的研究表明，不同任务有不同的适当压力水平（Diamond 等人 2007）。神经科学的进一步研究证实，过多压力（释放出如皮质醇或糖皮质激素等压力荷尔蒙）会抑制长时记忆和学习的产生，导致进入战斗或逃跑模式，从而降低可发生高水平学习的皮层区域的活动量。

刺激学员学习需要适度的压力（以皮质醇水平衡量）。压力低就意味着绩效低。适度的皮质醇水平（适度的压力）有利于学习。轻度和极度压力对学习是不利的。影响压力的因素包括技能、个性、特质焦虑和任务复杂性。［参见 2.1.5.4］

2.1.5.8　通过心理练习和演练提高留存

学习体验的一个关键目标是保持知识，只有通过练习或演练才能达成这一目标，这两个相似的概念之间只存在细微的差别：

- 练习，是针对一项技能或任务从认知或身体上进行排练，包括所需的任何言语或身体运动。
- 演练，是指想象完成一项技能或任务。有时也称可视化，演练在脑海中完成，而不是真实的身体或口头练习。

练习对于发展专长至关重要，这可能需要数千小时，它涉及从长时记忆中提取信息并在学员的工作记忆（学员在这里组织信息）中进行处理，然后再将其传回长时记忆的过程（Ericsson、Krampe 和 Tesch-Rómer 1993）。此外，学员练习的方式也很重要。爱立信指出，包括如加工、交错和间隔学习在内的刻意练习是最有效的方式。［参见 2.1.2.3］

2.1.5.9　通过问题提升留存

问题是提升学习记忆力的强大工具。因此，它们构成了不同哲学学习方法的重要组成部分，如苏格拉底式问题技巧、保罗·弗莱雷倡导的对话式学习和罗杰斯提出的人文主义心理学。尤其是具备下列特征的问题：

- 能够促使学员借鉴现有的记忆来理解新的信息，并处理所学到的内容。这是罗伯特·加涅的九步教学法中的第三步，也是马尔科姆·诺尔斯关于成人学习原则中经验运用的关键部分。从认知角度来看，它借鉴了学员通过提取长时记忆中的信息来理解新信息的主张。

- 通过提取过程提升留存。问题可以在整个学习过程中间隔或交错出现，以帮助学员加强记忆。

- 通过表明学员的想法和意见很重要让学员有荣誉感，进而提升学习体验。这借鉴了卡尔·罗杰斯的无条件积极关注原则和在安全环境中学习效果最好的原则。

- 通过对话创造动力。如果得到了妥善的引导，那么群体中的所有成员都会参与进来，引导师可以慢慢地退出并利用群体的能量来维持学习对话。[参见 1.1.6.3]

为了有效地开展工作，人才发展专业人士应该精心设计他们提问、回应学员答复和学员提问的方式。优秀的问题通常都经过字斟句酌，例如，它们到底是开放式问题还是封闭式问题，以及问题的结构和语言。非言语沟通也会影响问题的效果。

2.1.5.10 元认知

人才发展专业人士可以通过帮助人们理解自己的学习方式，并解释在实体或虚拟教室或在线课程中进行的活动和讨论将如何支持学习，从而提高学习效率。个人对自身学习方式的理解称为元认知，字面意思是对认知的认知。

20 世纪 70 年代初，教育心理学家约翰·弗拉维尔（John Flavell）开始提倡元认知，元认知由认知知识和认知调节两个要素构成（Mahdavi 2014）。

- 知识，包括陈述性知识（关于某事的知识）、程序性知识（关于如何做某事的知识）和条件性知识（关于何时应用认知策略）。

- 调节，指学员为了管理自身的学习而采取的行动。它包括三个基本组成部分：计划、监督和评估（Schraw 1998）。计划包括制定学习策略，如目标设定、反思和时间管理。监督包括学员对策略进行检核，确保其能够达成目标。评估是对学习的每个阶段进行衡量，如果进度不令人满意，则可以提醒学员重新回到计划阶段。

元认知的一个关键部分是对个人能力的自我觉察，这通常很难做到，特别是胜任力水平较低的人群。1999 年，心理学家戴维·邓宁（David Dunning）和贾斯汀·克鲁格（Justin Kruger）发现，胜任力水平较低的人往往会高估自己的胜任力水平，这反过来又会令他们过度自信。

让学员理解元认知和支持元认知的策略会对他们自己有用。同时，人才发展专业人士还应该是专业学员，运用元认知随时了解如何帮助人们表现更好的最新信息。[参见 1.7]

参考文献

Atkinson, R.C., and R.M. Shiffrin. 1968. "Human Memory: A Proposed System and Its Control Processes." In *The Psychology of Learning and Motivation*, vol. 2, edited by K.W. Spence and J.T. Spence, 89-195. New York: Academic Press.

AAS (Australian Academy of Science). 2017. "What Is Science?" Australian Academy of Science, November 14.

Bandura, A., and R. Walters. 1963. *Social Learning and Personality Development*. New York: Holt, Rinehart and Winston.

Biech, E. 2017. *The Art and Science of Training*. Alexandria, VA: ATD Press.

Brown, P.C., H.L. Roediger, and M.A. McDaniel. 2014. *Make it Stick: The Science of Successful Learning*. Boston: Belknap Press.

Cialdini, R. 2006. *Influence: The Psychology of Persuasion*, 2nd ed. New York: Harper Business.

Clark, R. 1999. "The Cognitive Sciences and Human Performance Technology." In *Handbook of Human Performance Technology*, 2nd ed., edited by H.D. Stolovitch and E. Keeps. Silver Spring, MD: ISPI.

Clark, R. 2015. *Evidence-Based Training Methods*, 2nd ed. Alexandria, VA: ATD Press.

Clark, R., and R. Mayer, 2016. *eLearning and the Science of Instruction*, 4th ed. Hoboken, NJ: John Wiley & Sons.

Cook, D.A., and A.R. Artino. 2016. "Motivation to Learn: An Overview of Contemporary Theories." *Medical Education* 50(10): 997-1014.

Colman, A. 2015. "Theory of Reasoned Action." In *A Dictionary of Psychology*. New York: Oxford University Press.

Cowan, N. 2010. "The Magical Mystery Four: How is Working Memory Capacity Limited, and Why?" *Current Directions in Psychological Science* 19(1):51-57.

Croft, R.S. 2004. "Communication Theory." https://cs.eou.edu/rcroft/MM350/CommunicationModels.pdf.

Cross, P. 1981. *Adults as Learners: Increasing Participation and Facilitating Learning*. San Francisco: Jossey-Bass.

David, L. 2014. "Self-Theories (Dweck)." *Learning Theories*, July 22.

Diamond, D.M., A.M. Campbell, C.R. Park, J.D. Halonen, and P.R. Zoladz. 2007. "The Temporal Dynamics Model of Emotional Memory Processing: A Synthesis on the Neurobiological Basis of Stress-Induced Amnesia, Flashbulb and Traumatic Memories, and the Yerkes-Dodson Law." *Neural Plasticity*, February.

Division of Sleep Medicine, Harvard Medical School. 2007. "Sleep, Learning, and Memory." Healthy Sleep, December 18.

Doswell, W.M., B.J. Braxter, E. Cha, and K.H. Kim. 2011. "Testing the Theory of Reasoned Action in Explaining Sexual Behavior Among African American Young Teen Girls." *Journal of Pediatric Nursing* 26(6): 45-54.

Dweck, C. 2006. *Mindset: The New Psychology of Success*. New York: Ballantine Books.

Ebbinghaus, H. 1964. *Memory: A Contribution to Experimental Psychology*. New York: Dover. Originally published in 1885.

Ericsson, K.A., and W. Kintsch. 1995. "Long-Term Working Memory." *Psychological Review* 102(2): 211-245.

Ericsson, K.A., R.T. Krampe, and C. Tesch-Römer. 1993. "The Role of Deliberate Practice in the Acquisition of Expert Performance." *Psychological Review* 100(3): 363-406.

Festinger L. 1962. *A Theory of Cognitive Dissonance*. Stanford, CA: Stanford University Press.

Fiore, S.M., and E. Sales. 2007. *Towards a Science of Distributed Learning*. Washington, D.C.: American Psychological Association.

Fryer, B. 2006. "Sleep Deficit: The Performance Killer." *Harvard Business Review*, October. Gagné, R.M., L. Briggs, and W. Wager. 1988. *Principles of Instruction Design*, 3rd ed. New York: Holt, Rinehart, and Winston.

Griggs, R. 2016. *Psychology: A Concise Introduction*, 5th ed. New York: Worth Publishers.

Greer, W. 2013. "Intrinsic and Extrinsic Motivation: Abraham Lincoln as an Adult Learner." Master's thesis from Western Kentucky University.

Halls, J. 2014. "Memory and Cognition in Learning." *Infoline*. Alexandria, VA: ASTD Press.

Halls, J. 2016. *Rapid Media Development for Trainers*. Alexandria, VA: ATD Press.

Halls, J. 2019. *Confessions of a Corporate Trainer: An Insider Tells All*. Alexandria, VA: ATD Press.

Huggett, C. 2013. *The Virtual Training Guidebook: How to Design, Deliver, and Implement Live Online Learning*. Alexandria, VA: ASTD Press.

James, R. 2008. "The Berlo Model of Communication: AKA Berlo's S-M-C-R Model." *Visual Language*, Fall.

Kaminski, J. 2011. "Diffusion of Innovation Theory." *Canadian Journal of Nursing Informatics* 6(2).

Knowles, M.S., III, E. Holton, and R. Swanson. 2015. *The Adult Learner: The Definitive Classic in Adult Education and Human Resource Development*, 8th ed. Burlington, MA: Elsevier/Butterworth-Heinemann.

Kruger, J., and D. Dunning. 1999. "Unskilled and Unaware of It: How Difficulties in Recognizing One's Own Incompetence Lead to Inflated Self-Assessments." *Journal of Personality and Social Psychology* 77(6): 1121-1134.

Lawson, C. 2002. "The Connections Between Emotions and Learning." The Center for Development and Learning, January 1.

Lindau, M., O. Almkvist, and A.H. Mohammed. 2016. "Effects of Stress on Learning and Memory." Chapter 18 in *Stress: Concepts, Cognition, Emotion, and Behavior*, edited by G. Fink. Handbookof Stress Series, vol 1. Cambridge, MA: Academic Press.

Lynch, M. 2019. "4 Ways Machine Learning Can Improve Online Learning." The Tech Edvocate, April 23.

Macnamara, B.N., and M. Maitra. 2019. "The Role of Deliberate Practice in Expert Performance: Revisiting Ericsson, Krampe & Tesch-Römer (1993)." Royal Society Publishing, August 21.

Mager, R.F. 1997. *Preparing Instructional Objectives*. Atlanta: Center for Effective Performance.

Mahdavi, M. 2014. "An Overview: Metacognition in Education." *International Journal of Multidisciplinary and Current Research*, May 20.

Maslow, A. 1954. *Motivation and Personality*. New York: Harper.

Malamed, C. 2017. "Graphics and Learning." Chapter 18 in *Rapid Media Development for Trainers* byJ. Halls. Alexandria, VA: ATD Press.

McLeod, S. 2018. "Cognitive dissonance." *Simply Psychology*, February 5. Medina, J. 2008. Brain Rules. Seattle: Pear Press.

Merriam, S., R. Caffarella, and L. Baumgartner. 2007. *Learning in Adulthood: A Comprehensive Guide*, 3rd ed. San Francisco: Jossey-Bass.

Murre, J.M.J., and J. Dros. 2015. "Replication and Analysis of Ebbinghaus' Forgetting Curve." PLoS One10(7): e0120644.

NIH. 2004. "Alcohol's Damaging Effects on the Brain." *Alcohol Alert*, October. Norman, D., and J. Nielsen. 2019. "The Definition of User Experience." Nielsen Norman Group, October24.

Norris, D. 2017. "Short-Term Memory and Long-Term Memory Are Still Different." *Psychological Bulletin* 143(9): 992-1009.

Rogers, C. 1951. *Client-Centered Therapy Its Current Practice, Implications, and Theory*. London:

Constable.

Ryan, B., and N. Gross. 1950. "Acceptance and Diffusion of Hybrid Corn Seed in Two Iowa Communities." *Iowa State College of Agriculture and Mechanic Arts Research Bulletin* 29(372). Sandoiu, A. 2017. How Does Poor Sleep Affect Our Ability to Learn? Study Investigates." *Medical News Today*, May 23.

Satel, S., and S. Lilienfield. 2013. *Brainwashed: The Seductive Appeal of Mindless Neuroscience*. New York: Basic Books.

Schraw, G. 1998. "Promoting General Metacognitive Awareness." *Instructional Science* 26:113-125.

Shank, P. 2016 "What Do You Know: About Brain Science and Adult Learning" *ATD Insights*, April 14.

Sharpe, C. 1997. "Course Design and Development." *Infoline*. No. 258905. Alexandria, VA: ASTD Press.

Sink, D.L. 2014. "Design Models and Learning Theories for Adults." Chapter 11 in *ASTD Handbook: The Definitive Reference for Training and Development*, 2nd ed., edited by E. Biech. Alexandria, VA: ASTD Press.

Soegaard, M. 2019 "Usability: A Part of User Experience." Interaction Design Foundation, December 12.

Solomon, C. 2004. "Culture Audits: Supporting Organizational Success." *Infoline*. Alexandria, VA: ASTD Press.

Sweller, J., J.J.G. van Merriënboer, and F.G.W.C. Paas. 1998. "Cognitive Architecture and Instructional Design." *Educational Psychology Review* 10(3): 251-296.

University of California - Irvine. 2008. "Short-Term Stress Can Affect Learning and Memory." *Science Daily, March 13*.

Washington & Lee University. 2013. "Formal Sciences." The Sciences at W&L, November 9.

Yerkes, R., and J. Dodson. 1908. "The Relation of Strength of Stimulus to Rapidity of Habit-Formation." *Journal of Comparative Neurology and Psychology* 18:459-482.

推荐阅读

Biech, E. 2017. *The Art and Science of Training*. Alexandria, VA: ATD Press.

Brown, P.C., H.L. Roediger, and M.A. McDaniel 2014. *Make it Stick: The Science of Successful Learning*. Boston: Belknap Harvard.

Quinn, C. 2018. *Millennials, Goldfish & Other Training Misconceptions: Debunking Learning Myths and Superstitions*. Alexandria, VA: ATD Press.

Shank, P. 2018. *Manage Memory for Deeper Learning: 21 Evidence-Based and Easy-to-Apply Tactics That Support Memory While Learning and Beyond*. Learning Peaks.

2.2　教学设计

教学设计是有效学习的基本要素。创造学习体验和学习材料能促进知识技能的吸收与应用。人才发展专业人士遵循系统的方法来评估需求、设计流程、开发教材并评估效果。教学设计要求分析并选择最合适的策略、方法论和技术来最大限度地提升学习体验和知识转化。

设计基本原理

2.2.1　了解教学设计模型和流程

I.　学习设计基础知识

具备扎实学习理论基础的人才发展专业人士的设计通常更有效，因为他们了解成人如何学习最有效。他们能够识别学员的特点，选择合适的教学方法，设计出能够满足成人学习需求和实现组织目标的有效学习解决方案。

2.2.1.1　成人学习理论在课程设计中扮演的角色

人才发展专业人士在设计学习解决方案时，可借鉴各种不同的理论。这些理论解释了为何有些培训技巧更有效。尽管人才发展专业人士会参考这类以最先提出者名字命名的理论，如"马斯洛需求层次理论"，但是理解每种理论与成人学习之间的关系，以及如何将理论融入设计中更为重要。

通过掌握成人学习理论知识，人才发展专业人士能够：

- 有效运用适当的学习策略、战术、体验，创造能够支持学员需求的学习环境。
- 将教学材料的设计关联到成人学习的不同方法。
- 评估设计，以确保能够满足学员的需求。
- 阐述并理解学习理论如何影响知识获取、留存和信息应用，并与利益相关者分享。

2.2.1.2　学习理论

学习理论是认知科学的一部分，试图阐述人们在学习方面的各类问题。罗伯特·加涅（1997）这样描述学习理论："试图提供一种概念性的结构，这种结构包括获取信息、加工信息，将其存储在长时记忆中，并在之后作为可观察的人员表现被提取。这个流程或整套流程构成了我所说的学习理论的基础。"

学习理论解释了知识是如何存储在大脑内并进行提取的——学员如何通过思考、体验和感觉来获取知识，处理信息，并记住信息。学习理论还探讨输入、短时记忆、长时记忆之间如何互动。三种经典的学习理论分别是行为主义、认知主义和建构主义。[参见 2.1.1]

2.2.1.3　基于马尔科姆·诺尔斯的成人学习理论开展的设计

人才发展专业人士应该掌握关于成人教育学的实用知识，这是最早出现并被引用最多的学习理论之一。马尔科姆·诺尔斯将成人教育学作为区分成人学习与儿童学习的手段加以推广，这是一种帮助成人学习的科学（Knowles 1984；Knowles、Holton 和 Swanson 2005）。[参见 2.1.3.1]

2.2.1.4　全脑思维模型

学习是用大脑的两侧进行的。尽管大脑两半球会通过不同的方式处理信息，但是它们之间是互为补充的关系。例如，当解决问题时，左脑分析问题，右脑制定解决方案。为了做出决定，左脑会将各种解决方案与最初的问题进行对比，而右脑则对照情况对解决方案进行评估。只有将两者相结合才能真正发挥大脑的作用；如果左右脑同时运转，就会形成长期学习。

赫曼（W. E. "Ned" Herrmann）率先针对个人的思维偏好或大脑优势对工作、学习和交流方式产生的影响展开了研究。他创造了一种四象限模型，其中每个象限描述一种信息处理类型。人才发展专业人士可以根据这四个象限设计出全脑学习体验，以此来应用这一概念：通过设计，学员能够对即将传授的内容做出规划，从不同的象限角度制定回顾概念，并确保安排时间来练习和巩固所学的内容（Herrmann 和 Herrmann 2015）。

2.2.1.5　多元智力

哈佛大学心理学家、教授霍华德·加德纳（Howard Gardner）曾经对从 20 世纪 80 年代初就提出的关于智力的基本观念提出挑战。加德纳（2011）提出智力是多方面的，传统的衡量方法，如智商测试无法准确地衡量智力的每个方面。他还认为智力的范围是不断变化的。在《智能的结构》一书中，加德纳描述了八种智力，表示这份清单的内容会不断扩大。这八种智力分别是音乐、逻辑/数学、人际交往、身体/动觉、语言、内省、空间和自然。加德纳认为大多数人都能够轻松拥有其中三到四种智力，并尝试规避其他方面的能力要求。由于人才发展专业人士很难为每位学员的特定智力类型来设计课程，因此加德纳建议采用多元化教学或以多种方式教授最重要的材料。

II.　教学系统设计模型和流程

人才发展专业人士应该掌握关于教学系统设计（ISD）模型的实用知识，为学习设计提供结构和意义。他们将能够看到需求、内容、材料和应用之间的相互联系，将设计分解为多个独立且有逻辑的步骤，并且能够创建一个整体设计。

2.2.1.6　ISD 模型的用途

人才发展专业人士创建一节课或一项课程的流程包括输入（如内容和资源）、ISD 流程和输出（如课程和教材）。这些元素相结合形成教学系统。无论是线下讲课还是在线学习，任何课程的基本设计原理都相同——模型对于教学设计至关重要。

2.2.1.7 ISD 模型

ISD 是一种用于开发教学或学习体验的系统方法，也可称为教学开发、课程开发、培训教学系统、学习体验设计或其他术语。很多系统方法在范围方面的差异都不会非常显著，这些差异通常与术语和流程相关。ISD 的基本理念是如果培训能够明确阐述培训结束后学员必须达成的目标，以及将如何评估他们的绩效，那么这样的学习最有效。设计学习体验的目的在于通过实践练习或以绩效为基础的教学，教会学员某些技能。

教学系统的优点众多，其中最重要的是利用教学系统快速、有效、高效地完成项目设计。ISD 之所以效果卓著，是因为它能够提供可观察、可衡量、可复制利用的设计元素，包括分析方法、目标、评估方案和设计计划。尽管 ISD 是一个系统，但并非一成不变、缺乏灵活性。事实上，人才发展专业人士在 ISD 方面的经验越丰富，就越能够意识到大量根据自身需求来量身定制系统的机会。下面介绍了部分著名的 ISD 模型：

- ADDIE。ADDIE 是一款经典的 ISD 模型，或该模型的变体，无论采用哪种模型，都能够提供设计课程所需的必要架构。ADDIE 模型以 ISD 为基础，并且基于该系统的五个元素命名：分析、设计、开发、实施和评估。这些步骤几乎是大多数学习方案设计的基础。

- 希尔斯和格拉斯哥。芭芭拉·希尔斯（Barbara Seels）和丽塔·格拉斯哥（Rita Glasgow 1998）提出的模型以设计在项目管理环境下进行这一假设为基础。该模型是一个迭代设计流程，整个流程中不断进行反馈和互动。设计团队成员制定和修改项目管理计划——根据需要建立角色、任务、时间表、预算、检查点和监督程序。团队成员在项目管理计划的参数范围内执行各个步骤，项目管理计划分为三个阶段：需求分析管理、教学设计管理、实施和评估管理。

- 迪克和凯瑞。迪克和凯瑞 ISD 模型由华尔特·迪克（Walter Dick）和詹姆斯·凯瑞（James Carey）提出，该模型描述了整个设计流程，从需求分析、目标确定到目标编写和教学评估。他们将任务分析步骤的范围扩大至包含教学分析，以及学员和环境分析（Dick、Carey 和 Carey 2014）。因此，该模型的分析阶段关注"应该发生什么"的细节。

- 史密斯和雷根。史密斯和雷根 ISD 模型（2005）提出了一种包含三个阶段的流程：分析、策略制定和评估。帕特里夏·史密斯（Patricia Smith）和蒂尔曼·雷根（Tillman Ragan）认为大多数教学设计模型都包含这三个阶段。他们提醒道，尽管人才发展专业人士通常按照顺序执行各个阶段，但是可能一些情况致使设计师修改顺序或同时完成各个阶段，以此来指出其模型的合理性。这一模型与其他模型的不同之处在于，测试项目包含在分析阶段内，在任务分析完成后执行。史密斯和雷根还强调设计的迭代性，从而需要不断对设计进行修改。

- 迭代模型（SAM）。基于这种迭代、渐进的开发过程，组织可以通过利益相关者之间的协作来推动需求和学习解决方案的不断进化。SAM 重复各个步骤（迭代），基于每个里程碑不断接近最佳产品，从而在真实的项目限制条件下创建学习活动。SAM 提倡适应性计划、演进式开发以及快速灵活地应对变化。

- 敏捷。源于软件开发，敏捷是跨职能团队之间的协作方法。作为一种迭代、渐进式设计指导方法，该模型关注实现客户价值的最大化。敏捷模型的灵活性和互动性都非常高，通过使人才发展专业人士能够与利益相关者分享初步内容，对部分解决方案进行试点测试，并在整个过程的各个阶段收集反馈，来推动解决方案的不断发展。在某些情况下，数字化学习要求必须使用敏捷模型。

2.2.1.8 加速学习

基于认知科学，加速学习通常被认为一个课程交付方面的主题，但是为了使其有效果，人才发展专业人士应该在设计阶段就对其进行规划。加速学习需要左右脑以及皮质和边缘系统共同参与到学习中，从而使得学习更加自然。戴维·梅尔（Dave Meier 2000）在《培训学习手册》（*Accelerated Learning Handbook*）一书中描述了多种有助于刺激所有感官、提高学员学习速度的技巧。人才发展专业人士应该了解大脑如何运作，从而在设计学习活动时牢记认知科学，并运用策略来提升记忆力：

- 促进积极讨论。
- 利用视觉工具和学习工具提高理解和回忆。
- 鼓励学员找到替代方式和解决方案。
- 确保学员能够解释自己学到了什么，并将其运用到实践中。
- 引导学员探索并理解内容之间的相互关系。
- 支持学员对学习体验进行反思。［参见 2.2.1.5、2.3.5.7 和 2.3.6.3］

2.2.1.9 人员绩效改进流程的作用

在着手进行教学设计之前，人才发展专业人士应该了解如何运用人员绩效改进（HPI）流程来确定最佳解决方案。当发生绩效问题时，通常利益相关者和发起人都会认为培训或发展是合适的解决方案，但事实上不一定是这样。

单靠培训不一定能够实现可衡量的行为改变，因为它只能解决六个驱动因素中的一个（技能和知识）。员工可能具备处理某项任务所需的技能和知识，却仍然无法有效地完成任务。在这种情况下，其他五个驱动因素中的一个或多个也可能影响绩效：

- 缺乏动机，也会对绩效产生负面影响，即使员工已具备完成工作所需的技能、知识和资源。
- 缺乏工具或资源，也会阻碍员工执行任务。
- 结构、流程或指引或不存在或不充分，可能导致目标与员工被评估的衡量标准脱节。
- 缺乏信息，也会引起绩效差距。
- 缺乏健康，这可能是像视力较差一样简单的问题，必须加以解决，以确保不会由此引起绩效问题。

有些用于改进绩效的解决方案并不需要培训，这些方案被称为绩效改进解决方案。这一术语的提出通常能够帮助人才发展专业人士考虑不同的方法。［参见 3.5］

III. ADDIE 模型

ADDIE 模型是最初的教学系统设计（ISD）框架。这个缩写代表创建培训和绩效支持工具的五个阶段：分析、设计、开发、实施和评估。目前的大多数 ISD 模型都是这五个阶段的变体。

2.2.1.10 ADDIE 的起源

ISD 概念自 20 世纪 50 年代初就已存在。ADDIE 模型是由佛罗里达州立大学教育技术中心于 1975 年为美国军队创建的，并且很快被整个美国军队所采用（Branson 等人 1975；Watson 1981）。这五个阶段是基于美国空军先前开发的一个模型而提出的。

ADDIE 最初出现时，被视为一种线性模型。然而，整个模型又不严格按照线性顺序，因为评估是在整个生命周期内进行的，因此人才发展专业人士可以迭代和纠正评估中发现的缺陷。到 1984 年，该模型演变成一种更具动态性的方法，图 2.2.1.10-1 中展示了该模型所包含的各个相互关联的阶段。

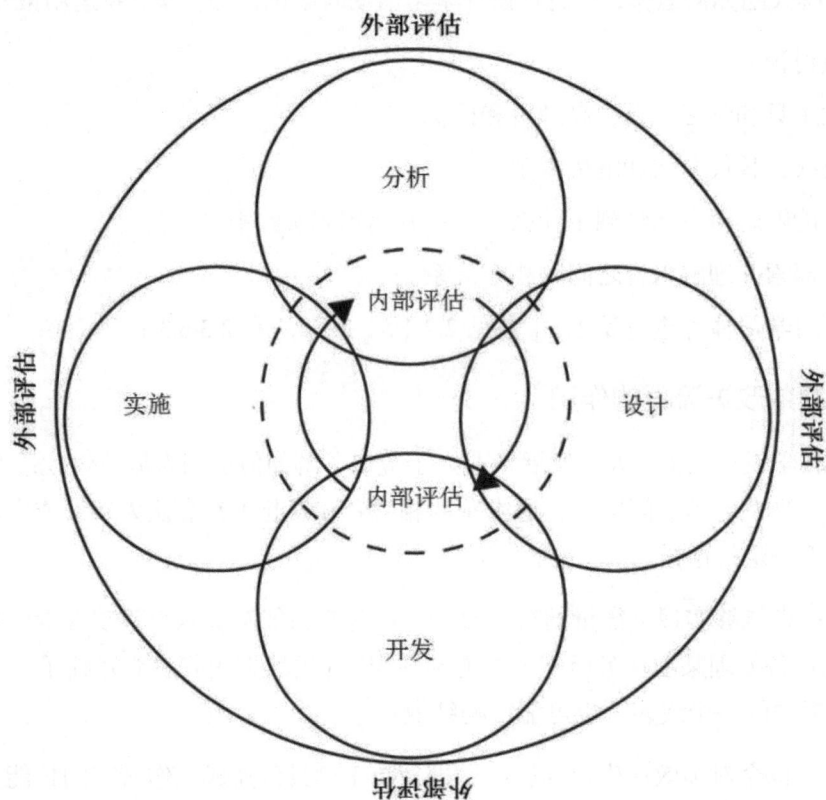

图 2.2.1.10-1　ADDIE 模型各阶段的动态图

资料来源：改编自美国陆军野战炮兵学校报告（1984）。

2.2.1.11 ADDIE 的阶段

在 ADDIE 模型中，分析是输入；设计、开发和评估是过程；实施是输出。在有些项目中部分阶段会互相重叠。ADDIE 有时被称为过程模型，但人才发展专业人士应考虑将其用作解决设计问题的指南，从而使用 ADDIE 来获得最佳结果。例如，有时候可能需要引入其他更适合解决问题的开发模型。ADDIE 通常被展示为一个线性流程，但是人才发展专业人士应该使用迭代步骤，并根据自己的情况对原始的循环模型做出调整。如果有意识地参照这整个流程（见图 2.2.1.11-1），那么 ADDIE 是非常敏捷的。

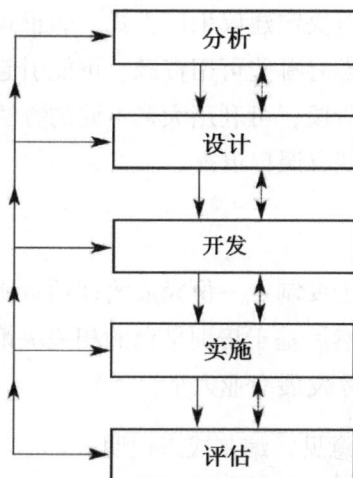

图 2.2.1.11-1　ADDIE 流程

2.2.1.11.1　分析

第一个阶段是分析阶段。这是指收集数据以确定具体需求的过程——培训受众是谁、培训内容是什么、何地、何时和为什么要进行培训。人才发展专业人士在分析阶段中确定学员需要了解什么才能获得成功，组织需要什么，以及初始诊断是否准确。即使项目发起人认为自己知道问题在哪里，解决方案是什么，仍然必须开展分析。虽然他们的信息可能是正确的，但可能对于学员或内容的理解并不完整。［参见 2.8.3］

分析阶段让人才发展专业人士可以核实信息并弥补任何可能存在的差距。在开始时，他们需要理解：

- 发起人要求的成果。
- 组织需求或项目的底层推动因素。
- 期望取得的绩效成果和需要执行的任务。
- 学员以及影响他们的因素。
- 项目的制约条件。

人才发展专业人士在考虑其他问题之前，必须收集有关项目的信息，这意味着第一个分析问题至关重要：培训发展方案能否真正解决问题？这要求找出根本原因。

一旦确定人才发展培训是合适的解决方案（或解决方案的组成部分），那么人才发展专业人士就应该确定具体的培训需求。在这一阶段中，他们应该确定：

- 是否存在通过培训发展方案可以解决的绩效问题。
- 潜在目的和目标。
- 可用的资源。
- 需要解决方案的受众。
- 获得成功所需的任何额外数据。

人才发展专业人士应该通过分析决定建议采用正式、非正式还是混合解决方案。除了解决方案范围，人才发展专业人士还需要考虑有哪些可用资源、可能引起障碍的制约因素，以及如何确保解决方案与组织战略相协调。在分析阶段，可利用大量不同的方法来收集和审核数据，如调研、焦点小组、材料审查、主题专家小组和现有课程审查。

2.2.1.11.2 设计

在这一阶段，人才发展专业人士要制定一份完成培训项目所必需的说明提纲。基本内容包括必须制定的目标、目的和评估任务。然后基于培训平台的相关决策和其他实施问题的体系结构，确定各项任务的顺序。在这一阶段，人才发展专业人士：

- 根据利益相关者和发起人的意见，编制成果说明。
- 撰写学习目标［参见 2.2.4.1］。
- 制定评估计划［参见 2.8.6.5］。
- 推荐用于交付内容的形式。
- 制定课程顺序和结构。
- 绘制逻辑图和目标图。
- 确定必需的材料，并起草副本。

该阶段的关键输出是设计方案，该方案应该为开发过程提供指南，并列出：

- 目标和需要的其他物品，包括印刷材料。
- 脚本和基于计算机的学习项目的分镜脚本。
- 评估材料，包括考试、测验和其他正式评估。
- 教学计划。
- 作业和职责。
- 项目管理计划，包括里程碑和截止日期。

设计阶段还需要编制报告或分析及设计情况摘要。这是与培训发起人或利益相关者就当前进度开展的初步交流，并为他们提供给出建议和反馈的机会，有助于确保解决方案能够达成他们的预期要求。

2.2.1.11.3 开发

在这一阶段，内容和材料从概念设计转变为可交付成果。在开发阶段中，设计师可以使用试点测试、原型设计、模拟授课或其他迭代工具来测试交付是否准确有效。这使得设计师能在全套教材开发完成并产生费用前做出必要的更改，还能够帮助人才发展专业人士对他们所设计内容的准确度感到自信。［参见 2.2.13.4］

开发阶段的主要任务包括：

- 编写学员和引导师材料草案，呈交主题专家和人才发展专业人士对准确性进行审核。
- 编制并审核非印刷媒介，如音频、视频和基于计算机的学习内容。

- 对内容进行试点测试，完成原型制作，进行可能的变更，并根据需要对最终材料进行修改。
- 培训内容打包和分发，以备实施。

2.2.1.11.4　实施

在这一阶段，运用所选的形式，如讲师引导课程、技术辅助学习活动或混合式学习方案来交付内容。解决方案可以像电子绩效支持系统（EPSS）那样聚焦，也可以像领导力发展项目那样宽泛。无论是怎样的措施，目的都在于达成设计阶段制定的目标。

人才发展专业人士应对解决方案的实施进行监督，以防出现任何意外情况。例如，如果解决方案包含引导环节，那么人才发展专业人士可以为首次交付提供备用计划并向专业人士提供支持和反馈。他们还应该关注解决方案中需要在当前或未来进行改进的部分。

因为人才发展专业人士必须衡量学员达成各自目的的程度，以及引导师或技术达成预期要求的程度，因此他们应该准备好：

- 评估课程或解决方案设计。
- 对材料使用的效果进行审查。
- 确定课程对于不同虚拟用户、用户群体规模、形式和时间安排的效果。
- 阐明需要在再次实施解决方案之前做出的修改。

上述列举的都是人才发展专业人士可能在本阶段采取的评估行动的例子。

2.2.1.11.5　评估

虽然这似乎是 ADDIE 模型中的最后一个要素，但在整个 ISD 过程中的每一点都应进行评估，以确保发起人和利益相关者参与其中。每个阶段的评估活动包括：

- 分析。评估能够澄清组织取得的成果与发起人的要求是否相符。
- 设计。评估帮助组织确定针对每个评估层级的有帮助的问题。人才发展专业人士可对计划进行初步评估，与发起人共同审查，并确认目标符合他们的期望。
- 开发。经确认的教学计划需要获得主题专家的评估。这一阶段开展的评估还能够确认是否所有设计元素都已经满足，并且内容是否准确。
- 实施。第 1 级（反应）和第 2 级（学习）评估在此阶段完成，为引导师、学员和发起人提供反馈。
- 评估。在这一阶段，人才发展专业人士评估第 3 级（行为），即学习迁移，和第 4 级（结果），即目标成果的实现程度。他们还应该评估在岗环境是否支持学习。

人才发展专业人士应该在每个阶段都与发起人和利益相关者沟通，分享评估结果，以确保满足他们的期望。人才发展专业人士还可以使用最终评估结果，回顾经验教训，确定流程改进机会，并衡量结果。

2.2.2 了解需求评估方法和技巧

I. 教学设计的需求评估

人才发展专业人士应将需求确定作为 ISD 流程的第一步。尽管需求评估和需求分析经常可以互换使用，但实际上两者存在差异。两者之间的差别如下：

- 需求评估，用于识别、衡量当前差距并确定优先顺序。
- 需求分析，是在完成需求评估后对数据和信息进行合成和审核，以确定现状与未来期望状态之间差异的流程。[参见 3.5.2.3]

在教学设计中，应该关注需求评估以确定重要的设计元素，这一点很重要：应该发生什么，是否有证据显示有需求，以及为评估提供依据。

2.2.2.1 需求评估的价值

需求评估是教学设计中非常有价值的部分，因为需求评估的结果能够为人才发展专业人士和 ISD 流程中其余阶段提供指引。它能够揭示具体的技能或知识差距，确定弥补差距的最佳方法，获得参与评估的利益相关者的支持，并与学员建立融洽的关系。

除了明显的设计方面，需求评估还可以作为制定与个人、所学知识或技能、工作绩效以及学习是否有助于组织实现其目标相关的评估策略的基础。需求评估可以确认的确存在组织需求，还可以确定可能影响现状的非培训问题。

2.2.2.2 需求评估的流程

确定需求或问题的经典方法是确定期望与实际知识、技能和绩效水平之间的差异。这种差异转化为学习或绩效改进需求。可以使用包括访谈、观察、调查问卷和考试在内的各种方法来确定需求。如果想要有效地使用这些方法，就需要准确地收集、分析、核实和报告数据。

需求评估需要从确定组织需求开始。系统化教学设计的目标是发现与绩效问题相关的需求，这些需求可以包括各种主题，如流程、资源和组织结构。需求评估发现信息，以确定绩效低下是否属于培训问题。[参见 3.5]

需求评估如果能有效实施，可以达到多种目的：

- 将需求或请求置于组织需求的环境中。
- 验证或补充发起人或客户提出的初始问题。尽管发起人和客户了解组织，但是他们不一定知道引起人员绩效相关问题的根本原因或可行的弥补措施。需求评估可以揭示新的信息，提供更广泛的背景，并提供不同于客户第一印象的视角。
- 它能够确保解决方案的设计能够为员工绩效提供支持，并满足组织的需求。
- 它能够形成有关非培训问题的建议，这些问题关系到期望的组织和员工绩效目标是否得以实现。
- 它为后端评估奠定基础。图 2.2.2.2-1 阐明了需求评估如何为后续评估做好准备。

在需求评估的流程中，人才发展专业人士可从四个阶段进行衡量（见图 2.2.2.2-1 的左侧）：业务需求、绩效需求、学习需求和学员需求。在课程交付后，人才发展专业人士会对它们进行衡量。现在我们将它们称为四个评估等级：学员反应、知识和技能掌握（学习）、行为和结果。目标是在需求评估阶段对四个需求评估等级进行衡量时，能找出每个等级取得的积极改变。

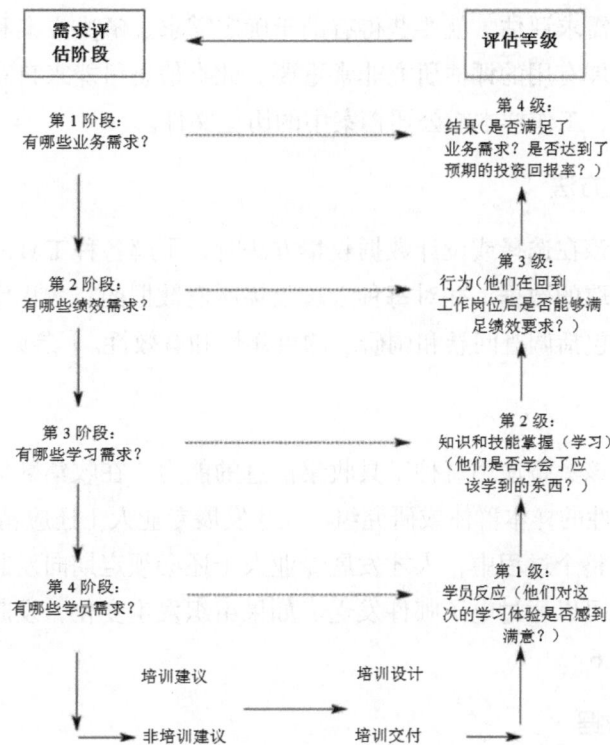

图 2.2.2.2-1　需求评估的流程

资料来源：Tobey 2005。

发起人可能请求人才发展职能部门提供支持。他们通常会提出一个需要解决的问题，同时可能提出也可能不提出收集数据的建议。作为回应，人才发展专业人士可以向他们建议在需求评估中使用的六个步骤。

2.2.2.2.1　定义目的

人才发展专业人士确定需求评估的目的，其中包括：

- 确定绩效问题、不足和根本原因。
- 决定正式或非正式发展是不是解决问题的方案。
- 确保获得管理层的支持和承诺。
- 生成有助于衡量解决方案效果的数据。
- 针对设计和交付提供具体的建议，包括范围、方法、频率、成本和地点。
- 确定需要发展的员工。

- 决定下一年的优先事项和长期战略规划。
- 通过确定价值和成本向管理层证明支出的合理性，包括计算因不断处理相同问题而发生的费用或损失的金额。

2.2.2.2.2　确定必要数据

如果想要开展彻底的需求评估，就要获得有助于确定需求、解决方案和策略的信息。了解所需信息的性质和数量对于开展有用的评估研究非常重要。此类信息可能来自意见、态度调研、财务报表、工作描述、绩效考核、工作样本或公司档案中的历史文件。

2.2.2.2.3　选择数据收集方法

人才发展专业人士应该在选择或设计数据收集方法时，了解各种工具的优点和缺点。结构化或正式评估方法基于所需获取的数据，并对每种方法收集所需数据的有效程度进行比较。人才发展专业人士应确保所有工具（包括调查问卷和调研）的可靠性和有效性。[参见 2.8.4.2]

2.2.2.2.4　收集数据

人才发展专业人士应该具备使用每种工具收集信息的能力。在收集数据时必须注意确保适当的样本规模，以及具有代表性的样本群体或研究组。人才发展专业人士还应精通问卷管理、访谈执行、绩效观察和其他技巧。在整个过程中，人才发展专业人士还必须定期向发起人汇报进展。报告并不一定采取正式的形式，也可以通过电子邮件发送。如果组织发生变化，发起人可以提供对其他数据源的访问权限。[参见 2.8.6]

2.2.2.2.5　分析和确认数据

为揭示问题和相关趋势或模式，人才发展专业人士应将他们的数据与之前收集的信息进行比较，确认结果，并通过咨询最初提供信息的人士来确认其准确性。

2.2.2.2.6　分享发现

人才发展专业人士需要确定问题、需求和薄弱环节，以便推荐改进策略。然后，他们可以在最终报告中使用表格、图形和其他支持数据与发起人或利益相关者分享结果。[参见 2.8.7]

2.2.2.3　需求评估级别

需求评估分为三个级别：组织评估、任务评估和个体评估。

2.2.2.3.1　组织评估：组织有哪些需求

当公司尝试一种全新的行事方法，如推出新产品线或考虑继任计划或提高敬业度时，可使用组织评估。作为评估的一部分，人才发展专业人士应该在评估中包含未来随着组织及其岗位设置变化，员工需要掌握的任何知识或技能。无论是正式还是非正式组织需求评估，都是有用的。如果想要以非正式的形式评估组织需求，可以查阅最新版本的公司使命、目标、优先事项和近期调研数据，也可以考虑组织的预测数据。例如，如果将在几个月内启用新的计算机设备或程序，那么应该考虑针对这项改变所做的准备工作。

2.2.2.3.2　任务评估或工作分析：有哪些绩效需求

任务评估或工作分析被定义为系统地识别开展任何工作所必需的项目，如技能、知识、工具、条件和要求。任务评估的复杂度和范围各不相同。例如，一个人可以通过对现任员工进行访谈，记录一个简单的任务集。任务评估也可能需要大量数据收集活动，这样才能确定正在发生改变的某个复杂工作或岗位的所有任务内容。无论复杂程度如何，任务评估都包括几个基本步骤：

- 确定工作的关键输出有助于确定主要任务和任务分类。
- 将主要任务分解为多项子任务或步骤。
- 确定任务类型属于知识还是技能。
- 收集记录任务和子任务所需的所有数据。
- 核实数据，通常通过直接观察完成。
- 获得发起人、其他经理人对任务评估的审核和批准。
- 报告定稿，并将结论提交管理层获得最终审批。

2.2.2.3.3　个体评估：有哪些学习和学员需求

个体评估关注个人如何完成各自的工作。个体评估可用于员工考核，以及设计发展方案。在此过程中，人才发展专业人士关注员工个人以及他们如何成功开展各自的工作，指出那些成功的员工妥善执行某项工作所需的关键活动。个体评估的结果可能是针对如何帮助员工改进绩效，制定发展计划。

2.2.2.4　数据收集方法的类型

数据收集方法包括诸如调查问卷、检查清单和量表等工具，这些工具通过系统化的方式收集关于个体群组或整个组织的数据。这些方法能够揭示工作中的弱势和优势领域。为了判定数据要求，应该考虑下列问题：

- 对于作为本次研究对象的员工的既定目标或期望是什么？这些目标或期望与组织目标之间存在怎样的联系？
- 组织氛围将如何影响匿名的必要性、问卷回收率或员工接受访谈的意愿度？
- 由谁负责对结果进行管理、评分和解释？
- 工具的使用是否需要掌握专门知识？
- 评分是否客观？

这些问题能够帮助人才发展专业人士确定数据收集需求，并选择最适合项目需求、时间限制和预算要求的方法。需要对数据收集方法进行分析，以确定其优点和缺点，这样就可以针对每种数据来源确定潜在的收集方法。

2.2.2.4.1　评估和测试

评估和测试主要衡量受访者对调查内容的了解、能够做什么或相信什么，包括：通过对多选、判断、填空或简答题做出口头或书面回应的知识评估；观察某项工作技能的实际表现；对照质量标准分析工作结果、产品或产出。评估和测试的优点在于它们很客观，并且能够明确指出当前状况和期望绩效、知识和技能水平之间的具体差距。评估和测试的缺点则在于评估可能耗费大量时间，而且并不一定会检查到支持个人为何以某种方式执行的思考过程。

2.2.2.4.2 绩效审计

当绩效标准明确，而且有充分的数据衡量绩效标准时，绩效审计或考核就是有用的方法。这种方法可以确定员工的效率和效能。人才发展专业人士也可使用绩效考核来评定员工以往的绩效表现。绩效审计的优点是比较容易确定培训主题和目标，因为设计师可以通过比较得出标准与当前绩效之间的差距。绩效审计的缺点是数据可能受到其他变量的干扰，如设备停机或外界期望。

2.2.2.4.3 观察

在这种方法中，一名观察者观察工作执行者（专家或一般绩效者），并记录执行者在执行任务过程中的每个步骤，包括步骤动作、步骤时间以及成功绩效的标准。这种方法的高级版包括工时-动作研究和人为因素研究。这种方法用于收集关于当前和期望绩效的数据，观察适用于两种情况：当评估一项技能培训需求或一个改变行为的课程（如服务于客户或提供建设性反馈）时。观察的优点在于可用于创建分步骤程序（算法），以流程图、图表、图形、步骤列表或工作辅助工具的形式对其进行标准化，从而适用于所有学员。观察的缺点在于有些绩效者会因为知道有人正在观察自己，从而表现出与平时不同的行为（霍桑效应）。

2.2.2.4.4 访谈

访谈或一对一讨论可用于引发受访者关于某个话题的反应，从而获得主观数据和说明性事例。这种方法最常用于收集有关当前绩效情况的数据，或用于向客户收集组织需求信息。访谈可用于澄清文档记录或观察获得的模糊不清或令人混淆的信息。访谈的一个积极的意外结果是它常常让参与者对发展项目有主人翁意识。访谈的其他优点包括通过双向对话提供丰富的细节，以澄清陈述或确保理解问题，并可用于设计定量数据收集工具。访谈的缺点包括可能需要耗费大量的时间，采访者必须小心地记录受访者的准确回答，而不是去诠释它们。

2.2.2.4.5 焦点小组

在焦点小组中，人才发展专业人士需要确定 5~12 个主要成员，他们能够在小组环境中提供需求信息。小组访谈会带来丰富数据，包括工作环境、当前技能和绩效水平、对于期望技能和绩效水平的认知。为了确保工具的有效性，焦点小组应该安排两名引导师。焦点小组的优点是，由于个人的想法会建立在他人想法之上，因此可以创造出更丰富的观点。焦点小组的缺点是可能受到更善于口头表达的个人的影响，令人产生一种全体已经达成一致意见的印象，但实情并非如此。

2.2.2.4.6 调研

调研是数字化或纸质的问卷，提出一系列有针对性的问题，通常用于绩效分析和学员分析。调研可用于收集定性数据和定量数据，在复杂程度以及创建所需时间和资金方面都有着显著的差异。人才发展专业人士应该选择能够提供所需数据的调研类型，不一定是最快、最便宜或最容易创建的调研形式。调研的优点包括成本低、结果易于统计、能够快速提供结果，以及身处异地的人员也可参与。调研最大的缺点是，调研问卷的返回率往往远低于人才发展专业人士的期望。

2.2.2.4.7　工作样本

工作样本包括管理者报告、技术人员设备维修信息或程序员的软件设计。工作样本也可以是不那么具体有形的，例如，对人才发展专业人士引导一个团队或管理者召开一次会议所做的观察。人才发展专业人士可使用样本确定需要进一步分析的问题领域。工作样本也可作为其他评估方法的补充，例如，用于验证其他数据，为研究收集初步信息。工作样本的优点是它们可能平实不花哨，并提供关于实际工作的直接数据。工作样本的缺点是人才发展专业人士可能需要专业知识，而且工作样本收集和评分可能让员工有不安全感。

2.2.2.4.8　现存数据

现存数据包括现有记录、报告以及组织内部或外部可用的数据，如工作描述、胜任力模型、标杆管理报告、年度报告、财务报表、战略计划、使命宣言、人员配置统计、氛围调研、投诉、流失率、旷工、意见箱反馈、事故统计数据等。人才发展专业人士经常将现存数据用于组织需求分析和当前绩效分析。现存数据的优点是，它能够提供确切的数字和衡量标准，可用于观察长期趋势和模式。现存数据的最大缺点是由于现存数据最初收集的目的并不是培训需求评估，因此必须通过数据模式推断绩效问题。

2.2.2.5　定量和定性数据

数据收集方法可以是定量法、定性法或两者相结合。定量法可以获得硬数据，硬数据是客观、可衡量的，可以使用频率、百分比、比例或时间来表述。定性法会产生软数据，更倾向于无形、经验故事、个人、主观的数据，包括观点、态度、假设、感受、价值观和期望。

可在数据收集过程中结合使用定量和定性衡量。例如，人才发展专业人士可使用定性法（如访谈）收集经验故事和示例。然后利用收集到的故事和示例作为调研项目，开发一种定量衡量方法（调研），衡量多少回应者与示例相符，以及示例与回应者相符的频率。相反，可以先利用定量法收集关于回应者频率和数量的信息，然后利用定性法收集更丰富的细节数据来支持调研项目。

同一种衡量工具可以同时使用定性衡量和定量衡量。例如，调研中各个项目可以是定性项目，如感受和意见，而每个项目被选择的次数（频率）是定量衡量。

目标

2.2.3　用于定义学习和行为结果陈述的方法与技巧

I.　满足组织要求的设计

人才发展专业人士应该使用需求评估结果来定义学习和行为结果陈述。他们想要确保成果和目标与组织的战略和目标相一致。组织为人才发展部门提供支持，帮助它达成目标和目的。

2.2.3.1　结果和目标

尽管撰写目标和结果时都遵循相同的指导原则，但是两者之间存在一定的区别：

- 结果，是期望个人达成的特定产出。它们对于组织期望通过投资于学习而实现的改变是重要和必需的。结果与组织及学习如何与业务目标保持一致更密切相关。由于它们与组织关系更密切，因此对于发起人、利益相关者和领导者来说，结果更有意义。

- 目标，是学员用于执行任务，继而带来结果的技能和知识。目标是从学员的角度写的，因此对他们更有意义。目标指出作为学习或绩效解决方案的结果，学员应该会做什么。

2.2.3.2　与发起人合作

为了定义结果，人才发展专业人士应该以需求评估结果为基础，与对学习或绩效解决进行投资并对其设计感兴趣的发起人或利益相关者合作。人才发展专业人士先分享需求评估的结果，就发起人的初始请求与需求评估结果之间的一致性达成共识。

人才发展专业人士应该确保发起人参与需求评估的每个步骤，确保对发起人提出的初始问题进行验证、补充或反驳。持续沟通将使得这个讨论更容易且更有效。

2.2.3.3　确保结果陈述的一致性

需求评估应该将发起人的请求置于组织需求的环境中。现在，人才发展专业人士和发起人（或利益相关者）应讨论并确认需求的几个方面，以准备编制结果：

- 考虑组织文化以确保一致性。

- 回顾需要改变的行为，为发起人希望获得的结果提供支持。对于如何奖励接受改变的人，如何支持不接受改变的人，发起人可能有自己的见解，尤其是当设计专门用于发起人所在的职能部门时。

- 确认人才发展解决方案与组织驱动因素之间的关系，确保最终的设计能够为员工绩效提供支持，并帮助满足组织的需求。

2.2.3.4　编制发起人的结果陈述

发起人的结果陈述可能包含在绩效目标中，至少与目标相关联。人才发展专业人士应该尽可能使用发起人的措辞。然而，人才发展专业人士需要先明确理解他们的措辞，然后才能为解决方案设计撰写学习目标。发起人至少应该使用动词、形容词和名词来定义结果，以阐明意图。例如，"将部门员工迁移到在线支持系统。"对于更详细的陈述，人才发展专业人士也可以使用与撰写目标相同的规则来撰写结果。

2.2.4　编制学习和行为结果陈述的技能

I.　撰写目标

人才发展专业人士应该擅长撰写目标，这是教学设计最重要的技能之一。人才发展专业人士可以通过撰写目标来阐明某项学习活动的结果。

2.2.4.1　学习目标

课程目标阐明学员在完成培训后能够做些什么，应该针对每项理念、技能或行为确定一个目标。人才发展专业人士应该理解结果目标与赋能目标的层次：

- 结果目标。也称绩效目标，代表学员必须在完成课程前掌握些什么。结果目标是某项特定的学习活动最终的行为结果，阐明了所编写的某个单元、某节课、某个科目或整个课程后预期应掌握的胜任力。
- 赋能目标。为了达成某项结果目标，学员通常需要完成若干个次级目标，也称赋能目标。赋能目标将结果目标划分为多个可管理的块，从而为结果目标的达成提供支持。赋能目标就像积木，提供达成结果目标所需的附加理念或技能。

2.2.4.2　布鲁姆分类学对目标撰写的影响

理解布鲁姆分类学对于撰写适当的结果陈述至关重要。本杰明·布鲁姆对学习目标的影响主要基于他指出的三个领域：知识、技能和态度，人才发展专业人士通常将其缩写为 KSA。

- 知识，或认知学习涉及心理过程和信息的获取。
- 技能，或动作技能涉及依据心理决策操作物品或机械。
- 态度，或情感涉及动机和观念。

本杰明·布鲁姆按照从最简单行为到最复杂行为这一顺序将这三个领域组织为不同的层次：知道、理解、应用、分析、综合和评估。制定学习目标时，人才发展专业人士应该记住学习的每个领域都存在不同的级别或结果（Anderson 等人 2000）。［参见 2.1.3.6］

2.2.4.3　梅杰的目标撰写模型

根据罗伯特·梅杰（1962）的观点，学习目标应该包含三个部分：

- 学员的行为或绩效。
- 学员必须表现出某种行为时的条件。
- 衡量绩效可接受的标准或规范。

像许多其他学习大师一样，梅杰认为学习目标应该是具体的、可衡量的，能够为引导师和学员提供指引。他建议在撰写目标时使用 A-B-C-D 元素：受众、行为、条件和程度。

2.2.4.4　撰写学习目标

人才发展专业人士需要从学员的视角确定可衡量、可观察的学习目标。虽然存在各种不同的目标撰写格式，但其中受认可程度最高的是梅杰的 A-B-C-D 目标和 SMART 目标。

2.2.4.4.1　A-B-C-D 目标

梅杰提出的模型很容易记住：

- 受众，是通过课程标题来指定的，例如，"会议引导课程的学员"。

- 行为，提供关于预期绩效的明确描述，例如，"将能够制定议程"中的动词必须是可观察的，而且是可衡量的。

- 条件，阐明为确保学员达成目标应该提供的支持，例如，"使用议程模板"。

- 程度，表示学员为了达到目标所必须实现的完美程度，例如，"100%的时间"或"每次"。

完整的目标示例可以是："会议引导课程的学员每次都能够使用模板来制定议程。"

2.2.4.4.2　SMART 目标

撰写目标的第二种方法是使用 SMART 目标：

- 具体（Specific）。目标需要明确阐述期望的要求。

- 可衡量性（Measurable）。目标必须包含一项或多项用于衡量有效绩效的标准（准则）。

- 可达成性（Achievable）。目标的实现对于学员来说有一定的困难，但是可以实现。

- 相关性（Relevant）。目标必须对于组织以及课程的目的具有重要性。

- 时限性（Time Bound）。目标必须包含具体时间框架。

这种目标的例子可以是："在本次学习活动结束时，学员将能够 100%地使用 SMART 格式写出正确的目标。"

2.2.5　用于评估教学内容的质量及其与期望的学习或行为结果之间相关性的标准

I.　阐明期望结果

在开发课程内容之前，人才发展专业人士应该回顾目标，并将目标与市场上或组织内现有内容进行比较。如果相关内容已经存在，他们就需要决定是否可以将这些内容用于自己正在设计的解决方案中。

2.2.5.1　回顾目标和结果

在需求评估过程中，人才发展专业人士可关注四个领域：组织需求、绩效需求、学习需求和学员需求。他们应该确定在这四个领域中的每个领域取得的积极变化。这些衡量标准作为目标，与结果相关，并确定所需的技能和知识。

2.2.5.2　当前内容可用性

一旦目标得以确认，人才发展专业人士就应该确定当前市场上或组织内是否存在相关内容。如果的确存在，就需要对这些内容进行评估，并决定是使用还是创建新的内容。

很多员工想要获得比自己当前所享受到的更多专业发展机会。人工智能是人才发展专业人士可以利用的另一个支持方案。当准备在学习中使用人工智能时，他们将需要决定是设计新内容还是对已经存在的内容进行策展。学习体验平台已经开始场景化内容，根据个人偏好、背景、要求和技能从数百万个来源中选择合适的内容交付。无论是采用自动还是手动的方式，作为策展流程的一部分，能够寻找、评估并选择学习内容已成为人才发展角色中一个日益重要的方面。

设计

2.2.6　设计学习和发展解决方案的蓝图、结构图和其他视觉呈现的技能

I.　设计流程

人才发展专业人士应该擅长在解决方案策划和设计过程中运用视觉呈现，从而建立课程顺序和课程地图——两者都属于课程开发阶段中的输入。

2.2.6.1　课程设计基础知识

人才发展专业人士一旦完善了目标，就要为学习解决方案的实际开发制定计划。设计活动包括：

- 最终版的目标清单。
- 建议采用的形式。
- 建议各模块使用的名称。
- 模块、主题和活动的顺序（流程、过渡、联系）。
- 练习机会。
- 关于每个目标的细节：
  - 特殊的教学重点。
  - 建议采用的教学方法。
  - 媒体要求。
  - 考试要求。

选择整体教学形式后，人才发展专业人士将对方法和媒体做出一般性决定。可使用的问题包括："课程是否将包含在职培训、课堂教学、实验室或工作坊教学或自学？""课程是否使用学员教材、移动设备、计算机、音频或视频？"选定的教学方法必须与既定的课程目标相匹配。人才发展专业人士还应该分配时间进行实践，并委托主题专家对内容进行检查。

完成分析、撰写目标并设计测验项目并考虑整体计划后，人才发展专业人士就已经对培训课程中应该包含哪些内容有了清楚的了解，接下来就应该概括相关信息，并编制课程地图，确定完成课程所需的各个步骤。他们可以使用视觉呈现来确立课程顺序图。

2.2.6.2　课程设计的视觉呈现

人才发展专业人士可以采用几种不同的方法，通过视觉形式来再现课程地图。

- 分镜脚本。人才发展专业人士在构建课程地图时，可以使用分镜脚本，这是由华特迪士尼影

视制作公司在 20 世纪 30 年代初提出的一种图形组织工具，有助于以视觉形式再现影片的故事情节。分镜脚本可能非常烦琐且费时，但是它们能够在完成大量开发工作之前，提供合理调整的机会，从而节省人才发展专业人士的时间。它们让人才发展专业人士在整个流程的早期有机会进行试验和调整。

- 线框图。这是一种简单的黑白布局图，通常与网站设计相关，可概括阐明页面元素、网站功能、转换区域和导航工具的特定大小和位置。线框图没有颜色、字体选择、徽标或任何其他真实的设计元素，只关注结构。

- 模型和原型。这是展示最终产品的一种方式。模型外观与成品相似，但是没有互动性，也不可点击。原型能够提供最终结果的部分功能。模型和原型还支持测试。[参见 2.2.13.4]

2.2.6.3 排序类型和原理

在分析阶段，人才发展专业人士确定工作任务之间的关系类型。随着解决方案设计和开发工作的展开，他们将利用这些信息确定内容的最佳顺序。某些任务与其他任务之间存在附属关系；某些任务的重要性相当，但是必须按照特定顺序执行；某些任务之间存在逻辑关系，但是可以按照任何顺序执行；某些任务与其他任务无关。人才发展专业人士将使用视觉呈现来选择排序依据。排序很重要，因为适当的排序使得：

- 学员能够更轻松地学习内容。
- 确保从一个点到下一个点的逻辑衔接。
- 允许一块内容有逻辑地过渡到下一块内容。

下面介绍人才发展专业人士可用于将学习目标按照逻辑顺序排列的几种方法：

- 工作执行顺序。
- 时间轴顺序。
- 从简单内容到复杂内容。
- 问题和解决方案。
- 一般到具体。
- 低风险到高风险。
- 已知到未知。
- 依赖关系。
- 支持关系。
- 原因到效果。

2.2.6.4 课程地图计划和模块

与大纲类似，课程地图按顺序列出各个模块，并且附有媒体选择和支持要求。由于成人学员对于量小、有条理的单元学习效果最理想，所以人才发展专业人士应该将课程内容合理组织成若干个模块。一个模块是学习中最小的单元，以学习目标为基础提供内容和练习。每个学习模块应该包含：

- 目标。
- 有助于学员完成任务的知识内容。
- 确定培训师和促进学习目标达成的学习活动。
- 有助于达成目标的练习活动。
- 判定目标是否达成的评估机制（如考试项目）。

创建模块时还应考虑的其他因素包括：

- 时间安排和休息。
- 需包含的材料的数量。
- 开展活动适合的班或小组人数。
- 工作条件模拟。

2.2.6.5　设计产出

设计阶段为后续开发奠定了基础。设计阶段的产出始终包括：

- 关于解决方案交付形式的最终建议。
- 所需的技术或特殊设备。

使用正式学习时，输出包括：

- 与解决方案、结果和目标相关联的一系列设计。
- 评估计划。
- 推荐方法和媒体。
- 所需材料的草案副本或模型。

使用非正式学习时，输出包括：

- 检查清单模型或在岗培训的提示表单。
- 关于如何向员工告知可用资源的计划。
- 为要使用非正式学习解决方案的人员提供可选指导。

2.2.7　了解教学形式

I.　教学形式方案

人才发展专业人士应该在设计阶段决定最佳形式。

2.2.7.1　正式学习和非正式学习

学习分为两大类别：正式学习和非正式学习。

- 正式学习，是指有计划地学习课程，通过在结构化的学习环境中的活动完成学习，包括讲师主导型教室课程、讲师主导型在线培训、认证课程、工作坊和大学课程。安排在预先确定的时间框架内的课程、议程和目标。

- 非正式学习，是指在结构化课程、计划或课堂外开展的学习活动。这种学习在日常生活和工作中自然发生，通过观察他人、反复试错以及与他人交谈和合作完成。这种学习通常是自发的，可以包含慕课、非同步学习解决方案、任何多设备学习、教练、导师、拓展任务或轮岗任务。它还包括看书和阅读博文、观看网上视频节目、听播客、上网搜索以及检索其他数字内容。

人才发展专业人士经常运用混合学习策略，这种策略将正式学习与非正式学习相结合，针对每个目标，选择最佳方法。

2.2.7.2　正式学习和非正式学习形式的示例

人才发展专业人士应该掌握正式学习和非正式类别下的各种学习形式的实用知识。每种形式都有自己的优点和不足。由于人才发展专业人士应该熟悉各种不同的方案，因此他们能够从既定范围、制约因素、设计和交付的时间、成本、学员所在的地理位置、学员的基础知识水平、所需的技术技能等方面选择最合适的方案。他们还可能针对其中的任何一种方案开发内容：

- 正式学习形式。人才发展专业人士可以创建的设计包括讲师主导型教室课程、讲师主导型在线培训、认证课程、工作坊、网络研讨会甚至午餐交流会。
- 非正式学习形式。包括非同步学习解决方案、有计划的轮岗任务、自学、电子或纸质工作辅助工具、讨论论坛或绩效支持的应用和工具。

虽然不同的形式通常单独用于正式学习或非正式学习，但有些形式也可同时用于正式学习和非正式学习。例如，学员可以参与移动设备上的同步虚拟教室，然后在执行任务时从同一移动设备访问支持材料。[参见 2.3.6]

2.2.7.3　正式学习和非正式学习的优点

正式学习的优点包括：

- 大量员工在同一时间学习同样的信息和流程。
- 如果设计得当，那么内容都是准确而且最新的。
- 参与正式学习的员工在从事新工作时学习速度更快。
- 能够融入大量不同的方法，能够吸引有不同学习偏好的学员，并且符合成人学习原则。
- 设计成本可能更低。

非正式学习的优点包括：

- 可能发生在工作场所，在工作的时候有学习的需要。
- 与正式学习相比，在提升熟练程度方面的效果更出色。
- 是一种自然的学习方法。
- 高度相关且发生在很小的步骤中。

- 鉴于社交媒体和移动设备的普遍性，交付成本可能更低，效果更出色。
- 在实施非正式学习时，人才发展专业人士遭遇到的抵触情绪比正式学习时更少。

人才发展专业人士通常会在设计阶段推荐最适合的形式，但是，也可能根据引导设计的迭代方法、主题专家的建议或与发起人讨论中的发现来对学习形式进行调整。

2.2.7.4　电子学习

电子学习是一种通过各种应用程序和流程，以电子方式交付的结构化课程或学习体验，包括基于 Web 的培训、基于计算机的培训、多设备学习、虚拟教室、绩效支持和数字协作。这种方法通常用于向大量的且有时地区位置分散的受众提供一致可触达的内容交付。电子学习设计的一个独特考虑因素是内容的交付方式，如通过互联网、组织的内联网、局域网、卫星广播、交互式电视或光盘。

2.2.7.5　混合式学习

"混合式学习是一系列有序排列的内容块，用于创造学习体验"（Hofmann 2018）。它运用多种交付方法，取决于哪种方法能够最有效地交付需设计的内容类型。选择混合媒体的常见原因包括：

- 虚拟教室为不在同一地点的学员创造机会，使他们能够以低成本的方式共同学习。
- 如果将学习内容分成多个小块，就很适合课堂之外的自学。
- 如果内容需要快速交付，不需要将学员聚集在传统的教室里，这样将加快学员快速获得所需内容的过程。
- 鉴于与传统教室学习相关的时间和成本因素（差旅、交付和离岗损失），混合式学习可能是更合适的策略。

开发

2.2.8　教学内容规划、设计和开发方法与技巧

I.　内容开发方法和技巧

人才发展专业人士应该掌握关于内容开发方法和技巧的知识。

2.2.8.1　课程开发基础知识

开发是指创建、测试和制作可供使用的教学材料的过程。在设计阶段，人才发展专业人士通过创建主题内容定义待开发的课程主题。

随着人才发展专业人士与主题专家、发起人和在内容领域、教学设计与评估方面有丰富知识的其他人开展合作，整个开发流程会有反复，会对内容产品持续审查并不断修改。人才发展专业人士将在正式培训课程交付前通过原型制作和试点测试检查课程材料，测试教学方法。在开发阶段会使用在设计阶段提出的建议，如排序和形式建议，并用选中的技巧来规划内容。开发阶段的结果就是

形成可投入实施的正式或非正式学习解决方案。

2.2.8.2 亲和图和关联图

亲和图收集大量想法，并根据各个项目之间的自然关系，将这些想法组织成多个逻辑分组。关联图则显示各个分组之间的因果关系。这两种图形最适合用于当问题看起来过于复杂，事实之间的关系看起来不是很清楚时，当想法或事实模糊或混乱时，或者当人才发展专业人士和利益相关者需要从大量想法中发现重要主题时。

亲和图和关联图帮助人才发展专业人士将大量想法分组划分为相关的集群，每个集群都有明确的标题，而且明确绘制了各个集群之间的关系。可以按照逻辑顺序排列这些分组，用于开发内容。

2.2.8.3 大纲

当规划内容时，应该遵循下列几项有帮助的特征对大纲进行设计：

- 所有标题都应该平行，或采用相同的层级和形式。
- 大纲内容应该按逻辑顺序呈现。[参见 2.2.6.1]
- 标题应该比子标题更宽泛。

2.2.8.4 罗伯特·加涅的九步教学法

尽管罗伯特·加涅的九步教学法包含的各个步骤都是在教学过程中进行的，但是人才发展专业人士必须在设计和开发阶段为其进行规划，以确保妥善将这些步骤融入学习活动中。这些活动可以分为三组（Gagné 等人 2004）[参见 2.1.3.7]：

- 准备。

  1. 引起注意。

  2. 告知学员学习目标。

  3. 激发对先前知识的回忆。

- 教学和实践。

  1. 呈现内容。

  2. 提供学习指导。

  3. 引出行为。

  4. 提供反馈。

- 评估和迁移。

  1. 评估绩效。

  2. 促进保留与迁移。

2.2.8.5 ROPES

ROPES 模型是一种有助于提升学习成果的教学设计策略，通过按逻辑顺序呈现学习内容来强化学习流程。这一缩写的含义是：

- 回顾（Review）是通过询问学员对新内容的熟悉程度，从现有知识向新内容的过渡。
- 概述（Overview）是对内容的目标、好处和重要性的总体预览。
- 呈现（Presentation）是对新内容的描述、讨论和演示。
- 练习（Exercises）是能够促使学员实践并运用新内容的活动。
- 总结（Summary）是对内容关键点的回顾和反思，并邀请大家针对内容提问。

2.2.8.6　内容开发方法考虑因素

为了满足组织要求，人才发展专业人士需要考虑的问题应该超出学习活动本身，并扩展设计期望。无论是非正式的同伴反馈小组还是正式的在线课堂，人才发展专业人士都要思考课前必须做的准备，以确保学员准备充分，以及课后必须采取的行动，以确保学员对预期组织目标的达成贡献力量。

下面介绍的每种技巧都有助于确保内容能够满足组织要求：

- 确保设计包含了参与学习之前的步骤，让学员为即将开始的学习做好准备，如与学员的上司谈话。
- 向管理层说明课程结束后学员的预期绩效会发生怎样的改变或改善，以及这些结果与组织目标之间的一致性。
- 确定管理层将采取相应行动，为学习活动结束后发生的改变提供支持，如强化和反馈。
- 设计在培训结束后以纸质和在线材料形式提供的支持材料。
- 确保学员了解自己的努力将如何对组织目标产生影响。
- 确保学员知道组织对他们的期望，以及如何更好地承担责任。
- 如果在课程中安排引导师，那么明确阐明他们应该扮演的支持和跟进角色。
- 确保学员知道如何在学习活动结束后寻求帮助。

2.2.9　向主题专家征求知识和信息，并运用这些内容支持或强化学习的技能

I.　在教学设计中运用主题专家

　　每项培训课程最重要的部分就是内容。人才发展专业人士必须事先了解核心内容，或者他们必须擅长通过主题专家征求适当的内容或从大量不同来源全面研究课题。当项目要求提供独特的内容时，人才发展专业人士应该与主题专家共同确定并收集适当的内容。

2.2.9.1　主题专家的筛选流程

　　如果人才发展专业人士想要与主题专家开展有效的合作，那么他们需要尽快了解内容。人才发展专业人士达成这一目标的方法之一就是与主题专家进行访谈，针对问题寻求说明，然后编制教学材料。主题专家可能并不了解成人学习理论或教学设计技巧，所以人才发展专业人士需要负责整合材料。如果主题专家擅长沟通，那么他们可能把沟通技能误以为是教学设计技能。

与主题专家合作最重要的关键点之一是澄清。大多数主题专家通常都十分渴望自己的知识或经验受到认可，并得以使用。对于主题专家来说，与人才发展专业人士合作应该是一种积极的体验，一旦意识到人才发展专业人士能够负责提供教学框架，他们就可以把注意力集中到提供课程内容上。

选择合适的主题专家很重要。人才发展专业人士可以在主题专家的挑选过程中利用下列技巧（Hodell 2016）：

- 仅使用在当前内容领域有近期（一年或更短时间）工作经验的主题专家。
- 与主题专家进行访谈，避免与主题专家存在性格冲突。
- 确定主题专家是否有足够的时间参与设计流程。
- 开始前，确定激励、肯定或向主题专家支付报酬的方式。
- 确定主题专家是否有教学设计经验。

尽可能在整个流程的早期找到最合适的主题专家，这样有助于避免在项目后续阶段发生无法挽回的错误。明智的人才发展专业人士都会通过各种方法与各自的主题专家建立合作关系。

2.2.9.2　与主题专家合作

人才发展专业人士经常需要与主题专家合作来设计学习活动。主题专家掌握与内容相关的知识或经验。为了开展有效的工作，主题专家还必须了解培训课程的目标，以及如何达成目标。由于使用的教学设计方法不同，对于主题专家的需求也不尽相同，因此也有可能根本不需要使用主题专家。在与主题专家共同开发课程的过程中，人才发展专业人士可以承担三种角色：

- 设计师是唯一参与的人，也就是主题专家。
- 设计师掌握一些内容知识，但需与一位主题专家合作。
- 设计师几乎不具备内容知识，依赖主题专家的协助。

与主题专家合作时，人才发展专业人士利用提问、分析、数据收集和访谈技巧揭示内容，并决定需要包含在学习体验中的内容。主题专家（内容专家）与人才发展专业人士（学习专家）之间的关系非常有价值，在项目开始时澄清角色和如何相互合作很重要。在这种情境下主题专家的角色包括：

- 提供可转化为课程内容的专家证言。
- 检查针对应用而专门开发的所有内容的准确性。
- 与设计师合作确保课程设计与内容相匹配。

2.2.9.3　激励主题专家

人才发展专业人士应该认识到，对于主题专家来说，最重要的因素是动力。如果分配给他们的任务和汇报关系并不是他们内心期望的，就会产生问题。例如，如果任务不在他们的工作描述或发展计划之内，他们就会担心自己付出的努力得不到回报。对于其他人来说，参与项目可能被视为是琐碎、短暂、没有回报的，而且被视为"不务正业"。为了避免这种情况，有几个方案可供选择：

- 慷慨地支付报酬。

- 增加主题专家参与项目工作的曝光度。

- 将项目与主题专家的职业发展挂钩。

- 确立正式的关系，如正式的头衔。

如果主题专家是内部人员，那么可以将项目参与作为他们工作描述的一项内容，并且在项目结束后为其提供实质性利益。如果主题专家是外部资源，那么参与课程项目会成为他们简历中的重要经历。另一个方案是使主题专家成为项目的正式合伙人，授予他们团队中的重要汇报关系。

2.2.10 教学方法和技巧类型及应用

I. 规划教学交付

为确保学习的发生，人才发展专业人士应该掌握各种可供选择的教学方法，以及可能影响选择的各种因素的相关知识。

2.2.10.1 教学方法的使用

任何正式的人才发展项目的主要目的都是促进学习。教学过程通过一系列被称为教学方法的活动（或练习），专门针对发起、激发和支持学习来促进学习的发生。人才发展专业人士利用教学方法：

- 激励学员。

- 帮助学员做好学习准备。

- 帮助学员探索自己的知识。

- 使得学员能够应用并实践各自所学的知识。

- 协助学员保留并迁移各自所学的知识。

- 将他们各自的偏好与其他技能和知识相融合。

2.2.10.2 影响教学方法的因素

教学方法的选择基于需求评估、学习目标和学习形式。人才发展专业人士在选择教学方法时应该考虑下列因素：

- 教学目标。教学方法或活动必须与目标相匹配，确定是涉及认知学习（知识）、动作技能学习（技能）还是情感学习（态度）。

- 成本或预算。人才发展专业人士在决定培训媒体和方法时，应该牢记成本问题。

- 课程内容。技巧和媒体必须与课程内容一致。

- 学员的知识水平和期望。学员通常来自不同的年龄群体，有着不同的背景，而且经验和知识水平也各不相同。人才发展专业人士应该考虑学员适应各种不同活动的程度。

- 时间。预期的活动时长应该在时间限制内且切合实际。

- 设施、设备和材料。约束条件，如成排的固定座位，会影响活动的选择，应该在设计中加以考虑。远程交付还会对教学方法产生其他限制。

2.2.10.3 体验式学习流程

如果人才发展专业人士想要在课程中使用戴维·科尔布（David Kolb）提出的体验式学习设计，就必须尽早有意识地进行策划。尽管看起来似乎只是一个简单的流程，但是如果不精心设计，那么体验式学习活动（ELA）就会失败，因为人才发展专业人士必须创建一个现实的场景，近乎相似地复制出将要学习的内容，并且要留出足够的时间。学员在进行四个阶段的过程参与体验式学习活动时，可以运用归纳推理方法：

- 学员通过体验完成指定任务，继而通过体验掌握预期知识、技能或态度。
- 反思和处理为学员提供反思和讨论发生了什么，为什么会发生，自己学到了什么以及对此有何感受的机会。
- 概括提供了一个诠释学习动态并将其与工作场所联系起来的机会，学员可能也会发现他们学到了什么以及这些与现实生活的关系。
- 应用是给予学员时间来决定如何将所学知识迁移到工作场所以及生活中。

2.2.11 为取得期望的学习或行为结果，为培训或学习活动选择并匹配交付方式和媒体的技能

I. 匹配交付方式与目标

选择交付方式要求人才发展专业人士掌握几项关键技能，需要先明确了解交付方案与目标之间的联系。

2.2.11.1 交付方案选择与布鲁姆分类学的关系

人才发展专业人士通过使用不同活动确保每项目标达成。这些目标在分析和设计阶段根据布鲁姆分类法而确定。对于传授知识或技能，或者影响他人态度这些不同的目标有各自适合的最佳方法。例如，在公共演讲课上，学员需要知识和技能，因此人才发展专业人士可能播放一段视频，讨论获取知识的技巧，然后提供角色扮演的机会和反馈，帮助学员掌握相关技能。

学员必须积极参与学习，才能巩固知识。根据人才发展专业人士试图达成的目标，某种教学方法可能比其他方法更合适。在选择过程中，人才发展专业人士必须选择与目标相匹配的活动。有很多方法，包括讨论、角色扮演、案例研究、关键事件、行动学习、演示、技能中心、鱼缸式学习、体验式学习活动等。［参见 2.2.11］

表 2.2.11.1-1 列出了最适用于获取知识、强化技能或影响态度的学习方法。

表 2.2.11.1-1　最佳学习方法：知识、技能、态度

学习方法	知　识	技　能	态　度
行为示范	K		
头脑风暴	K		

学习方法	知　识	技　能	态　度
案例研究或场景	K	S	A
专题讲座	K		
辩论	K		A
演示	K		
通过实践来演示	K	S	
游戏、练习、结构化体验	K	S	A
小组讨论		S	A
引导式笔记	K		
动手实践		S	
独立研究	K		
信息搜索	K		
访谈	K	S	
拼图（团队教学）	K	S	A
分组座谈	K		A
角色扮演和技能实践		S	A
投票			A
反思和自我评估	K		A

2.2.11.2　选择和配置技术

技术应与目标一致，并在选择交付方式时予以考虑，因为无论是在实体教室还是虚拟教室，人才发展专业人士都可以通过技术来尝试新事物。重要的是，人才发展专业人士先了解对于组织来说哪些技术是可行的，并根据目标选择适当的技术。但是，为了做出有效的决定，人才发展专业人士需要先决定自己正在试图完成什么任务：

- 除 PowerPoint 和 Prezi 外，还可使用各种演示软件嵌入视频、音频档案、定制动画或高分辨率图片，以增强演示文稿。
- 交互式演示软件提供了通过投票、测验、智力竞赛、游戏和创建文字云来提高在线或现场受众的参与机会。
- 协作工具使得人才发展专业人士和学员可以在线交流文档、提供反馈，甚至可以将这些内容投射到多个屏幕上。
- 模拟工具使得人才发展专业人士可以呈现体验式学习场景，学员可以在计算机生成的环境中进行练习。
- 沉浸式技术，如增强现实、虚拟现实或两者相结合令学员能够沉浸在真实的学习环境中，使他们感觉到自己正在体验真实的学习环境。
- 人工智能将为远程和在岗员工提供广泛的应用，包括个性化和自适应学习。人才发展专业人

士可以使用人工智能进行内容创建、语音激活界面以及数字化协助。[参见 2.4.10]

- 课程管理工具使人才发展专业人士能够为课前准备、下载工具、作业和讨论板提供在线组件支持。[参见 2.3.1.3]
- 视频制作软件可用于添加其他音频、风格字体、突出显示图形和其他吸引眼球的元素，对任何故事进行定制设计。
- 人才发展专业人士可使用内容捕获工具记录计算机上的交付和开发讨论内容，上传后供学员将来使用。[参见 2.4]

技术选择标准应包括功能、成本、使用便利性、互动、特征、组织兼容性、联网能力和安全性。人才发展专业人士应该了解各种可用工具及其特征和功能。他们还应该培养与公司 IT 专业人士之间的关系，和他们分享关于技术对于人才发展活动的可行性的想法。了解尖端技术，并与 IT 部门合作，这样有助于人才发展专业人士在设计学习时做出最佳决策。[参见 2.3.6.2]

2.2.11.3　确保媒体与学习结果相匹配

开展教室培训时，所有学员可以在同一间教室里，也可以在世界各地的不同教室里。鉴于当前技术，除了面对面的教室培训，学习还可以采用多种不同的形式展开。为了设计有效的学习活动，人才发展专业人士必须了解有哪些可行的方案，以及在特定情境下哪种媒体最有效。他们需要决定学习目标是知识、技能还是态度，如何对目标进行评估，存在哪些可能阻碍特定媒体使用的制约条件。[参见 2.4.4.3]

2.2.12　设计和开发学习资产的技能

I.　创建材料

无论是线上还是线下、是非同步还是同步课程，都需要采用精心设计的学习资源来提高效果。

2.2.12.1　引导师指南

一份精心编写的引导师指南（在虚拟培训中通常称为制作人指南），能够令讲师主导型课程的准备和交付过程更顺利。如果课程中安排多名引导师，那么指南有助于确保课程的一致性。引导师指南包含有助于引导工作的描述性标题和视觉内容。引导师指南的页码尽量与学员指南页码相匹配。引导师指南中应该指明在何处使用视觉工具、幻灯片和其他引导师资产，以及时间安排、主要学习点、要提的问题、要做的过渡和回顾检查。

附录应包含任何必要的引导工具，以及额外的学员材料（如工作辅助工具、角色扮演脚本和案例研究）。人才发展专业人士可以通过编制资源清单和背景阅读书单，以及准备任何所需的信息或材料（如讲义、挂图和媒体），以此为引导师提供支持；为引导师提供能够将课程内容与学员之前的学习联系起来的工具；确定是否需要行政辅助工具，如学员名单、地图或名牌；还应该针对纸张、媒体播放器、投影仪、计算机、图表、教鞭、挂图和记号笔等物品编制设备和供给品清单。

2.2.12.2　学员指南和材料

学员指南应该包含描述性标题和视觉内容。培训材料还可以包含可下载或可填写的工作表，尤其是对于虚拟课程。除了学员指南，学员材料还可以包含针对各项活动、评估或案例研究准备的说明卡片或讲义；还可以包括有形的物品（如产品），以便学员可以判定其质量；还可以包含可在实践中使用的实体工具。如果包含说明，请确保说明内容清晰、完整、正确，并且为每个步骤编号，在各步骤之间留出足够的空白。

学员支持材料包括在课程过程中，以及在工作时可使用的工作辅助工具、信息图表、检查清单和模板。一些标准的信息图表设计包括前十名列表、历史记录、定义细节、操作方法、比较多个想法和流程类型。

2.2.12.3　媒体和材料

在开发阶段，需要定位、选择或创建媒体和材料，也可使用现成材料，或对内容进行调整。例如，某段视频剪辑的内容出色地说明了某个程序，但是配音不适合组织环境，那么可以将声音关闭后播放。有时需要使用挂图，有时则需要模型或其他表现方式。

2.2.12.4　投影片制作

很多教学形式，如面对面课程、虚拟教室和电子学习课程都会大量使用投影片。人才发展专业人士应该记住，有效利用视觉内容有助于最大限度地降低认知负荷，打造学习空间。下面介绍了有助于制作看起来专业而且效果出色的幻灯片的基本指导原则：

- 使用描述性标题。
- 一次呈现一个想法。
- 不要使用超过两种字体，而且两种字体的大小都应该适合阅读。
- 尽可能让空白区域大于内容区域。
- 添加有助于阐明信息的图形、图片、图表或其他视觉内容。
- 仅在特殊效果能够阐明并支持目标时才使用它们。

2.2.12.5　设计考核学习成果的评估工具

常见的考试形式包括多项选择题、对错题、配对题、填空题、简答题或短文，以及执行或动手操作考试。如果考试结果会对人员造成影响，则使用正式的验证流程来记录和保存考试有效性流程。通常情况下，如果需要向未参与培训课程的人员（如主管）或人事部门汇报考试结果，就需要采用正式的验证流程。人才发展专业人士应该就组织内的考试验证流程与人力资源或法务部门员工进行核实。其他指导原则包括（Miner 2007）［参见 2.8.4.2］：

- 提供明确的说明和资源。
- 只对那些需要在工作中使用的内容进行考核。
- 确保问题中的信息简明、精炼。
- 使用关键词，如谁、什么、何时和哪里。

- 按主题领域对问题进行分组。

2.2.12.6　评估材料

必须将评估与目标联系起来，评估可以是形成性评估或总结性评估。形成性评估在整个分析、设计、开发和实施阶段持续发生。总结性评估只有在某节课完成后才发生。在开发阶段中提出的成功目标衡量计划和书面材料设计都应该能够为形成性评估和总结性评估提供支持。

形成性评估计划描述改进课程、评估学员培训进度以及对培训态度的方法。总结性评估计划描述诸如培训后员工绩效、离职率以及客户评价等衡量标准。一个综合的评估计划应该指明如何、何时分发和收集信息，以及负责分发和收集的人员及对象。

评估材料可采用纸质或数字形式。在使用评估材料前，应对其进行审查和试点测试，以确定其是否：

- 语法正确。
- 评分量表衡量的正是想要衡量的内容。
- 针对具备适当读写水平的对象清晰撰写。
- 内容正确。
- 所使用的语言能够从文化角度令员工感到舒适。［参见 1.4］
- 可以在有限的时间内完成。
- 除了知识，还需要展示技能。

2.2.12.7　自适应学习

自适应学习是指根据个人的特定需求来量身定制学习体验的方法，在这种情况下，运用技术扩展学习活动以便适用于更多学员。技术将人工智能应用于学习中，优化每个瞬间，充分释放个人和组织的绩效。通过自适应学习，人才发展专业人士可以根据每位学员的活动实时调整内容，从而确保在合适的时间向每个人呈现合适的内容。自适应学习平台帮助人才发展专业人士应对快节奏和颠覆变化的工作环境。对教学内容进行个性化调整，人才发展专业人士就能够创造出一种学习工具，几乎就像为每位学员都专门安排了一对一讲师一样。与自适应学习相关的技术包括：

- 人工智能。计算机系统负责执行通常需要人类智力才能完成的任务（自适应是人工智能在学习中的应用）。
- 预测分析。使用现有数据来确定模式并预测结果（自适应学习可以采用这项技术）。
- 机器学习。人工智能的一种应用，机器可以在没有人为干预的情况下通过经验来学习（自适应学习可以采用这项技术）。

如果参加课程的学员经验丰富，那么人才发展专业人士就应该考虑采用自适应学习。由此对员工产生的直接结果就是提高员工学习的效率、效果和参与度，组织绩效也会得以提高。可以将自适应学习方法论整合到组织的学习内容中。例如，用于现场的销售人员，用于必须开展但某些学员已了解相关内容可快速完成的合规课程，或者用于帮助学员掌握各个领域的知识。

其他设计方法

2.2.13　了解如何将设计思维和快速原型制作运用于学习与人才发展解决方案开发中

I.　将设计思维用于教学设计

原型制作是设计思维不可或缺的一个组成部分，人才发展专业人士可以通过原型制作快速对想法进行测试和改进。人才发展专业人士可以实施这些方法，并致力于采取行动，为他们所在的这个快速改变的世界提供支持。

2.2.13.1　设计思维基础知识

设计思维是一种以人为中心的创新和问题解决方法，将人的需求与组织的需求结合起来。这种思维有助于培养创造力和创新意识，焦点在于找到正确的解决方案，而不是解决问题。

2.2.13.2　每个设计阶段的重点

设计思维鼓励设计团队对假设提出质疑，并探索新的想法。设计思维方法论共包含五个阶段：

- 共情要求通过咨询专家、与他人接触以了解他们的经历，将自己沉浸在环境中从个人角度深刻理解问题，从而切身、明确地理解问题。了解哪些人会受到问题的影响，对于他们来说有哪些风险很重要。

- 定义问题需要对第一阶段掌握的信息进行整理和合成。定义阶段的一部分任务是继续提出更多问题，收集更多数据，以激发想法和解决方案。

- 一旦对用户及其需求有了清晰的理解，再加上通过数据整理掌握的扎实背景数据，概念形成阶段就开始了。和头脑风暴一样，目的是在这一阶段开始时就获得尽可能多的想法或解决方案。概念形成阶段结束时，从中选取一些想法进行调查和测试，以获得优秀的方案。

- 原型阶段要求团队制作一些解决方案的缩微版本。这是一个实验阶段。可能在设计团队内部或外部分享原型，并对其进行测试。在原型内实施解决方案或想法，并对每个解决方案或想法进行调查、接受、改进或拒绝，从而了解问题本身固有的制约因素。

- 测试是最后一个阶段。测试阶段对最终产品进行严格的评估。然而，鉴于流程的迭代特点，通常会利用测试结果来重新定义问题并告知用户（Glynn 和 Tolsma 2017）。

尽管设计思维听起来像一个线性流程，但实践中更加灵活，并具有迭代性。随着团队的不断尝试和突破极限，模棱两可的情况不可避免。

2.2.13.3　适应设计思维

将设计思维作为教学设计的一种方法来运用，可能产生下列结果：

- 从共情来看，即关心他人可以为解决方案的创建打下坚实的基础。

- 收集到大量想法（可能比 ADDIE 中典型的分析阶段收集到的更多），提供使用框架和其他工具来整理与展示数据的新思路。
- 人才发展专业人士应该在设计和开发阶段就预见后续会有更多的反复探索。
- 过早向利益相关者呈现原型（并未达到正常的成品水平）可能令人感到不适。因为大多数人习惯于追求完美，这是很真实的。
- 利益相关者可能提出原型改进建议。作为基准，很多人才发展专业人士会将试点测试完成90%，而原型完成度达到 65%~75%（Glynn 和 Tolsma 2017）。

2.2.13.4　快速原型制作

快速原型制作是一种设计—开发—评估的迭代流程，使得利益相关者能够在整个设计和开发过程中不断看到学习体验的设计进度，并提供反馈意见，而不是等到成品完成后。一旦此时发现问题，就需要涉及大量变更，并产生高昂的成本。这种迭代流程从信息采集开始，到成品推出结束。设计和开发流程也具有迭代性，在客户和人才发展专业人士寻找并不断改进以获得最佳解决方案的过程中提供连续性产品。在典型情况下，设计和开发周期都需要迭代三到四次。SAM（迭代模型）是快速设计模型的一个例子，该模型借鉴了诸如敏捷模型之类的软件开发模型，这些模型利用迭代和短作业循环快速产生结果。［参见 2.2.1.10］

2.2.13.4.1　将快速原型制作应用于设计流程

人才发展专业人士应该将原型制作视为一个重要的设计步骤，因为这样做可以节省资源并最终获得更优秀的产品。分镜脚本是收集设计想法的有效第一步，采用图形形式，目的在于确定设计方向是否正确。［参见 2.2.7.5］

原型是设计概念的实体证明或草案。原型通常可以分为三种类别：

- 低保真度原型是纸上原型，或者是对初步设计的粗糙的实体表现。
- 中保真度原型是线框原型，经过更多的打磨，更接近成品状态。
- 高保真度原型几乎是最终设计的全功能复制品。

2.2.13.4.2　通过快速原型制作收集反馈

物理原型制作是获取最终用户反馈的有效工具。通过观察个人如何在界面内操作，以及如何处理特定元素，人才发展专业人士可以确定设计的有效性。他们可以采用统一的方法向用户解释界面，以及他们希望通过应用程序的创建来完成什么任务。这样能够确保开始时，每位用户都掌握了关于原型的同样的知识。不一致将导致测试结果偏离实际情况，并导致最终用户的反馈失去可用性。此外，最终用户的实际反应将揭示他们对应用程序的看法，以及对于他们来说，屏幕界面之间的导览是否很容易（或很困难）。

2.2.14　了解正式学习和非正式学习体验如何影响与支持个人和群体发展

I.　关于学习如何影响发展的意识

人才发展专业人士知道，最优秀的组织会树立一种富有成效的学习文化。他们知道学习会对组织成功产生怎样的影响，以及如何为组织学习提供支持。

2.2.14.1　学习从个人层面开始

无论是正式学习还是非正式学习，当个人学习技能或想法，将新知识实施或迁移到他们的工作中，而且有可能提高他们的工作效率时，学习就开始了。他们可能不会与其他人分享自己的知识。然而，如果他们在离开组织之前没有和他人分享，那么团队和组织就失去了这些知识。［参见 2.5］

大多数员工认为，他们具备完成工作所需的技术和专业知识，但只有五分之一的员工认为自己的学习能力是有效的（CEB 研究 2014）。人才发展专业人士应带领他们，确保所有员工都能自如地运用那些有助于提升自身学习能力的行为，其中包括：

- 寻求反馈。

- 规划自己的未来发展。

- 强化成长思维。［参见 1.7.1.8］

2.2.14.2　群体学习

群体学习是指团队中的个人获得并与其他团队成员分享经验和知识。如果群体能够利用这些信息来调整未来的行动，就意味着群体学习已经发生，还有助于促进团队合作。圣吉（2006）将团队学习的三个维度定义为：

- 深入思考复杂问题的能力。

- 采取创新、协调行动的能力。

- 创建一个便于其他团队采取行动的网络。

2.2.14.3　组织学习

人才发展专业人士应该帮助所在组织确定如何提高组织的学习能力。首先，员工需要相信他们的组织想要创造一个支持性的学习环境，但他们自己也需要分担这一责任。人才发展专业人士确保基本工作已经就绪，可以引导大家共同承担起这项责任。例如：

- 确保领导支持、认可并奖励学习活动。

- 向每位员工灌输终身学习的价值。

- 期望管理者为员工发展提供支持。

- 激励员工对自己的发展负责。

参考文献

Allen, M. 2016. *Michael Allen's Guide to E-Learning*, 2nd ed. Hoboken, NJ: Wiley.

Anderson, L.W., and D.R. Krathwohl, eds. 2000. *A Taxonomy for Learning, Teaching, and Assessing: A Revision of Bloom's Taxonomy of Educational Objectives*. New York: Longman.

ASTD Research. 2011. *Developing Results: Aligning Learning's Goals and Outcomes With Business Performance Measures*. Alexandria VA: ASTD Press.

ATD Research. 2016. *Building a Culture of Learning: The Foundation of a Successful Organization*. Alexandria, VA: ATD Press.

Biech, E. 2009. *10 Steps to Successful Training*. Alexandria, VA: ASTD Press.

Biech, E., ed. 2014. *ASTD Handbook: The Definitive Reference for Training and Development*. Alexandria, VA: ASTD Press.

Biech, E. 2017. *The Art and Science of Training*. Alexandria, VA: ATD Press.

Branson, R.K., G.T. Rayner, J.L. Cox, J.P. Furman, F.J. King, and W.H. Hannum. 1975. "Interservice Procedures for Instructional Systems Development." vol. 1-5. Ft. Monroe, VA: U.S. Army Training and Doctrine Command.

CEB Research. 2014. "Building a Productive Learning Culture." Arlington, VA: CEB Learning and Development.

Clark, R.E. 1999. "The Cognitive Sciences and Human Performance Technology." Chapter 5 in *The Handbook of Human Performance Technology: Improving Individual and Organizational Performance Worldwide*, edited by H.D. Stolovitch and E.J. Keeps. San Francisco: Jossey-Bass.

Clark, R.C. 2010. *Evidence-Based Training Methods: A Guide for Training Professionals*. Alexandria, VA: ASTD Press.

Department of the Air Force. 1993. *Instructional System Development*. AF Manual 36-2234.

Department of the Army. 2011. *Army Learning Policy and Systems*. TRADOC Regulation 70-350.

Dick, W., L. Carey, and J. Carey. 2014. *The Systematic Design of Instruction*, 8th ed. Boston: Pearson Education.

Gagné, R.M. 1997. "Mastery Learning and Instructional Design." *Performance Improvement Quarterly* 10(1): 8-10.

Gagné, R.M., W.W. Wagner, K.C. Golas, and J.M. Keller. 2004. *Principles of Instructional Design*, 5th ed. New York: Holt, Rinehart, and Winston.

Gardner, H. 2011. *Frames of Mind: The Theory of Multiple Intelligences*, 3rd ed. New York: Basic Books.

Glynn, K., and D. Tolsma. 2017. "Design Thinking Meets ADDIE." *TD at Work*. Alexandria, VA: ATD Press.

Herrmann, N., and A. Herrmann-Nehdi. 2015. *The Whole Brain Business Book*, 2nd ed. New York: McGraw-Hill.

Hodell, C. 2016. *SMEs From the Ground Up*, 4th ed. Alexandria, VA: ATD Press.

Hofmann, J. 2018. *Blended Learning*. Alexandria, VA: ATD Press.

Kirkpatrick, D.L. 2006. *Evaluating Training Programs: The Four Levels*, 2nd ed. San Francisco: Berrett-Koehler.

Kirkpatrick, J., and W. Kirkpatrick. 2016. *Kirkpatrick's Four Levels of Training Evaluation*. Alexandria, VA: ATD Press.

Knowles, M.S. 1984. *The Adult Learner: A Neglected Species*, 3rd ed. Houston: Gulf Publishing Company.

Knowles, M.S., E.S. Holton III, and R.A. Swanson. 2005. *The Adult Learner: The Definitive Classic in Adult Education and Human Resource Development*, 6th ed. Burlington, MA:Butterworth-Heinemann.

Mager, R.F. 1962. *Preparing Objectives for Programmed Instruction*. Palo Alto, CA: Fearon.

McArdle, G.E. 2015. *Training Design and Delivery*, 3rd ed. Alexandria, VA: ATD Press.

Meier, D. 2000. *The Accelerated Learning Handbook: A Creative Guide to Designing and Delivering Faster, More Effective Training Programs*. New York: McGraw-Hill.

Miner, N. 2007. "The Art of Test Creation." *TD*, July.

Orey, M. 2017. "Designing Section 508 Compliant Learning." *TD at Work*. Alexandria, VA: ATD Press.

Piskurich, G. 2009. *Rapid Training Development*. San Francisco: Pfeiffer.

Rogers, C. 1951. *Client-Centered Therapy: Its Current Practice, Implications, and Theory*. Boston: Houghton-Mifflin.

Seels, B., and R. Glasgow. 1998. *Making Instructional Design Decisions*. Upper Saddle River, NJ: Prentice-Hall.

Senge, P. 2006. *The Fifth Discipline: The Art and Practice of the Learning Organization*. New York: Doubleday.

Silbermen, M., and E. Biech. 2015. *Active Training: A Handbook of Techniques, Designs, Case Examples, and Tips*, 4th ed. Hoboken, NJ: John Wiley & Sons.

Smith, P., and T. Ragan. 2005. *Instructional Design*, 3rd ed. Hoboken, NJ: John Wiley & Sons.

Tobey, D. 2005. *Needs Assessment Basics*. Alexandria, VA: ASTD Press.

U.S. Air Force. 1970. *Instructional System Development (ISD)*. AFM 50-2. Washington, D.C.: U.S. Government Printing Office.

U.S. Army. 2011. *Army Learning Policy and Systems*. TRADOC Reg. 350-70. Washington, D.C.: U.S. Government Printing Office.

U.S. Army Field Artillery School. 1984. *A System Approach to Training*. ST-5K061FD92. Washington, D.C.: U.S. Government Printing Office.

Watson, R. 1981. "Instructional System Development." Paper presented to the International Congress for Individualized Instruction, October. ED 209-239.

推荐阅读

Dirksen, J. 2012. *Design for How People Learn*. Berkeley, CA: New Riders Publishing.

Hofmann, J. 2018. *Blended Learning*. Alexandria, VA: ATD Press.

Huggett, C. 2017. *Virtual Training Tools and Templates: An Action Guide to Live Online Learning*. Alexandria, VA: ATD Press.

2.3　培训交付和引导

人才发展专业人士通过培训交付和引导帮助个人通过学习新技能和知识提高工作绩效。执业者通过了解学员的需求、打造良好的学习环境、与学员建立融洽的关系、使用适当的交付方案和媒体让学习活动更有投入度，同时具备有效性、相关性和适用性，以此来充当学习的催化剂。引导会议意味着采取客观的方法帮助利益相关者发现新的见解，取得团队成果，并努力促成组织发生积极的改变。

2.3.1　策划与协调会议或学习活动相关的后勤准备技能

I.　策划与协调学习活动

无论是策划会议还是学习体验，人才发展专业人士都应该磨炼自己的组织技能。

2.3.1.1　准备培训环境

为了取得期望的结果，负责引导培训活动和会议的人才发展专业人士必须考虑大量因素。

即使有其他人负责准备房间，人才发展专业人士仍然要在培训开始前留有足够的时间提前到达，布置材料，处理最后关头可能出现的危机。有时可能没有其他人来处理这些事情，在这种情况下，人才发展专业人士可能需要整理房间，摆放桌椅，安装和测试设备，并完成最终布置。

选择培训的房间时，重要的是，避免任何可能影响学员学习能力的干扰或阻碍因素。此外，人才发展专业人士还应该确保房间：

- 足够的墙壁空间，用于悬挂海报或在挂图或白板上记录内容。
- 座位安排适合学习目的（见表 2.3.1.1.1-1）。
- 设施有 Wi-Fi 接入，并且附近有足够的洗手间。
- 方便所有人出入，包括行动不便人士。［参见 1.6.4 和 1.6.7］

表 2.3.1.1.1-1　座位安排示例

名　　称	描　　述	示　　例
圆圈	这种布置通常用于培养学员之间以及与人才发展专业人士之间的亲密关系,人才发展专业人士坐在其中的一把椅子上	
带缺口的圆圈	这种布置具备圆圈布置的优点,同时为人才发展专业人士提供了在教学过程中控场的方法。培训师可以站在挂图旁	
圆形桌子	这种布置利用了圆圈布置非正式的特点,同时学员也有地方可以放置自己的纸张和书本。相比只将椅子呈圆形放置的布局,放置桌子后能够消除有些学员可能存在的易受攻击感。研究显示,相比坐在呈圆形放置的椅子上,人们在围圆桌而坐时的参与度更高	
方形桌子	方形桌子更趋向于正式的会议安排,通常用于需要播放"幻灯片"的场合。研究显示,方形桌子有助于鼓励坐在桌子两边的人互相交谈	
矩形桌子	在矩形桌子边,没有人可以看清楚所有人的脸。学员期望坐在桌子末端的人控制整个互动过程。矩形桌子对于某些类型的培训课程可能十分有效,但是面对面坐在两边的人可能产生紧张感	
U 形桌子	这种布置常见于研讨会。U 形桌子会让学员产生一种彼此平等的感觉。U 形的开口部位是人才发展专业人士、笔记记录者或记录员的位置	
课堂风格	这种布置给予人才发展专业人士(尤其是如果他们正在水平位置较高的讲台上),足够的掌控感,除了坐在旁边的人,学员很难与其他人交谈。这种布置能够使一间小房间容纳很多人,对于单向交流非常有效	

续表

名　　称	描　　述	示　　例
剧院风格	剧场或礼堂式座位安排用于最大限度地增加一个房间可容纳的人数。但是，这种安排不利于激发集体讨论或参与	○○○○○ ○○○○○ ○○○○○ ○○○○○ ○○○○○ ○○○○○

如果需要观看屏幕，就要确保座位离屏幕最远的学员能够看清屏幕上的内容。如果学员人数较多，人才发展专业人士可能需要使用麦克风，而且要在开始上课前进行语音检测。考虑到安全性，要将电线粘在地板上，以避免绊倒。

为了保持最高质量的学员体验，人才发展专业人士要准备讲义和视觉辅助工具，并且留出充足的时间对其内容进行校对，同时还需要决定如何共享材料，例如，是否以数字形式发布。

2.3.1.2　准备虚拟课

在准备虚拟讲师主导型培训或虚拟会议时，人才发展专业人士将完成与面对面活动相似的准备工作。两者之间的一个不同之处在于，准备虚拟课可以将材料分发给学员，也可以将材料存储在中央资料库中供他们下载。

虚拟学习活动最后的准备包括检查所有技术连接、测试音频、加载投票问题、打开白板以及检查学员的权限。人才发展专业人士可能有机会与制作人合作，制作人是在线课程中为人才发展专业人士提供协助的技术专家。制作人可以专门负责提供技术协助，也可以同时扮演课程引导角色（Huggett 2013）。

2.3.1.3　准备数字环境

人才发展专业人士应该针对数字要求进行策划，为课程的在线环节提供支持。很多培训课程都包含一个学习门户网站，这是一个内部网站，学员可通过该网站访问组织资源。门户网站可能包含课程的课前作业、正在进行的课程作业、讨论板和可下载工具。学员还可以在门户网站上提交项目。人才发展专业人士必须记住在开始学习活动之前安排时间检查准备的情况，并在必要时更新学习门户网站。他们需要：

- 确定内容范围。
- 告知学员网站地址、何时可以访问以及如何访问网站。
- 确定如何标记材料并排列材料的顺序。
- 决定门户网站是否需要包含社交媒体方面的内容。
- 确定如何对门户网站进行维护，以及由谁负责维护。
- 决定如何树立门户网站的品牌。

如果门户网站曾用于其他课程，人才发展专业人士就需要确认网站上的工具和资源是否是最新的，是否需要更新，是否需要创建新的并上传至网站。无论门户网站是新建的还是曾用于往期课程，人才发展专业人士都应该对网站进行测试，确保每个要素都正常运行。

2.3.1.4 沟通和营销

有时，人才发展专业人士会被要求撰写一份吸引人的课程描述，或制作一系列公告，以引起潜在学员对课程的兴趣。无论课程的对象是内部员工还是外部客户，都应该开展一些营销活动。如果所有产品的开发工作一样，那么培训课程营销的目的在于确立目标人群对于课程的意识，同时帮助学员培养学习文化。课程描述可能出现在宣传材料中，如课程目录、学习管理系统的集中注册系统、企业网站或社交网络上的电子广告、电子邮件通知、宣传单页或带有徽标的物品（如钢笔、钥匙链和徽章）。

2.3.1.5 紧急情况准备

事先充分准备的人才发展专业人士应该仔细考虑所有可能出现问题的地方，以及如何解决这些问题。面对可能出现的情况，如停电、活动没有效果，或者无法回答学员的提问，制定备选方案很重要，至少要有一个大概的想法。

2.3.1.6 协调行政管理任务

在课程交付过程中，需要协调日程和设施、确定学习管理系统需求，并决定如何管理课程。无论是一次性活动还是推出大型项目，计划都应该指出谁在哪天通过什么方式完成什么，可能还包括：学员如何报名参加培训；人才发展专业人士如何在开课前开展营销活动，并与学员沟通；如何跟踪学员的出勤情况；何时以及如何预订房间；由谁创建课程材料。

> **II. 准备**
>
> 人才发展专业人士应计划投入充足的时间，为任意一个培训活动交付做准备。他们应该审核评估文件，理解内容与组织目标之间的关系，了解学员，掌握内容并练习交付工作方法。

2.3.1.7 与培训需求评估的一致性

负责交付培训活动的个人应该了解需求评估结果、开发培训活动的理由，以及培训与组织目标之间的关系。他们应该理解需求评估如何影响课程流程，以及每个流程背后的目的。［参见 2.2.2］

2.3.1.8 受众分析

人才发展专业人士应该尽可能多地了解关于参加课程的学员的信息，这样才能根据学员的情况来定制课程。他们应尽快拿到学员名册，以确定有助于他们策划课程水平、学习节奏和学习重点等要素。他们应该关注的信息包括学员在组织内担任的工作、学员的责任和权力级别、学员对于主题的了解程度、学员所在的位置、学员参加课程的原因（如自愿参加、强制参加、绩效不佳、需要新技能或扮演新角色），以及学员对于这个培训课程的看法。

2.3.1.9 练习授课内容从而变得专业

人才发展专业人士应该投入时间练习，从而掌握培训或会议的内容。他们可以通过几种方式来达成这一目的：

- 和小规模群体一起练习活动，以确定时间或结果是否符合预期。
- 练习演讲技巧，例如，如何展示某样东西或确定分发额外讲义的最佳时间。
- 如果需要讲故事或讲笑话，就大声练习以表现出舞台效果。
- 尽可能在上课的教室里练习。
- 练习如何自然地讲课。
- 对自己的练习过程录音、回放并确定需要改进的地方。
- 确定需要在特定的点提出的问题。
- 预测学员可能提出的问题。
- 完成彩排，确定移动和手势会对他们上课着装有什么影响。

2.3.1.10　交付准备

对于人才发展专业人士来说，交付是促进学习、改进工作场所绩效的机会。只要经过精心的准备，人才发展专业人士就能够减少并控制自己的紧张感。这也是准备是培训过程中最关键步骤的原因。下面介绍了人才发展专业人士可以做的一些事：

- 了解目标。先从了解学习目标开始，学习目标规定了在培训结束后期望达到的绩效水平（知识或技能）。
- 回顾需求评估。需求评估是培训体验的前提，给出了需要培训的理由。
- 掌握材料。人才发展专业人士应掌握培训课程的内容。如果他们帮助设计和开发课程，他们在了解学习材料方面就可能有优势，因为他们可能了解促成最终设计的各项决策。
- 了解学员。人才发展专业人士应该在上课前尽可能多地了解关于参加课程的学员的信息。此外，他们还应该收集有关激发课程学习的业务或绩效需求的背景信息。
- 制作讲师备注。有效的备注能够为交付准备流程提供帮助，而且有助于人才发展专业人士克服紧张情绪。人才发展专业人士应该确定哪种备注方式最适合自己。有些人喜欢在引导过程中运用人才发展专业人士指南中的备注，有些人喜欢将幻灯片打印出来在上面写备注，其他人则会制作自己的备注。

III.　帮助学员及其管理者做好准备

人才发展专业人士应该认识到，如果能够帮助学员及其管理者做好准备，培训交付和引导就会更加成功。如果学员了解到学习能够给他们带来好处，他们就会更加愿意学习和改变。管理者可以通过帮助学员做好准备，并巩固他们的所学来支持他们的学习。

2.3.1.11　帮助学员做好学习准备

为了让学员做好参加学习活动的准备，人才发展专业人士可能发送一封欢迎电子邮件，其中包含课程议程以及与学员的工作相关的培训信息，让学员了解有哪些是自己想要的培训内容。人才发展专业人士可以在邮件中加入参加课程人员的名册，以及具体的后勤信息，并且提前与学员沟通，让学员感到自己受欢迎，这一点很重要。

2.3.1.12　帮助学员做好在线学习准备

几乎所有适用于面对面培训的建议同样适用于在线培训。此外，人才发展专业人士需要考虑技术支持的学习体验将如何对学员产生影响。他们需要帮助学员设置学员的电脑，测试访问链接，并且确保已下载正确的软件。关键是，人才发展专业人士确保学员不会等到最后一分钟才开始参与进来。学员必须事先完成所有设置或布置的任务，这样才能积极参与到在线学习中。

2.3.1.13　与管理者沟通，令其为员工提供辅导的策略

如果学员有上司或管理者，那么人才发展专业人士应该制定计划，考虑与他们的管理者沟通。为确保知识迁移，有些管理者可能自己也需要指导，如在活动之前、期间和之后。

- 学习活动之前，人才发展专业人士应该与管理者见面，讨论管理者的期望，以及如何为知识迁移提供支持。

- 学习活动期间，人才发展专业人士可以邀请管理者在最有利于为学员和他们的目标提供支持的时间来参观学习活动。

- 学习活动之后，人才发展专业人士应该鼓励管理者帮助员工巩固所学，为员工寻找实践新技能的方法。［参见 2.7.3］

IV.　策划与协调会议

除了引导学习，人才发展专业人士还应准备好主持会议，这也需要精心策划和准备。

2.3.1.14　策划会议后勤

会议策划的第一步是决定会议的目的——为什么需要召开会议？人才发展专业人士还应该思考为了达成会议的目标，是否还有其他替代方案，如电话会议、电子邮件、个人电话、调研或延长另一场会议的时间。一旦决定必须召开会议，就需要回答下列问题：

- 谁？参加会议的人都应该有各自出席的目的。这些理由包括他们可能需要信息、负责解决问题、有权做出分配或决定、直接受到会议主题的影响、对于相关情况有自己的想法、有独特的视角。

- 什么？会议上将探讨哪些问题，以及按照什么顺序。列出需要在会议上涵盖的所有内容，分配优先级，将最重要的主题放在第一位，除非各个主题之间存在逻辑顺序。确定会议类型也十分有帮助，例如，是为了提供信息、确定问题、解决问题、制定计划，还是培训或教育。

- 何时？会议参与者应有时间完成准备工作。另外，考虑以虚拟形式参加会议的人员的时间安排，无论是因为他们在另一个时区还是正在另一个班次工作。会议的时间应该刚刚好，时间刚好足以达成所有目标，但是又不会太长。

- 哪里？应该根据是否临近每个人，并且便于每个人出入的原则来决定会议地点，同时考虑中立地点的重要性。如果与会者以虚拟形式参加会议，要确保房间内有支持他们参加会议的技术和设备。

人才发展专业人士应该充分准备，以达成会议预期的结果，应该选择一个没有干扰并且有利于讨论的房间，设施内必须具备远程参与者所必需的通信和技术接入，而且便于所有人出入，包括行动不便人士。座位安排应该进一步支持会议目的的达成。[参见 1.6.4 和 1.6.7]

确保每个人都提前知道会议的地点，如果可能的话，应提前 24 小时向与会者发送会议议程，以便他们做好准备。会议议程阐明会议目标、分配给每项目标的时间以及负责人。如果有单独的会议负责人，那么主持人可能发现自己站在负责人的旁边，可以获得和负责人一样的视角，或者站在负责人的对面，可以看到负责人发出的信号，这两个位置比较有效。

2.3.1.15　制定议程

人才发展专业人士应该通过制定议程来提升会议的价值：

- 时刻关注会议的焦点，并使会议按照议程顺利推进。
- 帮助与会者做好会议准备。
- 确保每个人都知道会议的期望结果。
- 提高会议取得成果的概率。
- 确定会议的时间表。
- 表现出对所有与会者的尊重。

尽管议程的细节程度和风格各不相同，但是最佳的议程通常能够提供：

- 召开会议的日期、时间和地点。
- 与会者名单。
- 会议目标。
- 按优先顺序列出每个主题的陈述。
- 分配给每个主题的时间。
- 每个主题的负责人。
- 每位与会者应该如何为会议做准备。

如果由于紧急情况而在很短的时间内召开会议，那么主持人可以在会议开始时制定临时议程。

2.3.2　在面对面和虚拟环境中引导会议或学习活动的技能

I.　引导群体

人才发展专业人士应该不断磨炼自己的引导技能，从而为每次引导活动增加价值。

2.3.2.1　学习活动 vs 会议的角色差异

尽管使用大量相同的工具和技能，但是学习活动和会议引导还是存在一些差异：

- 学习活动引导师负责引导和传递信息和知识，重点关注学员所学的内容。他们可能是主题专家，有自己的观点，并且能够确保学习发生。

- 会议主持人通过为流程和团队提供支持来开展讨论，关注群体结果。他们保持中立和公正，帮助团队达成共识，做出决定，并制定下一步行动。

2.3.2.2 面对面和虚拟会议的差异

人才发展专业人士遵循有助于引导面对面会议和虚拟会议的最佳实践。虚拟会议需要避免技术和时区安排问题，可以通过制作人来为远程与会者提供支持。

2.3.2.3 支持引导的方法和工具

无论是哪种类型的会议，都可以根据会议的目的，通过各种方法和工具来确保会议有效。这些方法包括：

- 提供信息。视觉内容、讲义、问答时间，或安排一个主题专家作为嘉宾。
- 讨论问题。头脑风暴、团队列名法或扮演唱反调的人。
- 解决问题和做出决定。事实调查、解决方案/比较表格或优缺点表。
- 策划和制定行动过程。甘特图、Pert 图、行动计划或力场分析。

作为有效的引导师，人才发展专业人士应该通过下列措施来打造开放式的环境：

- 鼓励人员参与。
- 提升参与者的自信心。
- 肯定参与者做出的贡献。
- 坦率地承认自己知道什么、不知道什么。
- 认识到什么时候结束讨论并继续前进。

下面介绍的几种技巧有助于团队完成团体发展的各个阶段（从形成期到执行期）[参见 1.3.3.5.1]：

- 倾听，以理解问题。
- 遵循议程，让每个人都了解下一步行动。
- 展开讨论，以确定目标和目的。
- 使用共同的理解框架来阐明期望和结果。
- 总结，以验证说话者传达的内容，并澄清信息。
- 把情绪化的表达重构为议题，帮助团队集中注意力。
- 开展头脑风暴帮助每个人扩大可能性。
- 通过讨论达成共识，每个人都能从口头上积极地支持决定。
- 通过总结达成的一致意见、结果和行动项目来结束项目。

2.3.2.4 引导与个人和群体的对话

对话是指信息在人与人之间流动，目的在于互相学习，并且根据全体的知识做出最佳决策。为

了引导对话，引导师必须保持中立，具备出色的倾听和重构技能，并且能够提出好的问题。[参见 1.1.7 和 3.3.8]

2.3.2.5　沟通考虑因素

沟通是引导师应该掌握的最宝贵的技能之一。下列方法有助于引导群体学习：

- 在群体成员之间、引导师与群体之间确立明确的沟通方法和风格，最大限度地减少可能发生的误解。
- 就团队的目的、目标和使命及项目或任务达成一致意见，并持续关注。成员必须认定，他们的关系和角色被清晰界定。
- 通过提供群体介绍、休息和庆祝的机会，利用沟通帮助团队成员建立关系。
- 熟悉任何文化差异，并以个人和团队的形式应对这些差异，确保不同的意见都会受到欢迎。[参见 1.4]

Ⅱ.　管理有效的会议

人才发展专业人士应精通并认识到领导和管理有效会议的价值。

2.3.2.6　管理有效的会议

管理有效的会议需要人才发展专业人士在活动之前、期间和之后都积极参与其中。

在安排会议之前，引导师必须决定会议是否有必要：这是实现目标的最佳方式吗？结果是否能够提供足够的价值来证明所花时间的合理性？如果是，那么接下来就要制定目标，确定谁需要参加，决定什么时候在哪里召开会议（包括虚拟连接），准备议程并传达目的。[参见 2.3.1.15]

在会议期间，引导师准时开始；引导群体产生想法并做出决定；确定并消除浪费时间的因素；平衡讨论。在结束会议之前，引导师需要获得与会者的行动承诺，制定行动计划，指明谁应该在什么时间之前完成什么。会议结束环节还应包括一项评估，哪怕是简短的口头优缺点清单，以征求如何改进未来会议的想法。引导师始终按时（或提前）结束会议，口头总结会议内容，感谢与会者，最后提醒每个人应该承担的责任。

为了保持群体活力，人才发展专业人士可以制定会议行为规范，其中包括关于如何沟通、管理冲突、职位和角色、承诺失效引起的后果以及任何团队成员可能认为良好的做法。行为规范包含的一些准则，例如，所有团队成员都必须参加集体讨论；当其他成员发言时，成员不得打断；所有成员都需要准时参加会议。人才发展专业人士应该意识到群体思维，这是欧文·贾尼斯提出的一个术语，用来描述群体中的个体试图使自己所陈述的观点与群体共识保持一致而导致群体做出不合理决策的情况。[参见 1.2.8.3]

在会议之后，主持人编制并分发跟进报告，其中包含会议谈及的话题、做出的决定，以及需要在截止日期之前采取的行动和相应的负责人。跟进报告提醒与会者各自做出的承诺，可能包含会议上未提及的信息，以及作为确保任务完成的监督工具。主持人还应该对会议的效果进行评估，并制定持续改进计划。

2.3.2.7 觉察会议中的任务角色和维护角色

人才发展专业人士应熟悉任务和维护角色在任何团队环境中的价值。是否存在这些行为有助于主持人理解他们的会议为什么有效，或为什么无效。任务和维护角色可能都是自然而然产生的，尤其是在定期召开会议的群体中。在其他情况下，人才发展专业人士可以将这些角色委托给个人，邀请他们为会议提供支持。尽管多年来这些角色的名称发生了变化，但是肯尼思·本恩（Kenneth Benne）和保罗·希茨（Paul Sheats 1948）也许是最先提出这一概念的人。除了任务角色和维护角色，他们还探讨了异常角色。

任务角色提供达成目标所必需的信息、想法和能量：

- 提议者提出新的想法或程序。

- 寻求者征求信息、事实、想法、意见和澄清。

- 协调者展示不同想法之间的关系、相似性或差异。

- 澄清者对标准进行比较或对建议的实用性提出质疑。

- 总结者把想法集中起来，质疑方向，或者追求最终完成任务。

- 激励者促使团队采取行动或做出决定。

维护角色建立并维护人际关系：

- 和解者调解分歧。

- 妥协者寻找共同的元素。

- 激励者赞扬并支持他人。

- 放松者减少拘谨感，带来幽默元素。［参见 1.3.3.5］

2.3.2.8 决策

组织可以通过几种方法来做出团队决策，包括协商一致、使用民主投票、权力规则、使用专家决策或少数人控制。［参见 1.2.7.4］

2.3.3 了解引导方法和技巧

I. 理解引导的角色

引导是一项需要精心磨炼的技能。如果努力磨炼，那么引导师看起来就像天生具备这种才能一样，而无须进行任何练习或准备。然而，人才发展专业人士应该知道引导需要严格的准备、磨炼的技能，并且显得和善有风度。

2.3.3.1 引导 vs 传授 vs 演讲

人才发展专业人士通常会通过引导、传授或演讲的形式来交付知识，而且他们可能在不同时间充当所有角色。这三种角色的区别在于：

- 引导通常是指削弱交付角色，充当学习的催化剂。当培训师采用引导式的教学方法时，学员就会对自己的学习负有责任感。
- 传授更多地和讲述者或讲师有关，他们负责传播知识，学员的参与度有限。这一术语通常与教学过程有关。
- 演讲通常是指向一群人发表演讲，只有极少的双向沟通。

2.3.3.2　确定并考虑引导风格

在任何演讲或引导场景中，说的方式和说的内容同样重要。专家发现，沟通信息时使用的技巧通常会决定对方是否接受并相信所传达的信息。

所有人才发展专业人士都有各自偏好的引导风格，这取决于他们是谁，每种风格都会对某些人更具有吸引力。人才发展专业人士应调整自己的引导风格，以满足群体中所有人的需求，以及观众的礼节、对快慢节奏的期望、内容的难易度等。

各种引导风格之间并不存在好坏之分。引导师应该根据受众的需求，灵活地调整自己的风格，认识到每位受众都有着不同的偏好。

2.3.3.3　作为引导师进行沟通

人才发展专业人士应该认识到，在引导群体学习的过程中，沟通所发挥的重要作用。他们应该关注如何使用自己的声音，如何开始一节课，以及可以利用哪些机会以个性化的方式传达信息。

2.3.3.3.1　有效地使用自己的声音

人才发展专业人士应该注意自己的声音听起来是怎么样的。设想音调、音量和语速对于有效交付至关重要。经验丰富的人才发展引导师会通过改变这些音质特征来强调关键点。引导师通过音调变化吸引并维持学员的兴趣，如果声音单调，则可能导致学员注意力分散。引导师还应注意不良的发声习惯，例如，在两个句子之间停顿过长时间，或使用各种赘词（如嗯、呃、像等）。引导师必须使用良好的双向沟通技巧与学员交谈，而不只是单向地对学员说话。在讲到关键词或概念时，放慢语速会有帮助。如果是不太重要的材料，则可以加快语速。［参见 1.1.1.3 和 1.1.2.2］

2.3.3.3.2　课程的开场

开始上课时，人才发展专业人士需要吸引学员的注意力和兴趣。

有效的开场活动或破冰活动是一个良好的开端。开课介绍时最初的瞬间就决定了课程的基调，经验丰富的引导师会让观众想要更多地了解这个话题。有效介绍的例子包括：

- 启发性陈述。
- 独特的演示。
- 关于课程主题如何与他们的工作经历直接相关的说明。
- 与主题相关的视觉内容。

- 发人深省的问题。

2.3.3.3.3　个人化的沟通

引导师应该与学员个别沟通。学习如何发音和书写生僻字词或技术性的名词，并不断加强。接受并赞扬学员提出的想法，让学员不断参与演讲中，最终鼓励其他人也参与进来，并发表自己的想法。引导师可以使用与学员相关的示例、提问技巧、适当的应用活动和视觉内容来强调要点。提供充分，并且相关的例子有助于学员理解演讲的主题。引导师还应该按照逻辑顺序排列各个主题，并且在各个主题之间安排自然的过渡。

2.3.3.4　观察学员的反应

人才发展专业人士通过眼神接触观察学员面部，以发现学员是否流露出理解、无聊或不理解的表情。从学员的角度来看，与演讲者保持眼神接触能够让学员感觉到自己也参与了整个演讲。

交付实时在线培训时，引导师需要使用其他技巧来确保学员参与进来。例如，引导师可以使用提问技巧，如等待学员自愿回答，或邀请某位学员回答。引导师还可以利用基于 Web 的培训课程特有的工具，如问题投票或举手，从而立即确定学员群体的理解程度以及正确回答知识考核问题的能力。引导师也可以使用这些工具衡量学员学习的舒适自在程度，并确定有多少虚拟学员正在认真听讲和理解。

2.3.3.5　解决破坏性的学员行为

应对破坏性行为的最佳方法就是第一时间避免这种行为发生。人才发展专业人士的态度，以及他们如何管理表现破坏性行为的个人的方式将为是否能够轻松管理这些破坏性行为打下基础。下面介绍了一些有助于培养引导师与学员之间的信任关系，并为所有人营造富有成效的学习环境的策略：

- 如果学员确立了自己的基本规则，就更有可能对自己的行为进行管理。
- 营造一种令学员愿意互相提供反馈的氛围。
- 建立信任，对得体的行为给予奖励，忽视不适当的行为。
- 示范得体的行为。
- 愿意倾听并邀请个人发表自己的意见、想法和异议。
- 如果有人表示不同意，引导师也应该表现出专业和尊重的态度，承认对于主题的确存在不同的思考方式。

即使引导师努力阻止，破坏性行为仍然可能发生。人才发展专业人士应该暂且相信破坏者不会再次出现破坏性行为；如果再次出现，要让破坏者知道自己的行为正在影响他人。

2.3.3.6　言谈举止和外表

有效使用肢体语言和手势能够促进沟通，可以表现出强调、同意并维持学员的兴趣。有效的演讲者应该记住关于肢体语言的下列要点：

- 双手、手臂和头快速、积极、充满活力地移动变化，吸引学员的注意力。

- 使动作和手势与所传递的内容相一致。

- 避免坐立不安、来回踱步、硬币叮当作响等令人分心的举止行为。

- 观察学员的肢体语言，如眼睛朝下看、坐立不安、无精打采，并做出适当的反应。

- 使用积极的面部表情。

- 避免坐在桌子后面或者站在讲台后面，因为这样会在引导师和学员之间产生一道屏障。

- 在教室及过道里随意走动。

- 当学员回答问题时，朝学员走去，并鼓励学员继续说下去。

充当引导师时，人才发展专业人士应该着装得体，因为他们的外表会影响学员对他们的看法，也会影响演讲风格。一个原则就是在你所期望的学员的着装基础上更正式一点，同时确保舒适、实用而且不会发生意外情况。适当的着装还可以传达信任和尊重。

2.3.3.7　以学员为焦点

人才发展专业人士应该将学员放在首位，认识到关注学员是他们最重要的工作。这一理念是在卡尔·罗杰斯提出的"以学员为中心的学习"概念的基础上提出的。他的方法非常有效，因为这种方法运用互动技巧来吸引学员参与，从而有助于提高知识留存、培养协作学习并让学习更加令人愉快（Rogers 1951）。[参见 2.1.1.2]

2.3.3.8　建立信誉

人才发展专业人士应该认识到信誉在引导培训课程和会议过程中的价值。他们知道为了获得信誉，他们必须：

- 表现出积极、热情的态度。

- 确保自己的语调和肢体语言展现出自信。

- 事先做好准备。

- 与学员建立对等关系。

- 促进参与会议。

- 在艰难的讨论中保持中立。

- 了解组织文化。

2.3.3.9　引导技巧

引导是一种需要不断实践并运用不同的技巧进行准备的技能，包括以谦和低调的方式管理讨论、提问，并且停顿足够长的时间便于学员回答，以及有效地利用沉默和积极倾听技巧。下面介绍了几种有用的引导技巧：

- 运用积极倾听技能。

- 给出明确的指示。

- 平衡学员的参与。

- 核实以获得群体的确认。
- 避免做出判断性的评价。
- 关注过程。
- 妥善安排过渡。
- 总结关键概念。
- 利用沉默来鼓励学员参与。
- 鼓励通过提问来进一步澄清。
- 发出友好的非言语信息。

2.3.3.10 引导讨论

引导参与者学习的一个关键是管理讨论，包括提问、产生想法和促成决策。

2.3.3.10.1 提问

人才发展专业人士可以通过提问来收集信息，引导讨论，评估知识的获取情况并促进学习。运用提问技巧过程中的一些关键技能，包括积极倾听、转述和反思性提问。人才发展专业人士必须知道如何使用各种形式的问题，并理解每种形式的优点和缺点。

- 封闭式问题。用于获取具体的事实或信息，可以通过具体的事实或者"是"或"否"来回答此类问题；最适用于引导师希望界定信息的时候。
- 开放式问题。并不是一个词就能够回答的问题；用于激发讨论，鼓励个人将自己的经验应用到当前场景或讨论中。
- 假设性问题。用于鼓励人们自由思考，在此情况下各种不同的回答都可能是有效的，使得个人和群体能够考虑可用于处理某种情况的不同方法。
- 苏格拉底式问题。以苏格拉底命名，他相信学员会通过对内容的提问得出自己的结论。[参见 1.1.6.3]

2.3.3.10.2 产生想法

人才发展专业人士应该允许学员围绕课程内容或会议议程产生自己的想法。下面介绍鼓励这种讨论的技巧：

- 小组合作。
- 安静地将想法写在纸上。
- 头脑风暴。
- 结构性头脑风暴。
- 亲和图。

2.3.3.10.3 促进决策

需要做出决策时，人才发展专业人士可运用下列技巧：

- 留出时间进行个人反思，这样可以听到所有人的想法。
- 有效地利用分小组和大组来达成共识或做出决策。
- 使用优先排序技巧快速得出最佳想法。
- 运用适当的引导技巧推动群体达成共识。
- 总结达成共识的领域，令群体保持专注。
- 明确接下来的步骤。
- 让有不同行为风格的学员都感觉到自己被倾听、被理解和被包容。

II.　参与方法和技巧

鼓励学员参与是实现有效培训交付和引导的关键。人才发展专业人士应该了解可用于提升学员参与度的各种技巧。

2.3.3.11　鼓励学员参与

如果想要提升引导式学习课程或会议中学员的参与度，人才发展专业人士应该运用各种技巧和活动：

- 将学员组织成多个小组。
- 找出能够鼓励那些沉默寡言的学员也参与进来的方法。
- 称呼学员的姓名并保持眼神交流。
- 一开始不要点名那些不积极参与的人，首先要建立他们的舒适感和自信。
- 承认学员做出的贡献，并鼓励其他人补充回答。
- 鼓励学员行动起来，和其他学员一起讨论。

2.3.3.12　管理冲突

有时，会议参与者、培训群体或其他需要合作的人之间可能产生敌意。如果某些行为妨碍群体取得成果，那么人才发展专业人士需要运用下列一种技巧进行干预：

- 帮助学员区分事实和假设。
- 保持公正。
- 担任引导师时，保持冷静和平静。
- 要求澄清或总结以确认真实问题。
- 问一些他人不会问的棘手问题。
- 营造安全的讨论环境。
- 如果需要，暂停或调整议程以解决意外冲突。
- 在极端情况下，如果人才发展专业人士感觉自己受到威胁，可以呼叫保安人员。[参见 1.3.5]

2.3.3.13　了解情境以鼓励学员参与

如果想成为优秀的引导师，人才发展专业人士必须理解内容，了解学员，实施基本的成人学习理论，而且准备好应对在引导过程中可能出现的任何意外情况。

引导师需要了解他们所处的情境。他们需要知道：除了会议或交付内容还发生了什么；学员的工作环境；学员相互之间的关系；学员为什么出席；学员对引导师、内容和他人的期望；学员对学习活动或会议的看法；学员的成见和关注点；形成这种情境的其他所有事情。

了解情境有助于引导师引导讨论流程并充当仲裁员。随着讨论的不断展开，具体的情境可能发生变化。根据任何某个当下时刻房间内正在发生的情况，人们需要支持立场、选队、参与或保持沉默。如果引导师认为某些人被孤立，那么应该问被孤立的个人或群体："关于这个问题，你/你们想说点什么吗？"

2.3.3.14　在线学员参与

在线交付培训课程时，人才发展专业人士应通过促进引导师与学员之间以及学员之间的交流来强调互动性。人才发专业人士应善于吸引在线学员，并利用各种可用工具，如聊天、投票和分组讨论。辛迪·休格特（Cindy Huggett）建议，"创造互动性的诀窍在于慎重地使用这些工具"（2018），意思是利用工具来吸引学员，帮助学员实现学习目标。休格特（2013）还建议应该每隔 3~5 分钟就对学员进行一次调动。除了运用可用的技术进行互动，人才发展专业人士还应该考虑下列技巧：

- 从一开始就吸引学员的注意，在实际开课之前通过展示投票，发布一份滚动播放的名人名言，或者与刚登录平台的人开启实时聊天来吸引学员参与。
- 利用各种吸引学员参与回应的技巧，如在聊天窗口、白板和"举手"功能之间切换。
- 叫学员的名字，或者把学员融入示例中。
- 先分享学员名单，包括简短的介绍（小群组可以口头介绍，对于大规模群体，可在聊天窗口介绍），来营造社交氛围。

2.3.3.15　群体动力和行为风格

每个人都有自己独特的见解、技能和想法，这些都能够推动学习。这意味着人才发展专业人士必须在整节课上都注意学员的参与情况。当学员在小组活动中互动时，人才发展专业人士应该在群体中间走动（如果是在线课程，则通过虚拟方式）观察每个人的行为和互动情况。

人才发展专业人士需要理解行为风格，因为风格差异可能引发冲突。有许多模型和风格名称，但引导师必须知道应该期待什么。大多数模型都以四种基本角色为基础，这些角色能够反映学员的风格：

- 支配，驱动型风格直接而果断。坦诚和诚实至关重要。
- 影响，表达型风格积极，喜欢和人打交道。有趣很重要。
- 稳重，和蔼型风格是真正的团队合作者。合作和真诚很重要。
- 认真，分析型风格非常认真。质量和准确性很重要。［参见 1.1.4.2］

每种风格的人都会表现出不同的性格，有不同的需求，也会采用不同的沟通方式。这意味着在群体环境中，学员之间会存在分歧和冲突。最重要的是，人才发展专业人士应该了解这些风格，并且为了取得最佳沟通效果，能够灵活地进入其他风格的舒适区。

2.3.4　打造积极的学习氛围和环境的技能

I.　营造有利于学习的氛围

人才发展专业人士应该了解打造一个令所有人都感到自己受欢迎的环境，并且营造积极的学习氛围的重要性。

2.3.4.1　吸引学员的引导师的特征

人才发展专业人士应该成为能够吸引学员的引导师，具备学员所渴望的各种特征。首先，他们是优秀的沟通者：清晰、简洁、完整、体贴。他们将那些可能不太明确或无关联的内容进行转化，让每个人都能够理解。他们关心学员。他们为学员群体选择正确的练习活动，并且对于为什么选择某项活动总是会有明确的理由，通过目的明确的活动介绍，让学员理解这些理由。他们向学员提出跟进问题，保持中立的态度发挥催化剂的作用，并且在必要时向学员群体发出挑战。他们激励学员群体，激励个人尽其所能。

2.3.4.2　了解学员

如果想要成功打造支持性的学习环境，人才发展专业人士需要熟悉他们的学员，通过提问了解学员的职业生涯，以便更好地了解学员的技能水平、知识、经验和专业知识。为了培养与学员之间的关系，人才发展专业人士还需要了解一些关于学员个人生活的情况。

2.3.4.3　根据成人学习原则打造积极环境

成人学习研究者马尔科姆·诺尔斯说过，放松、信任、相互尊重、非正式、热情、协作和支持、开放、真实和谦逊是在为成人学习营造正确氛围时应关注的关键因素（成人教育学；Biech 2015）。学习理论家认为，诺尔斯的成人学习流程模型所定义的这些流程元素对于成人学习至关重要。

诺尔斯认为成人在投入时间开始某项学习活动之前，必须了解他们为什么应该学习（Knowles、Holton 和 Swanson 2015）。因此人才发展专业人士应该分享学习活动的目的，以及对于学员来说有什么意义。此外，他们承认成人能够为学习环境带来自己以往的经历和知识，并解释这些因素将如何为即将学习的内容打下坚实的基础。［参见 2.1.3.1］

根据辛迪·休格特（2018）的观点，大多数针对实体教室培训师提出的建议对于虚拟教室培训师仍然适用。为了打造积极的学习环境，人才发展专业人士必须通过下列方式表现出自己对于成人学习原则的了解：

- 打造学习的安全港湾。人才发展专业人士可以在学员进入教室或上线登录时问候每位学员，或者提前分享培训目标，为每个人都创造一个不带任何评判性的学习空间。保证隐私安全——

教室内讨论的任何信息和观点不会向课堂之外传播。

- 打造舒适的环境。提前足够时间上线或到达培训教室，这样有助于创造积极的环境。在虚拟教室里，提前检查所有技术，并提前 15 分钟接入，确保所有材料的准确性。称呼学员的名字并与每个人建立连接，确保学员知道如何使用相关技术。如果是实体教室，也请提前到达，并开灯，将温度调节至舒适的温度，确保教室看起来井然有序，确认所有人都可以看到视觉资料。

- 鼓励参与。创造充分、积极的参与环境对于提升培训效果很重要。人才发展专业人士应该鼓励每个人都和团队中的其他学员认识互动，分成小组，解决不愿意分享想法或顾虑的情况，经常称呼学员的名字。

- 引导内容。很多时候，直截了当的演讲式授课是有必要的，如必须逐字传达规则或法则时，或安全问题很重要时。但是在对于大多数情况下，由人才发展专业人士引导的体验式学习活动有助于成人获得最出色的学习效果。

2.3.5 为确保培训或学习活动达到期望的学习或行为结果而选择并调整交付方案和媒体的技能

I. 确保交付方案与员工的学习方式一致

为了达到学习活动的目标和目的，有很多不同的交付方案可供人才发展专业人士使用。他们应该擅长选择最适合的方案。

2.3.5.1 70-20-10 框架概述

员工在工作的同时学习如何做好自己的工作。20 世纪 80 年代，创新领导力中心（CCL）的摩根·麦考尔（Morgan McCall Jr.）、迈克尔·隆巴多（Michael Lombardo）和安·里森（Ann Morrison）对领导者如何学习领导技巧开展了研究。他们的研究发现，70%的学习都是在管理者的指导下，通过工作实践经历获得的；20%是通过发展互动，也就是现在所说的社会化学习而习得的；10%是通过教室、工作坊或阅读等正式学习获得的。这些发现被称为 70-20-10 框架。随后，迈克尔·隆巴多和罗伯特·艾辛格（Robert Eichinger）对这项研究进行了调整，创建了目前人才发展专业人士使用的 70-20-10 框架。

尽管 70-20-10 框架是各种发展方案使用过程中的一种宝贵的指导原则，但是也可能被误解。人才发展专业人士应该将其作为一种策略指南，引导人们思考如何发展，而不是作为一个精确的比例。此外，这一框架必须包含三个基本要素：具有挑战性的任务，包括反馈在内的来自其他人的支持，以及新内容的提供。最佳学习策略会借鉴这三个要素（Lombardo 和 Eichinger 2011）。尽管人才发展专业人士属于 10%类别的专家（交付培训或课程），但是他们也需要关注其他两个要素。

2.3.5.2 主动学习 vs 被动学习

在引导学习活动时，人才发展专业人士可以使用主动学习技巧，确保学员在学习时承担主动角色,并从中构建个人学习价值(Silberman 和 Biech 2015)。主动学习确保学员参与到整个学习过程中,与搭档和在小组中互相学习。如果使用得当,这些技巧可以延长培训的持久力并提升其相关性。如果学员只是被动接收信息,那么发生的就是被动学习。表 2.3.5.2-1 对主动学习和被动学习的几个方面进行了比较。

表 2.3.5.2-1　主动学习和被动学习的比较

	主动学习	被动学习
定义	知识由学员主动获取	学员通过传授被动接受知识
引导师角色	促进学习,引导学员	呈现信息,告诉学员
学员角色	对自己的学习负责	知识的接收者
交付方法	小组活动、角色扮演、讨论、游戏、模拟	授课、阅读、视频
参与	学员参与活动	学员听课并观察
学习类型	独立	依赖
经验假设	学员有自己的经验可在课上分享运用	学员缺乏经验或不了解情况
目标	灵活	事先确定,不灵活
主要资源	学员贡献内容	引导师是内容专家

资料来源:摘选自 Biech 2015。

II.　学习偏好

人才发展专业人士应该知道,很多理论都认可每个人是独一无二的,有不同的学习偏好。他们应该根据组织、文化信仰、行为、实践和表达来理解学习和沟通偏好的差异。

2.3.5.3　个人学习偏好

交付培训时,人才发展专业人士需要针对学员之间的独特差异进行合理规划,考虑提供培训的最佳方式从而满足各种偏好和选择。例如,有些学员喜欢讲座,而有些人不喜欢;有些学员喜欢游戏和活动,而有些人不喜欢;有些人喜欢阅读,有些人喜欢说话,有些人喜欢倾听;有些人想要领导,有些人愿意跟随;有些人想独自工作,有些人想团队合作;有些人想集思广益,提出新的想法,有些人则喜欢讨论具体的、行之有效的想法。其中一部分是每个人都有固有的风格,人才发展专业人士应尽可能运用多种方法,以满足所有偏好。[参见 1.1.4.2 和 2.3.5.4]

研究表明,这不是一个有效的策略,因为人们通过各种形式都可以学得很好,所以对于基于个人学习风格交付培训的重视度已经不断降低。尽管没有任何可衡量的证据证明学习风格的确存在,但事实上,所有学员都有不同的学习方式和自己的偏好。因此,人才发展专业人士应该认识到,如果他们提供的学习方案能够涵盖多种不同的形式,学员就能够受益更多,也能够更加自如。他们应该:

- 承认学员通过不同的方法学习。
- 使用不同的方法来引导有着不同偏好(包括不同形式)的学员开展学习。
- 努力创造各种方法,运用适合所有学习偏好的交付技巧和活动。

2.3.5.4　迈尔斯·布里格斯类型指标

无论人才发展专业人士选择使用哪种交付方法，他们的学员都具备不同的性格类型。迈尔斯·布里格斯类型指标（MBTI）是使用最广泛的性格评估工具之一，用于衡量人们感知世界的心理偏好。凯瑟琳·布里格斯（Katherine Briggs）和她的女儿伊莎贝尔·布里格斯·迈尔斯（Isabelle Briggs Myers 1977）基于瑞士心理学家卡尔·荣格（Carl Jung）的研究结果提出了这个评估工具。她们开发的工具要求人们按照八个分类对各自的偏好进行自我报告：

- 外向（E）或内向（I）。
- 通过感知（S）或直觉（N）来认知。
- 通过思维（T）或感觉（F）来判断。
- 判断（J）或感知（P）的态度。

MBTI 和其他心理测试和衡量标准的发布者要求购买者在使用他们的产品时获得适当的认证，确保他们的材料不会遭到滥用。MBTI 为人才发展专业人士提供了探索各自学员学习偏好的方法。［参见 1.1.4.2］

2.3.5.5　赫曼的全脑优势思维模型

赫曼的全脑优势思维模型是由赫曼（W. E. "Ned" Herrmann 1989）提出的一种性格测试方法，他被誉为全脑优势技术之父。这种模型根据大脑功能，从思维偏好角度将学员的学习方式分为四种模式：

- 左脑，大脑：逻辑、分析、定量、事实、批判。
- 左脑，边缘：循序、有组织、有计划、细节、结构化。
- 右脑，边缘：情绪、人际、感官、动觉、象征。
- 右脑，大脑：视觉、整体、创造力。［参见 2.2.1.4］

2.3.5.6　多元智力

尽管人们接受知识和学习偏好会体现人们更偏向于通过什么方式来接收信息，而智力则反映了他们对信息的处理方式。霍华德·加德纳（Howard Gardner 2011）提出智力是多方面的，传统的衡量方法，如智商测试并无法准确地衡量智力的所有方面。他还表示智力并不是固定的，并针对智力做出如下定义：

- 一种可衡量的才能。
- 一种人们用于创造并解决问题的才能。
- 一种受到文化重视的才能。［参见 1.2.1.1］

在《智能的结构》（2011）一书中，加德纳描述了多元智力理论，并提出了最初的智力清单。

2.3.5.7　加速式学习技巧和原则

人才发展专业人士应该使用有助于他人能够更快完成学习的交付技巧。加速式学习就是其中一项技巧。加速式学习需要左右脑以及皮质和边缘系统共同参与到学习中。在积极的学习环境中，通常涉及团队合作、协作、墙壁上鲜明的色彩、音乐、游戏和活动等特点，左右脑都会参与到学习中，从而实现学员全身心投入。加速学习的拥护者认为在学习过程中需要不断创造而不是消耗知识，这种类型的环境能够从下列角度激发学习在多个层面上同时展开：

- 加快并强化学习。
- 缩短课程设计时间。
- 提高学习留存率和工作绩效。
- 创造更健康的学习环境。
- 让学员参与到每个阶段中（Meier 2000）。［参见 2.2.1.8］

2.3.5.8　学习速度

人才发展专业人士应该考虑学习速度可能对他们选择的交付方案产生怎样的影响。作为一个群体，成人学员在各自的教育、背景、经历、智力、情绪稳定性和成就动机方面都有着显著的差异。人才发展专业人士也可以通过制定目标和期望要求，帮助学员确定学习方向，激发他们，充分利用自己的生活经历建立新知识与他们已掌握的背景信息之间的联系。可能影响成人学习速度的其他因素包括他们的心理、环境、情绪、社会、身体、智力、经验、地位。

2.3.5.9　阻碍沟通的障碍

人才发展专业人士在针对学习活动选择适当的交付方案和媒体时，应该考虑可能阻碍沟通的障碍。需要考虑的因素包括文化、语言和言语、环境、心理、非言语行为、空间关系区域、基本沟通和倾听障碍：

- 文化。当同种文化的成员（无论来自同一个国家还是同一个国家的少数群体），无法理解在交流实践、传统和思维过程中存在的文化差异时，误解就会产生。为了减少跨文化交流问题，人才发展专业人士需要意识到基于自身文化背景的世界认知方式。［参见 1.4.2］
- 语言和言语。即使大家都说同一种语言，仍然可能产生差异和误解。最常提到的困难包括口音、语言学、翻译错误和细微差别。［参见 1.1.1.6 和 1.1.1.7］
- 环境。环境会造成沟通障碍，包括人们如何使用个人空间、技术进步和技能、实体空间的友好性、分心因素、温度和舒适度。
- 语境。沟通时周围的环境会形成语境级别。高语境社会根据信息传达的方式以及信息传达时所处的环境来决定信息的含义。低语境社会则更关注字面含义，也就是更依赖所说和所写的内容。
- 非言语行为。非言语行为，如外貌和肢体语言可能阻碍沟通。外貌线索包含两个类别：人为制造（个人能够控制的外貌特点，如珠宝首饰和服饰）和生理特点（个人无法控制的特点，包括种族、性别、体型、骨骼结构、肤色）。对于人们走路、交谈、弯腰或坐的方式，不仅不同文化之间存在差异，即使同一种文化中不同性别和子群体之间也存在差异。
- 眼神交流。眼睛可以传达大量含义，而且不同文化对于这种含义的理解也各不相同。

- ○ 认知性眼睛运动通常与思考相关。例如，信息接收者将目光从发言者身上移开，就表示他们当前没有在处理新信息。
- ○ 监督性眼睛运动通常与理解相关。对发言者的监督来自倾听者与发言者眼神交流的程度。
- ○ 调整性眼睛运动通常与沟通者的回应意愿相关。发言者通过眼神交流，接收对方所透露的对于进一步沟通的期望，从而调整沟通的流程。
- ○ 表达性眼睛运动通常与沟通者的情绪回应相关。
- 空间关系区域。空间关系是指人所处物理位置之间的关系。当人们认为某人离自己太近时，可能感到受到威胁。相反，如果某人离自己太远，可能觉得对方不友好而且冷漠。正是由于这种距离问题，如果引导师并不是开展培训活动所在地的本国人士，那么可能在与来自其他文化的人士进行沟通时遭遇困难。[参见 1.4.4.1]

2.3.5.10　使学习方法与期望结果相匹配

在设计和发展阶段，人才发展专业人士根据既定目标来选择最有利于达成目标的培训活动。学习方法的选择主要基于布鲁姆提出的学习领域和级别，根据需要开展哪个领域、哪种级别的学习，某些方法可能比其他方法更有效。[参见 2.1.3.6、2.2.4.2 和 2.2.11.1]

为了做出决策，引导师会问：

- 我们想要解决的是知识、技能还是态度问题？
- 学员是谁？
- 群体规模和经验水平如何？
- 有哪些实践要求？
- 应该考虑哪些后勤问题（一天中的时间、可用时间、可用设施和材料以及成本限制）？[参见 2.2.11.1]

III.　演示和培训工具

人才发展专业人士应该利用各种可用工具来强化引导和演示效果。

2.3.5.11　运用视觉工具的科学

视觉工具使学员更容易获得技能或知识，对于任何形式的学习来说都是重要元素。《循证培训方法》（ *Evidence-Based Training Methods* ）第 3 版（2019）的作者露丝·克拉克（Ruth Clark）指出，证据表明培训师应该使用相关的视觉内容，使视觉内容简单易懂，解释复杂的视觉内容，避免视觉内容分散学员的注意力。视觉内容有助于提升学习记忆力，帮助人们理解复杂、抽象或不寻常的内容。大脑皮层至少有 50%用于视觉处理，而只有10%用于听觉处理（Snowden、Thompson 和 Troscianko 2012）。

2.3.5.12　媒体方案

效果最佳的呈现会合理融合不同的交付方法，同时运用口头和非口头技巧以及适当的媒体来支持信息传达。媒体应该强化内容，同时便于理解而且高品质呈现。人才发展专业人士有大量媒体方案可供选择，大多数培训课程都会指定哪种媒体最合适，应该在什么时候使用。方案包括：

- 演示软件。
- 视频。
- 动画。
- 投票软件。
- 协作软件。
- 智能白板。
- 挂图和画架。
- 白板和磁性板。
- 虚拟现实和增强现实。［参见 2.2.11］

2.3.6　使用多种交付方案和媒体交付培训的技能

I.　交付正式学习

人才发展专业人士应该擅长使用多种交付方案交付培训。交付可以采用正式、非正式或二者相结合的形式。

2.3.6.1　学习类型

人才发展专业人士可以通过多种方法对学习进行分类，每种类别之间可能存在重叠的部分。下列定义有助于人才发展专业人士理解不同学习类型之间的差别。

2.3.6.1.1　正式学习和非正式学习

- 正式学习是指有计划的学习课程，通过在结构化的学习环境中的活动完成学习，包括讲师主导型教室课程、讲师主导型在线培训、认证课程、工作坊和大学课程。在预先确定的时间框架内安排一系列课程、议程和目标。
- 非正式学习是指在结构性课程、计划或教室外开展的学习活动。这种学习在日常生活和工作中自然发生，通过观察他人、反复试错以及与他人交谈和合作完成。它通常是自发的，可以包括教练、导师、延伸任务或轮岗任务。它还包括看书和阅读博文、观看在线视频平台、听播客、上网搜索以及检索其他数字内容。

2.3.6.1.2　教室学习、虚拟教室、在线学习和混合学习

人才发展专业人士应该知道哪些因素能够决定到底是教室还是在线培训才是最佳选择。

- 教室学习的特点是有一名引导师，他与学员处于同一间实体房间内。
- 虚拟教室是一种在线学习空间，学员和引导师可以从不同的地点进行互动。
- 在线学习指的是通过计算机、移动设备、互联网、内联网和其他技术实施的在线培训。在线

学习的范围比虚拟教室更广泛，因为还包括同步学习和非同步学习。

- 混合学习是指在一个课程表中使用多种形式的实践。它是指将正式和非正式学习事件相结合，如课堂教学、在线资源和职场教练。

2.3.6.1.3 同步学习和非同步学习

- 同步学习是指引导师和学员同时参加培训。
- 非同步学习是指引导师和学员不同时参加培训。

2.3.6.1.4 远程学习和自主学习

- 远程学习是一种教育交付方法，讲师和学员在时间、地点方面或两方面同时处于分离的状态。远程学习可以采用同步或非同步的方式。
- 自主学习是一种由学员决定内容交付的节奏和时间的学习方式，可通过各种媒体，如印刷材料或电子方式完成。

2.3.6.1.5 按讲师进度学习和自定进度学习

- 按讲师进度学习是指课程严格遵守讲师设定的日程，包括作业提交日期、考试和其他要求。
- 自定进度学习是指根据学员的回应而展开的任何学习课程，学员在这种课程中不会即刻获得讲师的反馈。这种类型的学习不会遵循预先决定的日程，相反，学员会根据自己的节奏完成作业、考试和其他要求。通常情况下，自定进度学习会为课程确定一个最终结束日期。

2.3.6.2 评估和掌握最新技术

人才培养是不断发展的。随着各种技术的突破，人才发展专业人士需要以更快的速度掌握最新的尖端技术资源，以便能够为学习过程提供支持。人才发展专业人士应该准备好评价、评估和推荐新技术资源，从而确保获得更出色的学习成果，提高学员参与度或者为引导师提供支持，让他们能够更轻松地完成自己的工作。人才发展专业人士需要始终走在潮流尖端，例如，绩效支持和社交网络如何将学习转移到一个更持续和分散的模式。此外，人才发展专业人士还需要决定按需移动学习如何为那些需要即刻访问信息的员工提供支持。即使不太可能购买增强现实、虚拟现实或混合现实的技术，人才发展专业人士也会购买能够为工程师的设计技能提供支持，或帮助主管回想起教练流程的应用程序。通过与组织 IT 部门和知识管理职能部门的员工合作，人才发展专业人士能够识别并利用最具创新性的工具。［参见 2.4］

II. 应用学习科学

人才发展专业人士应该清楚地了解学习的认知过程，从而交付便于学员掌握并且能够应用到工作中的内容。

2.3.6.3 将学习科学应用于课程交付

科学赋予人才专业人士理解发展的能力，他们应该利用这些知识释放工作场所的潜力。想要了解人脑是如何运作的并非易事，但是很多研究都指出了有助于确保利用这些研究成果来呈现和交付

内容的最佳实践。[参见 2.1]

人才发展专业人士应该尽可能多地学习关于认知科学和学习理论的知识，从而创造有效的学习体验。当人们可以听到、看到、提问、讨论并动手去做的时候，学习效果最好。人们甚至可能希望通过向他人传授知识来巩固自己对于信息或技能的理解。了解学习的认知过程，并根据这些认知过程交付培训和其他发展方案，这样能够取得最大化的学习成果，提高员工绩效并改进组织业绩。

为确保学员学习，人才发展专业人士应该运用以认知学习科学为基础的交付策略，从而提升大脑的学习能力。应该重新检视，并纳入交付和其他发展方案的策略和支持性证据包括：

- 利用视觉和言语语境加强学习（Clark 2019；Medina 2014）。
- 要求参与（Ericsson、Krampe 和 Tesch-Rómer 1993；Salas 等人 2012）。
- 呈现"一口即食"的内容（Miller 1956）。
- 利用动作促进认知（Medina 2014）。
- 立即实施学习内容（Clark 2019）。
- 使用故事、互动和视觉内容设计激发参与的课程（Jensen 2008）。
- 不要播放音乐（Moreno 和 Mayer 2000；Jensen 2008）。
- 提供反馈（Clark 2019；Fleenor 和 Taylor 2005；Salas 等人 2012）。
- 避免认知超载（Ericsson、Krampe 和 Tesch-Rómer 1993；Medina 2014）。
- 空间实践和审查（Rohrer 和 Taylor 2006）。
- 允许选择（Salas 等人 2012）。
- 运用多种感官（Jensen 2008）。
- 改善间隔频度（Ebbinghaus 1964；Clark 2019）。
- 引入适度的压力（Yerkes 和 Dodson 1908）。
- 社交化（Maslow 1968）。[参见 2.1]

III.　探索非正式学习

人才发展专业人士应该敏锐地意识到学员在工作、与他人交谈，甚至参与娱乐活动时能获得的所有机会。他们还应该理解组织如何最有效地为非正式学习提供支持。

2.3.6.4　定义和示例

"非正式学习"一词用于描述通过非正式培训项目或课程学到的任何内容。这种学习在工作中通过交谈、观察他人、反复试错、协作，以及通过社交媒体寻求知识或信息来完成。非正式学习的广义类别包含社会化学习，但是有些非正式学习并不具备社会性，如研究和阅读。

根据杰·克洛斯（Jay Cross 2007）的观点，"非正式学习是指人们通过非官方、未事先安排的即兴学习方式来学会如何完成自己的工作"。他将非正式学习比作骑车（由骑手控制），而正式学习则像坐公交车（由司机控制）。

正式学习通常是课程、培训或工作坊的组成部分，但是人们在工作中获取的知识中只有10%~20%来自此类学习。非正式学习通常：

- 是在工作或日常生活中，而不是在教室中发生的学习。
- 可以通过大量不同的形式展开，如讲故事、榜样、观察、反馈、教练、导师、发现、互联网和内联网搜索、尝试和犯错。
- 可能偶然发生，或通过一系列有目的的活动展开。
- 可以立即和有意图地展开，如互联网搜索。

非正式学习的例子可以包含多种形式，例如：

- 交谈：讲故事、教练、导师指引、提供反馈、榜样、反思、发现、提问、观察、尝试和犯错。
- 实践社群或虚拟社群：社交网络、论坛、虚拟世界、知识管理库。
- 数字内容：博客和微博、维基、内部网站资源、搜索引擎、常见问题、发现。

2.3.6.5 人才发展专业人士在非正式学习中扮演的角色

人才发展专业人士了解非正式学习在员工发展过程中扮演的重要角色，还了解自身在倡导和支持非正式学习中扮演的角色。人才发展专业人士可以对员工和管理者进行辅导，帮助他们接受并利用非正式学习，可以通过下列途径来做到这一点：

- 倡导非正式学习。
  - 获得高层对于非正式学习活动的支持。
  - 在利益相关者中，针对非正式学习设定明确的期望。
  - 阐明与组织使命和愿景相关的目标和期望取得的成果。
  - 不断宣传非正式学习资源的可用情况。
- 不断增加内容和方案。
  - 创建可用于非正式学习的内部内容库。
  - 与知识管理专家合作确定资源及其所在的位置。
  - 帮助员工找到独立的学习、研究和协作方案。
  - 为管理者和员工提供关于非正式学习方案的资源和指导，并将这些方案与具体的发展机会联系起来。
- 协助学员。
  - 创造帮助员工引导自身学习的途径。
  - 帮助学员掌握学习和发展所需的技能。
  - 辅导主管如何为他们的员工提供教练对话 ［参见 2.7.3］。
  - 帮助管理者和员工确定各自知识和技能方面的差距。
  - 针对如何通过非正式学习弥补技能差距制定计划。

2.3.6.6　组织文化和非正式学习

作为值得信赖的顾问，人才发展专业人士帮助领导者认识并提升组织的非正式学习文化。索尔·卡莱纳（Saul Carliner 2012）认为，这表现在四个方面：

- 支持非正式学习活动的正式宣言。

- 批准用于非正式学习相关项目提案的经费。

- 允许利用工作时间开展非正式学习活动。

- 通过亲自参加非正式学习活动来表现出对此类活动的支持。

人才发展专业人士可以努力展现非正式学习的重要性，并定义领导者在支持非正式学习活动中扮演的角色。为了影响组织的文化，人才发展专业人士应该：

- 与组织领导讨论非正式学习的价值，并提醒他们与整个组织内的其他人讨论。

- 在利益相关者中，针对什么是非正式学习及其能对他们的工作带来多大的支持设定明确的期望。

- 分享可用非正式学习机会的清单。

- 确保所有主管都了解职业讨论的重要性。

- 利用员工的知识，将他们与其他人联系起来。

2.3.6.7　非正式学习网络和工具

人才发展专业人士应该确定各自组织内非正式学习发生的各种方式。很多方案都是基于乔治·西门子（George Siemens 2005）和斯蒂芬·唐斯（Stephen Downes 2010）提出的联通主义理论开发而成的。该理论主张学员通过创造联通关系，建立一个网络，为他们各自的职业发展和知识提升提供支持。此类工具包括：

- 社交网络工具包括播客、博客、标签、维基和实践社群及即时通信。

- 个人学习网络由在个人学习环境中与其开展互动，并为学员提供知识的人员组成。个人带有产生某类学习的意图，与其他人进行联系。

- 学习社群是由一群有着同样的职业兴趣或背景的人组成的，他们互相讨论机会、挑战以及各自的感想。社群成员可以面对面或在线交流（或者两种方法相结合）。俱乐部、专业协会和亲密团体（有共同群体特点或兴趣的人）都是职业社群的典型例子。大量此类群体都使用社交媒体，来参与他们感兴趣的职业社群。LISTSERVS 或电子公告牌在学术机构内非常流行。

- 在线学习门户网站是组织的中央存储库，用于存储学习内容和信息，如常见问题解答（FAQ）、工作辅助工具、电子学习模块和其他自助资源。

2.3.6.8　与组织合作

人才发展专业人士应该与所在组织合作，确定组织应该采用的非正式学习策略。为了能够为学习策划提供依据，最初的问题包括：

- 非正式学习课程应该有多规范？

- 是否应该对学习结果进行评估？
- 是构成整体学习战略的一部分，还是有助于培养知识文化的独立学习活动？
- 是在整个组织内开展的学习活动，还是为了测试接受度和参与度的小规模的试点尝试？

这些问题的回答将帮助人才发展专业人士决定组织战略。然后，他们还可以帮助定义非正式学习，确定技术和知识管理的作用，确定预算，决定如何为每个人提供发展机会，并规划评估和持续改进。

Ⅳ. 自主学习策略

人才发展专业人士应该使用各种策略，并准备好为员工的自主学习提供支持。

2.3.6.9 工作中学习

由于大多数学习都发生在工作中，因此人才发展专业人士应该关注如何支持并鼓励员工自主学习，这种学习方法对于员工来说最重要，而且与他们最相关。对于工作中学习的支持可以来自其他人，也可以来自电子或纸质工作辅助工具。

2.3.6.9.1 自主学习

自主学习（SDL）是一个宽泛的术语，指利用各种媒体，从印刷产品到基于 Web 的系统学习方式开展的自主学习课程。自主学习还指不是非常正式的学习类型，如小组学习、知识管理系统和自我发展课程。自主学习适用于下列情况：

- 学员群体人数多、分散在不同地点，或者同时存在上述两种情况。
- 主题主要是认知内容。
- 学员有很多个人需求。
- 没有教室培训资源可供使用。
- 必须及时完成培训。

2.3.6.9.2 在职培训

在职培训（OJT）是一种在实际工作环境中培养技能的方法——员工在正常工作过程中使用工具、设备、文件或材料。在职培训通常是一种半结构化的流程，由经验丰富的同事负责提供。为了提高学员的成功率，在职培训培训师应该编制一份关键知识详情检查清单，明确定义希望取得的工作成果、实践和讨论时间以及工作辅助工具（如检查清单、决策树、资源列表或步骤指南）。在职培训还可以通过其他学习解决方案，如同伴教练、导师、工作见习或轮岗来提供支持。在职培训适用于下列情况：

- 最适用于在实际工作中学习技能的情况，可以在实际工作环境中对技能进行实践。
- 目标学习群体规模较小，而且可用的培训资源有限。
- 提供关于绩效的即时反馈会很有帮助。

- 在职培训培训师本身应该具备完成相关工作的能力，并有时间提供培训。
- 可用的在职培训培训师希望帮助人们，并懂得使学习成功的认知技巧。
- 可用的支持材料、工作辅助工具、网站和电子绩效支持系统（Dillon 2017）。

2.3.6.9.3　电子绩效支持系统

电子绩效支持系统（EPSS）是指安装在计算机或其他设备的软件，为员工提供信息或资源，帮助他们完成某项任务或满足绩效要求。它是一种综合性的计算机工作辅助工具。此类系统能够提供工作相关信息——及时、按需信息、指导、示例和分步对话框，在只需要最少的人员支持的前提下改进工作绩效。潜在的电子绩效支持系统应用程序包括一个可用于简化或自动化程序的计算器，或者为工作相关过程提供指导的嵌入式教程。电子绩效支持系统应用程序适用于下列情况：

- 存在由于缺乏知识或技能导致的绩效问题。
- 与绩效问题相关的任务执行起来比较困难。
- 任务并不需要频繁执行。
- 任务并不需要在紧急情况下执行。
- 如果任务执行不足，就会引起严重的后果。
- 绩效环境适合使用电子绩效支持系统硬件。

2.3.6.9.4　工作辅助工具

工作辅助工具能够满足与电子绩效支持系统同样的需求，但是由于使用纸质形式，因此更简单，而且成本效率更高。作为绩效者在执行任务时可供存储信息的工具，工作辅助工具提供关于何时、如何执行某项任务的信息，缩短知识记忆调取时间，最大限度减少错误发生。工作辅助工具能够缩短培训时间，同时为学习提供支持。工作辅助工具通常适用于线性任务，如设备组装和表格填写，以及复杂任务，如医疗诊断。工作辅助工具可能只有一页，也可能有多页。下列任务是工作辅助工具的理想应用对象：

- 执行频率相对较低的任务。
- 包含大量步骤的高度复杂任务。
- 误差会引起严重后果的任务。
- 未来改变可能性较高的任务。

2.3.6.9.5　移动或多设备学习

移动学习要结合使用 iPad、平板电脑、笔记本电脑、智能手机和其他便携式计算设备。其优点在于，可以将学习课程设计为可通过多台设备进行访问，从而超越传统的学习空间。人才发展专业人士应考虑移动学习所呈现的细微差别，例如，内容如何在较小的屏幕上显示、部分功能可能不可用，以及员工可以使用哪些设备。移动学习的独特之处在于，设备本身可以提供多种用途，例如：

- 交付非同步在线学习内容。
- 交付绩效支持内容。

- 支持社交和用户生成内容和讨论。
- 提供独特的移动内容，如 GPS 和消息。

2.3.7 设计或开发与期望学习或行为成果相一致的学习资源的技能

I. 创建课程材料

人才发展专业人士知道，尽管材料是在交付前专门针对课程而设计的，但有时他们必须在毫无预兆的情况下修改现有材料或开发新的材料和方法。

2.3.7.1 资源设计的考虑因素

当需要变更时，人才发展专业人士应确定需要设计或变更的内容以及原因。他们发现自己需要通过增加更相关的内容来加强幻灯片材料的效果，设计挂图来提供视觉支持，创建独有的讲义来满足学员的需求，或者根据群体成员构成来添加或修改活动。

需要在毫无征兆的情况下改变的原因通常包括时间安排、相关性或学习要求。

- 时间安排。
  - 工作场所发生了一些与课程相关，但是没有明确涵盖在课程中的情况。
  - 学员群体规模与预期不同。
  - 课程目标在交付前发生了改变。
  - 可用时间发生了改变。
- 相关性。
  - 学员的主管要求强调一个或多个领域。
  - 需要为学习群体增加更多与真实世界相关的内容。
  - 学员需要不同的体验。
  - 工作场所存在会对大多数学员产生影响的特别问题。
  - 评估并未揭示根本原因，或者自评估完成后发生了变化，从而改变了需求。
- 学习要求。
  - 学员缺乏与内容相关的最低技能水平。
  - 学员需要更高阶的内容和示例。
  - 群体成员的技能和知识水平存在很大差异。
  - 学员需要多动手实践。
  - 学员需要更深入地探讨一个或多个主题。

2.3.7.2 学员材料的类型

在实施过程中创建学习材料时，人才发展专业人士应首先了解目标是什么。然后引导师应将学习策略、知识、技能或态度与目标相匹配。其中的一些例子包括：

- 如果学员需要获得某些知识，引导师可以创建简短的演示、图表、问题解决诊断、学员的复述，也可能是互联网研究。
- 如果学员需要学会做一件事或掌握一项新技能，引导师可以创建一个案例研究、角色扮演、实践环节、工作辅助工具或演示。
- 如果学员需要改变自己的态度、价值观或优先事项，引导师可以安排一场辩论、多个练习、自我评估、反馈小组或头脑风暴环节。

2.3.7.3   创建所需材料

一旦人才发展专业人士决定所需的资源或学员材料和活动的类型，设计就开始了。在有些情况下，引导师可能有额外的时间来制作材料。如果是这样的话，与学员的主管见面可能获得一些应该在设计中包含什么内容的想法。如果引导师必须在培训活动期间设计一些物料，那么最好在午餐时间创建，或安排一个较长的休息时间将其部署起来。

2.3.7.4   学员创建的学习材料

人才发展专业人士应该认识到，如果允许学员协助设计，并在设计过程中开展学习，那么学员将能够提供丰富的支持。对于时间较短的在线课程，可以安排在每节课之间运用这些理念。例如，引导师可以要求：

- 小组在线研究一个主题，然后展示他们学到的知识。
- 小组创建简短的角色扮演或场景，并与其他小组交流。
- 小组创建简短的案例研究或关键事件，然后与其他小组交流。
- 小组中最有经验的人负责演示所需的技能。
- 个人创建自己的工作辅助工具并与整个群体分享。
- 将学员分成两个组，并提供正式辩论的规范。

人才发展专业人士应该预先计划几项针对不同情境定制的活动，在挂图、虚拟白板上或以口头形式来部署会比较简单。

参考文献

ATD (Association for Talent Development). 2016a. 2016 *State of the Industry*. Alexandria, VA: ATD Press.

ATD (Association for Talent Development). 2016b. *Building a Culture of Learning: The Foundation of a Successful Organization*. Alexandria, VA: ATD Press.

Benne, K., and P. Sheats. 1948. "Functional Roles of Group Members." *Journal of Social Issues* 4(2): 41-49.

Biech, E., ed. 2014. *ASTD Handbook: The Definitive Reference for Training and Development Professionals*. Alexandria, VA: ASTD Press.

Biech, E. 2015. *Training and Development for Dummies*. Hoboken, NJ: John Wiley and Sons.

Biech, E. 2017. *The Art and Science of Training*. Alexandria, VA: ATD Press.

Briggs, K.C., and I.B. Myers. 1977. *Myers-Briggs Type Indicator*. Palo Alto, CA: Consulting Psychologists Press.

Carliner, S. 2012. *Informal Learning Basics*. Alexandria, VA: ASTD Press.

Clark, R. 2019. *Evidence-Based Training Methods*, 3rd ed. Alexandria, VA: ATD Press.

Cross, J. 2007. *Informal Learning: Rediscovering the Natural Pathways That Inspire Innovation and Performance*. San Francisco: Pfeiffer.

Dillon, JD. 2017. "In Real Life: Don't Forget About On-the-Job Training." *Learning Solutions Magazine*, September 19.

Downes, S. 2010. "New Technology Supporting Informal Learning." *Journal of Emerging Technologies in Web Intelligence* 2(1): 27-33.

Ebbinghaus, H. 1964. *Memory: A Contribution to Experimental Psychology*. New York: Dover. Originally published in 1885.

Ericsson, K., R. Krampe, and C. Tesch-Römer. 1993. "The Role of Deliberate Practice in the Acquisition of Expert Performance." *Psychological Review* 100(3): 363-406.

Fleenor, J., and S. Taylor. 2005. *Closing the Loop: Getting the Most From 360-Degree Feedback*. Greensboro, NC: Center for Creative Leadership.

Gardner, H. 2011. *Frames of Mind: The Theory of Multiple Intelligences*, 3rd ed. New York: Basic Books. Herrmann, W.E. 1988. *The Creative Brain*. Lake Lure, NC: Brain Books.

Huggett, C. 2013. *The Virtual Training Guidebook: How to Design, Deliver, and Implement Live Online Learning*. Alexandria, VA: ASTD Press.

Huggett, C. 2018. *Virtual Training Basics*, 2nd ed. Alexandria, VA: ATD Press.

Jensen, E. 2008. *Brain-Based Learning*, 2nd ed. Thousand Oaks, CA: Corwin Press.

Knowles, M.S., III, E. Holton, and R. Swanson. 2015. *The Adult Learner: The Definitive Classic in Adult Education and Human Resource Development*, 8th ed. Burlington, MA: Elsevier/Butterworth-Heinemann.

Lombardo, M., and R. Eichinger. 2011. *The Leadership Machine: Architecture to Develop Leaders for Any Future*, 3rd ed. Minneapolis: Lominger International: A Korn/Ferry Company.

Maslow, A. 1968. *Toward a Psychology of Being*. New York: Litton Educational Publishing.

Medina, J. 2014. *Brain Rules*. Seattle: Pear Press.

Meier, D. 2000. *The Accelerated Learning Handbook*. New York: McGraw-Hill.

Miller, G.A. 1956. "The Magical Number Seven, Plus or Minus Two: Some Limits on Our Capacity for Processing Information." *Psychological Review* 63(2): 81-97.

Moreno, R., and R.E. Mayer. 2000. "A Coherence Effect in Multimedia Learning: The Case for Minimizing Irrelevant Sounds in the Design of Multimedia Instructional Messages." *Journal of Educational Psychology 92*(1): 117-125. https://doi.org/10.1037/0022-0663.92.1.117.

Orey, M. 2017. "Designing Section 508 Compliant Learning." *TD at Work*. Alexandria, VA: ATD Press.

Rogers, C. 1951. *Client-Centered Therapy: Its Current Practice, Implications, and Theory*. London: Constable.

Rohrer, D., and K. Taylor. 2006. "The Effects of Overlearning and Distributed Practice on the Retention of Mathematics Knowledge." *Applied Cognitive Psychology* 20:1209-1224.

Rosenberg, M.J. 2001. *E-Learning: Strategies for Delivering Training in the Digital Age*. New York: McGraw-Hill.

Salas, E., S. Tannenbaum, K. Kraiger, and K. Smith-Jentsch. 2012. "The Science of Training and Development in Organizations: What Matters in Practice." *Psychological Science in the Public Interest* 13(2): 74-101. https://pdfs.semanticscholar.org/0181/b9aa533fd262df009ff113ac42a887afdf95.pdf.

Silberman, M., and E. Biech. 2015. Active Training: A Handbook of Techniques, Designs, Case Examples, *and Tips*. Hoboken, NJ: John Wiley & Sons.

Siemens, G. 2005. "Connectivism: A Learning Theory for the Digital Age." *International Journal of Instructional Technology and Distance Learning* 2(1): 3-10.

Snowden, R., P. Thompson, and T. Troscianko. 2012. *Basic Vision: An Introduction to Visual Perception*, 2nd ed. Oxford: Oxford University Press.

Yerkes, R., and J. Dodson. 1908. "The Relation of Strength of Stimulus to Rapidity of Habit-Formation." *Journal of Comparative Neurology and Psychology* 18:459-482.

推荐阅读

Halls, J. 2014. "Memory and Cognition in Learning." *Infoline.* Alexandria, VA: ASTD Press.

Huggett, C. 2018. *Virtual Training Basics*, 2nd ed. Alexandria, VA: ATD Press.

Silberman, M., and E. Biech. 2015. *Active Training: A Handbook of Techniques, Designs, Case Examples, and Tips*. Hoboken, NJ: John Wiley & Sons.

2.4　技术应用

对于组织和人才发展职能部门来说，技术仍将显著影响它们的工作。人才发展专业人士必须具备识别、选择和实施正确的学习与人才开发技术，为组织及其人员谋取最大利益的能力。执业者应该能够确定合适的机会，并在合适的时间运用合适的技术来达成组织目标。

管理学习技术生态系统

2.4.1　选择、整合、管理和维护学习平台的技能

I.　选择、整合、管理和维护学习平台

人才发展专业人士应该理解技术与学习之间的关系，为目标用户提供支持，做出明智的选择并提出合理的建议。在获得某项技术后，但是在针对预期受众全面实施该项技术之前，人才发展专业人士应该决定如何在平台的整个生命周期内对技术进行管理和维护。需要注意的是，如果组织有技术或学习技术部门，人才发展专业人士并不需要负责所有这些任务。

2.4.1.1　平台功能

人才发展专业人士应该完成深入的组织需求评估，确定新技术所需的功能。其中包括详细探索预期目标用户的使用体验，以及组织技术生态系统内现有的其他组成部分。一旦完成需求评估，人才发展专业人士就应该充分、详细地记录他们的技术要求，评估可用的现有技术或启动供应商筛选流程。这份文件应该包含关于下列内容的明确解释：

- 正在尝试利用技术解决的问题。
- 期望实现的最终用户体验。
- 为了实现期望的最终用户体验所需的特征和能力。
- 将在选择过程中发挥作用的利益相关者和合作伙伴。
- 技术识别、选择和实施的整个流程与时间表。

2.4.1.2　供应商关系管理

供应商关系管理是人才发展专业人士需要考虑的一个关键因素。很多生态系统所包含的工具都是通过内部开发和外部采购相融合的方式来实现的。如果某种工具由人才发展职能部门获得或管理，

则该团队还需要负责与供应商建立并保持积极的关系。其中包括指定的供应商联系人与负责关系或平台管理的人才发展专业人士之间的定期接触。此外，人才发展专业人士还应针对相关考虑因素制定明确的指导原则，如技术培训、故障排除、停机管理和灾难恢复。与供应商保持定期联系也有助于人才发展专业人士获得未来合同的优惠条款，并参与未来规划。

2.4.1.3　人才发展与 IT 之间的合作

人才发展存在于组织更大范围的技术生态系统中。因此，人才发展专业人士应该了解既定的 IT 规章和流程，并严格遵守。人才发展职能部门应该与 IT 部门建立合作伙伴关系，了解它的运作方式，并在要求支持之前明确哪些职能部门应负责与学习平台相关的哪些任务。然后，人才发展专业人士应制定其技术审查、采购、实施和支持流程，以便与 IT 方针保持一致，并在可能的情况下利用 IT 方针。尽管人才发展专业人士应该利用 IT 专业知识来确保所采用的所有技术都是安全的和有作用的，但是他们不应拖延责任或决策。IT 人员可能是更先进的技术专家，但人才发展专业人士负责为最终用户提供合适的学习和支持体验。

2.4.1.4　故障排除和停机管理

人才发展专业人士应该针对所有学习技术的维护制定一个统一的可扩展流程，包括响应式故障排除和停机管理；应该为技术用户提供一个可报告技术问题的简单途径，如联系人电子邮件、电话号码或在线提交表单；应该根据技术对于操作体验的关键程度，针对每个平台确立服务等级协议（SLA），使得用户能够了解特定问题将在多少时间内解决；还应该建立升级流程，确定在什么情况下需要不同的内部和外部合作伙伴共同参与故障排除，避免投入不必要的费用、精力或重复工作。他们应将这些流程包含在所有技术供应商合同中，以确保一致性和平台可靠性。人才发展专业人士应该针对任何对最终用户体验产生不利影响的停机或功能问题，定期向利益相关者和供应商伙伴报告。

2.4.1.5　管理流程

所有运用技术的人才发展执业者都应该充分了解其特征和功能，应该在预期受众、组织以及工具使用方法的背景下进行了解，然后通过供应商可能提供的技术文档对他们的理解进行补充，或者基于使用实例对他们的理解进行内部扩充。供应商可能在实施过程中提供正式培训，作为需要承担大部分工具管理责任的人才发展执业者，应该充分利用这些培训。

人才发展专业人士应该针对所有受管理的技术制定明确、可扩展的流程。这些流程的设计应确保最大限度地实现技术的价值，并保护最终用户体验。人才发展专业人士应针对其认为属于职责范围之内的工具和流程确定自身应承担的责任。所有信息都应该被记录在一个共享的位置，并随着技术生态系统的发展而接受定期审查。

2.4.1.6　流程管理升级

人才发展专业人士还可能担任某些学习技术的管理员，如果这样，应该针对每项技术制定维护和升级流程。对于硬件，他们需要考虑设备的预期生命周期和更换计划。对于软件，他们需要考虑供应商的定期更新日程。随着云技术应用的不断普及，其升级频率越来越高，而且需要管理员执行的操作也越来越少。如果他们不承担主要责任，就应该通过管理员了解情况。如果平台发生重大变更，那么他们（和管理员）需要制定测试和变更管理计划来确保无缝过渡。

2.4.1.7 内容上传、测试和管理

无论是在最初上传，还是在技术变更和更新过程中上传，人才发展专业人士都应确保通过技术平台创建、修订和交付的所有内容的可行性。人才发展专业人士应制定内容测试和修订流程，以满足组织需求。尽管测试应该涉及各种参与者，包括人才发展专业人士、主题专家、利益相关者和最终用户，但流程不应该过于行政化或烦琐。根据主题和使用情况，内容的生命周期会各不相同，但是所有相关流程都应包含关于组织变革、监管要求和技术升级的考虑因素。

2.4.1.8 数据标准和集成（如 SCORM、AICC 和 xAPI）

人才发展管理员应该与组织内的伙伴合作，如 IT、人力资源和其他相关群体，以此来决定技术平台的集成机会。对于学习交付工具尤其如此，如学习管理系统（LMS）和学习体验平台（LXP），以此来简化用户和管理员体验。最初的集成机会可能包括单点登录身份验证和用户配置等概念。其他机会可能包括内容交付和聚合、数据记录保存、用户界面和体验元素。在做出所有决策时，都应该考虑为了维持集成而需要长期提供的技术支持（若适用）。

人才发展专业人士应该了解组织所采用的内容和数据标准。其中，可能包括以下各种标准：

- SCORM（可共享内容对象参考模型）1.2 或 2004。
- AICC（航空工业计算机培训委员会）。
- xAPI（体验应用程序编程接口）。
- cmi5（计算机管理指令，第五次尝试）。

针对基于视频的内容，也可以使用各种编码格式，如 MP4、AVI 和 MOV。人才发展专业人士应该运用只实现期望的用户体验的格式，避免不必要的技术复杂性，以及内容和数据格式与硬件和软件工具之间的冲突。应注意确保实施的所有技术都支持必要的内容和数据格式。人才发展专业人士还应始终了解行业内可能引起特定标准得以广泛采用或停用（如 Adobe Flash）的技术发展。

2.4.1.9 报告工具和流程

选择工具前，人才发展专业人士应该根据组织需求和整体学习及支持策略制定报告策略。人才发展专业人士应该与各部门（如商业智能和运营部门）的内部专家合作，了解组织如何利用数据。他们应该寻找机会，将人员分析（包括培训消耗量、合规、知识开发和行为变化指标）与现有的组织关键绩效指标整合起来。他们可以设计一个报告策略，在合适的时间向合适的利益相关者提供数据和建议，并且可以根据这些数据和建议采取行动。该策略可能包括多种考虑因素，包括展示人才发展计划对组织成果的影响，通过合规要求降低风险，以及衡量用户参与度和学习活动后的反馈。可以通过几种方式向利益相关者提供报告，如可以将其与组织现有的信息仪表板整合，或使用其自带工具。在每种情况下，数据都可以可视化或导出到电子表格、文档或演示文稿中进行分析和共享。

2.4.1.10 无障碍

人才发展专业人士应考虑人们获取和正确使用技术的能力。许多残疾并不容易被观察到或了解，因此，人才发展专业人士应尽最大努力与无障碍实践保持一致。其中包括世界各国都各不相同的正式法规，以及确保每个人都可以使用人才发展机会的其他策略。《美国残疾人法案》第 508 条规定，患有残疾，需要寻求信息和服务的联邦政府员工和公众成员都应该"享有与其他非残疾（群体）同等的信息和数据存取及使用途径，除非这种做法可能导致相关机构承担过度负担"。尽管应用每个人（包括那些认知、感觉或行动能力受限的人）都可以使用的技术非常具有挑战性，但确保所有需要使用该平台的人都可以使用该平台是一项重要要求。人才发展专业人士应该与无障碍专家合作，针对如何确定、开发、应用和维护高质量的技术体验制定指导方针。[参见 1.6]

评估、选择和实施学习技术

2.4.2 识别、定义和阐明技术系统要求以支持学习和人才发展解决方案的技能

I. 识别、定义和阐明技术系统要求

定义技术系统要求时，人才发展专业人士应该避免过于关注新功能、营销热点或最新趋势。相反，他们应该先充分了解期望实现的用户体验。

2.4.2.1 市场意识

市场意识是选择合适的学习技术时的一项关键因素。随着技术的快速创新，自人才发展专业人士前一次探索新工具以后，市场可能已经发生了很大的变化。因此，负责对本组织的学习技术生态系统实施战略监督的人才发展专业人士应该投入时间了解最新的行业发展。这可能包括各种活动，如参加网络研讨会和专业大会、阅读刊物和博文，以及与组织外部的同行建立人际关系。

2.4.2.2 组织需求评估

人才发展专业人士应该在发掘潜在供应商之前，开展深入的组织需求评估。这项评估必须包括详细探索预期目标用户的工作经历。人才发展专业人士应该询问：

- 这些人在组织中扮演什么角色？
- 他们在什么样的物理环境中完成工作？
- 在典型的工作日，有多少时间可以用于学习和支持活动？
- 他们在完成工作时使用哪些工具、资源和设备？
- 他们在履行职责时面临哪些挑战？
- 他们需要具备哪些技术知识和技能？
- 如何从人才发展的角度，为他们提供普遍支持，包括各种潜在的内容形式和格式？

- 如何对他们的绩效进行衡量？

应该利用这项评估的结果来识别功能要求，并确立技术评估活动的范围。如果有必要的资源，人才发展专业人士可能基于需求评估结果考虑开发定制解决方案。在开始正式的技术评估项目之前，他们可能决定进行小规模的、有针对性的实验来验证一个新概念。他们不需要等待对某个潜在工具进行正式测试的机会，相反，他们可以使用现有的工具或原型，针对小规模受众快速实施一次实验。通过这些实验收集到的反馈信息有助于确定大型技术项目的方向，并阐明特征要求。[参见 2.8.2]

2.4.2.3　范围和要求管理

负责管理技术评估的人才发展专业人士应该确定并记录项目范围，以及任何考虑使用的工具要求。必须在整个项目过程中对这些考虑因素进行管理，确保明确和统一，否则，范围可能发生延展（由于项目不受控制地增长），由此产生的技术决策可能无法满足组织的真正需要。而且，这还可能导致项目超时、超预算。人才发展专业人士应该确保参与项目的每个人，包括供应商和内部利益相关者严格遵守事先商定的要求。如果利益相关者希望扩大项目范围，并提出新的要求，那么人才发展专业人士应该安排整个项目团队参与，就范围变化达成新的一致意见，然后再开始额外的技术方案。

一旦完成全面分析，人才发展专业人士就应该充分、详细地记录他们的技术要求，启动供应商筛选流程。这份文件应该包含关于下列内容的明确解释：

- 正在尝试利用技术解决的问题。
- 期望实现的最终用户体验。
- 为了实现期望的最终用户体验所需的特征和能力。
- 将在选择过程中发挥作用的利益相关者和合作伙伴。
- 技术识别、选择和实施的整个流程和时间表。[参见 3.2]

2.4.2.4　项目管理

技术评估是一项重大责任，需要与一系列潜在的供应商进行互动，还需要征求一些内部合作伙伴的意见。新工具签约和实施过程中可能需要耗费组织大量的资金、时间和精力。因此，负责技术评估流程的人才发展专业人士应该掌握扎实的项目管理技能，能够有效协调整个组织内相关人员的参与，包括同行、部门利益相关者、主题专家、行政人员和最终用户。他们应该在与潜在供应商接触之前，收集所有意见并确立要求。在整个过程中，他们应该在合适的时间安排合适的人员参与，同时维持项目的合理节奏，确保在预算范围内按时实施所需技术。[参见 1.5]

2.4.2.5　利益相关者管理

在技术评估过程中，需要与预期受众中的利益相关者进行详细的访谈，包括运营合作伙伴、高层管理者和最终用户。这有助于人才发展专业人士理解组织除学习和发展目标外的其他目标。它也有助于确定如何衡量任何新的学习技术或计划的有效性。安排合适的利益相关者参与最终选择和审批流程，确保每个人都同意最终决策和实施计划，这一点很重要。对于任何组织技术项目来说，IT部门都是关键利益相关者，因此必须尽早安排它们参与到流程中。[参见 1.3.2、3.2.2 和 3.2.3]

2.4.2.6 用户技术体验设计

人才发展技术是组织更大范围的技术生态系统的一部分。人们使用各种工具来完成自己的工作，学习和支持工具只是整体技术体验中很小的一个部分。因此，人才发展专业人士在选择新工具时，应该考虑用户技术体验的整体设计。首先，他们应该考虑如何使用现有的工具来代替新技术。组织需求评估有助于确定必须通过新技术来解决的现状与期望实现的人才发展体验之间的差距。新的人才发展工具应该适合更大范围的技术生态系统，无论是与现有技术正式集成，还是通过不太正式的体验设计与现有技术共同运作。学习技术生态系统可能超越了人才发展专业人士所实施的工具，或者提供结构化培训的独特目的。这可能包括社交媒体平台、公司内网以及组织内部和外部的其他技术。

除了用户体验，人才发展专业人士还应该了解组织的整体技术能力。与 IT 部门建立强有力的持续合作伙伴关系，将帮助他们熟悉任何即将推出的新学习平台所包含的技术基础架构。需要考虑的因素包括可用的 IT 支持、规章、流程、硬件和软件方案、集成要求、无障碍方针、Wi-Fi 可用性以及网络带宽。人才发展专业人士应随时了解 IT 部门未来的改进计划，包括近期的基础设施或设备更新计划。

2.4.2.7 数据集成

在设计人才发展体验时，集成是一个重要的考虑因素，因此，应该将集成要求纳入任何技术评估流程之中。集成包括数据集成（如用户规定、记录保存和单点登录）和内容集成，通过集成可实现对象跨平台移动，以便使用和管理。集成可能需要定制开发工作，这需要与所有技术供应商澄清，并适当纳入项目范围和预算。在选择任何人才发展技术时，考虑无障碍以及 IT 法规和流程同样十分重要。［参见 2.4.1.7 和 2.4.1.10］

2.4.2.8 采购以及 RFI 或 RFP 流程

信息征求书（RFI）或提案征求书（RFP）流程常被用于识别合适的技术提供商和产品。此类请求应该以通过组织分析确定的要求为基础，并关注期望实现的最终用户体验，而不是不必要的特征清单。人才发展专业人士应该利用这种请求来考察潜在供应商在实现期望的用户体验方面的能力。尽管人才发展专业人士应该对各种备选方法持开放态度，但他们也应该在试图通过技术解决的核心问题上保持坚定态度。可以根据这些要求来安排供应商讨论、推介和演示，以及利益相关者和用户的反馈，以做出关于平台选择的最终决定。

2.4.3 了解电子学习软件和工具评估与选择的标准及技巧

I. 评估和选择电子学习软件和工具

电子学习是现代化数字学习战略的一个重要部分，对于学习受众分布在不同地理位置的大型组织尤其如此。电子学习是一种通过各种应用程序和流程，以电子方式交付的结构化课程或学习体验，包括基于网络的学习、基于计算机的学习、多设备学习、虚拟教室、绩效支持和数字协作。人才发展专业人士在选择支持高质量数字化学习内容开发的工具时，要确立明确的选择标准。人才发展部门以外的其他合作伙伴也可以使用这些工具来编写和制作各自专业领域的相关内容。［参

见 2.2.7.4]

　　人才发展专业人士选择电子学习软件和工具时，应该记住几项要求，尽管在这种能力中并没有具体详细说明。

- 市场意识。掌握最新变化。[参见 2.4.2.1]
- 工作环境。理解最终用户所处的日常环境。[参见 2.4.3.3]
- 无障碍。考虑无障碍要求。[参见 2.4.1.10]
- 报告和合规。在实施之前，验证合规情况，以及潜在的发展工具是否能够采集并导出所需的数据。[参见 2.4.1.9]

2.4.3.1　教学设计知识

　　为了妥善利用电子学习设计工具，人才发展专业人士应该理解教学设计原则，并确立与所在组织需求相一致的方法论；应该在技术实施前就确定这些标准，确保最终选定的工具能够执行所有内容要求。人才发展专业人士还应该了解组织内恰当使用新创作工具的可用角色，包括正式的教学设计和开发人员，以及预计将使用工具开发数字内容的主题专家。人才发展专业人士应该选择一个可平衡组织设计流程、质量要求和技能水平的工具。[参见 2.2.1]

2.4.3.2　内容和培训形式

　　培训可以通过多种形式来交付，包括数字模块（电子学习）、视频、教室课程、影子见习和参考材料。人才发展专业人士选择交付培训的工具时，应该考虑整个组织内需要的各种形式组合。人才发展专业人士在选择新的创作平台时，还应考虑旧内容，以及需要使用新工具对现有材料进行维护或开发，还必须考虑工作和交付文件格式的兼容性。

2.4.3.3　交付技术

　　有效的电子学习战略通常需要采用多种互相协调的工具。选择电子学习平台时，人才发展专业人士应该考虑预期受众在访问数字内容时会使用哪些交付工具。创作工具创建并导出的内容格式，可以通过现有（或新的）交付技术上传并被访问。例如，如果交付平台是通常通过用户的移动设备来访问的学习管理系统，就必须确保创作工具开发的输出文件可以通过移动设备轻松地访问。人才发展专业人士应该确保可以从选定的工具导出所有所需格式，如 HTML5、SCORM（1.2 或 2004）、AICC、xAPI 或 cmi5。

2.4.3.4　电子学习创作软件的无障碍设计

　　人才发展专业人士应实施电子学习创作软件，使他们能够开发并输出符合无障碍管理和最佳实践的内容。人才发展专业人士应该与供应商和内部合作伙伴合作，在实际实施前确保使用潜在工具开发的所有内容均符合所有标准。[参见 2.4.1.10 和 1.6]

2.4.3.5　试验

　　电子学习创作软件通常由供应商授权给单个用户。因此，人才发展专业人士在整个组织内部署工具前，经常可以快速地试验多种工具，而且只需要支付很少的费用。需要安排有限的内容开发人员按照指定流程测试新的潜在工具，包括创建新内容和编辑现有模块（若适用）。可以通过所有潜在交付技术来发布实验内容，确保每项功能都能够按照预期正常运行。人才发展专业人士还可以使用市场上发布的新工具来进行试验，即使他们并不考虑实施新的工具。

2.4.3.6 用户测试

将使用新创作工具开发电子学习内容的预期受众应被安排参与测试环节，即使他们将来不会自己使用这些工具。人才发展专业人士应该使用标准交付工具来制作样本内容，并提供给测试小组，针对学习体验中的关键元素征求他们的反馈意见。这样能够帮助人才发展专业人士针对潜在的技术增加需求做出更明智、以用户为焦点的决策。如果人才发展职能部门以外的其他人员将使用软件来开发自己的数字化学习内容，那么还需要开展额外的用户测试。

2.4.4 识别、选择和实施学习技术的技能

I. 识别、选择和实施学习技术

识别、选择和实施学习技术时，人才发展专业人士应该关注组织需要什么，想要创造怎样的用户体验。他们应根据组织已证实的需求制定评估标准。这样能够确保所有技术在选择和实施过程中都有明确的目的。

人才发展专业人士定义学习技术时，应该记住几项要求：

- 用户技术体验。考虑用户技术体验的整体设计。[参见 2.4.2.6]
- 工作环境。理解最终用户所处的日常环境。[参见 2.4.3.3]
- 利益相关者管理。安排和他们进行详细的访谈，了解组织除基本的学习和发展目标以外的其他目标。[参见 2.4.2.3]
- 无障碍。考虑无障碍要求。[参见 2.4.1.10]
- 报告和合规。在实施之前，验证合规情况，以及潜在的发展工具是否能够采集并导出所需的数据。[参见 2.4.1.9]
- IT 规章和流程。遵守已经制定的 IT 规章和流程，在请求 IT 部门提供支持前，与 IT 部门合作，了解它们如何运作。[参见 2.4.1.3]

2.4.4.1 使学习技术与教学内容相一致

培训可以通过多种形式来交付，包括数字内容（电子学习模块、视频和参考材料）、工作培训和教室课程。人才发展专业人士在选择和实施学习技术时，应该考虑能够为预期受众带来最大价值的各种形式组合。尽管这些工具可能正式集成，也可能没有正式集成，但它们都是学习生态系统的一部分，必须在组织的人才发展战略中相互补充。例如，尽管创作工具可能主要用于构建数字内容，但是这些内容也可能作为包含其他教学形式的混合体验的一部分。人才发展专业人士在引进新技术时也应考虑传统工具和内容形式。他们应该决定是淘汰这些元素，还是要求新工具与这些元素兼容。

2.4.4.2　报告和合规要求

选定的工具必须采集并导出满足所有数据战略和记录保存要求的信息，可以从学习内容中将这些数据导出到交付系统（如学习管理系统）或另一个数据库（如数据仓库或 LRS）。人才发展专业人士还应该考虑技术报告能力，包括数据可视化、信息仪表板和导出功能。报告必须满足内部和外部监管要求，并且在与利益相关者分享信息时，能够达到期望的使用便捷性。[参见 3.7.5]

2.4.4.3　正确工具与预期成果相匹配

为学习活动选择技术就像为教学设计选择方法。人才发展专业人士应该认识到赋能目标是关键的第一步——先确定目标是不是获取知识、掌握技能或影响态度，继而选择正确的工具。这样能够确保所有技术在选择和实施过程中都有明确的目标。他们还必须考虑工具如何支持评估目标是否已经达成的能力。人才发展专业人士应该考虑工具是否允许进行全程评估，预测试是否有用，以及如何解释评估技术。最终，在将正确的工具与预期成果匹配之前，人才发展专业人士应该探讨制约因素，从而决定什么可以做、什么不可以做。制约因素包括以下类型：

- 组织因素，例如，不同班次的员工或需要频繁出差的员工。

- 个人因素，例如，员工技能水平差异或者语言差异较大。

- 管理因素，例如，缺少支持或沟通渠道有限。

- 技术因素，例如，设备有限或在家办公、使用个人电脑的员工。

- 资源特定因素，例如，技术预算有限或人员不足。

2.4.5　了解测试学习技术和支持系统的可用性与功能性的方法及技巧

I.　测试可用性的方法和技巧

可用性测试的目的是确保为最终用户开发更有效的学习和发展体验。可用性测试指"由具有代表性的用户对产品或服务进行测试继而对其进行评估"。在人才发展领域内，可在初次实施或版本升级时对硬件设备、软件平台或培训内容进行可用性测试。人才发展专业人士应该针对所有硬件和软件工具定义测试要求，确保问题对预期用户产生影响前尽早被发现并解决。

2.4.5.1　确立成功标准

人才发展专业人士应该根据所有技术评估流程的各种因素确立明确的成功标准。首先也是最重要的是用户体验，应该通过获取技术，实现一个用户友好的人才发展生态系统，该生态系统符合员工现在和未来的需求。需要考虑的其他要求包括：

- 工作环境。技术应该适合最终用户面临的日常工作现实。

- 无障碍。硬件和软件必须满足与所有潜在用户无障碍相关的所有法规和组织要求。

- 集成。应该通过正式和非正式的方式将新工具与现有技术集成。

- 格式和数据互用性。内容和数据应尽可能在新工具和现有工具之间轻松共享。

- 报告和合规。在实施之前，验证合规情况，以及潜在的发展工具是否能够采集并导出所需的数据。[参见 2.4.1.9]

应该妥善记录评估成功的标准，并且与所有项目参与者分享，以确保协调性并实施范围管理。

2.4.5.2　项目管理

负责测试学习技术和支持系统的可用性与功能性的人才发展专业人士应该具备扎实的项目管理技能。他们应该能够识别并协调整个组织内相关人员的参与，包括同行、部门利益相关者、主题专家、行政人员和最终用户。[参见 1.5 和 2.4.2.4]

2.4.5.3　测试脚本开发

人才发展专业人士应确保技术测试流程涵盖技术使用时可能面临的各种情况。根据工具和期望用途，这可能需要创建脚本，用于指导参与者在评估期间完成特定任务。测试脚本应该与已经确立的成功标准相符，并且体现工具的实际使用情况，提供足够的细节来指导测试用户完成期望的功能操作。然而，由于测试环境应该模拟真实体验，因此脚本提供的指导不应超过技术最终实施后标准用户可获得的指导。测试脚本可用于初次技术评估以及将来的升级过程。

2.4.5.4　测试流程

测试流程应该根据已确立的成功标准，以及内部技术标准和要求进行明确概括。测试应在与产品最终使用环境相似（如果不是完全相同）的真实环境中进行。如果需要测试的是软件或内容，应在全面部署期间参与者将使用的同种设备上进行测试。

人才发展专业人士可以使用不同的方法来完成技术评估和实施。然而，在每种情况下，他们都应该先确立明确的流程、责任、时间表和成功衡量标准。评估和实施可以具备下列特点：

- 及时。如果该技术是经过极其严格的审查或利用组织内经过验证的现有技术的结果，则可以立即针对所有受众实施该技术，而无须进行额外的测试。

- 试点。如果在特定时间段内针对测试组实施技术，那么这属于试点测试。在完成试点测试期后，项目团队对结果进行审核，决定继续大范围实施是否有意义。

- 分阶段。利用一系列评估里程碑事件，针对所有用户受众创建分阶段实施计划。然后针对选定的受众实施技术，每到达一个里程碑即对项目成功标准进行一次审查。与试点不同的是，在审查期间实施活动不会停止。如果通过审查认为技术实施取得成功，那么实施范围就扩大至下一批受众，并且里程碑审查流程继续，直到实现全面实施或项目停止。

人才发展专业人士可以通过各种方法收集可用性测试数据。根据受测试的产品，他们可以直接从平台或设备上收集数据，分析用户如何完成任务。他们还可以在测试完成后部署调研或开展反馈讨论，收集坊间传闻和反馈。他们应该对收集到的所有数据进行分析，决定下一步实施行动。

2.4.5.5 利益相关者测试

可用性测试包括针对预期受众中的利益相关者进行详细的访谈，如运营合作伙伴、高层管理者和最终用户。目标应确保所构建的内容与他们的需求一致；如果不一致，则他们应确定需要改变什么。这将帮助人才发展专业人士理解组织除人才发展以外的其他需求。

2.4.5.6 测试人员和用户管理

测试组应该包括来自项目组的各类参与者，其中，来自预期受众的用户是最重要的。这些测试人员应该能够代表一般受众群体，而不是由管理层亲自挑选。测试组还可能包括积极参与技术项目的利益相关者以及人才发展和 IT 专业人士。测试组成员应该是将直接影响最终决定的所有团队的代表，但是应将人数控制在最低水平，避免拖延项目进度。

构建工作场所的学习技术生态系统

2.4.6 了解现有学习技术和支持系统

I. 现有学习技术

在大多数情况下，单靠一项技术并不能提供员工所需的所有支持。因此，人才发展专业人士应该具备应用各种学习技术所需的丰富知识和出色能力。这些技术构成了组织的学习技术生态系统，以实现每个人的整体工作和学习体验。

当人才发展专业人士运用学习技术时，他们应该记住几项要求：

- 用户技术体验。考虑用户技术体验的整体设计。[参见 2.4.2.6.]
- 工作环境。理解最终用户所处的日常环境。[参见 2.4.3.3]
- 无障碍。考虑无障碍要求。[参见 2.4.1.10]

2.4.6.1 有目的的系统选择和集成

可以根据学习技术的预期用途，将其分为几个类别。其中包括：

- 开发。人才发展专业人士用于创建各种形式学习内容的工具，包括电子学习、视频、文档和图像。
- 交付。面向用户的硬件或软件，用于访问学习内容，包括学习管理系统、学习体验平台、虚拟现实、适应性学习工具、虚拟教室和移动设备。
- 管理。用于管理学习活动的存储和执行的工具，如内容管理系统和管理员门户。
- 社交。面向用户的工具，用于分享、访问和讨论工作场所信息和学习内容。
- 分析。专用于收集、存储和分析数据的平台，如 LRS、数据可视化工具、数据库或数据仓库。

并非出于学习目的而获取或由人才发展专业人士负责管理的各种其他技术，也可用于支持人才发展。其中可能包括内联网、销售点系统、客户关系管理工具等。

向组织学习技术生态系统添加工具的目的是补充现有资源，而不是导致现有资源重复或变得复杂。应该根据组织和最终用户不断变化的需求，以及市场改进不断对生态系统继续进行重新评估。

2.4.6.2　学习技术生态系统架构

人才发展专业人士应该与组织伙伴合作，帮助用户从整体学习技术生态系统中获得最大的价值。这包括一些考虑因素，例如，为每项已实施的技术确立明确的用途，并以能够创建出最简单的最终用户体验的方式集成工具。[参见 2.4.2.6]

2.4.6.3　战略工具选择和应用

选择和实施每项技术时，都应该抱有明确的目标，包括面向用户的技术（如学习管理系统）和人才发展工具（如内容创作软件）。由于组织需求不断变化，人才发展专业人士应该不断对学习技术生态系统进行评估，确保每项工具的预期用途仍然具有可行性。随着时间的推移，一些工具可能带来新的或额外的价值，而其他服务于其目的的工具将变得不再需要。

与消费性技术一样，工作场所技术也在快速发展。因此，人才发展专业人士应始终保持对新产品和新能力的认识，即使他们无法获得或实施新技术。这将有助于组织迈向技术适应生命周期，而避免在潜在学习工具方面落后。

2.4.6.4　形式方案

人才发展专业人士应精通各种有助于提升绩效的内容形式。这包括数字内容（如电子学习、视频、播客、网络研讨会和文档）以及亲身体验（包括课堂教学、工作培训和导师指导）。虽然并非所有模式都适用于一个组织，但人才发展专业人士应根据其工作环境和教学设计方法考虑所有选择。随着学习技术不断进步，新形式将继续涌现，为人才发展提供新的机会。

2.4.6.5　数据收集和报告

人才发展职能部门以新方式利用数据的潜力往往伴随着相关技术的发展而发展。因此，人才发展专业人士应始终保持对新数据和新报告能力的认识，即使他们并不打算立即在组织内引进。这些能力可能有助于人才发展专业人士构建投资新技术的案例，特别是如果他们能够为组织提供明确的价值，并改善用户的学习体验。

2.4.6.6　交付和访问方案

人才发展专业人士经常需要利用已经在组织内用于交付培训的硬件设备。这可能包括台式电脑或笔记本电脑、公司配发的移动设备、工作场所系统和个人移动设备。人才发展专业人士应该与 IT 人员和平台管理员合作，了解关于组织学习技术生态系统和相关方针的最新信息。这将帮助他们在需要评估新学习技术时，做出更明智的决策。

2.4.6.7　用户行为、动机和偏好

技术在我们的生活中无处不在。因此，人才发展专业人士可以从人们与日常工具互动的方式中

学到很多东西，即使在工作场所没有应用相同的技术。人才发展专业人士应该了解消费性技术趋势，包括与用户参与、行为和动机相关的最佳实践。这些概念中的许多来自经过充分研究的认知心理学，但是更快应用于消费者的工具。类似的策略可能在组织内也适用，特别是如果引入类似的工具来支持学习和绩效。然而，人才发展专业人士在将这些概念应用于工作场所环境时，应该保持谨慎的态度，而不是假设地认为某些概念在日常生活中起作用，所以在工作场所中也会起到同样的作用。[参见 3.3.10 和 2.1.5.8]

2.4.7　了解人力资源系统和技术平台以及这些系统和平台如何与其他组织和业务系统及流程相集成

I.　将人力资源系统和技术平台与其他系统集成

人力资源团队，尤其是大型组织内的团队运用各种技术来为员工生命周期提供支持，包括专门用于人才招募、绩效管理、薪酬管理和员工敬业度提升的工具。由于人才发展是整体人力资源技术生态系统的一部分，人才发展专业人士应该了解如何将这些部分相结合来提供高价值的人力资源体验。

人才发展专业人士将人力资源系统和技术与其他组织系统和流程相集成时，应该记住几项要求：

- 用户技术体验。考虑用户技术体验的整体设计。[参见 2.4.2.6]
- 学习技术生态系统架构。记住，将人们可能用到的所有人力资源工具都纳入架构中，为他们的持续发展提供支持。[参见 2.4.6.2]
- 无障碍。考虑无障碍要求。[参见 2.4.1.10]
- 报告和合规。在实施之前，验证合规情况，以及潜在的发展工具是否能够采集并导出所需的数据。[参见 2.4.1.9]
- IT 规章和流程。遵守已经制定的 IT 规章和流程，在请求 IT 部门提供支持前，与 IT 部门合作，了解它们如何运作。[参见 2.4.1.3]

2.4.7.1　有目的的系统选择和集成

所有技术的实施和集成都应该有明确的目的。有些人力资源工具是同一家供应商提供的一整套系统中的组成部分。然而，不要因为它们是整个系统包的组成部分而自动实施每种工具，而是应该针对每种工具进行单独审查，以确保它们是合适的系统并能够满足组织的实际需要。技术集成通常需要额外的内部 IT 资源，而且可能拖延实施进度。因此，只有确定能够为组织或最终用户带来明确价值的时候才会进行这种额外的努力。例如，集成人力资源和人才发展系统协调用户体验，减少管理工作。在集成系统时，人才发展专业人士应该遵循关于数据治理和隐私的所有既定的内部指导原则和外部规章。[参见 3.1]

2.4.7.2 数据集成和报告

人才发展专业人士可以利用各种数据集成来减少管理工作，完善用户体验。在某些情况下，可将人才发展工具（如学习管理系统）嵌入大规模的人力资源软件套件中，简化集成过程，并增加分享数据和内容的能力。单点登录是一种常见的集成，允许用户使用普通登录来访问人力资源系统。集成还可以提供用户人口统计数据或安全和身份验证工具，以维护活跃和合格员工的名单。

人才发展专业人士应该在决定如何以最佳方式集成人力资源和人才发展工具之前，了解组织的报告要求，包括适用于外部审计师和监管机构的内部利益相关者报告和记录保存要求。这些集成能够帮助人才发展专业人士利用组织和员工数据来提供与既定需求相符的更好的学习机会。人才发展专业人士应该与组织伙伴合作，包括 IT、人力资源和其他相关部门，以决定集成机会，并遵守所有既定的报告流程和指导原则。[参见 3.2]

2.4.8 了解沟通工具及其应用

I. 有效选择和使用沟通工具

沟通工具是工作场所学习和支持体验中的一个重要部分。员工使用各种工具，在工作流程中互相沟通和协作，从而为非正式学习提供支持。人才发展专业人士可以使用类似的工具与受众沟通，应该选择能够确保有效信息传递并实现有意义的学员参与的工具。因此，人才发展专业人士应该了解平台特征，并设计与技术能力相符的学习体验。

人才发展专业人士使用沟通工具时，应该记住几项要求：

- 用户技术体验。考虑用户技术体验的整体设计。[参见 2.4.2.6]
- 工作环境。理解最终用户所处的日常环境。[参见 2.4.3.3]
- 无障碍。考虑无障碍要求。[参见 2.4.1.10]
- IT 规章和流程。遵守已经制定的 IT 规章和流程，在请求 IT 部门提供支持前，与 IT 部门合作，了解它们如何运作。[参见 2.4.1.3]

2.4.8.1 沟通工具的类型

人才发展专业人士可以使用各种工作场所沟通工具来支持人才发展活动。人才发展专业人士应始终开发适合特定交付方法的内容。例如，视频和网络会议工具通常用于同步虚拟学习的在线课堂，能够向分布在不同地理位置的受众传达具有吸引力且一致的信息。可以专门为学习目的选择这些平台，也可以将这些平台用于会议和组织内的其他虚拟活动。人才发展专业人士应该使用如聊天、投票和白板之类的互动工具，在合适的情况下，邀请学员更直接地参与到学习体验中。他们应该根据学员的实际情况，如可用时间、技术和带宽来设计在线课程。传统的教室学习内容不应该被直接迁移到在线环境中，除非它是针对教室和在线两种环境而设计的。

人才发展专业人士还可以在教室中用技术来引导信息交付和受众参与。演示软件在教室学习体验中无处不在。但是，和其他技术一样，只有在能够为学员体验带来更多价值的时候才会用到这些工具。应该将视觉设计原则，如颜色选择、幻灯片布局和字体大小应用于所有演示内容。人才发展专业人士不应将幻灯片作为讲义，而应使用视觉演示来支持引导式交付，并提供单独的文档供学员持续参考。[参见 2.2]

2.4.8.2　沟通工具的应用

人才发展专业人士在决定是否以及如何使用沟通工具来支持学习时，应考虑用户以往是如何使用沟通工具的，如既定的用户行为和设备访问。在可能的情况下，人才发展专业人士应该与现有使用实例保持一致，而不是期望用户改变他们的行为或学习新的功能。[参见 2.4.3.3]

2.4.8.3　教学设计

使用沟通工具支持学习时，人才发展专业人士应该平衡工具的既定或预期用途与既定的教学设计实践。不应强制性地将工具融入预定义的教学模型中。相反，他们应该考虑如何使用熟悉的、合适的工具来传达重要信息，从而扩展他们的教学实践。

2.4.8.4　用户偏好

人才发展专业人士在使用工作场所沟通工具来支持学习活动时，应该考虑既定的用户偏好和行为。他们应该开展研究来确定如何使用工具，并探讨现有用户的反馈。在设计过程中，他们应该在满足既定用户期望的同时利用技术能力，支持将工具用于新用途，并简化用户体验，确保用户能够将注意力都集中在交付的信息上。[参见 2.2]

2.4.8.5　交付和设备访问

人才发展专业人士经常需要利用已经在组织内使用的沟通技术软件来交付人才发展解决方案，当利用现有沟通技术来支持人才发展活动时尤其如此。

构建学习技术工具

2.4.9　了解用户界面设计原则

I.　用户界面设计原则

用户界面（UI）是用户与技术平台或内容模块互动的途径。这通常包括方便用户输入的硬件和软件组合。人才发展专业人士在构建自定义平台、创建新集成、定制现成平台或开发交互数字内容时，都应该运用优秀的用户界面设计原则。

人才发展专业人士参与用户界面设计时，应该记住几项要求：

- 无障碍。考虑无障碍要求。[参见 2.4.1.10]
- 交付和设备访问。利用已经在组织内使用的沟通技术软件来交付人才发展解决方案。

2.4.9.1 用户界面设计原则

优秀用户界面的元素包括但不限于:

- 输入控制,按钮、文本区域、下拉列表、切换和其他。
- 导航,面包屑导航、搜索区域、图标、分页和其他。
- 信息,图标、进度指示器、通知、模式和其他。

为了正确应用这些元素,人才发展专业人士需要与用户界面设计专家合作,了解用户,包括他们的目标、知识、技能和偏好。界面应该简洁,不需要额外的说明或标签。人才发展专业人士可以考虑利用来自日常技术和内容体验的熟悉的概念和最佳实践,如流行的网站和社交应用程序。界面还应该保持统一,也就是说,一旦用户学会如何做某件事,就可以在其他地方运用这一知识。所有关于颜色、文本、纹理和图像的决定都应该最大限度地提高可读性,并吸引用户的注意力。最后,优秀的用户界面会与用户互动,并确保他们了解自己在平台或内容中的位置,以及他们的操作如何与系统交互。

如果人才发展专业人士不熟悉用户界面设计原则,或者内部缺乏可用技术,就应该咨询主题专家或委托外部设计师提供支持,确保实现高质量的技术和内容体验。

2.4.9.2 用户体验设计

用户界面(UI)和用户体验(UX)设计是一种不断发展的实践,与整个技术市场非常相似。人才发展专业人士,尤其是负责技术和内容体验设计的人士应该始终掌握用户体验领域的最新发展。这将使他们能够利用专业发展的优势,并将熟悉的概念引入他们的学习体验设计中。人才发展专业人士还可以和组织内部或外部的 UI/UX 专家合作,支持他们继续学习和了解主题。

2.4.9.3 设计思维

设计思维是一种以创造性方式解决问题的流程,这种思维关注人类体验(IDEO U 2018)。这种方法将人的需求、技术的能力以及组织的要求相结合,从而形成合适的解决方案。人才发展专业人士可以利用设计思维来开发最适合受众真实需求的技术和内容体验。尽管设计思维并不是一种线性流程,但是通常包含几个基础特征:

- 界定问题。专注于驱动学习解决方案需求的问题。
- 收集灵感。探索相关的解决方案和概念,潜在地激发新的想法。
- 产生想法。考虑各种可能性,避免明显潜在效率低下的解决方案。
- 使想法具象化。针对基本原型进行实验。
- 通过测试来学习。通过快速测试收集利益相关者和最终用户的反馈。
- 分享故事。从人的故事和真实世界应用角度来界定所选的解决方案。

2.4.9.4 工具和流程原型制作

UX/UI 设计可以使用原型,与用户和利益相关者进行快速测试。设计人员可以将测试的重点放在用户体验的关键组件上，如导航、交互和外观，并不需要构建一个功能完备的应用程序或内容。可以使用各种工具来构建原型，包括带有一系列内置设计人员选项和反馈收集选项的在线应用程序。人才发展专业人士还可以利用现有工具，如演示软件来构建基本原型，以供快速分享和审查。原型在技术测试流程的早期迭代过程中很有帮助。［参见 2.4.5.3 和 2.4.5.4］

2.4.9.5　应用程序开发工具和流程

UI/UX 设计原则对于负责设计定制应用程序的人才发展专业人来说尤其重要。现成的学习技术通常只有非常有限的自定义选项。类似地，培训内容通常以最小的设计要求匹配交付技术的 UI/UX。定制应用程序可以独立运行，因此需要更全面的设计工作。

根据期望实现的功能和可用技能，定制应用程序时，可使用编程语言，或使用只需要极少或根本不需要编程知识即可操作的数字创作工具。人才发展专业人士在决定如何开发程序时，应该考虑应用程序的预期生命周期，以及持续维护要求。如果组织缺乏所需的技能或资源，那么人才发展专业人士可以联系第三方开发人员来负责创建程序。与新技术和内容模块一样，应用程序测试过程中应该妥善记录相关结果，并对审核流程进行管理。［参见 2.4.5.3 和 2.4.5.4］

2.4.9.6　通过 UI/UX 确保无障碍设计

UI/UX 设计是确保对于所有预期用户都能够达到无障碍标准和要求的关键部分。［参见 2.4.1.10］

2.4.9.7　测试 UI/UX

正如任何其他新内容或技术，应该安排代表性用户，在实际条件下对 UI/UX 设计进行测试。确保测试能够体现实际使用情况，应该提供最低程度的额外说明。人才发展专业人士应该在用户浏览 UI 时观察他们的表现，在测试期结束时收集他们的反馈。然后设计人员可以采纳他们的相关反馈，在 UI 全面实施前对体验进行改进。［参见 2.4.5.3 和 2.4.5.4］

2.4.10　秉持道德、不带成见地开发人工智能、机器学习算法、增强现实和混合现实的技能

I.　开发人工智能、机器学习算法、增强现实和其他混合现实

人才发展专业人士应清楚地了解新技术，特别关注人工智能、增强现实、虚拟现实和其他混合现实工具的道德问题。

人才发展专业人士开发人工智能、机器学习、增强现实和其他混合现实时，应该记住几项要求：

- 用户体验设计。研究用户技术体验的整体设计。［参见 2.4.2.6］
- 无障碍。考虑无障碍要求。［参见 2.4.1.10］
- IT 规章和流程。遵守已经制定的 IT 规章和流程，在请求 IT 部门提供支持前，与 IT 部门合作，了解它们如何运作。［参见 2.4.1.3］
- 交付和设备访问。利用已经在组织内使用的沟通技术软件来交付人才发展解决方案。

2.4.10.1　人工智能的概念、定义和用例

人工智能通常被定义为"机器模拟人类大脑认知过程的能力，如感知、推理、学习、与环境互动、问题解决，甚至发挥创造力"（Chui、Kamalnath 和 McCarthy 2018）。人工智能包含两个子领域：

- 机器学习算法"通过处理数据和经验，而不是通过接收明确的编程指令，检测模式并学习如何做出预测和提出建议"。

- 深度学习是一种机器学习类型，"与传统的机器学习方法相比，可以处理的数据资源范围更大，需要人类对数据进行的预处理更少，并且通常可以产生更精确的结果"。

支持人工智能的工具在各种行业和功能中应用开来。人才发展专业人士应该对人工智能和自动化如何影响他们的组织有一个基本的了解，这样他们就可以调整培训，为新的工作类型赋能。了解人工智能和机器学习还能够帮助人才发展职能部门开启新的学习和支持策略。人才发展专业人士可以在各种应用中运用人工智能，包括个性化和自适应学习、内容创建和推荐、自然语言处理、语音激活界面、数字助理和高级数据分析。人才发展专业人士应该与内部人工智能专家以及外部供应商合作，决定如何以最有效的方式在学习策略中运用人工智能。

2.4.10.2　增强现实的概念和使用实例

增强现实通过使用移动或头戴式设备将数字信息叠加到真实世界环境中。这些信息可能包括导航指示、位置信息或各种其他基于位置的详细描述。对于人才发展专业人士来说，增强现实是一种极有价值的绩效支持方法，因为通过这种技术，目标信息可以显示在场景中，而无须用户停止工作。

虽然可以使用平常的智能手机或平板电脑访问增强现实，但是人们越来越多地使用专用设备来运用这一技术，如智能眼镜和头盔，这些设备完美地适合工作环境。大量增强现实软件工具都可用于开发定制化应用程序，而且那些常见的人才发展工具也越来越多地引入增强现实功能。

2.4.10.3　虚拟现实的概念和使用实例

虚拟现实使用头戴式显示器或头盔使用户沉浸在三维环境中。用户可以通过使用手持控制器和语音命令来探索这个全数字化环境，并操纵对象。在提供危险或难以复制的学习内容（如紧急响应事件或重型设备模拟）时，虚拟现实对人才发展专业人士具有特别的价值。使用虚拟现实技术，用户可以通过实际的应用、失败和即时反馈来学习，将自己、他人或财产的风险降到最低。

虚拟现实还需要定制硬件、软件和内容。尽管虚拟现实头盔功能越来越强大，价格也越来越便宜，但是需要大量投资并培养相关技能才可开发沉浸式内容。有时候可以通过使用更常见的开发工具，如使用 360 度视频来解决这些问题。

2.4.10.4　评估工作场所内的人工智能和混合现实

对于很多人来说，人工智能和混合现实技术可能是工作场所体验中全新的组成部分。因此，人才发展专业人士应该评估这些工具将如何改变人们工作和学习的方式。他们还应该决定如何最有效地传达这些工具的价值，激励人们采用技术，并相应地调整自己的行为。

2.4.10.5　人工智能和机器学习工具

人工智能正迅速成为各种人才发展技术的基础能力，包括培训开发和交付工具。人才发展专业人士应该与合作伙伴和供应商合作，理解如何在目前正在使用的系统中应用人工智能，从而决定如何最有效地利用那些能力。

2.4.10.6　数据收集和分析方法

人工智能和机器学习工具需要大量数据才能发挥效果。因此，人才发展专业人士应该改进自身的数据收集和分析实践，从而提供人工智能建立用例所必需的数据，如个性化学习、内容建议或效果衡量。人才发展专业人士应该与内部数据专家合作，了解组织内有哪些可用数据，以及如何利用这些数据来支持人工智能化人才发展实践。为了改进自己的数据收集实践，人才发展专业人士应该考虑应用大数据的五个 V：

- 数据量（Volume）。必须对巨大的数据集进行评估，确立数据之间的联系，并识别之前人类分析师未发现的模式。
- 速度（Velocity）。必须跟随执行的速度不断收集并分析数据。
- 种类（Variety）。可以对结构化和非结构化数据进行分析，以改进决策实践。
- 真实性（Veracity）。数据必须值得信赖，反映现实。
- 价值（Value）。收集到的数据必须有助于获得关于期望目标的洞察。

2.4.10.7　机器学习算法开发和培训

人们必须不断地对机器学习模型进行训练，以识别模式并利用大量数据采取所需的行动，确保准确性并为用户和组织提供价值。人才发展专业人士应该与内部数据合作伙伴、IT 部门和技术供应商合作，了解人工智能工具的数据要求，并找到培训应用程序所需的数据。人才发展专业人士应定期对这些模型进行审查，始终确保其准确性。

2.4.10.8　开源人工智能工具

虽然通常需要掌握大量领域专业知识才能独立开发人工智能和机器学习应用程序，但人才发展专业人士可以利用市场上的一系列开放工具，如大型消费性技术公司会不断开发此类工具。人才发展专业人士应及时了解这些进步，以便将它们正确地运用到自己的解决方案中。人才发展职能部门还应该与组织的数据科学和商业智能团队合作，识别更多开发和应用定制人工智能和机器学习工具的机会。与传统的培训评估相比，这将需要更多的数据。

2.4.10.9　增强现实开发工具

增强现实开发工具正变得越来越易于为消费者和工作场所使用，而且在大型技术公司的不断努力之下，增强现实应用程序的构建也变得越来越简单。人才发展专业人士应该探索这些易于使用和性价比高的工具，确定这些工具在工作场所内的应用。人才发展行业内的快速开发工具也开始引入基本的增强现实功能，从而提供了一个更令人熟悉的实验方案。

2.4.10.10 虚拟现实开发工具

高质量的虚拟现实开发需要大量的专业知识。尽管人才发展专业人士可以利用各种强大的工具来进行实验，但是如果他们尚未掌握必要的技能，就需要投入大量的时间。沉浸度稍低的形式，如360 度视频的开发速度更快，常用于引入基本的虚拟现实应用程序。快速开发工具也引入了入门级的虚拟现实开发功能，从而提供了一个更令人熟悉的实验方案。

2.4.10.11 人工智能偏见和道德因素

由于只有在提供数据之后系统才能发挥效果，偏见已经成为人工智能应用越来越重要的一个考虑因素。因此，人才发展专业人士在选择支持人工智能应用的数据推送时，应该考虑这一点。应该随同人工智能应用的输出，不断对数据进行评估，确保数据不存在偏见以及任何其他形式的道德挑战。人才发展专业人士应该与数据、人力资源、法务和 IT 伙伴合作，分享如何将人工智能应用于工作场所内的用户受众。员工应该有机会了解他们的数据是如何被用来改变他们在工作中获得支持的方式的。［参见 3.2］

应用学习技术

2.4.11 使用电子学习软件和工具的技能

> **I. 使用电子学习软件和工具**
>
> 电子学习是一种常见的培训交付工具，尤其适用于工作场所分布在不同地理位置的大型组织。可以根据需要快速开发并评估电子学习内容，从而确保大规模受众都能够获得一致的体验。因此，人才发展专业人士应该了解如何正确使用电子学习内容，并将其作为自己的人才发展战略的一部分。
>
> 人才发展专业人士使用电子学习软件和工具时，应该记住几项要求：
>
> - 无障碍。考虑无障碍要求。［参见 2.4.1.10］
>
> - 设备兼容性。记住使用已经在组织内使用的沟通技术软件来交付人才发展解决方案。

2.4.11.1 结果优先法

与任何人才发展活动一样，应用电子学习时应该采用结果优先法。焦点不应该在内容本身上。相反，人才发展专业人士应该设计合适的电子学习体验，以达成组织明确的可衡量目标。开发任何电子学习内容之前，必须先确定期望取得的结果和相关知识及技能要求。

2.4.11.2 平台功能

电子学习课程包含各种数字化学习内容对象，包括互动模块、视频、动画和在线演示。可以使用大量工具（从专业媒体开发软件到专用于工作场所学习的快速创作工具）来开发这些内容。在决定合适的内容开发工具时，需要考虑几个因素：

- 有关用户无障碍设计的组织和法规要求。

- 期望的内容格式（如视频、音频、文档和动画）。

- 内容交付平台的输出格式要求（包括 SCORM、AICC 和 xAPI）。

- 数据收集要求。

- 交付设备规格。

- 提供内容设计、开发和持续维护的团队技能。

- 遵守教学设计方法论。

- 初次购买和后续许可费。

- 内容开发和实施的时间表。

一旦确定这些要求后，人才发展专业人士就可以选择最佳的内容开发工具。

2.4.11.3　教学设计

开发电子学习内容时，人才发展专业人士应该运用组织既定的教学设计实践和指导原则。工具不应支配解决方案的设计，相反，应该运用基于证据的教学原则来说明如何使用工具来开发合适的学习解决方案。[参见 2.2]

2.4.11.4　媒体开发

电子学习内容可以包括各种媒体形式，如图像、文本、视频、音频和动画。人才发展专业人士在决定电子学习模块中使用哪些媒体元素时，应该考虑几个因素，如开发时间表、可用技能、交付技术和用户场景及环境。例如，人才发展专业人士也许可以开发基于视频的模块，但是，如果互联网带宽无法支持内容播放，用户可能就无法在工作场所观看视频。人才发展专业人士应该努力使用最简单的解决方案来解决绩效问题，而不只是依赖富媒体内容。

2.4.11.5　视觉设计

尽管有些人才发展团队有一些拥有视觉设计经验的专业人士，但是他们无法完全承担起设计师的职责。无论如何，人才发展专业人士在构建电子学习内容时，应始终尝试应用可靠的视觉设计原则。高质量的视觉设计能够为学习过程提供支持，帮助用户将注意力集中到希望传达的信息之上。这些概念包括但不限于空间、字体、颜色、平衡、对比度、比例、框架、对齐和纹理。

如果可行，人才发展专业人士应该利用合作团队，如市场或公关部门的内部设计专业知识，来提升他们的能力。视觉设计是确保电子学习内容满足无障碍要求的另一个重要部分。[参见 2.1.4]

2.4.11.6　电子学习的 UI/UX 设计

UI/UX 设计是电子学习开发的一个重要考虑因素。尽管电子学习内容通常是通过其他平台（如学习管理系统、移动设备或网络浏览器）来交付的，但仍然包含各种 UI/UX 元素。其中可能包含导航、互动、按钮和输入。因此，负责开发电子学习内容的人才发展专业人士应该至少掌握关于 UI/UX 设计的基础知识。[参见 2.4.9.1]

2.4.11.7　评估内容撰写

评估是数字学习体验的重要部分，因为评估为用户提供了运用知识，并测试知识理解程度的机会。评估通常作为考核关卡，用户必须达到最低分数标准才被视为完成模块。评估还可以作为用户是否适合某个工作角色或任务的资格判定工具。即使培训已经结束了很长时间，还是可以通过问题和场景来巩固关键知识点。人才发展专业人士应该开发易于理解、具有适度挑战性并关注知识的实践应用的评估。评估内容必须与学习内容的目标相符。应该尽早开发评估内容，将其作为一种说明用户在学习体验结束后应该如何应用新知识的方法。[参见 2.2.2]

2.4.11.8　用户动机和行为

数字内容在日常生活中无处不在。因此，人才发展专业人士应该尽量在开发过程中利用熟悉的内容体验和期望。消费性技术中应用的大量设计原则都是以经过深入研究的认知心理学为基础的。可应用类似的策略来简化电子学习模块内的用户体验。然而，人才发展专业人士应该将这些概念应用于工作场所环境，而不是假设地认为某些概念在日常生活中起作用，所以在工作场所中也会起到同样的作用。

2.4.11.9　数据规范（SCORM、AICC 和 xAPI）

电子学习内容在使用数据时应该遵守组织的数据规范。这样能够确保在课程完成后，对所有所需信息进行适当的跟踪、存储和报告。[参见 2.4.1.7]

2.4.11.10　电子学习内容的报告要求

人才发展专业人士在设计电子学习内容时，应该确保其符合所有既定的报告要求。其中包括内部数据和报告需求，以及外部记录保存监管指导方针。内容开发人员应该了解如何从内容中提取数据，并且在记录系统（如学习管理系统或 LRS）中对数据进行跟踪。这样有助于确定在开发过程中需要遵守哪些数据标准，并为电子学习开发工具的选择提供依据。

2.4.11.11　内容管理

人才发展专业人士在开发电子学习课程时，应该始终牢记长期内容管理问题。在需求分析和设计过程中，应明确内容的预期生命周期，在设计内容时应考虑这些因素。如果内容将被无限期使用，那么人才发展专业人士应该考虑内容管理因素，以减少长期管理工作。例如，他们应该避免引用已知经常更改的信息，因为这些信息需要不断更新材料。内容完成和发布后，应该将其纳入人才发展职能部门正在进行的内容管理流程中，按照预定的时间间隔，并根据组织变化需求对内容进行重新审核。

2.4.12　了解可用于支持学习和人才发展解决方案的技术的功能、特征、局限性和实践应用

I.　可用技术的功能、特征、局限性和实践应用

人才发展专业人士应该了解组织内可用于支持学习和发展的技术。其中可能包含由人才发展

职能部门负责管理的工具，以及由合作伙伴负责管理，但用于相似目的的工具。

人才发展专业人士参与技术应用时，需要遵守几项要求：

- 工作环境。理解最终用户所处的日常环境。[参见 2.4.3.3]
- 学习技术生态系统架构。记住，将人们可能用到的所有人力资源工具都纳入架构中，为他们的持续发展提供支持。[参见 2.4.6.2]
- 无障碍。考虑无障碍要求。[参见 2.4.1.10]
- 报告。验证合规和报告能力是否充分。
- 交付和设备访问。利用已经在组织内使用的沟通技术软件来交付人才发展解决方案。

2.4.12.1　考虑成果

当应用技术来支持人才发展时，人才发展专业人士应该先确定明确、可衡量的组织成果。因为交付培训的目的并不是为了培训，所以人才发展专业人士应该确定取得成果所需的 KSA。然后，他们就可以依照既定目标，针对应该使用哪些技术来支持员工学习和发展提出明智的建议。这种方法还能够帮助人才发展专业人士衡量计划的结果。

2.4.12.2　平台功能

人才发展专业人士应该了解可用于支持学习活动的各种工具的全部功能。这包括目前已经在使用的工具的特征，以及可能尚未推出的特征。这将有助于他们对其应用程序做出明智的决定，避免不必要的技术评估过程和潜在的功能重复。

2.4.12.3　有目的的系统选择和集成

人才发展专业人士应该了解其所在组织的技术生态系统中各个部分的用途。例如，基于最终用户的使用方式，一个平台可能有多个用途。人才发展专业人士在应用可用技术时，应该确保与上述既定用途相符，以免混淆用户并导致学习体验复杂化。如果正在扩展现有技术的用途，人才发展专业人士应该与所有适用的合作伙伴（如 IT 部门）协作，确保正确使用工具，避免与生态系统中的其他部分冲突或重复。同样的概念也适用于技术集成。技术集成通常需要额外的管理资源来建立和维护，只有在能够为用户和管理员带来长期价值的情况下才会实施。

2.4.12.4　用户技术体验设计

考虑应用某项特定技术时，人才发展专业人士应该了解该技术在整体用户体验中所扮演的角色。他们应该尽可能使用户体验与现有体验相一致，而不是试图引入新的用户期望和行为。[参见 2.4.2.6]

2.4.12.5　学习技术生态系统架构

人才发展专业人士应该了解所在组织的整个学习技术生态系统。其中包括专为人才发展开发的工具，如学习管理系统，以及目标用户在工作流中使用的其他硬件和软件。然后，他们可以扩展自己的选项，并利用正确的工具来解决绩效挑战，无论平台是如何获得或管理的。这种理解还能为未来的搜索和合并措施提供依据，消除冗余，保护资源。

只凭一种工具不可能满足组织的每项需求。虽然应该尽可能使用有限数量的工具，但有目的地设计技术生态系统有助于用户轻松地在平台之间移动，而不会造成混乱。

2.4.13 使用人力资源技术系统存储、提取和处理人才和人才发展相关信息的技能

I. 使用技术存储、提取和处理人才信息

人才发展专业人士利用技术来处理两种不同类别的信息：内容和数据。每种类别都有自己独特的考虑因素。人才发展专业人士应该利用人力资源技术，通过能够支持个人发展和组织目标的方式来运用信息。

人才发展专业人士参与用户界面开发时，应该记住几项要求：

- 学习技术生态系统架构。了解组织的整个学习技术生态系统——为人才发展开发的工具，如学习管理系统，以及目标用户在工作流中使用的其他硬件和软件。[参见 2.4.12.5]
- 无障碍。考虑无障碍要求。[参见 2.4.1.10]
- 报告。了解技术生态系统的报告能力。
- 交付和设备访问。利用已经在组织内使用的沟通技术软件来交付人才发展解决方案。

2.4.13.1 有计划的系统选择

人才发展专业人士应了解人力资源系统的需求，该系统将根据组织的需求存储和处理正确的信息。他们应该与人力资源部门合作以避免冲突。[参见 2.4.12.3]

2.4.13.2 数据集成

人才发展专业人士应该了解人力资源技术工具的能力。人力资源系统可能存储各种人员数据（包括员工人口统计、工作历史和角色详情）和学习数据（包括培训完成量、评估得分、认证和绩效观察）。人才发展专业人士应该与人力资源部门合作，探索将人力资源和人才发展技术与其他业务工具相集成的方法，如用于跟踪员工绩效和组织指标的系统。只有在确保能够明确产生长期价值的情况下，人才发展专业人士才应该实施集成。

2.4.13.3 内容管理

应该根据组织既定的内容管理和记录保存流程，定期对存储在人力资源和人才发展系统内的所有信息进行审核。不应该长期存储不必要的信息，包括培训内容和员工数据记录，这样会导致组织面临额外的风险。所有内容管理方法都必须遵守外部监管要求。

2.4.14　了解利用社交媒体平台和工具来支持知识分享、意见交换和学习的技巧和方法

I.　利用社交媒体平台的技巧和方法

将近 75% 的美国成人都至少使用一种社交媒体网站，这项技术从根本上改变了人们在日常生活中分享信息的方式（皮尤研究中心 2019）。类似的技术已经被引入工作场所，但并不总是有效或被采纳。人才发展专业人士应该了解社交工具支持学习和绩效的潜力及能力。

人才发展专业人士运用社交媒体技巧时，应该记住几项要求：

● 学习技术生态系统架构。了解组织的整个学习技术生态系统——为人才发展开发的工具，如学习管理系统，以及目标用户在工作流中使用的其他硬件和软件。[参见 2.4.12.5]

● 无障碍。考虑无障碍要求。[参见 2.4.1.10]

2.4.14.1　用于人才开发的社交媒体工具

社交技术正成为组织学习技术生态系统中日益常见的组成部分。尽管人才发展平台可能包含社交功能，但是企业社交媒体软件通常由其他团队（如运营或公关部门）负责管理。因此，人才发展专业人士应考虑如何将这些工具与其他用途结合起来加以利用。而且，由于可能无法将这些工具与更传统的学习工具相结合，因此人才发展专业人士应该决定如何创造包括社交参与在内的混合体验。

2.4.14.2　社交媒体平台功能

社交平台可以帮助人才发展专业人士实现和扩展同侪间的学习和绩效支持。可以通过在学习交付平台内使用的讨论板等功能，将这些工具用作程序化培训交付的一部分。在很多情况下，如果在工作环境内使用，而不是作为结构化培训活动使用，这些功能的效果最显著。例如，工作流内可使用的社交工具能够帮助团队成员提出问题并与来自世界各地的大量主题专家进行讨论。这项技术还为人们提供了"工作展现"，并分享他们的见解和经验的机会，从而实现集体利益。[参见 2.5.9]

如果想要利用尽可能贴近工作流的社交技术，人才发展职能部门可能必须与拥有特定平台的其他团队合作，如 IT、人力资源、公关或营销等部门。因此，将社交技术融入工作体验应该是人才发展专业人士开展的协作努力，帮助合作伙伴专注于学习，并发挥工具的潜力。人才发展专业人士在出于特定目的而实施自己的工具之前，应该始终先尝试利用现有的和熟悉的工具。

消费性社交技术平台在人才发展中仍然发挥着作用，即使在组织内无法正式利用这些平台。这些工具还能够帮助人才发展专业人士不断改进自身的知识和技能水平——在特有的同行群体以外，利用这些工具来发展同行执业者的个人学习网络，这样人才发展专业人士就能够以最低的成本和最少的精力接触新的想法和资源。

2.4.14.3　用户动机、行为和参与

运用社交技术时，人才发展专业人士应该始终牢记 1-9-90 法则，这一概念认为，只有 1% 的互联网用户会主动创建新的内容，9% 的用户会编辑内容，90% 的用户只会浏览内容（Arthur 2006）。一

般的互联网理论不一定直接适用于组织内部，也不应该从表面来理解这一法则中的数字。这只是一种提醒工具，告诉大家并不是只要有机会，人们就愿意分享信息或参与讨论。相反，更有可能的是，人们会根据兴趣程度和对于互动价值的感知，开展不同级别的活动。人才发展专业人士可以通过安排简单、易于访问的增值分享来激励用户参与，避免要求他们开展一些非必要的活动。

2.4.14.4 策展

社交技术是指用户以数字形式查找、共享和讨论信息的能力。并不是简单地访问点播内容，用户可以通过评论、添加新信息或向其他用户传播信息来参与。用户生成内容也可以采用多种形式，包括主题评论、文件上传和音频/视频分享等。这些互动可能更偏向同步或非同步。

信息在这些社交渠道之间快速移动，因为需要始终如一地专注于自己的工作，人们就很少有精力去关注新的信息。因此，人才发展专业人士应该考虑应用策展策略来帮助人们参与进来，接触用户生成内容分享的高价值信息。策展包括有目的地收集和分享信息，以满足明确的组织需求。这项工作可由人才发展专业人士负责。然而，为了满足现代化工作场所的节奏，扩大信息分享，人才发展专业人士应该鼓励组织内的所有贡献者策展各自专业领域内的信息。[参见 2.5.5、2.5.6 和 2.5.7]

2.4.14.5 社群管理

人才发展专业人士应该与组织的伙伴（包括法务、合规、人力资源和 IT）合作，制定关于在线分享和用户生成内容的指导方针。这些指导方针应与一般员工指导方针相一致，避免引起新的风险。人才发展专业人士可以选择启动社群管理流程，监督在线社交活动，并确保每个人都遵守规则。他们不应该阻止公开、诚实的讨论；相反，社群管理者应该保护整体用户体验，帮助人们找到他们需要的信息，并确保抱着公平、尊重的态度对待每个人。社群管理者还应该制定上报流程，如果有人违反社群指导方针，就应该遵循该流程上报。

2.4.14.6 访问设备

数字社交工具需要一致的参与度和规模，才能为用户提供价值。因此，人才发展专业人士应该确保人们能够持续地访问社交工具，使得他们能够将这些工具作为日常工作中的一部分。参与的一个关键考虑因素是接入设备，其位置应尽可能靠近工作环境。人才发展专业人士应与其内部伙伴合作，确保社交工具易于使用，并使用人们在工作中使用的相同设备。

2.4.14.7 法律和合规要求

社交媒体创造了人类互动的记录。在工作场所，如果不对这些记录进行妥善的管理，可能给组织带来额外的风险。因此，人才发展专业人士应该与法务、合规和人力资源伙伴合作，制定所有社交媒体用户都必须遵守的社群指导方针。这些指导方针应该包含发生潜在违规事件时应该遵循的上报流程，并针对社群管理流程阐明责任制度。这些方针还可能包含关于如何使用外部社交工具来开展组织业务的限制。人才发展专业人士应该努力实现组织的法律要求与信息共享之间的平衡。

推进学习技术生态系统

2.4.15 了解道德、不带偏见的人工智能、机器学习算法、增强现实和混合现实

I. 了解人工智能、机器学习算法、增强现实和混合现实

人才发展专业人士应切实了解新技术趋势，特别是那些将对工作场所产生直接影响的趋势。人工智能和混合现实工具正在快速改变完成工作的方式。这些工具目前已经被直接应用于人才发展行业，因此应该成为该行业日益增长的重点领域。

当人才发展专业人士参与推动学习技术时，他们应该记住几项要求：

- 用户技术体验。考虑用户技术体验的整体设计。[参见 2.4.2.6]

- 无障碍。考虑无障碍要求。[参见 2.4.1.10]

- IT 规章和流程。遵守已经制定的 IT 规章和流程，在请求 IT 部门提供支持前，与 IT 部门合作，了解它们如何运作。[参见 2.4.1.3]

- 交付和设备访问。利用已经在组织内使用的沟通技术软件来交付人才发展解决方案。

- 虚拟现实概念和用例。鼓励用户探索这一数字环境，特别是在危险或难以复制的情况下进行培训时。[参见 2.4.10.3]

- 人工智能和机器学习工具。计划如何使用市场上可用的各种开放工具，大型消费性技术公司会不断开发此类工具。[参见 2.4.10.5]

- 增强现实概念和用例。增强现实是绩效支持方法，因为通过这种技术，可以将目标信息显示在场景中，而无须用户停止工作。[参见 2.4.10.2]

2.4.15.1 掌握新技术

随着消费性技术的快速发展，组织要始终为人才发展专业人士创造在工作流内引入新工具的新机会。随着技术发展的速度不断加快，人才发展专业人士还应该始终掌握各种新技术，这样就能够在组织内提供最佳学习体验。人工智能已经成为消费性技术中的普遍配置，它可以生成娱乐推荐，通过语音助手与人类互动，以及自动驾驶车辆。同样，通过增强现实移动应用和虚拟现实娱乐产品，混合现实技术也变得越来越普遍。人才发展专业人士应该了解这一技术领域不断发展的消费者和工作场所趋势，识别潜在的学习和绩效应用机会。

2.4.15.2 现有工作场所技术应用

人才发展并不是唯一可以利用人工智能和混合现实技术的工作场所职能。例如，人工智能已经成为工作场所自动化的一个日益重要的特征，而混合现实通常用于以安全为关键的环境中。它们也可以用于面向客户的对外功能。因此，人才发展专业人士应该与那些负责探索这些潜在使用实例的团队合作，针对如何在不久的将来把这些技术用于学习应用制定基本指导方针。他们应该与 IT 部门

合作，了解将这些技术引入工作场所的相关要求，尤其是如果其他团队还没有为技术引入铺平道路。

2.4.15.3 人工智能的概念和定义

人才发展专业人士应该掌握关于各种技术定义的实用知识：

- 人工智能是计算机科学中的一门学科，通过从大数据集统计数据生成的"智能"算法来增强编程能力，继而强化传统的编程实践。

- 机器学习是人工智能的一个子集，利用统计和概率来优化计算机程序在决策过程中可使用的算法。

- 深度学习是机器学习的一个子集，由算法决定预测是否准确。通过深度学习，如果计算机的回答是正确的，则无须对其进行教学，因为它可以自己解决这一问题（Udell 和 Woodill，2019）。〔参见 2.4.10.1〕

2.4.15.4 人工智能和混合现实交付及访问设备

硬件是人才发展技术战略的一项关键考虑因素。有些人工智能和混合现实工具可以通过现有设备来交付，这可能包括台式电脑或笔记本电脑、公司配发的移动设备、工作场所系统和个人移动设备。而包括大量虚拟现实应用在内的其他工具都需要使用专门的设备，通常工作场所内并没有这些设备。在选择并实施新的技术战略时，必须考虑这些设备要求。人才发展专业人士应该与 IT 人员和平台管理员合作，了解关于组织技术生态系统和相关方针的最新信息。〔参见 2.4.10.11〕

2.4.15.5 用户体验设计

人才发展专业人士应该理解技术在整体用户体验中发挥的作用。对于人工智能尤其如此，因为它在面向用户的系统中可见度较低。人才发展专业人士应该尽可能使用户体验与现有体验相一致，而不是试图引入新的用户期望和行为。〔参见 2.4.2.6〕

2.4.15.6 数据集成

人工智能工具需要大量数据才能发挥效果。这一数据要求大大超过了人才发展或人力资源平台中可供使用的数据。因此，人才发展专业人士应该与内部数据专家合作，确定可用于支持人工智能应用的潜在数据来源。其中包括各种数据类型，如用户人口统计、学习、绩效和业务结果。如果技术集成能够提供必要的数据，并且只有少量的持续管理要求，则应予以考虑。

2.4.15.7 设备采购和维护

除了软件和内容，很多混合现实技术还需要硬件。虽然可以使用普通的智能手机或平板电脑访问增强现实，但是通常需要使用专用设备（如智能眼镜和头盔）来运用这一技术，这些设备完美适合工作环境。虚拟现实头盔和相关设备的功能越来越强大，价格也越来越低。人才发展专业人士应该与 IT 和采购伙伴合作，针对混合现实用例探索可行的设备方案。除了初期采购成本，还必须针对混合现实设备后续的持续清洁、维护和更换制定流程。

2.4.15.8　用户安全

人才发展专业人士应该考虑混合现实技术独特的安全意义，因为目前并未针对这些工具可能产生的长期效应开展广泛的研究。人才发展专业人士应该只将这些系统用于正确的用途——考虑环境因素，并针对每项应用制定安全要求。例如，当某位员工需要使用虚拟现实头盔时，必须有第二个人在场，以防紧急情况发生。人才发展专业人士还应该考虑针对那些身体条件无法承受混合现实体验，或者选择不参加这种体验的用户开发备选解决方案，尤其是在技术的初步实施阶段。

2.4.15.9　人工智能偏见和道德因素

由于对于某些技术（尤其是人工智能）应该用于哪些目的并没有明确的限制，所有人才发展专业人士都面临着关键问题，他们应该意识到潜在的偏见和道德因素。偏见可能无意中被编码到算法中，因为数据以人类做出的决定为基础。道德问题可能更加复杂，当人才发展专业人士考虑人工智能如何改变行为，或者人工智能如何做出正确决策时可能发生此类问题。因为大多数人将无法驾驭算法，人才发展专业人士可能需要在人力资源、法务和 IT 部门的帮助下解决这些复杂难题。[参见 1.6 和 2.4.10.11]

参考文献

ADA.gov. 2010. "The Current ADA Regulations." Information and Technical Assistance on the Americans With Disabilities Act.

Arthur, C. 2006. "What is the 1% Rule?" *The Guardian*, July 19.

ATD (Association for Talent Development). 2018. *2018 State of the Industry*. Alexandria, VA: ATD Press.

Chui, M., V. Kamalnath, and B. McCarthy. 2018. "An Executive's Guide to AI." McKinsey & Company, February 9.

IDEO U. 2018. "Design Thinking." IDEO U, August 22.

Pew Research Center. 2019. "Social Media Fact Sheet." Pew Research Center Internet and Technology, June12.

SCORM.com. 2011. "SCORM Explained 201: A Deeper Dive Into SCORM." SCORM.com, May 20.

Stepper, J. 2015. *Working Out Loud: For a Better Career and Life*. Ikigai Press.

Taylor, D.H. 2017. *Learning Technologies in the Workplace: How to Successfully Implement Learning Technologies in Organizations*. New York: Kogan Page.

Udell, C., and G. Woodill. 2019. *Shock of the New: The Challenge and Promise of Emerging Learning Technologies*. Alexandria, VA: ATD Press.

Usability.gov. 2013a. "Usability Testing." Usability.gov How To & Tools, July 18.

Usability.gov. 2013b. "User Interface Design Basics." Usability.gov What & Why of Usability, July 13.

Wikipedia. 2020. "Technology Adoption Life Cycle." Wikipedia, January 7.

推荐阅读

Huggett, C. 2018. *Virtual Training Basics*, 2nd ed. Alexandria, VA: ATD Press.

Malamed, C. 2015. *Visual Design Solutions: Principles and Creative Inspiration for Learning Professionals*. Hoboken, NJ: John Wiley and Sons.

Taylor, D. 2017. *Learning Technologies in the Workplace: How to Successfully Implement Learning Technologies in Organizations*. New York: Kogan Page.

Udell, C., and G. Woodill. 2019. *Shock of the New: The Challenge and Promise of Emerging Learning Technologies*. Alexandria, VA: ATD Press.

2.5 知识管理

在知识经济中，经验知识的缺失会给组织带来高昂的人员流失、招聘和培训成本。知识管理是指对智力资本和组织知识，以及知识创建、收集、识别、分类、归档、传播、利用的相关流程，并为了改进组织和个人绩效使用智力资本而实施的一种明确的系统化管理。

了解知识管理

2.5.1 了解知识管理原则

I. 知识管理原则

人才发展专业人士应该了解知识管理的原则和元素，知识管理对组织的好处，以及如何应用这些原则和元素来发展人才。

2.5.1.1 知识管理的定义

知识管理（KM）是一种系统方法，通过创建、获取、整理、分享和管理组织的知识，确保在合适的时间向合适的人员提供合适的信息和知识，帮助组织达成目标。

面对经济从工业转变为服务业的趋势，组织对于有效管理信息和知识资产的需求不断提升，知识管理作为一门独特的学科应运而生。工业工人主要依靠工业机器来交付价值。随着向服务业的转变，诸如决策、基于经验的理解以及将概念应用于行动等成为价值创造引擎。以前会先对员工进行培训，然后要求他们一直在一台机器上执行某项单独任务，而且在未来几十年内也不会改变他们执行这项任务的方式，这一形势已经不复存在。相反，活动变得多样化，并且具有流动性，要求员工根据不断变化的信息做出更多的决策，而且这些信息在组织内的分散程度也越来越高。

早在 1966 年，当彼得·德鲁克（Peter Drucker）在其著作《卓有成效的管理者》（*The Effective Executive*）中提出了"知识型工作者"一词，同时讨论了体力工作者和知识工作者之间的区别时，这种转变就已经显现出来。

要"管理知识"，首先要区分知识管理的不同组成部分。为了能够理解并有效地运用知识管理，人才发展专业人士需要根据下列定义理解知识的组成部分：

- 数据。"关于世界的事实"，具体但是缺乏条理。数据没有情境，并且受直接体验或互动的限制。希劳夫（Thierauf 1999）将数据定义为"对传统管理者影响最小的非结构化事实和数字"。

- 信息。信息是经过语境化、分类、计算和浓缩的数据（Davenport 和 Prusak 2000），是具有相关性和目的性的数据（Bali、Wickramasinghe 和 Lehaney 2009）。信息可以揭示特定时期的趋势或指出业务模式。根据阿克夫（Ackoff 1999）的观点，可以从带有"谁、什么、何处、何时以及多少"开头的问题答案中发现信息。

- 知识。知识与行动相关，并意味着理解。"每个人拥有的知识都是他通过各种体验获得的产物，并包含他对通过周围环境获得的信息进行评估时的准则"（Davenport 和 Prusak 2000）。

2.5.1.2　不同的知识类型

除了理解数据、信息和知识之间的差别，人才发展专业人士还应该能够区分组织内可能存在的不同形式知识之间的差异。例如，如果将知识记录在文档或报告中，对专家经年累月收集到的知识进行管理，那么分享知识就会比较容易，但是如果他们只是把知识记在自己的脑子里，就需要采用不同的方法。

在知识管理领域内，通常会定义两种知识类型：

- 显性知识通常从信息系统中采集。有时候也称事实知识（Brown 和 Duguid 1998），非常易于识别、存储和检索。出于这一理由，显性知识与知识管理系统相结合并由该系统管理，该系统用于存储、检索和控制文档和文本的版本。显性知识通常存在于数据库、备忘录、笔记、文档等资料中。

- 隐性知识的概念最初是由教育学家迈克尔·波拉尼（Michael Polanyi）提出的，有时候也被称技术诀窍（Brown 和 Duguid 1998）。隐性知识主要以经验为基础，凭直觉。这意味着它只存在于个人的记忆和头脑中，难以定义和交流。它是最宝贵的知识来源，因为这种知识完全以成功经验和绩效为基础，不会广泛传播，并且通常不会分享给很多人，也不会有很多人理解。很多知识管理专家都将隐性知识视为最有可能引起组织突破的因素（Wellman 2009）。此外，甘布尔（Gamble）和布莱克威尔（Blackwell）（2002）认为对隐性知识关注度不足会导致创新能力和持续竞争力降低。知识持有人（隐性知识资产的持有人）拥有的知识包括文化信仰、价值观、态度、心智模式以及技能、能力和专长（Botha、Kourie 和 Snyman 2008）。

人才发展专业人士应该理解知识管理在人才发展中扮演的角色，因为这是他们的工具箱中另一个有助于改进个人和组织绩效的工具。在人员绩效改进学科中，知识（和技能）是影响绩效的潜在因素的六分之一（Gilbert 2007）。因此，单凭知识并不能取得绩效成果，而需要与技能相结合。

最后，必须区分信息管理和知识管理。信息管理旨在利用技术来组织大量数据。例如，我们可以使用 IT 系统对数据进行编目，并将数据置于情境中进行理解，也就是存储我们的"事实"。但是，知识管理的重点是关注人并获取他们所知道的信息，是可以采取行动，并且包含情境、技术诀窍和经验的信息。信息系统可被用于支持知识管理工作，但本身并不是知识管理。将信息系统视为可用于存储数据和信息（数据加情境）的硬件和软件，而知识管理系统则是建立连接、可被应用并示范成功绩效所需要素位置的知识地图。

例如，当个人谈论管理各自信息系统中的数据时，他们指的是自己存储的事实，如某位员工的年龄。某位员工可能是 35 岁，也可能是 45 岁，但不可能同时两者都是。这就是事实的性质。信息就是指如何对事实进行分类，它是一种时间点的数据存储。所以，对于员工来说，系统可能有错误的信息（他们是 35 岁和 45 岁），但数据本身不会出错，因为数据总是事实。信息可能是错误的，因为它被置于情境中，而且经过存储。知识让人们明白一个人不可能既是 35 岁又是 45 岁，继而采取纠正行动。

2.5.1.3 知识管理的概念、理念和理论

改进绩效是人才发展专业人士的核心目标，因此必须将知识和工作绩效联系起来。换言之，知识对组织价值的真正指标是绩效以及知识与绩效的关系。为此，重要的是，要了解知识管理的目的是利用正确的知识使人们能够达到更高的绩效水平。并非所有的知识都是对等的，也并非所有的知识都能令我们获得更好的成果，并改进结果。

因此，人才发展专业人士有效实施知识管理的真正诀窍在于确定知识管理与卓越绩效的关系。收集与任务或工作绩效相关的所有知识，并试图以某种方式将知识迁移给绩效者，这样做是不够的。目标必须是以绩效者所需的形式、格式、数量和所处情境来呈现知识，这是实现更高水平绩效的关键。确定知识是什么，何时以及如何交付是知识管理的核心使命。

我们可以通过一种简单的方法来理解这一点，那就是赛车手也需要了解汽车的制动系统。他们可能学到大量关于这个系统的知识，如制动液的液压装置、摩擦、散热等。然而，要想赢得比赛，赛车手只需要知道什么时候踩刹车，进入和离开弯道需要多长时间即可。

2.5.1.4 知识管理系统的类型

知识管理系统已经发展成多种形式。例如，像微软的 SharePoint 这样的系统就被广泛用于协作和分享。随着组织越来越意识到知识可以成为竞争优势的关键，越来越多可用于支持知识管理的系统涌现出来。简而言之，任何支持知识、促进协作、有助于知识来源分类、捕获和使用知识、支持或促进知识管理流程的 IT 系统，在默认情况下都属于知识管理系统。

下面是知识管理系统的一些例子：

- 群体系统。支持多个用户在本地和远程网络中执行相关任务的系统。
- 内联网和外联网。内联网是内部共享的网络；外联网是组织之外的其他人也可以访问的网络。
- 数据仓储、数据挖掘和在线分析处理系统。通常被认为商业智能，可通过这些系统快速完成大规模数据集的分析。
- 决策支持系统。支持组织判断或行动过程的系统。
- 内容管理系统。可用于存放和管理大量数字内容的系统。
- 文档管理系统。用于跟踪、存储和管理文档的系统。
- 人工智能工具。支持知识和信息搜索、优化和评估的工具及系统。
- 模拟工具。部署了知识元素的工具，可以对绩效活动进行模拟。
- 语义网络。映射组织中的想法或概念之间关系的系统（Bali、Wickramasinghe 和 Lehaney 2009）。

2.5.1.5　知识管理要素

人才发展专业人士应该熟悉知识管理生命周期中涵盖的各种要素。例如，确定正确的知识及其所在位置，将知识来源与具体的计划和系统联系起来，整理并策展知识内容。这些要素包括：

- 创建和获取。这个知识管理要素定义了知识是在哪里创建的，如何收集知识以便分享和再利用。知识映射是这个要素的一种应用技巧。
- 策展、充实和分享。这个知识管理要素定义了如何确认知识元素的正确性、需要哪些额外情境以及哪里需要知识。
- 存储和检索。这个知识管理要素定义了存储已获取知识的适当机制，包括 IT 系统。
- 知识传播。这是一种为传播知识嵌入的流程和机制，包括协作、实践社群和同侪网络。

2.5.1.6　对于组织的好处

有效的知识管理能够为组织带来很多好处。随着经济越来越重视无形或非实体资源，这些资产已成为竞争优势的来源（Mitrović、Maksimović 和 Tešić 2008）。关于有效的知识管理，有据可查的好处包括：

- 改进员工绩效、工作效率和工作满意度。
- 自信地重复使用知识。
- 提高创新性和灵活性。
- 提高对于组织需求的响应速度。
- 提高股东和客户价值。

2.5.1.7　对于人才发展专业人士的好处

知识管理能够为人才发展专业人士带来大量好处：

- 将学习嵌入组织的信息链中。知识管理使得知识成为知识生态系统的一部分，并将知识融入各种解决方案中。
- 提高质量和工作效率。知识管理是一种有效且易于参考的知识来源，使得人才发展专业人士能够及时提供高品质服务和解决方案。
- 确保获得更高价值的人才发展产品和解决方案。人才发展专业人士可以确保产品和解决方案以优化绩效和价值为目标。
- 建立对知识资源的信心。获取、映射、验证、编纂、策展知识需求、元素和来源，增加对可用知识的信心。
- 降低学习成本。人才发展专业人士可以减少在分享可用知识方面投入的时间和资源。

2.5.1.8　知识管理与学习和绩效的关系

区分一般或不良绩效以及关键或模范绩效的关键因素就是知识（Holloway 和 Mankin 2004）。通过将知识或知识来源引入开发流程，人才发展专业人士可以采用一小部分人会的、自行发现的方式来检查工作。这是因为，在人才发展专业人士把知识传递给更广大员工，引起他们注意之前，这些知识通常都是孤立的。只有通过识别、映射、融入知识和知识来源，人才发展专业人士才能利用知识管理来强化学习和提高绩效。

为确保组织一致性，人才发展专业人士应该从战略角度将知识管理与学习和绩效联系起来，并提供协调的组织方法。通过人才发展解决方案管理和交付知识并不是两项独立、分开的活动。通过将人才开发和知识管理交织在一起，人才发展专业人士可以在知识绩效者需要什么、知识在哪里以及如何获取知识之间建立明确的联系。一旦确立这种联系，人才发展专业人士就应该知道这些知识是已内化的还是来自外部的。

- 内化知识（习得参考）是存储在绩效者记忆中的知识。当需要立即获取所需信息时，就必须发挥内化知识的作用。
- 外部知识（通过访问得到的参考）是存储在其他位置的知识。例如，存储于系统或其他存储方案中。如果绩效要求允许有更多时间进行知识检索和访问，这也是可以的。

判断知识存储的位置依赖以下因素的组合：

- 执行速度。执行者需要对特定信号做出的反应速度有多快？
- 执行频率。在执行者的日常活动中，需要每隔多久访问一次知识？
- 错误后果。在执行过程中犯错会造成多么严重的后果？

人才发展专业人士还需要知道个人在执行过程中，什么时候需要知识。这为在解决方案中有效地嵌入知识元素提供了必要的情境。

2.5.1.9 组织知识的来源

知识可以存在于多个层次：

- 个人知识是个人拥有的知识，通常是隐性知识，作为专业知识或特定的"技术诀窍"由个人拥有。如果只是个人自己掌握，就是隐性知识，但是如果存储在文件、笔记本或其他位置，就是显性知识。
- 群体和社群知识由群体拥有，但是并不与组织的其他人员分享。
- 结构知识嵌入组织惯例、流程、文化等的 DNA 中。
- 组织知识是组织中所有可访问知识的总和，当与其他知识元素相组合时就会形成新的知识。
- 组织外知识存在于组织之外。[参见 3.5.7.5]

2.5.1.10 组织学习

组织学习是指在组织内创建、保留和传播知识，以确保实现组织的持续改进。组织学习在整个组织内系统化地实施最佳实践，并且为每个职能部门监督这些努力，通常会成立管理机构。知识管理是有效的组织学习的关键推动因素，它识别、记录所有隐性和显性知识，并且促进知识在组织内的分享。[参见 3.3.7.2]

2.5.2　了解获取和编纂知识的方法与技巧

I.　知识映射

人才发展专业人士应该了解用于获取和编纂知识的方法与技巧。

2.5.2.1　根据绩效要求开发组织知识地图

知识映射是将知识需求与知识来源、知识元素类型和需求本质联系起来的可视化再现。通过映射，人才发展专业人士能够在开发解决方案时判定如何利用这些联系。

知识映射是了解组织知识格局的最有效的方法之一。完善的知识地图有助于识别智力资本，培养员工社交能力，并加强组织学习（Liebowitz 2003；Wexler 2001）。如果想要有效地运用这种方法，人才发展专业人士应该了解知识映射的关键因素和制约因素：

- 知识是短暂的。它根据组织的需求和周期发展、传递和终止。
- 必须将知识与组织价值联系起来。
- 知识通常是有界限的。无论界限真实存在还是个人感觉它的存在，从个人的角度理解这些界限非常重要。例如，收入公式和定价决策只有少数人知道，因此超出了许多人的界限。
- 知识并不总是已知的。有些知识需要先被识别，然后才能被映射。
- 知识以多种形式存在于组织中，包括显性知识、隐性知识或嵌入知识。

美国生产力与质量中心（2018）确定了三大类、七种知识地图。

- 专业知识地图。
  - 战略概览图。这种图范围最大，概述了每个战略重点领域所需的知识，这些知识对实现组织目标的重要性，所需知识目前是否存在于组织中，以及现有知识的存储位置。
  - 专业知识概览图。这种图提供了关于组织各个部分拥有什么样的知识，以及可能面临什么样的风险的广泛理解。
- 跨职能知识地图。
  - 专业知识隐性图。这种图用于识别特定的专家及其专业领域。这种图通常在组织单元或有着相似单元的职能部门中应用效果最佳。
  - 技术或职能知识地图。这种图有助于组织更清楚地了解自己在特定技术或职能知识领域（如船舶设计或零件组装）的优势和差距。
- 基于流程和角色的知识地图。
  - 流程图。这种图能够识别特定的知识需求，以及该知识在某个流程或领域内的来源、接收对象、存储位置和形式。尤其有助于针对知识管理解决方案确立基准线，如社群或导师制。
  - 基于工作或角色的图。这种图列出了各种工作或角色所需的知识。与技术或职能知识地图相似，但是包含每个工作角色所需的具体知识。
  - 胜任力或学习需求图。这种图明确地表达了与业务流程或工作角色相关联的学习或胜任力需求。

2.5.2.2　知识映射考虑因素

在知识管理中，知识获取的目标是要理解：

- 为成功完成工作，需要哪些知识？

- 谁拥有这些知识，或者如何访问这些知识？

- 什么时候、在哪里需要这些知识？（美国生产力与质量中心 2018）

由于知识通常分散在组织中，并且可以存在于不同的领域中，用于满足不同的要求或需求，因此知识收集活动必须具有适当的广度，并考虑各种潜在类别的知识来源。典型来源包括个人、群体和社群、机构、组织和组织外（KMT 2010）。［参见 2.5.1.7］

人才发展专业人士可以通过访谈、焦点小组、文档审查、故事、决策树和数据挖掘等方式来获取知识。他们需要先了解知识在组织内是如何流动的，参与其中的人士必须充分了解组织的战略目标和流程。

2.5.2.3　创建分类法

必须对已获取的知识进行编纂，并按照有意义的方式对其排序，然后它才会变得有用。知识管理的目的之一是使组织的隐性和嵌入知识（假设存在于组织结构、流程和共享存储器中的知识）变为显性和可分享（或可再使用）知识。编纂是一种将知识转化为内容的方法。

知识编纂依赖某种排序系统的应用：分类法。例如，知识管理分类法关注如何在组织内实现有效的知识、信息和数据检索及分享。它以直观的形式围绕工作流程和知识需求构建（Lambe 2007；Malafsky 2008）。

应该将创建知识管理分类法视为更广泛的知识管理计划下的一个独特的项目。人才发展专业人士应考虑内容领域（与知识相关的技能、活动和能力的通用领域）、元数据策略（典型人士在寻找知识时会搜索哪些词和想法）、主题专家所在的位置和可用性，以及组织知识词汇（组织知识术语的定义和它们存在的位置）。最终，分类法需要体现组织的工作环境和文化。而且，由于工作环境不断变化，分类法应该能够灵活适应不断变化的环境（Pellini 和 Jones 2011）。

人才发展专业人士应该将分类法的发展与知识管理计划和系统的整体机制联系起来。其中应该包括：

- 高层领导的支持。要使分类法取得成功（就像许多计划一样），必须有高层领导的坚定承诺。

- 有效的范围界定和分析。分析应包括清楚地说明为什么要进行分析，谁将参与分析，如何实施分析，以及对成本的合理估计。范围界定还应该考虑关键利益相关者、团队需要的技能以及组织的特定需求和要求。

- 对通过多个来源获取的信息进行合成。分类法的设计必须确保能够识别不同的知识来源，每个知识来源都能够通过潜移默化的或明显不同的方式满足需求。

- 适当的设计。复杂性是一个关键的设计考虑因素。它要求决定分类法需要多么复杂（或简单）才能满足某个目的。

2.5.2.4　使用工具

人才发展专业人士还应该了解能够支持知识管理活动的各种工具。一共有七种可支持知识管理工作的工具类别：

- 内容存储库。用户可以通过这种工具来管理并分享知识内容。文档管理系统一直以来占据这一类别的主导地位，但组织最近开始使用能够管理更广泛内容的工具。具体例子包括内容管理系统、企业内容管理和云内容管理。

- 知识搜索。搜索是一个基本的功能，用户可以通过这一功能找到自己想要的知识。

- 沟通工具。这一类别包括电子邮件、聊天工具、即时消息、基于 IP 的语音传输、语音识别、视频会议和协作工具。

- 社交软件。支持知识社交共享的工具越来越多地被嵌入企业资源规划和客户关系管理系统等企业软件中。

- 知识可视化。这些工具通过视觉方式来沟通知识，如 PowerPoint 和三维数据表现系统。

- 决策支持。帮助用户发现大量数据中存在的知识模式的工具。

- 大数据。存储、管理和探索高速度、多样性和海量数据的工具，包括结构化（数据库表）和非结构化数据（文档和对话）。

2.5.3　设计和实施知识管理战略的技能

I.　设计和实施知识管理战略

人才发展专业人士应该擅长设计和实施能够有效支持人才和学习，从而达成组织目标的知识管理战略。

2.5.3.1　了解支持知识交流的业务流程

人才发展专业人士应该将组织的知识需求和来源与工作完成的方式联系起来。因此，他们可以针对相关工作组将知识管理地图与工作流程图（工作流程的视觉表现）重叠起来。这并不像听起来那么复杂，它只是根据知识管理地图将工作流程与知识需求和来源进行比较。这就需要通过一些工作来确保所有需求都得以准确识别和关联。组合交付成果明确指出工作流程中各个需求点所需的知识，然后将能够满足需求的相关知识来源联系起来。［参见 3.5.2.5］

此外，由于所有工作流程在复杂性或对于组织总体价值的贡献值方面都各不相同，因此人才发展专业人士应该使用地图来重点指出关键知识元素所属的关键流程。想要做到这一点，可以将业务驱动因素与工作成果联系起来，并将它们映射至已经与知识来源联系起来的相关工作流程中。结果就会获得一个优先性框架，用于了解知识及其应用在支持工作流方面的价值贡献。

2.5.3.2　企业文化和领导力

知识管理关注更多的是人而不是系统。如果想要使组织内的知识管理获得成功，就必须将它作为一种战略资产来重视，以及作为核心文化元素来认可。领导层应该鼓励并奖励协作、信息的公开分享以及任何其他创造和扩展知识的过程。因此，人才发展专业人士需要动员管理层尽早参与到流程中，分享观察结果和发现，提出所需改进的建议，并在整个流程中保持有效沟通。［参见 2.5.3.1］

2.5.3.3　管理层的态度

管理层对知识管理、知识管理系统和战略实施的态度对于知识管理的努力、方案和计划的成功至关重要。人才发展专业人士应尽早获得管理层的支持，这种支持必须是持续的、明显的，而且不仅是提供预算和批准，还应该通过信息传递、监督、审查和责任制来促使管理层积极参与。人才发展专业人士应帮助管理者制定一个"记录、参与，以及即使有疑问也继续参与和记录"的原则（记录努力和进步以及积极参与是管理层参与的两个最重要方面）。当管理者鼓励知识管理并成为知识管理工作的拥护者时，员工就更有可能觉得知识管理能够令他们的工作变轻松，而不是变困难。

2.5.3.4　奖励和刺激

推动正确行为是知识管理系统和战略获得成功的关键。最直接的方法之一是制定衡量参与表现的标准，并制定与可衡量行动相关的奖励计划。下面列举了一些例子：

- 修改职位描述和审查流程，以便为知识管理系统做出贡献。例如，可能要求员工每季度贡献三篇知识管理文章。
- 开展定期考核，并根据参与表现颁发即期奖金。
- 将杰出表现奖与知识管理贡献联系起来。
- 利用游戏化来挑战和奖励参与和分享。

2.5.3.5　使知识管理与人才发展需求相一致

知识管理能够为人才发展的一项中心目标提供支持：应用知识以实现组织目标。这是通过识别、映射、获取、编纂和分享以前未知或只有少数人知道的知识来实现的。人才发展通过创建解决方案来连接胜任力、技能和知识，以开展这项工作。共同点就是知识。

人才发展专业人士应该了解为了达成组织目标，组织内每个角色以及职责级别都需要哪些知识。对于人才发展专业人士而言，知识管理系统应提供一个清晰的视角，从而了解每个角色和职责级别都需要哪些知识，以及为了达成目标需要哪些知识。

2.5.3.6　识别有效、高效的知识应用

黄（Huang）、李（Lee）和王（Wang 1999）提出了成功实施和应用知识的 10 种策略。

- 建立知识管理方法。决定关于如何完成工作的政策、规则、技巧和程序，并提供行之有效的方法。这可能具备有机性质（完全在组织内开发），或可能依赖更广泛的知识管理社区建立的方法，也可能是两者相结合。
- 指定一名负责人。指定一名首席知识官，负责宣传并管理公司内的知识管理活动。

- 赋予知识型员工权力。在任何组织中，知识都源于知识型员工。因此，使知识型员工成为知识管理系统的关键组成部分，以此来赋予他们权力，并为他们提供支持至关重要。有时，在一个组织中，知识管理的授权就像明确允许他们参与和分享这么简单。

- 获取以客户为中心的知识。人才发展专业人士应协助组织强化自身在竞争环境中的地位，不仅要强调客户满意度，还要关注针对客户的学习，以及向客户学习，并将此纳入整体知识管理方法中。

- 管理核心胜任力。确定并了解组织的强项。核心胜任力会基于组织通过结合人力资本、智力和无形资产、流程和技术向客户提供的独特好处而有所不同。因此，一家公司的核心胜任力可能不容易被其他公司复制。

- 培养协作和创新。组织可以通过强调团队合作、学习、分享、信任和灵活的重要性来培养协作。针对创新制定适当的奖励机制也有助于培养个人的创造力。协作是知识管理的一个关键要素。如果缺乏协作，SECI 循环（社会化—socialization、外化—externalization、组合—combination 和内化—internalization）就会由于前两个要素的缺失而崩溃。

- 从最佳实践学习。通过记录和分享最佳实践，组织可以避免重复再造，鼓励再次使用最佳想法和方法，这样又会进一步提高这些最佳想法和方法的效果和效率。过去，公司通过座谈会、研讨会和其他会议方式分享和学习最佳实践。现在，基于 Web 的方法正在成为一种常态。

- 扩展知识获得的来源。知识获得是指成功检索信息和传播知识。可以通过不同的媒介获得信息，如互联网、内联网和外联网。组织可以通过这些机制来检索和交付知识。

- 将专业社群相互联系起来。可以通过正式的虚拟社区和团队，并通过电子图书馆（如白皮书或知识库）创建内部和外部社群之间的联系。内部专家协助解决问题，而专家通常会与高层管理者联系，征求他们对于特定领域的建议。

- 报告知识资产的衡量价值。对于组织来说，衡量知识管理对组织的贡献很重要。验证知识管理系统的开发和使用是一项困难但重要的任务，任何信息系统都是如此。

2.5.3.7　知识管理的支持

人才发展专业人士应该为员工在知识管理方面做出的贡献和努力给予支持。可以通过几种形式来提供支持：

- 同侪知识管理拥护者是指负责为知识管理问题提供疑难解答和支持的人员。

- 知识管理的自助是一个知识库或常见问题解答，可解答问题并提供支持。

- 帮助中心提供电话支持（通常由 IT 帮助台或客户服务部门负责运作）。

2.5.3.8　知识管理的效果

知识管理可以对组织产生显著的积极影响：

- 引入并实施衡量标准。因为我们在管理知识，所以我们可以衡量知识的使用、有效性和访问情况。知识管理提供了一种连接和衡量知识的方法，而不是让知识成为一种未知的资产（就可衡量的价值角度而言）。

- 提高信息质量。知识系统提供了跟踪并审查知识资产的能力，从而通过审查、反馈（知识用户提供的反馈）和知识管理者策展来提高知识来源的质量。

- 信息更新。可利用数据分析和机器学习，从信息和信息系统中挖掘其他隐藏元素。

- 成本和生产力效益。知识和最佳方法是共享的，并嵌入结构性知识中，这意味着可以降低工时成本（以单位订单成本的形式表示）。通过减少寻找知识的时间，并且将更好的知识应用于绩效，能够有效降低寻找时间和成本。

- 改进客户指标。提高知识获取和来源的质量，使员工能够为客户提供更好的服务，最终使客户指标得以改进。

- 提升员工士气。如果那些有价值的员工无法获取成功完成工作所需的知识，那么他们就会对自己的工作感到失望。

2.5.3.9 知识管理的价值

人才发展专业人士应准备好讨论知识管理的战略收益和战术价值。

知识管理通过以下方式帮助企业提高战略收益：

- 便于获取专业知识和实践，从而强化决策能力。

- 改进创新能力，加强组织内各非关联部门之间的协作。

- 通过以正式的方式获取显性知识和隐性知识，减少专家知识损失。

- 通过制定战略，并根据当前已验证的知识制定计划，挖掘市场机会。

知识管理通过以下方式在战术层面上为企业增加价值：

- 令绩效者能够安全地分享最佳实践。

- 获取工作流程创新，以供后续再次使用。

- 提高效率和生产率，减少返工和重复再造。

- 通过开展有针对性的入职培训和提供获取知识的途径，缩短员工的胜任力培养时间。

2.5.4 了解在个人、群体和组织内传播与分享知识的方法、技巧及结构

I. 确立知识分享的技巧

人才发展专业人士应该了解在组织内传播和分享知识的方法。

2.5.4.1 确定组织对于知识和信息分享的偏好

人才发展专业人士应该了解并考虑组织在下列三个领域的知识分享偏好：

- 组织文化如何为知识分享和转移理念提供支持。

- 组织对于运用知识资源来支持组织目标和目的达成而制定的战略。

- 可用于支持知识传播的信息系统。

在上述三个领域中，文化是主导因素，通常是制定战略的依据，因此是战略的前导。知识管理系统是根据企业需求、价值观和文化开展的投资或支出（取决于观点）。任何知识管理项目想要获得长期成功，都需要人才发展专业人士确定文化对知识创建、分享和学习产生的影响。如果组织目前没有有效的学习和知识分享文化，人才发展专业人士应该先着手培养文化，否则其他努力都有可能失败。

幸运的是，知识循环通常都有妥善的文件记录，而且有很多模型可用于解决知识管理这一方面的问题。SECI 模型，或称 SECI 知识管理螺旋模型，是最常用到的模型之一（Nonaka 和 Takeuchi 1995）。该模型指出知识在从隐性转变为显性的过程中需要经历的四个不同的领域或象限（见图 2.5.4.1-1）。

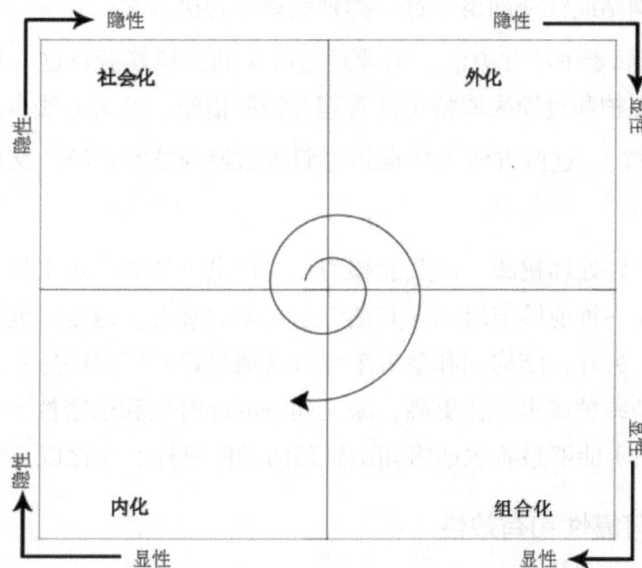

图 2.5.4.1-1　SECI 知识管理螺旋模型

资料来源：Nonaka 和 Takeuchi 1995。

在这一模型中，隐性知识（由个人拥有）可通过某些方式完成社会化，产生将知识外化的效果，并使知识变为显性（而不是隐性）。由于知识永远都不是静止的，因此新的显性知识与新的观点和体验相结合，又会内化新的发现，也就是说，构成新的知识（目前是隐性知识）。然后重复这一循环，所以这一循环被称为 SECI 螺旋。

很容易看出文化如何对组织有效地利用这一循环的方式产生影响。例如，如果在某些文化中，将知识视为个人利益的武器，那么对于人才发展专业人士来说，就很难完成隐性知识的社会化。这里重要的一点是，提前认识到文化因素的地位，以便按照 SECI 模型执行，并确定是否应先引入具体的文化举措。

对于人才发展专业人士来说，挑战在于在学习和发展服务中，有效地支持并实施这一循环。确定知识所在位置后，就需要展开周密的工作鼓励知识的社会化，并运用系统和解决方案来支持知识的外化。然后这些努力的结果将被作为产生的新知识而被监测和内化。[参见 3.3.3.2、3.3.7、3.3.8 和 3.3.9]

2.5.4.2 在组织内分享知识的技巧

人才发展专业人士的主要目标之一是使用显性方法来实施这一螺旋，也就是说，"我们如何不只是靠运气呢"。他们应该确保这些知识得到有效的分享、应用和实施。可用于实现这一目标的方法分为三类：

- 同侪（非正式）。属于去中心化方法，这一类别的解决方案旨在使用户能够直接互动，而不是通过中间知识管理工具或知识获取系统来互动。虽然它们对协作很有帮助，但在传播知识的广度上可能比较有限。这些方法本质上采取一对一（我对你）或多对多（我们对他们）的形式。社交协作网站或社交网络是这一类别的典型解决方案。

- 结构化（正式）。属于中心化方法，需要通过收集和策展来获得这一类别的解决方案。对知识资产的添加、维护和过期采取特定的管理和控制措施。这些方法本质上采用一对多形式。

- 参考来源（基于 IT）。这些方法的特点是它们所依赖的技术系统。文档存储库和内容管理系统是典型的方法。

每种方法都有自己的好处和挑战，以及能够为它们提供支持的特定工具。例如，同侪具有即时性的特点，而且可以形成一种能够与组织内其他专家接触的观念，但是可能缺乏结构、持续参与以及对所分享内容的验证。另外，结构化和参考来源具备通过策展带来的好处，可以在一致的基础上进行维护；然而，它们的维护成本往往更高，缺乏同侪的即时性和亲密性。人才发展专业人士应该决定哪种方法（或方法集）能够最有效地将知识管理活动的目标、文化以及组织的偏好协调起来。

2.5.4.3 确保知识的可靠性和有效性

人才发展专业人士应该确立机制来确保知识分享后是可信的、有价值的和可用的。为此，他们应该考虑知识的价值，这需要一个过程，其中包括：

- 一个正式的审查循环，其中包括待分享知识领域的公认专家（同行）。

- 确立贡献新知识和增量知识的方法，因为通过参与和使用将产生更多的参与。如果知识管理方法的适用对象仅限于组织精英（组织内通常被认为受到特殊待遇的那部分人），那么它将遭受失败。

- 易于访问知识来源。如果在获取知识的过程中需要太多的呼叫、请求或点击，就会阻碍知识的使用，并导致知识管理措施遭到全面拒绝。

2.5.4.4 知识和信息如何为日常行动提供支持

知识管理通过下列方式为日常流程中的工作提供支持：

- 决策。知识管理系统和流程必须与需求保持一致，并为组织做出必要（最佳）决策的能力提供支持。

- 分析。知识管理必须为组织战略形成和执行过程中的持续分析提供支持。

- 运营。当前最佳实践和专业知识，以及隐性知识的扩展，必须纳入组织的持续改进循环中。

2.5.4.5　支持典型职能

人才发展专业人士必须关注将知识管理工作融入多个系统和职能部门，从而为组织带来最大收益。其中的一些例子包括：

- 销售和营销。最佳实践、技巧和竞争分析。

- 制造。流程创新、安全程序和成本节约策略。

- 服务（人力资源、IT、合同、会计）。服务改进和风险降低。

- 研发。创新及新产品和新服务开发。

- 供应链。知识流程外包、上游供应链效率及信息准确性。

- 管理和监督。战略、组织绩效、生产力提高和参与度。

策展

2.5.5　识别各种来源信息的质量、真实性、准确性、公正性和相关性的技能

I.　确立内容策展管理

人才发展专业人士应该掌握丰富的策展知识，并且熟知各种用于建立知识管理系统中内容策展的有效管理方法。策展是识别、收集、组织和准备传播相关内容或信息的流程。

2.5.5.1　内容策展管理

成功的策展需要有效的管理。人才发展专业人士应该确立适当的策展指导方针和监管措施，以确保知识管理项目获得长期成功。这意味着根据项目和组织需求及文化，确定最有效的模型。

罗希特·巴尔加瓦（Rohit Bhargava）确定了五种不同的策展模式，它们服务于不同的来源和目的：

- 聚合是指将与某个特定主题最相关的信息整理到一个位置的行为。

- 提取是将信息整理成一种更简单的形式的行为，在这种形式中，只分享最重要或最相关的想法。

- 升华是指有使命目标的策划活动，确定大规模趋势，或在线发布的小规模每日沉思得出的洞察。

- 混搭是指独特并经过精心策划的并置排列，通过合并现有内容来创建新观点。

- 大事记按时间组织历史信息，以显示对特定主题的不断发展的理解。

人才发展专业人士在制定管理结构时，应将这五种策展模式中的一种以上纳入其中。根据不同的知识内容来源（内部或外部）和知识消费需求来决定使用哪种模式。此外，由于内容不同于知识，策展需要积极引入知识来源，以确保提供准确的背景信息。内容对象可以由传统的图书馆职能来管理，而有效的知识策展系统则需要知识专家的意见。

建立有效的策展流程需要：

- 决定由谁负责策展职能。负责人履行监督职能，以确保贡献者、审阅者和批准者履行其职能义务，并确保系统保持健康状态（从知识内容的角度）。

- 确立内容收录、审阅、维护和删除流程。其中包括谁可以贡献内容，哪些内容必须接受审查，谁负责审阅，需要获得哪些审批（对于收录和删除）。它还概述了要支持的流程（例如，内容被标记为待删除内容后与实际删除或存档之间是否存在过渡期）。

- 确保信息的质量、真实性、公正性和相关性。这要求人才发展专业人士根据内容类型或来源制定衡量标准，概述这些标准的最低可接受水平（如专家来源的具体资信要求、属性或内容年限）。

- 为持续监督设计管理结构和节奏。这主要涉及每个层面上由谁负责、审查频率以及针对知识内容违规（如数据策展不佳、错误或失效）采取的纠正措施。

2.5.5.2 确定信息的质量、真实性、公正性和相关性

内部和外部知识来源的策展都十分重要。如果成员对分享中知识的准确性、质量或时效性产生怀疑，那么知识管理项目很快就会失败。人才发展专业人士应该考虑内容的质量，并呈现出一个包含基本内容属性的流程。他们需要确定内容是否：

- 准确，并且是正确的内容。
- 真实。
- 处于正确的使用情境。
- 来自可信的创造者。
- 完整而且全面。
- 刚刚好，不会让人感到应接不暇。
- 没有成见。
- 高优先级。
- 易于发现、学习和使用。
- 用于强化而不是反驳其他内容。
- 版权被保护或为其他方所有。
- 最近内容，如果过期则及时删除。［参见 3.7.1.1］

2.5.6 组织和合成来自多个来源的信息的技能

I. 将信息从知识来源映射至应用

人才发展专业人士应该了解将知识从知识来源映射至适当的应用，从而帮助取得组织成果的方法。

一旦被映射，知识内容，就像信息一样，对于访问它的人来说，在数量和总量上都会令他们感到应接不暇。如果融合相似或互补的知识来源满足同样的需求，就会尤其如此。人才发展专业人士应该能够以可访问和可操作的方式组织这些内容。

由于他们关注的主要焦点是达成可衡量的业务或组织结果，因此人才发展专业人士的焦点应该是绩效。通过使用人员绩效改进方法，他们可以将绩效链上的知识来源与适当的需求点和层级协调一致起来。例如，在决定工作流程中的任务顺序时需要一个知识元素，或者认识个人绩效成果产生过程中的促进或阻碍因素也需要一个知识元素。使用人员绩效改进方法，人才发展专业人士可以根据期望的工作成果往回映射工作流程，并将知识来源分配给特定需求点，或者使知识来源与特定需求点相一致。然后决定是否可以通过内化或外部参考满足这些需求。

综合是组织流程中的另一个重要元素。简单地排列相同信息的许多相似版本只会造成混乱，而不是最大限度减少混乱。在知识管理中，综合能够将信号与噪声分离，是一种意义建构手段，将多个信息来源聚集在一起，以一种浓缩的、可操作的形式呈现知识概念。这一流程对于成功采用知识管理系统，并确保其效果越来越重要，因为可用知识内容的数量呈指数级增长。[参见 2.5.5]

综合流程包含五个步骤：

- 界定知识元素。希望通过这一知识内容满足什么需求？
- 从各种来源收集材料。这一内容有哪些来源？
- 将各个部分组合起来。这些来源在哪些方面存在重叠、冲突、相交或分歧？
- 完成综合。如果发生冲突，哪个来源（基于策展管理标准）取得优先权，如何合并类似信息？[参见 2.5.5.1]
- 统一。如何将知识元素组合成一个统一的、可使用的知识内容来源？

2.5.7　策展教学内容、工具和资源的技能

I.　策展内容、工具和资源

人才发展专业人士应该掌握关于支持知识管理策展工作的方法、工具和资源的知识。

人才发展专业人士应该对来自不同渠道的适合的教学和学习元素进行评估，为更广泛的知识系统内的知识要求提供支持。他们应该对照知识地图对组织内部和外部的学习内容进行评估，决定哪里存在适当的应用机会。这是一项有节奏的、持续的活动，建立于知识管理机制之下。[参见 2.5.5.1]

评估和策展适用于所有组织的学习内容，包括：

- 教学内容。审查周期、有效期和适用性，并根据当前的知识需求进行审查。
- 用户生成内容。主题专家或专家审查、时间安排、审批、内容效用结束和通知流程。
- 主题专家生成内容。二次审查、审批流程、通知、内容效用结束、存档和访问。
- 公共领域内容。决定、访问和免责。
- 第三方内容。审查和获取循环、对于绩效审查的适用性以及法律和使用情况审查。

将知识管理应用于人才发展

2.5.8 确定支持人才发展活动所需的信息类型和数量的技能

I. 确定人才发展所需的信息

人才发展专业人士认识到知识、绩效和发展是互相关联的，必须不断确定并澄清各个元素之间的关系。

2.5.8.1 各个发展层级所必需的知识和信息

通过从绩效的视角实施知识管理流程——为确保组织成功，建立组织内各角色需要掌握的知识要求——人才发展专业人士可以创建一个清晰的层次结构来管理人才发展流程。

这样就能够将知识需求直接应用于人才发展中的各个层级以及所部署的各种解决方案。例如：

- 授课。人才发展专业人士可以指导学员了解知识需求，如何从专家那里获取后续知识，以及在哪里找到这些知识。

- 课程。人才发展专业人士可根据知识进展，对学科和课程进行分组和分配，以培养人才。

- 职业发展。各个层级的知识需求、来源和贡献都各不相同，需要相应地完成映射。人才发展专业人士可以决定并衡量绩效者利用知识来获得成果的产出，以及创造并贡献了多少知识。

- 继任计划。知识是继任决策的基础，因为可以按照角色和层级来检核需求和能力，并由绩效者进行衡量。这为确定合适的继任发展路径提供了进一步的影响。

2.5.8.2 将来源与要求联系起来以实现有效的人才发展

过去，知识在组织中就像守门员一样：掌握取得成果所需秘诀的人。这些秘诀可能是内部的，如最佳实践和流程创新，也可能是外部的，如关键供应商或信息来源。通常，人才管理工作的目标就是识别这些人，并关注培养继任者。

对于人才发展专业人士来说，人才管理与知识管理的融合具有重要的竞争意义。成功生成、获取、转移和传播知识都严重依赖有效的人才管理，并且与其密切关联。具体来说，需要确立一套统一的管理实践来为其提供支持，以获取、编纂和分享知识及技能诀窍，并确保它被充分用于实现组织目标。目标在于确定人才发展流程中每个层级的知识要求，并将这些信息融入人才发展方法中。

2.5.8.3 将知识解决方案直接融入工作流的需要

最出色的知识应用方法之一是将其直接融入工作流中。这样，知识就不需要通过绩效者对学习的回忆来引用或调取，而是嵌入"做事方式"的结构知识中。

2.5.9 发展、管理、促进和支持知识网络及实践社群的技能

I. 发展和管理知识网络和实践社群

人才发展专业人士应该了解如何成立、发展、管理并支持知识网络和实践社群。

2.5.9.1 确定并利用组织内的正式和非正式知识管理系统

大多数组织内都同时存在正式和非正式知识管理系统。典型的例子包括知识网络和实践社群。知识网络是非正式的，如分散在不同地理位置的群体，他们通过适当的沟通和技术联系起来，继而共同创造、分享和传播知识；实践社群则是正式的—— 一群有着共同利益和关注的人，他们通过结构化形式定期互动。知识网络和实践社群都是确保知识管理系统长期有效和参与的重要因素。因此，人才发展专业人士应该采取适当的措施来维持这些结构。

实践社群与知识网络之间存在一些重要区别。全球实践社群领袖埃蒂纳·温格（Etienne Wenger 1999）描述了实践社群三个重要的维度：

- 领域。围绕一个知识领域将人们组织起来，这使成员有一种合作经营的感觉，并将他们聚集在一起。成员认同领域和共同合作，而这些都是基于他们对于各自处境的共同理解而产生的。

- 社群。人们通过相互参与的关系以社群的形式发挥作用，这种关系将成员结合成一个社会实体。他们定期互动，并参与共同的活动，从而培养关系和信任。

- 实践。人们通过发展共享才能和资源（如工具、文档、常规、词汇、符号和体现社群累积知识的作品）来构建实践能力。这种共享才能也将作为未来学习的基础。

知识网络以需求为基础，随着人们围绕特定的知识需求建立联系，人际关系总是在转变和变化。这些网络主要以非正式结构发展和存在，其唯一目的是收集和传递信息及知识。它们通常不太正式，因为与要求使命感，或共享成就或理解的实践社群相反，没有通过合作经营的形式将人们联系起来。

2.5.9.2 确立知识管理系统时应考虑的因素

如果组织希望确立知识管理系统，那么人才发展专业人士应该参与进去，并且应该协助针对各种要素做出决策 ，其中包括：

- 组织结构。知识管理系统可以是正式的，也可以是非正式的，这种结构将影响知识在更大范围组织内流动的方式以及被对待的方式。正式结构，虽然相对容易控制和衡量，但是可能影响知识的自由流动。非正式结构，虽然相对较难控制，但是可以通过项目或跨职能团队、团队合作和同伴网络进行管理。

- 人员配备。在正式的知识管理系统中，必须考虑人员配备，并回答相关问题。必须针对知识管理系统到底是一个独立的职能，还是一系列附加职责做出决策。

- 角色和职责。知识管理系统内有大量不同的角色，可根据组织规模、系统的形式和知识管理的范围来安排人员充当这些角色。典型的角色包括首席知识官、知识管理计划经理、知识管理项目经理、知识管理总监、运营知识管理总监、知识管理发起人、知识管理负责人、知识管理联络员、知识管理专员、知识管理系统管理员、知识工程师、知识架构师、知识管理撰

稿人、知识经理和知识管理分析师。

- 激励。系统只有在持续不断使用的情况下才会产生效果。奖励和激励措施旨在鼓励参与者通过贡献、应用和使用信息、审查和更新内容以及执行与系统健康和维护相关的任何其他任务来使用系统。

- 标准、流程和指标。如果想要发挥效果，系统必须具备有效的流程和标准，这些内容的设计应确保知识资产和来源的准确性、受管理的当前知识的真实性，并确定当前和效用结束知识元素的常规和约定处置方式。应该不断地针对所有系统和流程的访问情况、可用性和使用情况进行衡量，确保一切都按照标准健康地顺利进行。

- 倡导。计划应建立沟通渠道，并在整个组织内指定支持者，以倡导组织参与和使用知识系统。

2.5.9.3 实践社群的关键成功因素

虽然实践社群本身具备有机性质，但它们需要制定具体措施从而形成一系列成功因素和一套经过深思熟虑的形成与管理方法。实践社群的一些关键成功因素包括：

- 同伴识别。允许并鼓励新兴社群的成员识别同伴以加入其所在的社群。帮助建立明确的标准，确保挑选过程公平，鼓励发展和参与。同伴对其中的"最优秀者"寄予了极大的信任，利用这种信任有助于社群的成功。

- 对于用户的价值。阐明目的。成员应该了解并支持社群的使命、活动和目的。明确对于用户的价值。

- 便于使用。让它变得简单——如果参与者必须通过一定的付出才能加入或参与，那么很多人会放弃额外的努力。确定并获取工具来支持社群进行沟通、远程会议、远程协作、知识获取、投票调查、想法投票等活动。

- 让它变得特殊。为社群创建一个提名、批准和奖励系统。即使小小的奖励，也能够推动大大的行为改变。

- 社群领导。通过安排社群领导轮值，让成员广泛地做出贡献，创造一种共同的主人翁意识和责任感。

- 高层的支持。确保领导层充分支持社群，并出现在社群中。以社群更新或宣读的形式安排领导定期参与。

- 最低程度的监督。最大限度地允许社群自我管理和自我维持。

- 信任文化。确保持续强调开放和相互信任的思想与知识交流。

2.5.9.4 实践社群的发展阶段

鉴于这些因素，人才发展专业人士在创建实践社群时应考虑五个发展阶段（Wenger 1999）。每个阶段都需要开展一系列不同的活动：

- 潜在阶段。在这一阶段，有着相似问题和需求的人组成了一个松散的网络。人们需要互相发现彼此、发现共同点并准备建立社群。

- 凝聚阶段。在这一阶段，人们聚集在一起，启动一个社群。他们发现了参与学习活动并设计社群的价值。

- 成熟阶段。社群开始对自己的实践负责，并不断成长。成员制定标准，界定学习议程并处理成长问题。到目前为止，他们参与共同活动，创建作品，发展承诺和关系。

- 活跃阶段。社群成立，并完成活动循环。他们需要维持精力、更新兴趣、培养新手、表达想法和获得影响力的方法。

- 扩散阶段。组建社群最初的目的达成后，社群仍然存在，人们继续前进。这一阶段面临的挑战是学会放手，界定遗留问题，保持联系。

2.5.9.5　展望知识管理对于人才发展的未来

人才发展世界出现了一种谈论"知识管理消亡"的趋势。人们对知识管理"从组织中逐渐淡出"或已经成为一种"被遗忘的狂热"这些观点发表了广泛的看法。否定知识管理曾经的作用并且将继续面临挑战是一种不诚实的做法。挑战当然存在，而且有很多相关计划被弃置。关于这个话题的兴趣在逐渐降低，网络上对于这个话题的搜索也越来越少。例如，贝恩（Bain）公司在 2013 年、2015 年或 2017 年开展的"管理工具和趋势调研"中，甚至没有将知识管理列为最主要的 25 种工具之一（Rigby 和 Bilodeau 2013、2015 和 2018）。

人才发展专业人士必须帮助他们的组织克服常见的知识管理挑战，并在采用审慎的方法来识别、划分知识，并且将知识与绩效联系起来方面，推进持续的需求。

在未来的一段时间内，即使面对各种竞争方法和不断发展的技术，知识管理仍需要防止冗余工作，避免重复错误，并利用本组织其他人的专门知识和经验。人才发展专业人士应该将知识管理计划与目标受众的需求及相关效益联系起来。他们还应继续关注将以组织知识形式表现的无形资产与组织人才联系起来。

参考文献

Ackoff, R.L. 1999. *Ackoff's Best: His Classic Writings on Management*. New York: John Wiley & Sons.

APQC (American Productivity and Quality Center). 2018. "Getting Started With Knowledge Mapping." Whitepaper. American Productivity and Quality Center, June 29.

Bali, R., N. Wickramasinghe, and B. Lehaney. 2009. *Knowledge Management Primer*. Routledge Series in Information Systems. New York: Routledge.

Bhargava, R. 2011. "The 5 Models of Content Curation." Rohit Bhargava, March 31.

Botha, A., D. Kourie, and R. Snyman. 2008. *Coping With Continuous Change in the Business Environment, Knowledge Management and Knowledge Management Technology*. Oxford: Chandos Publishing.

Brown, J.S., and P. Duguid. 1998. "Organizing Knowledge." *California Management Review* 40(3).

Davenport, T.H. 2015. "Whatever Happened to Knowledge Management?" *The Wall Street Journal*, June 24.

Davenport, T.H., and L. Prusak. 2000. *Working Knowledge: How Organizations Manage What TheyKnow*. Boston: Harvard Business School Press.

Gamble, P., and J. Blackwell. 2002. *Knowledge Management: A State-of-the-Art Guide*. New York: Kogan Page.

Garfield, S. 2015. "Is Knowledge Management on Life Support in Most Organizations?" LinkedIn Pulse, June 29.

Gilbert, T. 2007. *Human Competence: Engineering Worthy Performance*. San Francisco: Pfeiffer.

Graef, J. 2002. "Ten Taxonomy Myths." *Montague Institute Review*, June.

Holloway, M., and D. Mankin. 2004. Performance DNA. Alexandria, VA: ASTD Press.

Huang, K.T., Y.L. Lee, and R.W. Wang. 1999. *Quality Information and Knowledge*. Upper Saddle River, NJ: Prentice Hall.

KMT. 2010. "KM from A to Z." www.knowledge-management-tools.net.

Lambe, P. 2007 *Organising Knowledge: Taxonomies, Knowledge and Organisational Effectiveness*. Oxford: Chandos Publishing.

Liebowitz, J. 2003. *Addressing the Human Capital Crisis in the Federal Government: A Knowledge*

Management Perspective. Oxford: Butterworth-Heinemann.

Malafsky, G.P. 2008. *Knowledge Taxonomy*. Fairfax: TechI.

Mitrović, V., R. Maksimović, and Z. Tešić. 2008. "The Application of Balanced Scorecard Methodology in Small Business." *International Journal - Total Quality Management & Excellence* 36(1-2): 339-346.

Nonaka, I. 1994. "A Dynamic Theory of Organizational Knowledge Creation." *Organization Science* 51:14-37.

Nonaka, I., and H. Takeuchi. 1995. *The Knowledge-Creating Company: How Japanese Companies Createthe Dynamics of Innovation*. New York: Oxford University Press.

Pellini, A., and H. Jones. 2011. "Knowledge Taxonomies: A Literature Review." Overseas Development Institute, May.

Rigby, D.K., and B. Bilodeau. 2013. "Management Tools & Trends: 2013." Bain and Company, May 8.

Rigby, D.K., and B. Bilodeau. 2015. "Management Tools & Trends: 2015." Bain and Company, June 10.

Rigby, D.K., and B. Bilodeau. 2018. "Management Tools & Trends." Bain and Company, April 5.

Robertson, J. 2007. There are No "KM Systems." Retrieved at https://www.steptwo.com.au/papers/cmb_kmsystems/.

Thierauf, R.J. 1999. *Knowledge Management Systems for Business*. Santa Barbara, CA: Praeger.

Wenger, E. 1999. *Communities of Practice: Learning, Meaning, and Identity*. Cambridge: Cambridge University Press.

Wellman, J.L. 2009. *Organizational Learning*. London: Palgrave Macmillan.

Wexler, M.N. 2001. "The Who, What and Why of Knowledge Mapping." *Journal of Knowledge Management* 5(3): 249-263.

推荐阅读

Davenport, T. 1997. *Working Knowledge: How Organizations Manage What They Know*. Boston: Harvard Business School Press.

Edmondson, A. 2012. *Teaming: How Organizations Learn, Innovate, and Compete in the Knowledge Economy*. San Francisco: Jossey-Bass.

Leonard, D., W. Swat, and G. Barton. 2015. *Critical Knowledge Transfer: Tools for Managing Your Company's Deep Smarts*. Boston: Harvard Business Press.

Pentland, A. 2014. *Social Physics: How Good Ideas Spread—The Lessons From A New Science*. New York: Penguin.

2.6 职业和领导力发展

在组织内打造职业发展文化能够为组织带来竞争优势。要使职业与领导力发展有效，需要建立组织与员工进行有计划互动流程的能力，从而使员工在组织内成长。在制定计划和路径来提升组织内的员工素质时，了解组织当前和未来所需要的特定技能和能力非常重要。

职业发展

2.6.1 了解职业模型和路径

I. 职业模型和路径

职业发展规划是指对员工的兴趣和能力进行评估，并鼓励他们通过有助于满足自身抱负以及组织需求的方式进行发展。

健康的职业发展规划能够为组织带来很多好处，包括熟练的员工、充实的继任计划，以及准备好的领导者，还包括招募最优秀的人才、提高员工的保留率、提升员工参与度以及具备高积极性、高生产力和高创新精神的员工队伍。权利已朝有利于员工的方向转移，如果缺乏职业发展规划，很多员工会感到沮丧。

人才发展专业人士应该了解组织内有助于员工职业规划和发展的职业发展规划、模型和路径。

2.6.1.1 职业模型和路径

人才发展专业人士使用由组织设计的职业模型和路径来帮助员工发展和进步。组织模型是有益的，因为它们确立了组织当前以及未来需要以及重视的能力。但组织在职业发展规划方面必须保持透明。职业发展可以遵循各种不同的路径：

- 纵向是一种传统的职业发展路径，通过向上晋升来发展职业。每前进一步都意味着职责和权力的增加。

- 横向是指在职业发展过程中，渴望接触更多类型的任务，面临更多挑战。它将包括更广泛的经验，但不包括晋升。

- 职业网格将组织内的职业道路以纵横交错的方式排列，为员工提供体验不同岗位或部门工作的机会，同时让员工能够更多地了解组织。

- 矩阵试图通过确保每个人在前进之前学习特定的内容，使每个里程碑都具有意义。矩阵路径可能有两个或更多的轨道、必要的胜任力和明确定义的角色。

- 周期性由一系列螺旋构成。在这些螺旋中，个人从大本营转移到另一个地点，在此过程中获得知识或技能，循环一圈后再回到大本营。这可以是一个永久性职位，也可以是一个临时代理职位（Williams 和 Reitman 2013）。

2.6.1.2　替代学习路径

除了一些更传统的职业模式，学习路径也可能对个人的职业发展提供支持。下面列举了可积累证书和学徒实习两个例子。

- 可积累证书。可积累证书是指"一系列证书的一部分，这些证书可以随着时间的推移积累起来，以建立个人的资质，并帮助他们沿着职业道路或职业阶梯向其他可以享受更高报酬的工作进步"（Collins 2018）。

- 学徒实习。学徒实习将在职培训与相关的课堂教学结合起来。员工在教室里学习高技能职业的理论知识，在工作中由专家级别的工艺人员或贸易专业人员负责监督他们的实践工作。尽管学徒实习通常侧重于体力劳动和实践领域，但这些计划正被不断扩展至电信、金融和信息技术等其他行业（Ellis 2019）。[参见 2.6.6]

2.6.1.3　与职业规划相关的挑战

虽然每种常见的职业规划挑战都可能成为问题，但人才发展专业人士可以避免这些问题的发生，或者如果挑战已经成为问题，那么也可以加以解决。

- 员工发展投资。组织可能很难证明职业发展的投资回报，因为他们之前从来就没有把收集必要数据作为优先任务。随着人员分析的出现，这应该会变得更容易。由于人才发展专业人士利用分析来掌握关于学员学了什么，怎样学习，所以他们可以利用分析、信息仪表板和人工智能来帮助领导者了解人才发展如何为经营结果做出贡献。[参见 3.7 和 2.8]

- 代际差异。在美国和加拿大，目前有五代人共同工作。每代人对于如何发展和晋升都有着自己的偏好，应该考虑到这一点（Meister 和 Mulcahy 2016）：
  - 出生于 1946 年以前的传统主义者。
  - 出生于 1946—1964 年的婴儿潮世代。
  - 出生于 1965—1980 年的 X 世代。
  - 出生于 1981—1996 年的千禧世代。
  - 出生于 1997 年后的 Z 世代。

- 性别定型观念。如果在文化中，作为奖励对象的行为和策略主要由一种性别人士使用，就会对另一种性别人士造成问题。如果某些员工对发展机会和晋升方案不满意，那么全体员工都会受到影响。有价值的人才流失、品牌受到损害、发生起诉风险，最终将导致组织遭受损害。

- 多元文化影响。由于组织是多元文化的，从职业发展角度来看，种族和文化问题不容忽视。通过认同并庆祝这些差异，将多样化员工聚集在一起，这非常关键，同时也是一项重要的法律责任。

2.6.2　引导职业发展规划流程的技能

I.　支持个人终身学习和职业发展

　　人才发展专业人士应该有能力引导相关流程，为员工的发展和职业规划提供支持，同时又能够满足图 2.6.2-1 所示的组织需求。使员工技能和兴趣与图 2.6.1-1 所示的组织需求相一致，这样有助于人才发展专业人士与员工讨论职业发展。目标是找出满足所有方面的目标区域，并确定个人发展需求。

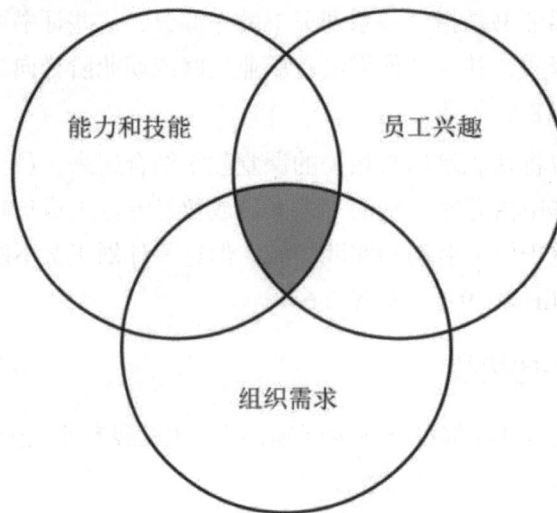

图 2.6.2-1　使技能和兴趣与组织需求相一致

资料来源：ATD 的综合人才管理证书课程。

2.6.2.1　引导职业发展流程

职业发展规划是：

- 评估个人的兴趣、价值和能力。
- 探讨他们的职业发展方案。
- 确立目标。
- 鼓励员工发展，从而实现员工的抱负，满足组织的需求。

职业发展流程可以由员工个人、员工的经理或人才发展专业人士发起。职业发展流程图显示从一个级别或工作转移到下一个级别或工作所需的学习和发展经验，为职业规划提供引导。

人才发展专业人士可以通过下列典型步骤来使用职业发展流程图：

- 帮助员工阐明职业抱负。
- 客观评估优势和发展需求，这可能需要使用评估工具。[参见 2.6.3]
- 帮助员工确定自己的需求和差距。

- 提供职业目标方案，考虑个人需要什么和组织需要什么，如胜任力要求或未来的角色需求。
  [参见 2.7.3.3]
- 帮助他们制定切合实际的个人发展计划，通常提供必要的特征，包括设定目标、列出行动、确定资源和确立目标日期。[参见 2.6.2.3]
- 实施计划并与员工一起跟进。确定发展计划中的关键事项有助于员工专注于最重要的事情（Hosmer 2015；Williams 和 Reitman 2013）。

2.6.2.2　个人发展计划

个人发展计划（IDP）是一种针对当前职位或职位晋升的个人提升计划。制定 IDP 是职业发展对话中的重要步骤。帮助员工坚持也同样重要。虽然大多数组织都有自己的 IDP 格式，但它们都应包括以下组成部分：长期和短期目标、成功标准、目标日期、所需资源以及有助于实现目标的行动。应该遵循 SMART 方针来撰写目标，且尽可能扩展员工的发展。IDP 还应该体现各种行动和学习机会，包括工作中、工作外、独立以及通过与他人互动完成。计划中还应包含反思和反馈。

如果人才发展专业人士负责管理他人，那么还应该安排与其团队员工开展 IDP 讨论。他们应该想办法提升员工的自主权，令他们能够继续自己的发展之旅。使用 IDP 有助于确保员工准备好迎接各种工作机会，同时组织拥有稳定的员工输送，能够填补各种岗位空缺（Hosmer 2015）。[参见 2.7.3.3]

人才发展专业人士应该确保管理者使用 IDP 作为规划员工发展的工具。IDP 要求管理者和员工共同讨论职业目标。IDP 为每个员工提供了蓝图，而且特别有用，因为它们记录并跟踪目标和发展情况。IDP 是将个人发展与组织战略目标联系起来的工具。表 2.6.2.2-1 显示了每个步骤由谁负责（Hosmer 2015）。

表 2.6.2.2-1　经理和员工的职责

经理的职责	员工的职责
□ 启动流程。	□ 针对职业相关问题给出回答。
□ 使用公司提供的框架开展职业规划。	□ 自我反思以确定职业和发展目标。
□ 解释 IDP 流程及其目的。	□ 坦诚地评估技能和兴趣。
□ 为员工提供信任和坦诚沟通的氛围，以讨论他们的职业和进步。	□ 征求经理的意见，起草 IDP。
□ 引导职业和进步讨论。	□ 愿意接受反馈，接受新的挑战。
□ 提问和倾听。	□ 实施计划，并对计划的实施情况负责。
□ 确定员工的潜在职业机会。	□ 评估进步，并启动跟进活动
□ 确定学习资源和活动。	
□ 提供建设性的反馈意见	

资料来源：Hosmer 2015，如 Biech 2018 作品中所示。

个人发展计划作为个人目标的补充，应该包含几个基本的组成部分：

- 与组织或部门战略和目标之间的联系。

- 个人发展需求。
- 完成日期。
- 与部门和组织需求有关的个人和专业需求。
- 提供用于记录学习机会、日程和费用的空白区域。
- 用于填写主管评价的空白区域。
- 员工长期和短期目标（Biech 2018）。

2.6.2.3　员工的角色

人才发展专业人士应该激励员工积极主导自己的职业发展，并向他们授予相关的权力。他们应该知道如何帮助学员自给自足，并鼓励他们自己决定学习什么以及何时学习。员工需要通过设定目标、根据经理的意见起草 IDP、使用发展策略来达成自己的目标、记录进步并收集有关自身绩效的证据来管理自己的职业发展。人才发展专业人士可以鼓励他们向其他团队成员学习，并定期向自己的经理征求反馈和支持（Hart 2018）。

2.6.2.4　人才发展专业人士在促进员工发展方面扮演的角色

人才发展专业人士应鼓励员工把自己的职业生涯视为将短期和长期目标相结合的道路上的一个时间点。他们可以向员工展示如何记录自己的进步，并确定能够帮助他们学习并达成目标的行动。人才发展专业人士还可以让他们联系导师和教练，并推荐课程和数字资源。他们可以向员工展示人际交往的好处，并鼓励他们参与人际交往活动。

有时，员工可能希望遵循一项与组织无关的职业计划。例如，他们可能想要从事不同行业的工作，或者开始自己创业。如果人才发展专业人士为这些员工提供支持，从长期来看自身也将受益。如果组织为员工提供支持，通常能够更长久地留住员工；这些员工可能和他人分享自己的积极体验，从而提升组织的声誉，同时鼓励其他人申请加入组织。人才发展专业人士可以分享符合他们兴趣的文章和书籍，为他们介绍能够推动他们职业发展的人士，鼓励他们讨论自己的计划，以此为这些人提供支持；还可以帮助他们确定在自己离开前必须向他人分享些什么，以及如何分享（Kaiden 2015；Cast 2018）。

人才发展专业人士还应该鼓励员工和各自的经理开展讨论。定期对话是有意义的，而且是非常有价值的。人才发展专业人士应该确保每个人都认识到持续学习是一项优先任务。

2.6.3　开发、管理评估工具和回馈智力、才能、潜力、技能、能力或兴趣评估结果的技能

I.　将评估用于职业发展

人才发展专业人士应该擅长开发、管理各种评估工具。

2.6.3.1　评估方案

人才发展专业人士应了解评估的适当用途，以及在选择和管理工作场所评估过程中涉及的道德和法律问题。下面列出了一些主要的评估类型：

- 智力评估通常包括口头和数学问题，用于评估一般智力和问题解决技能。

- 个性评估会提出一些偏好问题，用于评估才能和个性风格。此类评估中有一些专门针对特定的工作类别（如销售）或胜任力领域（如领导力）。

- 才能倾向评估提出问题，以确定某人是否有潜力在没有先备知识、经验或培训的情况下完成某个特定角色的任务。雇主可能使用此类评估来做出聘用决策。

- 技能或能力评估是针对某人完成某项工作或任务的能力进行的客观评估。评估衡量的是当前技能。

- 兴趣评估，有时也称职业评估，帮助个人将偏好与特定的工作、工作类别或职业匹配起来。

- 多维度评估，有时称为 360 度评价，向多位访谈者收集反馈，包括个人、经理、同事，有时还包括客户，以洞察个人的发展需求。［参见 1.6.5］

2.6.3.2　管理和回馈的最佳实践

人才发展专业人士应该理解评估工具管理和评估结果回馈的重要性。

在管理评估工具时，人才发展专业人士应该：

- 确保工具可靠、有效，而且能够衡量正确的技能。

- 花点时间正确解释评估目的和评估数据将如何使用。

- 向个人保证不会发生违反保密规定的情况。

回馈评估结果时，人才发展专业人士应该：

- 有一个明确的既定目标和期望。

- 在开始要当面提供书面报告。

- 为每个人量身定制评估报告。

- 提供全面的解释，并附上易于使用的报告。

- 确保安排充分的时间，以便能够全面回馈评估结果，否则就需要安排一次跟进会议。

- 尽可能将结果与发展方案联系起来。

- 讨论下一步安排。

- 安排跟进。

2.6.4　了解职业发展方法和技巧

I.　关键角色和工作的发展策略

人才发展专业人士应探索可用的发展机会，创造并发明新的方案，并且根据他们需要学习什么或体验什么，为他们分配最合适的方案。

组织需注重为关键角色培养员工，也就是说，必须了解各种可用的发展方法。如果员工所处的环境便于他们获取有助于培养这些技能的工具、资源和专业支持，那么将拓宽他们的视野，确保实现他们的长期职业发展，并有机会通过关键角色为组织带来增值。

人才发展专业人士可以利用各种策略，为组织内的各种角色和工作培养员工，包括：

- 正式学习课程。认证、课程、学术任务、高等学历教育、沉浸式课堂。
- 非正式发展。教练，导师，在线个人发展课程。
- 工作相关机会。拓展任务，加入委员会和工作组，行动学习。
- 本职工作之外，但在组织内。轮岗，以观察员的身份参加其他部门的会议，影子见习。
- 志愿服务。在社区学院教学，提供社区服务，借调执行计划，在其他组织（通常是非营利性组织）体验工作的机会。
- 自学。研究项目，阅读，学习小组。
- 人际交往活动。专业协会，在线和社会支持网络。

2.6.5　开展个人和群体职业规划课程，在各个职业发展阶段提供指导的技能

I.　支持员工的职业周期

人才发展专业人士应该擅长通过在员工职业发展过程中提供指导帮助他们进行职业规划，其中包括一对一或群体指导。

尽管过去的职业发展策略与职业发展理论及这些理论所提倡的发展阶段（如萨珀的五个发展阶段）联系在一起，但 21 世纪的策略关注的是个人。世界变得更加难以预测，工作随时可能改变，个人对工作的控制能力有限。为了应对这一形势，职业发展不再是线性的，更依赖个人的渴望以及环境产生的影响（Bright 和 Pryor 2011）。人才发展专业人士应该准备好在员工的整个职业发展旅途中提供个人或群体规划课程。［参见 1.7.2.2］

2.6.5.1　员工职业生涯中的职业发展机会

在员工就职过程中，他们的工作岗位，甚至职业都有可能改变，可能出现几个关键的职业发展点，包括入职、开始担任管理岗位、从一个工作过渡到另一个工作。在组织变革期间，他们的角色、头衔或部门可能发生变化，这也需要进一步的发展。

2.6.5.1.1　入职活动

有效的入职培训能够为将来的职业发展打下基础，无论是对员工还是对组织都是有利的。当员工参与入职培训时，他们会对公司有更深的了解。如果员工从一开始就觉得自己受到重视，离开的可能性就会降低；在离职的员工中，超过一半都是在入职 12 个月内离开的（福布斯教练委员会2017）。然而，如果安排正式的入职培训，新员工入职年限达到 3 年的概率将提高 69%（Lombardi和 Laurano 2013）。

根据公司和个人的需求，每家组织的入职培训都各不相同，因此，整个流程可能需要 3~6 个月才能完成。入职培训应该介绍如果员工想要在组织成功发展自己的职业，需要哪些基本元素（Davila和 Piña-Ramírez 2018；Biech 2018）。盖洛普（Gallup）建议在入职培训期间，必须回答五个问题：

1. "我们相信什么？"
2. "我的优势是什么？"
3. "我的角色是什么？"
4. "我的合作伙伴是谁？"
5. "我在这里的未来会是怎样的？"（Clifton 和 Harter 2019）

2.6.5.1.2　新主管准备

成为主管是员工在职业生涯中经历的最大的职业转变之一。他们应该在转变之前，尽可能做好最充分的准备。新主管上任之前，他的职责是完成工作，而上任之后，他的职责是确保工作完成。以前他们只对直接上级负责，现在他们还需要对直接下属负责。这种新的角色要求他们领导他人并指导他们的工作，辅导员工的绩效，引领变革，与其他部门联络，制定预算并负责其他新的行动（Scisco、Biech 和 Hallenbeck 2017）。

2.6.5.1.3　过渡至新工作

每个进入职场的人在一生中或许都会经历 5~8 次职业转变。人才发展专业人士应该为员工提供支持，帮助他们为接下来的岗位甚至职业做好准备。然后一旦机会出现，他们就可以和员工一起制定过渡计划，无论新岗位是在组织内部还是外部，是本地岗位还是国际岗位。如果是内部角色，人才发展专业人士可以进行介绍，建议过渡前的发展，提供支持以克服他们的不安全感，安排移交计划及其他行动，使员工和组织都能够顺利过渡。

2.6.5.1.4　组织转变

人才发展专业人士应通过培养适应变革的员工、在各个层面上都安排变革领袖、为员工做好工作甚至职业变革的准备，从而提高其组织的敏捷性。职业发展很重要，在变革期就会更加关键。人才发展部门可能需要通过工作调整、裁员、重组、组织合并或收购来支持其他个人和部门。人才发展专业人士应随时向他们告知最新情况，帮助他们为新工作做好准备，并支持他们识别新角色的能力。

2.6.5.2　群体职业规划

人才发展专业人士应通过开展职业规划课程、在各个职业发展阶段提供指导，发起自我维持的同侪导师小组来支持群体职业规划。

群体职业规划的优点包括：

- 能够同时接触更多员工。
- 利用工作中的社交互相学习。
- 如果员工和同伴在一起，可能就不那么害怕。
- 通过使用如角色扮演之类的活动，提供更多技能实践机会。
- 帮助员工为即将开始的更密集的一对一规划做好准备。

如果个人希望互相学习，那么开展群体规划课程会很有帮助。群体课程是一种同时满足多人规划需求的有效方法。人才发展专业人士可以利用这一时间提供行动规划模板，帮助个人确立目标，并提供发展机会。他们应该通过群体参与来分享自己的想法，其中涵盖的议程包括：

- 使技能和兴趣与组织需求一致（见图 2.6.2-1），以及如何找到目标发展领域。
- 识别各种发展机会。
- 练习完成一份 IDP。
- 回顾员工的经历和发展阶段。
- 讨论组织的未来需求（短期和长期目标）。

发起同侪教练是一种提供"低成本、高影响力、可定制的方式，以促进专业和个人成长，培养领导者并影响积极的组织文化"的方法（Johnson 2019）。同侪教练是两人结对或以小群体形式开展的活动，通过互相支持、挑战和互相教练，发展个人或职业领导力。可以是正式培训的一部分、正式培训结束后的跟进活动、独立环节或为企业家或顾问安排的支持小组（通常称为智囊团）。各个群体制定各自的规范，并定义成功标准。人才发展专业人士应该为群体成员提供关于教练技能的培训。

2.6.6　了解如何开发并实施资质认证课程

I.　开发并实施资质认证课程

人才发展专业人士应该了解开发和管理资质认证课程的基本步骤。

2.6.6.1　定义资质认证课程

资质认证课程很重要，因为通过资质可以证明员工具备特定胜任力，只有具备这些胜任力才能确保员工掌握了完成特定任务所必需的技能和知识。当某些领域安全是第一要务时，如医疗保健、化学物处理和电气系统，资质认证就特别重要。资质认证课程涉及多个方面，包括学术、职业或技能相关的课程。人才发展专业人士应该熟悉下列术语：

- 资质是在完成有特定学习目标的、严格定义的内容学习的基础上获得的。资质认证计划可以先交付课堂学习体验，然后安排知识考试。没有重新认证部分。某项资质可能终生有效，或者需要重复学习体验以维持其有效性。

- 证书是通过掌握知识而获得的。尽管可能需要考试或完成项目，但通常只要求参加课程。个人获得的证书永远不会过期；但是，他们并未获得"认证"头衔，因为这是只授予那些正在执业的人士的称号，如注册会计师。

- 基于评估的证书比普通证书更严格。这种非学位授予式课程提供培训，并对学员在技能、知识和胜任力获取方面的表现进行评估。只向那些"达到绩效、熟练程度或通过评估标准"的人授予此类课程（Hirt 2019）。

- 认证是由非政府组织实施的计划，评估个人是否具备按照既定标准执行某项角色相关职责的知识和技能。实施机构向个人授予在指定期限内有效的证书。如果个人符合预先确定的统一标准，通过课堂、自学和体验掌握了通过评估所需的知识，就可以获得认证。评估独立于课堂或培训课程。如果在证书有效期到期后想继续持有证书，持证人必须满足证书续证要求。

2.6.6.2 资质认证和认证课程的要求

资质认证与认证课程之间的一个关键区别在于，资质认证通常都是为了确保员工维持胜任力而提出的工作要求，通常用于需要关注安全或生命安全的岗位角色。一般情况下，认证课程则是自愿的。

资质认证的要点包括：

- 基于仅通过课程传授严格定义的内容，并用评估来衡量。
- 根据学习目标，对特定的知识或技能进行考核。
- 如果达到相关标准，如及格分数，就可以授予证书。
- 整个流程的严格性和纪律性都有限。
- 培训师了解考试分数，可能由其负责评估。
- 除非资格认证终生有效，否则证书持有人必须在证书有效期结束时重新接受培训，并再次参加考试。

认证课程的要点包括：

- 基于广泛的知识体系。
- 独立于任何教育或培训课程。
- 评估以知识体系，而不是具体的学习结果为基础。
- 为了维持认证状态，需要重新认证，如继续教育机会。
- 禁止对提供内容培训的人士进行评估。
- 指导准则禁止向任何负责备考课程授课或开发的人员披露考题（卓越认证学会）。

2.6.6.3 资质认证课程的需求

确立资质认证课程（在有些情况下是认证课程的主要理由）是确保组织员工掌握适当的技能。

决定到底是资质认证课程还是认证课程时，主要取决于组织愿意投入多少时间和资金。实施其中任何一项课程的关键理由是：

- 建立满足组织的人才需求的能力。
- 吸引具备资质的候选人成为员工。
- 提供培训和发展机会。
- 对个人取得的成绩给予认可。
- 满足监管要求。
- 符合法律要求。
- 满足行业对于许可证、认证或其他资质认证课程的要求。

2.6.6.4　成功的课程设计

人才发展专业人士应该了解如何设计并开发资质认证课程。尽管有一些不同，资质认证或认证课程的设计与大多数讲师主导型培训课程的设计非常相似。先完成第一步到第四步的尽职调查：

1. 确立目标。可能包括提高员工的胜任力，确认技能，成为公认的行业领袖，建立更合格的人才库，或满足监管要求。
2. 通过预测参加课程的群体人数及其所在位置，进行受众分析。
3. 分析工作或角色，决定需要针对其中哪些类型进行认证，以及需要学会并评估哪些技能和知识。这些信息对于评估非常重要。
4. 为课程编制预算、财务模型和定价结构。决定课程将成为利润中心还是成本中心。如果尚未做出认证或资质认证决策，那么记住认证工作需要更大的投资。预算需要包括考试开发、培训开发和附加的学习管理系统。
5. 针对课程确定模型、框架和特征。其中包括课程和证书的名称，成为认证候选人的途径，推出课程的方式，是否存在可累计考试，以及考试形式。如果尚未做出决策，那么人才发展部门必须决定到底是资质认证还是认证课程。
6. 对可用培训进行评估，决定是否需要创建课程还是对现有课程进行重新设计，以及需要创建的培训或自学材料。
7. 决定时间线，包括启动日期、营销计划和设计、选择第一期学员、发布证书名称和其他关键计划。
8. 开发培训交付和考试，由多名主题专家负责创建题库。记住，认证考题需要严格保密。
9. 检查所有法律问题并签署保密协议（Moorhead 2016；Manijak 2016；卓越认证学会）。

2.6.6.5　人才发展专业人士在资质认证课程中扮演的角色

一旦设计完成，人才发展专业人士需要承担的职责以及做出的决策包括：

1. 决定是否对课程进行试点运行。
2. 针对课程策划营销活动。

- 开始收集推荐信。
  - 撰写博客文章。
  - 让高层领导参与进来。

3. 针对如何保证考题安全制定计划。

4. 针对课程创建具体的电子邮件地址。

5. 制定更新计划，确保课程与行业和其他世界的变化同步。

人才发展专业人士也可能负责一些持续的工作。例如：

- 提供与资质认证或认证课程相关的课程。
- 维护数据库，用于跟踪已提交认证申请、已报名参加或者已经完成课程的员工情况。
- 管理学员如何访问自学材料、参考文档或工作辅助工具。
- 为利益相关者编制报告。

最后，人才发展专业人士应寻找继续改进课程的方法，并与其利益相关者讨论所有计划。

领导力发展

2.6.7　了解领导力发展实践和技巧

I.　理解领导力发展

领导力发展是一项全面的组织计划，有助于提高员工在领导岗位上的绩效，可能包括个性化的发展机会，如教练、导师、内部和外部课程、新体验、拓展任务或其他发展机会。人才发展专业人士应了解可用于培养组织领导者的资源，以便他们能够用所需的资源为他们提供支持。

在当今信息饱和、数字流畅的工作场所中，领导力必须无处不在。信息不再只存在于高级领导层，因此培养每个级别员工的领导力至关重要。人才发展专业人士必须找到有效方法，使领导力遍布整个组织，为每位员工成为领导奠定基础。

2.6.7.1　领导力模型的演变

在设计领导力发展课程时，人才发展专业人士应该了解领导力模型的演变。目前的模型可以分为两个时间段：工业时期和后工业时期。工业领导力模型产生于工业革命的兴起时期。这些模型基本上追求等级制和专制，领导者直接告诉他们的追随者该做什么以及如何去做。工业领导力模型将领导力和管理视为完全相同的概念。工业时代的领导者通常都是经理和高级经理，他们运用命令-控制结构来领导员工。工业领导力模型的例子包括：

- 行为理论，关注领导者的行动，如民主的领导、专制的领导和采取放任主义的领导。
- 伟人理论，认为领袖是天生的，而不是后天培养的。
- 特质理论，认为有些人生来就具备当领导的特质。

后工业领导力模型认识到工作环境已经改变，不再是基于工厂的系统，这种系统认为员工就像机器零件的替代品。后工业领导力模型考虑诸如组织的复杂性、信息的广泛可用性、变化的速度和知识型员工的新期望之类的因素。在后工业领导力模型中，组织中的每个级别的员工，不仅是高级经理，都可以表现出领导力行为。后工业领导力模型的例子包括：

- 权变理论，认为并不存在所谓的正确的领导者类型。

- 情景理论，与权变理论相关，认为领导者会根据实际情况选择最佳行动。

- 参与理论，认为理想风格包括来自他人提出的意见。

- 管理或交易理论，关注主管所扮演的角色以及集体绩效。

- 关系或转型理论，关注领导者和跟随者之间形成的联系。

- 适应性领导框架，由罗纳德·海菲兹（Ronald Heifetz）和马蒂·林斯基（Marty Linsky）在2017 年提出，是指适应挑战性环境，并在环境中不断成长的能力。它基于四个原则：情绪智力、组织公平、发展和性格。[参见 1.3.10]

2.6.7.2　领导风格

领导风格并非独立于领导力理论，而是实践中的理论。领导风格是提供指导、实施计划和激励员工的方式和方法。

下面列出的领导风格分类不仅能够帮助人才发展专业人士认识到组织内的各种领导风格，还能够认识到自己的领导风格。这样他们就能够根据需要调整自己的风格。尽管领导风格的清单非常长，但大多数都可以分为以下几类：

- 指示型领导者通过阐明期望并指定或分配某些工作任务，以此来提供具体的建议并确立基本规则和架构。

- 支持型领导者提倡与团队建立良好的关系，敏锐地察觉员工的需求。

- 参与型领导者会与他们的团队磋商，以做出决策。他们会与团队分享知识和信息。

- 成就导向型领导者是指领导者制定具有挑战性的目标，鼓励员工取得高绩效，以此表现自己对团队能力充满信心。

- 转型领导者鼓励并激励员工遵循四个 I：激励性动机（inspirational motivation）、理想化影响（idealized influence）、个性化考虑（individualized consideration）和智力启发（intellectual stimulation）。

- 情景型领导者会根据环境要求以及每个对象的发展水平来采取不同的风格。

- 魅力型领导者通常言出必行，凭借自身的魅力和说服力来提升自己的影响力。

- 仆人型领导者开展领导工作的出发点是更好地为他人服务，而不是获得权力。他们把自己视为追随者的仆人。

- 事务型领导者关注从实践角度管理工作并根据员工绩效给予奖励，在危机和紧急情况下最为有效。

无论领导者在一个组织中扮演什么样的角色，他们的成功都取决于他们所采用的领导风格以及他们在任何特定情况下运用最佳风格的能力。通过理解这些领导风格及其效果，人才发展专业人士能够更深入地了解与他们互动的领导者，并把自己发展成更灵活、更优秀的领导者。

2.6.7.3 领导与管理的比较

后工业领导力模型将领导和管理区分为两个独立的概念：管理关注行政流程（如组织的年度绩效考核流程），而领导则依赖行为和特点（如通过变革行动领导团队）。

管理者，顾名思义，有直接下属，是一个专注于有效实现组织目标的授权职位。管理者的工作是策划、组织和协调。领导者影响组织中的其他人（追随者），旨在提高工作效率，并达成组织的目的和目标。领导者的工作是激发和激励——他们可能有直接下属，也可能没有。

2.6.8 寻找、设计、构建和评估领导力发展体验的技能

I. 设计领导力发展计划

人才发展专业人士应该擅长设计并开发领导力发展课程。

2.6.8.1 领导力发展需求

领导力发展通过使学习和发展计划与组织的使命、目标和绩效期望相一致，而使组织从中获益。领导力行为会影响员工的参与度、流失率，最终影响经营成果。一项针对 74 个国家 2600 多家企业的研究发现，那些拥有最优秀领导者的企业，在基本关键指标上，如财务表现比竞争对手超出 13 倍。研究还指出，那些拥有较优秀领导者的企业，留住员工的能力要高出 3 倍，高投入度领导者的人数要多出 5 倍（Boatman 和 Wellins 2014）。另一项研究指出，高投入度和低投入度之间的差异，有 70% 都可以通过管理者和团队领导者的素质高低来解释（Clifton 和 Harter 2019）。

2.6.8.2 奠定组织领导力发展的基础

人才发展专业人士通过与许多关键利益相关者协调，创建领导力发展课程。高层领导者负责确立公司的愿景、使命和方向，因此他们必须在领导力课程的设计中扮演关键角色。发展项目时，从一开始就让领导者参与三个主题：组织的准备度、企业驱动力，以及关于领导力发展的价值观和信念。

组织的准备度

人才发展专业人士应该邀请他们的领导参与讨论组织在投资领导力发展计划方面的准备度。区分拥有成功的领导力发展课程的组织有六个关键因素：

- 关注未来。组织应该确保它们的领导力发展课程以战略为驱动力。他们应该关注确保组织未来成功所需的技能。
- 领导责任。组织应该拥有充分参与的高层管理者，他们应该认识到领导力差距是阻碍战略执行的障碍。
- 领导素质。组织应该认识到拥有一批经验丰富、高素质的领导者来填补职位空缺的重要性，因为制定充满活力的继任计划可能比从外部招聘更好。

- 以结果为导向。组织应该制定标准并建立、跟踪、衡量和评估目标。
- 重视学习和发展。组织应该重视所有员工，而不仅是领导者的学习和发展。它应该是一个从早期就注重发展的学习型组织。
- 长期、一致的系统性策略。组织应该使领导力发展课程与组织的其他方面相一致，并采取系统性策略培养准备好应对未来挑战的领导者。

企业驱动力

为确保领导力发展计划与组织战略的一致，人才发展专业人士应该把讨论的焦点放在领导力发展应该如何为战略提供支持之上。这有助于定义领导力发展将如何为企业驱动力以及组织的愿景、使命和目标提供支持。领导者还应该清楚地说明定义成功的因素是什么，以及如何衡量成功。

关于领导力发展的价值观和信念

讨论领导者对领导力发展的信念有助于集中精力推动努力的方向。根据讨论结果，可以看出是否每个人都应该有机会获得领导力发展，或者只有高潜力员工才应该有机会获得领导力发展。其他考虑因素包括发展是否应该从员工入职就开始，还是员工在组织内从事一段时间的工作后再开始。

确保领导力发展的成功

人才发展专业人士应该帮助组织决定希望通过领导力发展课程达成什么目标，以及他们将如何衡量结果。他们可以通过将学习融入日常工作，帮助组织了解如何优化正式和非正式学习（Gurdjian、Halbeisen 和 Lane 2014）。此外，根据《哈佛商业评论》2016 年刊登的一篇文章，领导力培训要取得成功，"必须首先关注组织设计和管理流程，然后用个人发展工具（如教练和课堂或在线教育）为培训提供支持"（Beer、Finnstrom 和 Schrader 2016）。整个组织（包括系统、政策和流程）都需要为期望表现出的领导力行为提供支持并努力维持这些行为，否则项目不会成功。

II.　构建领导力发展计划

技能娴熟、知识渊博的领导者对于确保组织实现其战略要求至关重要。人才发展专业人士应该协助构建领导力发展计划，从而帮助当前和未来的领导者获得为组织提供支持所需的技能和发展。

2.6.8.3　分析发展需求

一旦了解了组织期望取得的结果，以及组织领导者对于领导力发展的看法，人才发展专业人士就可以开始分析课程设计中需要包含什么。然后他们应该将当前的领导力行为与期望的领导力行为进行对比，以发现差距。

确定未来的领导力要求时，组织可能使用不同于人才发展专业人士所使用的分析方式。如果组织已经实施了利用数据和预测分析的系统，那么可能更容易找到答案。否则，人才发展专业人士可以通过提出一系列问题来帮助决定未来领导者需要的胜任力，其中包括：

- 组织在未来 5~10 年内可能面临的最主要的三个业务问题是什么？
- 哪些外部变化（技术、竞争、法规、行业和人口统计）或内部变化（员工群体、战略和产品线）会改变组织领导力要求？

- 哪些新出现的问题需要独特的领导力技能？当前领导者在应对这些问题方面准备得如何？
- 领导胜任力需要如何改变才能满足组织的未来需求？
- 即将退休的员工可能失去哪些特质？［参见 3.7.1.1 和 3.7.4.4］

2.6.8.4　澄清目的并确立目标

与领导者开展的讨论以及针对差距开展的分析有助于人才发展专业人士澄清领导力发展计划的目的，并针对这些计划确立目标。明确的目标有助于评估和衡量。领导力发展课程目标分为三种，下面列举了每种目标的例子：

- 运营或规划目标与启动和实施领导力发展工作所需的细节相关，例如，项目开展的日期或完成一项类似于识别所有合格员工的行动。
- 中期目标是关于最终目标和最终结果达成进度的指标。中期目标可以是"到今年年底完成领导力发展项目所有组成部分的 80%"或"每位学员都将完成一个至少跨越两个部门的项目"。可使用 360 度反馈评估工具来展示特定胜任力的进步情况。
- 结果性目标以组织需求和高层领导的期望为基础，衡量某项计划对组织目标产生的结果。它们可能与领导准备状态相关，如"在 80% 的时间内获得提拔"，或者可能与解决组织目标相关，如"在 18 个月内将员工流失率降低 50%"。

2.6.8.5　决定设计特征

领导力发展课程的目的和目标是为人才发展专业人士提供足够的信息，便于他们开始决定基本设计特征，如整体课程设计、内容和交付方案。

2.6.8.5.1　整体课程设计

设计将以组织对于领导力发展的总体理念为基础，并包含关于设计问题的决策。例如：

- 谁有资格参与？如何识别并选择高潜力员工？
- 谁将支持这项课程？需要哪些管理？
- 如何衡量成功？
- 领导需要承担什么责任？
- 学费报销政策是什么？
- 领导力发展候选人可享受到什么机会？
- 领导力发展将如何与其他发展措施保持一致？
- 领导力发展项目将如何与其他计划互补，如继任计划？（Cremo 和 Bux 2017）

2.6.8.5.2　内容

内容将涉及组织实现其目标所需的技能和知识，并将包括对大多数执行职位至关重要的技能，如结果导向、战略聚焦、协作和影响力、团队领导力、发展组织能力、变革领导力，以及市场理解

（Fernandez Araoz、Roscoe 和 Aramaki 2017）。人才发展专业人士应该着眼未来，确定他们的领导者可能需要哪些技能，从而能够领导应对更复杂和不确定的状况，领导远程团队或同时管理人员或机器，以及对组织来说最重要的是什么（Volini 等人 2019）。

内容还将包含以差距分析和组织明确的未来胜任力要求为基础而得出的具体技能和知识。例如，当前的组织文化可能对责任不够重视，所以这可能就是一个重要的发展领域。或者组织可能需要学习新技能，以使用数据来分析和预测未来趋势。

2.6.8.5.3　交付方案

人才发展专业人士可以有多种机会来交付技能，可以设计并向所有员工提供正式的领导力发展课程，其中可能包含定制领导力发展课程、指定的虚拟和数字课程或自学课程。由于大多数发展都是在工作中进行的，他们应该利用各种各样的学习体验来培养未来的领导者。这也要求所有主管了解他们在帮助员工发展方面的作用。在职体验包含加入委员会，接受团队任务和拓展任务、轮岗以及临时任命。其他方案包括安排导师和教练，积极参与专业协会，获得 360 度反馈评估，或跟随领导开展影子见习。也可以将在组织外部开展的发展活动作为设计的一部分，如参加大学课程、参加会议、参加认证课程、提供可报销学费的学位课程，或推广社群志愿者体验。

2.6.8.6　设计混合领导力发展体验

领导力发展往往发生在工作中，在领导者经历真实情况时完成。各种学习体验都有助于培养领导者，并增加他们与组织内其他领导者、问题和风格接触的机会。

人才发展专业人士应该将混合策略作为领导力发展的基础。许多组织提倡正式的领导力学习课程，而且胜任力模型也可被认为领导培养的一部分。利用经验有助于培养特定的胜任力。组织不仅应该对员工当前的胜任力进行评估，还应该针对他们从经验和发展中学习的潜力进行评估。领导力配置不仅是为了某项工作找到最有才华的员工，而且要找到谁能够得到充分的扩展和发展，以迎接下一个挑战。为了运用发展体验，人才发展专业人士应该问：

- 哪些体验最重要？可以从中学到什么？
- 谁应该拥有哪些相关体验？
- 如何有效地跨部门和地域条线移动员工？
- 领导者如何确保吸取了正确的经验？（McCauley 等人 2014）

领导力发展应该是正式学习和实践体验的结合。为了强化正式学习课程，人才发展专业人士可以在不同的结构层面上推荐相关体验活动，并使这些活动嵌入员工的工作环境中。例如：

- 半结构化领导力发展体验可以包括一个领导者社群，他们聚集在一起参加读书俱乐部的讨论，讨论演讲人传达出的信息，观看视频，观察会议，或根据推荐课程列表参加内部和外部课程。
- 结构化领导力发展可以包括一份年度推荐课程清单，一次体验短期项目或流程的机会，在不对当前工作职责造成显著干扰的情况下培养技能，提供反馈的拓展机会，通过艰苦的工作吸取经验或导师指导。

- 高度结构化领导力发展包括一项结构化课程，可能持续几年。该课程包含的潜在活动包括轮岗计划、国际工作委派、借调执行计划（志愿参加非营利性组织工作来拓宽领导技能），以及外部顾问提供的教练。

2.6.8.7　候选人资格、推荐和选择

人才发展专业人士应该准备好帮助组织判定最佳方法来识别领导力发展项目候选人。当组织支持维持当前活跃的继任计划时，他们就能够更好地告知候选人应该是谁。其他组织可能有其他的方式。[参见 3.4.10]

有些组织对所有级别的领导者进行培训，而其他组织则从几个推荐方案中征集候选人。在某些情况下，领导者可以自我提名并报名参加；其他组织可能要求领导者需要由其主管或其他可靠来源提名。还有一些组织根据任期确定资格。例如，所有管理者必须在晋升后的 12 个月内参加。

候选人推荐制度应该有明确的提名流程，包括申请、支持文件、截止日期、必要的审批以及主管签字。推荐制度提供了一个扩大组织领导层多样性的机会。虽然对于如何选择领导力候选人并没有一个最佳的方法，但是选择流程必须公正、准确。它可以包括对申请和评估工具进行的一项加权评估，与甄选委员会或高级执行官进行访谈，或委员会评估。

在组织的更高级别，通常通过几种不同的方法对参与者进行评估和选择：

- 由管理者提名。
- 根据绩效管理系统或过往人才考核讨论中的累积数据。
- 个人测评并根据结果定制发展计划。
- 参加评估中心的测评。
- 行为或结构化访谈（Phillips、Phillips 和 Ray 2015）。

2.6.8.8　高潜力员工

高潜力员工（也称 HiPo）始终都是优秀绩效者，具有比其他员工更有效地在组织中发展和成功的潜力和渴望。人才发展专业人士应该理解并识别高潜力员工，并向他们传达期望的价值。"如果组织能够确定内部的顶级人才，那么失去有价值员工的可能性就会降低"（Smith 和 Campbell 2014）。[参见 3.4.16]

为了识别 HiPo，人才发展专业人士需要帮助组织确立基于透明、客观的绩效评估而定义的晋升标准，其中定义高潜力行为和成就。整个流程需要关注潜力，而不只是过去或当前的绩效。其中还应该包括：

- 与组织价值观和文化相一致。
- 他们建立战略性合作伙伴关系并影响他人的能力。
- 他们组建团队，并引导团队取得成功的能力。
- 他们处理压力、逆境和挫折的能力。

一旦识别确定，高潜力员工应该有机会来发展他们未来晋升所需的技能。如果缺少这个机会，

他们可能就无法在专业上取得进步。"潜力"一词是指目前还没有得到充分培养，需要额外的经验和某种程度的人才发展。

2.6.8.9 维持和评估领导力发展流程

由于很多领导力发展计划都非常复杂，是需要几年时间才能完成的课程，因此人才发展专业人士应该制定一系列流程来维持并评估课程。

维持

组织是动态变化的实体。因此，他们应该定期审查领导力发展计划，以确保课程的发展和变化能够继续满足组织的需求。在领导力课程审查过程中应该涉及的主题包括：

- 领导继任计划，如关键领域差距或外部人才招募预测。
- 领导力发展要求，包括未来胜任力变化以及发展要求趋势。
- 针对多样性提升而开展的未来规划，或回顾已发生的变化。
- 审查对新候选人的建议，包括他们的准备状态和承诺，以及组织需求。
- 运营讨论，审核预算以及确认是否进展顺利。

评估

在评估领导力发展计划时，人才发展专业人士应该运用标准策略，并且应该与组织的战略要务相关联。常见的评估策略包括：

- 柯氏四级评估模型。
- 布林克霍夫案例法。
- 菲利普斯投资回报率方法论。[参见 2.8]

参考文献

Beer, M., M. Finnström, and D. Schrader. 2016. "Why Leadership Training Fails—and What to Do AboutIt." *Harvard Business Review*, October.

Biech, E. 2018. *ATD's Foundations of Talent Development: Launching, Leveraging, and Leading Your Organization's TD Effort.* Alexandria, VA: ATD Press.

Boatman, J., and R. Wellins. 2014. *Ready-Now Leaders: 25 Findings to Meet Tomorrow's Business Challenges.*" Global Leadership Forecast 2014|2015. Pittsburgh: Development Dimensions International.

Bright, J.E.H., and R.G. Pryor. 2011. "The Chaos Theory of Careers." *Journal of Employment Counseling* 48(4): 163-166.

Cast, C. 2018. "6 Ways to Take Control of Your Career Development if Your Company Doesn't CareAbout it." *Harvard Business Review*, January 19.

Clifton, J., and J. Harter. 2019. *It's the Manager: Gallup Finds the Quality of Managers and Team Leaders Is the Single Biggest Factor in Your Organization's Long Term Success.* Omaha: Gallup Press.

Collins, B. 2018. "Develop Your Career with a Professional Certification." *TD at Work.* Alexandria, VA: ATD Press.

Cremo, A., and T. Bux. 2017. "Developing a Leadership Pipeline." *TD at Work.* Alexandria, VA: ATD Press.

Dávila, N., and W. Piña -Ram í rez. 2018. *Effective Onboarding.* Alexandria, VA: ATD Press.

Ellis, R. 2019. "Primed for Apprentices." *TD*, September.

Fernandez-Araoz, C., A. Roscoe, and K. Aramaki. 2017. "Turning Potential into Success: The Missing Linkin Leadership Development." *Harvard Business Review*, November-December.

Forbes Coaches Council. 2017. "Seven New Onboarding Strategies You'll See This Year." Forbes, January 30.

Gurdjian, P., T. Halbeisen, and K. Lane. 2014. "Why Leadership Development Programs Fail." *McKinsey Quarterly*, January.

Hart, J. 2018. "How to Become a Modern Professional Learner." Sidebar in *ATD's Foundations of Talent*

Development: Launching, Leveraging, and Leading Your Organization's TD Effort, edited by E. Biech, 351-353. Alexandria, VA: ATD Press.

Heifetz, R., and M. Linsky. 2017. *Leadership on the Line, Staying Alive Through the Dangers of Change*, revised ed. Boston: Harvard Business Review Press.

Hirt, M. 2019. "Credentialing Terminology Job Aid." Alexandria, VA: ATD.

Hosmer, D. 2015. "The Manager's Guide to Employee Development." *TD at Work*. Alexandria, VA: ATD Press.

Institute for Credentialing Excellence. "Promoting Best Practices for the Credentialing Community."

Johnson, S. 2019. "Peer Coaching: The Wave of the Future." *TD at Work*. Alexandria, VA: ATD Press.

Kaiden, S. 2015. "Keeping Your Career on Track." *TD at Work*. Alexandria, VA: ATD Press.

Lombardi, M., and M. Laurano. 2013. *Human Capital Management Trends 2013: It's a Brave New World*. Waltham, MA: Aberdeen Group. uploads/2013/02/8101-RA-human-capital-management.pdf.

Manijak, P. 2016. "Create Your Own Certification Program: Step-by-Step Instructions (Part 1)." *Certification Magazine*, December 6.

McCauley, C., D. Derue, P. Yost, and S. Taylor. 2014. *Experience-Driven Leader Development*. Hoboken, NJ: John Wiley & Sons.

Meister, J., and K. Mulcahy. 2016. *The Future Workplace Experience: 10 Rules for Mastering Disruption in Recruiting and Engaging Employees*. New York: McGraw-Hill.

Moorhead, C. 2016. "7 Steps for Building a Credible Certification Program." SecurityInfoWatch.com, December 20.

Phillips, P.P., J.J. Phillips, and R. Ray. 2015. *Measuring the Success of Leadership Development*. Alexandria, VA: ATD Press.

Scisco, P., E. Biech, and G. Hallenbeck. 2017. *Compass: Your Guide for Leadership Development and Coaching*. Greensboro, NC: Center for Creative Leadership.

Smith, R., and M. Campbell. 2014. *Talent Conversations: What They Are, Why They're Crucial, and How to Do Them Right*. Greensboro, NC: Center for Creative Leadership.

Volini, E., J. Schwartz, I. Roy, M. Hauptmann, Y. Van Durme, B. Denny, and J. Bersin. 2019. "Leadership for the 21st Century." Deloitte Insights, April 11.

Williams, C., and A. Reitman. 2013. *Career Moves: Be Strategic About Your Future*. Alexandria, VA: ASTD Press.

Yohn, D.L. 2018. "2018 Will be the Year of Employee Experience." *Forbes*, January 2.

推荐阅读

Bennis, W. 2009. *On Becoming a Leader*, 4th ed. Philadelphia: Basic Books.

Bruce, A., and S. Montanez. 2012. *Leaders Start to Finish: A Road Map for Developing Top Performers*. Alexandria, VA: ASTD Press.

Kaye, B., L. Williams, and L. Cowart. 2017. *Up is Not the Only Way: Rethinking Career Mobility*. Oakland, CA: Berrett-Koehler.

Zenger, J., and J. Folkman. 2019. *The New Extraordinary Leader: Turning Good Managers Into Great Leaders*. New York: McGraw-Hill.

2.7 教练

教练是一门学科和实践，也是任何人才发展专业人士需要拥有的一项关键能力，其作用是激励学员实现突破，提高个人、团队和组织绩效。教练是一种互动过程，帮助个人朝着希望达成的未来状态更快地发展，取得结果，制定目标，采取行动，做出更合理的决策以及充分利用各自的内在力量。教练需要运用积极倾听、强有力的提问、强化对话并制定行动计划的能力。

2.7.1 了解组织教练模型

I. 教练的基础知识

人才发展专业人士应该掌握关于教练实践及各种模型的知识。

2.7.1.1 教练的定义

教练是一个发展过程。在这一过程中，由富有经验的人士（教练）向个人或群体（客户）提供方向和反馈信息，关注他们在达成个人或职业目标上所需的技能和行动。通过与客户之间建立密切关系，教练可以启迪并引导他们为自己设定更高的目标，在生活和工作中取得显著进步。

有多种类型的教练可供组织、群体和个人选择，包括执行力、领导力、职业、生活、当责或团队教练，以及与特定角色相关的教练，如销售或咨询教练。主管可以利用教练谈话来培养自己的员工，外部顾问则可以通过教练来协助组织内部的人员。

2.7.1.2 组织的教练模型

很多组织都有明确的教练模型，明确规定在何时使用哪种模型，强化相关概念和语言。这样还能够确保不遗漏任何一个步骤，并且教练在推进之前已经妥善考虑了所有必要的部分。使用经实践证明的模型有助于确保教练和客户有着完全相同的期望，并且遵循行之有效的教练流程。

教练模型有助于定义明确的流程，确定目标并明确教练的关注点，使教练能够围绕关注点展开。模型还会遵循具体的可重复流程，因为这些流程经实践证明是有效的。虽然有很多不同的教练模型，但是所有模型都遵循相似的步骤，并预期会有一个往复的体验，每个步骤都自然地相互交叉和融合。各个步骤可以相互组合或各自独立，最终形成四到八个步骤。

ATD 教练模型遵循六个步骤（见图 2.7.1.2-1）：

1. 阐明协议。

2. 建立合作关系。

3. 收集和分析数据，以评估需求和情境。

4. 制定发展计划，包括设定目标。

5. 协作和挑战，以一种往复的流程进行协作，通过该流程，客户可获得技能，教练和客户可确定新的发展挑战，并升级发展计划（重复步骤 4 和 5，直到所有人都同意客户已实现其目标）。

6. 完成和确认，在教练和客户同意目标已经实现后很快做总结。由于在这一流程中建立起来的支持关系，教练和客户可以通过庆祝活动来标志这段正式关系的结束，即使正式教练已经结束，客户仍将通过其他方式继续发展。

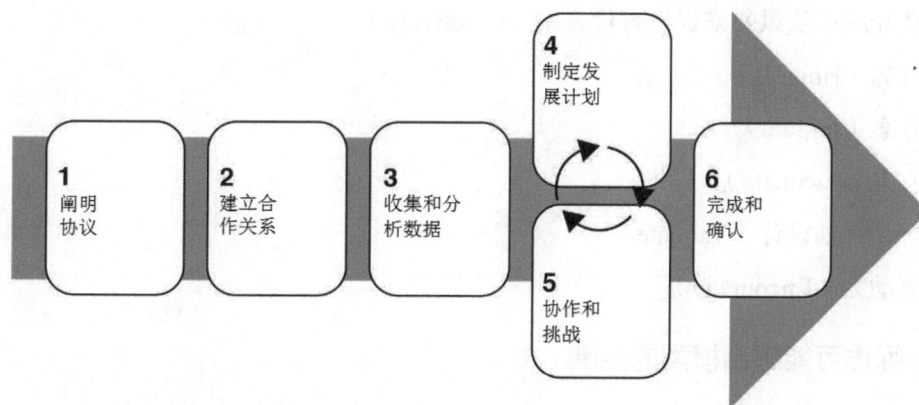

图 2.7.1.2-1　ATD 教练模型

资料来源：Biech 2018b。

除 ATD 教练模型外，人才发展专业人士可能还想要探索其他方案。下面概括介绍了 GROW、CLEAR 和 ACHIEVE 等教练模型。

GROW 教练模型，据称由约翰·惠特莫尔（John Whitmore）和马克斯·兰茨伯格（Max Landsberg）在 20 世纪 80 年代提出，最初用于教练管理者。它为如何确立教练结构提供了蓝图，之后几乎所有其他人都效仿了这一模型（Whitmore 2009）。这种技巧起源于体育教练，并受到了蒂姆·盖尔维（Tim Gallwey）的著作《网球的内心游戏》（*The Inner Game of Tennis*）的影响。GROW 是一个缩写，遵循特定的结构且依赖措辞巧妙的问题，它代表：

- 目标（Goal）。

- 当前现实（Reality）。

- 方案（Option）或阻碍（Obstacle）。

- 意愿（Will）或出路。

CLEAR 教练模型由彼得·霍金斯（Peter Hawkins）于 20 世纪 80 年代提出，在 GROW 教练模型的基础上增加了更多的定义（Hawkins 和 Smith 2013）。它代表：

- 订约（Contracting）。

- 倾听（Listening）。
- 探索（Exploring）。
- 行动（Action）。
- 回顾（Review）。

ACHIEVE 教练模型是由萨宾·德姆布科夫斯基（Sabine Dembkowski）和菲奥娜·埃尔德里奇（Fiona Eldridge）开发的一种教练工具（Dembkowski、Eldridge 和 Hunter 2006）。该模型能够为 GROW 教练模型的目标设定和问题解决阶段提供更大的灵活性。它代表：

- 评估现状（Assess）。
- 创造性开展头脑风暴来提出替代方案（Creatively）。
- 磨炼目标（Hone）。
- 发起方案（Initiate）。
- 评估方案（Evaluate）。
- 验证行动计划设计（Validate）。
- 鼓励驱动力（Encourage）。

2.7.1.3　教练也可能超出模型的范围

非正式教练可通过一对一或集体、面对面或虚拟形式展开。尽管在大多数情况下会指定一名教练，但同伴教练也会有所帮助（Johnson 2019）。即使教练通常以正式教练参与的形式展开，但是人才发展专业人士应该在与学员、客户以及下属的每次互动中都使用教练技能。

为了使教练发挥效果，需要将教练与客户想要达成的目标联系起来。它不同于咨询、指导、培训或提供建议。教练关注的是客户以及他们想要达成的目标。

2.7.1.4　教练与指导的差别

人才发展专业人士应该知道在员工发展过程中，教练和指导服务于不同的需求，但两者都是必不可少的。

尽管指导和教练经常会互换使用，但二者不是完全相同的。指导是在员工的职业发展过程中为他们提供帮助的流程，发生在导师和客户之间。指导通常会产生动机、联系和建议，但很少会直接引起绩效改进。另外，教练是教练与个人或团队之间的专业合作关系，利用结构化策略来达成具体的目标。教练可以是经过培训，并且具备专业资质的个人或主管，他们通过在工作中提供建设性告知和反馈来改进员工的绩效。使用表 2.7.1.4-1 来区分这两种方式。

表 2.7.1.4-1　指导和教练的差别

	指　　导	教　　练
焦点	以关系为导向，专业发展	以任务为导向，绩效发展
方法	学员主导	结构化流程
时间周期	通常是长期的	是短期的

	指　　导	教　　练
角色	专家，没有安排具体的议程	促动师，设定具体的目标
经验	资质优良，高级别人士	认证或在职领导者
管理者关系	管理者不参与讨论	管理者是合作伙伴，可能担任教练
讨论主题	职业和个人发展	通常是与工作相关的发展
重要工具	导师协议	教练协议，各种评估和技能指南
学员的理念	帮助我自学	使用问题让我获得信息

资料来源：Biech 2018a。

2.7.2　帮助个人或团队确定目标、制定切合实际的行动计划、寻求发展机会以及监督进度和责任的技能

I.　教练框架

对于每位人才发展专业人士来说，教练都是一门重要的学科和实践；然而，人才发展专业人士知道自己必须表现出特定的技能，而且在某些情况下必须通过认证才能开展教练工作。

2.7.2.1　人才发展专业人士使用教练技能的场景

人才发展专业人士应在许多情况下使用教练技能，通常是非正式情境，但也可能在更明确的正式情境下使用。

- 人才发展专业人士和管理者更经常使用非正式的教练讨论。人才发展专业人士将教练作为一种对话，关注并帮助他人朝着各自的目标、希望和未来计划不断前进。非正式教练使用一些相同的技能和工具，但通常并不遵循模型的所有步骤。例如，人才发展专业人士可能在与员工的对话中，或在正式培训期间或之后教练学员时，含蓄地使用教练方法。他们最重要的角色之一是教练管理者，让他们支持并培养各自的员工。这些非正式情境被视为一种管理风格。
- 正式教练是指当教练和客户共同参与并确认教练模型所定义的正式教练过程时所使用的流程。通常发生于事先安排好的会议上，此时双方都需要投入并愿意遵循教练框架的相关条件。如果想要担任正式教练活动的教练，需要接受专业的培训。教练可以通过包括国际教练联合会在内的多个组织获得认证。

2.7.2.2　教练胜任力

如果想要开展正式的教练活动，人才发展专业人士应该精通教练所要求的各种胜任力。国际教练联合会是一家为教练制定标准和提供认证的非营利性组织，该组织将教练定义为"在发人深省和富有创造性的过程中与客户合作，激励他们最大限度地发挥个人和职业潜力"。人们可以通过接受培训来掌握教练胜任力，国际教练联合会将这些胜任力分为四个类别。

1. 奠定基础。

   ○ 符合道德准则和专业标准。

   ○ 确立教练协议。

2. 共同创造关系。

   ○ 与客户建立信任和亲密关系。

   ○ 教练风范。

3. 有效沟通。

   ○ 积极倾听。

   ○ 强有力地提问。

   ○ 直接沟通。

4. 促进学习和取得成果。

   ○ 创造觉察。

   ○ 设计行动。

   ○ 计划以及目标设定。

   ○ 管理进度和责任。[参见 2.7.8.2]

教练聚焦于确定并澄清客户的目标，强调行动、责任感和跟进。在教练中，客户通过做出最终决策，并发起适当的行动来推动专业关系。客户还有责任遵守问责制。组织文化和结构、可用资源和组织业务目标等因素也会对计划产生影响。

2.7.2.3 教练的目的

教练通常是某个更大范围战略的一部分，旨在帮助个人、单位、系统和组织在绩效方面取得重大改进。文化变革的需求通常与更大的绩效计划相关联。教练是用于推动绩效改进和文化变革的工具。与传统的教室培训不同，通过一对一教练可以令教练和客户专注于客户正面临的问题。这是一种及时的个人关注，通常发生在工作中或教练会谈中。

教练专家罗伯特·哈格罗夫（Robert Hargrove 1995）说过："优秀教练的主要方法是转化学习。"哈格罗夫对转化学习的关注与最初由克里斯·阿吉里斯（Chris Argyris 2005）提出的单环和多环学习理论有很强的相似性，这个之后又由彼得·圣吉（2006）推广开来：

- 在单环学习中，人们出于必要的渐进式改变而学习并使用新技能。学习如何制定项目计划就是一个单环学习的例子。
- 双环学习关注思维模式和行为的根本转变。人们通常将这种行为称为重新定义或改变背景。经过教练，学习并训练养成有效规划的习惯就是一个双环学习的例子。
- 在三环学习中，个人对自己的看法发生根本性的转变，然后自愿改变自己的信仰和价值观（一种转化行为）。成为能够鼓舞人心的领导者，创造并强化规划和执行的文化，这就是一个三环学习的例子。

经验丰富的教练会利用沟通技巧、对话、积极倾听和针对性的提问技能，轻松地在三环或不同层次的学习之间切换，从而为员工和组织提供支持。[参见 1.1.2]

2.7.2.4　教练的角色

人才发展专业人士应该准备好充当教练的角色，帮助员工成为更出色的绩效者。如果个人知道如何建立信任、提出强有力的问题、帮助客户打造自己的学习并激励客户不断成长，那么他们就能够成为有效的教练。教练必须确保在建立合约过程中，达成理解和协议。他们的角色包括：

- 鼓励客户。
- 帮助客户定义和阐明目标。
- 确保讨论围绕焦点并顺利进行。
- 提出激发性的问题。
- 总结并阐明讨论主题。
- 帮助客户制定行动计划。
- 提供资源或工具，提高客户的自我意识或技能。
- 回顾针对目标达成的进度。
- 对客户被教练的能力的促动。
- 就接下来的步骤和后续行动达成一致意见。
- 表现出帮助客户实现目标的兴趣。

2.7.2.5　客户的角色

为了有效开展工作，客户必须接受教练。人才发展专业人士应该能够感觉到他们的客户是否对获得反馈感到兴奋，是否会将教练作为优先事项，是否愿意做出改进，是否有兴趣进一步了解如何发展自己的技能。客户的角色包括：

- 表现出责任感。
- 寻求发展机会。
- 监督自己的进步。
- 按时完成任务和作业。
- 分享目标、期望取得的成果和希望。
- 坦诚地讨论沮丧情绪、问题、挫折、疑问和成功。
- 讨论与各自目标相关的假设、意见和观点。
- 参与行动计划的制定和实施。
- 主动寻求教练和跟进。
- 回顾针对目标达成的进度。
- 乐于探索新的想法和方法。

- 分享挫折和阻碍。
- 愿意接受教练，乐于改变和接受建议。

II. 教练流程

人才发展专业人士应了解使用具有特定和可重复过程的模型的好处。他们应该遵循组织选择的模式，因为使用统一的流程有助于强化教练语言，为组织尝试创造的教练环境提供支持。

2.7.2.6 ATD 教练流程

所有教练模型，无论是包含四个还是八个步骤，都会遵循一系列通用步骤。无论教练是在主管和员工之间，还是来自汇报线以外的教练和客户之间，都是如此。大多数模型都以线性方式呈现，即使流程具有往复性。下面列出了教练在 ATD 教练模型（Biech 2018b）的每个步骤中需要完成的工作。

1. 阐明协议。

   - 建立与客户之间的关系。
   - 确定客户是否已经准备好接受教练。
   - 确立教练协议。
   - 确定教练与客户是否合适。
   - 开启伙伴关系。

2. 建立合作关系。

   - 确定客户或情境的需求。
   - 示范如何成为优秀的合作伙伴。
   - 回顾可用数据，如多维评测调研。
   - 决定是否需要其他数据。
   - 分析所有可用信息。

3. 收集和分析数据。

   - 向客户提供反馈。
   - 坦诚细致地讨论数据。
   - 询问客户对数据的发现。
   - 分离需要改进的具体问题。
   - 帮助客户确定需要改进什么。

4. 制定发展计划。

   - 引导客户形成发展方案。
   - 通过头脑风暴征集各种方案。
   - 制定以结果为导向的行动计划或发展计划。

○　协助客户确定所需的资源。

○　帮助确定如何衡量结果。

○　设定可衡量的目标。

5. 协作和挑战。

○　令客户保持专注，并始终朝着正确的方向前进。

○　提出强有力的问题。

○　挑战客户，以达成所有可能的目标。

○　监督里程碑事件的完成情况，并跟踪结果。

○　支持朝着目标推进。

○　在挫折和庆祝活动中陪伴客户。

○　激励和鼓舞员工超出自己所认为的能力范围去做事。

6. 完成和确认。

○　与客户达成协议，现在是结束关系的时候了。

○　反思成功结果。

○　教会客户实践自我教练。

○　讨论客户继续成长的方法。

○　针对接下来的步骤创建一份清单。

○　结束正式关系。

○　确定庆祝成功的方法。

2.7.3　围绕支持员工发展的方法和策略对主管和管理者进行教练的技能

I.　教练管理者为绩效改进和员工发展提供支持

人才发展专业人士应该认识到组织管理者最重要的角色就是培养员工。由于管理者与员工之间的定期教练谈话有助于提高员工的工作效率和投入度，因此人才发展专业人士应该在如何提高教练效果方面为管理者提供支持。

2.7.3.1　将教练与投入度联系起来

绩效管理已经发生变化，日常教练谈话正在取代年度绩效考核。人才发展专业人士应该知道如何培养管理者成为教练，打造学习文化，并通过教练为这种文化提供支持。管理者最重要的角色是培养各自的员工。如果能够做到这一点，员工的工作效率以及投入度都会更高。人才发展专业人士可以在管理者培养和教练员工时，为他们提供支持。［参见 2.7.2.3 和 3.3］

然后，在开始培养管理者成为教练之前，人才发展专业人士应该先奠定基础，包括打造能够激励、吸引员工的环境，并促进员工发展。盖洛普研究发现，教练和投入度之间存在几点联系。

- 管理者必须确立期望，确保员工知道对自己的期望是什么。当员工参与设定目标时，他们有高投入度的可能性是不参与时的四倍。

- 管理者必须根据对个人、他们的优势和职业目标的了解不断为他们提供教练，并提供反馈。当员工每天收到反馈和教练时，他们投入的可能性要比没有收到时高出三倍。

- 管理者必须通过每年开展几次进度回顾来建立责任感。尽管与以前的绩效考核类似，进度回顾应确保员工知道他们为什么要做自己所做的事情，并将这一目的与当前的成就和未来的发展联系起来。

- 管理者需要将员工绩效和责任衡量标准与他们的个人发展计划联系起来。这些谈话应包括讨论他们的职业目标、未来计划，以及达成这些目标的战略，这些最终将形成明确而一致的期望（Clifton 和 Harter 2019）。

2.7.3.2 发展管理者的教练技能

人才发展专业人士应该帮助管理者使用教练谈话来改进员工绩效。如果管理者想要提高员工的工作效率和投入度，就要积极地教练他们。为了成功地进行教练谈话，管理者应该知道三件事：组织需要员工提供什么；每个员工能够做些什么；每个员工的职业目标是什么。首先，人才发展专业人士应该确保管理者掌握三个基本教练谈话主题的相关技能。

- 规划教练谈话。帮助管理者理解在进行教练谈话时的重要因素，如清楚地表达当前情况，提前计划谈话，以及成为优秀的倾听者。

- 讨论优势和发展。管理者应该能够谈论员工的职业发展，知道有哪些可用的学习机会，并解释什么是拓展机会。

- 提供建设性反馈。管理者需要了解如何从积极的方面开始，及时提供具体的反馈，并允许员工在教练谈话中做出回应。

如果人才发展专业人士确信管理者已经掌握基础知识，那么他们可以在个人教练会议上分享一种易记的方法，帮助他们在第一次充当教练时获得成功。预先定义一个流程非常有帮助，如弗吉尼亚·比安科–马蒂斯（Virginia Bianco-Mathis）、辛西娅·罗曼（Cynthia Roman）和丽莎·纳博斯（Lisa Nabors）设计的 C-O-A-CH 谈话流程（Bianco Mathis 和 Nabors 2016）。C-O-A-CH 流程的四个步骤分别是：

- 现状（Current situation）。描述和探索数据、反馈以及客户的观点。

- 目标（Objectives）。定义教练目标、期望的结果以及可衡量的目标。

- 替代方案（Alternatives）。针对如何达成指定目标探讨替代方法和想法。

- 选择（CHoices）。当客户选择应采取的行动时，为他们提供支持。

人才发展专业人士应该告诉管理者，如果针对可能与员工开展的任何讨论做好充分的准备，就更有可能取得富有成效的成果。这能够帮助管理者应对自己的焦虑情绪，并培养他们的自信，尤其是如果他们在教练讨论方面缺乏经验时。事先深思熟虑并准备好相关材料，这样他们就可以有条理地开展教练会议，节省时间。这样还能传达出一个信息，那就是他们足够关心，并做好充分准备应对那些对于员工来说重要的事。

人才发展专业人士与管理者之间的合作，进一步加强了员工培养，弥补了员工技能差距并扩展了员工知识。人才发展专业人士可以采用与管理者教练员工时相似的教练流程。区别就在于，这是一个元教练流程，他们教练管理者成为教练。下面介绍了一些关于人才发展专业人士应该如何引导管理者的想法：

- 帮助管理者学会在规划工作任务时考虑如何培养员工。
- 与管理者一起分析哪些技能改进最有助于发挥员工的能力，继而达成更多目标。
- 帮助管理者重新思考他们应该如何委派工作。
- 确保管理者拥有成长思维。
- 帮助管理者了解在整个组织内分享有关当前运营和机会的信息的价值。
- 展示职业讨论的价值。
- 向他们展示如何完成个人发展计划。
- 确保管理者了解可用资源（Axelrod 和 Coyle 2011）。

人才发展专业人士应该帮助管理者认识到教练并不能解决所有绩效问题。例如，如果员工不了解期望或优先事项，或者在按照绩效标准完成某项任务的过程中需要帮助，那么教练就是合适的解决方案。但是，如果由于各种阻碍因素（如缺少资源、期望不切实际或责任太多）引起绩效问题，那么除非管理者调整这些因素，否则只靠教练是无法解决绩效问题的。

2.7.3.3　向管理者介绍资源

人才发展专业人士可使用的各种方法也可供管理者与员工一起使用。人才发展专业人士应该确保管理者了解这些方法。资源可以有多种形式，包括人员、信息、抽象概念（时间、想法）和材料。这些方法可以是正式的或非正式的，如影子见习、轮岗、拓展任务、指导、社交媒体、与高层管理者接触、参加新任务、参加会议、参加内部或外部志愿活动、培训、自我发展方案、在线学习或社交网络。人才发展专业人士应该考虑针对这些方法制作一份清单，以便与管理者分享（Hosmer 2015）。［参见 2.6.4］

2.7.3.4　管理者参与正式学习

人才发展专业人士应该履行的一项重要职责是在员工参加正式培训活动时，与他们的管理者取得联系。人才发展专业人士可以告诉管理者应该如何参与整个学习过程。［参见 2.3.1.13］

人才发展专业人士可以考虑采取下列措施：

- 学习活动之前。与管理者见面，讨论他们的期望，以及如何为知识迁移提供支持。
- 学习活动期间。邀请管理者在最有利于为学员和他们的目标提供支持的时间来参观学习活动。
- 学习活动之后。鼓励管理者为员工寻找实践新技能的途径。

2.7.4 创建有效教练协议的技能

I. 创建教练协议

　　为了创建教练协议，人才发展专业人士应衡量客户的准备度，发现客户的期望，并准备好帮助客户创造这种期望。

2.7.4.1 创建教练协议所需的技能

　　为制定有效的教练协议，人才发展专业人士应该认识到他们自己可能参与正式教练情境，因此应该掌握所需的技能。创建教练协议首先要具备出色的沟通技能，这些技能要求但不限于：

- 确定客户的沟通风格，从而为后续的讨论奠定基础。
- 倾听以获得理解，每一个表达都至少有两个信息：内容和意图。
- 提出恰当并且发人深省的问题。
- 确定客户的准备状态。
- 传递自信但不傲慢。
- 表现出专业形象。
- 表现出灵活性。
- 阐明期望。

2.7.4.2 创建有效的教练合作协议

　　人才发展专业人士应该根据情况制作一份教练合作协议。这可以是一份书面签署的文件、一份总结性协议，也可以是一份对非正式教练参与的口头确认。协议的类型和内容取决于教练是正式的、不太正式的还是非正式的，还取决于教练是内部人员还是外部人员，是管理者还是普通员工。常见的协议内容包括：

- 组织工作，如日程安排、参与时间长度和取消或更改会议的协定。
- 每次会议期间和各次会议之间的沟通流程。
- 期望获得的成果（如目标、绩效期望以及对于成绩的衡量标准）和行动计划文件。
- 每次会议期间和各次会议之间的角色。
- 问题解决计划。
- 保密协议。

2.7.4.3 客户准备状态

　　客户对于教练活动的准备状态意味着他们乐于接受新的想法，愿意探索自己的优势和短板，并愿意投入教练流程所需的时间。人才发展专业人士应该通过第一次会议，确定大多数客户的准备程度。

　　在完成教练协议的过程中，他们需要注意一些线索。行为和沟通都可能体现出他们的准备状态，包括他们是否：

- 积极参与讨论，提出关于教练流程的问题。
- 乐于收集关于他们感知到的优势和挑战的数据或信息。
- 对获得反馈感到兴奋，并乐于改进。
- 愿意将教练作为优先事项。
- 准备好将新的方法和实践运用到工作中。

2.7.4.4　使用教练协议来确定期望

人才发展专业人士应该努力在第一次会议上就基本期望达成一致意见。一些教练伙伴只依赖谈论这些话题，而另一些则以书面形式记录决策。教练应该通过沟通做出决策，并将决策记录到教练协议中。期望相关话题的示例包括：

- 后勤安排，如会议地点、会议频率和持续时间。
- 期望取得的成果和可能使用的衡量标准。
- 行动和进展记录形式和相关期望要求。
- 关于数据、讨论和所有其他问题的保密规定。
- 期望得到的承诺，包括时间承诺和会议取消。
- 对于客户和教练在沟通方面的期望，如坦诚或如何在会议之间沟通。
- 角色澄清。

根据组织的期望，可以使用标准的组织格式或针对每位客户原创的文件格式来记录这些决策。

2.7.5　了解评估教练效果的方法和技巧

I.　评估教练协议

人才发展专业人士应该掌握用于评估教练协议的各种方法的知识。

2.7.5.1　将成果纳入教练协议中

人才发展专业人士应该记录客户目标，衡量成果并比较结果。教练在起草教练协议时就可以开始策划这些衡量标准。制定客户行动计划时，人才发展专业人士应该确定可衡量的目标，包括在教练协议结束时进行比较的日期。教练参与前收集的数据可以来自客户数据，如多维评测调研、绩效报告、主管意见或自我评估。

2.7.5.2　制定行动计划

作为教练伙伴，人才发展专业人士应该在支持客户的同时适度向他们发起挑战，将他们推出舒适区。这可能要求制定一份行动计划，推动客户朝着目标前进。行动计划是一份对于现状的书面确认；计划中表达了具体的目标和实现这些目标的步骤，并列出了时间表、预期结果和关于教练角色的想法。行动计划应该是一份动态文件，需要定期回顾、反思和更新。在整个教练参与过程中都将使用这份计划来反思取得的成绩，并对成功进行评估。

教练与客户共同制定行动计划，其中可能包括：

- 预衡量标准（若可行）。
- 关于改变或行动的想法。
- 将客户与面临同样处境的其他人联系起来。
- 提供实践机会的角色扮演场景。
- 邀请客户面对困难情况或以更高标准执行的任务。
- 完成行动的日期、能够取得的成果及策略。
- 协助制定应急计划。

2.7.5.3　衡量结果

人才发展专业人士应该从多个角度衡量结果。他们可以通过将教练协议和客户的行动计划与实际达成的目标进行比较来做到这一点。他们还可以通过教练前和教练后的调研、访谈及自我评估对个别客户所取得的进展进行评估。

此外，由于教练计划通常支持特定的组织目标，人才发展专业人士应该将这些目标与可衡量比较的指标联系起来。如果需要对照组织绩效来衡量结果，这一点尤其重要。为了创建可衡量的目标，教练应该先确定预期成果并将其与课程目标联系起来。可能的组织结果可以是有形的，也可以是无形的（Phillips、Phillips 和 Edwards 2012）：

- 有形的组织结果包括：
  - 提高生产力。
  - 提高质量水平。
  - 提高保留率。
  - 增加销售或收入。
  - 降低员工流失率。
  - 提高客户服务评级。
  - 缩短生产时间。
  - 提高市场份额。
  - 降低缺勤率。
- 无形的组织结果包括：
  - 改善工作关系。
  - 强化在社区中的形象和声誉。
  - 提升团队合作。
  - 提高工作满意度。

    ○ 增加组织承诺。

    ○ 增强信心。

    ○ 令会议更有成效。

    ○ 改进直接下属的发展。

2.7.5.4 汇报和反思教练体验

在教练流程的最后一个阶段，人才发展专业人士和客户同意现在是结束合作关系的时候了，并决定如何汇报并反思本次教练体验。

结束教练参与的迹象包括：

- 就结束日期达成一致意见或已经完成整个进度。
- 客户已达到所有已确定的目标。
- 客户和教练已经成为朋友，更多地开始讨论私人问题而不是组织目标。
- 教练确定现在客户需要掌握其他技能的教练。
- 一方或双方都认为是时候结束这段体验了。

无论是哪种迹象，教练和客户都应该通过做下列五件事来结束他们之间的关系：

- 就应该结束关系达成一致意见。讨论对进展的观察，或者问："我们还在取得进展吗？"
- 确定接下来的步骤，以及客户仍然需要什么；不要让客户感到孤立无援。
- 回顾客户取得的进展，帮助其确定维持新技能和行为的方法。
- 提出任何未完成的行动，并商定完成这些行动的方式和目标日期。
- 认可并庆祝结束，考虑分享一条个人意见或一份礼物。

2.7.5.5 应对接下来的步骤

人才发展专业人士应该在客户达成最初确定的期望后结束教练的参与。然而，学无止境。人才发展专业人士应该确保客户已经制定了继续学习、成长和改进的计划。将教练成果与组织学习的其他方面联系起来，使客户了解学习机会的有效范围。

2.7.6 建立与教练客户相互尊重和信任的环境的技能

I. 创造支持教练的环境

人才发展专业人士有责任创造能为整个组织内的教练活动提供支持的环境。教练环境必须从高层领导开始，他们必须树立与员工相互尊重和信任的榜样，重视管理者在员工教练上花费的时间。

2.7.6.1 定义教练环境

教练背后的基本理念是，个人拥有成功履行各自职责所需的知识。在最纯粹的教练活动中，教练不会单向地传授、告诉或提出建议；相反，他们会通过提问来促进思考。这要求员工理解教练与"告诉"或"给出"反馈之间的区别。

内部教练支持教练环境，为更多的人创造自然的机会，让他们听到教练语言，体验教练行为，并看到结果。这些结果以尊重、信任和支持为基础，这也是教练的基本元素。定义教练环境的行为包括：

- 在支持他人的同时，人们被挑战做到最好。
- 每个人都达到比预想更高的绩效水平。
- 由于得到支持和尊重，人们都发挥出最好的水平。
- 以信任为基础的沟通，如对话、开放式提问、积极的共情倾听和反思［参见 1.1.2.1］。
- 提升自我觉察、个人责任和责任感。

为了支持教练环境，领导者和基础设施必须引导每个人学习、实践和成长，并给予他们适当的奖励。教练行为无处不在。领导者必须相信，用心的教练谈话能够帮助员工实现个人和职业发展目标并获得成功。

2.7.6.2 教练环境的价值

教练能够创造出积极主动发展员工的环境。近来，绩效问题的关注点是提高员工的现有技能或获取新技能。世界大型企业联合会开展的研究表明，这一价值正在发生转变，包括扩大能力和为未来做准备，通过多维视角评估为领导者提供更强的自我觉察，以及注重缩小差距和建立能力的绩效（Abel、Ray 和 Nair 2016）。教练环境能够为组织、人才发展、客户和教练带来好处。

2.7.6.2.1 对组织的好处

当所有管理者都能熟练地教练其员工时，组织就能够从中获益，包括：

- 提升在使用教练语言方面的组织统一性。
- 进一步促进领导力发展。
- 让个人看到组织想要投资来培养他们，从而降低员工流失率。
- 通过向下一代领导者传递企业价值观和行为，确保领导层继任的顺利进行。
- 同时改进教练和客户的绩效与工作效率。
- 通过帮助员工了解各自对于他人和组织成功的影响，改善组织氛围。
- 提升员工承诺和参与度。
- 打造出一个不仅只谈发展，而且积极支持并重视学习的组织。
- 建立信任和培养更好的职业关系。
- 通过促进承诺和参与，将公司战略和领导理念融入个人目标。

2.7.6.2.2 对人才发展的好处

当管理者使用教练技能来培养员工时，他们就会成为额外的人才发展资源。人才培养在多方面受益于教练环境，因为内部教练：

- 可能比外部教练成本更低，为人才发展提供了一种使预算最大化的方法。
- 赋予人才发展灵活性，为可能需要不同方法的员工提供服务。
- 使得人才发展能够获得另一种资源来改进绩效。
- 只需要更短的上岗时间，因为他们已经熟悉组织格局。

2.7.6.2.3 对客户的好处

很容易罗列对客户的好处，毕竟，重点是客户和提高他们的能力。其中的一些好处包括：

- 个性化的职业发展，尤其是在特定的需求领域。
- 关于个人优势和风格的反馈。
- 职业提升以及针对组织内的其他工作做好更充分的准备。
- 更好地了解组织的文化和成功所需的条件。
- 接受教练的专业知识和经验。
- 提高自我觉察和信心。
- 获得知识、技能和胜任力，包括可用于教练自己员工的策略和技巧。
- 加强跨部门理解。

2.7.6.2.4 对教练的好处

人才发展专业人士可能出于很多原因而想要关注教练。其中，教练：

- 被他人视为组织成功的贡献者。
- 可能有助于对组织的继任计划流程等事项做出决策。
- 提升他们自己的领导力。
- 作为领导者、管理者和员工的培养者而受到组织的尊重。
- 在教练他人的同时，回顾、更新和提升自己的专业技能。
- 有机会在内部和外部发展自己的事业。
- 由于为员工和组织贡献而获得内在满足感。
- 出于对客户提供的支持而获得公开赞赏。

教练是一种宝贵的技能，而教练则应该清楚地认识到自己为什么需要关注这种技能。教练以目标为导向，能够为组织、人才发展、客户和教练带来好处。

2.7.6.3 有助于形成教练环境的属性

人才发展专业人士承认，教练环境始于教练-客户关系，如果成功建立这种关系，就会进一步扩展至建立组织教练环境。这意味着建立尊重和信任并提供支持。

如果想要建立一个教练型组织，就需要采用全面的系统方法，包括融合学习和组织发展概念，如情绪智力、员工投入度、战略规划、建设性反馈和变革管理（Bianco 和 Nabors 2016）。教练环境的发展需要三个组成部分［参见 1.1、1.2 和 1.3］：

- 所有员工都需要学习和实践基本的教练工具和思维模式。
- 组织内的每个人都应该理解并实践教练语言和对话技能。
- 存在一个系统基础架构，用于将教练直接融入组织的文化和实践中。［参见 2.7.6.3］

建立尊重

教练与客户之间强有力的关系是必要条件。在建立尊重的过程中，教练可以通过与客户进行深入而有意义的谈话来加快这个过程。

建立信任

如果教练和客户互相无法坦诚，那么教练的效果就会受到影响。当教练与客户签订合同时，双方就如何处理机密或敏感话题达成一致意见。这种信任关系是组织信任文化的组成部分。

提供支持

如果想要取得发展，教练就需要提供反馈和其他支持。通过建立互相信任的关系，教练就能够通过更具建设性的方法来分享反馈和可能令人难以接受的信息。这种支持还会渗透到组织的文化中，最终形成教练环境。［参见 1.1.3］

2.7.6.4 传达期望

建立教练环境时，人才发展专业人士应该明确地传达对于教练成果的期望。其中应该包括一些一般指导方针：

- 使教练成果与管理层和组织目标相一致。
- 制定一项计划，强调战略一致性、目标、时间表、预算和成功的衡量标准。
- 制定一项启动计划，阐明由谁担任教练，他们将如何获取技能，以及如何选择并招募教练。
- 教练设计的重点，如日程以及包括机密性在内的关键属性。
- 如何衡量并报告成功。

2.7.6.5 吸引高层领导参与

如果人才发展专业人士想要建立一支训练有素的内部教练队伍，他们就应该获得最高管理层的支持，领导并示范一项教练计划。首先要建立愿景，确定收益，设计并向关键利益相关者宣传计划，确定角色和责任，并处理可能造成阻碍的政治问题。人才发展专业人士应该使管理者认可并资助这项工作，并给予教练和客户一定的离岗时间，让他们可以互相见面并建立关系。他们还应使用评估工具、会议记录、报告和日志记录教练活动的进展，这些记录可用于建议继续维持、扩大或结束教练工作。

2.7.6.6　建立教练环境

人才发展专业人士应该制定明确的计划和预算，展示价值和战略一致性，并将教练工作与利益相关者及其议程联系起来。他们还应该评估组织内的政治氛围，针对如何使用正式和非正式支持网络制定计划。教练环境建立在以下各种行为之上：

- 在对话中展示价值和力量。
- 为所有人提供多维评测反馈，并提供教练支持。
- 鼓励领导者成为积极的榜样。
- 创建全方位的非正式教练。
- 发展共同的教练方法和语言。

2.7.7　招募、培训教练和导师，并且安排他们与员工结对的技能

I.　打造积极持久的教练计划

人才发展专业人士应该能够招募并培训教练，从而打造永久性的教练环境。

2.7.7.1　招募额外的教练和导师

大多数组织在开始正式教练实践时，都会培养一个核心人才发展专业人士群体。最终，组织将添加额外的教练，并确定他们将使用哪种方法分配教练（如申请、提名、赞助或分配）。无论采用哪种流程，都应确定组织中优秀教练的具体标准，包括：

- 信誉。信誉以可靠和积极的声誉、成功的业绩记录、在组织中的工作年限以及能否获得他人信任为基础。
- 承诺。教练需要承诺和激情，也可能超越实际的教练角色，将诸如发展或分享以及为实践社群做出贡献等元素融入其中。另一个考虑因素是，潜在教练的主管是否承诺可以批准额外的时间离开工作岗位。
- 人际交往技能。教练应具备人际交往技能，包括敏感、沟通、灵活性、影响力和自信。
- 能力。教练必须投入时间来承担教练活动可能带来的额外责任。人才发展专业人士应该确定非全职教练在教练活动中投入的小时数。

2.7.7.2　维持教练动力

一旦教练开始，人才发展专业人士就应该努力保持势头。他们可以通过以下行动来做到这一点：

- 通过沟通让他们看到相关努力，如发布教练技巧或时事通信。
- 奖励和认可教练或客户与教练合作完成的特殊事情。
- 通过工作辅助工具或午餐交流会和学习课程来提供发展机会。
- 实施可靠的结对流程。

- 成为教练，以身作则。

2.7.7.3 提供教练培训或认证

人才发展专业人士应该确保组织为教练提供有效开展教练工作所需的所有工具。通过适当的角色示范、培训、引导和支持系统，组织中的所有员工都可以开始将教练模式应用于谈话，从而提高整个组织的绩效。

2.7.8 了解教练的专业标准和道德方针

I. 教练的专业标准和道德方针

教练和客户之间的关系使得教练成为一种强有力的潜在方法，有助于促进组织的发展。人才发展专业人士应该了解、重视并遵守用于管理强有力的教练与客户关系的专业标准和道德方针。

2.7.8.1 专业教练组织

国际教练联合会（ICF）是致力于促进教练职业发展的全球领先组织。其他两个专业教练组织分别是欧洲导师与教练协会（EMCC），该组织旨在发展、促进和设定在指导、教练和管理方面的最佳实践的期望，以造福于社会；国际教练协会（IAC），该组织提供"超越对教练的知性理解"的认证。认证和教育中心（CCE）还提供 BCC 认证。

2.7.8.2 国际教练联合会

作为致力于教练职业的规模最大的组织，国际教练联合会制定专业标准，提供认证，并且已经打造了一个由训练有素的教练专业人士组成的网络。为确保人才发展实践的专业道德，人才发展专业人士必须了解他们的产品、服务以及行动对组织员工产生的影响。教练就是其中的一种服务。

国际教练联合会已经为执业者制定了一整套行为规范和道德方针，以教练身份开展工作的人才发展专业人士必须遵守。这些方针包括：

- 避免对证书和专业知识的误导性陈述。
- 公开任何利益冲突。
- 披露任何潜在冲突，如第三方付款。
- 遵守在教练关系下签订的所有合同和协议。
- 为客户保密。
- 记录的保存、储存和处置。
- 只提供最佳建议和教练。
- 拒绝任何个人、职业或金钱上的好处。
- 尊重客户终止教练的权力。
- 为身体接触设定明确、适当和文化敏感的界限。

- 当其他人能够提供更好的服务时，终止教练关系。

2.7.8.3 协调教练期望

人才发展专业人士必须以教练的身份提供服务，保持与客户和组织的期望相一致。这些期望可能包括维护隐私和保密性，避免利益冲突或建立关系限制。

2.7.8.3.1 隐私和保密性

在教练安排中，需要保护隐私和机密。对于负责教练工作的人才发展专业人士来说，在私密、不受干扰的环境下与客户互动很关键。人才发展专业人士在选择教练谈话地点时，应确保能够提供最大的私密性。保密性确保教练谈话时所讨论的所有信息都只留在那个时效内，这对客户充分信任教练关系至关重要。如果没有信任，就无法发展，整个流程就是浪费时间和金钱。

2.7.8.3.2 利益冲突

如果担任教练的人才发展专业人士的利益阻碍或干扰其最大限度确保客户利益的能力，就会产生利益冲突。如果将教练关系用于谋取不正当的个人利益或当个人利益与教练协议冲突时，就会产生利益冲突。他们应该对了解到的个人和专业信息严格保密，因此，教练应该避免出现利益冲突。

2.7.8.3.3 关系限制

教练在与客户第一次互动时就开始建立关系，因此这也正是双方针对期望和界限达成一致意见的理想场合。教练不能帮客户工作，也不对客户取得的进展负责；但是，教练必须通过跟踪最后期限来管理和应对进度不足的问题。此外，教练或客户可以出于各种理由选择结束教练关系。

- 客户可能出于下列原因希望终止教练关系：
    - 个人需求没有得到满足。
    - 个人或专业优先事项发生了变化。
    - 绩效改进，对教练的需求减少。
    - 教练流程无法满足期望。
    - 不喜欢教练的风格、方法或个性。
    - 教练项目的资金被取消或削减。
- 教练可能出于下列原因希望终止教练关系：
    - 客户无法继续通过教练获益。
    - 客户的需求超出了教练定义的范围。
    - 客户不感兴趣，不愿意交谈，消极或抗拒。
    - 教练认为其他人能够为客户带来更大的获益。
    - 教练认为客户不再需要接受更多的教练。

人才发展专业人士应该记住教练只能解决某些问题。它不是解决每个绩效挑战或机遇的灵丹妙药，也不是解决每个问题的最优解决方案。

参考文献

Abel, A., R. Ray, and S. Nair. 2016. "Global Executive Coaching Survey 2016: Developing Leaders and Leadership Capabilities at All Levels." New York: The Conference Board.

Argyris, C. 2005. "Double-Loop Learning in Organizations." Chapter 13 in *Great Minds in Management: The Process of Theory Development*, edited by K.G. Smith and M.A. Hitt. New York: Oxford University Press.

ATD Education. "ATD Coaching Certificate Program." Alexandria, VA: ATD Education.

Axelrod, W., and J. Coyle. 2011. *Make Talent Your Business: How Exceptional Managers Develop People While Getting Results*. San Francisco: Berrett-Koehler.

Bianco-Mathis, V., and L. Nabors. 2016. "Building a Coaching Organization." *TD at Work*. Alexandria, VA: ATD Press.

Biech, E. 2018a. *ATD's Foundations of Talent Development: Launching, Leveraging, and Leading Your Organization's TD Effort*. Alexandria, VA: ATD Press.

Biech, E. 2018b. *ATD's Action Guide to Talent Development: A Practical Approach to Building Your Organization's TD Effort*. Alexandria, VA: ATD Press.

Clifton, J., and J. Harter. 2019. *It's the Manager*. New York: Gallup Press.

Dembkowski, S., F. Eldridge, and I. Hunter. 2006. *The Seven Steps of Effective Executive Coaching*. London: Thorogood.

Fournies, F.F. 1987. *Coaching for Improved Work Performance*. New York: Liberty Hall Press.

Hargrove, R. 1995. *Masterful Coaching: Extraordinary Results by Impacting People and the Way They Think and Work Together*. San Diego: Pfeiffer.

Hawkins, P., and N. Smith. 2013. *Coaching, Mentoring and Organizational Consultancy*, 2nd ed. Berkshire, UK: Open University Press.

Hosmer, D. 2015. "The Manager's Guide to Employee Development." *TD at Work*. Alexandria, VA: ATD Press.

ICF (International Coaching Federation). "About ICF." https://coachfederation.org/about.

ICF (International Coaching Federation). 2015. "ICF Code of Ethics." https://coachfederation.org/code-of-ethics.

Johnson, S. 2019. "Peer Coaching: The Wave of the Future." *TD at Work*. Alexandria, VA: ATD Press.

Kouzes, J.M., B.Z. Posner, and E. Biech. 2010. *A Coach's Guide to Developing Exemplary Leaders: Makingthe Most of The Leadership Challenge and the Leadership Practices Inventory (LPI)*. San Francisco: Pfeiffer.

Morris, B. 2000. "Executive Coaches: So You're a Player: Do You Need a Coach?" *Fortune*, February. 144.

Phillips, P.P., J.J. Phillips, and L. Edwards. 2012. *Measuring the Success of Coaching*. Alexandria, VA: ASTD Press.

Senge, P.M. 2006. *The Fifth Discipline: The Art and Practice of the Learning Organization*, 2nd ed. New York: Currency/Doubleday.

Whitmore, J. 2009. *Coaching For Performance: GROWing Human Potential and Purpose: The Principles and Practice of Coaching and Leadership*, 4th ed. Boston: Nicholas Brealey.

推荐阅读

Bungay Stanier, M. 2016. *The Coaching Habit: Say Less, Ask More & Change the Way You Lead Forever*. Toronto: Box of Crayons Press.

Edwards, L. 2014. "Creating an Internal Coaching Program." *TD at Work*. Alexandria, VA: ATD Press.

Haneberg, L. 2016. Coaching Basics, 2nd edition. Alexandria, VA: ATD Press.

Zenger, J., and K. Stinnent. 2010. *The Extraordinary Coach: How the Best Leaders Help Others Grow*. New York: McGraw-Hill.

2.8 效果评估

人才发展课程效果评估与学习和业务效果相关。人才发展专业人士应该能够采取多层次的系统性方法，收集、分析和汇报关于学习项目效果和成就的信息。收集与业务战略和目标相关的数据有助于决策，改进学习项目，并更多地向高层领导和业务利益相关者证明学习的价值定位。

2.8.1 了解评估学习和人才发展解决方案效果的模型和方法

I. 评估人才发展解决方案效果的方法

人才发展专业人士应该熟悉用于评估人才发展解决方案效果的各种方法，以及对所有方法产生影响的基本评估特征。

2.8.1.1 人才发展解决方案评估的目的

评估是一种用于收集、分析和诠释数据，以确定人才发展计划效果的多层次的系统性方法。成功的人才发展专业人士知道自身的成功取决于展示人才发展投资价值的能力。评估是一种记录人才发展投资是否已经取得预期成果的方法。项目以目标为基础，而目标则规定了必须在特定的时间框架内完成的任务。

人才发展专业人士应该以通过评估收集到的数据来做出关于项目内容增加、变更或删除的决策。记录这些结果还能用于对组织各项需求进行优先排序。此外，决策者可以将资金和资源，从对组织目标达成效果较小的计划转投到对企业目标达成产生更大影响的计划中。

人才发展专业人士应该考虑下列评估目的：

- 确定解决方案的业务效果、成本收益率和投资回报率。
- 确定解决方案的目标是否达成，以及达成的程度。
- 评估内容和教学策略的效力与适当性。
- 通过利用考试或类似的绩效评估来强化学习概念。
- 为引导师提供反馈。
- 为学员提供关于他们所学知识的反馈。
- 评估在职环境，从而为学习留存提供支持。

2.8.1.2 人才发展解决方案评估的好处

学习体验评估能够为人才发展部门和整个组织带来多种有益影响，因为它：

- 取得客户支持和信任，从而建立客户关系；讨论评估计划表明人才发展专业人士能够通过结构化的方法确保培训的质量和持续改进。
- 令人才发展专业人士可以通过评估确认课程结果是否与组织机会分析和需求评估结果相一致。
- 对绩效差距和学员需求进行验证。
- 可帮助确定培训是否用于弥补绩效差距的解决方案。
- 随着人才发展专业人士成为助力组织成功的合作伙伴，帮助管理团队达成目标。

如果人才发展专业人士能够从一开始就将评估衡量措施纳入解决方案设计，并且将这些措施与学习目标关联起来，那么这些措施就能够发挥最大作用。监督衡量流程有助于确保整个课程为组织带来价值。

2.8.1.3　评估

人才发展专业人士应将明确的需求评估说明作为解决方案设计和开发流程的第一步。利用需求评估的结果来制定评估计划，并启动衡量流程。[参见 2.2.2]

2.8.1.4　拉尔夫·泰勒的目标达成方法

1949 年，拉尔夫·泰勒（Ralph W. Tyler）提出了设计流程，这是最早将基于目标的评估融入其中的流程之一。他提出的目标达成方法是一个评估课程成功性的流程，包括"目标，教学的结果，首先被确定。为实现目标，先确定教学内容，然后设计各种教学要素和手段以帮助学员达成目标"（Herschbach 1992；Tyler 1949）。泰勒的模型提出了四个问题：

- 学员应该达成什么目标？
- 哪些学习活动有助于学员达成这些目标？
- 应该如何组织课程内容？
- 应该如何评估学员取得的成就？

2.8.1.5　衡量流程

衡量是用于评估解决方案实施结果程度或质量的标准。

衡量是研究的一部分，是量化评估数据并提供必要信息，从而针对某个问题或情况做出有效决策的过程。衡量定义或量化某项观察的具体属性。人才发展专业人士在设计评估计划前，应先使用评估数据来确定期望取得的成果。为此，他们收集、总结和解释评估过程产生的数据，以确定根本原因，这些根本原因可能是流程问题、缺乏资源、缺乏信息、缺乏动力、健康状况不佳，或者需要知识、技能或情感（态度）学习（KSA）。人才发展专业人士将根据这些结果决定最佳解决方案，并撰写目标。[参见 2.2.2、2.2.4 和 3.5.5.2]

人才发展专业人士应该考虑解决方案的性质、学员的特点和评估结果的重点，以选择最合适的衡量流程。与拉尔夫·泰勒的方法类似，大多数评估流程模型都会先确定希望通过解决方案取得的成果、目标或目的：

- 使用评估数据来确定评估成果和目标。
- 开发评估设计和策略。
- 选择并构建衡量工具。
- 分析数据。
- 汇报数据。

2.8.1.6 输出模型

项目是由一整套资源以及朝着一个或多个共同目标而开展的活动组成的，通常在一位管理者或管理团队的指导下展开。项目可能包括在一个组织内开展的有限活动组合，也可能包括在组织内的多个地点或两个甚至多个层面上实施的复杂活动组合，或由一系列内部、公共、非营利或私人提供方开发的活动。

项目评估是一种对项目结果的系统性评价，也可能是对项目如何产生结果而开展的评估。结果可能出现在几个层面：对课程的反应、学到的知识、迁移到工作中的知识和对组织的影响。评估包括对课程实施的持续监控，以及对项目流程或效果开展的一次性研究。这些方法都是以社会科学研究方法论和专业标准为基础的。两种评估提供不同的信息，并有助于确保课程产生效果：

- 课程评估用于评估学习项目的效果。
- 学习迁移评估用于衡量学员将所学运用到实际工作中的能力。

2.8.1.7 形成性评估 vs 总结性评估

学习项目准备过程中面临的一项关键挑战就是确保课程达成其预期目标。人才发展专业人士使用形成性评估和总结性评估这两个术语。

- 形成性评估应用在任何人才发展解决方案的设计过程中。形成性评估的目的在于完善学习课程草案，并提升课程开发完成后实现其预期目标的可能性。人才发展专业人士应该在学习课程尚处于开发阶段时开展形成性评估，并运用评估得到的信息立即对项目进行修改，以提高其效果。在形成性评估过程中，人才发展专业人士应该确保学习项目易于理解、准确并且能够产生效果。形成性评估可以包括试点测试、Beta 测试、主题专家参与的技术审查、制作审查和利益相关者审查。
- 总结性评估是在人才发展解决方案交付后进行的，这种评估关注人才发展解决方案产生的结果或影响，以提供关于项目价值的证据。这种类型的评估可能包括衡量学员的反应、对组织目标的影响、计划实施成本和利益相关者的期望。总结性评估衡量成果，可能包含标准化测试、学员反应表、利益相关者满意度调研和最终的投资回报率。

II. 评估方法论

人才发展专业人士可以把许多评估方法论系统地应用于人才发展计划中。其中，他们最熟悉柯氏四级评估模型、菲利普斯投资回报率方法论、布林克霍夫案例法和平衡计分卡法。

2.8.1.8 柯氏四级评估模型

柯氏四级评估模型理论最初由 ASTD 在 1959 年提出。多年来，这一模型经过不断改进，最终提出了四个评估级别：

- 第 1 级——反应，衡量学员对课程的满意度、投入度及与他们工作的相关度。
- 第 2 级——学习，衡量学员获得预期知识、技能、态度、信心和承诺的程度。
- 第 3 级——行为，衡量学员在回到工作岗位后，将所学知识应用到实践中的程度。
- 第 4 级——结果，衡量由于项目的实施而引起的目标结果的达成程度（Kirkpatrick 和 Kirkpatrick 2016）。

第 1 级评估学员的反应。反应表，有时也称微笑表，是开展此类评估过程中最常用的机制。第 1 级评估通常在课程结束时进行，也包括通过口述向讲师、经理或其他员工提供对于课程满意程度的反馈意见。

第 2 级评估学员对于课程内容的掌握程度。知识或绩效测验常用于确定学员知识或技能的掌握情况。人才发展专业人士也可通过观察技能或行为来衡量学员发生的改变。

第 3 级评估学员将知识和技能迁移至实际工作中的能力，以及学员将所学知识应用到实际工作中的程度。柯克帕特里克将这一级别定义为全面、持续的绩效监测，其依据是参加课程后产生的行为。人才发展专业人士可通过多种不同的方法衡量期望行为，包括观察、管理者评估和自我评估。

第 4 级评估目标结果是否发生，通常从项目对组织产生影响的角度进行。该级别评估旨在衡量关键绩效衡量标准方面发生的量化改变，只有在课程设计开始之前就明确定义目标结果，此类评估才能成功实施。人才发展专业人士可以考虑通过第 4 级评估来衡量生产率和产量、成本或费用、财务或直接产出、员工流失率或参与度评级。

表 2.8.1.8-1 概括介绍了柯氏四级评估模型。

表 2.8.1.8-1　评估工作表

级　别	衡量时间	衡量对象	衡量方式
1	• 课程实施过程中（一天结束时）； • 课程结束时	• 反应； • 节奏和顺序； • 相关性（内容）； • 工具策略； • 互动； • 引导师的风格； • 讨论水平； • 达成的目标； • 环境； • 引导师的知识； • 学员互动； • 注册流程	• 调查问卷/调研； • 课堂上个别学员的回应； • 跟进访谈； • 观察检查清单

级 别	衡量时间	衡量对象	衡量方式
2	• 课程开始前； • 课程期间； • 课程结束后	• 学习和学习程度； • 内容传授； • 学员的知识	• 知识测验，可以是纸笔书面测验；口头问答； • 绩效测验、角色扮演、包含评估或反馈表的案例研究； • 受监督的技能展示； • 检查清单； • 产品测试
3	• 课程完成后的几周到三个月	• 工作行为改变	• 绩效记录； • 绩效合同； • 行动计划； • 访谈； • 调研或调查问卷； • 对照检查清单进行直接观察； • 上司访谈
4	• 课程结束后的三个月到一年	• 对组织产生的影响	• 行动计划； • 访谈； • 调查问卷； • 焦点小组； • 绩效合同

2.8.1.9 菲利普斯投资回报率方法论

人才发展专业人士应该能够确定各自人才发展课程和解决方案的投资回报率（ROI）。投资回报率能够表现出可信度。

为了计算投资回报率，人才发展专业人士可以将业务效果衡量标准转换为货币价值，并将这一价值与课程成本进行比较，而这种转换要求为课程的每个数据单位赋予一个价值。可利用多种不同的技巧将数据转换为货币价值，技巧的选择取决于数据类型和实际情况。

菲利普斯用于确定投资回报率的流程会产生六种类型的数据：

• 第 1 级：反应和行动计划。

• 第 2 级：学习。

• 第 3 级：应用和实施。

• 第 4 级：业务影响。

• 第 5 级：衡量投资回报率。

• 无形衡量标准。

投资回报率方法论运用：

- 标准价值，就是已经在组织内被接受的价值。
- 历史成本，指已转变的衡量标准在过去导致组织承担了多少成本（如由于意外缺席而产生的成本）。
- 内部或外部专家针对特定衡量标准提供的意见。
- 学员的估计。
- 上司和管理者的估计。
- 与其他已经转换为货币价值的衡量标准关联，如为客户满意度和员工满意度赋予价值（Sasser、Schlesinger 和 Heskett 1997）。
- 人才发展职员的估计。

菲利普斯投资回报率方法论包含一个用于分离培训效果的关键步骤。该步骤回答如下问题：我们如何知道正是因为我们的培训才引起了这些结果？使用控制组是回答这一问题的一种方法，虽然并不总是可行。其他方法包括使用趋势线分析、预测方法和使用专家。表 2.8.1.9-1 总结了菲利普斯投资回报率方法论，展示了项目效果的货币价值的衡量时间、衡量对象和衡量方式。

表 2.8.1.9-1　投资回报率工作表

	衡量时间	衡量对象	衡量方式
投资回报率	• 课程结束后的三个月到一年	• 培训效果的货币价值	• 控制组； • 趋势线； • 学员的估计； • 上司的估计； • 管理层的估计； • 使用专家； • 现存数据； • 外部研究

2.8.1.10　布林克霍夫案例法

布林克霍夫案例法需要确定某个课程中的最成功和最不成功的案例，并对这些案例进行详细分析。这种方法由罗伯特·布林克霍夫（Robert Brinkerhoff），用于评估组织解决方案的效果，如培训和教练。当然，这种方法的适用范围并不限于这些情境。布林克霍夫案例法是一种用于记录影响故事的有用方法，可以与利益相关者分享这些故事，并用于培养对于促进或阻碍项目成功等因素的理解。

布林克霍夫案例法的五个关键步骤分别是：

1. 关注并策划成功案例研究。

2. 创建"影响模型"，定义成功应该是什么样子。

3. 设计并实施用于寻找最佳和最差案例的调研。

4. 开展访谈，并记录成功案例。

5. 沟通发现、结论和建议（Brinkerhoff 2003）。

2.8.1.11　平衡计分卡法

对组织而言，平衡计分卡是一种不仅可以衡量财务指标的衡量方法（Kaplan 和 Norton 1996）。该模型从四方面衡量效力：

- 客户角度。解决方案、计划或实践是否满足了客户需求或期望？
- 创新和学习角度。用户是否获得了所需的技能或知识？
- 内部业务角度。解决方案、计划或实践是否对实际工作产生效果？
- 财务角度。解决方案、计划或实践是否产生财务回报？

平衡计分卡法涉及整个组织，而不仅是人才发展主题。

2.8.1.12　其他评估方法

人才发展专业人士不但应该熟悉上文探讨的评估方法论，还应该了解其他现成方法论。例如：

- 成本效益分析，用于衡量货币损益，最初可追溯至 1667 年，当时通过这一方法计算得出针对瘟疫而投入的公共卫生支出达到了 84∶1 的成本收益比（Kearsley 1982）。
- 文化响应性评估是一个以文化评估为中心的整体评估框架（Frierson 2010）。
- 发展评估方法用于复杂或不确定的环境，如创新、激进方案的再设计或危机（Patton 2010）。
- 人员绩效改进模型强调对当前绩效水平和期望绩效水平进行分析，识别绩效差距的原因，提供各种解决方案。
- 精益六西格玛将消除浪费与六西格玛理念下的精益实践和品质改善相结合。
- 预测性学习分析是一种预测学员结果和行为的系统方法。
- 期望回报率是柯克帕特里克提出的一种方法，利益相关者根据人才发展对其目标的贡献来确定人才发展的价值。
- 罗宾逊影响培训有助于实现组织目标，为人们提供所需的技能和知识，并产生可追溯至工作中的可测量结果。
- 六西格玛是一种严格的数据化方法，用于消除工艺中的缺陷，由摩托罗拉公司推广开来。
- 全面质量管理关注改进质量和工作效率，由休哈特、戴明和朱兰开创。

2.8.1.13　元评估

元评估是对评估进行的评估。根据戴维·巴萨拉布（David J. Basarab）和达雷尔·鲁特（Darrell K. Root）在 1992 年提出的观点，"此类评估的目的在于为评估的质量提供保证，必要时证明评估结果的可信度，并改进后续评估的质量"。人才发展专业人士应该对每个步骤进行分析，从而对评估进行评估。

2.8.2　了解定性和定量数据的收集方法、技巧和工具

I.　定性和定量数据的收集方法

人才发展专业人士应该对统计有一个基本的了解，从而能够使用定性和定量数据收集方法来确定人才发展解决方案的影响。

2.8.2.1　统计概述

统计由数据的收集、分析、显示、解释和表示组成。有时候也称数据分析，人才发展专业人士可通过统计对数据进行组织和总结，从而获得结论。人才发展专业人士可通过统计记录当前绩效水平（个人、群组或组织），衡量人才发展计划的效果，并针对未来所需的改变，基于数据提供反馈。本部分将介绍一些关于统计的入门知识。

大多数人才发展专业人士会觉得统计的使用太过烦琐，事实上并不应如此。可使用几款软件应用程序执行必要的计算。然而，人才发展专业人士必须理解一些基本概念和原则。他们应准备将统计用于三个目的：

- 对大量数据进行汇总。

- 确定两个或多个项之间的关系。

- 比较绩效差异。

两种统计类型分别是描述统计和推断统计。

描述统计通过四种方式以数字或图形的形式对数据进行总结：

- 频数衡量展示某件事每隔多久发生一次（计数、百分比或发生次数），用于显示多久一次，如某个回应每隔多久给出一次。

- 集中趋势的衡量或平均值，将分布定位在特定点（平均值、中值和众数），用于显示最常见的回应。

  - 平均值，有时候也称均数，考虑每个数字的定量值。平均值等于所有数值的总和除以构成总和的数值的个数。

  - 中值是按照幅度排列分布的中间位置，一半数值位于中值上方，另一半位于下方。与平均值相比，中值对极端得分的敏感度较低。如果想要确定中值，要将所有数字按照从最小到最大的顺序排列。在奇数的分布中，中值就是中间数；在偶数的分布中，中值就是两个中间数的平均值。

  - 众数是指在分布中出现频率最高的数字，也可以作为集中趋势的衡量指标。众数经常会受到样本波动的影响，因此不建议将其作为集中趋势的唯一测量标准。有些分布包含多个众数，也就是所谓的多模式。

- 离散或方差衡量以间隔形式展示数据分布情况（范围或标准偏差）。它用来显示数据分布。

  - 范围是指最大值和最小值。

○ 标准偏差是数据值和平均值之间的差异。

- 位置衡量描述了数字之间的相互关系，用于将某个数字与预定义标准进行比较。最常见的例子包括：

○ 百分位数是 100 个同等组中的一个，可以将总人口划分至每个组中。

○ 四分位数排位是四个同等组中的一个，可将人口分别划分至每个组中，排位分别是 1、2、3 或 4。

○ 标准记分是指具有相同平均值和标准差的数字，用于比较特定人群的正常值。

推断统计通过分析来推测出关于某个数据总体的推论，这个数据总体的规模比实际取样数据总体规模更大，同时演示数据内部的关系。有几个类别的推论统计，包括：

- 估算是指使用数字来近似计算数据并将其与较大的人口关联。
- 建模运用数学方程式来描述两个或多个变量之间的关系。
- 假设检验用于确定数据是否支持假设。

人才发展专业人士还需要了解的其他术语包括：

- 控制组。在研究或计划中，这个组的成员未接受实验处理、获益或培训，作为比较的参考点。
- 相关性。两个或多个变量之间的关联或关系。
- 数据隔离。数据隔离是一种控制措施，用于确定一个操作对数据所做的更改何时以及如何对另一个操作可见。目的是同时完成大量交易，但是各项交易互不影响。
- 频数分布。频数分布是指一份列表、表格或图形，其中展示了样本中数字或项目的频率。可使用图形和汇总数对统计数据进行汇总。频数分布用于展示属于每个频率范围的实际观察次数。对观测百分比而言，这种分布叫作相对频数分布。
- 正态分布。正态分布是指观测值以特定形式聚集在某个值周围，而不是均匀分散在某个特定的值范围内。通常情况下，正态分布最适用于连续数据。从图形角度来看，钟形曲线最适用于描述正态分布。
- 离群值。离群值是指数据集中偏离其他数据的某个数据点，该值与其他值相比显得异常大或异常小。离群值可能由测量误差引起，在这种情况下会导致数据诠释失真，并且对多个概括统计数据（如平均值）产生不恰当的影响。
- 偏态。偏态是指样本数据值的非对称分布。换句话说，位于分布一侧的值与中间位置的距离比另一侧的更远。

2.8.2.2 定量法和定性法概览

数据收集方法包括定量法或定性法：

- 定量法可以获得硬数据，硬数据是客观、可衡量的，可以使用频率、百分比、比例或时间来表述。人才发展专业人士可以使用定量数据从数字角度衡量问题或机会，并使用统计分析来验证假设。定量数据为决定问题是真实存在还是仅仅某人的感知提供铁证。

- 定性衡量标准会产生软数据，更倾向于无形、轶事、个人、主观的数据，包括观点、态度、假设、感受、价值观和渴望。定性数据是指难以通过数字来表达的信息，因为通常是描述性分析。人才发展专业人士通常通过焦点小组和访谈或其他来源收集定性数据，如观察者记录和调研评论。定性数据分析可确定共同主题和典型数据，然后按照特定主题对数据进行分类。

这两种分析都很重要。例如，对于课程的最终设计来说，了解员工对于某项技能的感受（定性衡量）与了解员工在这项技能方面的表现有多么出色（定量衡量）同样重要。定性数据能够提供关于问题的背景，能够将人的意见融入客观数字和结果趋势中。融入人为元素有助于揭示仅靠数字无法发现的信息。

2.8.2.3　用于定量和定性数据收集的技巧

有许多技巧可用于收集数据。人才发展专业人士应该选择一种能够满足自己的需求，但是又能够避免数据收集中可能发生的问题的技巧。[参见 2.8.3 和 2.8.4]

- 定量数据来源包括：
  - 调研和调查问卷。
  - 技术平台的分析。
  - 考试和评估。
  - 自我评估。
  - 模拟和观察。
  - 档案或现存数据（现有记录、报告和数据）。
- 定性数据来源包括：
  - 焦点小组。
  - 访谈。
  - 调研和调查问卷中的评论。
  - 观察笔记。
  - 标杆管理。
  - 影响分析。

2.8.2.4　选择合适的方法

人才发展专业人士应该在数据收集过程中将定量和定性标准相结合，确保结果的有用性和准确性。例如，他们可使用定性法（如访谈）收集轶事和示例，为定量法（如调研）的设计提供支持。定性衡量和定量衡量可以在同一种测量工具中使用。例如，调研中各个项目可以是定性问题，如感受和意见；每个项目被选择的次数（频率）是定量衡量。

2.8.2.5　数据存储规划

人才发展专业人士应该了解各种用于存储和展示评估数据的方法，包括电子表格、数据库和表格。使用计算机应用程序管理数据有助于简化数据分析，大多数计算机安装的电子表格和数据库应用程序都可完成本任务。这些应用程序通常都包含可供报告用的数据录入表格或表单、自动计算表格和自动图表。还可将统计与图表和图形结合使用，提供一种将趋势视觉化呈现的简单方法。

- 自动计算表格。在自动计算表格的单元格中植入公式，这样当数据输入到单元格时，可被自动提取并计算。
- 自动图表。数据分析需要以各种形式的图表呈现数据，包括柱状图和线形图，以发现数据趋势。

人才发展专业人士应该重视数据管理和安全，为了保护回应者的匿名身份，应该对评估数据严格保密。出于这一原因，他们还需要规划所收集数据的保留期限，决定电子表格文件或数据库的命名方法以供后续检索，并确定如何确保信息存储系统的安全性。

2.8.3 根据评估策略或解决方案的业务目标来确定并定义个人和组织结果衡量指标的技能

I. 确定结果衡量指标

人才发展专业人士应该在整个流程的早期就开始评估，使用需求评估、业务目标和课程目标信息来确定成果衡量指标。

2.8.3.1 将需求评估融入评估策略

作为评估策略的第一步，人才发展专业人士应该开展需求评估来衡量四个需求领域：业务需求、绩效需求、学习需求和学员需求。人才发展专业人士在制定评估策略时，可将这些课前衡量转换为评估指标，也就是四个评估等级：学员反应、知识和技能掌握（学习）、行为和结果。解决方案的目标应该是确认四个需求领域中的每一个从项目前衡量转换为评估指标时发生了哪些积极变化。[参见2.2.2]

2.8.3.2 探讨数据收集技巧

有多种数据收集技巧可供人才发展专业人士选择。下面探讨了几种可能有用的数据收集方法，以及人才发展专业人士在设计衡量工具时需要考虑的问题的范例。[参见2.8.1]

2.8.3.2.1 调研和调查问卷

调研是指书面、在线或电子邮件形式的调查问卷，向回应者提出一系列焦点问题。不同调研在所需时间、资金投入和复杂性方面都有着显著差异。人才发展专业人士应该选择能够最有效地提供所需数据的调研类型，不一定是最快、最便宜或最简单的调研形式。他们还需要考虑是否应该开展多种类型的调研，以收集关于同一主题的不同类型的数据。

人才发展专业人士可以使用调研来收集定性和定量数据，使用各种提问方案和评分量表，如多选题、利克特量表题、强迫选择题和开放式问题。调研的优点是价格便宜，结果容易统计，而且能够快速提供结果。挑战则在于，必须确保问题的措辞对于所有回应者都意味着同一件事（可靠性），并且问题的措辞能够获得所需的信息（表面效度）。有时候获取足够大规模的样本以确保数据可靠性是一件困难的任务。

2.8.3.2.2　技术平台的分析

人才发展专业人士可以收集常规存储在服务器上的数据。这些跟踪文件会自动记录所做的事情和使用的时间。他们可以收集、编译和分析所产生的数据，并围绕这些数据进行推断。

2.8.3.2.3　考试、评估和测试

考试、评估和测试主要判定回应者对被调查内容的了解、能够做什么或相信什么。评估和测试类型包括：

- 通过多选、对错、填空或简答题做出口头或书面回应的知识评估。
- 观察某人在工作技能方面的表现。
- 对照质量标准分析工作结果、产品或工作输出。

人才发展专业人士应该使用考试、评估和测试来衡量当前学员的知识、技能或绩效水平。他们应该谨慎地制定问题和衡量标准，确保得到准确的诠释。他们可通过针对小规模人群样本进行试点考试、评估或测验，以确保表面效度和可靠性。这些技巧的优点在于客观而且关注具体差距。缺点是它们无法揭示绩效不足的原因，而且可能由于时间限制使得同时包含知识和技能的考试变得具有挑战性。此外，还可能无法合理构建测试来证明结果使用方法的合理性。

2.8.3.2.4　自我评估

学员可以完成自我评估测试或检查清单来评估他们对于执行某些职能的适应程度，以及为确保完成任务哪些方面还需要采取更多的补救措施。自我评估的优点在于容易编写，缺点在于学员可能过于高估自己的胜任力水平。

2.8.3.2.5　模拟和观察

讲师或管理者可以通过观察学员在工作模拟环境中的在职表现来确认学员的技能是否得以改进。这种形式的优点在于能够直接观察和评估所展示的技能和知识。缺点在于很费时间，而且霍桑效应可能导致学员表现出不同的行为，因为他们知道自己正在被观察。[参见 2.2.2.3 和 3.2.1.5]

2.8.3.2.6　档案数据

档案数据，也称现存数据，包括组织内部或外部的现存数据，如职责描述、胜任力模型、标杆管理报告、财务报表、战略计划、人员配置统计、氛围调研、绩效考核、抱怨、流失率、旷工、意见箱反馈、事故统计数据等。档案数据的优点在于它能够提供可靠的数据、趋势和模式，而这些数据最初是为了其他评估而收集的。缺点在于人才发展专业人士无法控制用于收集数据的方法论，因此可能有与目的无关的其他数据混合在一起。

2.8.3.3　记录需求评估结果

开展需求评估时，有助于整个评估流程的最后一个步骤是陈述结果。通过合理组织信息、讨论

分析得来的数据解释，人才发展专业人士能够简洁明了地向利益相关者展示提议的计划将如何解决先前发现的问题，并回应管理层的请求。人才发展专业人士应该知道如何以书面和口头陈述的形式传达结果。这种沟通也是一个鼓励客户主动掌控其他问题并采纳相关建议的机会。

最终报告阐述并记录需求评估流程的相关发现，汇总问题说明，用于决定发展需求的分析，以及课程模块设计提议。最终报告应该讨论相关发现与组织整体战略和目标之间的关系，以及提议的改革或计划将为组织和员工带来哪些收益。需求评估结果应该：

- 通过概述组织目标，以及需求评估对于达成这些目标起到的作用来解释现状。
- 提供基准数据，用于确定差距以及衡量未来进展。
- 通过描述愿景、收集硬指标和待衡量的数据，设想未来状态。
- 解释现状与未来状态之间的差距，包括引起绩效不佳的根本原因。
- 确定能够支持、削弱、阻碍或阻止成功的问题。
- 描述可用于弥补差距的最适当的解决方案。

2.8.3.4 确定适当的解决方案

人才发展专业人士应该根据需求评估结果和客户的反馈，确定适当的解决方案。解决方案应该与业务需求密切相关，在可行的情况下使用业务指标来衡量最终目标。人才发展专业人士应该认识到，适当的解决方案可能并不完全是培训，也许培训根本不是适当的解决方案。他们可以运用自己在绩效改进方面的知识来做出这一决策。［参见 3.5］

2.8.3.5 制定评估策略

人才发展专人士需要知道如何设计研究方法来制定评估策略。这一领域的专业知识为人才发展专业人士提供了实施衡量和评估活动的基础，从而使其受益。着手制定组织评估策略时，人才发展专业人士应该先决定需要衡量哪些结果，以及如何衡量这些结果。在开始设计和制定评估策略之前，他们应该先选择衡量标准。方法论应该清晰呈现选择某种方法或程序的原因。

对于人才发展专业人士来说，定义并验证业务推动因素，从而准确地制定评估衡量标准至关重要（Barksdale 和 Lund 2001）。业务推动因素是指引导公司战略、目标、业务需求和绩效需求的内部和外部力量。内部业务推动因素是指通过内部决策产生的因素，包括：技术，系统、流程或关键政策的变化，股东或财务推动因素，以及新产品推出。外部业务推动因素包括经济、人力资源、政府、公众认知和市场或客户推动因素。

一旦人才发展专业人士确定了业务推动因素和绩效需求，就可以着手选择评估方法。正如之前所提到的，潜在方法包括柯式四级评估模型、菲利普斯投资回报率方法论、布林克霍夫案例法，或者关注与组织目标相关的学习活动效果和效率的其他模型。可针对评估策略提出三到五种衡量标准以及相应的衡量方法。当考虑某一评估方法时，人才发展专业人士应该确定该方法与评估衡量标准之间的关系。这意味着，人才发展专业人士可以使用各种方法论来确保衡量和评估能够证明解决方案的真正效果。［参见 2.8.1.10］

2.8.3.6　数据分析

分析是指发现并诠释数据之间的有意义的联系，并概括实证结果的流程。分析层次通常包括个体、工作团队、职能部门和组织。特定的分析技巧通常有助于概括项目或解决方案的效果。通过掌握该领域的知识，人才发展专业人士能够对数据开展全面探索，为决策提供依据，并确定结果指标的价值。

数据分析决定解决方案的效果。例如，柯氏四级评估模型中的第 4 级提供了关于哪些因素影响组织环境并影响结果的信息。用于衡量学习效果的模型也会关注业务成果，在设计大型、高成本项目，或者决定是否应该在全公司范围内实施某项大范围变革时，这些数据非常有用。

数据分析决定成果指标是否达成。该级别的评估应该是整个评估流程的最后一步，即从业务需求开始，到量化分析解决方案对业务需求产生的影响结束。表 2.8.3.6-1 展示了这种方法，以及在评估过程中如何提问有助于确定业务需求。在计划过程中定义业务需求，确定在第 4 级评估中应该量化什么以及回答什么问题。

表 2.8.3.6-1　第 4 级评估的预评估

需求评估中提出的问题	第 4 级评估中回答的问题
业务需求是什么？	业务需求是否按照预期得以满足？
期望达成的具体成果是什么？	具体成果是否得以达成？
提供这种服务、产品或解决方案应带来哪些好处？	之前提供这种服务、产品或解决方案带来了哪些好处？
目标是什么？	目标是否达成？

2.8.3.7　分析方法

为了确定成果衡量指标，人才发展专业人士应该熟悉几种分析方法，包括投资回报率分析、成本效益分析、效益成本比和效用分析。

2.8.3.7.1　投资回报率分析

投资回报率（ROI）作为一项财务指标，旨在将项目带来的货币收益与其成本进行比较。使用同一术语，即货币对课程收益和成本进行定义，从而使得人才发展专业人士能够对两者进行比较，展示课程的直接财务影响。如果将学习视为一种投资，那么人才发展专业人士可以帮助高层管理者发现学习与业务需求之间的一致性。投资回报率代表某个项目的经济贡献。然而，如果只是单独针对投资回报率数据进行汇报，那么利益相关者就无法得知课程如何达成报告中的投资回报率水平，也就意味着无法对课程做出改进，无法突出强调课程带来的有形效益。人才发展专业人士应该将投资回报率与影响目标相结合。一旦人们参与课程和项目，就会产生一条影响链。图 2.8.3.7.1-1 展示了五级评估的影响链。不需要针对所有课程计算投资回报率，人才发展专业人士应该知道投资回报率计算适用于那些生命周期较长、对于达成运营目标至关重要或与组织的战略计划密切相关的课程。

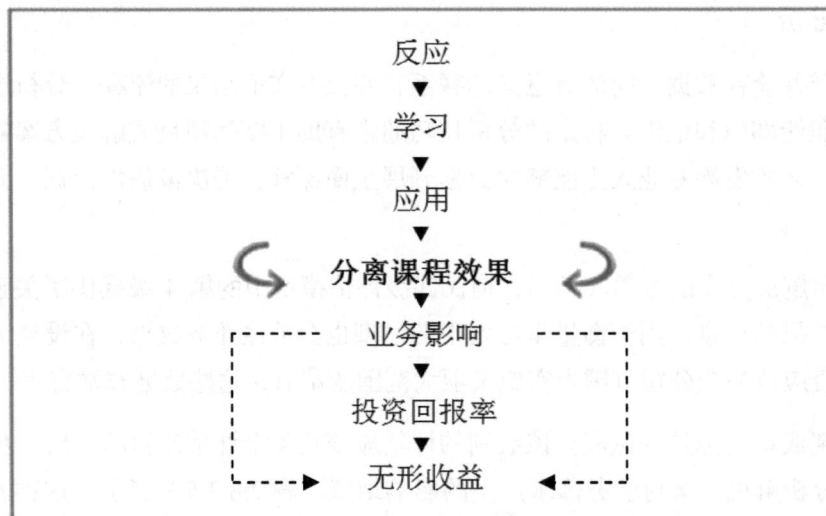

图 2.8.3.7.1-1　影响链

资料来源：Phillips 和 Phillips 2019。

2.8.3.7.2　成本效益分析

成本效益分析是从货币角度考虑成本和效益范围的框架。它提供了几种可用于对各种硬数据和软数据衡量标准进行量化和货币化的工具，从而体现学习的价值。进行这种类型的分析时，人才发展专业人士应该计算所有成本，包括离岗时间、差旅、材料和管理成本，以及丧失机会成本，如故障率、停工、返工和事故成本。人才发展专业人士还应该计算效益-解决方案节省的金额，包括由于提高生产率、获得新客户、缩短加班时间、售出物品和按时发货而节省的成本。有些结果确实很难货币化，但是这种类型的分析对于展示总体效益、比较具体成本和效益的相对值以及确定不同方案的优先顺序非常有效。

2.8.3.7.3　效益成本比

效益成本比（BCR）是成本效益分析正规学科中使用的一项指标，目的在于归纳某个项目或提案的总体货币价值。BCR 是项目或提案产生的效益（从货币角度表示）相对于其成本（也从货币角度表示）之间的比例。在报告中，BCR 的数值经常与 ROI 相同，事实上两者并不完全相同。BCR 常用于衡量实际结果，而 ROI 则通常用于某项课程或项目实际投资前的预测。BCR 为 1.0 表示每投资 1 美元，能够回收 1 美元；也就是说，ROI 为零，即课程达到盈亏平衡，所有投资的资金能够回收。BCR 为 2.0 表示每投资 1 美元，能够回收 2 美元，也就是说，ROI 为 100%，每投资 1 美元，能够回收 2 美元。

2.8.3.7.4　效用分析

效用分析是根据项目在识别行为并改变行为方面产生的效果衡量课程做出的经济贡献，继而推算未来员工服务产生的贡献。与 ROI 的不同在于，它为新技能赋予了一个值，而不用考虑新技能对于工作场所产生的实际效应。

人才发展专业人士可以使用布罗格登效用估算方程式估算某项培训课程的货币价值：

$$U = N \times T \times dt \times SDy - c$$

其中：

U = 学习方案实施后效用变化带来的货币总价值；

N = 参加培训员工的人数；

T = 课程对绩效产生效果的持续时间（年数）；

dt = 以标准差为单位，参加培训和未参加培训员工的平均绩效水平之间的真实差异；

SDy = 未参加培训员工群体工作绩效的标准差（美元）；

c = 每位员工的培训成本（Brogden 1946）。

2.8.3.8 预测

人才发展专业人士可以通过不同的方法，运用预测来定义结果指标。人才发展专业人士可以通过这一流程，根据当前和以往数据做出未来预测，通常是通过分析趋势来做到这一点。预测是根据趋势数据加上可能影响结果的其他影响因素而得出的，并制定关于未来的陈述。如果需要考虑多个额外影响因素，预测方法的实施就更具挑战，在这种情况下，需要更加精细的统计技巧和完备的软件才能实现多变量分析。即便如此，也可能无法实现数据完美契合模型。

2.8.4 创建数据收集工具的技能

I. 创建评估工具的步骤

人才发展专业人士必须关注评估流程应该衡量的对象和包含的内容，然后选择能够满足期望标准的工具。

2.8.4.1 创建数据收集工具的步骤

人才发展专业人士应该决定评估工具的用途，以及工具中应该包含什么、不包含什么。数据可能包含多个组成部分需要评估。除了决定使用的评估类型，人才发展专业人士还应该决定如何分离数据以进行有效的比较，确定控制组，获得管理层支持并克服任何障碍。为了开发评估工具，人才发展专业人士应该决定：

- 工具的用途。
- 用于呈现和跟踪结果的形式或媒介。
- 将使用哪种排名或评分量表（利克特量表或其他量表）。
- 确定需要哪种群体特征。
- 应该如何征求开放性评论和建议。
- 工具的灵活程度。
- 如何分发工具（通过电子邮件或在课程结束时面对面分发）。

- 时间段。
- 如何对结果进行跟踪、监督和报告。
- 如何传达结果。
- 如何实现高回报。

2.8.4.2　创建考试、评估或测验评估工具

考试、评估和测验是用于考核知识的工具；然而，它们可能并不是确保学员习得技能的最佳方法。理解效度和信度有助于人才发展专业人士构建更出色的评估工具。

2.8.4.2.1　效度

效度是指评估工具实际衡量的正是它应该衡量的。如果想要验证评估工具的效度，人才发展专业人士应该向主题专家征求反馈。效度很重要，因为它有助于确保所有学习参与者对测验问题的诠释都与问题的预期含义相符。根据杰克·菲利普斯（Jack Phillips 1997）的观点，人才发展专业人士可通过五种方法确定工具是否有效：

- 内容效度是指工具合理再现方案内容的程度。
- 建构效度是指某种工具再现其将衡量的概念的程度。概念是指工具预期衡量的抽象变量，如知识或技能。
- 共时效度是指某种工具与大约同一时间内运用、衡量相似特性的其他工具产生的结果之间的一致程度。
- 效标效度是指评估预测或与外部概念一致的程度，通过观察工具与衡量标准之间的相互关系来确定。
- 预测效度是指工具能够预测未来行为或结果的程度。

效度测试应该以几项测试结果考虑因素为基础：

- 测验是否具备合理可靠性，并且不存在衡量误差。
- 测验内容应该包含安全、胜任地执行工作所需的所有内容。

2.8.4.2.2　信度

信度是指同一种衡量工具能够长期产生一致结果的能力。某些类型的数据具备内在信度，而其他较主观的数据类型的信度较低。如果想要从科学角度确定某种工具的信度，就需要针对特定的学员群体样本实施该工具，然后进行统计分析。如果没有这一点，人才发展专业人士仍然可以通过提出问题和评估回答来提高信度。通常情况下，信度系数达到 75%或更高水平（p=0.75）的测验就属于足够可靠。

2.8.4.2.3　测验难度

如果测验中大多数题目的难度适当，并不是靠侥幸猜测就能答对，同时难度又不会太高，那么测验信度和效度会得以最大化。如果测验太简单，测验结果总体平均分很高，就有可能导致工作绩效不佳，工作事故或昂贵设备损坏。

测验得分可以说明很多问题。所谓测验或测验问题太简单，是指考试答案的相关信息已经在课上全部教过，通过某种方式提供了关于答案的线索，或者学员事先已经了解相关信息。如果测验或测验问题太难，有可能是因为相关信息在培训课程或阅读材料中并未得以充分呈现，或者测验问题太难以至于只有学识最丰富的学员才能正确回答。

- 分半信度是一种测验信度的类型，这种类型的信度将一项测验分为两半。可以随机将测验项目分配给其中一半或另一半；然后对每一半记分，并计算两半得分之间的关系。然后学员再次针对未使用的另一半进行测验，避免测验-再测验法可能产生的记忆偏差。

- 信度的测验-再测验检查是指针对同一个人员群体重复进行两次同样测验的方法。然后比较两次测验的得分。在信度的测验-再测验检查法中，时间安排是关键因素：如果两次测验之间的间隔时间太短，那么学员就有可能记住前一次测验中的问题。如果间隔时间太长，那么其他变量就有可能对结果产生影响，如在此期间接触了新消息。

2.8.4.3　创建调研、调查问卷或访谈评估工具

如果将评估与需求评估联系起来，那么人才发展专业人士可以使用除考试以外的其他工具。他们应该尽可能收集最有效、最可靠的数据。在创建调研、调查问卷和访谈评估工具时，必须考虑几个要素：

- 确保问题与衡量计划直接相关。
- 确定是否存在需要澄清的任何定义或其他标准。
- 决定是否需要考虑阅读能力或非母语问题。
- 探讨是否需要针对某项工具开展试点测试。

对于这些数据收集方法论，人才发展专业人士还应该注意其他一些事项。［参见 2.2.2.4、2.8.3 和 3.2.4.3］

2.8.4.3.1　调研或调查问卷

通常调研或调查问卷的成本比较低，但是需要谨慎措辞，使得每个人都会对问题的含义产生相同的理解。在创建调研时，为确保效果，人才发展专业人士应该考虑下列建议：

- 调研或调查问卷尽可能简短。
- 找出获得高回报率的方法。
- 确保说明内容清晰明确。
- 选择最有利于达成目的的问题类型（如多选题、多种答案题、偏好排序题、开放式问答题或评分题）。［参见 2.8.6.1］
- 决定是否需要匿名以及如何处理。
- 避免带有引导性的问题。
- 使用简单的语言。
- 避免同时提出多个问题。

2.8.4.3.2 访谈

开展一对一讨论时，人才发展专业人士应该努力探寻更多信息，但是始终应该从一系列措辞一致的问题开始：

- 决定所需的具体信息。
- 针对访谈进行试点测试。
- 对采访者进行培训。
- 确保干预者能清楚地向受访者解释说明。
- 设计一份关于访谈匿名性以及将如何使用结果的访谈声明。

2.8.4.3.3 观察

观察适用于衡量技能与能力。用于观察在职绩效是否得到改进，最常用的工具是检查清单。创建检查清单时，确保：

- 提供空白位置，可供添加评论。
- 清楚地定义每种行为。
- 对观察者进行培训，避免不当诠释。

2.8.5 了解研究设计方法论和类型

I. 研究方法和设计

人才发展专业人士应该了解如何为学习分析或衡量和评估设计研究计划。

2.8.5.1 研究设计：研究的整体结构

人才发展专业人士需要了解实施衡量和评估的研究方法、评估建议的方法，以及针对如何实施衡量和评估研究提出建议。

为了创建解决方案并衡量其效力，人才发展专业人士首先需要确定学员需要学会做什么，以及哪些衡量指标或标准能够揭示期望的结果是否达成。在开始整个过程之前，他们应该决定哪些研究方法能够满足时间段、成本、目标群体等制约要求。在这一过程中，需要针对他们能够获取的信息的广度和深度做出权衡。研究方法必须适合研究目标，并且研究人员应该探讨已经发生的任何问题，以及如何最小化它产生的影响。

2.8.5.2 研究方法

人才发展专业人士应该了解研究方法，这些方法是用于收集数据或证据，以便通过分析来揭示新信息或更深入理解某个概念的技巧。不同类型的研究方法会使用不同的数据采集工具。人才发展专业人士应该掌握关于下面所述概念的实用知识：

- 实验设计涉及一项受控因素或小组，为了与常量组或控制组进行比较而被给予的特殊处理。

- 相关研究是一种非实验研究类型，对两个变量的衡量标准进行评估，以确认两者之间的统计关系（相关性）。相关性是一种衡量两个或多个变量之间关系的标准，其中一个变量发生变化，其他变量也可能发生相应的变化。如果某种变化推动变量朝相同的方向变动，就是正相关；如果某种变化推动变量朝相反的方向变动，就是负相关。
- 元分析研究是指将来自多项研究的数据组合起来的统计学程序。当某一次研究与下一次研究产生的影响一致时，可以使用元分析来确定二者共同的效果。
- 纵向研究需要重复对相同变量进行观察的研究方法，如对人们进行短期或长期观察。
- 横断面研究利用在指定变量方面存在差异，但是又存在其他共同特征的人群（如社会经济地位、教育背景或种族）。
- 准实验研究设计，仅向两组的成员中随机分配的一组实施处理。

2.8.6　选择或设计组织研究的技能

I.　设计组织研究

人才发展专业人士应该熟悉研究设计的相关概念，从而在想要衡量人才发展和其他解决方案对预期成果产生的影响时，了解可用的方案。

2.8.6.1　研究概念

人才发展专业人士应该掌握关于在为人才发展和组织研究选择工具、定义人群并收集数据时，需要考虑的基本研究概念和研究内容。[参见 3.7]

2.8.6.1.1　因变量、自变量和额外变量

在研究实验设计中，由评估者控制自变量。将学员分为不同的组，每组都与自变量的不同处理（或值）相关。这里提及的处理可以仅仅是确定某学员所属的组，或者可以与某个数字值相关。自变量是产生影响的变量，因变量是受影响并且待衡量的变量。

额外变量是不良的变量，因为它们可能影响评估者在衡量对象的变量之间的关系。这种变量会影响实验结果，然而实际上它们是不需要衡量的目标变量，因为它会使实验出现错误的概率增加。

2.8.6.1.2　研究问题

人才发展专业人士应该精确地组织调查问卷的措辞，因为如果问题的语言导致其可能有多种含义，那么会导致研究无效。问题格式包括：

- 多选题，当问题的所有回答都可以包含在内，可以构建排他性，以及由于强制选择引起的偏差无足轻重时，可使用。
- 多种答案题，没有唯一的答案。
- 排序题，要求回应者按照顺序指出他们的个人偏好，并揭示答案的相对重要性。
- 开放式问题，回应者在没有提示的情况下自由回答。

- 评分题，通过衡量方向（负到正）和强度（强烈反对到强烈支持）确定观点或态度。

2.8.6.1.3 实验设计

人才发展专业人士应该妥善组织实验，确保提供适当类型的足够数据，从而能够明确、有效地回答相关问题。这一流程叫作实验设计。

人才发展专业人士必须在完成实验前，确定期望通过实验回答的具体问题。他们还应该尝试确定实验单位中已知或预期存在的变异来源，因为设计性实验的主要目的之一就是降低这些变异来源对相关问题回答产生的影响。关注有助于提高答案精度的实验设计。

2.8.6.1.4 变量的统计和设计控制

人才发展专业人士应该了解在需要控制组时，有哪些方案可供使用。控制组是实验中的一组学员对象，除未接受过实验处理外，其他各方面都与实验组完全相同。人才发展专业人士必须指出区分两个组的自变量，从而决定解决方案是否能够产生预测的结果和达到的程度。最常见的实验设计模型包括单因素方差分析、双因素方差分析、完全随机设计或完全随机区组设计。

2.8.6.1.5 抽样

样本是人口中的一部分，人才发展专业人士希望收集关于这一部分人口的数据。为了确保样本能够体现人群的所有特点，人才发展专业人士需要从每个级别挑选一些员工。测试某个具体解决方案时，样本人口应该由直接受解决方案影响的人群组成。抽样概念包括：

- 随机抽样是指人群中的每个人都有被选取为样本的公开均等机会。
- 随机选择是针对某项研究，从人群中抽取样本成员的过程。
- 随机分派是将样本分派给研究中的不同组或不同处理方法的过程。可以在某项研究中同时使用随机选择和随机分派，也可以既不使用随机选择也不使用随机分派。
- 分层随机抽样是指将人群分为若干个组，然后从每个组中随机挑选成员。这种方法产生的样本比随机抽样更具代表性，因为它考虑了人口的重要差异，如年龄、教育水平、部门或其他。

2.8.6.1.6 样本规模判断

所需的样本规模取决于人口规模、期望的结果准确度，以及对于结果并非偶尔产生的置信度。人才发展专业人士需要决定他们对于想要的结果是真实的，而非偶尔产生的置信度。95%的置信区间通常是可以接受的，即置信度是19/20，也就是95%的时候认为通过样本估测得出的是真实值，并且在估测值的正负误差范围内。在某些情况下，评估者可能决定可以接受1/10的"结果是偶然发生的"，也就是90%的置信区间。如果人群规模已知，已经确定可接受的误差率，并且已经确定结果的置信度，那么人才发展专业人士可以决定为了满足上述标准，需要采用多大的样本规模。

2.8.6.1.7 功效分析

当人才发展专业人士设计实验时，除了判断样本规模，还需要执行功效分析。这些计算有助于确保样本规模合理，既不会太高，也不会太低，后两种情况会导致结果不可靠或者浪费时间和资源。有些功效分析软件使用图形和分析工具来精确地评估影响功效和样本规模的因素。如果希望确保研究的成本效益和科学有效性，那么通过这些软件获得的信息是非常宝贵的。

2.8.6.2　衡量偏差来源

由于衡量是研究的一部分，在研究方法和工具开发的过程中，各个级别的评估都有可能存在衡量偏差。人才发展专业人士应该认识到这些类型的偏差。

2.8.6.2.1　取样偏差

选择特定的个人可能更容易，但可能导致数据被污染。人才发展专业人士在开展调研或访谈时，应始终基于随机原则挑选学员。

2.8.6.2.2　选择偏差

选择偏差是指由于提前选择或者延迟选择样本而导致统计分析产生的失真误差。通常情况下，这一过程会导致统计的衡量结果显著高于其实际状态，也可能由此产生完全虚假的人为结果。选择偏差可能是由直接操纵数据造成的科学造假引起的，但更常见的则是无意识的，可能是由观测工具的偏差所引起的。

2.8.6.2.3　样本规模不足

人才发展专业人士应该按照样本规模指导方针确保样本规模足够大。[参见 2.8.6.1]

2.8.6.2.4　观察偏差

观察流程越明显，数据的可靠性就越低。如果观测者未接受过培训或缺乏适当的工具，那么数据不可靠性就会进一步加剧。因此，人才发展专业人士应该采取最自然的方式进行观测，还需要获取必要的信息，最好安排多名观测者。霍桑效应就是一种可能影响大量研究观测的著名现象。此外，观测者应该接受培训，并获得一些检查清单，以便在观测过程中辅助他们的工作。[参见 2.2.2.3 和 3.2.1.5]

2.8.6.2.5　访谈和焦点小组偏差

访谈和焦点小组可以提供高质量的信息。但是，为了发挥最大的效果并避免偏差，访谈设计必须确保：

- 样本足以代表整个人群。
- 学员理解问题。
- 参与者自愿参与（参与并非强制）。
- 采访者接受过关于访谈技巧的培训，知道如何准确记录信息。
- 制定关于提问一致性的协议。
- 使用能够客观评估访谈结果的方法。

2.8.6.2.6 集中趋势偏差

在填写调研量表时，有些人往往不去选择调研量表两端的回答，而是选择接近中间位置的回答。这种行为叫作集中趋势偏差。人才发展专业人士可以通过制定不存在中间值的量表（如 1~4）来消除这种偏差来源，但是必须在决定去除中间值之前，收集证据证明带有中间值的量表无法取得效果。最好通过对调研进行试点测验来得出上述结论。

2.8.6.2.7 管理员偏差

人才发展专业人士应该认识到引导师或管理员对于测验参与者或待评估主题存在的偏差。例如，如果管理员认为某小组的培训得分将低于另一个小组，或绩效不如另一个小组，那么他们可能倾向于拒绝或排除数据，或者他们可能以某些人群的较低分值为理由而调整量表。

2.8.6.2.8 情绪偏差

情绪偏差会在极大程度上影响反应表（微笑表）级别的评估。当学员允许自己对于引导师的感觉（喜欢或不喜欢）支配自己的评分时，就会产生这种偏差。如果任由这些情绪支配评分，就会导致评分结果受到影响。

2.8.6.2.9 范围限制或范围误差

某项调研或调查问卷的回应者可能出现范围限制误差问题。当回应者或评分人将各自的评分局限于整个评分量表中的一小部分时，就会出现这种误差，无论是积极的（宽松）或是消极的（严格）。在某些情况下，这种现象是评分者出现的无意识偏差。

2.8.6.3 道德和学员权利

开展研究准备工作时，人才发展专业人士必须对数据严格保密，保护数据回应者隐私，以及保护数据及其专有性质。相关方针包括：

- 采用匿名回应方法。匿名能够使学员坦诚地表达自己的意见，这些意见可能非常有帮助，而且具有建设性。
- 指定中立人士负责收集反馈表。这样有助于提高意见的客观性。
- 解释评估的目的。从数据的流通和使用的角度强调这一过程，澄清反馈数据的使用。[参见 1.6]

2.8.6.4 确定研究问题

在评估和衡量学习之前，人才发展专业人士可通过几种工具来确定要研究的对象。这些工具包括勒温的力场分析、因果（也称石川或鱼骨）分析和假设检验。

2.8.6.4.1 力场分析

由于其在组织发展领域的卓越贡献，库尔特·勒温有时被誉为组织发展之父。他提出的力场分析有助于确定维持现状的力量，同时阐明促进改变所需的方法。对于评估来说，力场分析能够帮助人才发展专业人士确定可能阻碍绩效的问题，并揭示那些通过解决方案无法解决的根本原因。[参见 3.5.2]

2.8.6.4.2　因果分析

因果图用于确定、探索和展示引起变化的可能原因。该图由质量管理流程的先驱石川馨（Kaoru Ishikawa）开发，所以它有时被称为石川图；由于它的形状，它也被称为鱼骨图。因果分析有助于确定评估流程或解决方案存在的问题。［参见 3.5.2］

2.8.6.4.3　假设检验

推论统计的目的是对假设进行检验，然后接受或拒绝假设。通常情况下，人才发展专业人士应该始终对零假设进行检验，指出他们预测处理组与控制组之间不存在差别。

2.8.6.5　研究设计准备

人才发展专业人士应该使用评估数据来确保解决方案能够满足学员和客户组织的需求。将注意力集中在评估流程的策划阶段，并定义数据的未来使用，这样有助于避免数据未得到使用，并产生重要的效益。一项全面的计划应该明确定义评估策划和实施流程中的什么、为什么、如何以及谁。人才发展专业人士应该遵循下面介绍的八个步骤来确保进行全面的评估策划：

- 确定目的。人才发展专业人士应该指出评估的目的是选择合适的数据收集方法，并确定最终报告的合适受众。
- 确定利益相关者。关键利益相关者的需求通常能够推动评估的目的。四个基本的利益相关者群体分别是决策者、项目发起人或客户、项目学员和项目提供者。
- 确定级别。为了选择适当的评估级别，人才发展专业人士应该考虑利益相关者的需求，在前端分析的项目目标中定义了这些需求。确定评估级别的另一个方法是将项目与一系列标准进行比较。项目越符合标准，所需的评估级别就越高。
- 确定项目目标。这些目标能够推动评估策划流程，通过全面的需求评估，最佳地体现利益相关者的需求。
- 设计数据收集。人才发展专业人士应该将课程目标与所策划的每个评估级别联系起来；描述用于每个目标的衡量标准或数据分类说明，以确定目标是否已达到；指定每个级别的数据收集方法；选择数据源；确定数据收集的时间；指定职责。
- 设计数据分析。分析流程的设计对于第 4 级评估和投资回报率评估尤其重要。
- 策划沟通。评估策划中的这一步骤经常被忽视，制定沟通计划能够指出可能对评估产生影响的问题。
- 制定项目计划。项目管理关注确保项目范围、日程和资源的平衡性和准确性。

2.8.7　分析并诠释数据分析结果以确定模式、趋势和变量之间关系的技能

I.　分析和诠释结果

人才发展专业人士应该诠释并报告数据，令数据易于理解。

2.8.7.1　通过分析目标是否达成来诠释结果

人才发展的目标之一是在评估阶段对四个课前需求评估进行衡量时，确定每个衡量标准取得的积极变化。

人才发展专业人士应该参考需求评估和人才发展解决方案的最初目标来诠释结果。当人才发展专业人员为业务需求、绩效需求、学习需求和学员需求制定衡量标准和确立目标时，需求评估为后端评估奠定了基础。在评估过程中，需要进行相应的衡量：学员反应、知识和技能掌握（学习）、行为或工作迁移和结果。人才发展专业人士应该确定数据是否能够回答下列问题：

- 根据第 1 级评估，学员需求是否得到满足？
- 根据第 2 级评估，学习需求是否得到满足？
- 根据第 3 级评估，绩效需求是否得到满足？
- 根据第 4 级评估，业务需求是否得到满足？

2.8.7.1.1　分析

在分析数据的过程中，人才发展专业人士有三个主要任务：

- 人才发展专业人士可以通过数据排序确定信息的收集是否正确。
- 制表是指对通过数据收集工具收集到的数据进行提取和分类。人才发展专业人士可以通过制表在不改变数据含义的前提下，将其从原始状态缩减为量化格式。
- 将原始数据与整理后数据进行比较，确保数据未失真。

2.8.7.1.2　诠释

一旦整理后数据变得稳定（能够准确体现原始数据），就可以开始对数据进行诠释。人才发展专业人士从以下几个方面来检查数据：

- 内容分析要求对数据的含义，以及是否出现可靠的数据模式进行分析。
- 流程分析则检查是否有任何变量影响流程，以及存在哪些相互依赖关系。
- 定量分析回顾数据是如何衡量的，是否存在任何遗漏，以及结果是如何诠释的。

2.8.7.2　使用可视化工具来确认模式、趋势和变量之间的关系

人才发展专业人士在分析调研结果时需要进行合理的判断，并且应该对那些"感觉"不太对的结果提出质疑。一旦人才发展专业人士对数据的完整性感到满意，就可以使用图表和图形来展示每个问题的结果。

用于呈现定量评估结果的主要工具是图表，如折线图、饼图、散点图、气泡图、时间序列图、排名比较、逐年比较、个别数据点分布和词云。人才发展专业人士还可以使用交叉表以图形的形式对两个或更多问题的结果进行比较。这些表可以帮助评估者分析因果和互补关系。[参见 3.7.5]

这些工具的两项指导原则是定标和完整性。定标表示比例和关系。完整性则关注呈现内容的真实性和准确性。爱德华·塔夫特（Edward Tufte 2001）指出，如果他们的图表鼓励读者思考事物的

本质，并鼓励读者比较不同的数据块，就表示图表取得了最佳的数据呈现效果。应该以不同的细节层次揭示数据，包括从概述到细微结构。图表应该能够快速地阐明信息。

2.8.7.3 提出建议

当人才发展专业人士完成数据诠释时，就可以按照各项关键发现列出相关结果。人才发展专业人士可以通过这种方法将分析结果与业务推动因素以及之前确定的需求进行比较，进一步细化对于数据的诠释。

如果评估师付出大量精力来创建或支持评估活动，就很可能对结果产生偏见。因此，人才发展专业人士应该遵循下列关于优秀评估报告的指导方针：

- 意识到个人成见的存在，并将这些成见从调查发现、结论和建议中剔除。
- 接受调查发现，因为负面结果更有利于提供机会。
- 在审查数据时，开始从多个角度形成意见和观点。这一流程有助于刺激建议的产生和后续步骤的实施。
- 按照不同方式对数据排序，如人口统计、流程或问题。
- 从案例研究的视角分析数据。
- 将通过评估工具获得的数据与业务需求、衡量标准、解决方案内容和人才发展实践联系起来。

2.8.7.4 提供专业报告

除非人才发展专业人士能够立即且妥当地将结果传达给利益相关者，从而便于他们采取相应的行动，否则数据评估和有效结果的达成就毫无意义。在做出改进并满足各利益相关者需求的过程中，准备和传达评估结果是两个关键而敏感的步骤。

人才发展专业人士在传达评估结果时，应秉持客观、可信、准确的原则。报告时应该考虑以下建议：

- 关注解决方案而不是课程。
- 简要阐明评估方法论，从而确保结果具备足够的公信力。
- 阐明数据来源，并解释为什么数据是可靠的。
- 阐明在分析和报告过程中做出的任何假设，并解释为什么做出这样的假设。
- 实事求是，只发表有数据支持的主张。

2.8.7.5 传达给利益相关者

人才发展专业人士应该谨慎而充分地策划如何将评估结果传达给利益相关者。他们应该针对明确的受众进行及时的交流，并利用有效的媒体传达信息。评估数据的传达过程应该公正、适度，并且与过往实践相一致。

当向关键客户群体传达结果时，人才发展专业人士要做好充分的准备，要针对每个群体的个体需求策划信息呈现流程。在某些情况下，报告应简短而概要；其他群体则可能希望获得详细信息或中期结果报告；还有一些群体需要看到针对机密和敏感问题而筛选出的结果。人才发展专业人士必须保证信息的安全，只根据各方同意的方式使用信息；在与客户群体沟通时，应该传达他们需要的信息。

2.8.7.5.1　了解内容

当人才发展专业人士分析评估报告数据时，由于需要策划如何传达并报告相关信息，因此他们必须非常熟悉数据。人才发展专业人士可以通过下列步骤来熟悉数据：

- 总结数据，使其简洁明了，同时保留关键信息。
- 从对利益相关者有意义的角度来诠释数据。
- 将数据中的各个部分与其他部分联系起来，如显示因果关系，对比观点或互补结果。
- 如果数据是从多个来源（如访谈、调查问卷和公司数据）获得的，则应确定每种数据之间的关系。
- 确定有助于提高演示效果的例子。
- 为客户提供做出明智决策所需的数据。

2.8.7.5.2　了解受众

人才发展专业人士应该知道受众期望得到什么。他们是想要总结还是叙述内容？他们是想要看到完整数据还是摘要？他们是想要一份报告还是幻灯片演示？回答这些问题有助于呈现方式的设计。

2.8.7.5.3　了解呈现

如果想要成功呈现数据，人才发展专业人士应该遵循下列指导方针进行策划：

- 从方法论开始，只需要提供足够让使受众对方法充满信心的信息即可。
- 包含方法的优势和局限性。
- 呈现摘要时只提供数据与分析，不做任何解释。
- 关注能够解释相关情况的数据。
- 包含明确提供建议的部分，并将建议与数据相关联。
- 在适当情况下，提供多种方案，以便受众选择。
- 以后续步骤结束，其中可能包含要求受众做出决策。

参考文献

Barksdale, S., and T. Lund. 2001. *Rapid Evaluation. Alexandria*, VA: ASTD Press.

Basarab, D.D., and D.D. Root. 1992. *The Training Evaluation Process: A Practical Approach to Evaluating Corporate Training Programs*. New York: Springer.

Biech, E. 2015. *Training and Development for Dummies*. Hoboken, NJ: John Wiley & Sons.

Bloom, B., T. Hastings, and G.F. Madaus. 1971. *Handbook on Formative and Summative Evaluation of Student Learning*. New York: McGraw-Hill.

Brinkerhoff, R. 2003. *The Success Case Method*. San Francisco: Berrett-Koehler.

Brogden, H.E. 1946. "On the Interpretation of the Correlation Coefficient as a Measure of Predictive Efficiency." *Journal of Educational Psychology* 37(2): 65-76.

Frierson, H.T., S. Hood, G.B. Hughes, and V.G. Thomas. 2010. "A Guide to Conducting Culturally Responsive Evaluations." Chapter 7 in *The 2010 User-Friendly Handbook for Project Evaluation*, edited by J. Frechtling, 75-96. Arlington, VA: National Science Foundation.

Herschbach, D.D.R. 1992. "Technology and Efficiency: Competencies as Content." *Journal of Technology Education* 3(2): 15-25.

Kaplan, R., and D.D. Norton. 1996. *The Balanced Scorecard*. Boston: Harvard Business Press.

Kearsley, G. 1982. *Costs, Benefits & Productivity in Training Systems*. Reading, PA: Addison-Wesley Publishing.

Kirkpatrick, D.L., and J.D. Kirkpatrick. 2006. *Evaluating Training Programs: The Four Levels*, 3rd edition. San Francisco: Berrett-Koehler.

Kirkpatrick, J.D., and W.K. Kirkpatrick. 2016. *Kirkpatrick's Four Levels of Training Evaluation*. Alexandria, VA: ATD Press.

Marshall, V., and R. Schriver. 1994. "Using Evaluation to Improve Performance." Technical and Skills Training, January: 6-9.

Patton, M. 2010. *Developmental Evaluation Applying Complexity Concepts to Enhance Innovation and Use*. New York: Guilford Press.

Phillips, J.J. 1997. *Handbook of Measurement and Evaluation Methods*, 3rd ed. Boston: Butterworth-Heinemann.

Phillips, J.J., and P.P. Phillips. 2019. *ROI Basics*, 2019. Alexandria, VA: ATD Press.

Phillips, J.J., P.P. Phillips, and T. Hodges. 2004. *Make Training Evaluation Work*. Alexandria, VA: ASTD Press.

Phillips, P.P., ed. 2010. *The ASTD Handbook of Measuring and Evaluating Training*. Alexandria, VA: ASTD Press.

Phillips, P.P., C. Gaudet, and J.J. Phillips. 2003. "Evaluation Data: Planning and Use." *Infoline*. Alexandria, VA: ASTD Press.

Phillips, P.P., and J.J. Phillips. 2014. *Measuring ROI in Employee Relations and Compliance*. Alexandria, VA: SHRM.

Phillips, P.P., and J.J. Phillips. 2015. *Making Human Capital Analytics Work*. New York: McGraw-Hill.

Phillips, P.P., J.J. Phillips, and B. Aaron. 2013. *Survey Basics*, Alexandria, VA: ASTD Press.

Sasser, E.W., L.A. Schlesinger, and J.L. Heskett. 1997. *The Service Profit Chain*. New York: Free Press.

Scriven, M. 1967. "The Methodology of Evaluation." In *Perspectives of Curriculum Evaluation*, vol. 1, edited by R.W. Tyler, R.M. Gang é , and M. Scriven. Chicago: Rand McNally.

Tufte, E.R. 2001. *Visual Display of Quantitative Information*. Cheshire, CT: Graphics Press.

Tyler, R. 1949. *Basic Principles of Curriculum and Instruction*. Chicago: University of Chicago Press.

Wholey, J.S., H.P. Hatry, and K.E. Newcomer. 2004. *Handbook of Practical Program Evaluation*, 2nd ed. San Francisco: Jossey-Bass.

推荐阅读

Kirk, A. 2019. Data Visualization: A Handbook for Data Driven Design, 2nd ed. Thousand Oaks, CA: SAGE Publications.

Kirkpatrick, J.D., and W.K. Kirkpatrick. 2016. *Kirkpatrick's Four Levels of Training Evaluation*. Alexandria, VA: ATD Press.

Robinson, D., J. Robinson, J.J. Phillips, P.P. Phillips, and D. Handshaw. 2015. *Performance Consulting: A Strategic Process to Improve Measure and Sustain Organizational Results*. San Francisco: Berrett-Koehler.

领域 3

组织影响能力

3.1　业务洞察力

为了最大限度为组织增加价值，人才发展专业人士应该了解业务原则以及他们工作的企业或组织。业务洞察力是对于影响企业的各种关键因素的理解，如现状、行业或市场产生的影响以及影响企业成长的因素。其中包括了解组织如何达成其使命或目的，如何赚钱和花钱，如何做出决策，以及如何使工作完成的内部流程和结构。拥有业务洞察力对高层管理者的战略性参与，确保人才发展战略与总体业务战略保持一致至关重要。

3.1.1　了解业务和组织流程、运作和输出

I.　组织洞察力

人才发展专业人士应该掌握关于业务及其构成的运营知识。了解组织各方面的信息有助于培养领导层对于人才发展专业人士的信心，同时确保人才发展职能与企业战略相一致，为组织提供最有效的支持。

3.1.1.1　一般业务知识

商业模式是指组织用于策划如何产生收入和利润、确定并服务客户以及形成服务和生产产品的方法。无论是非营利性组织还是营利性组织，其商业模式都涉及战略和实施两个方面。商业模式的关键杠杆是价格和成本；组织可以提高价格或降低成本，如劳动力和供给品。商业模式决定组织：

- 如何选择客户、用户或成员。
- 如何使其产品与众不同。
- 如何为客户创造价值。
- 如何获取并留住客户。
- 如何推广并销售其产品和服务。
- 如何定义需要执行的任务。
- 如何配置资源。
- 如何获取利润。

每个行业的商业模式都各不相同，复杂程度也不尽相同，这些商业模式描述了组织如何运作。商业模式包括直销、实体店、特许经营和混合经营，如将实体店与互联网零售店相结合。定义业务类型和状态有助于决定业务活动是否能够获得成功。如果想要成为组织内受重视的业务伙伴，人才

发展专业人士应该了解：

- 商业模式。
- 业务目标和年度目标。
- 影响业务增长的因素。
- 战略驱动因素或塑造组织和行业的力量。
- 行业布局和竞争。
- 成功衡量标准。

人才发展专业人士应该了解业务衡量指标，以及组织应该如何定义并衡量成功。这些因素推动人才发展如何创造学习课程和服务，并将其与业务目标和目的联系起来。

其他一般业务知识还包括文化和价值观体系、组织环境、组织结构和治理之类的主题。

3.1.1.1.1　组织文化

组织文化代表员工对于各自工作的潜在信仰、价值观和设想，以及他们对组织的看法。如果想要理解组织文化，人才发展专业人士应该了解组织的历史、使命、目标、战略、战术、愿景和计划。

3.1.1.1.2　组织环境

组织环境受各种因素的影响，包括：

- 内部因素。技术、新产品、股东影响力、财务业绩，以及系统、流程或政策的变化。
- 外部因素。经济变化、人力资源和技能短缺、政府决策、公众认知，以及市场或客户要求。
- 员工因素。劳动力短缺或具备某些技能的员工不足，工会要求，员工在平衡家庭和工作时间方面的需求。
- 合同因素。全职或兼职员工合同、与临时劳动力的协议，以及与服务和原材料供应商的协议。

3.1.1.1.3　组织结构

组织结构定义了部门职能、角色和职责，以及各部门之间的关系和汇报结构，同时还决定了组织的布局、流程，信息交换、文件和其他资源，以及工作流网络（为业务流程工作流提供支持的正式结构）（Guerra-Lopez 和 Hicks 2015）。

3.1.1.1.4　治理

这是指导和控制组织的系统。公司治理通常是指董事会（或理事会）的工作内容。由管理层负责在组织内实施政策和程序，由董事会负责监督治理流程。治理运作模型的组成部分可能包含结构、监督、文化和基础设施。董事会应接收运营、财务、风险管理和报告信息，以便能够实施有效的治理，同时不会对业务部门完成工作造成不必要的阻碍（Baret 等人 2013）。

3.1.1.2　定义输出：产品和服务

组织存在的目的就是生产产品和提供服务：

- 产品通常是指有形或可见的物品，制造后投放市场，供消费者购买和使用。

- 服务是指可供消费者使用的无形（或不可见的）物品。

产品和服务通常会被组合在一起。例如，一辆汽车显然是一种产品，但伴随其购买的附加内容，如更换机油或轮胎保修就属于服务。

3.1.2 了解影响组织在行业内竞争优势的业务战略和因素

I. 了解组织成功的因素

人才发展专业人士应该了解可能影响其所在组织竞争地位的因素，这样才能更好地确保培养必要的人才，并交付有效的培训课程。

3.1.2.1 定义业务成功的因素

业务成功取决于组织类型及其愿景、使命和目标。人才发展专业人士应该能够定义组织的战略要务，并了解组织要务如何定义组织的成功。营利性公司通常根据财务驱动因素来定义成功，如收益、营业利润率、股本回报率增长和销售增加。上市公司还希望能够满足利益相关者和股息支付率目标。

非营利性组织通常通过使命达成程度来定义成功。尽管这些组织可能并不以收入为驱动因素，但那些销售产品或服务的非营利性组织仍然将收入作为一个成功因素。非营利性组织还会考虑其他对于使命达成至关重要的因素，如资源管理水平、成员满意程度、是否开发了可持续的商业模式，以及与所在社区有效合作的程度（Haddad 2018）。

与非营利性组织相比，政府机构的成功定义并非那么明确，这一点取决于它们的使命，可以是地方、州或联邦层面。衡量成功的标准包括产品或服务如何改善人们的生活质量，判断所交付的价值是否值得投入的成本，或者对世界上的其他人产生的相对影响（Eder 2015）。一般来说，政府机构作为纳税人的管理者和代表提供服务。

3.1.2.2 业务需求

业务需求可能代表更宽泛的战略目的或更具体的战术目标，决定组织为了达成目标或完成使命需要采取哪些行动。人才发展专业人士应该知道自己如何通过为组织培养人才来协助并支持这些业务需求。业务需求可能包括：

- 达成确定的目的和目标。

- 提供产品或服务。

- 为需要的人员提供支持。

- 进入某个特定市场。

- 完成既定使命。

业务需求可能还包括各种改进，例如：

- 减少费用。

- 增加销售。

- 缩短上市时间。

3.1.2.3 影响组织绩效的外部因素

外部系统也会影响组织绩效以及组织的人才发展要求。如果人才发展专业人士了解外部因素如何影响组织，就更有可能成为战略合作伙伴以及组织中有价值的成员。开展环境扫描以及优势、弱势、机会和威胁（SWOT）分析有助于人才发展专业人士了解当前环境，并获得关于企业战略计划的洞察，这项计划定义了组织未来的发展方向（Brodo 2018）。

环境扫描是一份关于影响组织运作方式的政治、经济、社会、文化、全球、技术和就业力因素清单。这些因素涉及内部和外部影响力。在整个扫描过程中，需要分析可能影响组织运作的当前环境和趋势，并评估客户需求和利益相关者期望。对于如何开展环境扫描并没有一个完美的标准。但是人才发展专业人士应该努力尽可能多地获取关于可能影响组织发展方向的各项因素的信息：

- 经济因素。就业率、利率对国内生产总值的影响、消费者物价指数、可支配收入和通货膨胀效应。

- 政治影响。政府服务的私有化程度、影响供应商和消费者的政治趋势，以及政府机构党派性程度。

- 社会学因素。工人技能、企业责任和道德、人口流动、移民、迁居、年龄、性别、世代差异、少数群体和非传统劳动力，如临时工或合同工。

- 文化影响。国家和地方文化对员工和组织产生的影响，以及企业文化对部门、地区和组织产生的影响。

- 全球影响。跨国组织、工资比较、贸易协定和全球化产生的影响。

- 技术因素。技术进步对于技能和流程变革产生的影响。

- 就业因素。招聘和工会对失业、员工流失率和工作调动产生的影响。

- 法律、法规和道德要求。控制企业经营方式的法律。[参见 1.6]

除了了解影响组织的外部环境因素，人才发展专业人士还应该了解与客户、供应商、竞争对手、社区和慈善机构之间的外部关系。合作伙伴关系是一种外部关系，可能对组织产生重要的影响。[参见 3.2.7]

3.1.3 了解组织如何提供客户服务

I. 客户服务基本原理

人才发展专业人士应该了解组织如何提供客户服务，从而使得他们开发出能够为组织目标提供支持的人才发展解决方案，如增加销售，建立更好的客户关系，加快反应速度，提高客户满意度，以及获得更多的重复订单。

3.1.3.1 满足并超越客户期望

组织应该了解客户对于自己的期望，包括质量水平、成本、获取产品或服务的速度，以及每个产品包含的功能。有些组织甚至努力超越客户对自己的期望。

所有组织都应该制定客户战略，并且战略内容应该随着客户的期望而不断改变。组织还必须权衡超越客户预期所需的额外成本，以确定提供"超出"预期水平的服务能够获得的投资回报。

3.1.3.2 客户忠诚的价值

客户忠诚对于每个组织都非常重要。当人们始终选择某个组织，而不是竞争对手的产品或服务时，就形成了客户忠诚。这样就能够获得重复业务，客户还会把这家组织推荐给他人。

获得新客户的成本是满足和留住现有客户所需成本的五倍（Forrester 2019）。RightNow 委托哈里斯互动公司开展的一项调研指出，86%的消费者愿意付出更多来享受更好的消费体验，而 89%的消费者会在遭遇差劲的消费体验后转而开始与竞争对手开展业务活动（甲骨文 2012）。

3.1.3.3 理解客户价值主张

商业模式的一个关键组成部分是价值主张。"价值主张"一词来源于营销领域，公司承诺如果消费者购买其产品，就会为他们带来价值。客户价值主张是由个人（或企业，如果是企业对企业的交易）通过购买产品或服务可以获得的所有利益组成的。[参见 1.1.8]

人才发展专业人士应该理解如何通过了解客户的需求和自身优势，提出能够满足客户利益的客户价值主张。在充当组织领导者值得信赖的顾问角色时，人才发展专业人士还应该了解客户价值主张如何将组织与竞争对手区分开来，从而使得他们能够为领导提供明智的建议。

3.1.3.4 客户服务目标

为确保全面了解组织，人才发展专业人士也应该理解组织的客户服务目标。他们还应该提出有助于组织达成目标并改进客户体验的想法。客户服务的典型方针包括：

- 明确了解客户的需求或问题。
- 迅速响应。
- 传达知识和信誉。
- 确保质量。
- 通过友好的员工建立关系并进行高质量的交流。
- 尽快响应并解决问题。
- 对客户服务进行评估。
- 使用分析快速调整（甲骨文 2012；麦当劳 2019）。

3.1.3.5 客户成功标准

应该围绕如何提供卓越客户服务来设计业务活动。弗雷斯特（Forrester 2019）在其对公司和行业客户满意度的年度评估中建议，组织领导人应利用战略学习，确保员工具备"提供一流客户服务体验"的技能。

人才发展专业人士可以通过发展人才库来帮助组织掌握一流客户服务能力，人才库中的员工能够：

- 缩短响应时间。
- 提高问题的整体解决率。
- 提高首次联系解决率的百分比。
- 增加通话或票务量。
- 提高客户满意度评分。
- 提高客户忠诚度。

糟糕的客户服务会对组织造成极大的伤害，而且组织的执行官对于客户服务的兴趣比以往任何时候都要高。弗雷斯特在 2019 年发布的同一份年度评估中指出，客户服务质量排名前 20%的公司在股价增长率和回报率方面的表现均高于排名倒数 20%的公司。

3.1.3.6 客户体验管理

客户体验管理是通过有助于实现客户忠诚度的接触点，管理与客户互动所需的行为。客户体验对于组织非常重要，因为它直接影响组织的利润（Nicastro 2018；Forrester 2019）。普华永道的数字智商报告发现，65%的受访者认为客户体验对提升企业绩效至关重要（Clarke 和 Kinghorn 2018）。

尽管客户体验通常关注的是外部客户，但是人才发展专业人士还应该考虑内部客户享受到的体验。人才发展人员应该遵循外部客户体验管理方针，其中包括：

- 个性化的与所有内部客户互动需要了解客户的业务，以便每个客户都能在其运营环境中获得关注和赞赏。
- 维护客户档案，认识到对客户的了解越多，对客户提供的支持就越相关。这也是对为了与客户建立合作关系而开展的努力的延续。
- 预测客户需求，并在需要时向合适的人提供合适的信息。如果人才发展专业人士能够运用他们在前两条方针中所了解到的信息来创建他们自己的客户体验，那么这一点就可以实现。

3.1.4 了解人才发展如何提升组织的竞争优势

I. 了解人才发展对组织成果的贡献

人才发展专业人士应该传达人才发展如何为组织成功做出贡献。拥有商业头脑、行业知识以及将人才发展计划与组织目标联系起来的能力就是上述贡献的体现。人才发展经理在确保组织成果方面扮演着重要的角色。

3.1.4.1 人才发展经理的角色

根据组织的类型和规模，人才发展经理的角色也不尽相同。如果人才发展部门只有一个人，那么经理就可能需要负责每件事。在其他情况下，为了满足组织需求，可能需要大量内部员工，并且与几家供应商建立合作关系。在这种情况下，人才发展经理可能负责监督部门的运转，重点在于未来的发展战略。无论职能部门的规模有多大，所有人才发展经理都应该关注：

- 定义本部门与企业使命和愿景之间的关系。
- 展示人才发展如何提升组织的竞争优势。
- 跟踪影响组织和行业的外部和内部力量。
- 确定特定的培训发展活动。
- 规定组织投入人才发展活动的预算。
- 向高层管理者传达人才发展的价值。
- 确保人才发展计划与组织目标相一致。
- 实施用于提供人才发展服务和产品的流程和程序。
- 确定支持人才发展活动所需的资源和技术。

3.1.4.2　人才发展是系统（从招募到奖励）的一部分

如果组织将人才获取、发展和部署视为一个系统，那么组织效能就会更高。整合人才管理的重点就是整合创造出组织能力的实践和职能。人才发展专业人士可以帮助他们的组织将这些人才管理要素结合起来，以确定如何最大限度地为组织的目标和使命做出贡献（Rath 2011）。[参见 3.4.1]

为了更好地达成目标，组织应该将人才发展和人力资源流程更密切地整合起来，从而更易于最大限度地提高效率和效能（Oakes 和 Galagan 2011）。这一方法也应邀请直线部门专家的参与（Ulrich 2011）。

3.1.4.3　人才发展对组织成果的贡献

人才发展专业人士应全面考虑自己的角色，以及如何在整个组织内协作，帮助员工学习、成长和取得成功。举例来说，人才发展专业人士能够协助：

- **人才获取和招募**。人才发展专业人士了解工作职责，知道如何定义工作任务和撰写目标，这些都能够为人才获取和招募提供支持。
- **入职**。人才发展专业人士可能负责确保新员工了解组织文化、价值观和使命，学习所需的知识，并且能够履行各自的职责。
- **职业发展**。人才发展专业人士可以通过除培训外的其他各种实践为个人发展提供支持，如评估、继任计划、指导、教练和绩效管理。

人才发展专业人士可以通过吸引整个组织内的利益相关者参与，通过有意义的方式做出贡献。为了鼓励这些协作，并展示人才发展专业人士能够为组织发展做出的贡献，罗伯特·布罗多（Robert Brodo 2018）建议使用特定流程来参与和关键利益相关者的业务对话：

- 准备对话，以确定业务环境。
- 安排时间与利益相关者进行对话。
- 与利益相关者共同确定期望取得的业务成果，并对假设和信念提出挑战。

- 通过将人才发展战略与组织战略联系起来，在与利益相关者对话中解决业务挑战。

3.1.4.4　定量数据的示例

人才发展专业人士可以通过衡量特定的定量成果来展示自身做出的贡献，此类成果包括：

- 提高敬业度分值。
- 降低员工流失率。
- 提高客户满意度。
- 减少事故次数。
- 增加完成的销售次数。[参见 2.8]

人才发展专业人士应该努力确定并衡量在受各种变量和外部影响力作用的条件下，培训对业务产生的影响。[参见 2.8.2]

3.1.4.5　定性数据的示例

人才发展专业人士可以通过定性数据来展示自身对组织成果做出的贡献。这些陈述可能更偏向于无形、轶事、个人、主观，包括观点、态度、假设、感受、价值观和欲望。定性数据的特点是揭示结果且不可衡量。虽然上述部分例子可能被赋予数值，并转换为定量数据，但如下面所述，它们是不可衡量的。定性数据的示例包括：

- 感到满意并且工作高效的员工。
- 积极的员工。
- 有效的流程。
- 具有创意的创新解决方案。
- 始终能够吸引高素质员工。
- 保持竞争技能。[参见 2.8.2]

3.1.4.6　提升人才发展对于组织的贡献

人才发展专业人士可以利用多种方案来提升自身对于组织的贡献，协助组织实现其目标（Van Velsor 2013）。其中包括：

- 为人才发展团队提供教练辅导，从而支持组织。[参见 3.4.1.6]
- 对关于人才发展的假设和信念提出挑战。
- 预测并评估组织的需求。
- 满足服务的质量标准。
- 评估并提升客户满意度。
- 将人才发展战略与组织战略相联系，确保组织成功实施战略。[参见 3.2.2.5、3.3.7.9 和 3.4.8]

3.1.5　了解财务管理原则

I.　商业头脑：人才发展专业人士需要掌握的关键概念

人才发展专业人士应该展现出商业头脑，从而能够明确理解组织战略，以及如何从战略和财务角度为战略实施提供最有力的支持。

3.1.5.1　商业头脑的重要性

人才发展专业人士需要理解商业头脑，如组织内资源分配的方式，以及环境如何影响业务。以适当的商业术语描述学习项目的能力有助于人才发展专业人士将人才发展职能定位为战略业务合作伙伴。

3.1.5.2　财务术语

人才发展专业人士应该清楚地理解与各自组织最密切相关的基本财务术语，并且能够在谈话中使用这些术语。这些术语代表业务和组织领导层的语言，因此人才发展专业人士应该运用这些术语，以令人信服的方式向高层管理者传达人才发展的价值：

- 资产是指公司所拥有的经济资源，可以使用货币术语来表达。
- 负债是指公司的债务或开支。
- 权益是指企业所有人或股东在扣除针对其计算提出的所有索款后剩余的价值。
- 资产负债表是组织财务状况的报表，包括资产、负债和权益（负债+权益=资产）。
- 损益表解释特定时期内的收入、费用和利润（收入–费用=净收入）。
- 会计科目表是总账中维护的科目行列表。
- 总账是包含组织所有账目的文档。
- 成本效益分析是一种对照成果来权衡成本的比较，并通过成本效益分析来决定投资回报率。
- 支出是指在获取收入和开展正常业务活动过程中产生的成本。
- 发生费用是指已经履行义务但尚未支付的费用。
- 营业费用是直接与企业经营有关的费用，而不是与开发和提供产品或服务有关的费用。
- 收入是公司通过向客户提供产品和服务而获得的收入。
- 财务报表显示组织财务状况的最终结果，有四种不同的报表：资产负债表、损益表、现金流量表和所有者权益表（Novak 2012；Cope 2014）。

3.1.5.3　财务管理原则

人才发展专业人士应该对财务管理原则有一个基本的了解，便于展开涉及定价、合同、预算编制、会计、预测和报告的工作（Tracy 2009）。其中包括：

- 践行道德行为，确保维持最高的质量标准。
- 及时完成所有任务和交易。

- 在深入分析的基础上，建立切实可行的预算。
- 确保所有项目目标都有合理的理由，并遵守所有联邦方针。
- 确保所有支出符合组织政策和程序。
- 提供足够的文件，妥善保存和整理文档，以供审计之用。
- 确保所有需要签名的文件都已收到授权签名。[参见 3.1.6]

3.1.6　预算和资源管理技能

I.　预算、会计和财务管理

人才发展专业人士应该制定战略计划，概括阐述有助于组织达成目标的活动，然后基于这项计划来制定预算，阐明人才发展职能如何投入时间和预算。

3.1.6.1　战略计划制定

战略计划是系统性组织计划的流程，领导者在这一流程中将以往经验作为制定未来决策的参考。人才发展专业人士应该制定一项战略计划，将部门与组织的业务战略联系起来。在战略计划流程中，需要开发以下元素：

- 人才发展愿景。关注未来目标。
- 使命宣言。定义人才发展的目的，其存在的理由及其发展方向。
- 价值陈述。描述人才发展能够带来的价值，或其提议为组织带来的价值。
- 战略目标。基于组织需求定义广泛人才发展成就的陈述。
- 目标。通过将战略目标划分为一系列具体任务来确定如何实现战略目标的陈述。
- 行动计划。战略计划的实施步骤、需要参与的人员、计划完成的时间线、所需的资源和正确的衡量方法。

人才发展专业人士将新的学习项目与现有项目和系统，以及当前和未来业务需求联系起来。虽然应该将组织优先事项作为人才发展的焦点，但是人才发展专业人士还应该将眼光放得更长远，运用自身对于工作场所、劳动力和人口趋势的了解，展示业务战略与员工发展之间的联系，同时决定部门未来发展的重点。

3.1.6.2　预算管理

人才发展专业人士应该像经营企业一样组织并监督其部门，像组织内任何其他单位一样规划和承担财务责任。通过像经营企业一样管理人才发展活动，人才发展专业人士可以获得组织领导者的信任，并承担更多责任。

预算是指导财务决策的工作计划。无论人才发展是为了改进组织还是为组织带来新的专业知识，如果想要了解投资价值，就需要预算的财务数据。预算制定是更大范围的三步会计体系的一部分：

- 预算设计和开发。

- 预算执行（如费用跟踪、监控和管理）。
- 报告和协调。

在最佳规划流程中，人才发展专业人士将根据业务计划设计预算，为计划或先前的支出水平提供资金。假设业务目标能够证明支出的合理性。预算编制和管理包括四个主要步骤：

- 分析和研究审查以往的人才发展计划、历史记录、基准资金、上一年的预算准确性、基准数据以及以往项目的成功理由。人才发展专业人士应该记住驱动预算流程的永远都不是人才发展，而是财务部门。深入研究预算对揭示大量信息将非常有帮助。
- 计划决定来年的课程、项目和活动。人才发展专业人士制定年度计划，其中包括任何将在来年继续提供的现有课程和服务，以及提议的新课程。该计划应与业务需求明确挂钩。在大多数规划流程中，人才发展专业人士从两个方向收集信息：高层领导（这可能取决于他们对组织高层数据的访问权限），以及客户和学员的评估数据与反馈。
- 预算审查在预算草案完成后进行。在这一步骤中，根据组织规模，与人才发展专业人士的直属上司直至各个级别的企业高管分享预算，以便进行审查和审批。资金需求多少并不重要，除非人才发展专业人士能够以符合逻辑且简洁的方式提出所需预算，说明项目和课程如何与组织成功直接关联，否则预算都会受到修改和削减。
- 预算管理要求人才发展专业人士持续跟踪并管理预算。预算提供账目和预测费用的详细信息，因此一旦获得批准，人才发展专业人士就需要跟踪支出，记录与预算的偏差，并执行定期预算审查。

3.1.7 运用经济、财务和组织数据为人才发展计划创建商业案例的技能

I. 人才发展计划的商业案例

人才发展专业人士应擅长创建商业案例，以此来展示人才发展计划的价值，并培养组织对于人才发展的信心。商业案例是对启动项目或任务的基本原理和理由的陈述。

3.1.7.1 沟通策略

人才发展专业人士在制定沟通策略时，应该融合关于课程或计划的信息，确定受众，识别可用方法并针对信息交付制定时间线。沟通策略还应该包含行动计划，以及为了确保策略得到支持所需的经济、财务和组织数据。商业案例可能构成沟通策略的一部分。［参见 3.4.7］

3.1.7.2 创建商业案例来获得对于人才发展计划的支持

创建商业案例的一个关键目的是获得利益相关者的支持。在创建商业案例的过程中，需要人才发展专业人士收集数据，阐明理由并提供支持性的论据。商业案例包括对情况、收益、成本、时间线和对组织影响的定义，这样有助于说服领导者支持计划，即使他们最初并不支持它。尽管商业案例通常是为了高层领导团队而撰写的，但是对于其他人来说也是有用的沟通工具。

创建商业案例包含五个步骤：

1. 审查本组织的战略优先任务，并从优先任务角度明确定义情境、需求以及计划实施机会。

2. 确定可能的解决方案，以及人才发展如何为组织的优先任务做出贡献。人才发展专业人士应该量化收益，并预测潜在解决方案可能产生的成本。他们还应该确定每项解决方案可能存在的风险或问题。

3. 分析并比较所有解决方案。人才发展专业人士应根据预先确定的标准进行分析，并记录数据与分析结果。

4. 选择最佳解决方案，并确定为了提出建议所需的详细信息。人才发展专业人士应该定义能够支持计划对组织的营业收入和利润产生影响的衡量指标。他们还应该确定对组织影响最大的地方，并创建一个大致的预算来平衡成功指标。没有人会期望商业案例中的数字是准确的。

5. 描述实施计划。人才发展专业人士会希望利用他们的关系网来获取可作为计划标杆的数据和示例。一般规则是只呈现有正向价值的项目。

人才发展专业人士必须以组织的财务负责人能够理解的方式来呈现信息。对于每个组织，无论是营利性组织还是非营利性组织来说，展现人才发展的影响或投资回报率都非常重要。这意味着商业案例需要关注计划如何创造组织价值。

信息的呈现是一个重要的考虑因素。商业案例通常以类似的格式编制，包含以下组成部分：

- 执行摘要。
- 现状。
- 计划描述。
- 环境分析和替代方案。
- 业务和运营影响。
- 初步风险评估。
- 成本效益分析。
- 实施时间线和策略。

3.1.8　运用适当的术语和相关示例向不同的受众传达业务和财务信息的技能

I.　传达业务和财务信息

人才发展专业人士应该运用准确的术语，与领导者和关键利益相关者开展适当的业务对话。

3.1.8.1　与执行官和其他受众沟通的技巧

为了有效地与组织领导沟通，人才发展专业人士应该了解业务战略和每个运营职能部门。他们还应该了解衡量组织成功的方式。这就为理解人才发展专业人士如何帮助组织及其利益相关者达成各自目标提供了依据。

为了在组织的所有层面上代表人才发展职能，人才发展专业人士应该具备从战略角度思考，并向组织的高层领导者呈现信息的能力。根据戴安娜·布赫（Dianna Booher 2017）的观点，"战略思维的很大一部分涉及将重要的事情从琐碎的事情中分离出来"。这意味着，偶尔会把人才发展的问题放在一边，把注意力放在整个组织的全局上。

一旦了解了业务战略以及衡量成功的方式，人才发展专业人士就需要学习并运用准确的术语。这些技能为与组织内各利益相关者开展业务和财务沟通提供了基础。［参见 3.1.2.1 和 3.1.5.2］

戴安娜·布赫（2014）针对如何起草容易被接受并受到尊重的信息提出了下列建议：

- 首先回顾对每个利益相关者最重要的是什么，以及分别属于哪个级别。
- 确保信息清晰、简洁且具有战略意义。
- 陈述具体的立场，并提供事实、数据和相关示例来支持这个立场。
- 陈述最终结果，将信息保持在较高的层面上。
- 通过一些令人难忘的要点来跟进，像讲故事一样陈述一些事实来支持这些要点。
- 安排提问的时间。
- 回答问题把重点放在有数据支持的重要事项上。
- 提出发人深省的问题。［参见 1.1.6.1］

3.1.8.2 呈现业务和财务信息的技巧

人才发展专业人士应事先说明最终结果，帮助受众立即集中注意力，并确保受众使用了准确的术语。由于业务和财务信息可能包含数字和统计数据，因此人才发展专业人士应该使用图表和其他方法来展现数据，让利益相关者能够立即轻松地理解这些信息。这些工具有助于倾听者关注消息的实质内容，在多个细节层面上揭示数据，并有助于提出清晰的论据。［参见 2.8.7.3］

3.1.8.3 针对不同受众调整信息

为了更好地与不同受众沟通，人才发展专业人士应该确定针对每种情况的最佳沟通形式，确认正在使用的任何内容都是最新内容，并提供与当前面临情况相关的示例。罗伯特·布罗多（2018）提出，如果高层领导认为讨论有助于增值，他们就会愿意与人才发展专业人士接触。通过运用商业头脑技能，并针对不同的受众定制信息内容，人才发展专业人士就能够赢得他人的信任。

如果想要成功地与不同的受众打交道，人才发展专业人士应该了解每位受众的特定业务需求，参与有意义的对话，主动建议人才发展解决方案，并将可衡量的人才发展结果与组织需求联系起来。如果想要提供这种深思熟虑、引人入胜的内容，就需要人才发展专业人士的投入。［参见 1.1.3］

参考文献

Baret, S., E. Hilda, S. Hatfield, N. Sandford, and J. Vazirani. 2013. *Developing an Effective Governance Operating Model: A Guide for Financial Services Boards and Management Teams*. Deloitte.

Bell, C. 2017. *Kaleidoscope: Delivering Innovative Service That Sparkles*. Austin: Greenleaf Book Group Press.

Booher, D. 2014. "Securing Executive Support." In *ASTD Handbook: The Definitive Reference for Training and Development*, edited by E. Biech. Alexandria, VA: ASTD Press.

Booher, D. 2017. *Communicate Like a Leader: Connecting Strategically to Coach, Inspire, and Get Things Done*. San Francisco: Berrett-Koehler.

Brodo, R. 2018. "Business Acumen Basics for Talent Development." *TD at Work*. Alexandria, VA: ATD Press.

Clarke, D., and R. Kinghorn. 2018. *Experience Is Everything: Here's How to Get It Right*. PWC.

Cope, K. 2014. "Building Your Business Acumen." In *ASTD Handbook: The Definitive Reference for Training and Development*, edited by E. Biech. Alexandria, VA: ASTD Press.

Eder, P. 2015. "How Do You Measure the Effectiveness of Government?" Government Executive, July 15. www.govexec.com/management/2015/07/how-do-americans-measure-effectivenessgovernment/117814.

Forrester. 2019. *Light on the Horizon: The State of Customer Experience Quality*. https://go.forrester.com/wp-content/uploads/2019/07/Forrester-Light-On-The-Horizon.pdf? .

Guerra-Lopez, I., and K. Hicks. 2015. "Turning Trainers Into Strategic Business Partners." *TD at Work*. Alexandria, VA: ATD Press.

Haddad, F. 2018. "How Do You Measure Nonprofit Success?" NonProfit Pro, November 16. www.nonprofitpro.com/post/how-do-you-measure-nonprofit-success.

MacDonald, S. 2019. "Five Ways to Deliver Excellent Customer Service." SuperOffice, November 18. www.superoffice.com/blog/five-ways-to-deliver-excellent-customer-service.

Nicastro, D. 2018. "What is Customer Experience Management?" CMS Wire, November 29. www.cmswire.com/customer-experience/what-is-customer-experience-management.

Novak, C. 2012. "Making the Financial Case for Performance Improvement." *Infoline*. Alexandria, VA: ASTD Press.

Oakes, K., and P. Galagan, eds. 2011. *The Executive Guide to Integrated Talent Management*. Alexandria, VA: ASTD Press.

Oracle. 2012. *Customer Experience Impact Report. Redwood Shores*, CA: Oracle Corporation.

Rath, T. 2011. "Foreword." In *The Executive Guide to Integrated Talent Management*, edited by K. Oakes and P. Galagan. Alexandria, VA: ASTD Press.

Tracy, J.A. 2009. *How to Read a Financial Report*. Hoboken, NJ: John Wiley & Sons.

Ulrich, D. 2011. "Integrated Talent Management." In *The Executive Guide to Integrated Talent Management*, edited by K. Oakes and P. Galagan. Alexandria, VA: ASTD Press.

Van Velsor, E. 2013. *Broadening Your Organizational Perspective*. Greensboro, NC: Center for Creative Leadership.

推荐阅读

Booher, D. 2017. Communicate Like a Leader: *Connecting Strategically to Coach, Inspire, and Get Things Done*. San Francisco: Berrett-Koehler.

Cope, K. 2012. *Seeing the Big Picture: Business Acumen to Build Your Credibility, Career, and Company*. Austin: Greenleaf Book Group Press.

Haines, S. 2019. *The Business Acumen Handbook: Everything You Need to Know to Succeed in the Corporate World*. New York: Business Acumen Institute.

3.2　咨询与业务合作

对人才发展专业人士来说，成为他人眼中有价值的业务伙伴是他们的目标之一。咨询与业务合作利用专业知识、影响力和个人能力建立双向关系，促进组织做出改变或改进。客户可能来自内部或外部。如果想要建立成功的咨询与业务合作关系，需要掌握下列技能：需求评估、数据分析、沟通、系统思维、问题解决、谈判、引导和教练。

3.2.1　建立并管理组织和业务伙伴及关系的技能

I.　人才发展专业人士作为值得信赖的顾问的角色

人才发展专业人士应该充当高层领导者值得信赖的顾问，这些领导者面临着快速变化、环境复杂性、竞争激烈的全球市场和不断发展的技术等问题。组织的领导者依赖人才发展专业人士帮助他们做出战略决策，创建解决方案并实施变革，以取得组织需要的成果。作为值得信赖的顾问，人才发展专业人士应该与整个组织内的利益相关者建立关系并开展合作，积极运用自己的专业知识来提供关于解决问题的指导（Biech 2018）。

3.2.1.1　业务合作和咨询的定义

值得信赖的顾问的角色是不断持续的，也就是说，成为战略合作伙伴，将人才发展职能所掌握的关于人和认知的知识相结合，帮助组织达成战略目标。尽管人才发展专业人士对于业务合作和咨询服务需要掌握的技能是相似的，但是二者之间存在一个关键差别：业务合作是持续的，而咨询服务则有着明确的开始和结束，并且遵循由顾问或客户规定的流程。客户可以是任何内部业务单位或部门；如果咨询顾问来自外部，那么客户可能是整个组织。

3.2.1.1.1　业务合作

业务合作是指为实现双方共同目标，基于相互信任，以及每位合作伙伴的专业知识而建立的长期合作关系。人才发展专业人士应该与学员、客户、利益相关者和其他人合作，帮助他们满足人才发展需求并解决问题。业务合作需要与各个级别的人员持续接触，人才发展专业人士通过帮助客户确定原因并阐明解决问题所需的行动来表现出对他们的支持。这需要人才发展专业人士与利益相关者共同参与协作式的决策流程，可能要求他们与各专业领域的专家合作。业务合作要求出色的倾听技能、信任，并且互相尊重对方的知识和专业经验。通过形成业务合作的过程，人才发展专业人士可以获得客户的信任，从而对有助于取得组织结果的解决方案表示同意。

3.2.1.1.2 咨询

咨询是一种短期的既定流程，用于解决问题，帮助个人、团体或组织从现状转变至所需状态。这是业务合作的延展，如果为组织内的其他职能部门提供支持需要更加明确的流程，咨询就会发生。此时，人才发展专业人士将以顾问的角色，运用自己的专业知识来促进改变，从而取得客户要求的成果。咨询顾问可以是组织内部或外部人士，通常只关注一个项目。在充当咨询顾问角色时，他们很少具备实施任何建议的正式权限。

作为咨询顾问，人才发展专业人士将遵循多种具体流程中的一种。尽管这些流程的步骤数量可能各不相同，但是通常都遵循类似的活动顺序：

- 定义问题。
- 收集并分析数据。
- 呈现结果并决定接下来的步骤。
- 实施解决方案。
- 评估结果。

3.2.1.2 咨询理论和角色的基础

下面介绍咨询领域中的一些专家以及各自对于咨询领域做出的主要贡献。人才发展专业人士应该了解这些理论和模型，它们为当前的咨询实践奠定了基础：

- 爱德加·斯恩（Edgar Schein）著有《咨询流程：在组织发展中的作用》（*Process Consulting: Its Role in Organizational Development*）一书，他提出的概念认为咨询顾问应该关注根据组织实际情况来调整解决方案，而不是直接接受专家顾问提出的一整套解决方案。

- 理查德·贝克哈德（Richard Beckhard）著有《组织发展：战略和模型》（*Organization Development: Strategies and Models*）一书，他参与了目前对于组织发展的定义：这是一种组织范围内的有计划的流程倡议，自上而下进行管理，以提高组织的效率。

- 克里斯·阿吉里斯（Chris Argyris）提出了单环、双环和三环学习，并为组织和体验学习、反思学习模型和推论阶梯的发展做出了重要贡献。

上述概念中的每一个都可供咨询顾问使用以获得有效的结果。

- 爱德华兹·戴明（W. Edwards Deming）是一位工程师、统计学家和咨询顾问，他最初将自己提出的 14 要点和流程改进理念带到了日本，然后又推广至美国。他还普及了用于持续流程改进的计划、执行、检查、行动（PDCA）循环，展示了当所有员工都参与逐步质量改进时所产生的效益。

- 彼得·布洛克（Peter Block）著有《完美咨询》（*Flawless Consulting*）一书，该书目前被大多数咨询顾问所广泛使用，并被 OD Network 评为过去 40 年里对组织发展从业者最具影响力的书。他提出的咨询的五个阶段为当前大多数咨询模型奠定了基础。

作为咨询顾问，人才发展专业人士可能扮演多种角色，包括露丝·麦坎布里奇（Ruth McCambridge 2007）在其撰写的如何确保有效的咨询的相关文章中提到的各种角色。这是最初由爱德加·斯恩（1988）提出的一双手、一个专家和一个合作伙伴角色的延伸。麦坎布里奇提出了咨询顾问在不同复杂程度的环境下可以扮演的四个角色：

- 专家角色，当咨询顾问扮演指挥角色时发生。咨询顾问通常被视为权威，负责提供建议，但具体的实施工作则由他人负责。

- 引导师角色，咨询顾问处于中立地位，负责引导关于流程改进、团队建设或其他行动的会议或团队，关键任务是征求团队的意见。

- 流程顾问负责审查流程、系统、互动、传统、文化、资金来源和其他接口，以确定它们对彼此的影响和结果。从时间的角度来看，这个角色通常是持续时间最长的，从一系列话题和关系来看，这个角色是涉及范围最广的。

- 第二助手通常是指关注分析、策划和项目实施的咨询顾问角色。顾名思义，咨询顾问扮演支持角色，结果由客户掌控。这种角色最适合利益相关者较少的短期项目。

3.2.1.3　建立业务合作和咨询服务是人才发展专业人士的天职

对于人才发展专业人士来说，与其他部门的利益相关者合作，提供咨询服务是他们自然应该承担的职责，因为他们可能在某个时间需要与组织内每个级别的每位员工接触。人才发展专业人士还应精通建立业务合作和咨询服务的流程，如团队合作、协作、沟通、问题解决、绩效改进和项目管理。

咨询过程中需要使用的有些工具与人才发展工作相似，如风险评估、需求评估、策划、沟通计划、愿景宣言、使命宣言和指导原则。

3.2.1.4　信誉的重要性和信誉要求

人才发展专业人士应该在客户中树立信誉，成为有价值的合作伙伴。人才发展专业人士应该：

- 积极主动。
  - 成为关键领导者的合作伙伴，确定组织问题。
  - 参与新项目，改进团队和特别工作组。
  - 预测公司的需求。
  - 提议能够解决当前业务问题的计划。
  - 主动参与组织的战略规划流程。
- 关注组织成功。
  - 花时间去做高层管理团队重视的事。
  - 充分展现人才发展职能的相关性。
  - 预测公司需求，并与高层领导者讨论这些需求。
  - 树立关于业务第一意识的声誉。

- ○ 从战略角度思考问题并采取行动。
- 运用商业敏锐意识。
  - ○ 更多地了解关于组织的方方面面。
  - ○ 进一步探索组织所处的行业。
  - ○ 阅读和高层领导者同样的杂志。
  - ○ 了解有关组织竞争对手的更多信息。
  - ○ 调查公司未来几年将面临哪些战略挑战。
  - ○ 完成一次组织扫描，重点关注未来影响组织的趋势。
- 参与和沟通。
  - ○ 通过正式和非正式形式与他人，尤其是具有影响力的领导者交流。[参见 1.7.4]
  - ○ 参加或回顾高层领导者的演讲。
  - ○ 进一步了解客户、客户的期望、问题和满意度。
  - ○ 阅读高层领导者的会议纪要。
- 传递价值。
  - ○ 即使他们不知道怎么做，也要完成任务；有人会为他们提供帮助。
  - ○ 了解组织政治，避免政治因素影响结果。
  - ○ 树立自身作为以结果为导向的参与者的信誉。
  - ○ 表现出积极尝试新事物的风度。
  - ○ 保持专业、诚实和道德。

3.2.1.5　咨询流程

所有咨询流程通常遵循多个不同的阶段。尽管它们可能有不同的名称，但这些流程都将依次完成同样的任务：①诊断现状和所需状态；②采取改进措施；③实施改进管理。人才发展专业人士可以通过下面介绍的五个阶段完成上述所有三项任务。[参见 3.3.1.3 和 3.3.2]

3.2.1.5.1　第一阶段：评估需求

咨询流程的第一阶段是评估需求，也称约定阶段。人才发展专业人士在这一阶段开始了解客户的组织、部门和需求。他们应该组织说明会议来建立顾问-客户关系，并就顾问和客户各自应扮演的角色达成一致意见。他们还应该讨论各自应该达成的期望和负责的行动。最重要的是，顾问和客户应该就期望的目标、交付成果和结果达成一致意见（Landers 2018）。

3.2.1.5.2　第二阶段：了解问题

咨询流程的第二阶段用于发现和分析数据。人才发展专业人士应该在这一阶段开始收集数据，以便更好地了解问题以及问题所在的环境。收集数据能够达到多个目的，因为它能够：

- 更清楚地定义问题和要求。
- 揭示问题发生的潜在原因。

- 可能有助于确定首选或期望的未来状态。
- 为后续比较提供基准或起点。
- 确定解决方案的内容和范围。
- 可以增加个人和组织的支持。

人才发展专业人士可以使用各种不同的数据收集方法，但是，应该在选择方法前先决定标准。标准可能包含：

- 时间。期限是什么时候？
- 成本。有多少钱可用于评估？
- 舒适度和信任。组织氛围如何？数据是否可靠？
- 待调研人口的规模。需要多少人参与评估？
- 保密性。对参与调研的个人来说，保密性是否是问题？
- 效度和信度。重要性程度如何？评估方法会对效度和信度产生怎样的影响？
- 部门或组织文化。员工过去用了什么方法？如何看待不同的方法？
- 待调研人口所在的位置。是否有很多人远离当前位置？

一旦确定标准，人才发展专业人士就可以根据各种方法的优缺点考虑采用何种方法（见表3.2.1.5.2-1）。根据情况和要求，他们甚至可以将不同工具组合起来。数据收集完毕后，人才发展专业人士对数据进行分析，以便更好地定义问题，并准备制定方案和建议。［参见 2.8.3.2 和 3.2.4］

表 3.2.1.5.2-1　了解问题

方　法	优　点	缺　点
调研	<ul><li>成本低；</li><li>结果易于计数；</li><li>参与过程简单；</li><li>可以是定性也可以是定量</li></ul>	<ul><li>必须谨慎地构建问题并选择适当的规模；</li><li>如果没有机会澄清，那么相同的文字对于不同的人来说可能有不同的含义；</li><li>问题可能不允许自由表达；</li><li>回复率可能很低</li></ul>
访谈	<ul><li>提供丰富的细节信息，因为采访者会不断探究；</li><li>产生深入信息；</li><li>使用相同的措辞和访谈计划来获得一致的数据；</li><li>可以通过面对面、网络视频会议或电话的形式进行</li></ul>	<ul><li>可能需要耗费大量时间，投入大量人力；</li><li>受访者必须代表目标人群；</li><li>采访者必须注意不要主观地解读受访者的反应</li></ul>
焦点小组	<ul><li>能够观察到非言语行为；</li><li>能够在较短的时间内采访更多的人；</li><li>当参与者互相推销彼此的想法时，会产生更多的想法</li></ul>	<ul><li>需要投入大量时间和资源；</li><li>善于口头表达的成员可能更具影响力，而沉默的成员可能不会表达自己的观点</li></ul>

方　法	优　点	缺　点
观察	• 创建应标准化的分步流程； • 工作环境可能产生影响，应将其纳入解决方案中； • 提供关于情况的现实看法	• 可能难以确定某个部分开始或结束的时间； • 当被观察者意识到有人正在观察自己时，可能表现出与平常不同的行为（霍桑效应）； • 只能指出行为，无法揭示行为背后的原因
自我评估	• 能够获得真实的信息； • 提供关于构建对象的基础信息	• 可能存在成见； • 这些数据不太可能独立存在
现存数据	• 硬数据源； • 能够了解长期趋势； • 提供统一的衡量方法，从而获得可靠的数据	• 可能与需要的原始数据并不完全相同； • 无法对记录数据的方法进行管控； • 可能需要筛选无关数据

3.2.1.5.3　第三阶段：呈现调查结果和诠释

咨询流程的第三阶段用于交付调查结果，并决定接下来的步骤。在这一阶段中，人才发展专业人士向客户呈现调查结果及其诠释，并向客户提出建议。人才发展专业人士与客户一起决定接下来的步骤，必要时，对目标或交付成果进行调整。他们还需要就方法达成一致意见。人才发展专业人士应该知道如何：

- 界定调查结果或问题。
- 创建有效的反馈议程。
- 召开反馈会议。
- 决定接下来的步骤。
- 管理敏感信息。
- 解决阻力。

3.2.1.5.4　第四阶段：制定并实施解决方案

咨询流程的第四阶段用于设计并实施解决方案。运用在第三阶段商定的方法，人才发展专业人士融合系统的所有组成部分，并从所有利益相关者的角度思考，设计解决方案。人才发展专业人士应该制定过渡战略，并且需要在客户实施变革或新计划的过程中为他们提供支持。在发挥顾问角色时，人才发展专业人士可能在实施过程中充当教练、引导师、领导者或向导。在这一阶段中，持续的沟通以及获得利益相关者的支持尤其关键。人才发展专业人士应该知道如何：

- 使用团队策略。
- 制定过渡战略。
- 制定实施计划。
- 跨组织工作。
- 向领导者提供反馈。
- 获得支持。

- 分享荣誉。
- 记录解决方案。

3.2.1.5.5　第五阶段：完成项目并评估结果

咨询流程的最后一个阶段用于结束并回顾流程。如果项目已经结束，那么人才发展专业人士将评估结果，确定应该吸取的经验教训，并制定一份监督计划。可能由于流程中未涉及的问题而导致项目延期。或者，人才发展专业人士需要返回第二或第三阶段来收集额外数据或重新设计解决方案。因此，在这一阶段中，人才发展专业人士应该知道如何：

- 结束项目。
- 确定应该吸取的经验教训。
- 制定监督计划。
- 解决之前未发现的问题。
- 评估咨询流程。

3.2.2　与其他组织单位形成业务合作，为部门或组织人才要求提供指导的技能

I.　与整个组织的合作

人才发展专业人士应该擅长跨部门和跨职能工作，提供关于组织所有人才要求的指导。

3.2.2.1　合作机会

人才发展专业人士可以有大量机会与所有组织单位合作，为它们提供关于部门或组织要求的指导。合作方案可能包括：

- 评估人才要求。
- 建议人才获取战略。
- 主导敬业度调研。
- 设计、组织并开展入职计划。
- 为管理者提供关于如何培养员工的教练辅导。
- 成立导师项目。
- 为领导力发展挑选高潜力候选人。
- 加强创新。
- 领导焦点小组来收集数据。
- 为绩效改进提供支持。
- 实施性格和领导力评估。

3.2.2.2 人际合作技能

人才发展专业人士应该具备成功开展合作所必需的人际交往技能，包括沟通技能（口头和书面沟通）、协作、情绪智力和领导技能。[参见 1.1、1.2 和 1.3]

建立业务职能与人才发展职能之间稳固的合作关系能够确保组织蓬勃发展。人才发展专业人士可以通过下列方式来建立这种合作关系：

- 建立与领导团队之间的关系。
- 使用商业语言。
- 清楚地了解组织的战略要务、目标和计划。
- 了解并协助解决组织面临的挑战。
- 展示协作、责任感和及时性。
- 成为系统思维者，了解组织某一部分的变化将如何影响组织的其他部分。
- 促进积极变革。
- 对人才发展工作表现出热情和自豪。

3.2.2.3 与业务部门合作的要求

为了建立并保持与业务部门之间的合作关系，人才发展专业人士应该清楚地了解整个组织、业务或各机构的使命，以及组织所处的行业。他们应该采用系统化的视角，进行战略性和批判性思考。他们应该具备商业头脑、财务知识和营销技能。[参见 3.1]

3.2.2.4 跨部门工作的要求

跨部门合作是人才发展专业人士可以利用的机会之一。这一角色通常被称为跨界活动，是指员工与其他部门的同事交流，跨部门分享信息的行为。"跨界活动"一词是由哈佛商学院的迈克尔·图什曼（Michael Tushman 1977）提出的。支持跨界活动的组织要求包括：

- 明确定义界限以营造安全感。
- 理解界限以培养尊重。
- 互相联系，打破界限，并建立信任。
- 重新界定界限以发展社群。
- 使界限互相交错，以促进相互依存。
- 使界限互相交叉，以实现再创新（Ernst 和 Chrobot Mason 2011）。

3.2.2.5 使人才管理与组织人才要求相一致

通过与领导合作，人才发展专业人士将制定符合组织需求，并且与组织目标和目的相一致的战略。人才发展专业人士应该具备从不同角度思考问题的能力，从而实现与组织之间的协调。这些技能包括：

- 系统思维。

- 战略思维。

- 批判思维。

- 协作（Guerra-Lopez 和 Hicks 2015）。［参见 3.4.1.7 和 3.4.2］

格拉洛佩兹（Guerra-Lopez）和希克斯（Hicks）在 2015 年提出了四个级别的一致性，及其对组织的影响。除了实现与组织结果、员工结果和工作流程之间的一致，他们还指出实现外部价值与组织客户之间的一致性代表了最高的战略影响水平。他们指出这种一致性"能够为客户和整个社会增加价值，进而对组织稳定性产生积极影响"。

3.2.2.6　员工发展的好处

人才发展专业人士通过为员工创造发展机会使组织受益。支持员工发展的组织可以从许多方面获益，例如：

- 提高员工的稳定性。

- 鼓舞员工士气。

- 使员工与工作更匹配。

- 维持现有技能。

- 灵活性。

- 人才与组织战略保持一致。

3.2.2.7　满足组织要求

由于具体要求会按照从组织目标、人才战略到人才管理目标这种自上而下的方式传递，因此人才发展专业人士将努力引导这一过程。为了协调这一过程，人才发展专业人士应该为他们的客户制定一项员工计划，确定关键角色，以及员工群体现状与期望达成状态之间的差距。［参见 3.4.14］

3.2.2.8　提供发展方案

为了确保员工提高技能并跟上组织的变化，有很多发展方案可供选择。下面只罗列了部分方案，其他方案将在探讨另外几种能力时提及：

- 高等学历教育、行政管理课程和证书课程。

- 跨职能或跨国轮岗。

- 参与委员会和工作组、在职教练或培训以及导师计划。

- 高管借调计划（公司高管临时借调至另一个组织）。

- 静修，休假，沉浸式管理发展课程和探险式学习。

- 影子见习或替补活动。

- 替换或学术任务。

- 自我发展机会、专业协会、会议或工作坊主持人。［参见 1.7、2.2 和 2.3］

3.2.3 持续管理利益相关者以保持组织或业务合作的技能

I. 建立和管理利益相关者关系

无论人才发展专业人士来自组织内部还是外部，他们都应该对利益相关者关系进行管理，使自己成为值得信赖的顾问和合作伙伴。他们应该成为出色的沟通者，考虑整个系统，避免并管理潜在的问题。

3.2.3.1 鼓励利益相关者参与

人才发展专业人士应与利益相关者持续合作，以保持与利益相关者之间的关系。人才发展专业人士应该先讨论利益相关者的需求，确定他们的痛点。只有在了解需求之后，再开始讨论人才发展如何为利益相关者提供支持。一旦双方达成了协议，就能够更深入地了解汇报结构，并明确客户的上司或可能参与任何计划的其他高层管理者的角色。

人才发展专业人士应发起一场将整个组织都融入其中的讨论。当讨论进入策划阶段时，人才发展专业人士应该同意部门、单位或职能部门中的哪些人将参与讨论。然后他们应该扩大讨论范围，以明确其他关系人所扮演的角色，包括利益相关者、客户或供应商。

关键在于，当人才发展专业人士保持合作并展示他们如何帮助组织内的其他职能部门时，要让利益相关者参与其中。

3.2.3.2 清晰完整地沟通

在每个行业中，最值得信赖的顾问不是那些能回答所有问题的人，而是那些能够提出相关问题并引导谈话的人。人才发展行业同样如此。人才发展专业人士应该：

- 决定沟通的内容。
- 确定沟通的频率。
- 决定由谁担任项目的主要沟通者。
- 选择适当的沟通工具，如电子邮件、文本或关键会议。[参见 1.1.1.3 和 1.1.2]

3.2.3.3 建立关系

与利益相关者建立关系所需的技能与建立其他关系所需的技能相同。如果人才发展专业人士表现出他们真正关心支持利益相关者，那么建立和保持这种关系就变得更容易，也更容易被接受。真实性对于确保成功的人际关系至关重要。人才发展专业人士应该：

- 确定利益相关者的沟通偏好，并运用这些偏好。
- 倾听并理解对方表达的含义。
- 提问相关并且发人深省的问题。
- 提供反馈和教练。
- 记住并称呼名字。

- 了解客户的一些个人信息，并将其作为另一个讨论焦点。

- 自信但不傲慢。

- 表现出专业形象。

- 灵活。

- 分享荣誉。

- 做正确的事。

3.2.3.4　决策

人才发展专业人士应确保每个项目的决策过程都经过深思熟虑并且确定无疑。为了顺利做出决策，利益相关者和人才发展专业人士应就以下事项达成一致：

- 谁拥有什么级别的决策权。

- 谁将参与关键决策。

- 如何解决分歧。

每个项目的决策流程可能各不相同。［参见 1.2.7 和 1.2.8］

3.2.3.5　寻求并提供额外的信息或知识

在与客户建议业务合作或咨询流程中，沟通是最有可能发生问题的大事。为了避免发生问题，人才发展专业人士应关注沟通内容的明确性和完整性，并及时分享信息。

如果答案背后还有更多的信息，那么人才发展专业人士应该通过提问来了解更多信息并深入探究，而开放式问题能够收集到最多的信息。人才发展专业人士还应确定利益相关者需要了解关于人才发展哪个领域的更多知识，以及这些知识如何帮助或支持部门使命和目标的达成。［参见 1.1］

3.2.3.6　使用系统视角跨组织边界工作

无论是内部顾问还是外部顾问，都需要展现出系统视角（将组织及其流程视为一个完整的组织）。这就要求人才发展专业人士了解业务，讨论任何项目可能产生的更广泛的意义，并探索与利益相关者相关的组织系统和结构。人才发展专业人士和利益相关者围绕其所在部门可以探讨的话题包括：

- 部门战略如何与组织战略相关联。

- 部门使命与组织其他部门之间的关系。

- 谁是部门的内部和外部客户与供应商。

- 绩效如何衡量。

- 目前针对跨职能参与有哪些措施。

- 目前存在哪些绩效差距，利益相关者是否已经确定了其中的原因。

- 目前正在实践哪些流程活动（Scott 和 Barnes 2011）。

3.2.3.7 学习型组织的角色

有时人们并不了解学习型组织的好处。如果人才发展专业人士正努力营造学习型组织氛围，那么向利益相关者解释相关概念（不使用行业术语）会带来帮助。人才发展专业人士还可能希望分享基本原理，包括财务效益和下面所列的基本行动：

- 建立对学习重要性的共同理解。
- 同意安排时间定期交流信息。
- 致力于反馈和反思所学到的知识。［参见 1.1 和 1.3］
- 策划如何为组织学习制定流程和结构（Burkett 2017）。

3.2.4 了解需求评估方法和技巧

I. 设计组织需求评估

人才发展专业人士应该了解各种评估方案，从而选择适合每种独特情况所需数据的设计方法。

3.2.4.1 策划数据收集

如果得以妥善运用，那么数据收集就会显得很重要，因为它提供了明确问题并确定解决方案的途径。数据分析为最佳解决方案的选择提供支持。人才发展专业人士、利益相关者和组织还可以通过以下方式将数据收集用于其他用途：

- 将培训需求或请求置于组织需求的环境中。
- 验证或消除管理者或领导者提出的最初问题。
- 为执行管理者提供关于新想法或项目的支持。
- 确保解决方案设计支持员工绩效和组织需求。
- 揭示问题的原因。
- 通过运用方法论来跟踪和报告成本规避、节约或投资回报，还可用于验证其他财务数据。
- 对可能妨碍达成预期组织和员工目标的非培训问题提出建议。
- 为评估奠定基础（Biech 2018）。

3.2.4.2 吸引利益相关者参与

人才发展专业人士应该制定数据收集计划，以回答下列问题：

- 数据收集的目的是什么？
- 需要哪些数据？
- 将使用哪些方法论？［参见 3.2.1.5 和 3.2.4.3］
- 从系统的角度来看，这个项目会影响谁？他们拥有哪些数据？
- 应该向哪些人收集数据？

- 应该由谁负责收集数据？

- 关于数据收集结果的时间线是怎样的？

人才发展专业人士制定数据收集计划时，应该采取系统视角，并确定他们服务的部门以及整个组织重视哪些数据。然后，他们应该确保将数据与战略计划联系起来。如果不能做到这一点，那么他们可能就需要重新评估项目的相关性。

在任何情况下，人才发展专业人士都应与利益相关者讨论计划，并尽可能采纳他们的想法，以保持与他们之间的合作关系。

3.2.4.3　揭示要求和收集数据的方法

人才发展专业人士可以通过多种不同的方式来收集数据和揭示要求。下面介绍了一些数据收集方法的最佳实践：[参见 2.2.2.4、2.8.2、2.8.4 和 3.2.1.5]

- 调查问卷和调研。这种方法用于在不存在保密要求的情况下，向大规模或分散在不同位置的群体收集特定信息。这种方法可以涵盖很多人，而且可容易地辨别结果。调查问卷和调研可用于收集定性和定量数据。它们可以使用多种提问方案和评分量表，如利克特量表、强迫选择题、语义差异法、多选或开放式问题。不存在内容或打字错误的优秀问题通常能够获得优质数据。人才发展专业人士应该针对小规模群体对新问卷进行测试。

- 访谈。人才发展专业人士在使用这种方法时，应该先确定提供所需信息的受众，再安排与他们访谈。访谈可以获得关于问题的坦率、深入的信息，以及其他人对如何处理这种情况的想法的机会。人才发展专业人士应该在访谈前制作一份问题清单，与个人预约访谈时间，与他们见面、提问、记笔记并澄清他们的回应。访谈时，最好选择能够将干扰降低到最低程度的中立场所。

- 焦点小组。焦点小组与访谈类似，成员应该包括人才发展专业人士和客户指定的能够提供关于需求信息的人员。然而，在焦点小组活动中，不会单独对每位成员进行访谈。人才发展专业人士以小组形式对他们进行访谈，促进成员之间的互动，使得参与者能够在他人想法基础上提出自己的想法。一次焦点小组活动通常持续 1~2 小时，成员通常是 8~12 人。焦点小组成员的选择是出于他们在主题领域的知识或经验。如果组织了多个焦点小组，人才发展专业人士应该确保针对每个小组问题的措辞都是一致的。焦点小组应该安排两名引导师——一人负责维持团队活力，另一人负责记笔记。组织也可以将焦点小组用于其他目的，如测试新产品的市场。

- 观察。用作查看、记录和衡量技能的手段。这种技巧在两种情况下特别有用：评估以技能为基础的培训需求时，以及开展致力于改变行为（如客户服务）的课程时。人才发展专业人士应该明确定义他们根据咨询要求正在观察什么。观察结果通常记录在统计表上，以编写特定的行为；它只能指明行为，而不能指明行为或行动背后的原因。顾问需要意识到霍桑效应，或者只要观察员在场，人们的行事方式就可能发生改变这一事实。此外，由于这是一种对所看到的情况进行的诠释，因此还必须考虑可能存在的成见。

- 现存数据。当现有记录、报告和数据可用时，可使用这种方法。当数据点非常重要，并且可以获得足够的数据时，这是一个适当的选择。报告可能来自组织内部或外部。例如，胜任力模型、标杆管理报告、工作描述、会议文件、财务报表、战略计划、氛围调研、绩效考核、抱怨、缺勤率、流失率、意见箱反馈和事故统计数据等。人才发展专业人士应该了解这种方法不会受到其他变量的干扰，如设备停工或外部期望。

3.2.4.4 数据收集陷阱

无论是内部顾问还是外部顾问，人才发展专业人士都应该意识到，数据收集阶段有时候会成为绊脚石。

内部顾问面临的陷阱包括：

- 过于熟悉和接受现状。
- 在收集意见时，会刻意回避那些难对付的员工。
- 没有足够深入地了解原因的根源。
- 由于认为已经掌握相关信息和知识，因此不收集数据。
- 失去客观性。
- 只做客户想要的事，即使有时候并不正确或充分。

外部顾问面临的陷阱包括：

- 缺乏挑选受访者的标准。
- 看到或听到重复的信息后注意力不集中。
- 低估组织文化对行为的影响。
- 受组织政治因素的束缚。
- 对组织内部的变化速度不敏感。
- 只做客户想要的事，即使有时候并不正确或充分。

3.2.4.5 整编和分析数据

数据收集完成后，人才发展专业人士搜索数据中的主题和关系，以紧密结合、具有逻辑性的方式呈现数据。人才发展专业人士应该注意到这些主题，并对主题内容进行审查，发现可能存在的重复问题。如果使用了模型，就要确定模型是否适合主题。常用模型包括：

- 韦斯伯德六盒模型（目的、奖励、关系、领导、结构和有用机制）。[参见 3.3.3.2]
- 欣赏式探询模型。[参见 3.6.1.6]
- 7S 模型（技能、战略、结构、系统、风格、员工和共同价值观）。
- SWOT 分析（优势、弱势、机会和威胁）。[参见 3.1.2.3 和 3.4.2.1]
- 价值链分析（九项主要和支持活动）。
- PIPE（程序、信息、人员、设备）。

列出主题后，理想的做法是再回顾一次数据，发现任何可能存在的其他主题。人才发展专业人士可以将主题按顺序或图表的形式排列，从而能够更方便地显示信息。回顾数据，以提取能够进一步确立主题的短语和引用内容。最后，人才发展专业人士应该提出建议。

如果人才发展专业人士想要客户更多地参与到建议制定过程中，那么还有一种方案。他们可以组织数据并在反馈会议中提出例子，以便团队能够确定他们自己的主题和建议。这有助于参与者掌握数据的所有权，在进行团队建设练习时尤其有用。

3.2.4.6 为客户界定数据

界定是指人才发展专业人士围绕某个问题确定的边界。它是一种组织或呈现数据的方法。可使用模型来界定数据，或者人才发展专业人士也可以简单描述情况的背景，并提出这些信息来体现受众的想法。界定很重要，因为它能提供对客户理解并感知数据的方式产生影响的机会。目标是确保他们专注于人才发展专业人士所呈现的画面。把与问题相关的成功和优势融入其中会非常有帮助，因为这样能够让客户了解积极的因素如何铸就积极的未来。这种技巧称为积极重构。如果人才发展专业人士提出改进的机会，那么客户将认为问题是可以解决的。

3.2.5 综合信息以提出建议或行动方案来获得利益相关者的同意、支持和认同的技能

Ⅰ. 获得利益相关者的同意、支持和认同：综合信息

无论是内部人士还是外部人士，人才发展专业人士都应该根据易于理解的数据和明确呈现的建议，获得相关方对于行动计划的认可。

3.2.5.1 了解客户

如果想要制定出能够获得认同的建议和行动，人才发展专业人士需要了解的受众，并从一开始就对受众进行评估。他们应该首先确定客户是否准备好接受一个项目，这有助于确定自己需要做什么准备，揭示可能影响项目结果的问题，并预测接下来可能面临的问题。这也有助于人才发展专业人士更好地获得客户的认同。在准备提出建议时，需要考虑关于客户的三件事：客户在项目中的角色、客户的意见以及客户的优先事项。客户：

- 在项目中的角色是指他们是否是决策者、资源所有者，以及他们是否对结果负有最终责任。
- 意见是指他们的积极程度，他们对于推进项目的意愿程度，他们是否有紧迫感，以及是否愿意配合项目实施。
- 优先事项关注对他们来说什么才是最重要的——客户应该同时具备业务需求和个人动机，因为虽然取得进步很重要，客户也需要个人奖励，如认可或成就感。

3.2.5.2 建立信誉

对于咨询顾问来说，信誉是建立在自身的声誉、与管理层之间的关系、以往项目的成功业绩、入职组织的时间长短，以及组织对人才发展职能和顾问角色的看法的基础上的。在信誉的支持下，

人才发展专业人士也更容易获得利益相关者的同意和支持。在建立关系的同时，人才发展专业人士可以通过许多小小的努力来建立信誉，如尊重客户，始终认真完成工作。人才发展专业人士应该努力在所有层面，与各个部门建立关系。[参见 3.2.1.4]

3.2.5.3 提前识别障碍

有时，人才发展专业人士的合作对象会表现出消极态度，或在前进道路上设置一些障碍。这种情况在呈现信息和提出建议时最常出现。虽然有时候我们对此无能为力，但人才发展专业人士可以注意观察预警信号，其中可能包括：

- 撤回对于项目部分内容的承诺。
- 没有按照承诺提供信息。
- 工作审批进程缓慢。
- 在项目中途改变方向。
- 要求提供已经删除或修改的信息。
- 似乎有隐藏的动机。

人才发展专业人士应该尽快应对这些行为，忽视它们只会让事情变得更糟，或者在不合时宜的情况下再次发生。

3.2.5.4 通过呈现方法来综合信息

在运用数据界定和安排数据形式时，人才发展专业人士应该考虑如何呈现信息。在遵循出色的呈现技能方法时，人才发展专业人士必须针对报告、案例研究、图形、表格、图解、图片以及视觉辅助工具或视频做出决策。[参见 1.1.5 和 2.3]

3.2.5.5 使用沟通策略以产生影响

人才发展专业人士可以对客户接受并认同某项建议的方法产生影响。根据贝弗莉·斯科特（Beverly Scott）和金·巴恩斯（Kim Barnes 2011）的研究，"成功的影响始于理解表达性（发送）和接受性（接收）沟通之间的平衡"。人才发展专业人士可以运用这两种沟通方式来产生影响。下面阐明了斯科特和巴恩斯所定义的策略：

- 运用表达性沟通的影响者。
  - 讲述。通过提出建议或表达需求，来传达期望的行动。
  - 推销。通过提出理由或提及目标和收益，来说服他们采取行动。
  - 谈判。通过提供激励措施或描述后果，使另一方通过采取行动享有既得利益。
  - 争取。通过设想或鼓励成功，来创造热情和一致性。
- 运用接受性沟通的影响者。
  - 探询。通过提出开放式问题或得出答案，来获取信息并引导思考。
  - 倾听。通过确认理解或测试含义，来了解、强化或扩展对方的思维。

- ○ 协调。通过认同对方或披露信息，来建立信任或增进坦诚。
- ○ 引导。通过阐明问题或提出挑战性问题，来帮助他人接受采取行动的责任。

3.2.6　传达建议或行动方案以获得利益相关者的同意、支持和认同的技能

I.　获得利益相关者的同意、支持和认同：沟通建议

无论是内部人士还是外部人士，人才发展专业人士都应该自信地传达建议、行动和变革来确保获得利益相关者的认同。

3.2.6.1　确定最佳形式

人才发展专业人士可以在报告、执行摘要，甚至体现建议的成型产品中传达建议。他们应该了解自己的客户，知道客户希望在什么时候、通过什么方式获得信息和文件。会议的时间安排，是事先分享还是在会议上分享信息，需要哪种形式的讨论或反馈都是需要考虑的重要问题。

另一种决定是确认是否使用视觉工具。这种工具有助于确保明确性，可用于总结。人才发展专业人士应通过图形或表格来汇总大量数据。［参见 2.8.7］无论采用哪种形式，本杰明·埃斯特斯（Benjamin Estes 2018）建议信息呈现者考虑三个步骤：

- 提供建议。呈现一幅关于建议的清晰画面。
- 进行演示。分享当面临这种画面时可能出现的反应以及将采取的行动。
- 详尽说明。解释为什么这种反应是合理的。

3.2.6.2　提出建议

人才发展专业人士从企业利润出发，然后关注信息中最为重要的方面。把琐事从那些真正重要的事情中剔除，这是一项可以通过学习和练习掌握的技能。在开始提出建议之前，提前足够时间精心策划设计。从企业利润开始，然后按照逻辑顺序呈现事实，从而构建其合理性。用类比和短篇故事强化信息。

人才发展专业人士应该在展示数据前了解自己正在扮演的角色。根据实际情况，人才发展专业人士可能想要：

- 持有一种观点。如果咨询顾问的角色是专家，那么提出建议。在这种情况下，建议应该由数据支持，阐明建议能够为组织目标的达成做出哪些贡献，如改进绩效或留住人才（Booher 2014）。
- 保持公正。如果角色是引导师或助手，那么只需要清楚地呈现数据。客观地报告数据，使得利益相关者或群体能够提出建议或做出决策。［参见 3.2.1.2］

人才发展专业人士应该清楚地知道利益相关者想要听到什么信息，并关注这些重要信息。如果存在任何不确定，他们应该力求采用更具战略性的大局视角。一般来说，利益相关者在组织中的地位越高，他们的战略思维就越强。在下列情况下，人们能够更明显地看到战略信息：

- 提供了核心共同愿景。

- 提出了一个长期关注的问题。

- 呈现的主题是"为什么"做某事，而不是"怎么做"。

- 关注某项计划。

- 关于组织的架构（Booher 2014）。

3.2.6.3 提出发人深省的问题

关注信息很重要，但是准备一些问题，通过这些问题的讨论来获得利益相关者支持和认同同样重要。

在编制问题时，人才发展专业人士应该问自己想要取得什么结果。他们应该引导利益相关者思考最好的结局是什么。问题还应该展示提问者是如何思考的，可能是从战略、创造或系统思考的角度。以下形式的问题通常都能够发人深省：

- 如果……怎么办……

- 如果……会有哪些不同

- 如果我们可以……会发生怎样的改变

- 假设……

在将自己提出的发人深省的问题用于重要场合前，人才发展专业人士应该先对这些问题进行测试。

3.2.6.4 使结尾令人难忘

人才发展专业人士应该采用强有力的开场，并且建议的一开始则应该提及企业利润。然后，他们按照以逻辑顺序呈现的数据和通过讲故事形式呈现的事实来支持这些建议，使他们的观点令人难忘，并提出发人深省的问题，以此来获得支持。同样，他们还需要使结尾有力且令人难忘。例如：

- 回到开头，让它成为一个完整的循环。

- 以问题结尾，可能是一个发人深省的问题："大家是否已经准备好接受……的挑战？"

- 解决可能持续存在的反对意见。

- 讲一个故事，可能与数据收集阶段发生的事有关。

- 以引用、重复或戏剧性的行动号召结尾。[参见 1.1.6.1 和 3.1.8.1]

3.2.7 了解获取、建立和经营合作关系的方法和标准

I. 建立外部合作关系

人才发展专业人士应该知道为确保自己获得最大效能、最高效率并且成本效率最大化的服务，有哪些外部资源可供使用。他们会出于很多理由建立外部合作关系，其中包括：

- 进一步扩展内部可用的专业知识。

- 增加或补充劳动力。

- 获得新的见解。

- 获取替代资源。

- 获取新受众。

- 节省成本或分享服务。

3.2.7.1　确定潜在合作伙伴

人才发展专业人士可能花费大量时间来确保组织能够获得所需的服务和产品。在很多情况下，他们必须决定到底使用内部资源还是外部资源。例如，内部有哪些资源可供使用？经验丰富的员工可能非常适合担任教练或导师的角色。外部合作伙伴能否解决组织问题？人才发展专业人士应考虑这些资源，以支持人才发展工作：

- 来自咨询公司、演讲协会和大学的专家或思想领袖。

- 卖方和供应商。

- 人才发展咨询公司。

- 大学。

- 专业协会。

- 非营利性组织。

- 劳动力发展机构。

3.2.7.2　使用外部资源或外包的理由

人才发展专业人士可能需要通过各种方式来利用外部资源，从而交付服务和解决方案。其中一些理由包括（当组织面临下列情况时）：

- 有多个不同的发展需求。

- 需要技术专业知识，而这需要很长时间才能完成内部培养。

- 只有短期或临时人才发展需求。

- 由于预算、时间或人才限制无法提供所需的服务。

- 需要实施大型项目，内部可用资源不足以支持该项目。

- 学员分布在世界各地。

3.2.7.3　所需的采购决策

无论人才发展部门是否决定自行创建或购买服务和产品，这些决策都将产生诸多影响。人才发展专业人士应该考虑成本、与组织之间的协调性、可用的内部专业知识、定制内容的能力、可用时间、需要在多久以后就开始使用、需要用到产品或服务的频率、生产技术和供应商的信誉。表 3.2.7.3-1 中列出了在决定使用内部资源还是外部资源时需要考虑的因素。

表 3.2.7.3-1　做出采购决策需要考虑的因素

使用内部资源	使用外部资源
☐ 有合格可信的专家；	☐ 最佳专业知识存在于组织外部；
☐ 特定的知识只有组织内部才有；	☐ 需要客观或新鲜的观点；
☐ 需要获得发起人的信任；	☐ 时间至关重要；
☐ 有充分的时间来指导主题专家；	☐ 没有可以花时间参与这一项目的员工；
☐ 有充分的时间来测试产品和服务；	☐ 有预算可用；
☐ 存在预算限制；	☐ 组织缺乏技术或编制高质量材料的能力；
☐ 有经验丰富的教学设计师和组织发展专家；	☐ 有相关的、可信的材料和程序；
☐ 能够快速且低成本地编制高质量的材料；	☐ 外部权威更有公信力
☐ 相关数据只有内部才有；	
☐ 组织中不信任"非内部开发资源"	

资料来源：Biech 2018。

3.2.7.4　与外部顾问合作

人才发展专业人士可以聘用那些能够为组织带来很大帮助，并且体现价值的外部顾问。如果形成合作关系，并且各方共同努力，共同投资，取得最佳效果，组织就能够从中获得最大收益。贝弗莉·斯科特和金·巴恩斯（2011）分享了关于与外部顾问建立合作关系，并且更成功合作的建议。为了确保项目顺利进行，人才发展专业人士应该：

- 鼓励与外部公司建立合作关系；提出具体提案，其中阐明期望和建议角色；谨慎地管理项目范围。
- 确保管理层在引进外部公司之前了解内部咨询的价值和专业知识。
- 帮助外部顾问了解组织的政治动向。
- 确保清晰的沟通，讨论人才发展部门如何为外部顾问提供最佳支持。另外，澄清项目完成之后还需要什么。
- 允许外部顾问获得他们所需的荣誉，以此肯定他们在项目中所取得的成功。
- 明确项目对于外部和内部合作伙伴的期望。

3.2.8　识别、最小化并克服在实施人才发展解决方案或战略过程中组织中阻碍因素的技能

I.　克服人才发展解决方案的障碍和阻力

人才发展专业人士应该了解阻碍人才发展解决方案或战略实施的因素，并善于应对阻力。

3.2.8.1　确定可能存在的阻碍因素

人才发展专业人士应该了解可能阻碍那些可行且必要的解决方案实施的因素。人才发展专业人

士甚至应该在提出解决方案之前，确保方案符合组织的需求，并了解它们可能与其他更高优先级的组织需求之间的冲突。如果障碍是资源有限或只是一个需要短期关注的事项，那么构建一个商业案例可能形成威慑力，以表明解决方案如何有助于节省时间或金钱投资。[参见 3.1.7]

人才发展专业人士应该了解组织学习文化的成熟度。如果学习文化尚未成熟，可能有这样一种假设：学习不同于工作；部门可能缺乏组织视角，因为各个部门在组织结构中在各自部门工作；或者领导层可能没有认识到，应将持续学习作为一种竞争优势加以利用。此外，组织可能并未将学习视为一种战略资产。在这种情况下，人才发展专业人士应该努力影响并教育领导团队（Burkett 2017）。人才发展部门必须证明在组织内打造学习文化能够提高集体学习和问题解决的能力，以提高组织达成使命的能力。

有时，人们普遍抵制变革，因为人们害怕未知。人们害怕失去权力、控制力或影响力。在这种情况下，人才发展专业人士可以通过明确下列几点来找到形成阻力的原因：

- 人们可以自由、安全地表达不同意见。
- 会向那些提出抵制的人员提供其他方案。
- 已经确定了引起问题的根源。

3.2.8.2　预防阻碍实施的组织因素

即使人才发展专业人士已经收集数据、创建商业案例、制定积极的战略证明能够产生投资回报，他们的解决方案和战略仍然可能面临障碍和阻力。人才发展专业人士可以通过几项行动预防这些阻碍因素的发生，或最大限度地降低这些因素产生的影响。这些行动包括：

- 预测可能出现的反对意见，并在自己的演讲中提到这些意见，或者精心准备，当他人提出这些意见时即可成功应对（Scharlatt 2008）。
- 表现出与组织需求之间的一致性。
- 阐明解决方案如何为组织目标的达成提供支持，适当情况下使用数据。
- 确定适当的利益相关者，并在各级传达正确的信息。
- 不断与各个组织级别的人员打交道，保持合作关系。
- 建立长期关系，不要等到需求产生需要支持时才着手建立关系。
- 审慎地使用组织的非正式沟通网络（或"小道消息"），为今后的沟通奠定基础。注：尽管这可能是一种快速传递信息的方式，但人才发展专业人士不应依赖此策略，因为它存在信息不准确的风险。

参考文献

Biech, E. 2018. *ATD's Foundations of Talent Development: Launching, Leveraging, and Leading Your Organization's TD Effort*. Alexandria, VA: ATD Press.

Block, P. 2011. *Flawless Consulting: A Guide to Getting your Expertise Used*, 3rd ed. San Francisco: Pfeiffer.

Booher, D. 2014. "Securing Executive Support." In *ASTD Handbook: The Definitive Reference for Training and Development*, edited by E. Biech. Alexandria, VA: ASTD Press.

Burkett, H. 2017. *Learning for the Long Run: 7 Practices for Sustaining a Resilient Learning Organization*. Alexandria, VA: ATD Press.

Cohen, S. 2017. *Building and Growing a Talent Development Firm*. Alexandria, VA: ATD Press.

Ernst, C., and D. Chrobot-Mason. 2011. *Boundary Spanning Leadership: Six Practices for Solving Problems, During Innovation, and Transforming Organizations*. New York: McGraw-Hill.

Estes, B. 2018. "How to Present a Recommendation." Distilled, March 6. https://www.distilled.net/how-to-present-recommendations/.

Guerr-Lopez, I., and K. Hicks. 2015. "Turning Trainers Into Strategic Business Partners." *TD at Work*. Alexandria, VA: ATD Press.

Landers, A. 2018. "7-Phase Consulting Model for Change Projects." *TD at Work*. Alexandria, VA: ATD Press.

McCambridge, R. 2007. "Ensuring a Successful Consulting Engagement." *Nonprofit Quarterly*, December 21. https://nonprofitquarterly.org/ensuring-a-successful-consulting-engagement.

Scharlatt, H. 2008. *Selling Your Ideas to your Organization*. Greensboro, NC: Center for Creative Leadership.

Schein, E. 1988. *Process Consultation: Its Role in Organization Development*, 2nd ed. Upper Saddle River, NJ: Prentice-Hall.

Scott, B., and B. Barnes. 2011. *Consulting on the Inside: A Practical Guide for Internal Consultants*. Alexandria, VA: ASTD Press.

Tushman, M. 1977. "Special Boundary Roles in the Innovation Process." *Administrative Science Quarterly* 22(4): 587-605.

推荐阅读

Block, P. 2011. *Flawless Consulting: A Guide to Getting your Expertise Used*, 3rd ed. San Francisco: Pfeiffer.

Scott, B., and B. Barnes. 2011. *Consulting on the Inside: A Practical Guide for Internal Consultants*. Alexandria, VA: ASTD Press.

3.3　组织发展与文化

为了保持相关性，组织必须不断发展能力。组织发展的重点在于通过协调战略、架构、管理流程、人员、奖励和绩效指标，提高组织的能力。组织文化涵盖形成企业社交、心理环境的价值观和行为。了解一个组织的文化、规范、正式和非正式关系、权力格局和等级制度，为出于提高效率而开展的系统、结构和流程开发项目的策划提供了相关依据。

组织发展

3.3.1　了解组织发展的概念

I.　组织发展的基础知识

人才发展专业人士应该理解组织发展的概念，因为组织系统体现的环境和背景将对组织吸引人才、留住人才、提高敬业度和学习迁移产生影响。

3.3.1.1　知识体系和采用的实践

可将组织发展视为运用组织资源来提高工作场所的效率和生产力。其中涉及一个持续、系统化的长期流程，用于提高组织的问题解决能力，以及组织应对内部和外部环境变化的能力。

组织发展既是一种应用行为科学领域，又是一种科学研究和探究领域。这是一个跨学科领域，其研究根植于社会心理学、成人教育、人类学、社会工作、人力资源管理、变革管理、个体心理学、群体动力学、变革理论与模型、组织行为、研究分析与设计、文化与创新等。

组织发展的核心基础是强调系统理论和系统思维，贯穿于从诊断到解决方案实施到评估的所有理论和实践。系统思维是一种概念框架，从整体视角看待问题，从而理解系统各"组成部分"之间的关联和互动如何对各个部分以及整个系统产生影响（Senge 2006）。

系统是由相互关联的各个部分构成的一个排列，表现出相互依存和相互联系的关系，同时也是构成一个可识别整体的一系列元素。所有开放系统都以能源、信息、资金、人员、原材料等形式接受来自环境的输入。例如，某个开放系统通过调研或市场研究获得客户输入，然后将这些意见投入产出流程中，这一流程能够将输入转化为输出，从而对环境产生影响。在本例中，输出可以是广告、营销或游说活动。

开放系统所具备的可能影响组织发展的其他特征包括：

- 边界。开放系统会有一个渗透边界，可与其他系统和环境交换信息、资源和能量。

- 反馈机制。开放系统有一个反馈机制，可通过该机制导入环境中的信息。

- 整合和协调。每个系统都必须提供整合和协调各个部分的机制、流程和程序。

- 稳态。系统在面对无论是来自内部还是外部的破坏性力量时，都会力求达到稳定的平衡状态。基本原则是保护系统。

组织，就像人体或其他生物系统一样，是由相互关联和相互依存的部分组成的生命系统。系统方法有助于提升对于项目、问题或挑战所在大环境的意识，帮助人才发展专业人士理解在系统某个部分实施的活动、计划或变革也会对其他部分，继而对整个组织产生影响。

3.3.1.2　组织发展胜任力和能力：全球组织发展实践框架

全球组织发展实践框架定义了人才发展专业人士在从事组织发展相关工作时需要具备的胜任力，体现了他们需要掌握的知识、技能和表现的行为。这一框架是组织发展研究所的研究成果，并且获得了大量组织发展思想领袖的支持。基础胜任力包括人际交往能力、咨询能力、商业头脑、协作、问题解决、概念化、项目管理、精通技术和演讲技能。

这些胜任力都是广泛的包容性技能，描述了组织发展专业人士如何履行自己的职责，并成功地发挥其作用。胜任力是掌握一种能力的前提条件。例如，能力是运用胜任力来达成专业或组织目标。

组织发展专业人士的五项主要能力分别是：

- 系统变革专家。包括作为系统变革领导者、文化构建者和创新者所需的胜任力。需要掌握系统动力学，变革理论和模型，组织行为、设计和研究，分析和诊断，群体动力学、个体心理学、文化与创新相关知识。

- 高效的设计者。包括作为高效设计者、流程顾问和数据合成者所需的胜任力。需要掌握数据收集，数据分析，设计、选择适当的计划或解决方案，以及协作的知识。

- 业务顾问。包括作为战略催化剂、以结果为导向的领导者和值得信赖的顾问所需的胜任力。需要掌握发展客户关系、管理咨询流程、项目管理和评估组织变革的知识。

- 可靠的战略家。包括作为可靠的影响者、协作沟通和全球多元化整合者所需的胜任力。需要掌握战略规划、沟通、培养客户能力和管理咨询流程的知识。

- 见识广博的顾问。包括作为模范顾问、高情商领导者、终身学员或执业者所需的胜任力。需要掌握商业头脑、群体引导、流程咨询和冲突管理的知识，也包括了解自己的成见以及它们如何影响互动的，如情绪智力。［参见 1.2］

对于人才发展专业人士的影响

由于人才发展专业人士需要在组织系统环境下应用、发展并运用自己的能力和才华，因此他们必须了解 ATD 能力模型中阐明的能力是如何对组织发展相关胜任力和能力进行定义、区分和支持的。将组织发展技能组与学习和发展、绩效改进和人才管理能力相整合，这样有助于提高专业和组织效能。

但是请记住，如果一个人想要精通所有组织发展或人才发展能力，那是极具挑战性的。因此，对于人才发展专业人士来说，最好的做法是专注于少数几项最能影响特定角色成功的关键技能和知识，并利用领导者、主题专家、团队成员和专业网络的经验和专业知识获得额外支持。

3.3.1.3　整合组织发展

组织发展是促进或推动组织发展的行为、过程或结果。人才发展专业人士必须了解咨询流程，具体包括描述组织发展工作、主要任务和可供使用的组织发展解决方案的常见类型。

3.3.1.3.1　咨询流程

大多数咨询流程均遵循不同的阶段。组织发展咨询流程包含三个阶段：

- 诊断。组织成员与人才发展专业人士共同收集关于整个系统及其流程、文化或其他感兴趣领域的数据的协作流程。它源于两种需求：了解现状"是什么"的需求，以及了解"应该是什么"的需求。[参见 3.6.4.1]

- 行动。专为改进组织职能而设计的活动和解决方案。

- 方案管理。这些是为确保组织发展战略或解决方案获得成功而设计的活动。例如，项目管理、关系管理、利益相关者期望、变化或项目团队、沟通策略、实施计划、目标设定和风险防范计划（French 和 Bell 1999）。[参见 3.2.1]

3.3.1.3.2　任务

在变革管理过程中，人才发展专业人士推动组织从"是什么"向"应该是什么"发展。人才发展专业人士在设计和实施组织发展战略时，必须关注三项主要任务：

- 帮助客户系统产生有效数据。

- 使客户系统能够自由地做出明智的选择。

- 协助客户系统对所做的选择做出内部承诺（French 和 Bell 1999）。

3.3.1.3.3　提议的类型

组织发展提议通常可以分为：

- 人员流程提议包括团队建设、人际和群体流程方法和辅导。

- 技术结构提议包括组织重组，例如，合并和收购、灵活的工作设计、裁员、业务流程工程、全面质量管理、工作生活质量、六西格玛和敏捷。

- 人力资源管理提议包括员工参与、绩效管理、继任计划、辅导和指导、职业发展和多元化意识。

- 战略提议包括组织转型、文化变革、领导力发展、吸引和留住员工计划。

大多数提议都拥有每个类别特有的元素。人才发展专业人士应该确保任何组织发展计划与特定的战略目标相协调。

3.3.2   设计和实施组织发展战略的技能

I.   设计和实施组织发展战略

人才发展专业人士应该了解如何设计和实施组织发展战略，从而成功主导并支持以提高组织效能为焦点的计划。在实施组织发展战略时，任何解决方案的对象都作为完整系统的组织。以学习为导向的战略往往更针对系统内的个人或群体。

人才发展专业人士应将组织发展技能与越来越多关注提高组织效能的人才发展、绩效改进和人才管理解决方案相结合。组织发展从业者用于设计和实施组织发展战略的流程分为五个阶段：

1. 进入表示顾问和客户之间的初始联系，双方在这一阶段提出并探讨问题、机会或情况。这一阶段的输出通常是形成一项参与合同或项目计划，建立对项目范围（如时间、金钱和资源）的共同期望和初步协议。

2. 诊断（评估）代表事实调查阶段。这是组织利益相关者与顾问协作收集数据的流程，在这一阶段收集、分析并审核可用于揭示问题的相关信息。

3. 反馈表示将经过分析的信息返回给客户或客户系统；探讨信息，以便清楚、准确地理解信息含义；对有关范围和资源管理的初步协议进行审查；客户开始拥有数据的所有权。这一阶段的输出通常是一项行动计划，该计划概括阐述待开发的变革解决方案，以及根据信息和数据分析结果指明的成功指标。

4. 解决方案是指设计、开发和实施解决方案或一组解决方案，旨在纠正问题，缩小差距，改进或提高绩效或抓住机遇。输出可以包括沟通计划、角色-职责矩阵、培训计划、培训课程、实施计划、风险管理计划、评估计划或变更管理计划。

5. 评估是收集形成性评估和总结性评估数据的持续过程，通过这一过程确定计划是否达成预期目标并取得规定的成功指标。输出通常包含一份评估报告，其中提出持续改进建议。

3.3.3   了解关于社交、组织和信息系统设计、互动和运作的理论与框架

I.   支持组织发展的一般理论

人才发展专业人士应该了解组织发展的一般理论，确定哪种理论和方法最适合他们所面临的问题、机会或变革的请求。

有效的解决方案取决于为特定情况匹配适当的理论和实践。因为理论已经过审查，如果将其运用于适当的情况，成功的可能性就很高。不同的理论更适合不同的需求或实践领域。了解各种理论的优缺点有助于人才发展专业人士选择最佳方法。

3.3.3.1   组织发展理论

人才发展专业人士应该熟悉下列组织发展理论。

- 系统思考以如下理念为基础：如果想要充分理解系统的各个组成部分，就需要审视各个部分

之间以及与其他系统之间的关系，而不是孤立地看待它们。整体观对于变革计划很重要，因为对系统任何部分的微小改变都会影响到整个系统的互连程度。[参见 3.1.1]

- 开放系统理论是指组织结构如何影响信息和互动流程，包括内部以及与外部环境之间的信息流动和互动。它们的特点是采用输入—转换—输出机制。开放系统规划包括：通过环境扫描来确定外部利益相关者的需求和期望；制定可能的组织未来场景；制定行动计划以确保实现理想的未来。如果想要创建学习型组织，就需要这种思维（Senge 2006）。[参见 3.3.1.1]

- 复杂性理论将组织定义为一个复杂的自适应系统，该系统需要通过避免混乱、自我组织、不断重塑自我，对外部和内部环境做出反应。在复杂性理论中，未来是不可知的，因此学习能力对于持续的组织效能绝对重要。在应用过程中，需要实验和创新来开发新的操作模式。

- 混沌理论是一种跨学科理论，指出即使混沌复杂系统存在明显随机性，潜在模式、持续反馈循环、重复和自我组织仍然存在。蝴蝶效应描述了一个系统的某个状态的微小变化如何引起之后状态发生巨大差异，这意味着对于初始条件的敏感依赖性。

- 社交网络理论是指人类、组织或群体如何与各自所在网络内的其他方互动。网络由行动者及其相互之间的关系形成，它们被称为节点，可以是个人、组织或公司。行动者始终是网络内的最小单位。

- 行动研究，该术语最早由库尔特·勒温（1944）提出，也称参与式研究。这是一种通过行动来学习的方法，安排一组员工或一个小组作为实践社区的一部分，识别问题，制定解决方案，实施解决方案，然后分析最终结果。当行动和研究同时进行时就会发生根本性改变，而且在这一过程中还需要开展批判性反思。

3.3.3.2　计划变革模型

组织发展是一种实施积极、有效的组织变革的持续系统化流程。影响组织发展实践的变革模型包括：

- 库尔特·勒温的力场分析（1947）基于这样一个前提：在任何时间点发生的事情都是朝相反方向推进力作用的结果。勒温指出变革是一种包含三个阶段的流程：
  - 解冻旧行为。
  - 进入新的行为层次。
  - 重新冻结新层次行为。[参见 3.6.1.2]
  - 威廉·布里奇斯过渡模型（1991）将计划变革描述为一种情景化的心理上的迁移。相对于有计划的变革，该模型关注迁移和"放手"。布里奇斯描述了迁移的三个阶段：结束、中性区和新的开始。[参见 3.6.1.4]

- 伯克-利特温（W. Warner Burke-George H. Litwin）模型（1994）指出了创建一阶（交易性）和二阶（转型性）变革所涉及的变量。该模型指出了组织氛围与组织文化两者之间的区别：
  - 氛围指个人就某个组织是优秀的还是差劲的工作场所对组织进行的一系列评估。
  - 文化是根据更深入、相对持久，并且通常是无意识的价值观、规范和假设对组织进行的集体评估。

- 转型性变革和基本文化转变是通过针对领导力、使命、战略和组织的解决方案而完成的。
- 交易性变革或氛围改变是通过针对管理实践、结构和系统产物的解决方案而完成的。

- 戴维·纳德勒（David A. Nadler）和迈克尔·图什曼（Michael Tushman 1997）提出了叠合模型和"7S"方法，这种方法用于分析组织内各个独立的子系统如何对外部环境进行扫描，并将其输入转换为个人、群体和整体层面上的对组织的输出。7S 是指战略（Strategy）、结构（Structure）、系统（Systems）、共同价值观（Shared values）、技能（Skills）、风格和文化（Style and culture）及员工（Staff）。

- 彼得·圣吉（2006）将组织描述为有机体，这种理念对自上而下、英雄领袖和大规模变革的概念提出了挑战。圣吉建议通过组织五项修炼的组织学习实施小规模的渐进变革。［参见 3.3.7.1］

- 普洛西（Prosci）ADKAR 模型是一种基于目标的变革管理模型，用于引导个人和组织变革。该模型不同于很多其他的变革管理模型，因为它关注在个人层面上通过五个不同的阶段引导变革的完成：意识（A）、欲望（D）、知识（K）、能力（A）和强化（R）。

- 马文·韦斯伯德六盒模型（1976）是一种基于研究的组织发展模型，告诉执业者在诊断组织问题时应该在哪里寻找，以及关注什么。该模型将六个关键领域作为影响组织成功和实现最大影响的杠杆点。该模型通常用于教会领导者、管理者和绩效专业人士在确定当前促进或阻碍组织行为的各种因素时，采用系统思维。

人才发展专业人士应该认识到，在将组织发展理论运用至人才发展领域时，并不存在一种统一的方法。然后，了解不同的组织发展理论及其独特的价值将有助于确定最适合特定业务需求或组织变革要求的方法。［参见 3.6.1 和 3.6.4.1］

3.3.4 确定组织中正式和非正式关系、阶层制度和权力动态的技能

I. 了解组织关系、阶层制度和权力动态

人才发展专业人士应该了解组织关系、阶层制度和权力动态，从而更有能力影响和推动人才和组织发展战略。

3.3.4.1 了解组织中的关系

人才发展专业人士应该能够识别、建立和维护与客户和组织利益相关者之间的强大信任关系，以便：

- 确定业务需求、绩效差距和变革机会。
- 获得相关人士对于组织变革计划的支持。
- 使解决方案与战略性的业务要务相一致。
- 通过解决方案设计、开发、实施和评估促进参与和协作。
- 确定解决方案实施过程中的风险和阻碍因素。

- 确定后续机制来强化和维持变革流程。
- 建立作为战略变革促变者和业务顾问的信誉。

3.3.4.2 确定关系和组织结构图

组织结构图阐明某个组织的架构及其各部分和职位之间的关系和相对等级。从整体上阐明公司阶层制度以及人员之间的汇报关系，在人才发展专业人士努力确定关系架构时，能够为他们提供洞察。

然而，组织结构图只显示"正式关系"，不涉及任何人员（社交）关系或影响组织文化的管理风格。除组织结构图外，人才发展专业人士还可以使用多种工具来确定正式和非正式的工作关系，如利益相关者分析、环境扫描或网络图。人才发展专业人士应努力识别、建立和影响组织内所有级别的关系。

3.3.4.3 关系如何为组织发展提供支持

与客户、团队和利益相关者建立健康的工作关系能够带来很多好处。上述人士与组织发展工作的成功利害攸关，他们能够保证项目资源，并有助于确保项目始终朝着正确的方向发展。如果不能展现协作行为和思维模式，那么人才发展专业人士就不能指望以参与性、解决问题流程的形式来践行和推广组织发展。健康的工作关系包括：

- 信任，指其他人可以依赖某人的性格、能力、优势或某事的真相。
- 相互尊重，指花时间了解并重视他人的观点和想法。
- 正念，指有意识地对言行负责。
- 欢迎多样性，指接受和欢迎不同的人和观点。
- 坦诚沟通，指真实、透明、坦诚地沟通。

建立并维持健康的工作关系不仅有助于在确定问题和制定解决方案的时候提升相关人士的参与度和获得更多承诺，还可能有助于开启关键项目、职业机会和潜在教练或导师的大门。

3.3.5 了解组织管理的原则

I. 组织管理的原则

人才发展专业人士应该理解组织管理的原则如何对组织发展工作的权责划分产生影响。

3.3.5.1 组织系统

组织系统定义了公司是如何成立的。其结构则规定了如何确保每个业务部门之间的协调性，谁向谁汇报的阶层制度，以及组织内如何开展沟通。组织结构主要有五种类型。

- 职能组织结构是一种传统的阶层制度，常用于大型公司，通常有若干个专业部门，每个部门都有各自的负责人，向高层管理者汇报工作。正是由于这种专业部门的存在，员工通常也会更加专业。这种结构提供了明确的报告线，以及更明显的晋升和成长途径。

- 事业部组织结构根据员工所参与的项目，将组织划分为多个团队。每个团队都有一名总监或副总裁，在组织内行使一定程度的自治权。这种结构使员工能够熟悉其他技能专业及其团队成员的工作。

- 矩阵组织结构是职能和事业部结构之间的一种交叉。设有传统的阶层和专业部门，然后又将每个部门分为多个项目和更小规模的团队。在这种结构下，员工可以接触其他部门和项目，更有利于跨部门协作。

- 水平或扁平结构使层级结构扁平化，令员工对自己的工作有更多的自主权。这种结构可能由临时团队组成，尽管它们通常没有正式的结构。在这种结构中，尽管自上而下的动力极小，但通常会有某些级别的高层领导参与。很多初创公司和技术型公司都采用这种结构，因为它鼓励创新和员工意见。这种结构还有助于促进团队之间的沟通，并消除自上而下结构中信息传递可能面临的沟通问题。

- 网络结构与其他结构相比阶层性较低，但也更分散和灵活，因为这种结构会采用外包方式来完成非关键性的专业工作。这种结构依赖坦诚的沟通以及可靠的内部和外部合作伙伴。这种结构相对于其他结构更敏捷，因为它有更多的控制权和核心决策力，而且它能够撤销不必要的部门，最大限度减少行政开支。

3.3.5.2　组织结构的演变

未来的组织必须适应工作方式、领导方式和公司结构方面的演变。雅各布·摩根（Jacob Morgan）在其《工作的未来》（*Future of Work* 2015）一书中介绍了未来组织的 14 条原则，这些原则都以逐渐脱离阶层命令结构为基础。这些原则强调对于更扁平、更具协作性和适应性的结构的需求，在这种结构下，任何员工都可以充当老师或学员，随时随地向同事学习。这 14 条原则分别是：

- 全球分布，更小的团队规模。
- 员工之间互相联系。
- 内部创业（员工虽然在内部工作，但是希望他们在工作过程中运用企业家的属性）。
- 像小公司一样运作。
- 关注"想要"而不是"需要"。
- 能够更快地适应改变。
- 创新无处不在。
- 云端运行。
- 更多女性员工担任高管。
- 更扁平的结构。
- 讲故事。
- 民主化学习。
- 从利润转向繁荣。
- 适应未来的员工和未来的管理者。

随着组织结构的演变，为了取得高绩效提出以下建议：

- 采用更扁平化的组织结构，将责任下放给员工。
- 更加重视直线经理，以支持传统上由人力资源部处理的任务。
- 将学习作为优先事项注入所有组织系统中。
- 把决策权下放给自治单位和员工。
- 将员工的绩效衡量标准与财务绩效指标联系起来（Cascio 2012）。

3.3.5.3　组织管理原则

亨利·法约尔（Henri Fayol）开创了五大管理职能，他被视为直线与员工组织等概念的奠基人。直到今天，他提出的想法和战略对于预测、计划、流程管理、组织管理、决策、协调和控制来说都是有用的工具。法约尔提出的五大管理职能分别是：

- 计划，指向前看。根据法约尔的观点，制定出色的行动计划是五大管理职能中最困难的一项，因为这需要整个组织的积极参与，必须将可用资源联系起来，并在所有层面上展开协作。
- 组织，是一项必要职能，因为组织必须拥有出色的组织结构才能出色运作。这意味着必须拥有充分的资金、员工和原材料才能确保组织顺利运作，并且通过适当的职能和任务划分来设立出色的工作结构。
- 指挥，通过明确的工作指示，管理者让员工知道组织对他们的要求。成功的管理者能够激励团队，并鼓励员工主动投入参与式策略中。
- 协调所有资源和活动，使组织处于最佳状态。协调还旨在激发团队内部的动力和自律。
- 控制用于核实活动是否按照计划展开。其中包含四个步骤：
  1. 根据组织目标确立绩效标准。
  2. 衡量并报告当前绩效。
  3. 将结果与绩效和标准进行比较。
  4. 根据需要采取纠正或预防措施（Van Vliet 2014）。

这五项职能对于所有级别的管理都至关重要，而且各项职能互相关联。

3.3.5.4　政治动态

组织政治是指与运用影响策略改善个人或组织利益相关的各种活动。政治动态包括隐性规范、隐藏假设，以及定义组织中"事情是如何完成的"的并未言明的流程和指导方针。不同公司的组织政治程度各不相同，但现实情况是，所有的组织都有某种内部政治动态，这种动态可能有助于也可能损害公司的效能。

为了应对这些动态，人才发展专业人士应该了解参与者、规则和问题所在的环境，公司的组织结构图将提供对政治环境的一些洞察。培养并运用政治头脑能够为人才发展专业人士带来重要的好处。研究显示，相比那些政治上天真的同行，拥有政治头脑的个人在获得更多的个人权力以及管理压力和工作需求方面的表现更出色。他们对组织成果的影响力也更大（Jarret 2017）。

3.3.6　了解组织内的工作角色、关系和汇报结构

I.　组织的汇报结构

人才发展专业人士应该了解组织的汇报结构，以确定结构与文化之间的关系，评估结构对于组织绩效的影响，并确定在领导或支持组织发展工作时，应该向哪个部门的哪些人寻求支持。组织结构、角色和关系为具体的人力资源问题（如管理权限和资源分配）提供了指导和明确性，并且必须不断适应工作场所及其员工不断变化的需求。［参见 3.3.5.3］

3.3.6.1　汇报结构的目的

汇报结构是指某个公司内的权力关系（谁向谁报告），通常由权力边界形成。汇报框架确立了由谁负责不同的任务、部门领域和整个组织。

3.3.6.2　常见的汇报结构

常见的汇报结构有四种：

- 垂直汇报结构是指权力逐渐增加，直至汇报结构的顶部，最高级别是公司所有者或首席执行官，形成权力层级。操作管理层、中层管理层和高层管理层对其直接管理的人员拥有直线权限。员工只拥有完成各自工作的权力，处于阶层的最底层。
- 水平汇报结构确立同侪和横向关系，在这种关系中，来自整个组织的个人和团体必须协调努力以实现目标。这种结构规定了每位管理者的权责范围，也就是向他们汇报工作的员工的人数。
- 员工职权是指员工有权向直线经理和职能部门（如生产和销售）提供建议。他们的角色是创建、开发、收集和分析信息，并且以建议的形式将这些信息提供给员工。直线经理保留对直接向其汇报工作的员工的管理权限，员工有建议的权限。
- 职能权限为一些员工经理提供了对某些程序或任务进行管理的权限。例如，人力资源经理可能创建了一些关于预防歧视的程序，所有经理都必须遵守这些程序。整个公司的经理都必须向人力资源经理汇报合规情况，人力资源经理对于这一程序持有职能权限。

文化

3.3.7　了解建立、支持或宣传将人才和学习视为组织竞争优势推动力的组织文化的战略和技巧

I.　培养学习型组织

人才发展专业人士应该了解学习文化的特点，能够利用自身作为学习领导者的角色来帮助组织建立并保持持续学习文化。

3.3.7.1　学习型组织的起源

组织学习的概念可以追溯到 20 世纪 40 年代，当时像壳牌石油、通用电气、太平洋电话、本田和约翰逊维尔食品这些公司开始认识到自身在提高组织绩效和竞争优势方面的潜力（Marquardt 2011）。

然而，正是彼得·圣吉所著的《第五项修炼：学习型组织的艺术与实践》对行业产生了重大影响，该书使组织学习的概念成为组织发展的焦点。

学习型组织是"人们不断提升自身能力，创造出自己真正想要的结果；培养全新、广阔的思维模式；释放集体抱负；人们不断学习如何共同学习"的场所（Senge 2006）。如图 3.3.7.1-1 所示，他建议利用五种技术或学科来形成组织的整体能力，利用学习促进持续成长和振兴：

- 系统思考是指看到全局并区分不同的模式，而不是将变化概念化为孤立事件的能力。
- 自我超越，被视为学习型组织的基石，始于人们致力于终身学习，并不断取得对于自身来说重要的成果。
- 心智模式从自我反思开始，挖掘根深蒂固的信念、假设和思维模式，并理解它们如何显著地影响我们的行为和世界观。心智模式用于刺激"带有学习意味的"交谈，这种交谈通常支持反思和探究。
- 建立共同愿景包括发掘对于未来的共同憧憬，这些憧憬有助于促进真正的承诺，而不仅是为了遵守规定。
- 团队学习是培养团队团结一致、分享目标和创造期望结果的能力的过程。

图 3.3.7.1-1　圣吉提出的学习型组织的五大修炼

资料来源：Zeeman 2017。

圣吉提出的五种修炼相互关联，关注组织的长期成长。虽然对于组织来说，先主要关注一到两种修炼，同时逐步应对其他修炼，这种做法可能更易于管理，但是只有妥善使用并整合这五种修炼最终才能实现长期成长。

3.3.7.2　高绩效学习型组织的特点

对于组织学习和绩效的关注正是学习文化与培训文化之间最大的区别。在学习文化中，相对于培训本身，更注重打造学习文化。在这种文化中，"员工不断地寻求、分享并应用新知识和技能来改进个人和组织绩效"（ASTD 2014）。在这种文化中，学习成为一种"生活方式"融入每日活动中，成为一种渗透组织方方面面的组织价值观。

自圣吉的开创性努力以来，许多组织都对高绩效学习型组织的特征及其不同之处进行了研究。表 3.3.7.2-1 展示了根据大量研究发现（Burkett 2017）总结出的高绩效学习型组织的特征。

表 3.3.7.2-1　高绩效学习型组织的特征

起　点	终　点
学习关注针对个别学员的孤立的、碎片的学习活动	组织内所有级别都会开展持续的、集体性的日常学习活动
学习的焦点在于促进培训群体之间的互动和参与	学习的焦点在于引导跨界联系和投入
学习领导者的角色是引导者和看门人	学习领导者的角色是战略性业务顾问
学习由学习型组织驱动	采用自我引导式学习，由员工和管理者推动学习
学习领导者对个人的学习进展或技能获取情况进行评估，并提供反馈	学员、管理者和同侪不断地参与关于彼此学习进展或技能提高的反馈循环
学习无法证明自身对于业务做出的贡献	学习提供关于业务影响的定性和定量衡量标准
学习是一种独立职能	学习是将战略、人才和知识整合起来的工具
学习是孤立的，容易受环境的影响	学习不断与环境互动，并对环境产生影响

资料来源：Burkett 2017。

3.3.7.3　培养学习文化是组织的一项要务

随着自动化和机器人技术的不断进步，全球化加剧，工作场所变得更加复杂、多代和多样化，当今组织唯一的竞争优势就是要学得更快，从而在竞争中胜出（Volini 等人 2019）。对于弥补技能差距、培养变革能力并为组织在混乱的时代生存和发展所需的创新能力提供动力，持续学习是必要的资源。

凭借出色的学习文化而享有声誉的组织通常能够更好地：

- 吸引优秀人才。
- 培养各个级别的领导者，这对于继任计划至关重要。
- 提升留住员工的能力。
- 培养更容易接受和适应变化的员工。
- 提倡成长思维模式和高绩效。
- 以比变化更快的速度学习。

从员工视角来看，学习型组织是更好的环境，因为这种组织：

- 鼓励独立思考。
- 提高应对变化的能力。
- 提高工作效率。

- 提高工作满意度和承诺度。
- 提供持续学习和发展的机会。
- 关注"技能升级",提高就业能力。

实践证明,学习文化可以提高员工参与度,降低员工流失率,提高员工满意度,鼓励员工解决问题,提升留住员工的能力。员工想要一个有利于持续学习和成长的环境。如果在工作环境中无法学习,他们就会离开(Asghar 2014)。

3.3.7.4　帮助管理者打造学习文化

人才发展专业人士应该认识到,在构建学习文化的过程中,管理者是最重要的因素。他们应该确保各个级别的管理者(包括团队负责人、管理者的管理者或执行领导层)在参与和透过自身优势发展时具有挑战性的体验(Biech 2018)。如果管理者也能参与其中,就更有可能激发员工的大局观、跨团队合作和知识共享。人力资本协会和国际教练联合会开展的研究显示,那些将高影响力教练作为学习文化组成部分的公司,其表现往往优于其他同行公司。高影响力教练实践包括利用外部教练、由训练有素的内部教练组成的骨干团队,或由领导者和管理者担任教练,以促进学习和发展。

3.3.7.5　建立有效的合作关系

学习文化从高层领导开始,由中层管理者驱动。为确保学习文化得到执行官的支持,人才发展专业人士应该与领导者,以及那些有业务需求的组织单位、有权为学习和绩效解决方案做出决策并分配资源的组织单位开展合作(Skibola 2011)。

促进组织内所有层面的业务合作有助于人才发展专业人士提高对组织的了解,并确定学习型组织有助于及时解决实际问题的领域。例如,业务合作确保人才发展专业人士能够妥善识别:

- 满足既定需求的最佳解决方案。
- 运用学习解决方案的环境。
- 强化学习迁移,以及将所学知识和技能运用到工作中的环境支持范围。
- 用于评估学习,以及绩效改进解决方案成功与否的特定绩效和影响衡量标准。[参见 3.2]

在评估需求以及设计和交付解决方案的过程中,人才发展专业人士还应该与领导者、管理者和团队合作,始终牢记"现代学员"的视角(Hart 2019)。这意味着确保解决方案关注提供相关学习体验(而不是学习事件),并且确保学员能够为自己的发展做出选择,并承担责任。花时间加强联盟,并从多个客户角度了解组织的需求,这样能够为学习发展专业人士建立信誉并获得信任(Robinson 等人 2015)。[参见 3.3.7.5]

3.3.7.6　与领导者接触以了解业务

学习文化的持续成功取决于获得那些有业务需求、有权将学习活动排上议程,并且针对学习资源分配做出决策的领导者的支持(Dearborn 2015)。现实情况是,大多数领导者认识到他们需要人才发展的支持来应对紧迫的绩效挑战。然而,许多领导者仍然犹豫不决,不确定是否应该让学习型组织参与进来,因为人才发展专业人士可能从学习的角度,而不是从商业的角度看待世界。

如果想要获得高层领导的支持，人才发展专业人士就应该树立自己作为业务伙伴的信誉，表现出自己更关注学习对绩效产生的影响，而不是学习本身。花时间理解业务语言，并尝试去说这些语言，这样能够向利益相关者表明，人才发展专业人士有兴趣帮助领导者获得他们想要的成功结果、帮助利益相关者获得他们想要的结果，这是人才发展专业人士在发展学习文化过程中获得所需的领导支持和承诺的最佳方法。在成熟的高影响力学习型组织中，整个组织内的业务执行官和员工都围绕持续学习（正式和非正式）共同努力，运用战略性人才发展工具，推行灵活、敏捷的结构，对流程、实践和课程进行充分优化，从而为随着时间推移而产生的各种发展需求提供支持。实现流程成熟度最佳水平的过程也是一个具备多个不同的迭代发展阶段的转变过程。虽然学习型组织的成熟度水平并不是绝对的，但是它们确实能够令领导者强烈地感受到公司目前所处的位置，以及为了推动公司前进他们需要做些什么。四种常用的成熟度水平分别是承认、抵制、改进和更新（Burkett 2017）。
［参见 3.2.1 和 3.2.3.3］

3.3.7.7　展现价值

负责审批人才发展预算的客户和管理者也需要证明人才发展工作值得投入时间、资金和资源。他们必须通过战略的、以结果为导向的关注点在执行官会议桌上争得一席之地。学习型组织可以通过使用基于证据的数据，向业务领导者展示如何以结果为关注点来取得对他们来说重要的结果，以此来展示以结果为关注点的重要性。虽然影响的衡量标准非常有价值，但是有些管理者可能只想要知道计划是否顺利进行、实现目标，并达成战略目标。

总体而言，系统地展示学习型组织计划的价值能够帮助人才发展专业人士和利益相关者确定：

- 正确的策略是否正在推动正确的问题。
- 战略执行是否按照计划和时间表进行。
- 是否通过正确的方式、在正确的时间、向正确的人员提供正确的工具和资源。
- 组织约束或文化障碍是否会干扰学习、绩效和业务目标的达成。

事实证明，以讲故事的形式利用基于证据的数据还能够获得资助和发起人的支持，获得利益相关者的额外承诺，为项目投资和资源的决策提供依据，并帮助识别改进机会（Biech 2018）。

3.3.7.8　对关于人才发展的组织假设和信念提出挑战

长久以来，很多领导者都认为员工学习是在课堂上进行的，由培训师在远离工作现场的环境中交付，课程内容和活动由教学设计者负责挑选。管理者以及许多人才发展专业人士也开始相信，好的培训可以解决任何绩效问题。然而，由于工作场所发生了改变，关于学习的信念也需要随之改变。在当前这个高度自动化和混乱的时代，组织的竞争优势就在于其应用集体知识和专门知识的能力，而不是能够提供多少课程。也就是说，组织需要从培训文化过渡至学习文化（Burkett 和 Holliday 2018）。

如果想要打造学习文化，需要先了解深层的信念和假设，以及影响组织行动的价值观和原则（Schein 2010；Gill 2017）。表 3.3.7.8-1 中列出了区分培训和学习文化的关键信念和假设。

表 3.3.7.8-1　关于学习文化的信念和假设

培训文化的信念和假设	学习文化的信念和假设
以讲师为中心 　认为关于员工学习的职责需要由讲师和培训经理承担，由他们推动学习	**以学员为中心** 　认为学习的职责需要由员工自己、管理者和期待能够获得知识和技能的团队承担，并在需要的时间和场合运用所学内容
以单独活动为基础 　认为最重要的学习往往发生在各种学习活动中，如工作坊、课程、电子学习课程和会议	**连续** 　认为学习随时都在发生，会在学习活动中发生，也会在工作和社交活动中发生，通过教练和导师，通过行动学习，通过智能手机和平板电脑，以及通过试验新流程
集中 　认为学习资源由首席学习官、人力资源或人才发展部门控制	**分散** 　认为整个组织都积极参与、推动和支持工作场所内外的学习资源
筒仓 　认为组织内的各个部门单位互相争夺信息，信息将被囤积起来	**共享** 　认为信息和资源可以在各单位之间共享，每个人都致力于推动组织成功以及知识共享
交付 　认为人才发展职能是根据产出的衡量标准来被评估的，如课程和材料的交付	**结果** 　认为相对于产出，更关心成果——知识和技能是如何获取的，如何运用到工作场所中并且为战略目标的达成和优先要务的完成做出贡献

执行管理层

执行官基于针对人才发展项目或课程能够为组织增添价值或满足业务需求的承诺而决定批准或资助这些项目或课程。为服务高层领导，人才发展专业人士应做好准备：

- 使用以数据为驱动的方法来传达学习战略或解决方案的价值。
- 不断改进领导力发展课程，培养关键能力。
- 树立并展示作为学习领导者、组织顾问、绩效改进专业人士或人才经理所掌握的专业知识。
  ［参见 3.3.1.2］

管理者

中层和一线经理通常负责执行战略计划，确定和分配资源（时间、材料、人员），以及确定支持项目实施的各项优先任务。管理者对于计划的执行至关重要，而且对于学员如何将技能和知识迁移到工作中所采用的方法也会产生最大的影响。一般来说，满足管理者的需求包括：

- 分享工具和资源，帮助管理者为新角色做好准备，包括教练角色。
- 提供绩效支持，确保管理者参与项目实施前、实施中和实施后各个阶段。
- 让管理者确定促进和阻碍学习迁移的因素。
- 在管理者努力改进团队绩效的过程中，为他们提供支持（Biech 2018）。

3.3.7.9　将人才发展战略与组织战略关联起来

研究显示，那些能够将学习与业务优先要务协调起来的公司通常在增加公司收入方面的能力要优秀得多（Carter、Ulrich 和 Goldsmith 2004）。广义而言，学习战略确定了学习型组织想要完成什么，它将如何增加整体业务价值，以及它将如何达成和支持组织目标。

人才发展专业人士需要知道什么时候运用人才发展战略来调整、转向或反转。通过不断回顾战略需求和体现组织优先要务的目标，人才发展专业人士能够：

- 更好地将学习型组织定位为业务成功的催化剂。
- 通过确定关键的成功衡量标准来为有效的课程评估奠定基础。
- 帮助创建学习结果的共享。［参见 3.4］

3.3.7.10　促进学习文化的因素

尽管在发展学习文化时，并不存在理想的方法，但是实践证明关键因素和焦点领域有助于促进、强化并推动转型过程。这些因素包括：

- 领导力。对于学习型组织的承诺必须从最高层开始，需要首席执行官积极参与，扮演如"领导者-教师"、执行顾问或导师的角色。中层和一线主管也将扮演包含多年龄段成员的分散工作团队的教练、开发人员和管理者（Mitchell、Ray 和 van Ark 2014）。
- 一致性。相比低绩效学习文化，高绩效学习文化更有可能制定与战略业务目标相一致的学习战略。所谓一致的学习战略，是指吸引领导者参与相关绩效要求制定的战略。
- 衡量。高绩效学习文化会监督学习所产生的影响，从而确定流程是否实现增值，并取得期望的结果。它们定期衡量学习策略的成功程度，并利用结果识别改进机会（Prokopeak 2013）。
- 协作。在高绩效学习组织中，员工通过社群、社交网络和基于技术的协作学习工具分享知识。有意义的联系有助于促进创新和参与，并提升学习型组织的价值（Kelly 和 Schaefer 2015）。
- 变革能力。成熟的学习型组织会通过将变革能力与领导力发展和管理培训相结合，使用规范的变革管理流程，并利用员工网络培养整个企业内的变革能力来准备好应对变革（Anand 等人 2019）。［参见 3.3.7.6］
- 整合。可持续学习型组织建立并利用综合人才管理流程（招聘、入职、参与、奖励、绩效管理、知识管理和学习）来展示组织对学习的承诺（Oakes 和 Galagan 2011）。人才发展专业人士应对人力资本实践进行审计，以确保其协调性和一致性。［参见 3.4］
- 创新。成熟、可持续发展的学习文化之所以与众不同，是因为这种文化致力于不断创新，在面临新条件和需求时，能够不断对自身及其所在组织进行更新和改造（Burkett 2017）。他们采用并奖励创新，将激励与创新解决方案和创新行为联系起来，并将创新作为核心能力和可习得技能。

采用这些因素并不是一个单一的成就，而是不断持续的成长和成熟的演变过程。

3.3.8 打造鼓励或创造个人和群体之间对话和反馈机会的文化的技能

> **I. 学习文化鼓励对话、反馈和协作**
>
> 人才发展专业人士应该了解如何制定强调对话、持续反馈、协作和社会化学习的学习战略，从而促进知识分享、创新并提高员工参与度。

3.3.8.1 学习文化的元素

如果想要打造切实可行的学习文化，关键就在于学习。人们可以将学习视为通过体验或研究来吸收知识或技能，从而在各种环境下运用的过程。为了保持对于工作场所快速变化的敏捷性和响应能力，需要将知识获取融入员工的日常工作中。这意味着创造一个环境，让他们能够通过持续的、可轻松获取的、渐进的学习体验来获得知识或技能，这些体验的目的是加速技能发展、参与和创新。因此焦点在于打造有意义的学习体验。

寻求学习体验的动力则来自成长思维模式，这对于任何学习文化来说都是关键元素。基于成长思维模式，人们认为可以通过专注的刻意练习和努力工作来发展自己的基本能力——大脑和天赋只是起点。这种观点有助于激发对学习的热爱和适应力，后者对于取得成就至关重要。个人不会因为失败而气馁，面对这种情况，他们并不认为自己失败了，而认为自己在学习（Dweck 2007）。

人才发展专业人士应该协助各自所在组织培养成长思维模式，具体的做法包括从系统角度将持续学习融入日常工作中，在需要的时间和场合频繁"拉动"而不是"推动"一些简短的信息，所有员工都可以轻松获取。现代化学习型组织的其他元素包括：

- 组织价值观涉及学习和发展的重要性。
- 制定的战略计划确保业务目标包含员工所需的各种能力。
- 适用于所有员工的公开沟通渠道。
- 为员工提供灵活、方便的跨界知识分享机会。
- 员工致力于寻求新知识，并运用这些知识来改进个人和组织绩效（Morrison 2016）。

从培训文化转变为学习文化意味着学习从业务成本重新定位为真正的业务驱动力，从战术层面的可以开展到战略层面的必须开展。人才发展专业人士应该将学习文化视为一种黏合剂，将组织与吸引培养战略能力并推动创新所需人才的引擎联系起来。

3.3.8.2 打造鼓励协作的文化

协作文化是指能够跨边界合作，建立连接和共同目的的文化。所有级别的员工都越来越需要协作文化和支持性同伴网络、与他们自身优势相联系的项目，以及通过基于团队的培训和发展向他们发起挑战的管理者（Jaramillo 和 Richardson 2016）。除了工作者的需求增加，工作对于不同单位和管理级别的人员之间合作的需求程度也比以往更高。事实证明，与他人合作和联系的能力和灵活性对员工满意度和保留率以及组织绩效和创新都会产生影响。

虽然大多数组织都认识到协作对于业务来说大有裨益，但是很多组织都指望在没有适当地向员工展示如何协作，以及从日常实践和行为角度来演示协作的前提下，员工就能够顺利地互相协作（Ashkenas 2015）。此外，组织经常会由于把协作视为一种活动而不是一种技能，或者将协作作为一种强制性绩效要求，重点在于合规而不是承诺，导致协作失败。人才发展专业人士可以通过教导领导者和团队关于合作、冲突解决、提供建设性反馈和做出决策的新流程，协助推动协作成为一种文化价值观。他们还可以通过利用有助于打破孤立状态、促进跨边界信息共享的技术来促进协作。

3.3.9　阐明和编纂有助于引导组织文化并定义行为期望的人才和领导力原则、价值观和胜任力的技能

I.　定义并阐明组织文化

人才发展专业人士应该知道如何评估、构建并保持提倡持续学习、高绩效和高参与度工作场所的文化。

3.3.9.1　定义文化

文化是根据持久的并且通常是无意识的价值观、规范和假设对组织进行的集体评估。公司文化的非正式元素包括可辨别的景象、声音、气氛和工作环境。文化代表着员工之间的凝聚力和共同认同感，这是组织顺利渡过变革时代的"秘方"（De Geus 2002）。[参见 3.3.3.2]

从本质上看，即使组织发生了变化，但只要有明确的组织文化，每个人就会朝同一方向努力，而且组织文化能够为员工提供关于其工作的共同意义和目标，并提升员工的投入度和绩效（Clow 2015）。

3.3.9.2　塑造文化的原则

尽管越来越强调文化作为竞争优势的重要性，但全球的执行官始终将文化和敬业度列为首要挑战和非常重要的组织问题（Deloitte 2015）。高层领导也越来越依赖人才发展专业人士充当文化转型过程中的合作伙伴。他们应该考虑下列因素：

- 文化体现在每一天。文化是通过每天的行为、互动和整体业务实践来创造、持续或改变的。

- 文化不会一夜之间改变。文化不会快速改变，而是需要长时间演变。简单的升级，抑或是重大改造都无法取代那些根深蒂固的假设、信念或价值观。培养成熟的学习文化可能需要数年的时间，它需要大规模的人员、结构、系统、流程、工具和技术的协同努力，并要求所有领导变革的人士都具备有目的、着眼未来的成长思维模式。

- 文化并不会放之四海而皆准。研究其他学习文化可以获得有价值的信息，但最重要的是，关注对人才发展专业人士当前业务或行业最有效的价值观和行为。

- 文化可以不断改进。文化并不是一定要带有毒性才能向前发展。人才发展专业人士应该考虑推动文化发展到需要到达的地方。

- 文化的变革不能保证成功。伟大的文化并不能保证持续的卓越或成功。这是无法保证的。

- 文化素养是关键。人才发展专业人士应该了解文化是什么、如何对文化进行评估，以及文化

如何对员工的动机、绩效和敬业度产生影响。文化变革必须利用组织中的积极文化特质，并最大限度减少消极文化特质（Burkett 2017）。

3.3.9.3 阐明并编纂指导组织文化的原则

组织的使命和价值观，令组织所有成员对组织正在努力达成什么目标、员工应该围绕目标达成做出哪些努力形成共同的理解。使命和价值观的目的在于向员工和客户传达一种使命感和意义。

使命定义了组织发展方向，而且在某种程度上描述了组织将会做什么，以及不会做什么。价值观是使命宣言的重要补充，因为它们定义了组织想要倡导的具体行为和原则。价值观有助于文化的形成，并为期望员工表现出来的行为提供日常背景。如果能够清楚地阐明组织的使命和价值观，并且充满抱负，员工就能够把自己和更高的目标联系起来，发现自己工作的更多意义。

敬业度

3.3.10 了解员工敬业度和保留率如何影响组织成果

I. 员工敬业度和保留率

人才发展专业人士应该了解学习文化如何影响员工敬业度和保留率，从而将学习作为推动敬业度和保留率战略实施的催化剂。

3.3.10.1 定义敬业度

员工敬业度是指"员工对其工作、组织、经理或同事在情感和智力上的高度链接，它会影响员工在各自工作中付出额外的努力"（Ray 等人 2015）。

盖洛普咨询公司在 2016 年针对 49 个行业，73 个国家的 230 家组织开展了一项研究，其中指出了员工的三种敬业度水平：

- 敬业。愿意付出更多努力，充满激情地工作，感受到自己与组织之间紧密连接的员工。敬业的员工之所以与众不同，是因为他们始终把无条件的努力带到工作中。
- 不敬业。工作中只是勉强满足工作要求，可能从本质上已经处于"离职"状态的员工。将这一群体转化为敬业员工是提高绩效的有效策略。
- 怠业。那些在不同程度上对公司、对敬业员工所做的努力（如解决问题、创新和创造新客户）造成损害的员工（Reilly 2014）。

3.3.10.2 影响敬业度的工作元素

人才发展专业人士应该认识到对敬业度影响最大的工作元素是"自主、精通和目标"（Pink 2011）。

- 自主是指员工在工作中的自由程度。自由程度越高，越有助于提高员工对于工作的满意度和敬业度。

- 精通是指希望在重要的事情上做得更好的强烈欲望。当工作挑战与能力相匹配时，就需要从"心流"开始。心流必须与成长思维模式相结合，才能达到精通。那些拥有成长思维模式的员工更有可能努力寻找改进机会。

- 目标和有意义的工作有助于确保员工知道自己的工作很重要（Sinek 2011）。建立直接的联系，表明员工的工作对于组织绩效的贡献，这是提升敬业度的关键推动因素之一（Ray 等人 2015）。

其他有助于提升敬业度的工作因素包括职业发展机会、工作与个人"契合"系数、任务种类、反馈以及工作量平衡（McCormick 2016）。

3.3.10.3　保留战略

无论是从员工吸引力、保留率、敬业度、生产力、利润还是客户满意度角度来看，那些拥有敬业文化的组织始终比其他同行表现更胜一筹。人才发展专业人士可以通过运用几种最佳实践来帮助组织制定保留战略。

3.3.10.3.1　培养包容性工作场所

相比其他组织，那些将包容性战略作为优先任务的组织取得更出色的业务成果的可能性要高八倍（Bourke 2018）。包容文化包括对工作场所多样性的承诺，也包括一种氛围，在这种氛围下可以培养尊重、公平以及对于差异的积极认可态度。

为了培养包容性，人才发展专业人士应该帮助领导者发现并克服自己的无意识成见，打造公开讨论的论坛，并确保领导者和管理者将培养多样性和包容性视为企业必须做的一件事。

3.3.10.3.2　培养工作场所中的尊重

求职者非常重视潜在雇主对自己的尊重（Casserly 2013）。鼓励员工在工作场所中互相尊重，有助于减少工作场所的压力和冲突，改善同事之间的沟通，促进团队合作，提高员工的生产力并丰富他们的知识。

人才发展专业人士可以通过提倡反馈、奖励和表彰，以及鼓励创造力和协作，来培养尊重文化。提高沟通技能是一项关键元素。人才发展专业人士应帮助员工学习如何运用礼貌的话语，以鼓励知识共享和协作。

3.3.10.3.3　获得员工的信任

无法获得领导者的信任，领导者在工作中缺乏透明，这可能导致多达 50%的员工寻求新的就业机会。当员工对领导者的决策充满信心，当他们认为领导者"站在自己那一边"，当他们知道自己会受到公平对待时，领导者就获得了员工的信任。领导者言行一致是建立工作场所信任，并提高员工参与度和留用率的关键要素。

人才发展专业人士可以通过鼓励各级领导者"言出必行"，并且身体力行地示范他们期望员工表现的行为，来培养组织信任。他们还必须强调，建立信任需要长期有意识、有目的的努力，一旦失去信任，就很难恢复。

3.3.10.3.4　鼓励员工的创造力

尽管很多公司都表示自己非常重视创造力，但是他们没有任何计划或政策来支持创造力。人才发展专业人士应通过建立创新团队或创意资助计划，并将薪酬与创新挂钩，以表明创造性解决方案的价值，从而帮助组织培养创造力。

3.3.10.3.5　用平衡的方式来挑战员工

想要找到挑战与支持之间的平衡点并不容易，因为每位员工都是不同的。同样的东西，对于一个人来说可能非常有价值，但对另一个人来说可能就显得乏味并且太过复杂。最佳实践包括：

- 表达相信员工。
- 促使员工走出舒适圈，为他们提供冒险的机会。
- 将失败视为学习的机会，从失败中吸取经验教训。
- 鼓励成长思维模式——奖励员工的努力，而不只是结果或天赋。

3.3.10.3.6　提供有竞争力的基本工资或小时工资

员工希望相信自己投入工作中的努力是值得的。对于员工保留率，虽然金钱不是万能的，但是提供有竞争力的工资能够让员工感到自己的工作和付出的时间受到重视。

3.3.10.3.7　建立工作与生活的平衡

在员工决定是接受工作或离开工作时，灵活的日程安排以及在家办公的机会发挥着重要的作用（盖洛普咨询公司 2017）。员工希望公司打破长期以来对他们的工作日活动产生影响的结构和政策。

3.3.10.3.8　专注于有意义的工作

人才发展专业人士应该认识到，对于工作与生活平衡来说，最重要的因素是工作——令工作变得有意义，并且让员工体会到归属感、信任和相互之间的联系。组织必须"从薪水文化转变为目标文化"（盖洛普 2017）。

3.3.10.4　敬业度和保留率影响组织成果

员工敬业度能够为组织带来显著收益。例如，盖洛普咨询公司开展的一项研究结果进一步证明员工敬业度和关键绩效成果（包括客户评级、盈利能力、生产力、安全事故、收缩率、缺勤、安全事故、质量和营业额）之间存在必然的联系（Reilly 2014）。

如果某位员工离职，那么可能平均需要耗费该员工 6~9 个月的工资，包括招聘、雇用和培训其替代者的成本对财务绩效产生的负面影响。尽管各种证据显示组织无法留住员工，或者员工流失率高会导致组织耗费额外的成本，但是相比留住现有人才，很多组织都更倾向于招聘新员工。阻碍组织提高员工敬业度和保留率成果的其他重要因素包括：

- 预算限制。这是提高员工保留率的主要障碍，也是运用技术来减少人工或行政工作过程中的最大障碍。
- 优先事项互相冲突。人力资源领导者可能无法将吸引和留住人才作为关键问题加以充分关注，因为他们可能需要面对各种相互竞争的优先事项，而且会发生紧急情况。

- 技术过时。效果不佳的自动化或人工流程也会对战略行动造成损害。

- 缺乏支持。缺乏执行官的支持和组织愿景也会阻碍对员工保留率问题的关注（HR.com 2019）。

掌握这些调查结论后，人才发展专业人士应该制定员工保留战略实施计划，这些战略由组织内的高层管理者负责推动，在组织所有层面上都提供明显的支持。[参见 3.3.11 和 3.3.12]

3.3.11　评价和评估员工敬业度的技能

I.　评价和评估员工敬业度

人才发展专业人士应该了解如何评价和评估员工敬业度计划，确定是否制定了正确的战略，是否正在推动正确的问题，并且在敬业度战略的推动下，学习、绩效和业务目标是否得以达成。

3.3.11.1　组织必须对敬业度进行衡量以确定其价值

组织只有在知道如何衡量敬业度之后才能有效推动敬业度提升。目前，组织用于确定敬业度价值的最佳实践包括（Reilly 2014）：

- 用切合实际的日常用语定义敬业度目标。领军型组织会令敬业度目标与员工的日常体验息息相关，并且使用富有感染力的描述和情感语言来描绘成功的景象。人才发展专业人士应该将敬业度融入日常互动中。

- 对管理者进行辅导，并让他们对员工的敬业度负责。管理者是员工敬业度的主要驱动力。人才发展专业人士应该针对如何与员工共同制定敬业度计划、使管理者负起责任，并跟踪员工取得的进步，为管理者提供教练辅导。

- 投入时间和资源。采用最佳实践的组织会投资于综合流程和内部或外部专业知识，确保制定正确的敬业度标准，并确保目标明确的措施对战略成果产生正确的影响。他们还投资组建专门的员工队伍，从数据中识别关键的见解（Ray 等人 2015）。

- 运用持续型衡量标准。采用最佳实践的组织会周期性地收集和分析持续型敬业度衡量标准，而不是仅仅依赖采用"事后回顾"方式的年度敬业度调研（Brown 2018）。

3.3.11.2　衡量并跟踪敬业度成果

对于成功的敬业文化来说，衡量并跟踪敬业度成果是一项基本元素。衡量员工敬业度最常见的三种方法是：

- 由员工敬业度调研服务提供商负责衡量敬业度。服务提供商利用组织提供的结构（如敬业度因素、组织承诺或工作满意度）设计一项调研，通过几个问题来衡量每个结构，并管理后勤和软件，然后向公司高层汇报调研结果。

- 内部衡量员工敬业度。在内部衡量敬业度时，组织可以拥有自己的数据，将敬业度数据纳入战术和战略报告中，并利用前几年的结果改进问卷设计。

- 混合方法，由调研服务提供商负责开展年度敬业度调研，然后由公司全年在公司内部开展脉冲调研。混合方法包括针对特定员工群体开展的调研、脉冲投票或调查问卷。这些活动将作为年度调研和特定分析的补充，如评估销售业绩或分析特定部门缺勤的原因（van Vulpen 2018）。

新的解决方案正在出现，帮助组织采用"始终在线"方法来跟踪并提高敬业度。例如，公司可以利用新一代的"脉冲"调研工具和开放式的匿名反馈系统，而员工可以通过这些系统，以近乎实时的方式对经理、执行官或其他工作场所问题进行评级。妥善使用这些工具能够为员工打造真正的"倾听环境"，同时为领导者提供关键的洞察力，让他们了解从运营层面上来看哪些工具有效、哪些工具无效。

敬业度、保留率和员工工作效率都是复杂的多面性问题，只衡量敬业度并不能解决所有问题。对于敬业度，主要任务不只是制定敬业度指标，还应该涉及构建敬业文化这一更宽泛、更重要的挑战。[参见 3.3.8.1 和 3.3.12.1]

3.3.11.3　常见错误

即使最协调、最精心设计、最妥善实施的敬业度调查也有局限性。人才发展专业人士应该了解各种评估工具、方法和用于收集并分析敬业度数据的流程的优缺点。运用多种评估模式能够提供最全面的洞察和见解。对于任何评估系统来说，基本要求包括以进步为导向、值得信赖、易于操作并且个性化。虽然有越来越多的"助推"技术来提醒和激励管理者监控或跟踪正确的事情，但重要的是，避免工具沦落为"遭人抱怨"的技术，并且很快就被遗忘。

在典型的评估流程中，组织会部署年度调研，逐年评价公司的员工敬业度和满意度水平。这种方法的潜在问题包括：

- 缺乏关于如何协调并利用敬业度数据的战略。
- 调研工具结构安排不合理。
- 缺乏关于将如何使用调研数据、哪些人可以看到这些数据的决定。
- 对于提供反馈时保密性或匿名性问题的担心。
- 没有妥善传达结果。
- 没有为管理者提供适当的支持，针对结果采取行动。
- 后续行动与建议措施的采纳情况不佳。

认识到利用外部资源来协助设计、收集或分析敬业度数据的合理时机也很重要。

3.3.12　设计和实施员工敬业度战略的技能

I.　设计员工敬业度战略

人才发展专业人士应该引导为其所在组织设计并实施员工敬业度战略。

3.3.12.1　敬业文化的元素

文化代表价值观、信念和行为体系，影响组织内工作完成的方式。敬业文化始于一套清晰的价值观和令人信服的使命宣言，通过战略、政策和基于绩效的实践为它们提供支持，使员工能够在工作中充分发挥自己的潜力。表 3.3.12.1-1 概括介绍了高敬业度文化的八个常见元素以及阻碍这些文化形成的因素（Ray 等人 2015）。

表 3.3.12.1-1　高敬业度文化的元素

常见元素	表　现	常见阻碍因素
业务与敬业度战略相一致	高敬业度文化阐明了业务目标和员工敬业度之间的关系，使两者紧密结合。关注敬业度，将其作为关键业务推动力和绩效指标，使此类组织为敬业度计划投入资源［参见 3.3.7.9］	为提高敬业度而获取充分的时间、资金和其他资源并非易事，如果人才发展专业人士无法展现敬业度与战略业务成果之间的关系，就会更加困难
强调核心目标的组织哲学	高敬业度文化确保其使命、愿景和价值观成为值得效仿的先例。此类组织将敬业度问题融入以使命为焦点的业务计划中	将敬业度视为一个独立的计划，或只需要每年衡量一次的指标。一些组织努力从以利润驱动转变为以使命驱动
推动敬业度日程实施的正式项目和政策	高度敬业文化成立并制定了正式的项目和政策，提升员工敬业度，并将其作为优先事项进行传达。其中包括将其与领导力开发和多样性项目相结合，并对那些有价值的行为进行表彰和奖励［参见 3.3.10.2］	组织将敬业度视为一种事后考虑对象，或者对其他实践或项目的补充，而不是设计为一个正式的具体的项目
围绕敬业度开展坦诚、积极、由领导者推动的沟通	高敬业度文化重视与员工沟通，以满足信息需求，并鼓励与企业的各级领导进行公开、透明的对话	组织可能只基于"需要知道"的信息开展沟通，没有为员工提供充分的机会，让他们提供意见或提出问题
提倡协作和包容的工作场所及组织结构	高敬业度文化通过工作与生活更好的平衡、灵活的工作安排、开放的工作场所（实体、虚拟）和支持性的组织结构来接纳并实现多样性、包容性和协作［参见 3.3.10.2］	组织可能只关注绩效、工作时间固定、战略方向不明确或者不同的人重复承担同样的职责，阻碍协作和包容
定期进行评估和跟进	如果知道如何衡量敬业度并持续对敬业度表现进行监督，并提供相关、及时的可后续开展行动的数据，那么高敬业度文化就有助于提升敬业度	评估工具的结构和管理不善，衡量目标不明确，未针对如何使用结果制定计划，未及时、透明地传达结果，缺乏针对结果采取行动的领导者和管理者的支持，这些因素都会阻碍有效评估和跟进活动的实施
被寄予期望，并获得授权负责培养员工敬业度的领导者	高敬业度文化要求领导者和管理者明确定义与敬业度相关的绩效衡量标准和成果	组织可能难以界定由谁负责敬业度问题，未能就其角色向管理者提供适当的指导，或者未能授权一线员工创新或执行日常任务

续表

常见元素	表现	常见阻碍因素
展现敬业度的影响	高敬业度文化会花时间了解实施目标明确的敬业度项目的价值。领导者和管理者从业务影响角度定义与敬业度相关的每项决定	组织可能并未针对敬业度项目制定统一的衡量成功的标准，在分配充足资源、跟踪敬业度相关活动的商业价值方面也面临着挑战。他们可能缺乏将敬业度得分与业务成果联系起来所需的适当水平的数据或适当水平的分析技能

资料来源：Ray 等人 2015。

一般而言，人才发展专业人士可以通过帮助领导者将员工敬业度从孤立的单一项目提升为核心业务战略，从而为员工敬业度创造最佳条件。

3.3.12.2 薪酬和奖励

虽然薪酬是员工满意度的一个重要因素，但是提高薪酬并不意味着会直接引起敬业度的提升。而组织的全面薪酬体系（如工资或薪酬、福利、工作生活灵活性、绩效、认可、成长和发展）才是最重要的因素。

其中，认可尤其是组织整体奖励体系的核心组成部分，也是推动敬业度提升的关键力量。具有认可文化的公司可能推行社交奖励体系（给人打分的工具或奖励他人的方式）、定期的感谢活动，以及对从高层到基层的每位员工给予认可的这种心照不宣的准则。人才发展专业人士应该了解如何打造社交环境，能够使这种认可他人的态度在同伴之间传播，管理者不再需要独立承担对员工给予认可的责任。［参见 3.3.10.2］

3.3.13　了解与为实现组织幸福而设计的课程和项目相关的原则、政策和实践

Ⅰ. 组织成功幸福感

为了有效打造敬业文化，人才发展专业人士应该了解幸福感的关键元素如何对个人的动机、能力和学习能力产生影响。

3.3.13.1　幸福的基本要素

盖洛普咨询公司与知名经济学家、心理学家和科学家合作，通过对代表超过全球 98% 人口的 150 多个国家开展了一项综合性的全球研究，深入探讨了幸福的要素。根据这项研究，提出了五个宽泛的幸福类别：

- 职业幸福感。个人如何支配自己的时间或喜欢自己每天做的事情。
- 社交幸福感。个人在生活中是否与他人建立稳定的关系，并获得他人的爱。
- 财务幸福感。个人如何有效管理自己的经济生活。
- 健康幸福感。个人如何保持身体健康和充沛的精力，以便顺利完成日常任务。

- 社区幸福感。个人如何保持与所生活的社区的参与感。

如果个人在上述任何一个领域中面临困难，都会损害其幸福感，并影响日常生活。从敬业度角度来看，幸福所包含的每个元素都可能激发或熄灭员工的动机，从而推动或阻碍他们尽最大努力去工作，而这也是敬业的特征之一。员工敬业度理论认识到，必须满足个人的所有幸福维度，他们才会有效地开展工作（Volini 等人 2019）。

鉴于员工过劳问题越来越普遍，与健康幸福相关的因素已作为一项关键的人力资本和敬业度问题得到重视。世界卫生组织描述了职业倦怠的三个特点：

- 感觉精力不济或精疲力竭。
- 从心理上不断疏远工作，工作态度消极或愤世嫉俗。
- 专业效能感降低（Borysenko 2019）。

例如，95%的人力资源领导者认为员工精疲力竭对于员工保留来说是一个最大的威胁，而有些人则表示每年有超过 50%的员工流动都是由这一问题引起的。德勤研究人员还将在诸如信息过量和7×24 小时全天候连接的工作环境下"不堪重负的员工"，列为全球企业关注的问题（Bourke 2014）。

人才发展专业人士应认识到精疲力竭、不堪重负、社交过多的员工对学习、工作绩效和敬业度的重要性和影响。毕竟，如果员工过度疲劳、筋疲力尽、听不进去，那么已完美协调、精心设计和交付的发展项目的信息就会丢失。人才发展专业人士必须与组织和人力资源领导者合作，打造灵活、以员工为中心的工作氛围，提升员工的幸福感和敬业度。其中包括让员工能够更轻松地找到正确的信息，简化流程和系统，保持团队小型化，确保领导者为员工提供思考、反思和实践自我关怀的时间。

3.3.13.2　超越国家和文化的幸福元素

尽管幸福元素在不同的信仰、文化和民族中都是普遍存在的，但是人们会通过不同的方式来提升自己的幸福感。有些人可能说信仰是他们生活中最重要的方面，是他们日常努力的基础，从精神角度推动他们实现各个领域的幸福感。而对于有些人，深层次的使命，如保护环境，则可能是激励他们每天努力的力量。

尽管认识到激励每个人的因素可能都大相径庭，但是有助于促进员工整体幸福的敬业度成果并非如此。具体来说，强调职业发展（职业幸福感）、社会关系（社交幸福感）、总体奖励和认可（财务幸福感）、工作和生活平衡（健康幸福感）的敬业度战略，以及提倡社区意识和目标（社区幸福感）的组织价值观更有可能创造一种积极的员工体验，推动员工敬业度、保留率和高绩效的实现。

参考文献

Anand, A., S. Merchant, A. Sunderraj, and B. Vasquez-McCall. 2019. "Growing Your Own Agility Coachesto Adopt New Ways of Working." McKinsey Digital, August.

Asghar, R. 2014. "What Millennials Want in the Workplace and Why You Should Start Giving It to Them." *Forbes*, January 13.

Ashkenas, R. 2015. "There's a Difference Between Cooperation and Collaboration." *Harvard Business Review*, April 20.

ASTD (American Society for Training & Development). 2014. *Change Agents: The Role of Organizational Learning in Change Management*. Alexandria, VA: ASTD Press.

ATD (Association for Talent Development). 2016. *Building a Culture of Learning: The Foundation of a Successful Organization*. Alexandria, VA: ATD Press.

ATD Staff. 2015a. "Building Talent: The Very BEST of 2015." *TD*, November. www.td.org/magazines/td-magazine/building-talent-the-very-best-of-2015.

ATD Staff. 2015b. "Haworth Inc." *TD*, November. www.td.org/magazines/td-magazine/haworth-inc. Bersin by Deloitte. 2014. "Meet the Modern Learner." Infographic. http://2syt8l41furv2dqan6123ah0.wpengine.netdna-cdn.com/wp-content/uploads/2015/10/unnamed.png.

Bersin, J. 2015. "Becoming Irresistible: A New Model for Employee Engagement." Deloitte Review, January 27. www2.deloitte.com/us/en/insights/deloitte-review/issue-16/employee-engagement- strategies.html.

Biech, E. 2018. *ATD's Foundations of Talent Development: Launching, Leveraging, and Leading Your Organization"s TD Effort*. Alexandria, VA: ATD Press.

Borysenko, K. 2019. "Burnout Is Now an Officially Diagnosable Condition: Here's What You Need to Know About It." Forbes, May 29. www.forbes.com/sites/karlynborysenko/2019/05/29/burnout-isnow-an-officially-diagnosable-condition-heres-what-you-need-to-know-about-it/#2d9692a42b99.

Bourke, J. 2014. "The Overwhelmed Employee: Simplify the Work Environment." Deloitte Research, October. Bourke, J. 2018. "The Diversity and Inclusion Revolution: Eight Powerful Truths." Deloitte Insights, January22, www2.deloitte.com/us/en/insights/deloitte-review/issue-22/diversity- andinclusion-at-work-eight-powerful-truths.html.

Brown, A. 2018. "Why is Employee Engagement So Important?" Engagement Multipler, December 5. www.engagementmultiplier.com/blog/why-is-employee-engagement-so-important.

Burkett, H. 2015. "The Talent Manager as Change Agent." In *ATD's Talent Management Handbook*, edited by T. Bickham. Alexandria, VA: ATD Press.

Burkett, H. 2016. "From Making It Stick to Making It Last: Seven Practices for Sustaining a Resilient Learning Organization." *TD* 70(9).

Burkett, H. 2017. *Learning for the Long Run: 7 Practices for Sustaining a Resilient Learning Organization*. ATD Press.

Burkett, H. 2018. "Valuing a Learning Culture." In *ATD's Action Guide Talent Development*, by E. Biech, 7-12. Alexandria, VA: ATD Press.

Burkett, H., and T. Holliday. 2018. "Can Government Organizations Really Be a Magnet for Talent?" *TD*, June.

Carter, L., D. Ulrich, and M. Goldsmith. 2004. *Best Practices in Leadership Development and Organization Change*. San Francisco: Pfeiffer.

Cascio, W. 2012. *Managing Human Resources*, 9th ed. New York: McGraw-Hill Education.

Casserly, M. 2013. "Top Five Reasons Employees Will Quit in 2013." *Forbes*, January 2. www.forbes.com/sites/meghancasserly/2013/01/02/the-top-five-reasons-employees-will-quit-in-2013/#a36c6d3109e3.

Clow, J. 2015. *The Work Revolution*. New York: Wiley.

De Geus, A. 2002. *The Living Company*. Boston: Harvard Business Review Press.

Dearborn, J. 2015. "Why Your Company Needs a Learning Culture." *Chief Learning Officer*, June 3. www.clomedia.com/2015/06/03/why-your-company-needs-a-learning-culture.

Deloitte. 2015. *Global Human Capital Trends 2015*. Deloitte University Press.

Deloitte. 2016. *Global Human Capital Trends 2016*.

Duncan, R.D. 2014. "How Campbell's Soup's Former CEO Turned the Company Around." *Fast Company*, September 18. www.fastcompany.com/3035830/hit-the-ground-running/how-campbells-soups-former-ceo-turned-the-company-around.

Dweck, C. 2007. *Mindset: The New Psychology of Success*. New York: Ballantine Books.

French, W., and C. Bell. 1999. *Organization Development: Behavioral Science Interventions for Organization Improvement*, 6th Edition. Upper Saddle River, NJ: Pearson.

Gallup. 2017. "State of the American Workplace." www.gallup.com/workplace/238085/stateamerican-workplace-report-2017.aspx.

Gill, S. 2017. "From a Training Culture to a Learning Culture." ATD Insights, January 10. www.td.org/insights/from-a-training-culture-to-a-learning-culture.

Hart, J. 2019. *Modern Workplace Learning 2019. Modern Workplace Learning Magazine.*

HR.com. 2019. *The State of Employee Engagement in* 2019. HR Research Institute, www.hr.com/en/resources/free_research_white_papers/hrcom-employee-engagement-may-2019-research_jwb9ckus.html.

Jaramillo, S., and T. Richardson. 2016. *Agile Engagement: How to Drive Lasting Results by Cultivating a Flexible, Responsive, and Collaborative Culture.* Hoboken, NJ: John Wiley & Sons.

Jarret, J. 2017. "The 4 Types of Organizational Politics." *Harvard Business Review*, April.

Kelly, K., and A. Schaefer. 2015. *Creating a Collaborative Organizational Culture.* Chapel Hill, NC: UNC Executive Development.

Lawton, G. 2018. "Nine Strategies to Increase Employee Engagement and Retention." HR Software, August2. https://searchhrsoftware.techtarget.com/feature/Nine-strategies-to-increase-employeeengagement-and-retention.

Marquardt, M.J. 2011. *Building the Learning Organization*, 3rd ed. Boston: Nicholas Brealey Publishing.

McCormick, H. 2016. 7 *Steps to Creating a Lasting Learning Culture.* Chapel Hill, NC: UNC ExecutiveDevelopment.

Mitchell, C., R. Ray, and B. van Ark. 2014. *The Conference Board CEO Challenge 2014: People and Performance.* New York: The Conference Board.

Mitchell, C., R. Ray, and B. van Ark. 2015. *The Conference Board CEO Challenge 2015: Creating Opportunity Out of Adversity.* New York: The Conference Board.

Morgan, J. 2015. *The Future of Work: Attract New Talent, Build Better Leaders, and Create a Competitive Organization.* Hoboken, NJ: John Wiley and Sons.

Oaks, K., and P. Galagan. 2011. *The Executive Guide to Integrated Talent Management.* Alexandria, VA: ASTD Press.

Phillips, P.P. 2017. *Bottom Line on ROI*, 3rd ed. West Chester, PA: HRDQ.

Pink, D.H. 2011. *Drive: The Surprising Truth About What Motivates Us*. New York: Riverhead Books.

Prokopeak, M. 2013. "DAU: Keeping Above the Fiscal Fray." *CLO Magazine*, May.

Ray, R., D. Dye, P. Hyland, J. Kaplan, and A. Pressman. 2015. "How to Build a Culture of Engagement." In *ATD's Talent Management Handbook*, edited by T. Bickham. Alexandria, VA: ATD Press.

Reilly, R. 2014. "Five Ways to Improve Employee Engagement Now." *Gallup Business Journal*, January 7. www.gallup.com/workplace/231581/five-ways-improve-employee-engagement.aspx.

Robinson, D.G., J.C. Robinson, J.J. Phillips, P.P. Phillips, and D. Handshaw. 2015. *Performance Consulting: A Strategic Process to Improve, Measure, and Sustain Organizational Results*, 3rd ed. San Francisco: Berrett-Koehler.

Schein, E. 2010. *Organizational Culture and Leadership*. San Francisco: Jossey-Bass.

Senge, P. M. 2006. *The Fifth Discipline: The Art and Practice of the Learning Organization*. New York: Broadway Business.

Sinar, E., R.S. Wellins, R. Ray, A.L. Abel, and S. Neal. 2014. *Ready-Now Leaders. Bridgeville*, PA: Development Dimensions International; New York: The Conference Board. www.ddiworld.com/ DDI/media/trend-research/global-leadership-forecast-2014-2015_tr_ddi.pdf?ext=.pdf.

Sinek, S. 2011. Start With Why: How Great Leaders Inspire Everyone to Take Action. New York: Penguin.

Skibola, N. 2011. "Leadership Lessons From WD-40's CEO, Garry Ridge." Forbes, June 27. www.forbes. com/sites/csr/2011/06/27/leadership-lessons-from-wd-40s-ceo-garry-ridge/#619a22ca1fae.

van Vliet, V. 2014. "Five Functions of Management (Fayol)." Toolshero, June 23. www.toolshero.com/ management/five-functions-of-management.

van Vulpen, E. 2018. "Measuring Employee Engagement the Right Way." AIHR Analytics. www.analyticsinhr.com/blog/measuring-employee-engagement.

Volini, E., J. Schwartx, R. Indranil, M. Hauptmann, Y. VanDume, B. Denny, and J. Bersin. 2019. "2019 Human Capital Trends Workforce Engagement: Focus on the Work." Deloitte Insights, April 11. www2.deloitte.com/us/en/insights/focus/human-capital-trends/2019/workforce-engagementemployee-experience.html.

Zeeman, A. 2017. "Senge's Five Disciplines of Learning Organizations." Retrieved from Toolshero.com, November 7. www.toolshero.com/management/five-disciplines-learning-organizations.

推荐阅读

Burkett, H. 2017. *Learning for the Long Run: 7 Practices for Sustaining a Resilient Learning Organization*. Alexandria, VA: ATD Press.

Senge, P.M. 2006. *The Fifth Discipline: The Art and Practice of the Learning Organization*. New York: Broadway Business.

Stallard, M. 2015. *Connection Culture: The Competitive Advantage of Shared Identity, Empathy, and Understanding at Work*. Alexandria, VA: ATD Press.

3.4 人才战略与管理

如果想要充分发挥组织的潜力，就需要将人才发展融入人才开发战略和管理的各个部分。人才战略与管理通过实施和整合人才招聘、员工发展、留任和调任流程，培养组织文化、敬业度和能力，确保这些流程与组织目标一致。根据组织环境和结构，人力资源和直线领导者需要开展广泛的合作。

3.4.1 了解人才管理职能

I. 综合人才管理职能

人才发展专业人士应该全面了解所有人才管理职能，以及如何将这些职能相互整合，从而将人才发展目标与其他人才管理职能的目标相协调，打造以人才为焦点的文化。如果想要掌握相关知识，就需要先阐明定义。

3.4.1.1 战略劳动力规划的定义

战略劳动力规划是指组织用于分析当前劳动力和未来人员需求的流程。

战略劳动力规划是人才发展战略的第一步。这是指预测为了达成组织目标所需的人才类型，并对照当前能力对这些需求进行评估的过程。战略劳动力规划是在制定组织战略、设定新的战略目标时进行的，或是随着条件的变化而定期开展的。［参见 3.3.5 和 3.4.14.2］

3.4.1.2 人才寻访的定义

人才寻访是指人才的招募、招聘和甄选。它需要通过内部或外部来源为组织招募人才，吸引人才加入组织并充当各种角色，并为组织和角色选择最佳候选人。［参见 3.4.14］

人才招募策略应该与组织的战略目标相协调。招募策略描述了应该在哪里，通过什么方式来寻访候选人，以及各种角色的目标受众是谁，通过制定系统和流程来快速、高效地填补空缺职位。

员工入职通常发生在雇用外部人才之后。尽管入职可能是人才招募流程的一部分，但是必须通过大量内部利益相关者的协作才能尽快使外部员工进入有效的工作状态。正式入职流程并不仅是入职第一天提供的入职培训，事实上从人才招募阶段就已经开始，通常在员工雇用后的一到三个月内完成，虽然也有可能持续六个月或更长时间。

3.4.1.3 人才发展的定义

人才发展是指为了促进学习和员工发展，推动组织绩效、生产效率提高并取得成功而付出的努力。人才发展战略以组织的战略目标和战略劳动力规划为基础，该规划的目的在于培养组织内承担特定角色的员工。该战略可能包括学习、关键角色发展和职业发展的机会。[参见 3.4.15]

学习解决方案通常关注员工当前所扮演的角色，而发展解决方案则关注有助于提升组织能力的长期计划（如领导力发展课程，培养担任领导岗位的员工）。这些解决方案包括正式和非正式资源，如知识管理数据库、实践社群和人工智能。其中很多解决方案的目的是帮助员工在工作中学习，而不是放下手头正在做的工作，去参加正式学习。

人才发展专业人士应该与领导共同制定能够满足组织需求的人才发展战略。这一战略是人才战略的自然延伸，还应该考虑其他人才管理实践领域，因此要整合所有目标，减少"筒仓"。

3.4.1.4 绩效管理的定义

绩效管理是主管与员工之间的持续沟通过程，目的在于确立支持组织战略目标实现的期望，包括明确期望、设定目标、提供反馈和教练以及回顾结果。

管理层通常会对员工个人和团队绩效进行管理。他们会在期望和目标达成时对个人和团队给予认可和奖励，同时提供学习机会来弥补绩效差距（可能是技能或知识差距）。[参见 3.4.16]

3.4.1.5 薪酬和奖励管理的定义

薪酬和奖励管理是指针对员工开展的工作给予的经济和非经济奖励。尽管薪酬很重要，但最重要的应该是组织的全面薪酬体系。这一体系包括薪水或工资、奖金、福利、健康保险、401k 计划、带薪休假、工作生活灵活性、表彰、成长和发展。此外，弹性工作时间和远程工作能力是奖励的另外两个重要部分。

薪酬和奖励构成组织成本中的很大一部分。全面奖励体系从组织的薪酬策略开始，也就是说，组织对于薪酬在市场中的定位（高于、等于还是低于市场平均水平）通常以劳动力规划和人才供给为基础而确定。此外，组织还可以通过这一定位来确定构成奖励体系的其他部分。例如，如果组织在雇用或留住关键岗位人才方面有困难，可能决定针对这一岗位给出高于市场水平的薪酬，并提供雇用奖金。如果组织雇用临时工进行短期任务，则可以按照市场平均工资水平支付薪酬，并按比例减少福利。

薪酬和奖励专业人士通常负责管理工作分类结构、薪酬计划和工资结构、储备人才库、晋升标准、员工福利及供应商、401k 计划以及组织提供的其他福利或津贴。[参见 3.3.12.2]

3.4.1.6 人才发展在综合人才生态系统中的作用

了解不同的人才管理实践领域非常重要。然而，人才管理专业人士不可能全面深入地掌握所有领域的知识或经验，因此，更重要的是了解这些领域如何提供更全面和无缝化的机会。

这些整合点代表了可以通过某项人才管理实践与其他领域之间相互合作，具体体现在关注组织员工及他们的需求的课程项目、流程、活动或工具。贯穿于员工生命周期的各种人才管理实践领域包括劳动力规划、知识和技能识别、人才寻访、甄选和雇用、入职、发展、绩效以及表彰和奖励。这种无缝整合有助于提高员工敬业度和留用率，为组织提供达成组织目标所必需的能力。

很多组织都会从人才发展和绩效管理来开始整个整合过程。通过绩效管理流程确定学习和发展需求后，组织可将这些需求与学习课程挂钩。此外，如果通过人才管理平台自动化实施相关流程，那么可以将学习需求添加至学习管理系统中，员工也可报名参加合适的课程。然而，这些整合活动并不一定需要人才管理技术平台，人工流程同样有效。

组织可以通过各种不同的方法来实现人才管理职能的整合：

- 通过劳动力规划流程培养的胜任力可用于发展以角色为基础的学习活动和学习路径。
- 通过劳动力规划流程提出的胜任力可用于制定个人发展计划，并作为绩效管理流程的组成部分。
- 人才发展能够为针对人才招募和甄选、继任计划以及识别高潜力员工而创建的评估工具提供支持。
- 人才发展课程能够培训并向管理者提供教练服务，提升他们的管理技能，从而提高员工的敬业度并促进他们的发展。
- 通过继任和人才审查流程确定的发展需求可以构成领导力和其他发展项目的基础。
- 一旦员工达成特定的职业或个人发展目标，就可向他们给予表彰和奖励。

3.4.1.7 实现人才管理与组织战略之间一致性所需的技能

妥善协调各个领域所必需的技能包括：

- 系统思维以如下理念为基础：如果想要充分理解系统的各个组成部分，就需要审视各个部分之间以及与其他系统之间的关系，而不是孤立看待它们。大局观对于变革计划很重要，基于系统的相互关联，对系统任何部分的微小改变都会影响整个系统。
- 战略思维是一种分析形式，能够形成业务洞察和机会，帮助组织形成差异化，使其更具竞争力。战略思维可以是组织战略规划流程中的一部分，个人也可以运用战略思维来达成目标。
- 批判性思维是一种分析形式，有助于评估问题，形成一种符合逻辑并经过深思熟虑的判断。人们在采用批判性思维时，不接受所有基于表面值得出的论点和结论。相反，他们想要查看支持某项论点和结论的相关证据。批判性思维涉及多项技能，包括分析性思维、开放心态、问题解决和决策。[参见 1.2.8.1]
- 创造性思维是指从全新的视角看待问题或情况，从而提出非传统解决方案的思考方式。组织可以通过非结构性流程（如头脑风暴）或结构性流程（如水平思考）来激发人们的创造性思维（《商务词典》2007）。
- 设计思维是一种以人为中心的流程，提供了从多个角度定义问题、利用头脑风暴产生解决方案并制作这些方案的原型，然后通过测试和迭代进行优化以获得最佳策略的方法。它关注组织需求、用户需求与技术或环境约束之间的最佳结合点（Boller 和 Fletcher 2020）。[参见 2.2.13 和 2.4.9]
- 协作是指两人或多人为了共同完成项目和达成目标而共同努力，每个人都有同等的机会来参与、交流和投入。在冲突情况下，双方可以通过协作来取得双赢的解决方案。

3.4.2　创建与组织和业务愿景及战略一致的人才发展愿景和战略的技能

I.　使人才战略与组织战略相一致

人才发展专业人士应该明确了解如何创建人才发展愿景和战略，并使其与组织愿景和战略相协调，为组织战略要务提供支持。

3.4.2.1　制定人才战略

人才战略明确了如何利用人才来支持组织目标的达成。如果没有人才战略，就需要每个人才管理职能单独制定各自的目标。虽然可以将这些目标与组织目标联系起来，但这种片面思考更强调每个人才发展职能是独立运作的这一概念。拥有全面的人才战略，促使人才管理职能互相整合，以确保实现一系列组织目标。

如果组织规模较小，可以由人才发展专业人士自己与直线领导共同培养人才，并制定人才发展战略。如果组织规模较大，人才发展专业人士必须与其他人才管理专业人士合作，确保各自战略之间的协调性，并将各项战略相互整合，为组织的人才需求提供支持。战略规划流程与组织用于制定长期目标的流程完全相同。

3.4.2.1.1　使人才战略与组织战略相一致

应该根据组织的战略要求和关键绩效指标来制定人才战略，关键绩效指标是用于评估组织是否成功达成目标的可量化衡量标准。全面的人才战略描述组织将如何利用其潜力来满足当前和未来的需求，并概述每个人才管理职能部门应开展的具体活动。

组织可将用于制定战略计划的工具同样用于创建人才战略，包括：

- 人才方面的 SWOT 分析，关注优势和弱势（组织内部）以及机会和威胁（组织外部）。将这种思考方式获得的结果置入田字格矩阵中，从而能够进一步确定可以利用或改变什么，然后利用结果来制定战略性的人才目标。[参见 1.2.8]

- 场景规划，关注未来，并设想可能发生哪些事件。如果发生这些事件会出现哪些情况，以及如何应对这些情况或从中获益。这些场景计划构成制定战略目标的基础。

- 环境扫描是指针对组织外部可能影响未来成功的因素开展广泛的考察，包括经济、政治、社会学和技术方面的考虑和预测变化。[参见 3.8.2]

- 行业扫描是指对可能影响组织所在行业的因素，以及这些因素可能对未来成功造成怎样的影响开展广泛的考察。

- 高层领导者访谈可用于对使用上述工具开展的分析进行验证，或获得关于组织战略目标的更多洞察。

- 员工访谈或调研可用于根据绩效差距或职业发展需求为人才目标的制定提供依据。[参见 3.1.2]

组织通过从战略角度分析内部和外部因素和场景，形成人才管理要求，从而描绘出人才如何帮助组织实现其目标，然后通过战略劳动力规划流程进一步完善这些要求。

3.4.2.1.2 制定战略劳动力规划

人才战略制定过程中的一个基础步骤是制定战略劳动力规划。该活动首先检查组织满足其未来需求所需的关键角色，以及完成这些角色所需的能力。接下来，利用下列资源对现有人才进行评估：

- 通过绩效管理流程获得的数据。
- 人才访谈或其他评估流程产生的输出。
- 测评工具。
- 个人发展计划数据。
- 领导者对关注到的差距的评估。
- 可能形成人才差距的其他组织流程（如工程投标）。［参见 3.4.1.1］

一旦确定了差距，人才发展专业人士就可以决定人才细分方法是否最为适当。人才细分策略确定了组织中存在差距的关键角色，并确定了填补这些特定角色差距的战略目标，从而使得人才发展和人才招募专业人士能够确定并制定相关计划，通过获得外部人才或培养内部资源的方式来培养员工担任角色。［参见 3.4.2.1］

战略劳动力规划流程的其他输出还包括相关角色的关键任务、责任和职责的工作分析，以及每项工作所需的胜任力的描述。

如果在制定人才战略时能够结合战略劳动力规划，那么由此产生的人才战略会对每个领域进行完善，并且采用自上而下的视角。随着新的人才需求不断涌现，就需要制定新的战略和目标。例如，如果正在开发一个新的工作类别，那么人才发展职能可以建立一个目标，为这一新的角色开发基于角色的学习活动。

3.4.2.1.3 人才管理战略

人才管理战略还将推动是从组织外部招募人才、通过内部学习和发展课程培养人才，还是将这两种方法相结合。可以通过 6B 分析来实现。［参见 3.4.15］

例如，组织正准备开发新客户或新市场，可能发现缺乏适当的技能矩阵来执行该战略。在这种情况下，组织可能决定从外部市场聘用（或从外部招聘和雇用）其所需的人才。一旦确立这些目标，人才招募策略就可以决定整体实施计划，而人才发展战略可能只含有一项相关的"子目标"，即根据人才管理战略目标，后续制定各项人才管理战略。

为确保一致性和公平性，组织在雇用和培养人才时，应该使用在战略劳动力规划中针对每个角色确定的胜任力。

3.4.2.1.4 人才管理衡量标准

随着人才管理战略和后续的延伸目标的制定，组织应根据认为可接受的衡量标准，制定人才管理衡量标准。在开展任何活动以支持这些衡量标准之前，必须先获得高层领导的支持和同意。

为达成目标而开展行动之前，人才发展专业人士需要针对每项目标制定人才发展衡量标准，并获得利益相关者的同意。在确定适当的衡量标准时，应该提出的一些问题包括：

- 你为什么想要衡量？（你希望通过衡量达成哪些战略目标？）

- 衡量的对象是什么？（通过哪些衡量标准来评估战略目标？）

- 如何计算通过衡量获得的数据？

- 如何汇报衡量结果？

- 如何使用衡量标准和报告？

可使用的衡量标准包括：

- 有效性衡量标准，用于衡量课程、工作或活动的质量。典型的人才发展有效性衡量标准包括反应/满意度、学习、应用、组织影响和投资回报率。

- 效率衡量标准，用于衡量时间、数量和成本。典型的人才发展效率衡量标准包括学员人数、培训小时数、课程设计和开发的速度以及学习课程的总成本。

- 成果衡量标准是指学习课程或计划产生的结果或影响。典型的人才发展成果衡量标准包括培训课程的结果，例如，领导力发展课程如何对继任计划产生影响。

人才发展衡量标准可以规定学习和发展目标、继任计划目标、绩效管理目标和其他支持人才发展的目标。例如，合规培训衡量标准、入职培训、生产力提高速度和日常运营所需的基本员工技能。人才发展衡量标准也可以对人才发展部门的目标进行评估。例如，降低每位学员的成本，或缩短培训课程的设计和开发时间。人才发展衡量标准可针对不同的受众和组织提出的战略问题收集不同的数据。

3.4.2.2　在人才战略一致性方面的挑战

如果人才发展目标与组织目标一致，并对人才发展目标进行衡量以证明其影响，那么人才发展工作就会获得成功。对一些阻碍协调的因素，人才发展专业人士可以通过了解这些因素而受益（Biech 2018）。

3.4.2.2.1　间接报告结构

当人才发展部门与首席执行官或更高层领导之间不存在直接报告关系时，就会形成间接报告结构，这种结构会阻碍沟通，并导致与战略目标之间的不一致。如果直接向高层领导汇报学习活动，一致性会更高。然而，人才发展工作并不始终是直接汇报的，有时无法改变组织汇报关系。但是，人才发展专业人士要努力寻找与高层领导接触的机会，让领导看到在人才发展方面相关的努力，并获得他们的支持。

3.4.2.2.2　对组织及其战略的有限了解

人才发展专业人士必须了解组织的运作模式。组织的结构方式、运营模式、赚钱方式、支出的定义以及组织对于数据的看法是人才发展专业人士创造组织影响力的基础。如果缺乏了解，就会导致活动、课程与目标之间失去一致性，并最终导致高层领导对人才发展的可行性提出质疑。

3.4.2.2.3　未能与利益相关者建立联系

如果人才发展专业人士不了解自己的组织，那么会很难识别或发展与推动组织成功的关键利益相关者的关系。如果缺乏对组织的了解，他们就无法成为能够帮助领导解决问题并且值得信任的顾问。

3.4.2.2.4　缺乏对组织战略的关注

了解组织战略、使命和愿景之间的关系，这是人才发展专业人士实现人才发展目标与组织一致性的第一步。只有了解组织战略，人才发展专业人士才能协调各自制定的计划。每个人才发展目标、课程或活动都应该回答一个问题："这对于达成组织目标有哪些作用？"

3.4.2.2.5　缺少人才战略

很多组织都没有明晰的文档化、广泛沟通的人才战略。然而，它们可能制定具体的人才管理或人力资源战略，最大限度地保证这些领域有效运作。

3.4.2.2.6　缺乏责任感

有些组织并没有把人才视为一种资产，而且可能把人才发展视为一种支出而不是人力投资。在这些情况下，组织可能认为人才发展活动的目的只是合规或提供基本的技能培训，并不承担培养人才的责任。久而久之，组织将不会认为人才发展工作会为组织增添价值或者值得战略投资。如果对于人才发展持有这种观点，就可能导致人才发展的预算遭削减，在经济危机时期甚至被完全取消。人才发展专业人士应该确保让利益相关者看到他们的计划，包括分享策略和结果，否则他们可能永远都看不到人才发展专业人士努力的价值。

3.4.2.2.7　缺乏衡量成功的标准

如果利益相关者并不期待看到结果，那么人才发展专业人士可能不会保留衡量标准或分析数据以展示结果。衡量成功的标准是战略发展流程的一部分，在开发过程中必须征得利益相关者的同意。如果没有事先定义的衡量标准，就难以在事后完成对战略目标、课程或活动效果的评估。[参见3.4.2.1]

3.4.3　制定与组织战略一致的人才战略，从而正向推动组织获取成果的技能

I.　人才发展在正向推动组织获取成果方面扮演的角色

人才发展专业人士应该使其目标与组织目标相一致，并展示人才发展战略对组织成果的可衡量的贡献。

3.4.3.1　将人才发展目标与组织战略相关联

每个人才发展目标都来自组织目标并描述如何通过培养相关人才来达成目标。目标都有具体的衡量标准以评估目标是否达成，衡量标准应事先征得利益相关者的同意。[参见3.4.2.1]

在人才发展目标设定流程中，需要定义存在绩效差距的关键角色所需取得的结果。人才发展专业人士应该开展工作分析来确定履行每个角色职责而必须具备的胜任力。然后开展任务分析，这是对工作中涉及的各项任务进行考察，并把每项任务分成更小步骤的流程。他们通过工作分析分解每

项任务，直到每项任务得以充分描述。[参见 3.4.13]

任务分析描述了成功履行各角色任务所需的胜任力。人才发展专业人士可以使用这些信息来识别需要针对各角色发展哪些知识、技能和态度（KSA）。他们可以通过这一分析确立具体的人才发展目标。

3.4.3.2　确保组织一致性

人才发展专业人士应该通过了解组织，与利益相关者合作，确保人才发展战略目标设定流程与组织需求之间的一致性，从而保证人才发展目标能够妥善地满足这些需求。

根据组织的规模，人才发展专业人士可能参与也可能不参与这一流程。然而他们可以通过多种方案来定制这种一致性：

- 通过阅读组织的战略计划、业务计划或任何其他可用文件资料来做准备。通过记笔记来确认自己理解其中的内容，并识别可能存在的问题。

- 与高级执行官和利益相关者见面，讨论组织的战略目标，以及人才发展将如何协助达成这些目标。

- 如果有人才战略，则参与战略开发流程。如果无法参与，则阅读并理解战略，使得人才发展目标能够与战略相协调。

- 先分析通过任何执行官和利益相关者访谈获得的信息。与人才发展员工见面，确定人才发展会对哪些战略目标产生积极影响。确定组织内部人才发展部门具备的能力，以及是否需要获得外部协助。

- 与利益相关者共同对建议进行审查，确认理解目标，并接受关于方法的反馈意见。

- 一旦确认，就开始决定每项目标的衡量标准（Biech 2018）。

通过保持积极主动的态度，人才发展专业人士可以避免接受来自多个利益相关者的指令，而且他们可能并没有明确的优先任务。将人才发展战略与组织需求相协调，确保人才发展战略有助于组织目标的达成。

人才发展专业人士管理各种课程、计划、活动和资源，确保成功达成目标。使这些目标与组织战略相协调通常涉及关于学习和发展的各种要求：

- 帮助组织遵守法规。人才发展提供的学习解决方案能够帮助组织遵守相关法律和法规。

- 提供基本能力。人才发展提供基本技能培训和信息，以快速吸收新员工，减少他们适应新工作所需的时间。

- 复制组织的成功模式。长期以来，组织不断尝试以实现高效运营。尤其是在经济增长或紧缩时期，人才发展最重要的工作就是复制成功模式。这可能通过持续的努力（发展项目），或者特别的解决方案（如组织新设了一个工作场所），必须复制整个管理系统。

- 提供战术支援。当策划新计划或新活动（如新系统实施）时，可能要求人才发展专业人士提供学习和发展支持。这些信息包含在项目实施计划中，人才发展活动被视为项目成功完成的一部分。

- 战略伙伴关系。这是一个占据"一席之地"的流程，在该流程中，战略人才发展目标被纳入组织的战略规划流程。伙伴关系包括协调和支持组织已经制定的战略计划。

3.4.3.3　执行战略并收集结果数据

人才发展战略一旦制定，就必须得到所有相关利益相关者的同意，并由人才发展专业人士制定具体的目标和里程碑，也可以在团队或个人层面上进一步制定目标。这样有助于确保每个层面的协调性，确保优先活动得以优先实施。

人才发展的许多产品和服务都涉及项目，应该加以规划和执行。［参见 1.5］项目计划可用于跟踪战略的执行情况，以及为成功完成这些计划而制定的衡量标准。这些衡量标准的确定应遵循与确定战略目标相同的流程。［参见 3.4.2.1］它们代表学习和发展课程、活动和计划的效率和效果，以及对组织的影响。这些衡量标准还能够展现人才发展的效率和效果。

可以在项目结束时对任何衡量标准进行彻底的检查，以解释项目成果、获得的成功以及吸取的经验教训；还可以用于展示人才发展对于组织的影响，为其他资源构建商业案例，探索提高课程质量的方法，提升人才发展的效果并为决策提供支持。

3.4.3.4　宣传人才发展为组织成果贡献的价值

人才发展专业人士应针对不同受众保持不同的衡量标准，如效率、效果或成果衡量标准，并对其进行分析，以回答组织提出的战略问题。例如，组织可能提出这样一个战略问题："曾经参与领导力发展课程的学员的敬业度得分是如何随着时间的推移而变化的？"他们应该将人才发展工作获得的结果传达给预期接收人。［参见 3.4.2.1.4］

组织阶层中不同级别会关注不同的结果，想要听到人才发展专业人士讨论与他们关系最密切的话题。相比人才发展专业人士讨论学习管理系统及其功能，高层领导更感兴趣的是该系统所需的成本，以及如何通过该系统帮助组织节省营业费用并增加收入。大多数执行官都想要听到关于人才发展的价值主张。［参见 1.1.8 和 3.4.3.6］

当宣传人才发展为组织成果做出的贡献时，人才发展专业人士应该：

- 尽可能将结果与关键绩效指标或战略目标联系起来。
- 将人才发展缩写词和术语转化成领导者和执行官能够理解的语言。
- 信息尽量简短，可通过提供附录来呈现细节信息。
- 预先沟通演示文稿或文档的目的。例如，可以说："本报告的目的是传达人才发展对目标或项目做出的贡献。"
- 包括在开始时写一份执行摘要，概述支持这一目标的要点。执行官宁愿一开始就知道结论，因为他们不想自己去寻找这些结论。

3.4.3.5　人才发展的价值主张

价值主张是一种表达客户为何从卖家那里购买产品的陈述。对于人才发展来说，价值主张也一样：为什么客户能够从人才发展专业人士那里获得他们想要的学习和发展？如果将学习作为一项业务来对待，人才发展专业人士应该了解所提供的产品和服务、客户是谁、购买产品和服务的流程以及购买产品和服务的成本。了解这些以后，他们就可以提出能够吸引客户来购买他们所提供的产品或服务的价值主张。

与人才发展部门相似的内部职能部门经常会被视为一种低成本的定制服务提供者。换言之，人才发展部门的价值主张应该是相比外部的供应商，业务部门可以根据自己的需要得到更具有针对性的学习和发展的解决方案。其他价值主张则取决于针对客户、产品、服务和成本开展的分析。

无论是哪种具体的价值主张，都可以将其融入广告和营销活动中，同时提供衡量成功的标准和相关人士的认可。帮助利益相关者了解价值主张，能够让他们更清楚地看到人才发展工作的价值，并给予支持。［参见 1.1.8 和 3.1.3.3］

3.4.3.6　确保持续一致性

人才发展专业人士应该确保日常人才发展活动与组织目标密切一致。面对持续不断的组织变革，人才发展专业人士很可能将注意力重新集中在新计划或新要求上，这会导致花在组织目标上的时间，以及投入组织目标上的注意力被分散；也可能很容易回应提出的培训请求，因为培训已经存在，而且提供培训不会花费太多时间。

人才发展专业人士应该了解人才发展目标和衡量标准，了解如何使其与组织目标一致。他们的个人目标也应与战略人才发展目标和衡量标准相一致。人才发展经理应该提供持续的辅导和反馈，确保持续一致性，并在发生问题时快速修正方向。人才发展职员可以通过个人发展计划来发展现有技能或学习新技能，确保成功达成个人目标。他们可以确认每位管理者提出的请求能够解决根本原因，并且与组织的优先要务相协调，以此来确保一致性。

3.4.4　针对人才发展项目、课程和职能设计并实施战略计划的技能

I.　人才发展工作规划

人才发展专业人士应该了解人才发展及其项目、课程和其他服务如何与战略目标相协调，从而确立并妥善执行优先要务。

3.4.4.1　设计并实施人才发展战略计划的步骤

指引人才发展工作的是其战略目标、愿景和使命。在制定设立人才发展部门的计划时，这些活动将为人才发展专业人士提供方法。

3.4.4.1.1　制定人才发展愿景和使命

愿景是对未来充满抱负的描述。使命定义了人才发展的目标、其存在的理由和发展方向。愿景回答了"我们想要在×年后成为一个什么样的组织"的问题。愿景展示了如果支持愿景的战略目标得以达成，那么组织会变成什么样的景象。［参见 3.1.6.1 和 3.4.2.1］

使命更注重当下。使命回答了"我们的目标是什么、我们为什么存在"的问题。使命可以是充

满感召力的。愿景和使命推动人才发展价值观和战略，而价值观和战略又解释了"如何"达成愿景并完成使命。组织通过关键绩效指标来衡量这些战略，并作为部门和个人目标向下传递。人才发展的愿景和使命应该与组织既定的愿景、价值观和战略一致，从而确保人才发展与组织之间的全面协调。

3.4.4.1.2 确定优势和弱势

就像组织战略计划一样，人才发展需要进行环境扫描以确定其优势和弱势。SWOT 分析就是一种很好的工具，可用于确定优势、弱势、机会和威胁。人才发展专业人士可以利用这些信息以及人才发展的现有优势和机会来弥补威胁和弱势。[参见 3.4.2.1]

3.4.4.1.3 行动计划

人才发展专业人士应该制定战略目的、目标和行动计划：

- 战略目标应该与组织目标相一致，并明确为组织的关键问题提供支持。人才发展需要战略所需的能力、资金和信息才能获得成功。应该明确风险，并制定计划来避免或最大限度地降低风险。

- 目的关注细节，并更具体地阐明必须完成的具体任务。目标和目的都应该具体并且可衡量。[参见 3.4.3.4]

- 行动计划通过提供关于实施战略的关键细节，推动计划成为现实。行动计划回答了谁应该在什么时间之前完成什么问题，并确定关键项目和提议，提供了时间表并为任务分配资源。

3.4.4.2 超越战略计划

人才发展专业人士必须理解自己所在组织的愿景、使命、战略和目标。为了支持这一点，他们必须成为值得信赖的顾问——他们知道会出现问题，会发生什么变化。

3.4.4.2.1 理解人才发展立场的意义

人才发展原则能够为组织和员工提供引导。此外，人才发展专业人士可以通过价值声明帮助员工和组织理解人才发展的意义。该声明会陈述人才发展重视什么，如支持员工、团队合作、协作或发展。一个简单的声明可以成为一个指导原则，帮助员工将自己与人才发展联系起来。

3.4.4.2.2 预测变化并制定计划

人才发展专业人士应该回到 SWOT 分析来回顾影响人才发展计划的问题。组织优先要务会不断转变，而且学习要求也会定期变化，这就可能需要重新分配资源，或对人才发展计划造成其他问题和制约。为确保敏捷地应对变化，必须预测在绩效期内可能发生什么情况。在大型组织中，学习管理委员会可以有效地回应变化带来的需求。在小型组织中，必须与高层领导合作，使人才发展专业人士能够了解优先级的调整可能对他们产生的影响。

3.4.4.2.3 确立优先要务

已经确定的人才发展目标是确立优先要务的基础。人才发展专业人士还应该针对如何确立整个规划期内可能出现的其他优先要务制定流程。其中包括考虑如何处理请求。

3.4.4.2.4　维持合规性

人才发展部门经常会与其他利益相关者合作为确保组织合规性而努力。人才发展专业人士应该了解其所在国家、地区、州或所在地的法律或法规要求开设哪些合规课程，并针对如何满足这些要求制定计划。实施计划需要了解所有学员在遵守法律，并确保无障碍方面的需求。[参见 3.4.3.3 和 1.6]

3.4.4.3　策划重要课程

策划重要的人才发展课程、计划或活动时，人才发展专业人士应该使用基本的项目管理策略来确保成功完成策划工作。即使策划、开发或安排的是大型计划，这些计划也有可能被取消或中途改为其他计划。根据组织规模，人才发展专业人士可能需要聘用临时雇员来满足最后期限要求。做好准备固然是好事，但是也不可能成为保证。[参见 1.5]

3.4.5　确定影响人才发展计划的预期制约或问题的技能

I.　确定并克服与人才发展计划相关的制约和问题

人才发展专业人士应该预测人才计划的潜在障碍和制约因素，并确定降低发生可能性的方法。

3.4.5.1　问题预测工具

有许多工具可以帮助预测问题和阻碍目标实现的因素。很多问题解决工具都是从头脑风暴开始的，然后对输出进行分类。潜在工具包括：

- 因果图，也称鱼骨图，代表效果以及所有可能引起效果的原因之间的关系。人们可通过绘制此类图说明主要原因类别。
- 5why 可通过问五次"为什么"来确定造成问题的原因。这有助于确保正确识别问题，而不只是列出症状。
- 力场分析关注朝着目标移动和远离目标移动的各种影响因素。[参见 3.5.5.2 和 3.6.3.2]
- 团队列名法是一种头脑风暴方法，个人先提出自己的想法，然后在意见一致的基础上集体创造想法。
- 帕累托图是一种垂直柱状图，它决定了要按什么顺序解决哪些问题。
- 情景规划关注引起未来可能出现的各种场景的趋势和不确定性，从而为应对这些场景做好准备。[参见 3.5.2.6]

3.4.5.2　开展制约分析，确定限制因素

制约分析确定项目的限制因素，其中可能包括预算、可用时间、日程安排、空间、资源可用性、开展分析所需的专业知识资源以及相互竞争的组织优先要务。此分析还应详细说明设计成功计划所需的所有因素，以及有效规划、设计和制定沟通和变革管理计划所需的所有资源，以支持解决方案实施和由此产生的行为改变。

应该在初步规划流程中对所有潜在的制约因素和问题进行讨论，在项目计划中指明所有风险，并制定风险管理计划。

3.4.5.3 预测、避免和解决常见问题

许多人才发展项目都包括由主题专家、教学设计师和其他人员组成的团队来执行项目计划中的任务。与项目和项目团队相关的常见问题包括：

- 角色不确定性。如果没有明确传达项目团队中的各个角色，那么可能导致工作分配存在差距或重叠。明确定义的团队章程可以指定团队角色和职责，以及谁拥有决策权。

- 缺乏支持。如果关键计划没有得到明显的支持，那么慢慢就会失去动力。人才发展专业人士应该确保每项计划与人才发展战略目标一致，并且有一个明显支持它的关键客户。

- 资源不足。缺乏实现项目期望结果的资源可能导致项目失败。人才发展专业人士只应在资源得以保障时才启动项目。

- 不合理的期限。有时候日程会安排得过于激进。人才发展专业人士应该与发起人协商，制定更切合实际的项目周期或缩小项目范围。

- 错过截止日期。日程可能未考虑意外问题或变化。人才发展专业人士应该在安排日程时，为可能出现的问题和变化预留一定的空间，确保按时取得高质量的结果。

- 缺乏沟通。有时他人可能看不到人才发展专业人士的工作，有时人才发展专业人士也缺乏与利益相关者之间的沟通。人才发展专业人士应该安排定期核查项目计划，以确保项目继续得到支持并且让相关人士可以看到项目的进展。

- 技术挑战。可能发生技术或平台问题，对人才发展工作和计划造成负面影响。人才发展专业人士应该与开发人员或供应商交流，寻找额外的资源来修正现在或将来最关键的缺陷。

当执行任何项目计划时，计划外的变化和问题可能对计划造成影响。通过对项目计划和日程进行监督，一旦发现问题，人才发展专业人士就要尽快做出细微的调整，避免发生大问题。

3.4.6 确立并执行营销策略以推广人才发展的技能

I. 制定人才发展营销策略

人才发展专业人士应该具备推销自己的价值主张、计划和课程的能力。营销策略是指一系列策略、战术、系统和流程，其目的在于识别产品，传达关于产品的关键信息，并帮助客户选择自己所需的产品，令客户能够找到并获得这些产品。

3.4.6.1 阐明营销策略的目的

在对营销策略制定明确的目的时，人才发展专业人士应该从结果开始。最终结果是什么？人才发展专业人士应该策划两种营销工作。第一种营销工作是创造一种全面的学习文化，即员工不断学习并在整个组织内传播知识的文化。人才发展专业人士应该努力建立与整个组织内领导者的关系。这可能是他们最重要的营销费用。

第二种营销工作是确保整个组织了解人才发展专业人士提供的产品和服务，如学习平台、管理或领导力体验、课程或工具和资源。人才发展专业人士应该认识到，目标受众会通过各自独特的方式来体验这些服务。然后他们根据这些体验来决定人才发展价值主张是否证明了它所主张的内容。

下列问题有助于阐明人才发展营销策略的目的：

- 人才发展产品和服务有多强？
- 人才发展的客户是谁？
- 客户是如何看待人才发展及其价值的？
- 客户自己对于人才发展产品和服务的需求有何看法？
- 人才发展产品和服务在市场上的定位如何？成本与收益（价值）比是多少？
- 如何树立人才发展品牌？如何重视人才发展？

使人才发展与组织战略一致很重要。营销的一个重要部分是陈述人才发展如何帮助实现组织目标。精心制定的营销计划有助于使人才发展与组织及其愿景和目标相协调。

3.4.6.2　制定营销策略

如果人才发展专业人士已经制定了自己的人才发展战略，就应该以此为基础来制定营销策略。关键在于关注宣传学习文化的价值。营销活动可以在整个组织内广泛开展，如果是针对特定服务或课程，那么可能针对目标受众开展营销活动更合适。营销策略包括定义目标受众，确定信息传递方式，确定目标，撰写清晰而令人难忘的信息。

3.4.6.2.1　定义目标受众

如果营销活动并非针对整个组织，那么明确定义目标受众有助于使营销活动直接面向更有可能使用人才发展产品或服务的人士。为了评估特定服务的目标受众，人才发展专业人士可以问：

- 当前客户是谁？
- 人才发展职能支持的人才细分是什么？
- 是否存在能够从这项服务中获益的特定受众？
- 这项服务是否有特定的人口共性？
- 人才发展是否对客户、临时工或季节性工人等外部受众负责？

一旦明确定义了目标受众，人才发展专业人士可以确定在哪里、通过什么方式来推广各项服务。

人才发展专业人士必须始终关注他们的关键信息：打造一种有助于每个人学习和成长、组织达成目标的学习文化。为了培养人才发展能够为个人和组织带来好处的意识，营销工作至关重要。[参见 3.3.7 和 3.3.8]

3.4.6.2.2　确定信息传递方式

在宣传和推广服务时，需要精心策划信息内容，清楚地阐明提供什么服务、使用这些服务的人可以享受到哪些好处，以及关于在哪里、什么时候、通过什么方式可以获得这些服务的必要信息。

通过仔细分析受众及其需求和可行的营销方案，人才发展专业人士可以确保他们的服务清晰可见，不会消失在所有其他竞争信息中。他们甚至可以决定不同的受众需要不同的方法。例如，只把基于角色的培训课程向承担这些角色的人员推广。

3.4.6.2.3　确定目标

营销目标应支持人才发展课程的目标，并建立衡量营销效果的标准。人才发展专业人士应该使用梅杰（Mager）提出的 A-B-C-D 流程来制定目标：

- 受众（Audience）：谁。
- 行为（Behavior）：绩效，尽可能具体地说明期望相关人士学会做什么。
- 行为完成的条件（Conditions），包括提供的工具或协助。
- 程度（Degree）：一个人应该表现出的行为的可接受标准，包括时间限制、准确性和质量。［参见 2.2.4.4］

应该在确立目标的同时确定营销衡量标准。通过使用梅杰提出的 A-B-C-D 流程，人才发展专业人士可以将效果衡量目标融入声明中。例如，"领导者（受众）需要在 8 月（程度）之前提交提名表（条件）来报名参加领导力发展项目（行为）"。效果衡量标准可以是在 8 月底之前提交提名表的领导者的人数。

3.4.6.2.4　撰写清晰而令人难忘的信息

即使有兴趣，不堪重负的员工也可能过滤掉这些营销宣传。为了避免发生这种情况，人才发展专业人士应该编制清晰且令人难忘的信息。其中一种方法就是使用 6C 法来客观评估不同沟通方式的有效性，包括什么有效、什么无效，以及为什么：

- 清晰（clear）。选择适合特定受众，恰当、准确的描述性词汇。
- 准确（correct）。选择准确的词汇，使用正确的语法，避免使用错误的词汇。
- 完整（complete）。传达清晰明了且全面的信息，包含所有细节。
- 简洁（concise）。使用简短、具体的句子和短语。
- 连贯（coherent）。保持一致性，选择简单的句子结构，通过容易理解的顺序呈现信息内容。
- 礼貌（coherent）。使用友好、积极、不分性别、敏感性语言形成恭敬而真实的信息。［参见 1.1.1.3］

人才发展专业人士还应确保信息针对适当的受众，并且内容可靠：员工想要让自己相信信息能够为自己带来好处，管理者则希望了解计划的战略价值。应该将人才发展工作定位成对于组织目标的达成至关重要的战略活动。人才发展专业人士应该利用每个机会来提升关于人才发展能够为组织带来价值的意识。

3.4.6.3　确定营销战术

营销战术是指人才发展专业人士如何传递有助于推动客户参与并获得客户满意的信息的方式。优秀的营销战术会使用财务资源来最大限度地实现产品和服务的有效推广。营销示例包括：

- 书面文字（如资料小册子、案例研究、直接邮寄的广告、电子报、新闻稿或电子邮件）。
- 社交媒体（如博客、播客、视频、论坛或登录页面）。
- 通过特殊活动、推荐、演示、众包或证言连接个人。

3.4.6.4　制定营销预算

针对预期营销费用执行详细预算有助于人才发展专业人士为计划提供适当的资源。虽然总费用可能在人才发展预算中作为一行的项目进行汇总，但营销目标和战术可以包含成本估算和优先事项。［参见 3.1.6］

制定营销预算时，下列步骤非常重要：

1. 了解如何为人才发展活动提供资金，预算是如何编制的。
2. 了解与人才发展及其运作相关的所有成本。
3. 回顾趋势数据，如过去几年的花费率。
4. 根据人才发展目标和目的设定营销预算。
5. 考虑成长计划。

3.4.6.5　实施营销计划

在计划实施过程中，人才发展专业人士应该收集衡量数据，并对照目标对数据进行跟踪。为确定效果，他们应该问这些问题：

- 目标是否达成？
- 绩效是否正在改善？
- 沟通是否得到了改善？［参见 3.5］

3.4.6.6　最终营销成果

人才发展专业人士应该认识到，优秀的人才发展营销计划可以覆盖组织内外。在内部，人才发展专业人士可以展示营销工作的成果和为组织实现的价值。

营销还能够通过提高其在支持学习文化和培养人才方面的声誉，在组织外部产生积极效果，同时还有助于改善人才招聘工作。

3.4.7　设计并实施沟通策略以推动人才管理目标达成的技能

I.　制定人才发展沟通策略

人才发展专业人士应该广泛沟通人才发展服务及其活动，供大家知晓。

3.4.7.1　确定关键信息和数据

沟通计划能够帮助人才发展专业人士向目标受众推广人才发展、其服务、新计划以及其他相关的学习和发展信息，并使利益相关者能够看到并接触到这些内容。

组织目标、人才发展目标、活动和结果，以及营销策略构成了沟通策略的内容。随着新的组织项目的出现，人才发展专业人士应明确识别并传达与之相关的学习计划。通过确定需要传达的信息，人才发展专业人士就可以起草需传达的关键信息。沟通计划还应确保信息与已确立的人才发展品牌相一致。如果将品牌融入信息，就更容易识别沟通的来源了。

3.4.7.2　确定受众：需要知道或想要知道的人

人才发展专业人士应该识别具体目标和关键信息的目标受众。在制定沟通计划时，他们还应考虑一项关键信息可能有多个受众。信息的特定元素应针对每个受众的需求或兴趣。例如，关键利益相关者和执行官对于沟通的需求与所有其他员工都不同，但是他们仍然需要听到相同的关键信息。了解如何与最高管理层沟通将有助于确定如何满足他们的需求。[参见 3.1.8]

3.4.7.3　确定可用方法

可以采取多种方法与利益相关者进行沟通。人才发展专业人士应该认识到，只传达一次信息并不足以吸引关注并获得理解。一旦确定了关键信息和受众，就很容易确定最佳的沟通方法。[参见 3.4.6.7]

3.4.7.4　确定时间线

应该在组织时间线背景下，确定向目标受众传达关键信息的时间线。例如，知道人们通常在夏季休假，人才发展专业人士应考虑推迟有关重大新计划的沟通活动。如果组织有一个针对整个组织制定的日历，那么这有助于制定人才发展沟通活动的时间线。

日历也可以公布人才发展活动结果发布的时间。例如，组织有一个年度规划流程，在规划流程开始时制定目标并在结束时传达结果，那么人才发展也可以遵循该指南发布结果。人才发展专业人士可以提前安排与执行官的会议和报告，以沟通人才发展的年度成果。

人才发展沟通时间线应安排一定的充裕度，对于关键信息，应该采用不同的方法多次发送，以确保它们被妥善接收。

3.4.7.5　创建沟通计划

沟通计划包括关键信息、受众分析和时间线。其中列出日期、目标受众、关键信息或实践、方法或媒体、负责人员，以及工作人员需要了解的任何其他注意事项。其中可能还包括人才发展或其他职能部门策划的碰巧冲突的其他活动。

3.4.7.6　参与利益相关者审查

如果想要了解信息是否按照预期被妥善接收，那么获得沟通的反馈至关重要。组织可以通过计算在线页面点击次数、演讲结束后要求反馈、开展在线调研和组织焦点小组来获得反馈。委托第三方组织反馈会有助于加强反馈的真实性。使用针对关键信息的开放式问题有助于确保获得的反馈切实可行。人才发展专业人士应该根据反馈，对关键信息或沟通计划进行调整。

3.4.8　传达人才发展战略和解决方案如何支持实现业务目标和组织成果的技能

I.　传达人才发展的价值

人才发展专业人士应该了解并传达人才发展对于组织的价值。它包括在广泛的工作领域中成为思想领袖，并分享与组织相关的知识。人才发展专业人士参与各种业务话题，通过多种方式与各个部门合作，展现出人才发展的可行性和价值。

3.4.8.1　与领导者合作

与领导者建立伙伴关系是成功的关键。领导者的认可和倡导对于持续为人才发展计划、课程和活动提供支持至关重要，因为组织的其他成员将密切关注并通过参与来表示认可。人才发展专业人士可以通过邀请高层领导者参与下列工作来建立与他们之间的伙伴关系，从而实现这种可行性和支持：

- 充当导师和教练。
- 介绍新项目。
- 在学习项目中发言并参加课程。
- 担任治理委员会成员。

赋予他们这些角色，保持沟通渠道畅通，将有助于建立伙伴关系。参与高级别的组织讨论和决策，也被称为在谈判桌上占有一席之地，有助于人才发展专业人士和领导团队其他成员之间的沟通。一旦赢得尊重，人才发展专业人士就应该积极参与组织讨论，并表达他们的努力如何影响组织并实现目标。真诚沟通有助于建立信任和信誉，并且让对方看到人才发展的有效性和影响。［参见 3.2］

3.4.8.2　建立并保持伙伴关系

与领导者建立伙伴关系同建立任何其他关系相似——认识并了解对方、信守承诺并且承担责任都有助于建立信任和信誉。良好的伙伴关系有助于本组织的人才发展活动赢得支持。

人才发展专业人士可以通过以下方式开始与领导者建立伙伴关系：

- 更深入地了解他们和组织。
- 使用高管和行业的语言。
- 清楚地了解组织的战略要务、目标和目标达成计划。
- 了解并协助解决他们的问题。
- 明确阐明人才发展如何为他们提供支持。
- 表现出协作和责任感。
- 成为系统思考者。
- 按时交付，建立信誉。

- 有一个积极、"我能做"的态度。

3.4.9　传达学习和职业发展价值的技能

I.　传达学习和职业发展的价值

　　人才发展专业人士应该通过学习和发展工作来展现投资于员工所能带来的价值。这样有助于将人才发展活动从视为支出转换为视为投资。

3.4.9.1　开发终身学习的商业案例

　　如果想要激发每个人都重视终身学习，就需要采用一种刻意的方法，因为它永远都不会自己发生。创建学习文化是一项永不停止的挑战，需要关注、足够的时间、清晰而一致的沟通以及来自组织内每个人的支持。[参见 1.7.1 和 3.1.7]

　　高绩效组织的学习文化中存在三项本质特征：能够满足学习需求的充足预算、专门的学习职能部门以及高层领导者承担对组织学习的责任。

　　可能需要几年时间来灌输一种欣赏终身学习的学习文化的共同价值观、假设和信念。它应与组织文化相一致，或者代表组织的一种全新的范式。

　　拥有终身学习文化有很多优点。它有助于改进：

- 员工敬业度水平。
- 组织整体绩效。
- 留住人才的能力。
- 满足不断变化的业务需求和目标的能力。
- 保持竞争力。[参见 1.7.1]

　　为了开发终身学习的商业案例，人才发展专业人士应该与领导者合作，决定学习对于组织来说意味着什么。是否受到重视？组织内存在哪些关于学习的隐性或显性哲学？领导者希望的哲学是怎么样的？通过回答这些问题，人才发展专业人士将完成现状分析，确定需要哪些改变（若存在）。他们可以将任何变化纳入人才发展战略目标和计划，并据此进行衡量。

3.4.9.2　传达终身学习的价值

　　成功构建学习文化的一个关键部分是确保领导者和管理者知道各自所承担的培养员工的责任。人才发展专业人士的角色是在这一方面充当领导者和管理者的催化剂和支持者，为他们提供学习机会，提升他们的人才管理技能。

　　不是每个人都重视终身学习。有些员工可能对自己掌握的工作感到满足。随着对自身发展的责任感越来越强，员工的学习兴趣和愿望可能增加。人才发展专业人士可以利用基于角色的学习之旅来满足员工的学习需求，并帮助员工绘制他们的职业路线。[参见 1.1.3]

3.4.9.3　终身学习的价值

组织想要稳定的人才输送渠道，确保在合适的时间，付出合适的成本，安排最优秀的人员担任合适的工作。当组织需要改变时，就会有合适的人才承担新的或不同的职责或角色。如果要做到这一点，就让他们做好充分的准备。学习文化为员工提供做到这一点的机会。令人遗憾的是，研究表明，创建终身学习文化的最大障碍之一是难以证明终身学习能够带来的可衡量的影响（ATD 2018）。［参见 2.8］

雇主希望组织中的人才拥有多个学位；他们希望拥有必要胜任力的员工在当前的工作和未来的角色中有效地发挥作用。学位、经验、绩效、认证、证书和潜力都会对组织做出的员工晋升和调动决策产生影响。当组织提供清晰的职业路径和学习之旅并加上员工自我发展时，就会形成一个明显的双赢局面。［参见 1.7.1］

对于个人来说，成为终身学员有很多好处。它能够：

- 提供更多提高生活质量的机会。
- 增强自信和自尊。
- 挑战信念和观点。
- 提高适应变化的能力。
- 提高他们实现更令人满意的生活的能力。
- 促进个人和职业发展。
- 培养承担更多风险的欲望。
- 引导成长思维。
- 拓展职业发展机会。［参见 1.7.1］

3.4.10　制定传达当前和未来人才和技能要求的劳动力规划的技能

I.　战略劳动力规划

人才发展专业人士应该与高层领导协作，共同制定计划来预测未来人才需求和技能要求，并将这些需求与当前劳动力能力进行比较，目的是确保稳定的人才流。

3.4.10.1　人才发展专业人士在劳动力规划中的角色

人才发展专业人士在劳动力规划中可能扮演各种角色，包括：

- 分析者。评估当前的组织现实，调查未来的需求，分析技能差距。
- 实施者。设计学习策略，应用最佳实践，专注于持续改进。
- 评估者。衡量学习和发展的转化和影响，以确保项目培养能够承担所需角色的人才。
- 合作伙伴。帮助组织提高员工的敬业度、技能和知识，以及知识转化工作，并减少员工流失，提高创造力和问题解决的能力。［参见 3.2］

3.4.10.2 劳动力规划

人才发展专业人士应该与高层领导者合作，帮助审视公司的未来。战略规划会议通常审视环境、行业、竞争或者技术方面的未来场景，并分析这些场景可能对组织产生的影响。鉴于此，组织制定战略目标，其中包括满足这些战略目标所需的人才。[参见 3.4.2.1]

首先，人才发展专业人士需要根据这些战略目标预估未来的人才需求。他们可以提问：

- 需要多少员工才能满足组织需求？
- 分别担任什么角色？哪些角色对成功至关重要？
- 目前内部具备哪些能力？
- 人才需求与内部可用人才之间存在多大的差距？
- 如果人才过剩，将采取哪些措施来减少或重新安置？

组织通过劳动力规划可以展示现有能力与需求之间的差距，开始制定人才战略，指明如何解决这些人才差距。劳动力规划包括确定实现组织目标所必需的战略和关键角色，以及支持运营的核心性和事务性角色。

一旦确定所需的角色类型，组织就可以开展工作分析，确定履行这些角色所必需的胜任力，然后根据工作分析结果开展胜任力建模。[参见 3.4.13]

组织可利用针对特定角色提出的胜任力（加上技能、知识和态度）来雇用人才，培养人才，管理他们的绩效并表彰和奖励他们。为确保一致性和公平性，这些胜任力必须在整个人才管理流程中保持一致。

组织现在可以针对工作场所内的不同角色决定到底是采取聘用、塑造、外借、晋升、淘汰还是保留策略。这将决定劳动力的范围，并解答一些问题。例如：

- 临时工是否包含在计划范围内？
- 零工工人是否包含在计划范围内？
- 是否利用外包组织来弥补差距？[参见 3.4.15]

劳动力规划中衍生出来的人才战略为人才管理战略的制定提供了信息。如果发现某些角色缺少必要的人才，那么组织可能决定从外部来聘用人才。如果人才需求持续存在，那么组织可能决定通过发展和内部人才流动来内部塑造。这些战略都与组织的战略目标相协调。

3.4.10.3 敏捷劳动力的要求

如果想要在当前这个变化的时代中获得成功，组织就需要敏捷的工作场所。如果能够根据不断变化的市场、环境和技术快速改变发展方向并进行调节，那么组织获得繁荣发展的可能性就更大。劳动力队伍必须由这样的领导者进行领导，他们提供一个切实可行的领导框架，帮助个人和组织适应不断变化的环境，并有效应对反复出现的问题。它基于四个原则：情绪智力、组织公平、发展和性格（Heifetz 和 Linsky 2017）。

在创造并保持敏捷型工作场所的过程中，涉及几个因素：

- 领导力表现在与战略之间的一致性、决策速度、沟通速度和清晰度方面。
- 创新体现在用于产生并分享新想法的可用流程以及网络的运用方面。
- 战略是一种广泛的发展和意图或方向，比任何特定的计划都更为重要。
- 文化体现了政策和实践与敏捷价值观一致的程度。
- 变革是组织向员工提供实施变革的能力的程度。
- 结构体现组织重新分配资源的容易程度，存在广泛共享（相对于筒仓）的成功衡量标准，以及权力的明确性。
- 成长思维是指重视持续学习和发展，员工愿意接受新事物，探索新机会。

3.4.11　了解继任计划和人才盘点流程

I.　继任计划和人才盘点

人才发展专业人士应该了解继任计划和人才盘点在满足组织人才需求方面发挥的作用。这有助于确保为更高级别的职位提供可用的人才，并为人们提供在组织内承担不同角色的机会，让人们不必为了追求发展机会而离开组织。

3.4.11.1　继任计划的定义

继任计划是一种系统化流程，旨在识别、评估并培养有潜力的人员在领导或关键任务岗位现任者辞职、雇佣关系终止、调动、晋升或死亡后，可接替其岗位。管道规划与继任计划相似。然而，管道规划是一种主动填补特定工作类别或工作群当前或预期人员短缺的方法。在审查特定人才库时，继任计划流程可以与人才管道规划流程一起使用，但这两个流程也可以单独使用。

某人是否属于继任计划候选人取决于大量因素。通常，组织会根据绩效、经验、潜力和胜任力来选择合格员工，还会根据他们的准备状态来区分：他们现在是否准备就绪、一到两年内准备就绪、需要在三年或更长时间后准备就绪等。

继任计划的结构通常从最高层的首席执行官开始，识别并考虑首席执行官的每位直接下属作为继任者。此外，所有执行官的角色都需要被分析从而制定继任者。计划进行到什么程度取决于组织的需求和愿望。

3.4.11.2　继任计划和人才盘点

人才盘点是一种正式的会议，领导者在会议上讨论关于个人以往绩效和未来潜力的信息。可以将人才盘点作为继任计划流程的一部分，也可以将人才盘点作为一项独立活动来确保为特定工作种类建立稳定的人才输送管道。组织评审也可能包含人才盘点，评估个人在特定时间段内或在完成特定任务期间的表现。

继任计划和人才盘点能够令高层领导者看到高潜力人才，并有助于确保人才管道和继任计划提供可用人才来满足组织需求。可以将二者与其他人才管理实践领域相结合，包括：

- 人才盘点和继任计划，从中得出的发展需求可成为人才发展的目标和交付物。
- 战略劳动力规划流程，可用于确定关键人才需求以及高潜力员工和继任候选人所需的胜任力。
- 绩效管理数据，有助于确认并选择高潜力员工和继任候选人。
- 特殊的薪酬计划和奖励结构，可用于激励或奖励高潜力员工和继任候选人。

3.4.11.3　继任计划所需的行动

通常由首席执行官或其他高层领导提供关于完成继任计划的方针：

- 如何确定并分析关键角色，包括增长、衰退和其他影响这些角色的变化。
- 如何计算关键角色的潜在人员流失。
- 可使用哪些工具来识别高绩效员工和高潜力员工，如场景规划、评估工具或九盒网格（SHRM 2018）。
- 如何衡量继任者的准备状态。
- 对于已确定的继任者来说，人才流动战略是什么。

召开人才盘点和继任计划会议，并确定继任者后，管理者和人才发展专业人士就可以实施他们的人才管理战略。与这一步相关的行动包括：

- 确定针对已选定和非选定候选人及其管理者之间的沟通计划。
- 决定是通过内部还是外部进行人才招募。
- 创建发展和流动计划。
- 协助制定个人发展计划。
- 监控人员流失和候选人进展。
- 在高层会议上讨论人才问题。
- 同意对选定候选人的报酬、激励或认可。

3.4.12　了解用于识别和培养高潜力人才的方法

I.　培养高潜力人才

人才发展专业人士应该知道如何识别、甄选、调动和培养在组织内有长期发展潜力的员工。这样有助于确保人才管道中始终有充足的人才储备。

3.4.12.1　定义高潜力标准

每个组织都必须决定各自的高潜力标准。通常，首先需要了解组织未来的需求。一些组织规定了需要始终保持有人在岗的岗位百分比，如3%的最高层领导职位。这份清单还可能包括难以找到合适的人来担任的关键职位。

高潜力标准包括员工在该职位上取得成功所需的特征、专业知识、经验和准备状态。为了具体地定义高潜力标准，组织必须确定每个岗位的长期战略需求、时间线，以及安排人员担任相关职位的策略。这可能包括定义准备状态和岗位适合度，概述绩效需求，针对未来准备状态要求开展内部和外部研究，以及它们如何与组织当前和未来的需求相一致。

组织会考察诸如以往和当前绩效、对领导者的尊重态度、接受反馈的态度、批判性思维、追求结果的动力、组织承诺和与文化之间的适合度等特征。最后，人才发展专业人士需要确保确定的标准具有可衡量性。

3.4.12.2　识别高潜力员工的流程

需要将识别并培养高潜力员工的计划的目的与组织目标协调起来。人才发展专业人士应该知道哪些角色是组织成功的关键，目前存在哪些能力，存在哪些人才差距，以及如何弥补这些差距。

3.4.12.2.1　识别高潜力员工

成功的组织致力于培养高潜力员工，因此，必须制定有效的计划或流程来识别他们。针对计划制定明确的目标有助于确定期望，设定目标，与其他人才管理流程和计划保持协调，设定选拔标准和衡量有效性。

一个设计可能包含很多元素，必须针对组织的实际情况进行定制，并与其他人才管理实践相结合。人才发展专业人士应该与高层领导者合作，确保计划公平并始终实用、满足组织对于人才的需求，并且所有利益相关者都在确保计划成功的过程中发挥各自的作用。

组织可以通过候选人推荐流程或自我提名流程来识别高潜力员工。对如何选择以及选择谁来参加，并没有所谓正确的方法，每种流程都有利弊。重要的是，要考虑哪些角色是关键的，哪些地方必须维持稳定的人才输送管道。

在决定是否有资格参加计划时，请考虑此人：

- 在组织内的级别。
- 任职时间。
- 绩效水平。
- 管理者建议。
- 多样性考虑因素。

3.4.12.2.2　甄选流程

无论组织采用的是自我提名流程，还是领导提名候选人的推荐流程，人才发展专业人士都应澄清流程，确保指示明确，并确认提供了足够的时间。需提交的文件可能包括：

- 申请书。
- 人才档案（包括人口统计信息、就业历史、自我评价、管理者评价、绩效水平、潜力评估和职业兴趣）。
- 管理者证言。

针对候选人使用不同的工具也可能有助于深入了解他们的潜力——模拟、游戏、评估、小组访谈或其他可能提供关于候选人的更全面的看法，并且使甄选更容易的工具。

一旦开展评估和讨论，人才发展专业人士应该根据既定的甄选标准给候选人打分，然后根据各位候选人的得分进行排名。典型的甄选标准包括：

- 当前绩效。
- 通过九盒评估或类似工具衡量得出的潜力水平。
- 是否表现出与角色相关的胜任力和领导胜任力。
- 正式评估的结果。

3.4.12.2.3 包容性

人才发展专业人士应该定义相关的术语和标准，避免发生任何误解，确保候选人招募、提名、评估和甄选过程中的一致性。这些定义确保领导者和其他参与其中的人士清楚地了解流程的整个过程。

此外，人才发展专业人士应考虑成立一个多样性委员会，以扩大领导和其他关键角色的多样性。该委员会同时充当甄选委员会，确保甄选流程的公平性和准确性。由组织中各个部门的领导者组成一个小组，他们不仅了解候选人，而且能充分发挥他们的能力，这样就可以针对能力进行强有力的讨论。讨论内容应该关注客观的、与工作相关的甄选标准。

一旦选定候选人参加高潜力项目，则应通知相关候选人及其上司。然而，有些组织对这些信息保密，以免暗示将来这些人会获得晋升机会或其他雇用行为。透明性对于不同的组织有着不同的利弊，人才发展专业人士在做出此决定时应考虑这些利弊。

3.4.12.2.4 例外情况

可能有时候选定的候选人无法满足期望。在这种情况下，人才发展专业人士应该制定如何解决此类问题的计划，并制定流程将这些候选人从计划中移除。他们应该了解候选人的表现，从而可以及时处理非正常行为的预警信号。

3.4.12.3 培养高潜力员工

存在多种类型的内部和外部发展机会，其中通常包含一些需要由组织承担的成本。人才发展专业人士应以为个人提供适当的发展机会为目标，考虑成本效益和高质量的发展项目。发展项目示例包括：

- 外部机会。
  - 学术任务。
  - 高等学历教育。
  - 发展课程。
  - 借调执行计划。
  - 专业协会。

- ○ 高管发展项目。
- 内部机会。
  - ○ 参与委员会和工作组。
  - ○ 沉浸式管理。
  - ○ 每月领导会议。
  - ○ 自我发展机会。
  - ○ 拓展任务。
  - ○ 轮岗任务。
  - ○ 行动学习课程。
  - ○ 实践社群。

3.4.13　了解识别任务、工作和角色的关键要求的方法

I.　确定任务、工作和角色要求

人才发展专业人士应该了解如何开展工作分析，识别需要针对特定工作和角色开展的任务和履行的职责，以便确定绩效差距，并建议学习和发展解决方案。

3.4.13.1　识别工作要求的工作分析步骤

工作分析确定某项工作职能或角色的所有义务和工作职责（责任）以及每日、每周、每月或每年需要完成的任务。开展工作分析的步骤包括：

- 确定与组织目标相关的工作结果。审查工作或角色的预期结果，并确保与组织目标和目的之间的一致性。
- 确定取得每项工作结果需要完成的任务。识别对目标达成存在重大影响的关键任务。
- 确定任务所包含的步骤。将每项任务分解为多项子任务。
- 确定执行每个步骤所需的知识、技能和态度。审查完成每个步骤或子任务所需的条件，包括知识、技能、能力和胜任力。
- 记录任务分析。总结成功执行工作或角色所需的一切条件。

3.4.13.2　工作设计

工作设计是工作分析的一项跟进活动，指明工作是如何完成的，包括任务的内容、方法和安排。工作设计试图最大限度满足技术和组织要求，减少疲劳和人为错误的来源，并满足开展工作者的需求。它还能够处理组织中各项工作之间的关系和联系。［参见 3.3.5］

适当的工作设计对于提高经营活动的有效性和员工的效率与满意度至关重要。如果设计合理，那么工作设计组成部分有助于提高员工的敬业度；如果设计不当，就会适得其反。这些组成部分包括：

- 技能多样性。一项工作需要雇员使用各种技能、能力或知识的程度。

- 任务完整性。工作要求工人执行从生产流程开始到最终完成该作业所需的所有任务的程度。

- 任务重要性。由于各自工作对组织内部（如同事）或组织外部（如客户）的影响，员工认为自身工作有意义的程度。

- 自主性。工作给予员工在安排不同任务、决定如何执行这些任务时所需的自由和自行决定权的程度。

- 反馈。在执行工作的过程中，组织为工人提供关于他们工作表现的明确、直接信息的程度。

3.4.13.3 解决技能差距

工作分析和工作设计可以确定技能差距，这是指组织当前能力与为了达成目标、满足客户需求所需的技能之间的显著差距。如果组织存在显著的技能差距，就面临着无法满足客户需求的风险，因为组织可能无法成长、竞争或为未来的工作做好准备。

人才发展在解决技能差距方面发挥了越来越大的作用，而且现在个别管理者承担的责任也越来越多。然而，能否成功地确定并弥补这些差距，取决于整个组织的关键利益相关者的参与。

为了解决技能差距，组织应该：

- 技能升级。设计培训用新的或显著增强的知识来强化现有技能，使个人能够在同一专业或工作领域继续工作并取得成功。技能升级不是指员工普通的持续发展。

- 技能重组。设计培训来帮助员工获得新知识或新技能，从而使他们能够担任新岗位或进入新职业。

- 多种技能。为员工提供关于新的或相关工作领域的培训，使他们能够在组织的不同领域工作。

- 适当技能。培训员工以满足组织的未来需求，无论他们当前能力水平如何（Souza 和 Fyfe-Mills 2018）。

解决技能差距的策略包括：

- 阐明并理解组织的绩效指标。

- 确定能够为弥补技能差距提供支持的利益相关者。

- 概述与战略和绩效指标对应的胜任力和技能。

- 评估技能差距。

- 设定目标并确定弥补差距的优先顺序。

- 实施解决方案，并监测计划的可持续性。

- 沟通影响。

技能差距继续影响组织，对组织成功带来风险。许多技能的保质期正在缩短，部分原因是技术的进步使它们随着工作的重组、淘汰和自动化而很快过时。人才发展专业人士应该通过敏捷的学习和发展项目，确保稳定而充实的人才输送管道，以此来弥补这些技能差距。

3.4.13.4　胜任力分析和胜任力建模

胜任力是指那些以高度熟练的状态完成工作的员工的技能、知识和态度。它们不仅是工作描述中列出的要求。胜任力指出了成功员工独特的特点，组织通常会采集这些特点，然后编制成胜任力模型。了解这些成功因素使得人才发展专业人士能够针对组织需要的胜任力开发出所需的学习和发展课程。

胜任力建模支持整合组织内的人才管理实践，从而培养出可持续的劳动力。为了开展胜任力分析，人才发展专业人士应该：

- 定义工作以及成功履行工作所需的关键胜任力领域。在角色中安排内部业务专家有助于发掘正确的胜任力。

- 定义每项胜任力的结果。了解通过各项胜任力能够取得的成果。

- 定义针对每项结果采取的行动。将成果与为了取得成果而采取的行动联系起来。

- 阐明每项行动的行为指标。这些是对行为的客观描述，通过这些行为可以表现出某人是否具备某项胜任力。它们可以用积极或消极的方式表述："征求他人意见"与"不要征求他人意见"。

- 确定每项行为指标的 KSA（知识、技能、态度）。例如："产生这种行为需要哪些知识、技能和态度？"

一旦从行为指标层面上来审视角色，人才发展专业人士就应该将这些陈述浓缩成少数类似的技能领域，然后将每个小组分解成更小的组。随后人才发展专业人士就可以将展现的胜任力进行分类，并建立模型。

3.4.13.5　胜任力模型类别

大部分组织胜任力模型都包含三个领域：

- 执行。创建愿景、开展领导工作、战略制定、影响、计划、谈判和认可人才所需的技能、知识、行为和态度。

- 管理或监督。监督、指导、建议、管教、辅导、组织和培养人员所需的技能、知识、行为和态度。

- 职能。执行特定任务所需的技能、知识、行为和态度，如操作机器、创建网站或编写技术培训手册。

组织可将胜任力模型用于人才招募，用于人才发展中的评估开发以及创建学习和发展项目，用于将薪酬和奖励纳入工作描述中，用于继任计划和人才盘点中的候选人评估，以及用于绩效管理评估。在所有人才管理实践领域中使用一致的胜任力是将这些职能互相整合的一种方法。

3.4.13.6　胜任力模型分析技巧

组织通过开发胜任力模型能够充分了解各种角色，并通过深入的工作分析进行验证。如果人才发展专业人士正在开发胜任力模型，那么应该让承担该角色的人参与进来，与其进行彻底的沟通，并使用与模型涵盖的所有角色相关的胜任力。

推荐在胜任力模型开发过程中使用的方法包括：

- 访谈。人才发展专业人士可以提出一系列问题，以了解一个人在工作中的表现。这些访谈可以与高绩效者本人或其主管一对一进行。访谈的主要缺点是人们可能无法回忆起自己所做的每件事。然而，如果只需要一份工作的高度概述，这一点不成问题。如果有预设的问题可用，那么访谈的效果最佳，而且对于专业工作尤其有用。

- 调研或调查问卷。如果只需要对一份工作有个大致的了解，调研或调查问卷可能是一个理想的选择。如果需要征求员工和管理者的意见，或对大量工作进行分析，应采用开放式调查问卷。有各种现成的调研和在线工具可供使用。书面文件有一定的局限性，主要是因为详细填写会比较困难。

- 观察。这种方法是指与工作执行者坐在一起，观察或记录完成的所有任务。观察可从现实角度提供关于日常活动的信息。然而，观察可能需要耗费大量时间，因为人们很少会在一天时间内执行其工作描述中提及的每项任务，所以这种方法最适合生产中的短周期工作。而且，观察员在现场也会使被观察者的某些行为偏离日常实际行为。这种方法的好处是，分析员获得了所执行任务的第一手资料，并且可以在整个过程中不断提问。但由于工作分析的重点主要放在工作"是什么"上，因此观察可能最适合任务分析。

- 焦点小组。当一群特定工作职能的人聚集在一起，通过头脑风暴来探讨各自工作的所有职责和任务时，组织就可以采用焦点小组方法。本质上，焦点小组是一个小组访谈，成员可以互相作为对方的决策咨询人，以此来生成任务列表。相比观察员独自长时间观察任务执行情况并撰写工作任务清单，这种方法非常有效——大家一起思考，能够更快地罗列出某项工作涉及的所有任务。

- 工作日记或日志。尽管这种方法可以用于大多数工作，但是日记或日志经常提供的数据过多，而且难以诠释。[参见 3.2.1.5.2]

3.4.13.7 领导胜任力模型

领导胜任力模型是一种广泛应用的模型，采用与其他角色相同的胜任力识别流程。然而，领导胜任力在整个组织中可能更为通用，而且通常只需对在通用部分的领导胜任力加以定制即可。咨询公司和人才发展服务供应商可提供领导胜任力资料库，人才发展专业人士可以从中开始。

领导胜任力模型的设计应该简单，通过通俗易懂的方式来传达期望的行为。如果涵盖的胜任力或行为过多，就会导致混淆。以简洁、清晰和相关的方式界定模型的范围，有助于领导者将胜任力应用于他们的角色，并帮助组织使用模型来评估、聘用、培养和认可人才。胜任力模型可以针对所有级别的领导者采用相同的胜任力，只是针对具体的角色提供不同的描述。

为确保领导胜任力模型获得认可和接受，人才发展专业人士应该与适合的利益相关者合作，验证模型或提出修改意见。

3.4.14　了解人才招募策略和概念

I.　人才招募策略和概念

人才发展专业人士应该了解构成人才招募策略的元素，以及需要通过哪些措施才能将这一策略融入整个组织中。

3.4.14.1　人才招募策略

人才招募是及时填补空缺职位的流程。组织的人才招募策略必须以组织目标为基础，并通过定制以满足组织的独特需求。对于某个组织有效的策略对于另一个组织未必有效。人才招募策略应该以深入研究和内部措施为指导。可根据在劳动力规划流程以及组织目标中确定的不同人才细分，采用不同的寻访、招募和雇用策略。［参见 3.4.13］

组织品牌吸引新员工，而留住他们的则是员工在工作中的体验。品牌是区分一个组织和另一个组织的综合营销概念。员工体验，有时也称员工之旅，是员工对一个组织的看法，这种想法受其工作场所、沟通、工作生活平衡、与团队和主管的互动、使用的技术和工具以及工作中存在的其他接触点的影响。组织品牌和员工体验需要采用系统性思考，确保整个组织内的一致性和适用性。［参见 3.4.1.8］品牌描述的是组织以及在组织内工作的好处，并不仅是雇用流程。如果组织在人才招募流程中向员工承诺了一件事，但是员工在入职后发现实际文化与之完全不同，员工就不会在组织待太久。组织的使命、愿景和价值观应该作为人才招募沟通中的依据。

人才发展专业人士可以通过创建用于甄选候选人的评估工具、提供访谈支持、分享关于全球招募形势的想法和其他内容来协助人才招募流程。他们应该确保自己使用的是经过验证且可靠的工具。人才发展专业人士可以通过提供指导来确保在发展和薪酬决策中采用相同的胜任力。通常，这些胜任力是作为工作分析流程的一部分来开发的。［参见 3.4.13.3］

3.4.14.2　主动招聘 vs 被动招聘

无论组织选择被动招聘还是主动招聘，吸引不主动寻找工作的潜在候选人都是一种投资。被动招聘通常通过社交网络（虚拟或其他）完成，利用可能成为未来人才来源的关系。然而，被动招聘存在一些不足，例如，候选人没有最新的简历，面试过程无法说服候选人采取下一步行动，而且寻找候选人需要花费更长的时间。

主动招聘是指组织在职位空缺之前就寻找相关的候选人。可以在招聘网站上发布岗位信息，也可以针对特定人群发布招聘信息。此类招聘的不足之处在于耗时长、成本高，一旦相关岗位开始公开招聘，招聘经理就可能感受到工作效率下降带来的痛苦。这可能导致他们雇用错误的人（Peterson 2018）。

3.4.14.3　未来需求规划

估测未来需求是劳动力规划流程中的一部分，可用于确定存在人才差距的角色类型。 ［参见 3.4.10.2］一旦确定了这些人才细分，并决定从组织外部招募这些人才，就可以制定详细的计划，其中包括衡量成功的标准。可将角色现状的数据作为这些详细计划的依据。例如：

- 这一角色的员工流失率是多少？
- 根据增长趋势，有多少雇用需求？
- 这些角色分别处于哪些地理位置？
- 招到合适的人有多困难？

人才招募和人才发展应协同合作，确定合格的高潜力员工和继任人选。组织通过为内部员工提供这样的流动性来保持人才输送管道的充实性，有助于提高员工的敬业度和保留率。

人才发展可以在确定合格候选人并安排员工入职方面为人才招募提供支持。它还能够创建学习之旅，将职业晋升和相关的知识与每个角色联系起来，促进内部人才流动。

3.4.15 比较和评估人才发展战略优缺点的技能

I. 人才来源：聘用、塑造、外借、晋升、淘汰或保留

人才发展专业人士应该阐明从外部招募人才、在组织内部培养人才或将上述两种方法相结合的优点和缺点，确保为满足组织需求而提供适当人才。

3.4.15.1 满足人才需求的六个 B

到底是培养内部人才还是从外部招募人才，对于任何组织来说都是一个重要的选择。制定劳动力规划，将当前劳动力能力与未来的预测需求进行比较，制定人才管理战略和目标，其中包含采用人才聘用还是塑造方式，或将这两种方式相结合。满足人才需求的六个 B 分别是：

- 塑造（Build）。通过培训、教育、正式工作培训、工作轮岗、特殊任务和行动学习来培养人才。
- 聘用（Buy）。通过从组织外部或从组织内的其他部门或分支招募新人才。
- 外借（Borrow）。与组织外部的顾问、卖方、客户和供应商合作，安排临时的技能和知识的迁移。
- 晋升（Bound）。将组织内员工提升至更高级别的岗位。
- 淘汰（Bounce）。将绩效差或绩效不达标的个人从工作中除名。
- 保留（Bind）。留住具备高成长潜力的员工和有价值的人才（RBL 集团 2009）。

根据组织目标和劳动力规划，在组织内哪些场合运用这些方法有很多例子。人才管理目标会阐明具体的方法。

由于人才发展专业人士参与发展计划，因此能够提供关于当前人才能力的洞察。可能出现一些模式，指出需要对招聘实践做出改变，或修改工作描述和胜任力要求。例如，在针对零售组织开展的一系列引导型工作坊中，某人才发展专业人士可能观察到新入职的很多员工缺乏基本的客户服务技能。与组织招聘人员讨论这种模式，可能因此调整工作描述，为那些需要与客户接触的角色招募更出色的人才。

3.4.15.1.1 塑造：培养内部员工

人才发展专业人士在培养内部员工时，应该考虑如下因素：

- 这一岗位招人有多困难？
- 内部甄选是否有重要的战略意义？
- 是否存在潜在的内部候选人，包括已确定的高潜力员工或继任候选人？
- 岗位是否有陡峭的学习曲线？
- 岗位是否需要连续性并掌握经验知识？
- 是否有内部学习机会？

3.4.15.1.2 聘用：雇用外部员工

如果存在下列情况，那么组织可能考虑从外部招募人才：

- 需要变革。
- 空缺职位为组织指明了一个新的方向，需要一个新的视角。
- 内部现有能力有限。
- 组织快速增长。
- 外部雇员能够带来关键关系和智力资本。

3.4.15.1.3 外借：利用临时劳动力

随着不断寻求降低成本的方法，组织会越来越多地利用自由职业者、顾问和合同工（临时劳动力）。这些工人不在组织的工资名单中，"按需"使用。利用临时工有很多好处：

- 为员工提供更多资源。
- 需要时就能够拥有具备适当技能的必要人才。
- 由于临时工属于非全职员工，所以可以降低相关的工资支出。
- 当需求较低时，劳动力成本也会减少。[参见 1.6.6]

利用临时工时，需要组织决定如何对待这些工人。从参加会议或学习活动角度来看，他们是否属于内部劳动力的一部分？他们是否可以获得与内部员工相同的津贴？与内部员工相比，如何对他们进行管理？如果对临时工管理不善，那么可能抵消使用临时工带来的相关好处。

3.4.15.1.4 晋升：调动员工

在组织内调动员工，把他们提拔至更高级别的岗位，这样有助于留住人才并保持人才输送管道的充实性。如果员工的职业抱负与调动相匹配，那么他们的敬业度和动力就会高涨。在其他情况下，有效的奖励或灵活性，如灵活的工作时间、工作安排或工作分担，可能有助于在短期内激励员工并使他们长期积极投入工作中。

3.4.15.1.5 淘汰：免除绩效不达标者

应该根据组织政策来免除低绩效者或绩效不达标者。组织已经尝试了各种发展努力，并明确了期望，但有些员工的绩效并没有改善。在这种情况下，免除这些员工的当前岗位，并为他们安排更合适的岗位或要求他们离开组织是唯一的选择。

如果一大批员工因经济低迷而被解雇，组织可以通过提供提前退休、遣散费和再就业援助来提供帮助。人才发展也许可以为被解雇的员工提供服务，如新技能培训课程、简历撰写培训课程或面试技巧课程。

3.4.15.1.6　保留：留住优秀人才

重视留住已确定的高绩效者、高潜力员工和继任者候选人，有助于维持人才输送管道的稳定性。这些人才群体往往在就业市场上有许多机会，如果组织没有积极地培养他们，为他们担任组织内的新角色做好准备，他们就会抓住这些机会。

3.4.15.2　组织方案比较

每种方案都有自己的优点和缺点，运用这些不同的方案在帮助人才入职的过程中，可能给组织带来一些预期外的后果。这可能影响员工对到底是继续留在组织还是去其他组织寻找新机会的决定。如果员工觉得组织没有为他们的职业发展提供任何支持，那么还会影响他们的敬业度水平。

培养人才需要时间，尤其是当所需的胜任力与个人当前的能力并不密切相关时。尽管如此，如果有时间，在这种情况下培养人才可能是最佳的长期解决方案。如果组织的战略是在某个市场或细分市场中成长，那么根据组织的特定需求来培养人才是一种非常值得的做法。另外，如果努力提升某些员工的技能或为他们提供新技能培训，那些没有获得发展机会的员工可能认为他们的职业生涯正在停滞不前。

从组织外部招募人才也需要花费一定的时间。如果岗位需求量很大，也可能很难找到合适的人才。员工可能发现有些人的经验不如自己丰富，但是工资比自己的高。新员工的收入超过现有员工导致现有员工对工资以及当前的薪酬和奖励计划不满。

如果时间很关键，组织缺乏合适的技能组合来达成目标，那么可能决定利用临时工或分包来外借人才。员工也许会认为临时工可能取代自己，担心自己失去工作。短期成本可能远高于招募或培养人才，但随着时间的推移，随着内部员工承担外包员工的角色，成本可能降低。

将员工晋升至更高级别的岗位还有助于留住经验丰富的员工，但是，如果员工认为有关工作时间和工作场所的政策并没有得到公平实施，组织可能就无法留住所需的劳动力。

应该尽快处理绩效不达标或者表现令人不满的员工。另外，调动或撤职必须透明和明确，以避免员工产生意外的恐惧。

如果想要通过约束性决策来留住尖端人才，就可能适得其反。一些组织会在员工递交辞呈时提供"留任"奖金，但是这种做法可能导致为了拿到这笔奖金，更多员工辞职。关注并培养这些人才，在他们任职期间晋升他们才是更好的做法。人才发展在为组织留住员工方面发挥着重要的作用。

人才发展专业人士应该为这些方法编写一个具体的商业案例。该业务案例要说明每种方法的利弊，以及与每种方法相关联的任何意外后果和风险。

3.4.16　设计和实施绩效管理战略的技能

I.　绩效管理

人才发展专业人士应该设计并实施绩效管理流程，有效地满足组织和员工需求，并且与其他人才管理流程和计划相结合。对个人和团队绩效进行适当的管理有助于提高员工敬业度、保留率和组织成功的概率。

3.4.16.1　设计绩效管理

有许多类型的绩效管理工具。组织可以针对不同的角色采用不同的工具。

- 评分量表用于指明员工的绩效水平。例如：
  - 关键事件列出了区分有效和无效绩效的具体行为。
  - 图形评分量表列出了不同的因素，这些因素可用于按递增量表对绩效进行评分，如工作知识、工作质量和胜任力。
  - BARS（行为锚定评分量表）将关键事件和图形评分量表相结合。
- 目标管理是高层组织目标的向下展开，这些目标规定了任务、截止日期、成功衡量标准等内容。目标通常包括在非常明确的期限内，通过何种方式（需要展现出哪些胜任力）完成什么任务。
- 叙述评估员工的优势、发展需求、以往绩效、潜在绩效和改进建议。
- 比较关注某位员工的绩效，及其与另一名或多名员工绩效之间的比较结果。
- 检查清单可以是一份简单的清单，也可以经过加权处理，使用绩效要素。
- 360 度反馈评估使得员工可以收到同伴、直接上司、主管提出的关于自身绩效的匿名反馈，并将反馈与自我评估进行比较。[参见 3.1.4.3 和 3.3.10.3]

人才发展专业人士应该了解当今很多绩效管理系统可能存在的各种问题。最重要的是，绩效管理已成为一项每年进行一次的"按章照抄"的管理活动。绩效考核还往往用作多个目的，如确定薪酬措施、提供绩效反馈和确定潜在继任人选等。这些目的可能导致混淆，引起管理并提升员工绩效这一主要目的的价值被忽视。最后，用于绩效考核的工具也不一定适用于每个角色。例如，本质上是例行公事的工作可能不适合采用目标管理方法，在这种方法中，可能设定延伸绩效目标。将某种工具强行适用于某个角色会导致流程缺乏有效性。

人才发展专业人士还应该了解各种绩效管理的新方法。其中许多方法都需要从废除评级和排名开始，这样就不再需要从一个数据点（如评级）来决定薪酬，而为专注于讨论绩效问题提供了更好的机会。此外，很多组织正将绩效考核从一年一度的活动转变为更频繁地探讨绩效问题。员工期望每年都可以获得多次反馈，如果他们能够持续得到反馈，就更容易调整绩效并取得成功。

3.4.16.2　实施绩效管理

在实施任何绩效管理流程的过程中，组织都需要开展确保流程稳健有效的重要工作。人才发展专业人士应该向管理者提供关于流程的培训，并确保他们对流程的成功实施承担责任。

所有绩效管理流程都包含下列共同活动。

- 绩效期开始时：
  - 阐明每个角色的职责和期望要求。
  - 树立对于目标、标准和期望的责任感。
- 绩效期内：
  - 提供学习机会并培养能力。
  - 制定发展和技能提升行动计划。
  - 回顾流程。
  - 提供教练和反馈。
  - 必要时采取纠正行动。
- 绩效期结束时：
  - 针对整个绩效期提供反馈和评价。
  - 确定新的学习和发展行动。

3.4.16.3 与其他人才管理流程相整合

很多组织都会将绩效管理与其他人才管理流程相整合。如果想要打造一个无缝、以人才为中心的组织，那么这是一个自然的起点。[参见 3.4.1.7]

下面介绍了绩效管理如何与其他流程相整合：

- 通过战略劳动力规划形成工作描述以及可用于管理绩效的胜任力。
- 可通过人才发展项目来确定并解决在绩效管理流程中识别的胜任力和其他技能差距。
- 可将绩效管理与员工的职业发展目标相整合，提供关于如何达成这些目标的指导。
- 绩效评估通常有助于推动薪酬、继任和高潜力员工相关的决策。可以通过在绩效管理流程中使用相同的知识、技能和态度来确保与这些流程之间的一致性。
- 绩效管理会对员工敬业度和保留率产生重大影响。如果做得好，就可以提高员工的敬业度，留住人才。

参考文献

ATD (Association for Talent Development). 2018. *Lifelong Learning: The Path to Personal and Organizational Performance*. Alexandria, VA: ATD Press.

Biech, E. 2018. ATD*'s Foundations of Talent Development: Launching, Leveraging, and Leading Your Organization's TD Effort*. Alexandria, VA: ATD Press.

Boller, S., and L. Fletcher. 2020. *Design Thinking for Training and Development: Creating Learning Journeys That Get Results*. Alexandria, VA: ATD Press.

Business Dictionary. 2007. "What Is Creative Thinking?" Business Dictionary, January 31. www. business dictionary.com/definition/creative-thinking.html.

Center for Talent Reporting. www.centerfortalentreporting.org.

Heifetz, R., and M. Linsky. 2017. *Leadership on the Line*. Boston: Harvard Business Review Press.

Peterson, T. 2018. "Recruiting Active vs. Passive Candidates." The Predictive Index, March 14. www. predictiveindex.com/blog/recruiting-active-vs.passive-candidates.

The RBL Group. 2009. "Tool 5.1, Six Bs Overview." https://hrtransformationbook.s3.amazonaws.com/Documents/5.1%206Bs.pdf.

SHRM. 2018. "Succession Planning: What is a 9-Box Grid?" www.shrm.org/resourcesandtools/tools-andsamples/hr-qa/pages/whatsa9boxgridandhowcananhrdepartmentuseit.aspx.

Souza, A., and K. Fyfe-Mills. 2018. *Bridging the Skills Gap: Workforce Development and the Future of Work*. Alexandria, VA: ATD Press.

推荐阅读

Bickham, T. 2015. *ATD's Talent Management Handbook*. Alexandria, VA: ATD Press.

Minocha, S., and D. Hristov. 2019. *Global Talent Management: An Integrated Approach*. London: Sage.

Oakes, K., and P Galagan. 2011. *The Executive's Guide to Integrated Talent Management. Alexandria*, VA: ASTD Press.

Schmidt, L., and T. Hodges DeTuncq. 2013. *Integrated Talent Management Scorecards: Insights from World Class Organization on Demonstrating* Value. Alexandria, VA: ASTD Press.

3.5 绩效改进

组织竞争力是由员工绩效改进所推动的。绩效改进是一种全面和系统的方法，通过发现和弥补人员绩效差距来实现组织目标。这是一种以结果为基础的工作，可用于分析绩效问题，制定人员的未来绩效改进计划，设计和开发解决方案来弥补绩效差距。

3.5.1 了解人员绩效改进的理论、模型和原则

I. 绩效改进的原则

绩效改进是一种以结果为基础的系统性流程，用于确定成功绩效模型，揭示绩效问题，分析影响，选择并设计行动，管理结果并持续改进组织内人员的绩效。该流程以开放系统理论或者将任何组织视为一种系统的观点为基础，这种系统会吸收环境输入，进行流程改进并产生输出。[参见 3.3.3]

人员绩效改进能够帮助企业制定卓越解决方案。使用人员绩效改进时，人才发展专业人士的目标是通过针对重要业务目标开展工作，促成能够带来最大收益的领域的改变，从而提升组织和个人绩效。各种分析、合作技能、易懂的系统和变革以及项目管理都是实现这一目标的工具。

3.5.1.1 绩效改进的目的

大多数绩效问题并不是由于缺乏技能或知识而引起的，也就是说，培训并无法解决所有问题。相反，这些问题可能是由于工具过时、缺乏激励、缺少资源、工作环境差、流程效率低下以及缺乏信息等绩效挑战而引起的。

绩效改进，也称人员绩效改进（HPI）、人员绩效技术（HPT）、绩效咨询或绩效策略。作为当前绩效改进焦点的基础，许多著作是在 20 世纪 60 年代末和 70 年代初由托马斯·吉尔伯特（Thomas Gilbert）、乔·哈利斯（Joe Harless）、罗伯特·梅杰（Robert Mager）和吉里·拉姆勒（Geary Rummler）等人完成的。

绩效改进的目的是通过强化个人和组织绩效来提升组织成果。绩效改进运用系统化方法，其目的在于：

- 确定引起绩效问题的组织目标。
- 定义期望绩效与当前绩效之间的差距。
- 识别引起绩效差距的原因。

- 选择能够解决这些原因的适合的解决方案。
- 实施解决方案。
- 评估结果。

绩效改进还会寻找除培训外的其他解决方案。培训的目的是改进个人绩效，而绩效改进的目的在于改进个人绩效和组织绩效。它关注的重点更为广泛，而培训只是一种可能的解决方案。人才发展专业人士认识到，个人或团队绩效并不是导致组织无法达成绩效目标的唯一原因。

3.5.1.2 人员绩效改进的定义

人才发展专业人士应该熟悉下列有助于阐明人员绩效改进的术语：

- 客户是指目标负责人，他发起某个项目，或指定人才发展专业人士提供支持来完成某个项目或改进绩效。
- 关键绩效者是指担任目标岗位工作的人员，他们的工作成果始终高于平均水平。
- 利益相关者可能是个人、群体或组织，他们对项目感兴趣，同时会对项目的成功与否产生影响。
- 标准绩效者是指从事岗位工作，满足大部分绩效标准的个人。
- 目标工作是指具体工作，是绩效改进项目或工作的对象。

3.5.1.3 人员绩效改进模型

有几种不同的人员绩效改进模型。每种模型都使用独特的定义和标签，但是都遵循同样的原则，有着相似的整体流程。下面讨论了一些最流行并且应用最为广泛的模型。

3.5.1.3.1 ATD 的人员绩效改进模型

这是一种基于结果的系统化流程，用于识别绩效问题，分析影响，选择、设计和管理工作场所内的绩效解决方案，评估结果并持续改进组织绩效（见图 3.5.1.3.1-1）。该模型遵循五个人员绩效改进连续步骤，再加上两个贯穿整个循环的步骤。

- 第 1 步：业务分析是模型中最重要的部分。人才发展专业人士应研究影响组织战略要务的因素，以及与绩效问题相关的目标和结果。这样做主要有两个原因：制定可衡量的、有时限的、注重结果的目标（这些目标是组织或业务部门的主要目标），并确定为什么这些目标是优先目标，以及它们与其他组织目标之间的关系。此步骤确定必要的资源和利益相关者，并记录潜在问题和风险。尽管业务分析似乎是人员绩效改进模型的第 1 步，人才发展专业人士还必须记住，应该持续了解组织的业务方面，包括流程、运营、目标、外部影响、产品和服务。持续拥有对于组织战略、目标和成果的洞察对于他们以战略合作者的角色与高层领导者共事至关重要。[参见 3.1.1 和 3.1.2]
- 第 2 步：绩效和关键绩效者分析通过关注三个领域来确定并阐明问题或绩效差距：期望的绩效状态、实际的绩效状态以及二者之间的差距。这一分析的目的并不是确定问题，而是确定环境中可能支持和阻碍绩效的因素。

- 第 3 步：影响分析确定引起绩效差距的因素。这一步骤回答了"为什么会存在绩效差距"这一问题。如何完成影响分析取决于环境以及人才发展专业人士的偏好。关键在于确定所有影响因素，包括支持和阻碍绩效的因素。

- 第 4 步：解决方案选择要求人才发展专业人士向客户建议绩效改进解决方案，提供关于各种解决方案的特征、收益和优点的信息，使客户选出能够对业务产生期望效果的解决方案。选择的容易程度取决于分析完成的程度。

- 第 5 步：解决方案策划和实施要求人才发展专业人士考虑可用资源、顺序排列、时间安排以及其他因素，以确保解决方案顺利实施。

- 评估和结果提供可作为决策依据的数据。尽管这似乎是流程中的最后一步，但是它从作为流程第一步的业务分析阶段就开始了。形成性评估和总结性评估都很重要。在绩效改进中，形成性评估衡量人员绩效改进模型取得的进步，如客户的期望、是否已经识别关键影响者，或是否使用主题专家。总结性评估用于确定解决方案如何对组织产生影响。

- 管理变革影响贯穿整个模型。这是因为从第一步开始，人才发展专业人士就会在组织内引起变革。为确保绩效改进解决方案最终获得成功，人才发展专业人士应该对变革进行管理。

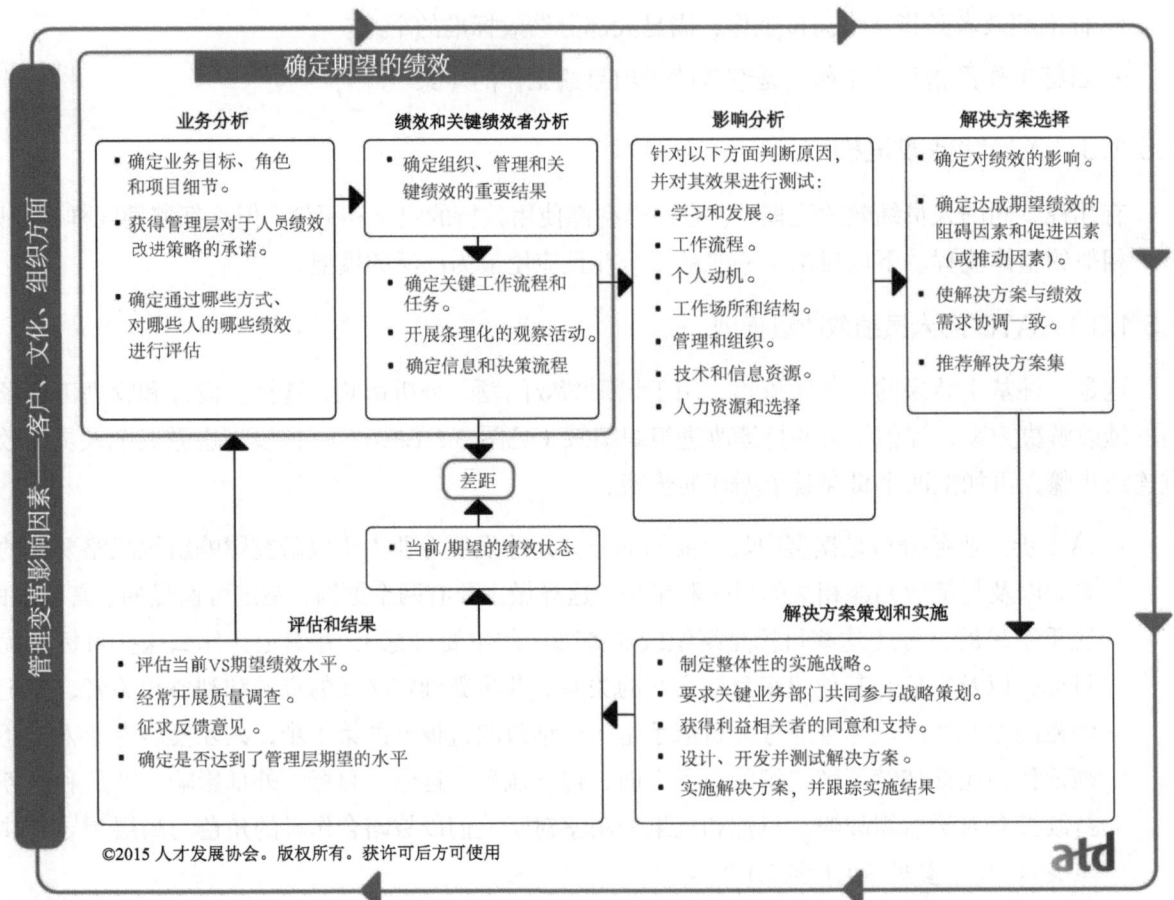

图 3.5.1.3.1-1　ATD 的人员绩效改进模型

3.5.1.3.2　吉尔伯特的行为工程模型

这种模型指出了可能阻碍或促进工作场所绩效的六个因素（Gilbert 2007）。在这些因素中，有三个因素（信息、资源和激励或结果）属于环境因素，不属于个人绩效者的控制范围。而三个个人因素则是知识和技能、能力、动机。

3.5.1.3.3　拉姆勒-布拉奇的九盒模型

这种模型通过定义三个绩效层次和三种绩效需求，将系统思维引入组织（见图 3.5.1.3.3-1）。任何一个层次发生问题都会阻碍最佳绩效的取得。

三个绩效层面

	目标	设计	管理
组织层面	组织目标	组织设计	组织管理
流程层面	流程目标	流程设计	流程管理
工作/绩效者层面	工作目标	工作设计	工作管理

（左侧纵向标注：三种绩效需求）

图 3.5.1.3.3-1　拉姆勒-布拉奇的九盒模型

资料来源：Rummler 和 Brache 1995。

3.5.1.3.4　哈利斯的前端分析模型

这是一种为确定引起绩效问题的原因而设计的诊断模型，关注三种形式的分析：业务、绩效和原因。前端分析的步骤包括项目协调、新绩效分析、当前绩效诊断和综合计划规划。

3.5.1.3.5　国际绩效改进协会的人员绩效改进模型

这种模型具有 ATD 人员绩效改进模型的许多特性，包括运营分析、绩效分析、原因分析、解决方案选择和设计、解决方案实施和评估。这两种模型之间的一个主要差异就是 ATD 的人员绩效改进模型进一步强调变革管理的重要性，而在国际绩效改进协会的人员绩效改进模型则将这一点包含在解决方案实施阶段。

3.5.1.3.6　梅杰（Mager）和派普（Pipe）模型

这种用于分析绩效问题的模型首先需要确定一个特定的问题，然后按照结构化的流程图来确定问题的重要性，以及如果问题被解决或忽略会发生什么情况。如果问题很重要，则由人才发展专业人士决定是否由于技能不足而引起问题的。

3.5.1.3.7　霍洛威·曼金（Holloway-Mankin）的绩效 DNA 模型

这种模型是近年来绩效改进思维的一项重大进步。之前所有的模型都关注发现并纠正绩效缺陷，而绩效 DNA 模型则寻求识别特殊或关键绩效，以及阻碍其实现的障碍。其中包含的四个分析阶段分别是业务分析、绩效分析、关键绩效者分析和影响分析。

3.5.1.4 绩效改进原则

绩效改进模型都有三项基本原则：

- 原则 1 运用以结果为基础的系统性方法。人才发展专业人士在回应客户请求时，通常有三种方案：基于想要的方法、基于需求的方法和基于结果的方法。如果采用基于结果的方法，那么必须将业务需求和绩效需求作为驱动，并且将原因分析结果作为其依据。人才发展专业人士不应该假设客户已经正确地识别了问题。相反，他们应该确定一个可衡量的绩效差距，并阐明这一差距与组织目标之间的关系。

- 原则 2 关注结果而不是行为。结果是指要求个人取得的特定输出。行为是指人们为了取得结果所采用的执行任务的方式。结果更容易检测和衡量，因为许多行为是不可见的（如规划）。在研究为了取得该绩效结果必须采用的行为之前，先关注期望达到的最终状态，这才是最合乎逻辑的做法，"行为是绩效的必要和不可分割的一部分，但我们必须避免将二者混淆"（Gilbert 2007）。

- 原则 3 组织是系统。绩效改进的基本理念之一是系统性思维。在吉里·拉姆勒、克里斯·阿吉里斯和彼得·圣吉的努力之下，从整体和战略角度来看待组织问题已经成为一种流行。"你越用力去推（系统），系统的反弹力就会越大。这种现象的一个名称是'补偿性反馈'，指善意的干预（解决方案）引起系统的反应，但是这些反应抵消了解决方案带来的收益"（Senge 2006）。尽管从业者可以运用个人专长修复某个组织一个部分的问题，但很难预测这种变化会对组织的其他部分产生什么影响。

3.5.1.5 组织目标和计划

所有组织（营利性和非营利性、大型和小型）都会在不同的层面上设定各种目标，这些目标的重要性各不相同，如战略目标、销售目标或每月会员目标。组织目标是驱动因素，业务分析决定了哪些绩效问题最重要，以及如何明智地使用资源。在确定改进机会时，绩效改进会将这些目标和计划考虑在内。

3.5.1.6 变革管理技能的重要性

在任何绩效改进项目的过程中，都必须对变革进行管理。变革是整个人员绩效改进流程中发生的两个步骤之一（另一个是评估）。它通过中断组织、流程和绩效者的动力和连续性打破现状。变革会在每个层面都打破舒适区，令它们进入一个不适区。即使这种变革被认为积极和有用的，也会发生这种情况。两个方面深刻地影响着组织内的变革过程及其对人们的影响：

- 变革和变革的力量引发破坏，会大大削弱组织和绩效者设想清晰和积极未来的能力。变革对现状的破坏性越大，就会越大程度上削弱设想未来的能力，而且越有可能对个人和组织的自信、胜任力、士气和自尊产生负面影响。

- 变革的道路是不可预测的。领导者可能觉得自己知道变革会把他们带到哪里，但是对稳定系统实施破坏必然会带来一些预期外的后果。通常，组织得到的比预期的要多，但并不是它们想要的（Russell 和 Russell 2003）。

人才发展专业人士应该在绩效改进项目启动后，尽快开始对变革实施管理，否则可能阻碍绩效改进项目获得成功。[参见 3.6]

3.5.2　了解绩效分析的方法和技巧

I.　业务、绩效和差距分析

人才发展专业人士必须了解各种分析方法和技巧，从而阐明期望的成果，理解系统并确定阻碍组织取得这些成果的因素。

3.5.2.1　业务分析

业务分析表明什么对组织很重要，人才发展专业人士应该关注影响业务成果的所有问题。人才发展专业人士应该确定重要的目标，明确这些都是适当的目标，确定目标的具体性和可衡量性，并确保获得客户的认可和同意。通常有一种倾向，那就是假设客户想要的东西对他们的业务很重要，因为客户"知道"优先要务是什么。然而，无论客户有多坚持，人才发展专业人士都应该避免在未先进行分析的情况下实施解决方案。他们需要关注业务目标，并确定绩效与他们的关系。

3.5.2.2　文化分析

分析组织文化的一种方法是完成文化审计。根据辛西娅·所罗门（Cynthia Solomon 2004）的观点，"文化审计是一种用于了解组织文化实质的工具，使得组织了解应该在哪里，通过什么方式推动文化不断发展成为首选文化。所谓首选文化，就是在这种文化下，共同的思维和行为方式与组织的其他元素（人员、系统、程序和结构相协调），从而为组织的战略提供支持"。

3.5.2.3　绩效分析

在绩效分析的过程中，人才发展专业人士确定支持或阻碍员工绩效的环境因素。他们通过确定期望绩效、当前绩效和两者之间的差距来做到这一点。

- 定义期望绩效包括收集关于组织当前和潜在客户、供应商、竞争对手、利益相关者和监管机构的信息。人才发展专业人士与关键绩效者、标准绩效者和管理者进行访谈，确定为了达成组织目标，需要取得哪些成果。其中包括确定关键工作流程和任务。这一步回答了一个问题：为了达成组织目标需要取得哪些成果？

- 为了衡量当前绩效，人才发展专业人士针对员工能力和组织结构的效率开展综合评估。其中可能包括确定关键工作流程和任务，开展结构化观察或收集影响绩效的其他信息。[参见 3.5.5.3]

- 分析结果应该能够揭示期望和当前绩效水平之间的差距。差距分析描述了期望结果与实际（当前）结果之间的差异。它将所有绩效问题相结合，构成流程的后续步骤——确定差距的根源。[参见 3.5.2.7]

- 这种深度分析有助于避免为了优化组织的某个部分，而牺牲其他部分的利益。在绩效分析过程中，人才发展专业人士收集关于成功和失败原因的数据。这种公正的方法是人员绩效改进的一个重要特征，使其区别于其他数据收集方法。它使人才发展能够确定成功绩效模型，同时突出阻碍实现这种模型的重大因素或差距。

3.5.2.4 差距分析

差距分析确定绩效差距。用于收集信息的流程包括审查文件和记录，以了解组织的当前绩效水平和预期方向。人才发展专业人士可通过各种数据收集工具和技巧来收集信息，包括访谈、调研、观察和焦点小组。人才发展专业人士应该确定当前绩效和期望绩效。差距是指当前和期望绩效水平之间的差异。

3.5.2.5 流程分析

流程是指人、材料、方法、机器和环境相互作用为产品或服务增加价值。发生的每件事都是流程的一部分。流程分析确定：

- 工作是如何完成的。
- 每个人在流程中扮演的角色和承担的职责。
- 用到的所有资源和系统。

流程图是流程中连续步骤的图形，通过按照活动顺序来识别离散任务，从而帮助个人和群体实现流程的可视化。某个大型任务通常包含各种活动，复杂的任务尤其如此。流程图示例如图 3.5.2.5-1 所示。

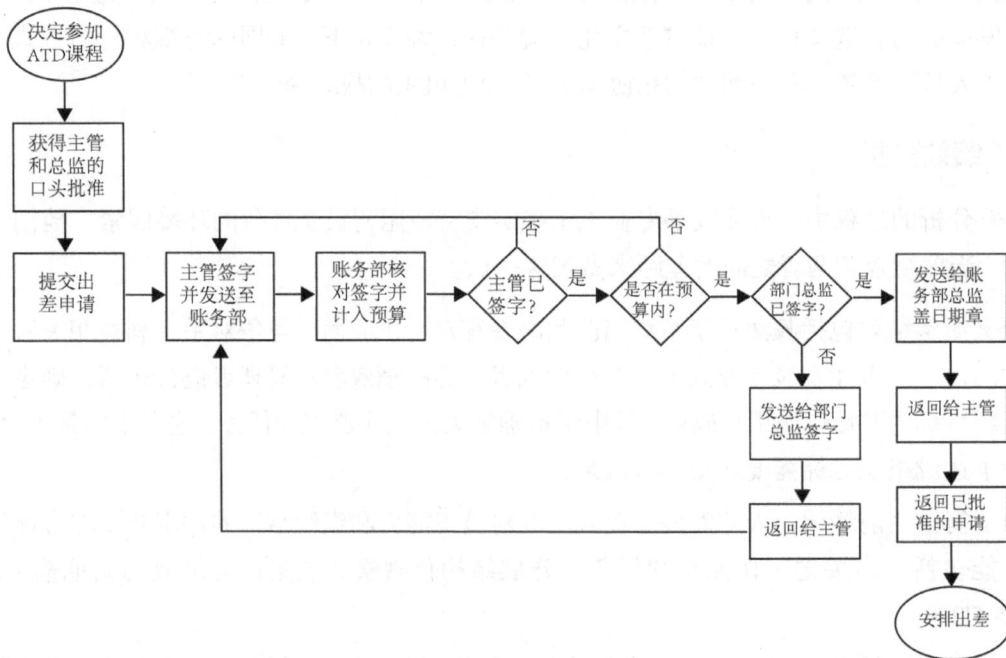

图 3.5.2.5-1 流程图示例

资料来源：Biech 和 Danahy 1991。

通过定义流程边界，人才发展专业人士可以了解流程包含的内容、未包含的内容以及特定流程的输出内容。他们还可以了解输入是什么，以及哪些部门和个人参与特定的业务流程。除流程图外，人才发展专业人士还可以使用其他工具和技巧来支持分析，包括亲和图、关联图、访谈、焦点小组、调研和调查问卷。

3.5.2.6　影响分析

人才发展专业人士会在绩效差距原因不明显的时候进行影响分析。

虽然人才发展专业人士可能认为自己知道为什么存在绩效差距，但他们可能遗漏阻碍绩效或未能解决的所有因素，从而导致实施的解决方案不完整或不成功。重要的是，从两个角度来关注员工绩效：关键绩效者做了些什么使自己获得成功，以及哪些阻碍因素导致并非所有员工都能够实现期望绩效状态。影响分析回答了"为什么会存在绩效差距"这一问题。最有用的工具包括：

- 因果图。也称鱼骨图或石川图（因为这种图是由石川馨提出来的），它是确定绩效原因的最有效的工具之一。如果想要使用因果图，人才发展专业人士应该使利益相关者（包括员工、管理者和执行官）聚集在一起，在群体环境中获得他们的见解。[参见 2.8.6.4]

- 5why。这种工具通过从结果向前倒退的方式讲述效果故事。它提供了深度信息，对于复杂的问题或由多个原因导致的绩效差距非常有用。这种工具因问五次"为什么"而得名。

- 帕累托图。帕累托图是一种条状图，展示所收集到的数据的相对重要性或频率。帕累托原理，用于流程改进，指出 80% 的效果是 20% 的原因引起的。知名质量专家约瑟夫·朱兰（Joseph Juran）指出 20% 的原因是"至关重要的少数"，其余的原因是"有用的多数"。尽管很少情况下实际百分比是 80：20 的精确比例，但帕累托图提醒人们注意至关重要的少数，因为这些原因带来的回报可能是最大的。关注至关重要的少数可以让人才发展专业人士将宝贵资源集中在提供对绩效问题影响最大的解决方案上。只有在满足了至关重要的少数之后，再着手处理其他 80% 的原因。

- 头脑风暴。这种工具要求尽可能列出更多的想法，然后经过筛选，挑选出其中最有可能的想法。参与人数不限，但是最理想的是每组 7~10 人。人才发展专业人士应该确保参与者具备对当前问题的充足知识，从而提供合理的意见。[参见 3.8.3.4]

3.5.2.7　衡量标准和期望绩效成果

人才发展专业人士应善于使用衡量手段。为确保取得期望的绩效改进成果，人才发展专业人士应该使用评估方法来揭示目标是否达成，具体的做法是衡量基准绩效（解决方案实施前）与当前绩效（解决方案实施后）之间的变化。ATD 的人员绩效改进模型使用两种类型的评估方法来衡量绩效成果：形成性评估和总结性评估。在绩效改进中，形成性评估衡量人员绩效改进模型取得的进步，如客户的期望以及是否已经确定模型产生的影响。在绩效改进项目结束时开展总结性评估，确定解决方案对组织产生的影响。[参见 2.8.1.7 和 3.5.1.2]

根据罗伯特·布林克霍夫（Robert Brinkerhoff）的观点，形成性评估的目的是：

- 确定是否已经识别了真正的原因。

- 决定是否妥善设计并选择了适合的计划。
- 确保满足客户和利益相关者的期望。
- 确定可供下一个绩效改进项目使用的经验教训。

总结性评估展示：

- 计划对业务目标产生的效果。
- 计划对绩效目标产生的效果。
- 利益相关者的期望。
- 投资回报率。

3.5.3 了解人们如何与工作环境、工具、设备和技术互动，以影响个人和组织绩效

I. 对个人和组织绩效的影响

人才发展专业人士应该了解员工绩效如何受环境、所使用的工具和设备、可用技术以及其他因素的影响。

很多因素都会导致员工无法完成指定的任务。例如，环境可能充满冲突，或者工作流程可能令人困惑。员工收到的任务可能互相冲突，或者可能缺少完成工作所需的设备和技术。另外，关键绩效者持续产生高于平均水平的成果，因此人才发展专业人士也应确定他们正在做什么才取得了这些结果。共有七类因素会影响员工按照预期要求执行工作的能力：

- 工作场所和结构。
- 工作流程。
- 管理层和组织支持。
- 技术和资源。
- 人力资源和甄选。
- 学习和发展。
- 个人动机。[参见 3.5.5.2]

3.5.4 开展绩效分析以确定目标、差距或机会的技能

I. 开展绩效分析

人才发展专业人士应该掌握开展绩效分析的技能，绩效分析是衡量当前绩效与期望绩效之间差距的流程。

人才发展专业人士先通过业务分析来定义绩效行为所在的环境。其中包括收集关于组织当前和

潜在客户、供应商、竞争对手和监管机构的信息，提供工作所在环境的更清晰的画面。

绩效分析在业务分析完成后进行，人才发展专业人士应该确定对于流程至关重要的组织和关键绩效者成果。人才发展专业人士应该先确定关键绩效者，因为他们不断取得高于平均结果水平的成果，对于绩效改进非常重要。观察他们，并与他们进行访谈有助于揭示他们是否在流程中添加、取消或更改了步骤，运用他人没有的信息，创建或使用自己的工作辅助工具，有更好的工具，或使用不同的方法。

人才发展专业人士可以在绩效分析中使用其他技巧，如主题专家访谈、焦点小组互动，并观察客户、供应商和其他绩效者。目标包括：

- 确定期望和当前绩效水平，以计算二者之间的差距。
- 了解标准和关键绩效者为了取得成果而采取的不同方法。
- 揭示绩效的潜在阻碍因素和促进因素。

3.5.5　设计和开发绩效改进解决方案以解决绩效差距的技能

I.　选择人员绩效改进解决方案以解决差距

人才发展专业人士应该具备设计并开发解决绩效差距的解决方案的能力。此外，他们应该具备向利益相关者和决策者传达解决方案的特点、优势和收益的能力。他们还应该向客户提供关于提议解决方案的充足的细节信息，协助客户做出明智的决定。

3.5.5.1　解决方案挑选概述

确定影响绩效问题的因素后，人才发展专业人士负责选择适当的绩效解决方案。如果之前的分析正确，这应该是一个简单的任务。

人才发展专业人士应确定对绩效的主要和次要影响，以及阻碍和促进期望绩效实现的因素。他们对各种可能的解决方案及其弥补差距的能力进行审查。然而，开始推荐解决方案之前，他们应该确认：

- 数据针对如何弥补差距提出了明确的建议。
- 已经考虑了所有可能的解决方案。
- 提议解决方案与引起绩效差距的原因直接相关。
- 他们能够确定与每种解决方案相关的成本、时间线和风险。
- 他们知道如何在内部实施解决方案，或者是否需要外部资源。

3.5.5.2　障碍和促进力量

人才发展专业人士应该认识到阻碍和促进力量可能影响当前绩效，并知道如何确定这些力量。他们可以使用库尔特·勒温提出的力场分析，确定维持现状的力量（阻碍），以及支持改变的力量（促进）。勒温将这些力量称为阻力和动力。一旦确定了这些力量，人才发展专业人士就可以确定消除或削弱阻碍力量,强化或增加促进力量的方法,从而从当前状态达到期望状态。[参见 2.8.6.4、3.3.3.2 和 3.6.3.2]

3.5.5.3 绩效改进解决方案

ATD 的人员绩效改进模型提出了可能影响绩效的七种主要力量类别。人才发展专业人士应在选择适当的解决方案之前,提出假设并进行测试,以确定每个假设对绩效的影响。

3.5.5.3.1 工作场所和结构

这一类别探讨工作场所及其结构有效性引起的影响。其中包括与绩效者无关的、无论由谁执行任务都可以改动的有形资源因素。它还考虑了环境对维持高水平绩效的有利程度。这一类别影响的示例包括:

- 有利于执行任务的、干扰因素非常有限的工作区域。
- 不存在危险和风险的安全工作场所。
- 舒适并且符合人体工学原理的位置。
- 工具和设备可用性及无障碍。
- 工作平均分配的程度。
- 协作和团队合作。

这些解决方案为工作的完成提供了更顺畅、更迅速和更有效的方法。资源可以包括工具、设备、家具、硬件和软件、温度和照明。可能的解决方案包括:

- 人体工学与人为因素的调整。[参见 3.5.7.6]
- 设备、工具和固定设施充足性审查。
- 文化重塑。
- 绩效考核。
- 安全审查。
- 团队建设活动。

3.5.5.3.2 工作流程

这一类别影响关注结构和工作流顺序。例如,不合逻辑的任务排序或不切实际的工作分配可能影响绩效结果。其中包括通过什么方式、按照什么顺序,以及由谁完成工作。这一类别影响的示例包括:

- 流程多余或完整的程度。
- 工作流程的适当排序。
- 无差错工作与返工的比较。
- 需要流经多个职能部门的流程的数量。
- 满足标准、按时完成工作的频率。

这些解决方案为工作的完成提供了更顺畅、更迅速和更有效的流程。可能的解决方案包括:

- 流程重新设计。
- 工作回顾。
- 流程改进。
- 精益六西格玛。
- 绘制流程图。

3.5.5.3.3　管理层和组织支持

这一类别包含管理层和组织为员工提供支持的意愿和能力。这一类别影响的示例包括：

- 员工和管理者为了需要完成的工作而共同努力。
- 管理者之间的资源竞争。
- 管理者和主管的支持以及与他们接触的机会。
- 外部机会和威胁的存在。
- 逻辑报告的结构和关系。
- 对结果负责或不负责。

可能的解决方案包括：

- 为员工和组织协商解决方案。
- 工会代表参与。
- 审查结构和跨部门效率。
- 资源承诺。
- 会议和对话。
- 冲突管理。
- 重组。

3.5.5.3.4　技术和资源

这一类别关注信息的有效分发、管理和存储。影响涉及人员或机器之间的有效数据交换，应改善组织内部的信息交换。这一类别影响的示例包括：

- 信息的及时接收、准确性和可用性。
- 有效利用技术来操纵信息和数据。
- 技术和数据标准的有效性。
- 评估数据的数量、速度、多样性、准确性和价值。
- 能够将数据从一个系统转换至另一个系统。

为避免绩效问题，必须实现信息在两人或多人之间、人与机器之间以及信息管理系统内的有效传递。可能的解决方案包括：

- 知识管理库。

- 信息网络。

- 自动化和计算机化。

- 物理资源管理。

- 沟通工具，如电子邮件或网络研讨会。

- 具备适当数量、速度、多样性、准确性和价值的数据的可用性。［参见 3.7.1.1］

3.5.5.3.5　人力资源和甄选

这一类别关注绩效者是否适合岗位以及需要执行的工作。它还考虑绩效者的身心健康是否影响工作绩效。这一类别影响的示例包括：

- 将角色与员工的天然优势匹配起来。

- 员工敬业度水平。

- 工作设计和工作描述清晰度。

- 雇用评估标准。

- 面试流程和甄选。

- 入职人员充足。

- 身心健康或残疾。

- 滥用药物的可能性。

这一类别包括与员工的身体或情绪健康相关的影响绩效的因素。可能的解决方案包括：

- 审查招聘和招聘流程。

- 重新为员工分配更合适的工作。

- 工作与生活平衡。

- 员工协助计划。

- 咨询。

- 预防暴力。

3.5.5.3.6　学习和发展

这一类别关注完成工作所需的知识和技能。组织可以通过各种解决方案来帮助绩效者掌握不同的技巧和人际交往技能。这一类别影响的示例包括：

- 员工了解如何执行任务的程度。

- 开设并提供质量培训。

- 主题专家和工作教练的无障碍。

- 是否可以轻松获得在岗支持。

- 提供适当的任务反馈。

- 员工对于相关背景的了解程度。

技能不足、行为不当、技能不当或技能不成熟都会形成绩效障碍。这些技能包括技术技能或人际交往技能。可能的解决方案包括：

- 教练或导师。
- 参加会议。
- 电子绩效支持系统或工作辅助工具。
- 在岗培训或电子学习课程。
- 培训（如案例研究、角色扮演和体验活动）。
- 自主学习，如阅读。
- 影子见习。

3.5.5.3.7　个人动机

在这一类别中，动机因素属于绩效者的内在因素，但是可能受工作环境的影响。了解哪些因素激励关键绩效者，这一点至关重要。另外，对于期望的行为缺乏紧迫性，意识不到重要性或价值可能是消极的影响因素。动机水平可能受员工在工作场所内的经历或工作场所的外部因素（如绩效者的个人价值观或家庭责任）的影响。这一类别影响的示例包括：

- 工作的意义。
- 反馈水平。
- 互相竞争或一致的优先要务的数量。
- 个人和组织价值观之间的一致性。
- 适当运用奖励和表彰。
- 足够的报酬、福利和金钱奖励。

解决方案应该能够识别内在因素，而关键绩效者就是优质资源。可能的解决方案包括：

- 奖励和认可。
- 薪酬制度。
- 激励制度。
- 员工调研。

3.5.5.4　与利益相关者共同选择解决方案

为了获得成功，人才发展专业人士应该与学员、客户、利益相关者和其他人合作。他们应该通过辅导客户如何定义问题，并运用系统化流程来改进绩效，帮助客户解决绩效问题。他们应该让关键利益相关者参与绩效改进流程中的每一步，特别是解决方案的选择。

解决方案的选择过程中可能需要与各专业领域的专业人士合作，合作关系要求出色的倾听技能、信任，并且互相尊重对方的知识和专业经验。通过合作流程，人才发展专业人士获得客户的信任，在此基础上客户对有助于取得组织结果的解决方案表示同意。

人才发展专业人士在分析所有改进解决方案时，应让利益相关者或客户参与讨论，包括成本和预期回报。人才发展专业人士应该能够讨论这些因素如何纳入已获批的预算中。如果某个解决方案的实施成本与实施后能够为组织带来的预期回报相等，那么可能另一个方案会带来更大的收益。

3.5.5.5　运用决策方法选择解决方案

有许多决策工具能够为解决方案的选择流程提供帮助：

- 多重投票或团队列名法是一种结构化的方法。团队可以利用这种方法，通过头脑风暴来提出关于某个问题的各种回应，阐明每种回应，并按照最重要到最不重要的顺序对这些回应进行排序。组织通过多重投票会产生一份关于原因或解决方案的排序清单——团队成员明确定义并理解了其中的每项原因或解决方案。

- 亲和图和关联图在选择绩效改进解决方法时非常有用，因为它使利益相关者能够看到哪些影响对业务结果产生的作用最大。

- 对策矩阵是一种决策工具，除了确定和将一到三个潜在的解决方案排序，还使人才发展专业人士和利益相关者能够针对引起问题的影响因素确定适当的对策，同时明确实施每种解决方案所需的行动，以及每项行动所需的成本和时间。每种解决方案的排名以每项行动所需的确定成本和时间以及解决方案的预期效果为基础。

3.5.5.6　道德和诚信

绩效改进工作具有道德含义，因此人才发展专业人士需要做出很多关于道德的决策。例如，如何处理在分析中发现的敏感信息？管理层将如何使用提供给他们的信息（例如，实施项目的唯一目的是裁员）？分析中的任何发现是否存在内部政治影响？法律含义？道德问题？

由于人员绩效改进会对个人和组织产生影响，因此人才发展专业人士必须在整个流程中树立道德和诚信的典范。他们在面临任何道德困境时，应该运用组织的道德规范或绩效和诚信标准作为决策指引。［参见 1.6］

3.5.5.7　实施解决方案

人才发展专业人士应通过获得利益相关者的批准和支持，并根据计划来协调各组织职能部门，制定整体实施战略。计划可能包含解决方案的设计和测试。这一步的目标是实施解决方案，并将解决方案推向目标受众。

3.5.5.8　评估绩效改进解决方案

绩效改进只能通过衡量来准确判定，因为进步来自评估、评价和反思。人才发展专业人士应通过确定以下内容进行绩效改进衡量：

- 如何衡量？
- 衡量什么？
- 何时衡量（或不衡量）？
- 衡量工作需要多少投资？

为了准确衡量绩效改进解决方案的成功，人才发展专业人士应具备以下方面的丰富知识：

- 形成性评估和总结性评估的手段。
- 衡量流程。
- 目标达成模型。
- 输出模型。
- 评估级别。
- 平衡计分卡法。

利用这些知识，他们可以建立一个评估计划，用于提供在整个流程中是否正朝着正确方向前进的信息。

3.5.6　设计和实施绩效支持系统和工具的技能

I.　设计和实施绩效支持

人才发展专业人士应该具备设计和实施绩效支持系统和工具的能力。他们还应该明白，很少有员工能够学习掌握工作所需的所有知识和技能，提供绩效支持系统和工具是支持员工的一种方式。他们还应该讨论绩效支持工具可以通过优化员工的工作绩效、降低与工作失误相关的成本以及实现持续的绩效改进而提供的优势。

3.5.6.1　绩效支持的定义

绩效支持在绩效者需要的时间和场合为他们提供充分的信息，帮助他们完成任务。绩效支持融入日常工作流程中，在特定环境中使用，如需要完成的工位和角色。

3.5.6.2　五个学习需求时刻

五个学习需求时刻构成了学习和绩效支持的全部要求。它们为如何帮助绩效者胜任各自的角色，并持续保持这种状态提供了框架。绩效支持存在于每个时刻：

- 应用。当绩效者需要根据所学内容开展工作时，包括记住已经遗忘的内容或适应新情况。
- 学习新知识。当绩效者第一次学习某类新知识时。
- 学习更多知识。当绩效者不断扩展自己所学的知识时。
- 解决。当问题出现或事情不按原计划进行时。
- 改变。当绩效者需要学习一种新的行事方法，要求他们改变在实践中根深蒂固的技能时。

3.5.6.3　绩效支持工具如何为绩效提供支持

针对员工围绕某项工作需要了解的一切内容提供培训和发展机会，这是不可能的或者是不可取的。当员工需要开展工作时，如果想要利用学习的"应用"时刻，可能需要即时访问针对其角色和情况定制的工具，以便他们可以通过"应用"来完成工作。

当今工作环境的多重变化往往要求员工在工作中实时学习新的东西。在这种情况下，如果他们没有时间离开工作岗位去学习，那么他们可能需要运用绩效支持工具"学习新知识"或"学习更多知识"。

在"解决"时刻，绩效支持工具可用于解决员工可能遇到的问题。可使用精心设计的支持工具来诊断和解决问题。在"改变"时刻，可设计工具来帮助员工了解哪些情况发生了改变，以及它是如何改变的。如果这些改变成为绩效支持工具的一部分，那么员工就可以继续自己的工作。

3.5.6.4 设计绩效支持工具

如果想要为学员设计有效的支持，人才发展专业人士应该从学员的角度考虑，考虑物理环境，便于学员获得这些支持。工具设计从工作流产生需求那一刻开始，此时快速对工作任务进行分析，这是一种系统化方法，用于确定员工在学习时刻需要做什么。主题专家也会参与其中，他们了解环境以及完成特定工作任务所需的工具（如软件应用程序）。尽管绩效支持可能非常复杂，但是必须确保用户能够轻松获得他们想要的支持。在将新的绩效支持工具传播给更广泛的受众群体之前，人才发展专业人士应该组织一次学员测试。

3.5.6.5 绩效支持工具示例

人才发展专业人士应该了解并理解如何运用有助于提升员工绩效的工具和支持系统。例如，缩短他们找到与各自工作相关的各种信息需要花费的时间。应确保员工在需要的时候、需要的场合能够轻松获得各种绩效支持工具，如检查清单、工作辅助工具或其他电子工具。

电子绩效支持系统的示例包括：

- 电子学习。
- 移动应用程序。
- 学习门户网站。
- 交互式 PDF。
- 操作指南视频。
- 可搜索知识库。

非电子工具的示例包括：

- 快速参考指南。
- 信息图表。
- 工作辅助工具。
- 流程图。
- 常见问题解答。
- 决策树。
- 检查清单。

3.5.7　开展系统分析以改进人员绩效的技能

I.　通过系统分析以改进绩效

人才发展专业人士应该了解绩效改进原则，以及有助于理解绩效改进流程系统化策略的模型和理论。更为重要的是，人才发展专业人士必须了解、尊重和处理影响整个系统的内部和外部因素。

3.5.7.1　运用系统思维以实现绩效改进

系统思维是理解整体内各因素如何相互影响的流程。在自然界中，系统思维的例子包括生态系统，其中各种元素，如空气、水、运动、植物和动物相互依存，最终生存或灭亡。在组织内，系统包括人、结构和流程，这些因素相互依存，打造有效的组织。

系统思维对于绩效改进有着重要的作用，因为它从整体上检查问题，目的是找到最有效的地方来创建适当的绩效解决方案。通过运用系统思维，人才发展专业人士能够决定哪些潜在的基本关系正在引发问题，而不是被动针对这些问题做出反应。一旦确定了潜在的阻碍和促进因素，人才发展专业人士就可以做出改变来改进绩效。

由于绩效改进涉及将变革引入组织系统，系统思维有助于提高这些变革将对整个系统和期望的业务结果产生哪些影响的认识。考虑下面介绍的系统思维注意事项及其与绩效改进之间的关系：

- 很多问题非常复杂，简单的解决方案实际上可能也并不像看起来那么简单。所采取的任何行动都有可能造成其他后果，导致整体情况变得更加糟糕。
- 处理复杂系统及其各种相互依赖关系时，主要目标是寻找绩效解决方案的最佳位置，记住系统中所有人员、流程、设备和材料的互相联系。
- 定义系统边界是为了缩小问题的范围并始终关注分析的焦点。如果边界定义得太宽泛，会导致分析非常复杂。如果边界定义得太狭窄，最终变成了局部分析，就可能将重要变量排除在外。
- 开放系统可能受到系统外事件的影响；封闭系统是独立的，外部事件对它的影响很小。事实上，许多事物是开放系统和封闭系统的混合体。
- 在一个复杂的系统中，可能无法在症状附近发现影响因素。
- 抗拒行为通常在好转前经过一个恶化的过程。
- 系统中的许多相互连接都是通过信息流运行的。当改进某个流程时，要确定信息在哪里。
- 系统中最不显眼的部分，其功能或用途，通常是系统行为最关键的决定因素。
- 人们认为自己所了解的世界是一种模型，但这种模型并不能完全代表真实世界（Meadows 2008；Senge 2006）。

如果想要采取系统视角，人才发展专业人士就需要了解许多可能影响绩效改进的知识。

3.5.7.2 文化和全球化意识

组织内发生的改变会影响组织文化。反过来，组织文化也会对任何实施的解决方案产生影响。人才发展专业人士应该了解文化可能对绩效改进工作以及战略目标的达成产生的影响。

所有组织，尤其是全球性组织都是大系统的一部分，而这个系统就是它们所在的环境。人才发展专业人士应该了解全球环境对组织系统产生的影响。

可能对组织系统产生影响的文化和全球因素包括：

- 经济因素，如定价和本地货币。
- 社会互动，如组织运营所在社会的规范和地方性实践。［参见 1.4］
- 传统，如当地假日。

3.5.7.3 组织转型

合并、收购、裁员和其他组织转型涉及必须加以管理的组织结构变化。处理这些变化的方式取决于涉及的组织的文化。

组织转型对于人员的影响往往会被忽视。很多组织转型之所以失败，是因为管理层没有考虑融合不同文化的人为因素。愤怒、困惑、悲伤和退缩是对变革的正常反应，如果认识到重组过程中可能发生这些反应，雇主就能够帮助员工克服它们。这种帮助有助于减少变革带来的副作用。人们在经历合并和收购等转型过程时，会经历四个阶段：脱离、解除、迷惘和醒悟。

3.5.7.4 行业知识和组织知识

人才发展专业人士应该了解各自所在的组织和行业，这样才能更好地认识到并解决在绩效改进过程中可能对系统产生影响的内部和外部元素。

3.5.7.4.1 行业知识

为了实施能够改进组织绩效的变革，人才发展专业人士应广泛了解组织所处的行业。例如，这可能包括制定标杆以了解更多关于该行业的信息。绩效改进流程中的业务分析阶段使用组织战略和业务环境来确定：

- 组织制定某项目标的理由以及为什么这一目标是一项优先要务。
- 其他组织目标，包括可能互相竞争或矛盾的目标。
- 为实现目标而之前确定或尝试过的其他战略。
- 竞争环境和组织的竞争行为，以及新技术、创新、市场需求等。
- 合规问题，如行业、国家或地区提出的健康、安全和财务报告要求。［参见 1.6］

3.5.7.4.2 组织知识

为了解组织的整个系统，人才发展专业人士应该掌握组织知识。这一点通常在业务分析阶段完成。这些信息确定重要的业务目标，并确定组织哪些部分可能无法达成这些目标。此外，这些知识提供了关于组织的广泛概述，使人才发展专业人士能够确定最成功的变革可能发生在组织的哪个区域。组织知识包括：

- 行业细分。
- 组织结构。
- 正式和非正式权力结构。
- 知识迁移。
- 组织如何对其所在行业产生影响。
- 潜在变革。

3.5.7.5 组织如何学习

为了对系统进行分析以改进人员绩效，人才发展专业人士应该确定组织是如何学习的。组织学习的最终目标是获取能力，从而成功适应不断变化的环境，提高效率和竞争力。组织通过四种来源的体验获得知识：个人、群体、组织内和组织间。

- 当个人学习技能或想法，将新知识实施或迁移到他们的工作中，而且有可能提高他们的工作效率时，个人学习就开始了。个人可能也可能不会与他人分享自己的知识。如果他们在离开群体之前没有和他人分享自己知道的知识，那么组织最终就失去了这些知识。
- 群体学习是指团队中的个人获得并与其他团队成员分享经验和知识。如果群体能够利用这些信息来调整未来的行动，群体学习就已经发生，而且有助于促进团队合作。彼得·圣吉将群体学习的三个能力定义为：
  - 深入思考复杂问题的能力。
  - 采取创新、协调行动的能力。
- 创建一个便于其他团队采取行动的网络的能力。
- 组织内学习是一个组织用于创建与其使命相关的知识，并以子单位或职能部门可以使用的方式对知识进行组织的方法。它会以不同的速度、通过不同的方式发生在每个组织职能部门和活动中。
- 组织间学习则是另一种学习方式。这种学习依赖联盟、协作和相互学习的意愿，通常发生在固定的商业模式中，如特许经营。通过向其他组织学习，运用相同的想法或适当进行修改，组织可减少时间或经费，降低风险或提高学习速度。这是一种增加创新的方法。

3.5.7.6 学习的人为因素

人为因素，有时也称人类工程学，是一门公认的科学学科，广泛应用于各个行业，尤其是在安全至关重要的领域，如医疗保健和航空业。其他组织也开始越来越关注学习中的人为因素，如客户产品设计和网络工程。它是连接知识、工作环境、个人情况和团队成员之间沟通的纽带。

人才发展专业人士应始终对影响人员绩效的五个因素进行检查，这些因素分为内在因素和外在因素。

- 内在因素。

- 知识是指绩效者为了开展工作所需的认知能力，包括培养智力技能。缺乏知识对个人绩效产生的影响包括无法识别有效开展工作所必需的基本行为，在工作中采用不当或低效的行动，不熟悉系统、流程和工具。

- 技能与知识密切相关，指身体运动、协调或利用运动活动来完成一项任务。缺乏技能会产生与缺乏知识相似的影响。培训有助于提高知识和技能水平，因此能够解决由于绩效者无法正确完成工作而引起的问题。

- 渴望是通过培训无法改进的因素。绩效者可能完全具备完成某项任务的能力，但缺乏去做的动机。缺乏渴望或动机并不意味着绩效者缺乏积极性——这可能是由于缺乏反馈；优先级不同；个人价值观与工作要求之间存在冲突；对错误行为给予奖励；对适当行为进行惩罚；对取得的成绩没有表现出欣赏；缺乏足够的报酬、福利和其他奖励。动机问题可能产生于个人、组织或流程层面。

- 外在因素。

- 环境指缺乏资源，如工具、设备、家具、硬件和软件，以及物理条件不合适。如果环境不合适，可能就会无法执行工作。环境必须至少是可管理的，从而为期望绩效的达成提供支持。

- 机会指绩效者是否真正能够或被允许做某项工作。如果员工成天做很多工作，但是这些工作却无法对组织目标的达成起到支持效果，他们就不会有时间去做那些有助于目标达成的工作。

致力于绩效改进的人才发展专业人士应该以人为因素研究作为起点，确定能否在解决方案阶段减少或避免这些因素产生的影响。人为因素还可能与工作步骤、流程互动、个人特征或组织期望有关。

参考文献

ATD (Association for Talent Development) ND. "Improving Human Performance Certificate Program Participant Guide." Alexandria, VA: ATD Education.

ATD (Association for Talent Development). 2016. *Building a Culture of Learning: The Foundation of a Successful Organization.* Alexandria, VA: ATD Press.

Biech, E. 2017. *The Art and Science of Training.* Alexandria, VA: ATD Press.

Biech, E., and M. Danahy. 1991. "Diagnostic Tools for Total Quality." *Infoline.* Alexandria, VA: ASTD Press.

Brinkerhoff, R. 1998. *Moving From Training to Performance.* Alexandria, VA: ASTD Press.

Brinkerhoff, R., A. Apking, and E.W. Boon. 2019. *Improving Performance Through Learning: A Practical Guide for Designing High Performance Learning Journeys.* Independently Published.

Gilbert, T. 2007. *Human Competence: Engineering Worthy Performance.* Hoboken, NJ: JohnWiley & Sons.

Kotter, J. 2012. *Leading Change.* Boston: Harvard Business Review Press.

Meadows, D. 2008. *Thinking in Systems: A Primer.* White River Junction, VT: Chelsea Green Publishing Company.

Rummler, G., and A. Brache. 1995. *Improving Performance: How to Manage the White Space on the Organization Chart*, 2nd ed. San Francisco: Jossey-Bass.

Rummler, G., and A. Brache. 2013. *Improving Performance: How to Manage the White Space on the Organization Chart*, 3rd ed. Hoboken, NJ: John Wiley & Sons.

Russell, J., and L. Russell. 2003. *Leading Change.* Alexandria, VA: ASTD Press.

Senge, P.M. 2006. *The Fifth Discipline: The Art & Practice of the Learning Organization*, 2nd ed. New York: Currency/Doubleday.

Shorrock, S., and C. Williams. 2016. *Human Factors and Ergonomics in Practice: Improving System Performance and Human Well-Being in the Real World.* Boca Raton, FL: CRC Press.

Solomon, C. 2004. "Culture Audits: Supporting Organizational Success." *Infoline.* Alexandria VA: ASTD Press.

推荐阅读

Pershing, J.A., ed. 2006. *Handbook of Human Performance Technology*, 3rd ed. San Francisco: Pfeiffer.

Robinson, D., J. Robinson, J.J. Phillips, P.P. Phillips, and D. Handshaw. 2015. *Performance Consulting: A Strategic Process to Improve, Measure, and Sustain Organizational Results*, 3rd ed. Oakland: Berrett-Koehler.

3.6 变革管理

因为人才发展专业人士需要经常与人员、流程和工作打交道，因此他们最适合负责促进变革。变革管理是一种通过运用结构化的方法使个人、团队和组织从当前状态转变为未来状态，从而推动组织内部变革的能力。一旦变革开始，组织就会遵循其自身的非线性路径，对不确定性、各种反应以及参与人员提出的指导做出回应。为了取得最佳成果，人才发展专业人士应该了解并实施一些用于在变革过程中管理者方面问题的工具、资源、流程、技能和原则。研究结果指出，大多数公司对于变革的管理并不出色，这使得这一领域的能力成为人才发展专业人士的一项独特之处。

3.6.1 了解变革管理理论和模型

I. 变革管理理论和模型

人才发展专业人士应该了解变革管理理论和模型，并支持和领导所在组织的变革工作。他们是变革推动者，他们实施的每项解决方案都是一项变革。

3.6.1.1 变革管理模型简介

如果想要保持竞争优势，组织就需要不断变革。人才发展专业人士应该了解变革理论和模型，从而帮助组织成功完成各种变革。

无论是积极的还是消极的，所有的变革都会对组织以及领导或促进变革的人员产生影响。变革是成长和学习的一部分，无论发生什么，都会出现。变革需要获得支持，才能实现某些战略或运营目标，同时最大限度地减少它可能给员工和客户带来的不适、干扰和不平衡。组织中的某些人必须负责确保当前重要性与未来变革之间的平衡。

变革管理模型可以作为人才发展专业人士的路线图，在整个变革过程中为他们提供指导和提醒。模型展示从开始到结束的行动和步骤，在某些情况下还提供详细的过程指导。

3.6.1.2 勒温的三阶段变革模型

库尔特·勒温在 1947 年首次提出了三阶段变革模型，其中详述了三个类别：解冻、变革和再冻结。多年来，第二个类别已经转变为变革和运动。勒温为变革管理领域贡献了工具，认为不同的情况都受"大量变化中的力量"的影响。有些力量是积极的和可取的，而有些则是消极的和不可取的。他提出的力场分析工具展示了这些力量如何互相推动，以保持现状。力场分析是一种有用的概念，用于识别产生现状的力量，并找到方法来强化积极力量，削弱或消除阻力。[参见 3.6.3.2]

3.6.1.3 科特的变革模型

约翰·科特（John Kotter）的八步模型于 1995 年首次发表在《哈佛商业评论》上，该模型的第一步就是告诫人们要创造紧迫感。之后的步骤包括组成强大的联盟、为变革制定愿景、沟通愿景、消除障碍、创造短期的胜利、在变革的基础上继续努力，并将变革融入企业文化中。科特坚定主张在奋斗的过程中取得短期胜利，他认为没有什么比成功更能激励人。人才发展专业人士应该确定如何设立一个个更小的目标从而实现最终的变革目标。

3.6.1.4 布里奇斯的过渡模型

尽管过渡不同于变革，但人才发展专业人士也应该了解这一概念。过渡是员工在面临由于变革而引起的新情况时，经历的内在心理过程。威廉·布里奇斯（William Bridges）认为，人们在应对变革之前，需要从前一种情况的终结开始。他提出的过渡模型包含多个步骤，其中包括：终结，即当人们需要处理各自的有形和无形损失时；中立区，即重新形成模式时；新开端，即人们需要建立新身份并体验新能量时。他还认为，如果领导者在引入变革时能为员工提供四个 P，他们会更成功：

- 变革的目的（Purpose）。
- 预期的成果画面（Picture）。
- 从现状到未来的计划（Plan）。
- 员工在确保变革成功过程中所扮演的角色（Part）。[参见 3.3.3.2]

3.6.1.5 库伯勒-罗斯的悲伤阶段

通过 20 世纪 60 年代开展的工作，伊丽莎白·库伯勒-罗斯（Elisabeth Kubler-Ross）成为最早认识到人类在经历失去或改变后需要经历五个阶段的人之一。在她的案例中，她提到了临终癌症患者的家属。她提出的变化响应周期阶段包括拒绝、愤怒、商讨、沮丧和接受。对于认为变化是一种损失的人们来说，可能经历类似的阶段。

3.6.1.6 欣赏式探询

戴维·库珀里德（David Cooperrider）提出的欣赏式探询是组织变革方式的转变。"欣赏式探询的核心是在人身上、他们的组织、充满力量和充满机遇的世界里寻找最好的东西"（Stavros、Godwin 和 Cooperrider 2015）。这种积极的观点贯穿整个变革过程，以了解（通过探询）解决方案中可以利用的优势和可能性。这种方法通过 4D 模型来收集人们的最佳实践故事，确定"是什么"（Discovery—发现），设想"可能是什么"（Dream—梦想），讨论"应该是什么"（Design—设计），并从积极的角度实现"将是什么"（Destiny—命运）。

3.6.1.7 ATD 变革模型

大多数变革模型和方法都源于库尔特·勒温提出的三阶段模型，ATD 变革模型也遵循类似的方法。虽然从图 3.6.1.7-1 中看出六个步骤似乎呈线性，但是和所有变革模型一样，某些步骤之间存在重叠部分（Biech 2007，2016）。变革几乎不可能是一个令人愉快、有序的线性过程。

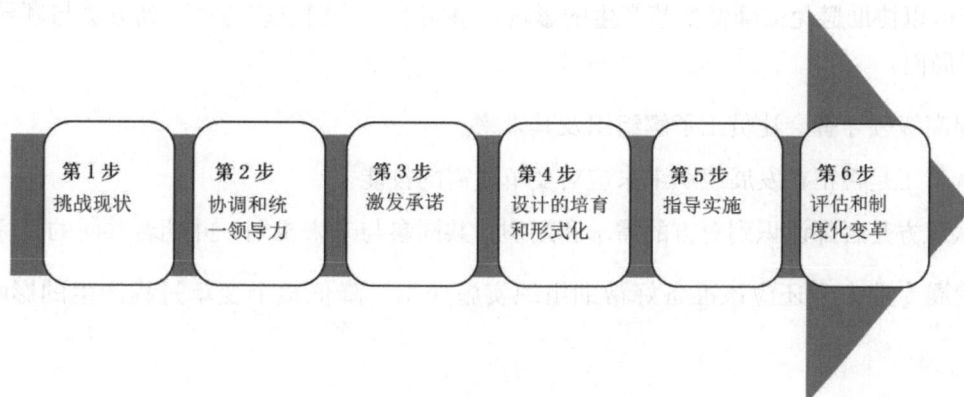

图 3.6.1.7-1　ATD 变革模型

ATD 变革模型的六个步骤分别是：

- 第 1 步：挑战现状涉及这样一个认识，即有些事情可以是不同的——挑战现状，通过创新确保未来达到期望的状态。这一步解决了"为什么"的问题。

- 第 2 步：协调和统一领导力是为了确保领导者清楚地了解领导变革工作的愿景、规模和所需的行动。这一步解决了"是什么"的问题。

- 第 3 步：激发承诺是关于为了达到最终目标而需要的员工和流程。需要每个人都承诺自己将努力，而不仅是为了合规。这一步回答了"怎么样"的问题。

- 第 4 步：设计的培育和形式化鼓励变革推动者使用工具来将设计正式化，创建沟通计划，进行风险评估，选择适当的衡量标准和部署其他实施计划。

- 第 5 步：指导实施要求变革推动者和领导者在取得短期胜利的同时保持实施的推进，并确定有助于提高复原力的方法。

- 第 6 步：评估和制度化变革确保变革融入组织文化，并将其转化为新的现实。

3.6.2　了解变革如何影响个人和组织

I.　变革对个人和组织的影响

在变革过程中，人才发展专业人士应认识到组织与其员工之间发生自然紧张关系的可能性。

3.6.2.1　人才发展专业人士可以减少变革产生的负面影响

组织的变革需求可能与员工保持个人安全感的需求相互冲突。组织需要跟上其行业快速发展的步伐，否则就可能面临被竞争对手淘汰的风险。这就是说员工需要了解组织未来需要哪些知识和技能，他们需要学习什么才能跟上组织要求。当了解即将发生组织变革时，员工可能产生一些消极的想法。组织需要什么与员工可以提供什么这两者之间的利益冲突似乎无法调和。

当员工意识到自己组织的需求，担心自己无法满足这些需求时，就会出现对变革的消极情绪。这不可避免就会对那些无法满足预期标准的员工造成负担，而且他们很快就会开始找工作。人才发展专业人士可以协助避免或降低变革产生的影响。事实上，他们应该通过下列方法与领导合作，避免这种紧张局面：

- 确保高级领导者会让员工了解组织及其未来。
- 确认员工是否正在发展组织未来应对变革所需的技能。
- 确认双方是否都认识到对方的需求和期望，共同参与未来规划，并朝着共同的目标努力。

人才发展专业人士还应该准备好帮助组织实施变革，降低整个变革过程产生的影响。［参见 3.6.2.4］

3.6.2.2　变革对组织产生的力量

大多数人才发展专业人士都经历过很多变革——有些可能是重大的组织转变，也有些只是小规模的程序性改变。不管怎样，如果人才发展专业人士意识到作为变革迹象的驱动力，他们就能够更好地准备推动变革。

3.6.2.2.1　变革速度

当今内容、创新和技术的增长比历史上任何一个时代都要快，这种增长推动了组织变革的速度。当今的领导者和组织必须紧跟这种快节奏才能取得成功。《第五项修炼》（2006）一书的作者彼得·圣吉指出，领导者无法通过传统的自上而下的控制思想，或者在没有正式的结构或流程的情况下跟上快速变化的步伐，因为这样会带来全面混乱的状态。如今的领导者需要在组织结构过多和过少之间寻找一个平衡点，以便组织能够快速地调整其生存能力。

3.6.2.2.2　信息过载

在当今的组织里，人们周围充斥着大量信息，而且每天都会有更多信息不断涌现。例如，每天都有 12000 个新的维基百科页面创建成功；每分钟都会有 300 小时的视频上传；大多数员工每周都会花 13 小时来处理电子邮件，相当于每年超过三个月。信息过载是由于信息量过大，没有足够的时间去辨别哪些信息是正确的，哪些是错误的或者质量不佳的。所有员工必须对所有信息进行分类，以决定需要更改什么以及如何更改。

3.6.2.2.3　全球竞争

全球化从字面来看是指地方和区域现象转变为全球现象的变革过程。可以描述为一个融合或同质化的过程，全世界人类通过这一过程统一成一个社会和功能体。这一过程是经济、技术、社会、文化和政治力量融合的过程。全球化通常是指经济全球化，即国家经济通过贸易、外国直接投资、资本流动、资本转移和技术传播等方式融入国际经济的趋势。来自其他国家的竞争格局不断变化，这往往会迫使组织通过改变来跟上步伐，继续在市场上竞争。

3.6.2.2.4　重组后的组织

如果想要组织正常运转，有些元素必须互相协调，包括结构、战略、工作和岗位设计、系统和流程、人员、奖励和文化。当组织由于合并、收购、裁员或工作外包而致使组织重组时，人员和流程就可能变得与业务目标和目的不协调。

3.6.2.2.5　继任计划

继任计划是为领导或管理岗位确定并培养候选人的流程。随着高级和资深员工离开组织，就会产生潜在的知识和技能缺口，除非组织能够积极培养人才来填补这些缺口。即便如此，身处不同岗位的不同的人都创造了改变的机会。[参见 2.5]

3.6.2.2.6　技能差距

SHRM（2019）发布的一份报告指出，"雇主正在努力投资于帮助员工掌握新技能，从更多元化的人才库中招聘员工，并与教育机构合作建立人才输送渠道"。令人遗憾的是，这些方法对于组织寻找、雇用或留住具备所需技能的员工几乎没有什么效果。事实上，有83%的调查对象都表示过去一年很难招到适合的候选人。在组织做出调整时，技能差距问题是推动改变的巨大力量。对于人才发展专业人士来说，这是帮助他们所在组织了解需要什么，并为未来发展培养员工的一个机会。

3.6.2.2.7　员工流失率升高

员工流动会推动组织变革。当今的员工拥有广泛的技能和知识，而知识型员工往往是将组织及其流程联系起来的关键。随着竞争对手提供更好的薪水、职业发展和工作保障条件，如今的员工对雇主的忠诚度比上一代要低。此外，他们在职业生涯中，为了提高自己对于工作的满意度，更有可能跳槽到其他组织继续工作。员工的来来往往，带来了不同的视角和工作经历。然而，员工可能需要花时间调整自己，适应新雇主的组织文化和流程。员工的流动，也会给其他员工带来挑战，因为他们不断经历失去同事、获得新同事的过程。

3.6.2.2.8　向新领导传授知识

刚进入管理层的领导者面临特殊的挑战，因为他们正从一个责任级别过渡到下一个级别。在企业阶梯中，每向上一个台阶，领导者的责任范围就会随之扩大，他们的决策也会影响到更多的人。尽管新领导和过渡流程是组织内变革的重要推动力，但一些组织就缺乏相关的发展课程，帮助这些新领导顺利过渡，成为战略领导者。[参见 1.3.7 和 1.3.8]

3.6.2.2.9　外聘高层领导

当组织外聘高层领导和管理岗位人员时，新领导或管理者可能带来许多好处并成为组织变革的力量。来自其他公司或行业的执行官可能带来全新的想法和流程，尤其是如人力资源、财务和供应链管理等关键职能领域。外聘人员能否成功胜任新岗位取决于公司的人才发展团队，该团队必须了解组织的业务战略，并制定体系来确保新执行官能够轻松适应新文化。

3.6.2.2.10　提升劳动力的多样性

将多样性（如不同的性别、年龄、种族和文化）融入公司的变革工作中，有助于提升大多数类型的组织变革的成功概率。事实上，组织变革和多样性工作是互相挂钩的，因为大多数组织变革都涉及多样性部分。为了管理诸如代沟和多样性领导群体如何对当今的工作环境产生影响等各种现实，人才发展专业人士应了解激励每个群体的因素，并提供足够灵活的学习机会，以满足每个群体的需求和兴趣。他们还应该帮助他人理解随着多样性的提升，需要对组织期望做出哪些改变，如习俗、商业规范、着装规范、人际关系和沟通。[参见 1.4]

3.6.2.3 变革对员工的影响

人才发展专业人士应该了解一旦组织引入变革，就会触发个人的生存本能。任何变革都会在人的脑子里引起一些疑惑和问题，而且有些是不可预测的。社会因素包括个人与工作群体和整个组织中其他人之间关系的变化。

面对压力，人的交感神经系统会做出两种反应：战斗或逃跑。大脑试图保持平衡来保护身体免受威胁和改变（无论是好的还是坏的），都是对于这种状态的破坏。因此，身体的自然反应激发边缘系统启动，做出到底是战斗还是逃跑的反应。了解对于变化产生的真实的生理反应，就能够获得关于员工会如何应对变革措施的洞察，而人才发展专业人士需要知道如何应对员工的反应。

当了解人们可能对变革做出的反应后，人才发展专业人士就能够更好地准备如何支持和领导变革工作。了解埃弗雷特·罗杰斯（Everett Rogers）和卡尔·阿尔布雷希特（Karl Albrecht）的模型将有助于他们理解变革如何对人们产生影响。

农村社会学教授埃弗雷特·罗杰斯（2003）针对人们对于变革的反应开展研究，并提出了一种有助于预测这种反应的模型。现在这一模型已经成为组织变革流程策划和引导过程中的标准参考。了解有些人如何很快采纳并表现出改变，而有些人却迟迟不愿意接受，这是沟通变革战略的关键。这一模型是一个钟形曲线，包含以下类别：

- 创新者，占 2.5%，是最早接受改变的人，为自己敢于冒险感到自豪。该类别通常显示在钟形曲线的左侧开端位置。

- 早期采用者，占 13.5%，这些人愿意接受新的挑战。他们是引领潮流的人，始终掌握最新资讯，通常是组织内有影响力的成员。

- 早期追随者，占 34%。他们最初对变革考虑得很多，根据观察结果开始对变革持积极态度，然后成为变革的有意接受者。这一类别和下面的晚期追随者形成了钟形曲线的顶峰。

- 晚期追随者，占 34%，他们对变革持怀疑态度。他们之所以接受变革可能只是出于同伴的压力。

- 落后者，占 16%，他们坚持过去，抵制变化。如果他们完全拒绝改变，这种观点就会成为问题。该类别通常显示在钟形曲线的右侧下坡位置。［参见 2.1.4.4］

变革推动者会把大量精力放在变革对行为产生的效果上，但心理和社会方面同样重要。心理和社会影响促使受影响者提出可预见的问题。人才发展专业人士作为变革推动者应该预测实施变革时可能面临的问题和反应。关键在于变革推动者需将自己置于受变革影响的人同样的处境。

卡尔·阿尔布雷希特描述了一种个人变化响应周期，帮助人们逐步完成变化响应的各个心理阶段。这四个阶段分别是：

- 威胁。在这一阶段，个人害怕改变现状，因为对未知的恐惧以及担心改变后的状态会比现状更糟糕。

- 问题。此时，个人认为变革是一项繁重的工作，会导致很多问题。因为他们不再了解规则，很难完成自己的工作。

- 解决方案。通过克服在前一阶段所发现的问题，开始显示出变革的一些好处。
- 习惯。随着旧的操作程序被遗忘，新的程序逐渐成为规范。

3.6.2.4 针对变革如何影响个人和组织做好准备

变化永远存在，而且步伐将继续加快。人才发展专业人士应该掌握特定的多种技能，应对不断发生的变化，并了解他们如何帮助组织的其他成员也能够从容地应对变化。人才发展专业人士应该了解一些具体的变革策略，例如：

- 练习复原力，或从容适应那些可能扰乱自己生活的艰难经历的能力。
- 保持积极的态度，凡事都看好的一面。
- 面对可能出现的各种情况，表现出灵活性和适应性。
- 学习工作职能内外的新技能。
- 安排时间反思和思考令人兴奋的未来和可用的积极方案。
- 学习或重新学习时间管理技能，如专注、将项目分成多个小块、避免尝试同时从事多项任务。

3.6.3 评估风险、阻力和后果以定义变革管理方法的技能

I. 评估变革风险、阻力和后果

如果想要成功策划和实施变革工作，人才发展专业人士应该擅长管理可能出现的问题，包括风险、阻力和不可预见的后果。

3.6.3.1 风险

风险是指对组织无法按照计划达成目标的潜在情况进行衡量。其中包含两个组成部分：

- 无法取得预期成果的概率或可能性。
- 无法取得预期成果而产生的后果或影响。

风险管理是指应对风险的流程，包括识别、分析、制定方案、监控风险和降低潜在风险。风险评估是一种有助于识别和衡量变革解决方案可能存在的风险的工具（见图 3.6.3.1-1）。人才发展专业人士可以使用特定的工具、电子工具，或遵循下面介绍的步骤：

1. 风险识别包括编制一份清单，列出所有可能阻碍变革工作取得预期成果的情况。组织可以通过向个人或群体提问，或通过回顾以往的经验教训来完成。

2. 风险分析从检查风险事件开始，并根据定义和数字量表分配风险评级。这个数字通常发布在风险等级表上（见图 3.6.3.1-1）。在指定评级中，用一条轴表示发生的概率，另一条轴表示对工作的影响。

3. 方案开发包括确定基本原因，以及有助于在风险发生时降低风险的策略。

4. 监测和解决风险需要人才发展专业人士或其他负责人确保根据需要，实施已确定的用于缓和、降低或防止风险发生的策略（Biech 2007）。

影响

影响 \ 概率	1	2	3	4	5	6	7	8	9	10
10			财务测试			网络	新版本		数据转换	
9			预算执行							
8					流动率数据值					
7							业务变革			
6										
5										
4										
3								重获动力		
2			较小网络的需求							
1										

概率

概率		影响	
1~2	遥远	1~2	项目目标未改变
3~4	不可能	3~4	对人员和流程产生细微的影响
5~6	可能	5~6	能力下降，仍能执行任务
7~8	高度期望	7~8	重大，影响资金承付能力
9~10	几乎确定	9~10	质量和数量下降，无法满足组织要求

图 3.6.3.1-1　风险等级表

资料来源：Biech 2007。

3.6.3.2　阻力

大多数变革管理模型都包含关于变革阻力的讨论。策划如何应对阻力时，人才发展专业人士应该对组织的整体变革准备状态进行评估（Biech 2016）。力场分析可用于评估组织内有哪些力量将支持或阻碍引入变革的尝试。

力场分析理论由库尔特·勒温提出，其中指出了两种力量类型：动力和阻力（见图 3.6.3.2-1）。动力是指有助于实施变革的力量，而阻力则是指阻碍变革的力量。因为力量是基于它们对变革的正面或负面影响来定义的，所以有些力量可能看起来是动力，但表现为阻力。例如，虽然激励制度通常被认为一种积极的好处，但如果现有的激励制度没有强化新的行为，它们就会成为一种阻力。［参见 2.8.6.4 和 3.6.1.2］

一旦确定了动力和阻力，人才发展专业人士就应该制定策略来利用动力或降低阻力产生的影响。组织通过增加动力或减少阻力，可以推动现状朝着想要的转变发展。此外，由于系统通常都会朝着平衡方向运动，因此在增加动力的同时减少阻力也是有利的。但是，人才发展专业人士应该认识到，动力增加可能自然就会使阻力减少。

减少阻力的计划应考虑到个人和组织对变革做出反应所需的时间，还应该承认，尽管可能需要时间来适应调整，但仍然需要满足特定的时间线。

力场分析

在图的顶部输入目标。在右侧列出所有阻碍期望变革的力量。在左侧列出所有促进期望变革的力量。

指出目的、指标、需求或目标： _____

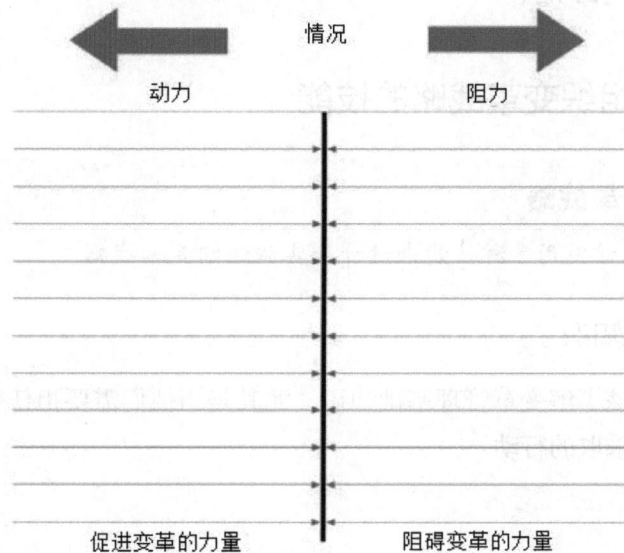

情况

← 动力　　　　　　　　　　　阻力 →

促进变革的力量　　　　　阻碍变革的力量

改变现状（视觉上的中心线）：
· 确定如何提升动力。
· 确定如何削弱阻力。

图 3.6.3.2-1　力场分析

资料来源：Biech 2016。

3.6.3.3　后果

人才发展专业人士应该了解变革工作过程中可能发生的后果。首先，变革和变革的力量引发破坏，会大大削弱组织和员工设想清晰和积极未来的能力。变革对现状的破坏性越大，就会越大程度上削弱设想未来的能力，而且越有可能对个人和组织的自信、胜任力、士气和自尊产生负面影响。

其次，变革的道路是不可预测的。变革领导者可能觉得自己知道变革会把他们带到哪里，但是对稳定系统实施破坏必然会带来一些预期外的后果。通常，组织得到的比预期的要多，但并不是它们想要的。

3.6.3.4　克服和准备与变革有关的问题

人才发展专业人士不应该试图利用一个所谓"一套模式适用于所有情况"的策略来管理变革。

变革是个性化的，而变革可能面临的风险、阻力以及带来的后果可能导致人们企图维持现状。人才发展专业人士可以使用上文提到的工具以及一些其他的方法。例如：

- 明确阐明变革的目的、目标和现实情况。
- 找出问题的具体原因并采取行动。
- 制定一个开展坦诚、双向沟通的机制。
- 提供关于复原力和如何管理变革的培训。
- 为员工提供有助于他们培养支持变革所需的各种技能的培训和资源。
- 提供庆祝并奖励成功的机会。

3.6.4　设计和实施组织变革战略的技能

I.　设计和实施组织变革战略

人才发展专业人士应该使用多种技能来设计和实施组织变革战略。

3.6.4.1　变革管理基础知识

人才发展专业人士应该了解变革管理基础知识，尤其是当他们需要担任变革推动者时。他们应该熟悉变革类别以及需要采取的行动。

3.6.4.1.1　变革类别

组织变革计划的规模和范围都各不相同，但是通常分为三个类别：

- 渐进式变革通常只需要做出简单的改变，组织本质上允许人们继续做目前正在做的事，但是要求他们用新的方法去做。这是一种为了取得目标结果而做出的小规模调整，如实施新的计算机系统。
- 过渡型变革通常出现在变革比较复杂，但是其他组织已经经历过同类的变革，可以借鉴他们的最佳实践来引导组织变革。例如，组织可以通过变革来提供新服务或创造新产品，从而达成如增加收入等目标。
- 转型变革是难度最大的变革。这种变革可能转变行业发展方向，甚至可以令组织立于新模式的前沿，通常需要通过外部力量来推动变革。这种变革可能是由于收入大幅减少或竞争加剧而引起的。具体的例子包括重组组织业务战略或产品或服务全面调整。

人才发展专业人士可能特别关注这些类别中的不同方面，如战略、流程或人员。每个方面都会对期望、规划、时间线以及需要达成的目标产生影响。

- 关注战略，如包含领导力、结构、重组、资产剥离、收购、合并、整合和系统性组织计划。
- 关注以流程为本，可能包括涉及技术、软件开发和安装、系统、持续（流程）改进、全面质量管理和业务拓展的计划。

- 关注以人为本，可能包括文化、客户关系管理、人力资源服务和其他影响劳动力的行动。

3.6.4.1.2　定义现状

在大多数情况下，人才发展专业人士会发现一个痛点，那就是摆脱现状的动力。此类因素包括不断下降的市场份额、不断增长的客户要求或持续低效、过时的流程。在这些情况下，保持现状会带来巨大的痛苦。如果能够向受影响的人证明，目前做事的方式给他们带来的痛苦会比变革过渡期间带来的痛苦更为严重，那么他们通常会对即将到来的重大变革表示接受。现在的痛苦是走向未来的主要动力。

为了定义现状，人才发展专业人士应该收集并分析数据，确定组织是否已经准备好进行变革，并评估不实施变革可能带来的后果。他们可能还会创建变革商业案例，其中可能包含收集到的数据、现状、竞争考虑因素、业务和运营影响、初步风险评估、成本效益分析和时间线。［参见 3.1.7.2 和3.3.1.3］

3.6.4.1.3　定义预期成果

人才发展专业人士可能参与制定具体的、可实现的成果，先从定义业务或组织变革需求开始。人才发展专业人士可以通过分析来确定业务目标，并决定哪些变革对于这些目标的达成至关重要。由于先确定业务目标很重要，因此确立组织优先要务非常关键。理想的业务目标应该是可量化的，具有时限要求，也是合理的业务重点。

3.6.4.1.4　促进变革

人才发展专业人士可能参与向他人展示变革需求。为此，他们根据事实呈现令人信服的论据，并解释组织的现状、组织的目标以及其中的原因。他们还可以确定市场力量和客户需求如何影响组织。这样的信息之所以能够产生强大的影响，是因为它们能够解释如果不实施变革，对于公司来说会产生哪些后果。

3.6.4.1.5　赞助

人才发展专业人士可能负责确定和确保组织赞助，通过投入必要的资源来支持项目。缺乏对于变革管理工作的承诺是一个严重的风险因素。

3.6.4.2　基础设施和角色

致力于变革意味着创建支持变革设计和实施，并且为负责战略执行的人员分配适当角色的基础设施。领导者（发起人）支持这项变革工作，赋予其可信性；人才发展专业人士（变革促进者或推动者）提供完成变革工作的手段。每个组织的变革管理角色都是独一无二的。图 3.6.4.2-1 概述了领导者/发起人和变革促进者/推动者之间的角色差异。有些组织可能选择适当调整其中的一些角色，但是从该图中的角色着手是一种很好的做法。

图 3.6.4.2-1　变革管理角色

领导者/发起人	变革促进者/推动者或人才发展专业人士
制定愿景；	收集和分析数据；
为商业案例提供依据；	衡量组织准备状态；
确立紧迫感；	构建商业案例；
表现出可信和坚定的承诺；	教练领导层；
通过行动和言语来表示支持；	推荐实施团队成员；
消除系统中的障碍；	引导团队，并教练团队领导者；
应对新发生的问题；	制定实施计划；
指导变革实施团队；	推荐策略和方法；
不断地传达愿景；	协调实施；
支持为应对可能出现的反应而采取的行动；	确保顺利完成里程碑事件；
批准衡量指标；	设计沟通计划；
要求其他人负责实现指标；	应对针对变革出现的反应；
提出实施计划；	推荐衡量指标；
要求其他人负责实施；	开展风险评估；
支持将变革制度化的做法；	识别并利用短期胜利；
实施奖励和结果；	评估变革工作；
坚持到底	确定奖励和后果；
	为已经准备好变革的组织制定计划

资料来源：Biech 2007。

　　大多数变革项目的规划和设计工作都是由变革管理团队负责完成的，这一团队通常被称为过渡或实施团队。这一团队在实施过程中扮演关键角色，因此应该精心组建。人才发展专业人士应该在组织考虑实施变革时，就尽快开始考虑潜在的团队成员，主要考虑下列三个问题：

- 领导力和影响力。值得信任的高级管理者和其他拥有权力和权限的人能够确保变革朝着正确的方向推进。
- 业务单位代表。让受影响部门的代表参与进来有助于确保变革项目在其所在群体内顺利实施。
- 技能、知识和态度。那些对变革持有积极态度的团队成员会把自己视为问题解决者，并坚持到最后。

3.6.4.3　用于策划和实施变革战略的流程

　　组织变革战略是一项计划，其中描述了为了从现状转变为期望状态而需要发生的特定步骤。人才发展专业人士可以使用 ATD 变革模型来引导自己完成变革的规划和实施流程。下面介绍了人才发展专业人士在变革策划过程中可以采取的关键行动。

　　1. 挑战现状涉及这样一个认知，即事情可能是不同的——挑战现状，通过创新确保未来达到期望的状态。关键行动包括：

- 收集和分析数据。
- 确定组织的准备状态。
- 确立变革管理角色。
- 构建商业案例。

2. 协调和统一领导力是为了确保领导者清楚地了解领导变革工作的愿景、规模和所需的行动。
关键行动包括：

- 为领导者提供教练辅导。
- 系统准备，以便开始实施变革。
- 选拔人员组建实施团队。
- 制定令人信服的愿景。
- 设计沟通计划。

3. 激发承诺是关于为了达到最终目标而需要的员工和流程。需要每个人都承诺自己将努力工作，而不仅是为了合规。关键行动包括：

- 审核当前信息。
- 针对各个关键步骤绘制路线图。
- 人员准备，以便开始实施变革。
- 完善沟通计划。

4. 设计的培育和形式化鼓励变革推动者使用工具来开始设计。关键行动包括：

- 选择适当的衡量指标。
- 设计形式化。
- 开展风险评估。

5. 指导实施要求变革推动者和领导者不断推进实施。关键行动包括：

- 鼓励参与。
- 吸引利益相关者参与。
- 与反对者沟通。
- 通过短期收益来增加动力。
- 确定有助于提高复原力的方法。

6. 评估和制度化变革属于总结阶段。关键行动包括：

- 评估效果和流程。
- 将变革制度化。
- 确保团队圆满结束工作。
- 计划庆祝活动（Biech 2007，2016）。［参见 3.6.1.7］

3.6.4.4　个人变革准备状态

员工可能需要经历几个准备阶段，然后才会真正承诺接受变革。首先，他们可能否认自己需要改变；然后，他们可能考虑改变；接下来，他们会认识到问题的存在，并且有办法可以解决它。只有到了这一阶段，他们才算准备好，可以开始制定具体的计划。最后，也就是在第四阶段，他们将实施计划（Prochaska、Norcross 和 DiClemente 1994）。

人才发展专业人士应该认识到，有些员工可能已经处于变革流程中的不同阶段，而有些可能需要适当激励才会开始这一流程。总体来说，受激励而接受变革的人的百分比完全取决于变革的宣传是否能够克服内在承诺的缺乏。如果能够创造一种紧迫感，解释变革带来的好处，个人有机会来影响变革的成果，那么支持变革的百分比就会很快大幅提高。[参见 3.6.2.3]

3.6.4.5　调整节奏和过渡策略

当今的组织可能处于一个不断变化的状态中——由于市场条件的变化，再加上领导者希望能够响应趋势或要求，各种项目一项接着一项（Pasmore 2015）。这种持续的剧变会导致员工对于变革的疲劳。如果可能的话，可以采用特定的方法来平衡变革节奏，如精心安排重大变革项目的实施间隔时间，然后在间隔期内穿插实施和评估一些小规模的活动。

共有两种类型的节奏调整方法：

- 基于时间的节奏调整需要设定里程碑日期，然后可以根据需要对这些日期进行调整。
- 基于事件的节奏调整需要在适当的事件发生时，触发行动。

节奏调整还要求人才发展专业人士认识到，不断变化的市场现实还会引起目标发生变化。换言之，虽然仍然需要确立目标和时间线，但可能由于无法控制的原因加快或延迟整个进度。

对完成里程碑事件进行庆祝也是另一种间隔休息的机会，因为这样不仅能够对变革进行评估，还能够开展反思，对团队成员和同事做出的贡献进行庆祝。庆祝活动有助于提升士气，强化重要价值观，并提供成就感。组织可通过最后的庆祝活动来表示项目取得圆满成功。

过渡日程

为确保变革项目得以全面实施并获得认可，人才发展专业人士应该制定一份过渡日程，其中考虑各种因素，包括：

- 与受影响员工展开公开对话，有效倾听并回应他们关切的问题。
- 了解客户的期望，避免遭到意外抵制。
- 制定系统或流程无法正常运作时的临时程序和流程。
- 对变革实施超过预算时可能引起的财务问题制定计划。
- 完成组织劳动力的准备工作，以确保无缝整合。
- 协调组织内其他项目的时间安排，以免员工产生变革疲劳。

3.6.4.6　变革沟通

人才发展专业人士应该使用沟通的 6C 法来有效管理变革：清晰（clear）、准确（correct）、完整（complete）、简洁（concise）、连贯（coherent）、礼貌（courteous）。［参见 1.1.1.3］

成功的组织变革与有效的沟通存在直接联系，包括言语和非言语、面对面和数字形式的沟通。了解哪些人会受到变革的影响，并应用适当的沟通风格非常有帮助。如果人才发展专业人士的言语和非言语沟通表现出自信，就更容易推销他们的变革计划。书面沟通也应该简洁明了，这种技能非常有助于提升信誉和一致性。

沟通过程由两部分（双元）组成：说和听。策划变革沟通时，人才发展专业人士应该考虑沟通过程的环境、传达的信息、发送者、媒介以及反馈。［参见 1.1.1.2］

人才发展专业人士应沟通现状，以帮助员工了解并认识到变革的必要性。他们必须先了解组织目前的状况，然后知道组织需要变成什么样。例如，当通过高层管理者提供的关于组织的最新信息而了解组织的当前状态时，员工可以更好地理解即将发生的变革的价值。

实施重大变革时，战略性沟通就显得至关重要，同时达到教育和营销的目的。变革领导者应该像考虑新产品一样考虑变革的实施，重点是如何说服客户他们需要它，并建立他们对于新产品的信心。出于战略性沟通的目的，明确员工需要做些什么，以及为什么改变行为对他们最有利。人才发展专业人士在规划期望的变革活动时，应该采用使变革活动与那些必须参与变革的人密切相关，并且吸引他们的方式。此类沟通的其他考虑因素还包括定期提供关于变革项目进展情况的最新信息，选择适当的沟通渠道进行沟通。

3.6.4.7　构建关键临界点的实践

如果想要达成业务或组织目标，就必须获得他人的积极支持和参与。在变革管理中，人才发展专业人士吸引他人参与问题识别、评估和解决的能力是关键的成功因素。他们应该通过展现需求、培养员工胜任力和充当流程所有人来为此提供支持。

展现需求

组织在完成转型之前，必须先认识到自己应该这么做。在阻碍组织适应新要求的各种最常见的因素中，无法正确识别变革需求是其中之一。像"我们一直都是这样做的""以前一直都这样""如果它没有坏，就不要修理它"这样的态度，是变革道路上的拦路虎。管理层的承诺对于任何组织转型的成功都至关重要。

领导者必须对于自己想要带领组织走向哪里制定明确的愿景，并针对如何达成这一愿景制定计划。第一步是打破陈旧的、自我限制的模式——那些先入为主的看待世界的方式是变革的主要障碍。持久的变革需要通过改变组织的共同期望、价值观和信念来调整组织的文化。人才发展专业人士可以通过评估以下各个方面的需求来提供帮助：

- 开展外部和组织扫描。
- 收集数据来确定业务需求。
- 确定潜在的变革项目。

- 分析数据。
- 提供数据分析反馈。[参见 2.2.2 和 2.8.3]

培养员工胜任力

如果整个组织的员工都具备所需的变革管理和统计数据胜任力，就更容易构建临界规模。六西格玛，是一种以数据为驱动来分析和解决业务问题根本原因的方法，是培养员工掌握这些胜任力的一种方法。在战略层面上，六西格玛有助于实现改进并提高经营利润。

在经营层面上，六西格玛有助于确保满足客户要求并减少过程变化，而这是对客户产生负面影响的各种缺陷的原因之一。它为组织提供可用于减少缺陷、改进流程，继而提高客户满意度、降低成本的特定工具和方法（流程分析、统计分析、精益绩效和根本原因方法）。如果想要使六西格玛在组织内获得成功，个人必须培养统计数据分析和流程再设计方面的胜任力，并与组织内的其他人分享这些方法。

人才发展专业人士有很大的概率能够成功启动并开展六西格玛。它通过强化训练为员工提供适当的技能，但是由此产生的收益也是巨大的。

充当流程所有人

变革管理项目的细节应说明员工将如何亲自参与变革，因为参与是培养对于变革承诺的一种方法。尽管项目阐明了组织需要达成什么目标，为了达成目标整个组织应该做出怎样的努力，但是员工仍然需要决定如何重新设计工作流程，以满足不断变化的需求。这种参与使他们能够提高学习和解决问题的技能，并为人才发展专业人士提供教练辅导员工的机会。在重新设计工作过程中付出的努力也为员工提供了顺利克服在适应变革过程中可能产生的感受和情绪的机会。

3.6.4.8　在变革工作中激励员工

变革是一种业务决策，会对人们产生重大的情绪和政治效应。虽然激励每位员工的因素各不相同，但是人才发展专业人士可以帮助他人理解为什么激励性因素是一个需要考虑的关键因素。动机有助于最大限度减少阻力，并避免变革制度化过程失败。在重大变革期间，如果无法最大限度保持其效果，那么也会对其最终成果产生影响。

对于激励，最经典的定义是对工作的渴望或对工作付出的努力。每个人都有自己的思维方式，这种方式决定了他们如何以及为何以某种方式行事，这些行动都以动机因素为基础，如个人目标、组织和个人奖励体系和工作丰富化。

激励员工充分发挥其潜力是任何经理或主管面临的最困难的挑战之一。在变革项目实施过程中，需求进一步扩展，人才发展专业人士可以帮助管理层了解如何在转型期间激励员工。在变革项目实施过程中，可能要求员工同时承担双重责任，在继续当前工作的同时，充当变革管理团队成员，承担额外的责任。通过为培训经理和主管提供关于员工激励理论的培训，他们能够更好地理解激励是什么，以及如何在员工中利用这种驱动力。

最有价值的认可直接来自员工的经理（Clifton 和 Harter 2019）。很多管理者认为对于员工来说，唯一能够激励他们的就是金钱。可惜的是，激励专家一致认为，虽然金钱不是激励员工的最佳方式，但"很少有管理者能够有计划地做出努力，为了员工出色地完成一项工作表示感谢，更不用说去做一些更有创意的事对取得的成绩给予表彰"（Nelson 2005）。

为了帮助管理者纠正路线，人才发展专业人士应制定一份实用的激励性想法清单，与管理者分享，包括围绕未来、职业成长机会开展面对面探讨，或为他们提供管理项目的机会。他们可以做的最好的一件事就是帮助管理层了解如何在变革项目实施过程中激励员工，具体的做法包括对那些采纳变革的人给予奖励，或为那些尚未采纳的人提供支持。

根据丹尼尔·平克（Daniel Pink 2009）的激励理论，人类拥有各种与生俱来的需求，如主导自己的生活，学习和创造新事物，为自己的组织和世界做出贡献。他对此提出的术语分别是自主、精通和意义：

- 自主为员工赋予工作中某些方面的自由。
- 精通使得员工能够主宰自己的学习。
- 意义让员工有机会为比他们自身发展更伟大的事业做出贡献。

3.6.4.9　SCARF 模型

人才发展专业人士可能想要使用 SCARF 模型来帮助他们记住、识别并考虑修改变革体验的方法（Rock 2008）。当变化可能发生时，人类社会经验的五个领域——地位、确定性、自主性、关联性和公平性就可能触发大脑内的主要奖励或主要威胁回路。该模型以三个中心主题为基础：

- 大脑会对社交奖励和威胁施以与物质奖励和威胁同等强度的对待（Lieberman 和 Eisenberger 2009）。
- 做出决定、解决问题或共同工作的能力因感知到的威胁而降低，因感知到的奖励而提高（Elliot 和 Fryer 2008）。
- 威胁反应更强烈（也更常见），需要最大限度降低在社交场合中出现的威胁反应（Baumeister 等人 2001）。

在策划变革工作时，如果人才发展专业人士理解这五个领域会自动触发人类反应，那么他们就能够更好地准备好环境。这五个领域分别是：

- 地位（status）或自己对于他人的相对重要性。
- 对未来预测的确定性（certainty）或担心。
- 自主性（autonomy），涉及对于未来事件的掌控感。
- 关联性（relatedness）或在与他人打交道时的安全感。
- 公平性（fairness）或对互动公平性的看法。

SCARF 模型提醒人才发展专业人士注意员工在变革工作过程中感受到的担忧和威胁。

3.6.4.10　思维模式和心理模型

员工为工作场所带来独特的知识、技能和经验。从事变革管理工作时，人才发展专业人士应该准备好应对各种类型的员工以及他们的思维模式，善于收集数据、获得认同、应对反应、促进协作和实施变革决策。其中每一项都要求人才发展专业人士通过了解员工的思维模式和心理模型，以及如何更好地利用它们，以此来发挥员工的最佳潜能。

此外，人才发展专业人士还应该了解自己的思维模式和心理模型，使他们能够认识到自己的假设、行为和沟通方式将如何对变革流程中合作的个人和团队产生影响。在变革流程中，人才发展专业人士可能发现自己的假设受到挑战，他们作为变革推动者的成功取决于他们是否准备好拓展自己的思维，接受他人的想法，使用新的工具。人才发展专业人士应该了解管理风格、社交风格和情绪智力以及各自在变革管理中发挥的作用。[参见 1.2 和 3.3.7]

参考文献

Baumeister, R., E. Bratslavsky, C. Finkenauer, and K. Vohs. 2001. "Bad Is Stronger Than Good." *Review of General Psychology* 5(4).

Biech, E. 2007. *Thriving Through Change: A Leader's Practical Guide to Change Mastery*. Alexandria, VA: ASTD Press.

Biech, E. 2010. *The ASTD Leadership Handbook*. Alexandria, VA: ASTD Press.

Biech, E. 2016. *Change Management Training*. Alexandria, VA: ATD Press.

Bridges, W. 2003. *Managing Transitions: Making the Most of Change*, 2nd ed. Cambridge, MA: Da Capo Press.

Carr, P. 2006. "Implementing Culture Change." *Infoline*. Alexandria, VA: ASTD Press.

Clifton, J., and J. Harter. 2019. *It's the Manager: Gallup finds the Quality of Managers and Team Leaders is the Single Biggest Factor in Your Organization's Long-Term Success*. Washington, D.C.: Gallup Press.

Elliot, A.J., and J. Fryer. 2008. "The Goal Construct in Psychology." In *Handbook of Motivation Science*, edited by J.Y. Shah and W.L. Gardner, 235-250. New York: The Guilford Press.

Kotter, J.P. 2012. *Leading Change*. Boston: Harvard Business School Press.

Lieberman, M., and N. Eisenberger. 2009. "Pains and Pleasures of Social Life." *Science* 323(5916): 890-891.

McArdle, G., and C. Hanson. 2006. "An Eight Step Change Model." *Infoline*. Alexandria, VA: ASTD Press.

Nelson, B. 2005. 1001 *Ways to Reward Employees, Revised*. New York: Workman Publishing.

Pasmore, B. 2015. *Leading Continuous Change: Navigating Churn in the Real World*. Oakland: Berrett-Koehler.

Pink, D. 2009. *Drive: The Surprising Truth About What Motivates Us*. New York: Riverhead Books.

Prochaska, J.O., J. Norcross, and C. DiClemente. 1994. *Changing for Good*. New York: William Morrow.

Rock, D. 2008. "SCARF: A Brain-Based Model for Collaborating With and Influencing Others." Neuro Leadership Institute, June 15. https://neuroleadership.com/portfolio-items/scarf-a-brain-basedmodel-for-collaborating-with-and-influencing-others.

Rogers, E.M. 2003. *Diffusion of Innovations*, 5th ed. New York: Free Press.

Senge, P.M. 2006. *The Fifth Discipline: The Art and Practice of the Learning Organization*. New York: Currency/Doubleday.

SHRM (Society for Human Resource Management). 2019. *The Global Skills Shortage: Bridging the Talent Gap with Education, Training and Sourcing*. Alexandria, VA: SHRM. www.shrm.org/hr-today/trends-and-forecasting/research-and-surveys/Documents/SHRM%20Skills%20Gap%202019.pdf.

Stavros, J., L. Godwin, and D. Cooperrider. 2015. "Appreciative Inquiry: Organization Development and the Strengths Revolution." In *Practicing Organization Development: A Guide to Leading Change and Transformation*, 4th ed., edited by W. Rothwell, R. Sullivan, and J. Stavros. Hoboken, NJ: John Wiley & Sons.

推荐阅读

Biech, E. 2007. *Thriving Through Change: A Leader's Practical Guide to Change Mastery*. Alexandria, VA: ASTD Press.

Kotter, J.P. 2012. *Leading Change*. Boston: Harvard Business School Press.

Pasmore, B. 2015. *Leading Continuous Change: Navigating Churn in the Real World*. Oakland: Berrett-Koehler.

3.7　数据与分析

数据与分析是组织绩效的关键驱动因素，也应该成为人才发展的驱动因素。这涉及实时收集、分析和使用海量数据集来影响学习、绩效和业务的能力。组织通过关于人才的数据与分析领悟有意义的洞察，包括绩效、留用率、敬业度和学习，在达成组织目标的过程中，将人才发展职能作为战略合作伙伴。

3.7.1　了解分析的原则和应用

I.　人员分析的重要性

人才发展专业人士应该了解分析及其对于人才发展的重要性。数据与分析指所有用途的数据管理。

3.7.1.1　原则和应用

人员分析是指利用数据完成相关任务，包括改进绩效、预测销售额、衡量领导力发展对组织产生的影响、雇用最佳员工，并确定入职培训课程提升"时间-绩效表现"指标的效力。根据实际使用的工具，可用的数据各不相同，包括典型统计数据（如销售额、每次雇用的成本和参加课程的学员人数）和业务影响（如绩效改进与利润率之间的关系）。这类数据可用于预测哪些经历有助于员工在职业生涯中取得进步，或哪些经历有助于提高新员工的成功概率。通过分析，人才发展专业人士还能够向高层领导者提供关于财年预算编制的建议，或向员工提供关于各自职业发展路径的指导。

通过分析人才计划对组织的影响，人才发展专业人士能够协助确定下一财年哪些工作值得实施。组织可以通过多种方法来采集数据，包括调查问卷、焦点小组、经理调研和人力资源信息系统。为了更好地掌握这些流程和应用，人才发展专业人士应该理解下列相关术语。

- 分析。人才发展专业人士应该熟悉四种类型的分析：
  - 描述性分析。历史数据总结，提供过往情况的详细信息。
  - 诊断性分析。对数据进行检查，确定为什么某些事会发生，可能使用数据挖掘或数据发现工具。
  - 预测分析。任何数据挖掘方法都带有四种属性：
    - 强调预测（而不是描述、分类或聚类）。
    - 在几小时或几天内完成测量的快速分析（传统数据挖掘通常需要几个月才能完成）。

- 强调由此产生见解的业务相关性。

- 强调使用便捷性，因此确保业务用户能够轻松地使用工具。

  ○ 规范性分析。一种高阶分析形式，通过检查数据或内容来回答"该做什么"或"为了让×发生，我们可以做些什么"的问题。这种分析的主要特点是采用如图形分析、模拟、复杂事件处理、推荐引擎、启发式学习和机器学习等技巧。

- 大数据。由数据集组成，这些数据集过于庞大，无法使用常用的分析方法进行捕获和处理，大数据的重要性取决于五个 V（数据量、速度、种类、真实性和价值）。[参见 2.4.10.6]

- 商业智能。这是一个概括性术语，包括可通过信息访问和分析以优化决策和绩效的应用程序、基础架构、工具和最佳实践。

- 数据管理。包括为满足所有商业应用的数据要求，持续访问并交付数据所需的实践、架构技巧和工具。

- 数据挖掘。通过仔细检查存储的数据，发现有意义的关联、模式和趋势的过程。

- 数据可视化。指描述数据的图形、图像或符号。

- 机器学习。结合了由许多技术（包括深度学习、神经网络和自然语言处理）组成的算法，这些技术参考了现有信息的经验基础。

- 预测建模。这种常用的统计技巧用于预测未来行为。预测建模解决方案是数据挖掘技术的一种形式，通过分析历史和当前数据，并生成模型来帮助预测未来成果。当有其他数据可用时，模型将获得验证（或修改）。

- 人员分析。也称人才分析，是指将统计数据、专业知识和技术应用到大量数据集，将信息和数据相结合来做出更明智的组织决策（高德纳咨询公司 2019）。

3.7.1.2 工作场所中的分析

当组织越来越多地使用分析来预测未来将发生什么时，人才发展专业人士应该做好准备为组织提供帮助。尽管这是最重要的焦点，但是组织还可以利用分析来提高效率、改进绩效，以及做出更明智、更具战略意义的决策。越来越多的数据和技术的涌现进一步促进了这一趋势，这使得组织能够更快、更经济地捕获和分析数据。随着对数据的依赖性不断提高，组织又提出了两个可由人才发展人士提供支持的要求：增加数据分析专业知识，以及确保数据的完整性。

3.7.1.2.1 增加数据分析专业知识

尽管组织认识到了数据存在的价值，但是很多组织缺乏知道如何收集、分析并诠释可用数据的技术娴熟型员工。高德纳咨询公司的年度首席数据官研究将"数据分析素养不佳"列为阻碍组织成功的第二大因素（Richardson 等人 2017）。研究还显示，工作场所对技术技能的预期重视程度提高了65%（Agarwal 等人 2018）。随着组织越来越以数据为驱动，他们将需要员工成为人工智能、分析和先进技术方面的专家。

智能机器是分析解决方案不可或缺的一部分，因为人工智能可以帮助学员努力掌握新技能。然而，随着"尖端人工智能、分析和机器人的引入"，在职学习逐渐被取代，学习机会因此减少（Beane 2019）。人才发展专业人士需要解决这一问题。

另一项研究指出，85%的人才发展领导希望使用大数据与分析来改进学习（Miller 2017）。这意味着，组织必须加快人才培养的步伐，通过培养擅长将业务技能与分析能力相结合的人才，来强化这一学科。将分析和业务技能融入一项课程中，是一种确保更多员工掌握所需的专业知识的解决方案（Chin 等人 2017）。人才发展必须通过努力来带动分析能力的培养。

3.7.1.2.2　确保数据的完整性

随着越来越多的组织更加依赖复杂分析来支持它们的决策，因此确保数据的完整性显得更加至关重要。根据《福布斯》的数据，84%的首席执行官对决策中使用的数据的质量感到担心（Olenski 2018）。事实上，这也是当今数据与分析领域面临的最关键的问题之一（Onay 和 Öztürk 2018；Spotless Data 2017；Reynolds 2016）。人才发展专业人士应该确保其使用的数据来自正确的受众细分，它来源于人为操作，并且得到了妥善的整理。

人才发展专业人士应该对其所在职能的分析能力进行评估，关注对组织及其成功最关键的部分。人才发展专业人士应为自己制定长期计划，找到为自己和组织的其他成员自动输送信息的方法。

3.7.1.3　实时可用数据

人才发展专业人士在组织努力达成目标和使命的过程中为其提供支持，应提供支持利益相关者需求的数据。信息仪表板可以为利益相关者提供有关参与度、技能和学习路径的详细信息。过去，对人员分析数据的收集和分析是一种劳动密集型流程，需要耗费大量时间。利用分析和人工智能的优点在于能够实时对数据进行分析，然后交付给组织领导，从而能够更快速地做出更明智的决策。

分析和人工智能可以实现更强大的搜索。要做到这一点，它们首先会消除无关内容。它们还可以：

- 确保内容与为了实现利润要求所需的内容一致。
- 用于为员工安排合适的导师和教练。
- 提供关于安全以及组织哪些区域可能存在风险的实时数据。
- 潜在指明人们相互学习的方式、时间和内容，并指出差距。
- 预测人员流失率或如何最有效地激励劳动力。

信息仪表板提示最重要的数据，以便人才发展专业人士和领导者能够一目了然地查看各项指标数据。它们通常用于监控组织如何执行战略。战略、战术、运营和分析形式的信息仪表板同样非常有价值。除了能够让人们一目了然地查看各项指标数据，信息仪表板还可用于与数据互动，让人们随时获得更深入的信息，从而使人才发展专业人士能够更有效地为领导提供建议和信息。

3.7.1.4　人员分析组成部分

组织开展分析的目的在于降低成本，推动改善，识别新产品和服务，更快地做出更明智的决策。对于人才发展专业人士来说，分析的目的也是如此。ATD 研究指出人才发展之所以对大数据感兴趣，是因为通过大数据能够：

- 更好地评估学习和发展工作的有效性。

- 改进学习交付方法。

- 更好地评估人才发展对组织结果的影响。

- 加强人才发展中的决策（ASTD 2014）。

除了用于学习和发展，人才发展还可以将分析用于其他目的。例如：

- 雇用。
  - 改进雇用决策。
  - 预测候选人的成功。
  - 分析视频面试。
  - 预测未来劳动力要求。
  - 将以往经验与工作成功关联起来。

- 持续反馈。
  - 优化员工的敬业体验。
  - 评估团队绩效。
  - 确定部门是否拥有合适的技能和人才。
  - 展现教练与敬业度之间的关系。
  - 分析员工的时间管理模式。

- 组织支持。
  - 评估员工政策的有效性。
  - 量化安全和事故风险。
  - 将人才发展行动与组织结果关联起来。
  - 识别加班和其他形式的工资表揭露。
  - 确定劳动力管理的改进实践。

这些方案都有助于提高员工的满意度和敬业度，同时提高员工的留用率和工作效率。［参见 3.3.10］

3.7.1.5　人才发展对于利润的贡献

由于人才发展专业人士利用分析来掌握关于学员学了什么、怎样学习，所以他们可以利用分析、信息仪表板和人工智能来帮助领导者了解学习对组织的影响。掌握适当的数据与分析结果后，人才发展专业人士就能够证明学习对于利润做出的贡献。例如，他们可以衡量与员工因缺乏工作信息而感到沮丧有关的数据。Panopto（2018）开展的工作场所知识和工作效率调研指出，美国大型公司每年都会由于知识共享不足而导致 4700 万美元的工作效率损失。运用分析方法来确定什么人、在什么时候、需要什么信息，从而提高信息的可用性，降低员工的沮丧情绪。这就为人才发展专业人士提供了一种为达成利润而做出贡献的方式。

3.7.2　以符合逻辑、切实可行的方式从内部或外部来源收集和组织数据以支持检索和操作的技能

I.　选择项目开展分析工作

人才发展专业人士应该具备为分析工作收集和组织数据的能力。

3.7.2.1　选择初始人才管理分析项目

人才发展专业人士需要掌握关于分析的基础知识，并能够将项目结果传达给利益相关者。当他们第一次开始组建具备分析能力的职能时，早期的项目选择将非常重要，因为如果做得对，它既有利于人才发展，也有利于特定的利益相关者。此外，这些早期的项目还提供了确定组织是否接受使用人才发展信息仪表板的方法。

如果这是人才发展专业人士在分析方面的初次实践，那么他们应该确定一个有明确结果的业务问题。为了提高成功的概率，人才发展专业人士应该确保他们查阅必要数据，寻找一个有着合理成功概率的项目，这个项目不会太复杂，同时避免任何带有政治意味的项目。早期项目应该对高层领导者也十分重要，如降低成本或增加销售。

理想的人才发展项目有两个特征。首先，能够快速取得胜利，如有助于改进现有流程的项目。也就是说，人才发展项目很快就能够展现出成功，而不是试图改进未来的某些东西，需要等很长时间才能看到结果。其次，项目应该能够展现某种洞察，或产生能够激发高层领导者兴趣的业务影响。

3.7.2.2　收集和组织数据的步骤

一旦选定了项目，人才发展专业人士就应该开始明确的流程。其中包括下列步骤：

1. 定义需要解决的问题。
2. 设定明确的衡量优先级，包括确定需要衡量的内容和衡量方法。
3. 收集数据。人才发展专业人士应该考虑当前数据库中存在什么信息，数据是如何存储和存档的，以及如何收集数据。成本、成见和机密性都是影响因素。
4. 分析数据。这是指通过几种方法操作数据，如创建数据透视表、绘制数据透视表或查找相关性。有大量分析工具和软件可供使用。
5. 诠释结果。当诠释结果时，人才发展专业人士应该回到最初的问题，确认这个问题是否已经得到回答。这些数据可以帮助抵御任何反对意见，确保找到富有成效的结论。人才发展专业人士应该通过组织数据来回答最初的问题，并使用视觉工具来展现数据。

3.7.2.3　人才发展专业人士在选择未来分析项目中的角色

最终，人才发展专业人士将希望建立一个分析项目组合。人才发展专业人士应该与高层领导者或其他利益相关见面，向他们展示这些项目如何为组织带来短期和长期价值。人才发展专业人士必须做好准备，根据影响程度和实施便捷性来提出关于项目的建议。人才发展专业人士应该记住确保项目与组织成功之间的协调性，吸引多个利益相关者参与，并确定他们所需的支持。

- 确保项目与组织成功之间的协调性。那些最成功的组织都会制定人才战略，以加强其业务战略。目标、战略和成果应该有相应的计划，说明员工将如何帮助组织实现想要实现的目标。这些战略应该与组织如何取得成功保持协调。这一点很重要，因为它是联系人才发展与组织的直接链接。这意味着人才发展专业人士应该清楚地了解组织，以及组织是如何赚钱的（如果是非营利性组织，则组织是如何达成目标的）。这将确保领导层对结果感兴趣，并有助于证明人才发展是一种宝贵的资源。［参见 3.1.2］

- 吸引多个利益相关者参与。人才发展的关键利益相关者是组织的领导者和他们所服务的业务部门的领导者。在未来的项目中，可能有更多的领导者加入，这也就是为什么必须确定统一的问题定义、衡量标准和假设。

- 确定他们所需的支持。由于每个项目都可能需要人才发展以外的支持，因此人才发展专业人士应确定他们需要什么样的支持以及从何处获得支持。为此，他们需要获得他人的认同。例如，他们需要的数据可能在人才发展以外的其他部门，或为了收集额外的数据可能需要整个组织的专家参与（现存数据或通过访谈），根据专家建议来制定衡量计划或分析所学到的知识。建立这些关系对于未来也将非常有价值。

3.7.3 确定利益相关者的需求、目标、要求、问题和目的以制定数据分析框架和计划的技能

I. 制定人员分析计划

人才发展专业人士应该擅长确定利益相关者的要求，从而制定人员分析计划。

3.7.3.1 利益相关者的预期目的

与利益相关者打交道时，目的是利益相关者想要什么以及需要知道什么——他们的目标、需求或要求。这构成了数据分析计划的框架。人才发展还拥有一些对其他部门也十分有价值的信息。例如，改进业务绩效，预测销售额所需的技能，衡量领导力发展课程对业务产生的影响的数据，或确定入职课程效果的方法。

3.7.3.2 开展利益相关者分析

人才发展专业人士应该擅长开展需求分析，因为与典型的需求分析相比，利益相关者分析的范围可能更广，程度更深。识别利益相关者，确定他们的权力和影响力，这是关键的第一步。对利益相关者群体进行细分也非常重要。组织可以通过三种方法来完成细分：

- 阶层，如团队负责人、部门负责人或总监。

- 部门，如销售、营销和运营。

- 决策权，这一点与阶层并不相同。例如，存在利益相关者群体的职责范围覆盖多个部门的独特情况（Anand 2017）。

3.7.4　分析并诠释数据分析结果以识别模式、趋势和变量之间关系的技能

I.　分析数据和诠释结果

　　人才发展专业人士应该擅长分析结果，从而发现趋势以及变量之间的关系。他们可以通过两个步骤来完成这一任务：分析数据并诠释其含义。

3.7.4.1　数据分析流程

　　一旦提出了问题并收集了适当的数据，人才发展专业人士就应该使用更深入的数据分析来确定有用的信息，并得出初步结论。他们可以先通过将数据进行绘制以找到相关性来进行数据操作，或者创建一个透视表，可以通过该表使用不同的变量对数据进行排序和筛选。他们还应该计算数据的平均值、最大值、最小值和标准偏差。

　　在排序和筛选数据时，人才发展专业人士可能发现他们已经掌握了必要的数据，或者他们可能需要收集更多的数据或提出其他问题。无论是哪一种情况，通过这一步骤掌握的信息以及他们掌握的关系、趋势和离群值都有助于确定分析焦点，离正确的结论越来越近。

3.7.4.2　初始数据分析的陷阱

　　开始诠释结果之前，人才发展专业人士应该确保自己没有落入任何数据分析陷阱。人才发展专业人士必须熟练地对数据进行分析，了解数据分析不当的后果。几种常见的分析陷阱包括：

- 仓促地得出结论，或者更糟糕的是，一开始就直接提出结论。
- 无意识的成见。
- 过度使用平均值，刻意回避众数和中间值。
- 样本规模定义不当。
- 假设检验，没有考虑霍桑效应或安慰剂效应。

在开始诠释结果之前，对使用的流程和假设进行检查非常重要。

3.7.4.3　诠释结果

　　人才发展专业人士在诠释数据时，应该参考数据分析的最初计划和目的。人才发展专业人士还应该确保自己掌握下列信息：

- 回答者的数量和理想回答者的总数。这能够提供关于样本规模的信息。
- 如果使用调研，则通过将回复数除以收到要求完成调研的人数来确定回复率。
- 回顾每个问题的回复数，这只是计算总数。

接下来，人才发展专业人士需要理解定量和定性信息：

- 定量数据是最好的着手点。从数字着手，能够为结果提供一个最初的关注点或方向。处理数字时，比较百分比比整数更容易，因此人才发展专业人士希望将他们的大部分数据转换成百分比。

- 定性数据则应该在数字定量后再进行编写。定性数据用于为定量数据信息提供理由。

人才发展专业人士希望为他们的分析提供背景和意义。为此，第一种方法是使用标杆，也就是标准或参考点，可对照标杆来比较或评估事物。潜在标杆包括与上一次调研结果、其他组织数据或最佳实践进行比较。然而，在使用标杆进行比较时，关键是使用完全相同的问题进行比较，避免错误诠释数据。

组织还可以通过将数据划分为不同的类别，使用交叉表在数据内部进行比较。交叉表是一种多维度表格，记录具备每个单元格中指定特征的应答的频率。这些表能够显示所有变量互相之间关系的宝贵数据，帮助分析原因-结果或互补关系。例如，通过年龄问题和职业发展问题之间的交叉表可能得出的报告结论是，20%的年龄超过 50 岁的员工需要获得更多的职业发展机会。[参见 3.7.4.4]

诠释数据时，人才发展专业人士需要进行合理的判断，并且应该对那些"感觉"不太对的结果提出质疑。他们还应该深入挖掘来确定关系——当两个变量由于相同的原因同时移动时——如果一个变量直接引起了另一个变量的变化。[参见 3.7.7.2]

当诠释自己的分析结果时，人才发展专业人士必须记住，不可能通过分析证明某个假设是真的。相反，拒绝假设也不可取。也就是说，无论收集到了多少数据，都会对结果产生影响。诠释结果时，提出这些问题有助于确定结论的合法性和有用性：

- 结论有多大可能是有益的？
- 结果是否回答了最初的研究问题？
- 分析是否探讨了所有的视角？
- 数据是否解决了任何异议？

如果这些问题都能够得到满意的解答，那么人才发展专业人士就可能得出一个有用的结论。

凭借这些数据分析结果和诠释，人才发展专业人士可以确定最佳行动方案，提出建议，并报告他们的发现。

3.7.4.4　使用数据可视化来讲故事

一旦对结果进行诠释，确定结果是正确的并且达到了预期目的，人才发展专业人士可以决定哪些可视化工具有助于揭示最重要的一点——数据说了些什么。

尽管数据很重要，但是听众还想要知道数据讲了什么故事。人才发展专业人士可以通过下列方式来讲故事：

- 使用百分比来创作故事。
- 通过统计数据来提供背景，如与上一年进行比较。
- 在诠释数据时，介绍哪些基准用来进行对照比较。
- 如果可能的话，利用开放式问题或引述访谈内容，这样有助于诠释数字。

人才发展专业人士应该利用分析的数据，考虑受众和他们想要传达的信息。他们想要讲什么故事？每种工具都会讲述不同的故事。例如，图表可以显示一段时间内或项目之间的关系、分布、比

较，或静态组合。[参见 3.7.6.2]

人才发展专业人士还可以使用交叉表，以图形的形式对两个或更多问题的结果进行比较。例如，可以根据如回应者年龄、组织地位、部门之间的关系或寿命等人口统计数据进行比较。这些工具的两个指导原则是定标和诚信，定标表示比例和关系，诚信关注陈述的真实性和准确性。[参见 3.7.4.3]

人才发展专业人士应该选择能够以最有效的形式呈现结果的图形——能够阐明预期目的的形式（Evergreen 2020）。如果图形符合下列条件，那么人才发展专业人士就能够最有效地传达他们的信息：

- 引导观看者思考图形传达的信息，而不是关注创建图形的方法论、图形设计和技术。
- 避免扭曲数据含义。
- 使得大数据集条理分明。
- 鼓励运用视觉比较不同的数据块。
- 以不同的细节层次揭示数据，包括从概述到细微结构。
- 有着合理而明确的目的：描述、探索、制表或装饰。

3.7.4.5　分析范围

人才发展专业人士通常会使用衡量指标来衡量人才发展活动。"今天，得益于充足的数据和智能分析能力，公司能够获得诊断问题和做出正确决策所需的洞察力"（Dearborn 2015）。在不断拓展范围的分析过程中，人才发展专业人士可以使用四种不同的分析来衡量各种培训课程以及其他项目的商业价值和有效性（Pease 和 Brant 2018）：

- 描述性分析。用于解释发生了什么。这是人才发展专业人士最熟悉的分析类型，如评估得分、总结活动、意见、满意度和评估调研。
- 诊断性分析。运用各种技巧，如数据挖掘和数据发现来解释为什么某些事会发生。这种分析能够提供相关性，可以关注某事为什么按照预期或没有按照预期发生。人才发展专业人士通过掌握在什么场合应用这种分析，并集中精力应对接下来的步骤，有助于节省时间。
- 预测分析。使用描述和诊断数据来预测未来将发生什么。通过了解数据所揭示的内容，人才发展专业人士可以进一步利用这些信息构建模型，为提高成功率提供支持。
- 规范性分析。用于展示如何使某些事发生。它提供了最好的机会来影响不同的结果。这是一种最不完善的分析类型，因为每个组织都有不同的要求。人才发展专业人士可以使用规范性分析，通过匹配学员的偏好来实现学习活动的个性化，从而产生学习项目。

3.7.5　了解数据可视化的原则、方法、类型和应用

I.　数据可视化的原则

人才发展专业人士应该掌握关于数据可视化原则的应用的知识，因为它与数据显示的内容有关。他们需要知道如何运用数据可视化来表明自己的观点，通过最有效、最准确的方法来显示数据，以达到传达信息的目的。

3.7.5.1　可视化原则

数据展示是指数据存储、处理和传输以供使用的形式，通常采用数字格式。如果人才发展专业人士接到要求，需要以数据可视化形式来展现信息，那么应遵循以下几个基本原则：

- 思考数据可视化通过什么方式、在什么地点出现在用户面前。例如，设计是否应该考虑移动优先索引？
- 通过选择下列元素来平衡设计：
  - 对称视觉效果。两侧内容都是一样的。
  - 非对称视觉效果。虽然每一侧的内容不同，但是都有相同的视觉重量。
  - 圆形视觉效果。使用中心作为定位点，将组成部分安排在其周围。
- 计划使用对比鲜明的背景色（白色是最容易的），然后在整个过程中使用一致的调色板。
- 上传之前先优化图像。
- 使用颜色、形状、空间位置和其他属性来增强清晰度。
- 强调关键区域。
- 通过运用主题保持一致性，但是也可以加入一些变化，始终吸引受众（Healy 2019）。

3.7.5.2　使用可视化的理由

人才发展专业人士为领导者创建信息仪表板，展示多个数据集之间的关系时，就使用了可视化。数据可视化将计算机科学、数学、认知科学和工程相结合。它确保受众能够从大型、复杂的数据集中获得洞察并形成其心理图像，这些数据集可能代表事件、流程、概念或对象（Telea 2014）。

数据可视化帮助人才发展专业人士通过更容易理解，并且能够更快记住的方式来传达复杂信息，因为人脑能够更快地处理以视觉形式呈现的信息。可视图形令数据更加可信，并形成更具说服力的论点。人才发展专业人士应该使用数据可视化：

- 作为传达可能非常复杂的大规模数据的工具。
- 帮助受众收集从原始数据中无法辨别的洞察和模式。
- 通过能够展现关系和主题的方式来总结数据。

"研究结果指出，如果通过图形来呈现，数据会更具说服力。其中的一个因素可能是，我们主要是视觉动物，我们中的大多数人在大多数时间都在浏览出现在我们面前、吸引我们注意的陈述内容。数据可视化所做的就是——让内容出现在人们面前"（Evergreen 2020）。

3.7.5.3　优化数据可视化

人才发展专业人士应该问自己，希望使用数据来展现什么。一旦知道自己想要说明什么，他们就可以选择适当的可视化技巧来展现。方案包括：

- 单个连续变量的分布。
- 两个或多个变量之间的关系。

- 比较。
- 多个变量的分布。
- 关联。
- 整体各个部分的构成。
- 位置。

每个方案都有几种图可供选择。例如，比较可以显示为斜率图、并排柱形图、连续条形图、点图或其他形式。

3.7.5.4　数据可视化方法

在设计完整的可视化系统时，需要做出很多决定。可供人才发展专业人士使用的方法包括：

- 颜色映射，即选择与特定数据关联的颜色。其目的是方便准确地识别原始数据集，包括：
  - 指出所有数据点的绝对数据值。
  - 确定两个数据点中哪个更大。
  - 展示两个数据点之间的差别。
  - 指出哪些数据点代表选定的数据值。
  - 展示特定点的数据值的变化速度（Telea 2014）。
- 纹理映射，这种可视化技巧通过对应于三维模型的二维图形来定义高频细节。可以通过在图形软件或应用程序中打印照片来创建。
- 绘图可以用两种方式显示。线图展示数据点，也就是所谓的标记，每个数据点通过直线连接。散点图允许每个数据点都有自己的 x 值或 y 值。这种图用于展示趋势或关系，数据点不通过线条来连接。
- 词云（文字云），数据可视化专家认为这种方法具有一定的局限性。然而，尽管人们缺乏对数据的深入了解（除了知道用到了多少个单词、使用频率是多少），他们往往希望比预期更认真地使用词云。如果词云能够以比较的方式显示数据，那么效果最佳。

3.7.6　选择或使用数据可视化技巧的技能

I.　选择数据可视化技巧

人才发展专业人士应该根据需要展示什么数据来选择使用哪种数据可视化技巧。他们还应该具备创建并妥善使用这些技巧的技能。

3.7.6.1　向利益相关者呈现数据

人才发展专业人士应该在策划项目以及选择或使用数据可视化技巧之前，了解数据如何推动组织发展。共有五个定义数据驱动型组织的因素：

- 强大的公司文化。

- 实验思维模式，客观地从失败中吸取教训的能力。

- 数字技术影响力。

- 关注未来。

- 组织敏捷性（Sinar 2018）。

这些特点帮助人才发展专业人士了解组织在利用数据做出决策方面的准备程度。

如果领导者或另一位利益相关者没有提出特定的请求，那么人才发展专业人士应确定他们希望影响的结果。他们应该考虑人才发展的主要目的，并确定领导者在决策时会利用人才发展报告的哪些内容。他们还可以关注与绩效相关的业务指标，如销售额增加。人才发展专业人士可以确定他们希望影响的决策，而这些决策可能成为他们在收集和分析数据并对数据进行可视化处理的潜在对象。

在继续推进之前，人才发展专业人士应该确保他们的选择与利益相关者正在做的事情或正在计划要做的事情之间不存在冲突。这就要求人才发展专业人士在将想法介绍给利益相关者之前，先了解他们的目标，并花时间预测他们可能提出的问题。

3.7.6.2 展示什么

人才发展专业人士应该确定他们希望如何展示数据。他们所选择的视觉工具取决于受众，什么才是对受众最有意义的，以及哪些视觉工具能够提供最佳美学和视觉效果。人才发展专业人士可通过下列可视化技巧展示不同的关系：

- 单个变量的分布：柱状图、直方图、散点图、条形图。

- 关系：气泡图、散点图。

- 比较：条形图和柱形图、时间线、折线图、散点图。

- 多个变量的分布：热图、气泡图。

- 关联：关系或联系图、热图、维恩图。

- 整体的构成：饼图、堆叠条形图。

- 位置：地图、建筑图、流程。

3.7.7 了解统计理论和方法，包括计算、诠释和统计报告

I. 统计理论的原则、定义和应用

人才发展专业人士应该了解基本的统计术语。

3.7.7.1 基本统计概念和流程

人才发展专业人士和组织掌握着大量可供处理的数据。事实上，对于他们来说可能数据太多，所以无法做出明确的决定。人才发展专业人士应该能够利用基本的统计知识对数据进行分类，得出准确的结论。这些知识包括：

- 算法是一种工具，描述了实际步骤或行为，以及支持这些步骤的思考过程。

- 商业分析是用于构建分析模型和模拟，以创建场景、了解现实并预测未来状态的解决方案。商业分析包括数据挖掘、预测分析、应用分析和统计，并作为适用于商业用户的应用程序交付，其中包含预先构建的行业内容（高德纳咨询公司 2019）。

- 因果推断是指根据影响发生的条件做出结论。

- 聚类是一种在一个或多个互连的中端系统上定义资源的能力，在局域网或城域网中存在一些松散结合系统，其中特定群体中的用户和应用程序可以看到这些中端系统（高德纳咨询公司 2019）。

- 计算是指数学计算。

- 数据集是一系列独立元素或相关信息，可以将这些元素或信息作为一个群体加以处理。

- 平均值是指一组数字的平均数。平均值受罕见极端值（离群值）的影响最大。

- 正态分布是指观察值聚集在某个值附近，而不是均匀分散在一定范围内。

- 范围是指两个端值之间的一系列值。

- 标准偏差是一种用于表示数据值与平均值之间变化关系的常用衡量指标。标准偏差是一种常用于高级统计和推论统计公式的统计数据。

3.7.7.2　数据分析方法

人才发展专业人士可以使用多种方法来分析数据：

- 相关分析对数据进行评估，可能产生的结果包括统计正相关、负相关或零相关。人才发展专业人士应该考虑所有因素，以确保统计数据呈现的不仅是因果关系。相关分析可揭示已参加课程与员工进步之间的关系。

- 多元回归分析旨在量化某种行为与输出之间的关联程度。例如，如果客户满意度调研结果显示，当电话服务时间为 8 分钟时，汽车保险客户就会对接听过程评价为满意（输出），回归分析有助于定义高评分的服务行为（如客户姓名的使用、保持的时间、礼貌态度等）。

- 显著性检验用于确认相关和多元回归分析结果。由于统计过程中存在大量不同的错误来源（抽样误差、研究偏差、效度等），因此很难完全肯定两个变量之间存在某种关系。统计显著性指两个变量之间确实存在关系的概率。

这种分析法的结果有助于人才发展专业人士确定实施哪些人才计划，哪些类型的学习能够获得最佳投资回报率，以及如何确定有限资源的优先使用顺序。

3.7.7.3　数据与分析的道德使用

数据分析是一个相对新兴的领域，是人才发展工作的一部分。人员分析则是这一学科中最新的一个细分部分。因此，有关其使用的原则目前还很少。欧盟《通用数据保护条例》实施了个人可识别信息的使用条例。个人可识别信息是可用于识别个人身份的数据，如社保编号、银行账号、护照号、驾照号或电子邮件地址。《通用数据保护条例》要求组织在使用个人数据前，先征得数据所有人的同意，并告诉他们数据将如何被使用等详细信息。对于需要在组织与其客户之间传输数据的情况，

《数据处理协议》是具有法律约束力的协议，概括阐述与数据处理相关的条款。

人员分析的使用进一步扩大了对于隐私、透明性以及个人可识别信息在工作场所内使用方式的担心。人才发展专业人士开始将统计理论和数据分析方法用于人才发展和组织时，应该知道所在组织已经针对个人数据处理和安全性所制定的相关协议。如果涉及性别、种族、年龄、绩效或其他敏感性数据，就显得更加重要。人才发展专业人士需要了解自己在平衡隐私问题与使用数据进行决策方面所扮演的角色。为了能够为员工和组织提供积极的结果，需要合理运用这两者。［参见 1.6.3.3 和 2.8.6.3］

参考文献

Agarwal, D., J. Bersin, J. Schwartz, G. Lahiri, and E. Volini. 2018. "AI, Robotics, and Automation Put Humansin the Loop." *2018 Global Human Capital Trends*. Deloitte.

Anand, P. 2017. "Executive Dashboards to Win Over the C-Suite." *TD at Work*. Alexandria, VA: ATD Press.

ASTD (American Society for Training & Development). 2014. *Big Data, Better Learning? How Big Data Is Affecting Organizational Learning*. Alexandria, VA: ASTD Press.

ATD (Association for Talent Development). 2018. *2018 State of the Industry*. Alexandria, VA: ATD Press. Beane, M. 2019. "Learning to Work with Intelligent Machines." *Harvard Business Review*, September-October.

Bersin, J., E. Volini, J. Schwartz, I. Roy, M. Hauptmann, Y. Van Durme, and B. Denny. 2019. 2019 *Deloitte Global Human Capital Trends: Leading the Social Enterprise: Reinvent with a Human Focus*. Deloitte.

Cappelli, P., and A. Tavis. 2018. "HR Goes Agile." *Harvard Business Review*, March-April.

Chin, J., M. Hagstroem, A. Libarikan, and K. Rifai. 2017. "Advanced Analytics: Nine Insights From the C-Suite." McKinsey & Company, July. www.mckinsey.com/business-functions/mckinsey-analytics/our-insights/advanced-analytics-nine-insights-from-the-c-suite.

Dearborn, J. 2015. *Data Driven: How Performance Analytics Delivers Extraordinary Sales Results*. Hoboken, NJ: John Wiley & Sons.

Evergreen, S. 2020. *Effective Data Visualization: The Right Chart for the Right Data*, 2nd ed. Thousand Oaks, CA: SAGE Publications.

Gartner. 2019. "Gartner Glossary." www.gartner.com/it-glossary.

Healy, K. 2019. *Data Visualization: A Practical Introduction*. Princeton, NJ: Princeton University Press.

Miller, B. 2017. "How L&D Leaders Can Demonstrate Value." LEO Learning, July 20. https://leolearning.com/2017/07/learning-business-impact-towards-maturity.

Olenski, S. 2018. "3 Barriers to Data Quality and How to Solve for Them." *Forbes*, April 23. www.forbes.com/sites/steveolenski/2018/04/23/3-barriers-to-data-quality-and-how-to-solve-for-them/#6cd2c11b29e7.

Onay, C., and E. Öztürk. 2018. "A Review of Credit Scoring Research in the Age of Big Data." *Journal of Financial Regulation and Compliance* 26(3): 382-405.

Panopto. 2018. "Inefficient Knowledge Sharing Costs Large Businesses $47 Million Per Year." Press Release. Panopto, July 17. www.prnewswire.com/news-releases/inefficient-knowledge-sharing-costslarge-businesses-47-million-per-year-300681971.html.

Pease, G., and C. Brant. 2018. "Fuel Business Strategies with L&D Analytics." *TD at Work*. Alexandria, VA: ATD Press.

Reynolds, V. 2016. *Big Data For Beginners: Understanding SMART Big Data, Data Mining & Data Analytics For improved Business Performance, Life Decisions & More!* Independently published.

Richardson, J., M. Moran, F. Logan, R. Edjlali, and M. Faria. 2017. *Third Gartner CDO Survey: How Chief Data Officers Are Driving Business Impact*. Stamford, CT: Gartner.

Schwartz, J., L. Collins, H. Stockton, D. Wagner, and B. Walsh. 2017. *Rewriting the Rules for the Digital Age: 2017 Deloitte Human Capital Trends*. www2.deloitte.com/content/dam/Deloitte/global/Documents/About-Deloitte/central-europe/ce-global-human-capital-trends.pdf.

Sinar, E. 2018. "Leading with Data-Driven Decisions: The Culture and Skills Driving Higher Returns on Data." *DDI Global Leadership Forecast 2018*. www.ddiworld.com/glf2018/data-driven-decisions.

Soehren, M. 2019. "It's All About the Impact." *TD*, June.

Spotless Data. 2017. "Big Data's Fourth V." October 5. https://spotlessdata.com/blog/big-datas-fourth-vTelea, A. 2014. *Data Visualization: Principles and Practice*, 2nd ed. Boca Raton, FL: CRC Press.

推荐阅读

Dearborn, J. 2015. *Data Driven: How Performance Analytics Delivers Extraordinary Sales Results*. Hoboken, NJ: John Wiley & Sons.

Duarte, N. 2019. *Data Story: Explain Data and Inspire Action Through Story*. Oakton, VA: Ideapress Publishing.

Evergreen, S. 2020. *Effective Data Visualization: The Right Chart for the Right Data*, 2nd ed. Thousand Oaks, CA: SAGE Publications.

Reynolds, V. 2016. *Big Data For Beginners: Understanding SMART Big Data, Data Mining & Data Analytics For improved Business Performance, Life Decisions & More!* Independently published.

3.8　未来准备度

根据变革的节奏，职场工作者需要不断地提升原有技能的层次和深度，以及新技能的获得。若要做好准备，就需要具有求知欲，并不断审视周围环境，以便跟得上塑造商业世界、员工及其期望和人才发展专业的新兴力量。为了做好满足未来学员需求的准备，组织需要密切关注新出现的趋势和技术，因此需要致力于不断推动专业发展，确保有能力应对未来几年的工作方式变化。营造促进创新和创造性工作的良好环境，帮助组织采取以未来为导向的定位。

3.8.1　了解影响人才发展的内部和外部因素

I.　对于未来工作场所的影响

在当前这个混乱持续存在的时代，创新和敏捷是任何组织成功的关键。人才发展专业人士应该不断与内部和外部环境接触，预测、适应这种环境，并且在这种环境下蓬勃发展。

3.8.1.1　影响人才发展的因素

无论是在组织内部还是在更大的环境中，影响人才发展的因素都在不断变化。人才发展专业人士应该不断关注的因素包括：

- 影响组织战略和目标的外部因素。人才发展专业人士应该通过不断开展 PEST 分析来监测外部因素。这是一种环境扫描工具，研究可能影响组织的政治、经济、社会以及技术事件和趋势。首次进行 PEST 分析时，应开展全面分析，而后续更新分析所需的努力相对较少（PEST 分析工具 2019）。

- 内部因素和组织决策。其中包括组织战略和目标、组织结构、产品和提供的服务、产生结果的系统和流程、组织的增长率、合并和收购、领导层人员变动、组织结构变更、财务和预算问题、天灾人祸和劳动关系。人才发展专业人士应该预测这些因素将如何对人才发展产生影响。

- 直接影响人才发展的人才特定因素。人才发展专业人士应该谨慎地监测这些因素，为此他们需要与专业组织保持联系，了解最新的资讯，并组建团队共同探索未来。影响人才发展的因素包括员工接受对自我发展负责，管理者应该培养对下属的期望，支持新分销渠道的技术，强调人才发展如何与高层领导者合作，以及在学员需要的时间、需要的场所已经为他们准备好学习内容（Biech 2018）。

3.8.1.2　推动变革的力量

目前有几股力量正在推动工作场所的变革。人才发展专业人士应该考虑这些力量对产品和服务交付的影响。

3.8.1.2.1　重新构想绩效管理

人才发展专业人士需要满足对绩效管理的期望。例如，许多组织选择实时、持续的反馈。人才发展的一个变化是发展规划与绩效考核流程相分离。绩效管理向着满足员工需求、关注支持未来绩效转变。

3.8.1.2.2　工作场所的民主化和透明性

人才发展专业人士应认识到民主化（所有人都可以接触到相关信息）和透明性（诚实和公开）对其交付成果的影响。他们需要解决的问题，包括谁能够拥有发展机会、如何发展以及哪个能力作为发展的目标。在未来，发展可能包含一系列广泛的服务和资源，可供组织内外的每个人使用。

今天的环境正变得越来越透明，几乎不可能限制信息的传播。员工（和非员工）可以获得大量关于许多组织、其绩效、其领导者开展的活动和未来计划的信息。不是每个人都能获得被视为专属的发展机会，导致敬业度的下降。

3.8.1.2.3　工作场所数字化

人才发展专业人士应参与工作场所数字化决策或先进技术的使用，将人员和空间与组织流程相连接。工作场所数字化的目标是提高工作效率、降低成本、增强职场工作者敬业度和鼓励创新。人才发展专业人士可以成为高层领导者值得信赖的顾问，因为他们能够决定值得在工作场所内探索的最佳技术，并推荐能够提供最大价值的工具。

3.8.1.3　展望未来的工作场所

人才发展专业人士应该开始考虑未来几年内，工作场所将如何变化，工作将如何开展。当前变化可能也预示着未来工作场所的一些趋势，如技术的快速变化，新的、更激烈的竞争，从人口统计学角度不断变化的劳动力，全球化程度不断提高，客户期望日益提高，员工期望日益提高，以及不断加快的变化速度。人才发展专业人士需要共同面对组织面临的越来越多的压力。

人才发展专业人士应该通过思考组织正在实施的变革，以及当前面临的困境，做好准备帮助组织走向未来。然后，他们可以选择那些自己认为最有影响力的对象，并探索如何为未来的职场做好准备（Biech 2018）。他们可能面临的一些困境包括：

- 领导力缺口。需要不断补充领导力后备人才。执行官正在努力弥补各个级别的领导力差距。超过一半的组织表示"领导力缺口"是组织面临的一大挑战。

- 领导力技能。未来的领导力要求可能与现在截然不同，可能要求掌握新技能，并改革团队以解决问题。虽然这些领导者受到的约束较少，但他们也需要掌握作为企业家应该具备的技能（Johansen 2012）。他们还需要更加关注自我引导式发展和变革管理。

- 互连的世界。人员、组织和国家相互连接的程度越来越高，提供了更多信息交流和员工支持的机会。这在许多方面都是好的。但是，小规模组织可能缺少必要的系统，无法完全整合数据，以便全天随时都能够进行决策制定。人才发展专业人士应进行自我挑战，思考如何最好地利用这一机会。

- 工作中学习无处不在。持续学习正席卷工作场所。人才发展专业人士应该确定如何打造支持性、有利于学习的环境。他们需要与高层领导者合作，培养一种支持持续学习的学习文化，开展辅导工作，帮助管理者成为更优秀的教练，在需要的地方引入绩效支持工具，并帮助员工主导自己的发展。

- 敏捷型团队。充满活力的敏捷型团队结构正在成为一种规范。作为这些团队的成员，承包商和员工同样需要具备这些素质。未来的组织可能使用自我管理型团队来完成工作，人才发展专业人士可以通过在整个组织中培养这种意识和相关发展机会来支持这一方向。

- 生态系统。随着市场互连程度越来越高，小企业将在满足定制需求的专业产品和服务的细分市场中找到更多的机会。此外，面对更大规模的业务生态系统，大多数组织都会增加合作方案（Johansen 2012）。组织还将继续剥离资产，购买其他组织的业务能力，使得业务价值链中的大量业务被外包。

- 员工可以随处开展工作。工作逐渐变成你要完成的事，而不是你要去的地方，因为越来越多的人选择在家里或其他地点远程办公。人才发展专业人士需要工具来帮助员工在动态性日益提高的虚拟工作场所内管理自己和他们的工作。生产力是一个组织成功的基础之一，因为当员工远程工作时，需要确保高水平的生产力和敬业度。

- 声誉至关重要。组织的声誉是关键。员工希望为声誉良好的组织工作，而组织希望聘用那些有着出色业绩的候选人。事实上，如果组织拥有一流的品牌美誉度，那么大多数求职者会愿意接受稍低的薪酬。人才发展专业人士可以通过创造并利用出色的声誉来为组织提供支持。

- 通过分析提高效率。尽管 78% 的大公司将人员分析列为最紧迫的三大趋势之一，但 45% 的公司认为自己还没有做好准备。人才发展专业人士可以与各自的领导合作，找到实际的、有意义的结果，并针对业务决策做出适当的诠释。高德纳咨询公司研究报告预测，分析将成为大量组织最关注的问题（Bersin 2016）。［参见 3.8.4 和 3.7］

根据执行官的观点，建立未来的组织是他们面临的最重要的挑战（Bersin 等人 2017）。这体现了一种思维的转变。大多数组织在最初创立时，其设计目标都是按照可预测的模式有效率、有效果地运作。然而，这种设计并不适合当今组织面临的各种不可预测性和各种干扰，因为组织设计需要能够满足速度、敏捷性和适应性方面的要求。这意味着组织将从传统的行政层级团队转变为更灵活的小型团队网络模式。人才发展专业人士应该帮助组织变得更灵活，更具创新能力。

3.8.1.4　未来的劳动力

人才发展专业人士应开始审视未来的劳动力及其所需的技能。目前有许多趋势可能重塑劳动力和工作。其中包括（Biech 2018）：

- 从事自由工作成为一种生活方式。员工的定义正开始转变。未来，员工对于灵活性的态度和期望可能影响人们工作的地点、时间和方式。如今，承包商和顾问占当前劳动力的40%以上；不久的将来，他们的人数将超过全职员工。相比全职工作，"临时工"也可能增加。人才发展面临的一个问题是，对于临时工来说，如果有什么要学的话，需要学哪些重要的知识。很少有组织已指明这一点。人才发展专业人士需要制定一项流程，帮助临时工尽快跟上进度。

- 人口统计数据正在改变。虽然这并不是新趋势，但是随着退休人员的增加，工作场所人口统计数据将发生重大转变。人才发展专业人士能够支持的最大需求之一是继任规划。人口统计数据会从两个角度对人才发展产生影响：年轻劳动力尚未做好准备，需要组织制定计划帮助他们快速跟上进度；世界人口老龄化将对组织和社会制度造成压力。

- 找到并留住人才至关重要。当今，全球有65%的公司都面临着如何找到合适的拥有公司所需技能的员工这一问题。专业领域的独特人才对组织的成功尤为重要，但是也更难找到。人才发展专业人士应该了解哪些因素能够吸引人才、吸引员工参与、培养敬业度，并提供积极的学习体验。他们应该认识到员工满意度从出色的入职培训开始，这样能够为员工留下深刻的第一印象（Bersin 2016）。

- 工作灵活性激励未来的员工。员工通常对那些提供最大灵活性的工作更感兴趣。人才发展专业人士应该确定如何利用灵活性来提高招聘和留用的成功概率。他们可以帮助组织决定如何提供工时制度、常见的休假或以结果为导向的工作环境。

- 机器人将有真正的工作。人工智能将打乱就业市场，有可能导致多达50%的就业岗位消失。这种情况在律师事务所已经发生，随着搜索计算机化，已经减少了招聘人数。对于人工智能的积极观点是，它把人类解放出来，可以从事更有趣、更具创意的工作。人才发展专业人士将承担起帮助员工与机器人合作，甚至为机器人服务的责任。

- 创新将成为常态。组织发展和成功将依赖它们的创造力和创新能力。人才发展专业人士应该提供一个框架和相关工具，供组织诊断或实施创新，以此来帮助组织理解创新是什么。

3.8.1.5　为未来做好准备

为了为未来做好准备，人才发展专业人士应该能够有意识地将视线从单一角度转移到外围。影响组织的想法可能来自许多地方。人才发展专业人士应该追踪新兴话题，从中发现模式，了解这些主题如何帮助组织改变。他们应该寻找这些新想法之间的关系，或者它们与当前实践之间的关系。对于人才发展专业人士来说，关键的问题是，这个新想法如何帮助人们与现在相比学得更多、更好、更快或学习成本更低。

人才发展专业人士应结合多种方法，有意识地关注未来，包括：

- 对未来提问。关注体现事物正在改变的迹象。注意那些正在尝试新方法或使用新工具或技术的人。

- 观察代际差异。新成立的部门或年轻员工做事方法是否有所不同？新流程是否利用了旧流程没有用到的技术？

- 留心专家预测。谁是专家？他们说了些什么？群众的智慧相信什么？

- 注意间接效果。有些变化在产生二阶或三阶结果和意外后果之前可能不会被注意到。

- 挑战数据。不要假设数据一定是准确的。事情已发生了变化，或者产生了新的含义或重要性。
- 鼓励讨论并跟踪想法。有时候只有在写下来或说出来的时候模式才会变得清晰起来，所以保持流畅的对话非常重要。

人才发展专业人士应该认识到，为未来做好准备并不简单，在思考未来的同时，必须时刻关注人才发展的现实意义。为了保持组织的竞争优势，人才发展专业人士应该对领导者认为对于满足未来需求至关重要的趋势进行跟踪。

3.8.2 开展环境扫描以确定经济、立法、竞争和技术领域当前和新兴趋势的技能

I. 环境扫描

在当前这个持续混乱的时代，人才发展专业人士应该不断地寻找信息，以了解正在发生的变化，以及这些变化将如何影响人才发展提供的产品和服务。

3.8.2.1 环境扫描的定义和类型

环境扫描是对可能影响一个组织的内部和外部事件和趋势进行有组织、有意识的研究和解释。通过环境扫描，人才发展专业人士能够确定组织未来计划实施过程中可能面临的威胁和机会。环境扫描的主要关注点是降低流入组织的信息的随机性，并对不断变化的条件提供预警（Aguilar 1967）。

扫描还有助于促进以未来为导向的思维和规划。它能够帮助人才发展专业人士预测组织的需求，并制定新的计划、政策和策略来满足这些需求。组织还可以使用扫描来确定新的技术、新的服务和产品以及不同的市场。而且，环境扫描还能够帮助组织发现新兴竞争对手、威胁和机会，以及它们自己的优势和弱势。

精明的人才发展专业人士可能发现自己会定期扫描，并询问这对人才发展和组织的未来意味着什么。如果人才发展专业人士为了特定目的而使用正式的方法论，那么会更加有益。正式的环境扫描可以是集中的，也可以是全面的。

- 集中扫描是指关注环境中的特定组成部分，或提议可能对当前问题产生影响的假设，如对虚拟现实的使用开展研究。
- 全面扫描关注广泛环境，没有具体的假设。全面扫描后通常会决定通过一次或多次集中扫描来获得更多见解。

同时进行集中扫描和全面扫描的做法被称为混合扫描。

3.8.2.2 环境扫描的价值

环境扫描是组织战略规划流程中的一个基本元素，扫描与组织绩效之间存在直接的联系。环境扫描对于规划未来的人才发展道路也至关重要。

环境扫描能够提高人才发展专业人士实施变革、利用机会以及更好地满足客户需求的能力。环

境扫描将他们与组织联系起来，并将他们定位为业务合作伙伴。它还能突出威胁、所需的决策以及走向未来所需的能力。[参见 3.2]

这些扫描的结果将直接作为人才发展部门提供的产品和服务的依据。如果人才发展专业人士了解环境因素如何对领导者、管理者和员工产生影响，就能够处理课程和项目中的相关问题。他们收集的信息可以作为工具和发展支持的情境。然后人才发展专业人士可以预测新一代学员的偏好，并实施最有可能产生最大影响的技术和交付平台（Brown 和 Weiner 1985；Choo 2012；Fahey 和 Narayanan 1986）。

3.8.2.3 环境扫描的流程

人才发展专业人士应该遵循下列流程来开展环境扫描：

1. 设定方向。确定扫描的目的，以及应该回答哪些问题。制定项目计划，概括阐明方法、参与者、时间线、资源和交付成果。

2. 获取技能。确定扫描所需的技能，以及如何获得这些技能。可能也会有外部专业知识可供使用。对未来的扫描是人才发展可能希望保留的一种能力。

3. 收集信息。确定哪些信息来源可能最有用，并根据计划收集信息。

4. 评估信息。寻找模式、趋势和其他有用的信息，包括初始问题的答案。

5. 传达结果。结果可能供人才发展内部使用，也可能在组织更大范围内共享。关键在于向决策者交付扫描结果。

6. 采取行动。利用结果制定计划，为未来的人才发展定位。

7. 监督或重复以保持最新的状态。虽然理想的做法是开展连续扫描，但是很多人才发展专业人士可能并没有那么多的精力和资源，可能需要与计划部门合作。

3.8.2.4 内部扫描

针对组织开展环境扫描通常被称为内部扫描。人才发展专业人士可以针对组织、职能、流程、工作和技术开展内部扫描。

- 组织扫描提供了对组织的高层次概述，并提示对哪些领域需要进行深入评估以确定人才发展需求。组织扫描可以揭示关于文化和价值观、战略和结构以及优势和弱势的信息。它能够揭示将对本组织产生最大影响的各种发展项目。

- 职能扫描研究组织内的特定职能及其对组织目标和有效性的影响。

- 流程扫描研究特定流程，了解流程如何运作，是否存在任何需要改变的东西。流程扫描还可以揭示最佳实践，并确定为获得最佳结果而需要解决的任何技能差距。

- 工作扫描确定成功完成工作所需的技能和行为动力。工作的管理者和最佳绩效者会在工作扫描过程中提出意见。

- 技术扫描能够增加价值，因为技术已经成为一项组织驱动力。技术扫描可能有助于人才发展专业人士了解组织在哪些方面利用或依赖技术，以及技术改变的可能性有多大。

3.8.2.5　内部扫描的技术和方法

人才发展专业人士应该了解用于扫描的技术:

- 先前的知识。员工和专家可能已经知道事情是怎么做的。虽然这可能是起点,但是还远远不够。

- 文件分析。查看报告、预算、演示文稿、运营回顾、统计更新和大量其他文件可以揭示关于事情运作方式的大量信息。

- 调查问卷。如果做得好,调查问卷可以提供信息,但数字可能很难解释。开放式问题可能包含丰富的数据,但是需要花时间研究。当前,组织通过算法能够获得更丰富的数据,甚至能够提供持续、实时收集数据的机会。

- 访谈。可以通过个人或群体的形式进行。结构化访谈更容易管理,但非结构化访谈可以揭示更多的内幕信息。

- 直接观察。如果在精心设计的方法中融入直接观察,那么这将是一个非常好的数据来源。在工作层面上,常见的做法是观察关键绩效者。在这一流程中,应该至少确定三名关键绩效者,然后安排多人对每名关键绩效者进行观察。

- 验证。这种方法使用较少,适合与其他方法结合使用。验证不适用于组织层面,但通常可以在职能、流程或工作层面上发挥作用。简而言之,与其他已经进行过扫描的组织进行比较。
  [参见 2.8.4 和 3.4.13.6]

在完成任何层面上的内部扫描时,人才发展专业人士应该同时包含关键绩效者和一般绩效者,以了解他们所知道的内容。考虑哪些方面会发生改变,以及如何推动改变也十分重要。应努力揭示"现状"与"应该达到的状态"之间的差异。记住,有些事虽然写下来了,但实际上不一定按照写的那样发生。扫描是为了获得广泛的了解,而不是为了解决特定问题。

3.8.3　了解用于促进、支持或产生创新和创造力的技巧

I.　培养创新和创造力

人才发展专业人士有责任推动组织在预算范围内,以尽可能高的质量标准按时达成目标。他们还应该帮助组织培养创新和创造力,取得之前无法实现的成绩。

3.8.3.1　创新和创造力的差别

创新是指将一种新方法、产品或想法转变为一种能够创造价值的服务或产品的行为。创造力是形成原创想法的行为。在组织中,创新能够满足客户期望或他们的需求。不创新也可能产生创意,就是提出新的想法,但是不做任何事。没有创意也可能实现创新,就是采用他人的想法并加以实施。在大多数组织中,二者是相互关联的(Surbhi 2018)。

3.8.3.2　创新和创造力的价值

对于组织来说,创造力和创新都很重要,因为它们有助于:

- 发明新业务或新业务线。

- 通过提高生产效率和降低成本，提供用更少的资源做更多事情的方法。

- 推动问题解决和流程改进。

- 创造新产品和服务，满足新的客户需求和偏好。

- 吸引那些想要在创新环境中工作的员工。

3.8.3.3 促进并支持创新和创造力

人才发展是促进创新和创造力的杠杆，可以通过了解如何在组织内支持创新和创造力来强化自己的品牌。人才发展专业人士可以通过下列方式为组织提供帮助：

- 促进并支持创新文化。人才发展专业人士可以引导沟通、协作、团队合作和解决问题等技能的发展，这些技能都是创新的核心。人才发展专业人士可以帮助组织改进其提供反馈、认可想法并重视多样性的方式。他们还可以促进各种体现创造力迹象的发展，并跟踪创新带来的好处。

- 帮助领导者倡导创新和创造力。人才发展专业人士可以帮助领导者培养自己在示范创新和创造力方面的知识和技能。人才发展专业人士可以提供工具和培训，用于认可和奖励创造力、冒险精神和生产性失败。坦诚的沟通和频繁的反馈是创新型组织的重要标志。

- 让创新和创造力成为组织文化的一部分。人才发展专业人士可以通过以下方式帮助组织更加深思熟虑地开展相关工作：

  ○ 发起头脑风暴会议、黑客马拉松和创意竞赛。

  ○ 专门安排时间开展创造性思维活动。

  ○ 将创新作为每个工作描述中的一个正式部分。

  ○ 使协作工具在组织内普遍可用。

  ○ 开发并管理创新实验室。

  ○ 鼓励创新和创造力社交网络。

  ○ 创建虚拟和实时论坛，以便提供建议。

- 为激发创新和创造力而组织员工队伍。在团队环境下最有可能产生创新和创造力，因此人才发展专业人士能够促进、培训并给予团队赋能。他们还可以帮助组织采用更扁平的结构，实施灵活的工作日程安排，并分散决策权。此外，人才发展专业人士可以帮助他人充当拥护者，也就是对创新充满热情、在组织内鼓励他人创新的员工。组织应该采用"事后"反思作为任何项目的标准步骤。人才发展专业人士还可以协助创建鼓励发挥创造力的实体空间，员工可以聚集在这里交流想法，开展协作。

- 标杆管理。人才发展专业人士可以向其他在创新和创造力方面表现最为优异的组织学习，并将他们的经验教训带给所在组织。这样能够确保在整个组织内共享最佳实践和接下来的实践行动。

- 创造共同语言。促进创新的两种流行方法分别是设计思维（在组织内得以广泛应用）和精益方法（一种消除浪费和提高流程质量的方法）。可以将其中任何一种方法作为一门学科，为创新打造共同语言。［参见 3.8.3.4 和 2.2.13］

3.8.3.4　形成创造力的技巧

创造力技巧可以分为两个主要类别：发散和收敛。创新和创造力最佳实践都提倡使用两个类别中的多种技巧。

3.8.3.4.1　发散

发散是指形成最多的想法，然后从中选择合适的想法。相关工具包括：

- 头脑风暴是最常用的发散工具，有助于激发创造力。这种工具有大量不同的版本，包括反向头脑风暴（如果有人想要达成与当前目标相反的目标，他们会怎么做）和随机形容词头脑风暴（随机将形容词用于各个想法，以激发更多想法）。

- 水平思考或视角转换是指从不寻常的角度考虑问题或机遇的做法。例如，"5 岁孩子怎么看待这个问题？"

- 类比思维引用其他行业或组织的概念，并将它们的最佳实践应用至新的环境中。

- 在采用新技术或寻找拓展市场的方法时，对标其他组织的做法尤其有用。

3.8.3.4.2　收敛

收敛是指从很多想法着手，然后分析、筛选并组合这些想法，以获得更多新的、更好的想法。在将创造力转化为创新时，收敛至关重要，因为这种方法有助于通过筛选来缩小想法的范围，从而获得能够形成创新的想法。收敛方法包括：

- 思维导图先将目标置于图的中心，然后将观点和想法组织成为多个分支子类别、相互之间的联系和趋势。

- 六顶思考帽是由爱德华·德博诺（Edward de Bono 1999）设计的一种方法，用于从多个角度分析想法，以实现收敛效果。

- 想法购物使用投票对想法进行分类。每个人都能分到货币，并且可以花任意金额的钱来"购买"自己最喜欢的想法。

其他收敛方法包括想法聚类，了解是否可以将某些想法相互组合，使用成对比较来选择想法，以及各种评估矩阵形式。［参见 1.2.7.2］

3.8.3.5　设计思维

设计思维是一种以人为中心的创新或问题解决方法，它将人的需求与组织的需求结合起来，有助于激发创造力和创新。尽管设计思维是最近才发展起来的，但从 1935 年约翰·杜威（John Dewey）将美学和工程原理相互融合开始，几十年来，这种思维的根源始终在全球对话中不断发展。这种思维也受到了霍斯特·里特尔（Horst Rittel）和理查德·布坎南（Richard Buchanan）的研究成果的影响，它专注于寻找正确的解决方案，而不是解决问题。设计思维分为五个阶段：

1. 共情要求清楚、共情地理解问题。

2. 定义问题需要对第一阶段掌握的信息进行整理和合成。

3. 一旦对用户及其需求有了清晰的理解，再加上通过数据整理掌握的坚实背景数据，概念形成阶段就开始了。和头脑风暴一样，目的是在这一阶段开始时就获得尽可能多的想法或解决方案。概念形成阶段结束时，人才发展专业人士应该可以从中选取一些想法进行调查和测试，以获得优秀的方案。

4. 原型阶段要求团队制作一些解决方案的缩微版本。这是一个实验阶段。

5. 测试是最后一个阶段，用于评估成品。然而，鉴于流程的迭代特点，通常会利用产生的结果来重新定义问题并告知用户（Lewrick、Link 和 Leifer 2018；Gibbons 2016）。［参见 2.2.13］

3.8.3.6 精益方法

精益是一种管理方法，运用创造力技巧在关注提高质量的同时消除浪费。最终目标是通过提高组织的效率和对市场的反应能力来降低成本。精益方法来源于制造业，发起于六西格玛运动，现在已经被运用到商业的各个方面。2008 年，埃里克·莱斯（Eric Ries）开始将精益原则运用到高科技创业公司，它现在被视为一种企业模仿初创企业创新和敏捷优势的方法。其中包含五个步骤：

1. 定义价值。定义运用客户视角，以客户为基础，针对所交付的每一种发展体验确立目标，只形成能够满足这些目标的元素。

2. 绘制价值流图。流程图描述流程的每个步骤以及产生客户价值的每个活动，从而识别非增值活动。消除不必要的活动，精简必要的活动。

3. 创建流动。重点在于缩短周期时间和经费，提高质量和满意度。流程用户通过采用各种工具，包括交叉培训、工作量平衡、工作职责变更和流程重新配置来实现活动精简。

4. 确立拉动原则。创建一个拉动系统实现及时生产，这意味着准时完成工作，以满足客户的需求，而不是提早完成。在人才发展领域中，这可能意味着基于最大的需求，而不是根据课程设计来创造小块的学习体验。

5. 追求完美。最后一步具有挑战性，也可能是与最终实现创新最密切相关的一步。这一步努力使持续改进成为文化的一部分。这一步要求组织不断学习，变得更好。

3.8.4 了解新兴学习技术和支持系统

I. 评估新兴学习技术

新技术不断涌现，从而形成了人才发展专业人士应该承担的两项关键任务：确保组织和人员充分利用这些技术进步，并防止不可行或不适当的技术造成浪费、破坏或损害。

3.8.4.1 了解未来技术

人才发展专业人士应关注新兴技术。例如，他们应该考虑加入专门探讨新兴技术的组织，或识别那些采用更广泛的社会视角，关注技术及其潜在影响的团体、协会和非营利性组织。此外，人才

发展专业人士可以参加协会、政府和大学组织的会议和课程。[参见 2.4.15]

有助于掌握最新技术的其他方法还包括建立网络、阅读出版物、关注博客，或者只需要结识深入研究新技术的人员，如 IT 经理。人才发展专业人士还可以跟踪客户、顾问以及作为合作对象的其他组织的技术趋势。询问他们正在使用的技术，他们正在探索什么，以及他们计划采用什么。最后，人才发展专业人士还可以研究那些专门预测未来事件的人士，如本章中提到的乔什·波尔森（Josh Bersin）。

3.8.4.2　帮助组织准备好应对混乱

在帮助组织准备运用新的人才发展技术以应对由此可能引发的混乱时，也许第一步应该是确定组织目前的准备状态。人才发展专业人士可以通过培养四个领域的洞察来做到这一点：

- 确定组织的准备状态。考虑组织的技术意识、技术成熟度和使用水平，能够获得技术方面的多少支持，以及是否能够方便地使用技术。
- 决定是否存在流程问题。确保新技术与现有政策或程序不冲突，现有系统支持新技术。
- 帮助人才发展团队做好准备。确保人才发展团队具备创建或购买课程，以及推出和维持课程所需的专业知识。
- 取得 IT 部门的必要支持。通常，新的学习技术需要员工投入时间、服务器空间或云连接，以及其他 IT 服务。确保为计划实施获得这些必要的支持。

人才发展专业人士还可以评估，为了有效利用新技术，目标受众需要掌握哪些新能力以及需要掌握的专业知识水平。人才发展专业人士可以遵循以下几种做法，帮助组织准备好运用新技术：

- 培养数字化文化。如果组织拥有数字化文化，数字化转型将更有可能成功。研究显示，在那些成功完成数字化转型的组织中，有 90%的组织首先关注的是文化问题（Hemerling 等人 2018）。
- 提供关于技术的充分信息。提前就任何可能被视为重大变革的技术进行充分的沟通。了解谁会使用这些技术、在哪里、通过什么方式、出于什么目的使用这些技术，然后分享相关信息。尽管大多数员工并不需要大量指导，但是让人们认识到可供他们使用的各种数字工具是人才发展专业人士的职责。
- 确保系统、流程和规则都具有支持性。人才发展专业人士应该帮助组织确定并解决任何可能阻碍有效采用数字学习工具的系统问题。
- 提供关于有效、安全使用技术的培训。员工需要了解任何新技术的常见错误和潜在误用情况。这能够帮助他们了解可以从人才发展和 IT 部门获得哪些支持，以及应该在哪里、通过什么方式汇报问题并获得帮助。在组建支持技术的员工队伍的过程中，人才发展专业人士可以提供支持。
- 奖励有效使用行为。人才发展可以推广经实践证明有效的技术，并确定新技术使用的带头人和早期采用者。可以运用衡量指标来确定将传统电子绩效支持系统运用于基于技术的学习的有效性，当学习活动的发起人不是人才发展部门的工作人员时，务必肯定发起人的贡献。[参见 2.4]

- 始终关注数据安全问题。组织面临数据安全漏洞的可能性每天都在增加。人才发展专业人士可能参与并了解如何避免漏洞，并协助确保组织拥有网络安全信息团队。

3.8.4.3　现有的人才发展技术

人才发展专业人士应该了解可能还会对人才发展产生广泛影响的技术。随着人工智能系统、机器人和认知工具的不断改进，几乎每项工作都在经历重塑，形成"增援劳动力"。这种趋势快速发展，促使组织重新思考工作设计以及工作组织方式。人才发展专业人士应始终掌握各种新兴技术，包括：

- 人工智能。人工智能是指一套计算机科学技术，使系统能够执行通常需要人类智能的任务，如视觉感知、语音识别、决策和语言翻译。在某些组织里，人工智能已经成为人才发展的关键部分，运用算法来满足个人需求，并适应他们的偏好，从而实现个性化学习和发展。其他影响还包括，一些工作将被取代，而其他工作将发生巨大变化。尽管人才发展部门对于人工智能的使用可能并没有最终的决定权，但至少必须有自己的意见，制定一项计划，并负起责任。人才发展计划必须是更大范围计划的一部分。如果没有更大范围的计划，那么人才发展专业人士应该带头为组织制定一项计划，以确保通过整合促进与组织价值观相协调的方法。

- 分析和基于证据的人才发展。人才发展可能利用数据来推动决策，而不仅是显示影响力。从衡量转变为分析，这需要不同的行事方式。影响管理分析是一种妥善安排评估，使得评估结果能够实时反馈到项目中的实践方法。也就是说，可以在项目实施过程中就针对评估结果采取措施，而不需要等待项目结束。[参见 3.7.1]

- 物联网。物联网可用于创建更舒适的学习场所。例如，智能扬声器使得人才发展专业人士可以更容易地访问信息和资源。当物体需要关注或维修时，它们自己会发出提醒，这样有助于提高工作效率，并且这些物体很快就能教会人们如何最有效地与它们互动。交互式白板目前可供教育工作者使用，IBM 在物联网领域投资 30 亿美元，其中大部分将用于教育（ Thompson 和 Smith 2019 ）。

- 可穿戴技术。人才发展专业人士应该掌握可穿戴技术领域的最新趋势。

  ○ 增强现实通过"看到"用户所在的位置并将信息与环境匹配，将信息叠加到现有世界上。在努力将微学习融入工作的自然过程中，人才发展专业人士会发现增强现实的应用越来越多。

  ○ 虚拟现实可以提供一个高度沉浸、完全模拟的世界，人们可以在其中学习。采用最复杂的形式，可以创造完整学习体验。随着技术成本越来越低，人才发展专业人士应该努力探索它可以在哪里增加价值。

- 模拟和严肃游戏。最近，这些工具在人才发展领域的应用重新开始兴起。游戏化是将典型的游戏元素（得分、竞争、游戏规则）应用到发展项目中，这些项目既可以作为最佳学习方法，也可以作为鼓励参与的一种技巧。简单、高成本效率、简短的模拟为人才发展专业人士提供了运用这种技术的途径（ Aldrich 2019 ）。

- API 和 xAPI。随着人才发展努力获取更广泛的发展经验，有可能 Tin Can API 很快就会取代 SCORM，成为学习记录存储标准。[参见 2.4 和 3.7]

3.8.4.4　未来人才发展专业人士的思考

人才发展专业人士应了解这些与新兴学习技术和支持系统相关的问题：

- 人才发展专业人士应该支持发展方案。人才发展部门应该充当技术资源以及组织方案的质量和实用性的支持者。它可以为自助服务和门户创建指南，这些指南优先考虑可信的来源和解决方案。其目的是让员工能够轻松自然地使用那些经过充分审查的方法和资源。

- 人才发展专业人士承担指导责任。人才发展部门应该帮助组织和组织中的每个人了解有哪些技术可用，他们需要什么，以及如何找到这些技术。作为发展和职业生涯伙伴，人才发展专业人士可以帮助员工识别最有用的技术。组织应该拥有供个人用于创建自己的发展体验的基础设施，人才发展专业人士能够为需要支持的员工提供帮助。这些职责要求人才发展专业人士更多地采用新技术。

- 人才发展专业人士应该采用并鼓励他人采用实验思维模式。在遇到发展机遇时，人才发展专业人士应该自己并且代表学员积极实验各种可能性。他们可以作为培训解决方案设计的榜样。在实验环境中，结果不可能总是尽在掌握，甚至无法预测结果会怎样。人才发展专业人士必须鼓励个人和群体启动自己的发展实验，并通过帮助他们找到与各自发展需求最相关，并且最受组织重视的经验来为他们的实验提供支持。如果个人对自己的发展越来越负责，那么他们也应该开展实验。人才发展专业人士可以通过提供方案或工具，推荐网站或行动，通过比赛或游戏来制造挑战，发出鼓励提醒，并分享其他发展体验来影响个人的体验程度和效果。

- 人才发展专业人士应该更多地开展教练和咨询工作。教练对组织有益，因为它有助于提升组织的一致性，促进领导力的发展，降低员工流失率，并有助于确保稳健的领导继任。同样，随着未来的不断变化，人才发展专业人士也需要成为其组织的内部顾问。除了典型的人才发展专业人士角色，顾问还需要具备一系列独特的胜任力。教练和咨询都能够为人才发展专业人士带来好处，他们将成为更受尊重的贡献者。此外，当运用教练和咨询技巧时，人才发展专业人士还提升了自己的领导能力，以及为组织提供支持的能力（Biech 2018）。[参见 2.7 和 3.2]

3.8.5　了解寻求信息的策略和技巧

I.　确定信息来源

人才发展专业人士应该知道可以在哪里找到高品质的资源，并能够为正在寻找资源的人员提供指导。[参见 2.5.9]

3.8.5.1　标准信息寻求模型

寻求信息是一个相对较新的主题。关于搜索者如何与搜索引擎交互的研究早在 2000 年之前就已经开始，目前仍在进行中；到目前为止，它主要关注使用的模型和进行的搜索类型。在寻求信息时，人才发展专业人士应该知道开展水平和垂直搜索的价值。

- 水平搜索较为普遍，通常会在很宽的范围内产生大量的结果。例如，如果搜索"领导者教练"，就会获得成千上万条结果，可能包括从操作指南、视频、书籍，到大学课程和高管教练在内的各种内容。

- 垂直搜索是有针对性的搜索，通常产生的结果数量有限，如搜索"头脑风暴"工具。

标准信息寻求模型最为常用，有两种版本：第一种是分阶段呈现，第二种是战略流程。标准信息寻求模型中的步骤体现了迭代搜索的效果：

- 认识、接受并制定问题。

- 表达问题。

- 确定所有可能的信息来源。

- 选择最佳来源（最可靠的信息和答案；Hearst 2009）。

- 检查结果。

- 重新提出问题（Marchionini 和 White 2008）。

3.8.5.1.1　分阶段信息寻求

分阶段信息寻求常用于复杂搜索，从认识需求开始。然而，这个第一阶段可能并不明确，因为搜索者需要的是高度复杂或广泛的信息。通过分阶段信息寻求，人才发展专业人士可以针对复杂问题采用更深思熟虑的方法。其中包括的六个阶段分别是：

1. 开始。认识到对于信息的需求。（我没有接受过人才发展专业人士培训，我需要这些技能。）最初的搜索将比较宽泛，只是为了更好地了解问题和机会的性质。

2. 选择。选择搜索的一般领域。（我需要了解教学系统设计。）

3. 探索。确定获得关于一般主题信息的最佳方法。（有哪些信息可以帮助我成为教学系统设计专家？）这一阶段包括发现大量可行的方法和资源（如获得学位、参加会议或观看网络研讨会）。

4. 提案。此时，搜索变得更加有计划，一些来源和选项被剔除。可能制定搜索顺序或时间线。

5. 收集。这是为满足需要而收集的特定信息。此时，流程可能变得具有迭代性并产生分支。

6. 呈现。搜索完成，针对搜索是否成功做出判断。如果已经满足需求，则表示流程已完成。

3.8.5.1.2　将信息寻求作为一个战略流程

信息寻求作为一个战略过程，其基础是人们相信，如果有意识地进行搜索，那么会更有战略意义。这一意识包含三个元素：

- 注意搜索的确切术语。搜索者跟踪查询改变的方式和时间。通常，当没有得到期望的结果时，搜索者就会更改查询的单词或短语，开始新的路线。记录这些更改将保留搜索记录，供后续搜索参考。有时搜索引擎会建议更改单词或提供相关搜索的列表。

- 记录采用的路径。很多来源包含跳转至其他文档或引用来源的超链接。当采用这些路径中的任何一条时，很容易忘记搜索者是如何到达那里的。更重要的是，我们可以假设他们在完全找到他们所寻求的原始信息来源之前已经获得了所有相关信息。如果搜索方法改变，那么应该有意识地完成，并记录改变原因。

- 查看进度。搜索者必须确保对搜索的任何成本或时间参数进行跟踪，将进度与针对搜索设定的时间线进行比较。

同样重要的是，搜索者应该知道搜索是什么时候进行的，最明显的表征是掌握了所有所需的信息。但是也可能由于其他原因而停止搜索：

- 虽然没有掌握所有可用信息，但是已经足够去做需要做的事。
- 进一步搜索所需的成本高于预期结果的价值。
- 搜索结果证明，通过搜索掌握的信息并不如想得那样有价值。
- 随着新的优先要务的出现，需要进行其他搜索。
- 推动搜索的环境已经发生了改变（Hearst 2009）。

3.8.5.2　确定资源

标准信息寻求模型中的第三和第四步应该是至关重要的，人才发展专业人士不应该认为在网上可以找到所有内容。不是这样的。人才发展专业人士可以考虑去图书馆，因为他们所在大学或城市图书馆的馆长通常知识都非常渊博。考虑找一些学术论文，深入研究并运用他人的技能来编撰和策展细节。

人才发展专业人士应该先确定他们所开展的搜索的目的，是告知、说服，还是描述某个流程。接下来他们应该根据为了支持流程所需的信息种类，确定所有可能的来源。示例包括：

- 当前统计或数据：新闻文章、数据库、政府报告、期刊文章、年鉴、研究论文和调研。
- 历史事实：百科全书、书籍和研究论文。
- 近期信息：在线新闻或杂志、新闻网站索引和专家访谈。
- 观点：报纸专栏、杂志和网站。

3.8.5.3　选择最佳资源

人才发展专业人士应该确保他们使用的信息来源是可靠的、可信的并且是最新的。为了确定这一点，他们应该考虑信息来自哪里、提供信息的人是否是专家、其所在组织是否被视为行业领导者，或者信息是作为观点还是事实呈现的。他们还应该：

- 注意信息所标注的日期是否是近期。
- 确定作者的资质。
- 验证组织、群体或个人的合法性。
- 核实信息是否被他人引用过。
- 对特定数据进行溯源，或使用另一个来源来对其进行核实。
- 确定引用的内容是观点还是受数据和事实所支持。

- 对内容进行审查，确认是否存在证据偏差。

3.8.6　将自身先前的学习经验运用到未来经历中的技能

I.　学习敏锐度

人才发展专业人士应该成为终身学员，能够将所学的知识运用到新的场景中。在这个永无休止的混乱时代，今天有效的产品、服务和策略可能到了明天就会失去效果。绩效最优的组织需要人才发展专业人士和能够在变革中茁壮成长的员工。

3.8.6.1　理解学习敏锐度

学习敏锐度是从经验中学习，之后在新的或第一次面对的条件下运用所学知识的能力和意愿。学习敏锐度基于以下特征：

- 自我意识。非常了解自己，了解自己的能力以及有待成长的方面，知道如何影响周围的人。
- 心智敏锐度。分解复杂问题，发现模式和联系，并考虑多种可能性。
- 变化敏锐度。渴望学习，愿意冒险和尝试，能够有效处理模棱两可的情况和变化。
- 人员敏锐度。了解他人，并与他们建立联系，利用多样性，理解其他观点和动机。
- 结果敏锐度。找到在全新、不断变化的环境下达成目标并取得结果的方法（Knight 和 Wong 2017）。

通常与学习敏锐度相关的其他特征还包括速度、灵活性、协作、征求反馈和接受被教练的能力。

3.8.6.2　为个人发展和专业发展而学习

个人和专业发展的资源几乎是无穷的。虽然每位人才发展专业人士可能并不具备学习敏锐度的所有特征，但是至少必须具备一项前提条件：对于学习的渴望。人才发展专业人士必须利用多种资源，充满激情地终生追求学习。［参见 1.7］

3.8.6.3　学习敏锐度的好处和价值

学习敏锐度对于个人和组织成功都变得越来越重要。学习敏锐度通常是高潜人才所必需的特征。学习敏锐度在企业年度报告中出现的频率越来越高，体现了它与组织成功之间的关系。根据乔什·波尔森（2016）的观点，"相比其他组织，那些有着强大学习文化的组织开发出创新产品或流程的可能性要高 92%，工作效率要高 52%，率先向市场推出产品和服务的可能性要高 56%"。某项研究结果指出，学习敏锐度是行政领导获得成功的关键预测指标，该研究还推荐了培养这种胜任力的策略，如高管教练（Goebel 和 Baskerville 2013）。

学习敏锐度正在迅速成为组织生存和成功的关键。"研究发现，相对于工作绩效，学习敏锐度被视为更可靠的高潜力预测指标（通过工作内容促成的在职学习）。研究还发现，职业多样性与学习敏锐度呈正相关的关系"（Dries、Vantilborgh 和 Pepermans 2012）。

3.8.6.4 自我超越

根据彼得·圣吉的观点，自我超越是一门不断澄清和深化个人愿景、集中精力、培养耐心、客观看待现实的学科。具备高度自我超越能力的人士能够始终如一地认识到对自己最重要的结果（Senge 等人 1994）。

圣吉（2010）提出了实现自我超越的七条途径的概念：

- 个人愿景。能够清晰地描绘自己有可能成为怎样优秀的人，并秉持专注、决心和勤奋的态度朝着这个方向努力。

- 个人目的。实现改变的驱动力。

- 个人价值观。知道什么才是最重要的事情。

- 个人协调性。一个人的个人愿景、目的、价值观和行为互相协调。

- 个人感知。对于人们在感知事物时所使用的参考框架的认识。

- 个人意识。人们对于自己的了解程度（或了解自己的意愿程度）。

- 个人转变。个人重塑自己，从而使自己的个人愿景、价值观和目的更加协调的能力。

3.8.6.5 过往经历

当面临各种情况时，人们会把这些情况与自己经历过的情况进行比较。他们的大脑会试图运用各种规则、标准和类别，与新的输入联系起来。这意味着，从过往经历学习实际上是对大脑进行重新布线，这样人们就可以对他们所经历的事情进行分类，并在当前和未来做出适当的反应。在过去20 年里，功能性磁共振成像（fMRI）的使用证明这种重新布线不仅是功能性的，而且存在于生理方面（Adlaf 等人 2017）。

在大脑中，随着神经元之间的联系发生变化，就会出现新知识。随着细胞间合作的增加，就会实现可靠而持续的学习。神经元群之间的联系加强，意味着形成独立时刻，让大脑能够预测接下来将发生什么。神经可塑性（Neuroplasticity）是一个用于描述基于环境、行为、思维（学习）和情绪形成的自身重组能力（包括生理性和功能性）的术语。

当加强一个新联系时，同时他们也会削弱其他可能干预或与新信息发生冲突的其他联系。变化越困难，大脑的变化就越大。人们认为变化越重要，变化就越大。记忆研究表明，如果新信息在 5分钟内重复出现，然后在 30 分钟内再次重复出现，那么记住信息的可能性就很大。人才发展专业人士应该记住大脑中的初期变化只是临时的。

过往经历控制了整个过程。人们在实践时，会抛弃不好的、记住好的，从而实现逐步改善。内心演练会触发与现实实践环节中同样的神经变化，但是只有在大脑准备就绪的情况下才会发生。如果一个人保持警觉并已经准备好学习，大脑就会释放出化学物质来促成改变。如果这个人不感兴趣或心烦意乱，就不会释放出化学物质。

3.8.6.6 学习理论

人才发展专业人士应该理解基本的学习理论：

- 行为主义认为所有行为都是对环境中的某种刺激因素做出的反应，而这些刺激因素是个人的过往经历，尤其是强化和处罚方面的经历的结果。

- 认知主义专注于思考、了解、记忆和问题解决，目标是影响学员头脑中的思维过程。当某种新情况打破现有平衡，要求学员将新信息融入现有模式时，就会发生学习。

- 建构主义强调学习是一个主动过程，由学员指导和管理。人们可以添加新信息，将新信息融入现有理解和实践中，或完全重新思考，并改变自己当前的行为。建构主义非常适合个性化、以学员为导向的发展活动。[参见 2.1.1.2]

- 社会学习理论认为知识的获取与社交活动、媒体和经历过程中的观察结果直接相关，尤其是在与环境互动中观察的结果。当环境支持学习时，学习效果最佳。[参见 2.1.3.10]

无论是基于上述任何一种理论提升自己的学习敏锐度还是培养他人，人才发展专业人士都应该记住支持学习敏锐度的几个基本原则：

- 理解学员的视角。人才发展专业人士应分析现状，以确定环境中的奖惩措施以及学员对于这些措施的看法。了解他们已经知道了什么，以及他们为什么想要学习新内容。

- 创建能够适应不同级别准备程度的工具和资源。在个性化的学习世界中，学员会从不同的地方开始。自适应学习意味着个人能够沿着完全定制化的发展流程前进。

- 确认信息的相关性。找到方法了解学员的目标，帮助他们认识到学习与自身的相关性，并将其与当前的心理模式联系起来。

- 将学习分解为易于消化的知识模块。微学习最有价值的方面在于它使得学员能够向易于消化的知识模块中添加信息。

- 实时衡量进度。有了正确的系统，人才发展专业人士就可以获得反馈，继而立即对资源进行改进。[参见 3.7]

3.8.6.7 将知识运用于未来的技巧

人才发展专业人士应该利用自身已经掌握的知识，运用如下所述的方法设想未来的工作：

- 反思已经学到的知识。将新信息运用到未来的新环境中之前，必须先充分理解这些信息。反思包括挑战性假设或找到其他能够理解信息的人。谈论学过的知识，或写一些关于这些知识的文章也会很有效。

- 为未来制定战略和计划。这样做能够从实践角度预测适用于人才发展工作的行动：

  o 专注于知识与战略之间的相关性，并制定如何预测未来新问题的计划。

  o 确定哪些短期和长期目标有助于为未来铺平道路。

- 了解并管理干扰因素。事件、情况或政治因素可能迫使人们采取短期观点。这些短期观点可能现在很重要，但是仍需保留长期关注点。

- 预测后果。预测如果未来能够运用知识，那么个人和组织将获得哪些回报。预测如果不运用知识，会产生哪些后果。

- 在未来环境中实践并强化。例如，可以在组织内分步实施信息，或者通过由志同道合的思考者组成的外部网络或协会来交付信息。

- 跟踪和衡量。制定计划，在未来应用新技能，使用里程碑，并对照里程碑进行衡量。

3.8.6.8　承诺在未来运用所学知识

人才发展专业人士应该制定未来学习战略和计划。这是迈出的一大步，但他们可以考虑采取"每月目标"或"每季度目标"的方法。他们应该每个月确定一种将所学知识运用于未来的方法。理想情况下，人才发展专业人士应该通过可衡量的行为术语来表达这些方法。

如下的几种工具可以帮助人才发展专业人士将他们目前所学知识运用到未来：

- "思考-迷惑-探索"工具可以帮助他们将广泛并且互不关联的想法组织起来，通过简单地在探索列中添加单词"未来"来发现先前学习中的模式。
- KWL 图表是一种简单的三列工具，用于记录个人知道什么、想要知道什么，以及已经学到了什么。本着同样的精神，LPD 图表记录学到了什么、实施计划是什么，以及已经做了什么。

最后，人才发展专业人士可以加入团体，专门探讨未来，以及如何在未来运用新知识。在团体成员中分享目标和里程碑能够激发他们关注如何达成这些目标和里程碑。这种团体会针对取得的成功进行庆祝，并互相分享建议。人们可以利用各种技术来支持计划编写、进度跟踪、日志记录以及记录胜利的成果。

参考文献

Adlaf, E.W., R.J. Vaden, A.J. Niver, A.F. Manuel, V.C. Onyilo, M.T. Araujo, C.V. Dieni, H.T. Vo, G.D. King, J.I. Wasiche, and L. Overstreet-Wadiche. 2017. "Adult-Born Neurons Modify Excitatory Synaptic Transmission to Existing Neurons." *eLife* 6:e19886. https://elifesciences.org/articles/19886#xa7f04b22.

Aguilar, F.W. 1967. *Scanning the Business Environment.* New York: Macmillan.

Aldrich, C. 2019. "Short Sims." www.shortsims.com.

Bersin, J. 2016. "Becoming Irresistible: A New Model for Employee Engagement." Deloitte University Press, January 26.

Bersin, J., B. Pelster, J. Schwartz, and B. van der Vyver. 2017. *Rewriting the Rules for the Digital Age: Deloitte Global Human Capital Trends.* ww2.deloitte.com/content/dam/Deloitte/us/Documents/human-capital/hc-2017-global-human-capital-trends-us.pdf.

Biech, E. 2018. *ATD's Foundations of Talent Development: Launching, Leveraging, and Leading Your Organization's TD Effort.* Alexandria, VA: TD Press.

Brown, A., and E. Weiner. 1985. *Supermanaging: How to Harness Change for Personal and Organizational Success.* New York: McGraw-Hill.

Choo, C.W. 2012. "Environmental Scanning as Information Seeking and Organizational Learning." University of Toronto. http://choo.ischool.utoronto.ca/FIS/respub/chooIMreader.pdf.

De Bono, E. 1999. *Six Thinking Hats.* New York: Back Bay Books.

Dries, N., T. Vantilborgh, and R. Pepermans. 2012. "The Role of Learning Agility and Career Variety In the Identification and Development of High Potential Employees." *Personnel Review* 41(3): 340-358.

Fahey, L., and V. Narayanan. 1986. *Macroenvironmental Analysis for Strategic Management.* St. Paul, MN: Cengage.

Gibbons, S. 2016. "Design Thinking 101." Nielsen Norman Group, July 31. www.nngroup.com/articles/design-thinking.

Goebel, S., and R. Baskerville. 2013. "From Self-Discovery to Learning Agility in Senior Executives." Third Annual International Conference on Engaged Management Scholarship, Atlanta, GA. September

19-22. http://dx.doi.org/10.2139/ssrn.2327668.

Hearst, M. 2009. *Search User Interfaces*. Cambridge: Cambridge University Press.

Hemerling, J., J. Kilmann, M. Danoesastro, L. Stutts, and C. Ahern. 2018. "It's Not a Digital TransformationWithout a Digital Culture." Boston Consulting Group, April 13. https://www.bcg.com/ en-us/publications/2018/not-digital-transformation-without-digital-culture.aspx.

Johanson, B. 2012. *Leaders Make the Future: Ten New Leadership Skills for an Uncertain World*. San Francisco: Barrett-Koehler.

Knight, M., and N. Wong. 2017. "The Organizational X-Factor: Learning Agility." Korn Ferry, November 22. https://focus.kornferry.com/leadership-and-talent/the-organisational-x-factor- learning-agility.

Lewrick, M., P. Link, and L. Leifer. 2018. *The Design Thinking Playbook: Mindful Digital Transformation of Teams*, Products, Services, Businesses and Ecosystems. Hoboken, NJ: John Wiley & Sons.

Marchionini, G., and R.W. White. 2008. "Find What You Need, Understand What You Find." *Journal of Human-Computer Interaction* 23(3): 205-237.

PEST Analysis Tool. "PEST (PESTLE/STEEPLE) Market Analysis Tool." Business Balls. www.businessballs.com/strategy-innovation/pest-market-analysis-tool.

Ritchhart, R., M. Church, and K. Morrison. 2011. *Making Thinking Visible: How to Promote Engagement, Understanding, and Independence for All Learners*. Hoboken, NJ: John Wiley & Sons.

Senge, P. 2010. *The Fifth Discipline: The Art and Practice of the Learning Organization*. New York: Currency.

Senge, P., A. Kleiner, C. Roberts, R. Ross, and B. Smith. 1994. *The Fifth Discipline Fieldbook*. New York: Currency Doubleday.

Surbhi, S. 2018. "Difference Between Creativity and Innovation." Key Differences, December 4. https:// keydifferences.com/difference-between-creativity-and-innovation.html.

Thompson, N., and B. Smith. 2019. "Virtual Summit: AI and the Future of Work." IBM Watson AI. www. ibm.com/watson/future-of-work.

推荐阅读

Aguilar, F. 1967. *Scanning the Business Environment*. New York: Macmillan.

Canton, J. 2006. *The Extreme Future: The Top Trends That Will Reshape the World for the Next 5, 10, and 20 Years*. New York: DUTTON Publishing.

Eubanks, B. 2019. "Meeting Tomorrow's Skills Demands Today." *TD at Work*. Alexandria, VA: ATD Press.

Jesuthasan, R., and J. Bourdreau. 2018. *Reinventing Jobs: A 4-Step Approach for Applying Automation to Work*. Boston: Harvard Business Review Press.

Lewrick, M., P. Link, and L. Leifer. 2018. *The Design Thinking Playbook: Mindful Digital Transformation of Teams, Products, Services, Businesses and Ecosystems*. Hoboken, NJ: John Wiley & Sons.

术语表

---

360 度反馈评估是指主管、直接下属、同事以及内部和外部客户针对某人在行为领域各方面的表现而提出的意见和建议。

4-D 循环是在欣赏式探询中使用的一种方法，由四个阶段组成：发现、梦想、设计和实现。

4-D 是戴维·库珀里德针对改变提出的欣赏式探询中的四个阶段：发现、梦想、设计和实现。

大数据的五个 V 依赖数据量、速度、种类、真实性和价值来实现准确性和价值。

6C 请参见沟通的 6C 法。

九宫格是一个广泛使用的工具，用于引导有关员工发展和继任计划的对话。（应避免与拉姆勒和布拉奇提出的九盒模型混淆。）

A

学术任务是一种发展活动，为个人提供在学术环境中与他人合作，如合著文章和项目引领等活动从而对学习有所拓展。

加速学习是一种在教学过程中使用多种方式、多感官方法以优化学习效果的实践。这种学习方法尊重每位学员的不同学习偏好，并运用体验式学习（如角色扮演、记忆术、道具和音乐）。

无障碍通常是指确保残疾员工与非残疾员工有同等的机会获得信息或服务。

顺应是皮亚杰提出的建构主义理论的一部分，该理论描述了学员如何重塑或改变目前已经掌握的知识。（相比同化，顺应是一种更加实质性的改变。）

成就导向是指领导者制定具有挑战性的目标，鼓励员工取得高绩效，以此表现自己对团队能力充满信心。

行动学习是指组织小组学员，鼓励他们在工作环境中解决实际问题，同时反思各自的行动以及在整个过程中所学知识的过程。

行动计划是对当前辅导情况的书面确认。计划中表达了具体的目标和实现这些目标的步骤，并列出了时间表、预期结果和对于教练角色的想法。

行动研究，该术语最早由库尔特·勒温提出，也称参与式研究。这是一种边行动边学习的方法，安排一组员工或小组作为实践社区的一部分，识别问题，制定解决方案，实施解决方案，然后分析最终结果。当行动和研究同时进行时就会发生根本性改变，而且在这一过程中还需要开展批判性反思。

积极倾听描述了一个过程，在这个过程中，倾听者与讲话者保持高度互动，倾听内容、含义和感受。

主动培训是一种确保学员参与学习过程的方法。主动培训以合作学习为基础，学员在此类学习活动中可能以搭档或小组形式互相学习，如小组讨论、游戏、模拟和角色扮演。

适应性领导框架，由罗纳德·海菲兹和马蒂·林斯基（2017）提出，是指适应挑战性环境，并在环境中不断成长的能力。它基于四个原则：情绪智力、组织公平、发展和性格。

自适应学习是指根据个人的特定需求来量身定制学习体验的方法，通常使用技术，它能被扩展应用于更多学员。

ADDIE是一种教学系统开发模型，包含五个阶段：分析、设计、开发、实施和评估。

休整期是塔克曼模型中的最后一个阶段，团队在这个阶段中准备结束。一旦目标达成，团队就会认识到自己的成就，可能得到他人的奖励，然后解散。

成人学习理论是关于成人如何学习并获取知识的一系列理论和原则。马尔科姆·诺尔斯普及了成人学习理论，该理论为学习和发展专业人士提供了满足工作场所学习需求所需的基础。

高等学历教育是指参与高等教育课程，接触新鲜和创新的最佳实践。

情感目标是指明确获取特定态度、价值观或感受的学习目标。

亲和图是一种根据不同想法（通常通过集体讨论获得）之间的自然关系，按照逻辑原则将大量想法进行分组的工具。对每类分组的想法进行明确的定义和标注。当一群人需要做出一项决策时，这一工具尤其有效。

行动后回顾最初由美国军队提出，旨在鼓励个人在活动、项目或任务完成后通过评估和分析发生的情况、为什么发生以及如何改进绩效来开展自我学习。

聚合是指将与某个特定主题最相关的信息整理到一处的行为。

算法是可用于创建方法以解决问题的一套合乎逻辑的规则，包括计算、数据处理和推理。

《美国残疾人法案》是美国国会于1990年通过的一项法案，禁止在就业、公用服务、交通、住宿以及电信服务等领域歧视残疾人士。如果一个人的生理或精神损伤严重限制了自己的一项或多项重要生活活动能力，具有此类损伤的记录，或被视为存在这种损伤，那么此人就被视为患有残疾。《美国残疾人法案》禁止在所有就业活动中存在歧视行为，包括求职程序、雇用、解雇、晋升、报酬、培训以及其他就业条款、条件和特权。

分析是指对数据或信息进行系统化的检查和评估，并且将数据或信息分解为多个组成部分，以揭示各个部分之间的相互关系。人才发展领域常见的分析包括培训需求分析、培训设计分析、根本原因分析、工作分析和 SWOT 分析（关于优势、弱势、机会和威胁的分析矩阵）。此外，作为 ADDIE 模型中的第一个阶段，分析是指收集数据以确定培训学员、培训内容、培训地点、培训时间和培训目的。

分析学是指发现和传递数据中有意义的模式。例如，人才管理分析是指利用人力资源和人才数据来改进业务绩效。

进行分析是指对数据或信息进行系统化的检查和评估。它通过将数据分解为多个组成部分以揭示数据内部存在的关系，需要对原始数据进行排序、制表和比较。

成人教育学（源自希腊语中的"成人学习"）是一种教育成人的方法和实践。由马尔科姆·诺尔斯提出，他的理论概括阐述了成人学习的五个关键原则：自我意识、过往经验、学习意愿、学习导向和学习动机。

欣赏式探询（AI）是一种大规模组织变革的方法，对积极和成功的（而不是消极或失败的）经营活动进行分析。AI 4-D 循环（发现、梦想、设计和实现）包括确定改进区域、分析先前成功、搜寻解决方案和制定行动计划。

学徒实习将在职培训与相关的课堂教学结合起来。学徒生在教室里学习高技能职业的理论知识以及实践元素，在工作中由专家级别工艺人员或行业专业人员负责监督他们的工作。

人工智能通常被定义为机器模拟人类认知过程的能力，如感知、推理、学习、与环境互动、问题解决和创造力。

评估中心是组织在绩效考核过程中用于确定候选人是否适合某项工作的流程。可能包含各种活动，如模拟、问题分析、访谈、角色扮演、书面报告和小组练习。

同化是皮亚杰提出的建构主义理论的一部分，描述学员如何将某种想法融入他们现有的知识中。

人才发展协会是一家非营利性的个人会员组织，专门面向全球从事学习、发展、培训或人才发展相关工作的专业人士。

假设是指在没有证据的前提下就被认为真实的情况。人们在评估某种情况时，往往容易忘掉假设是"没有证据"的。

异步培训或学习是指培训师和学员不需要同时、同地参与课程，如异步的线上学习。

ATD 人员绩效改进模型是一种基于结果的系统化流程，用于确定绩效问题、分析根本原因、选择并设计解决方案、管理工作场所解决方案、衡量结果并持续改进组织绩效。

态度指个人对于某人或某事抱有的倾向、信念、感觉或意见。

专注和专心技能表明人才发展专业人士通过身体语言，展现出自己正在注意他人。这些都是非言语信息，表现出他们在意，而且正在倾听。

专注倾听描述了这样一种情境，倾听者与讲话者没有互动，具体的示例如听广播或播客。

受众分析用于在工作分析、培训或其他解决方案实施之前收集关于目标人群、人口统计数据和其他相关信息。

音频是一种实时或录制声音的单向交付方式。

增强现实通过移动或头戴式设备将数字信息叠加到真实世界环境中。这些信息可能包括导航指示、位置信息或各种其他基于位置的详细信息。对于人才发展来说，增强现实是一种极有价值的绩效支持方法，因为通过这种技术，目标信息可以显示在具体环境中，不需要用户停止工作。

增援劳动力是指利用非员工的劳动力来支持组织内所需的工作，包括顾问、临时工、自由工作者，甚至人工智能和机器人。

创作工具是一种软件程序，内容专家可利用此类工具以日常语言与电脑互动，从而开发课件。

B

平衡计分卡法是一种战略规划和管理系统，可通过四个角度衡量并追踪组织的绩效：客户、学习与成长（或创新）、内部业务流程、财务。

基准是一个可衡量的起始点，供后续比较。

行为职业咨询是一种充分利用心理学概念进行职业决策的科学精确方法。

行为目标指学员在完成培训或学习活动后，能够具备的一项新的、可观察到的技能或知识。

行为理论关注领导者的行动，如民主的领导、专制的领导和采取放任主义的领导。

行为主义是一种关注可观察、可衡量行为的学习理论。行为主义通常与心理学家斯金纳相关，他通过条件反射，即强化预期反应来预测动物和人类的行为。

标杆是一种标准或一个参考点，用于对事物进行比较或评估。

标杆管理是通过将业务流程指标与标准衡量指标或最佳行业衡量指标进行比较，从而对质量进行衡量的方法。标杆管理的目的是比较并分析相似项目，从而了解其他组织如何达到他们各自当前的绩效水平，并利用这些信息做出改进。

最佳实践是指构成特定领域卓越典范的技巧。

偏见是指有利于或不利于一件事、一个人或一个群体的成见，通常被视为不公平的表现。

大数据一词用于描述多个数据集列表，这些数据集太大，无法采用常用的分析方法进行采集和处理。大数据的重要性取决于数据量、速度、种类、真实性和价值。

混合学习是指在一个学习项目中使用多种工具的实践，是指将正式和非正式学习活动相结合，如课堂教学、在线资源和在职辅导。

框图经常被称为流程图，是一种系统图纸，在图纸中使用几何图形（方形或矩形）代表主要部分或职能，然后在图形之间使用线条连接表明各个部分之间的关系。这一术语常用于电子、软件和硬件设计。

博客是个人网站的延伸，将类似于日志的帖子发布在网页上以供公众浏览，通常包含其他网站的链接，体现博客创建者发表的想法、评论和性格。

布鲁姆分类法由本杰明·布鲁姆提出，通过这种分类法将学习分为三种成果或领域：认知（知识）、动作技能（技能）和情感（态度），通常被称为 KSA。这些领域使用动词以层级关系来定义行为，模型中的行为复杂度逐层提高，而且完成难度逐渐升高。分类法有助于撰写学习目标。

Bot 是机器人（robot）的缩写，是一种能够与其他计算机系统交互的设备或软件，能够自动回复信息或执行任务。机器人可以是聊天机器人、社交机器人、网络爬虫或恶意机器人，其中恶意机器人可能被用来破解密码。

跨界活动是指员工与其他部门的同事交流，跨部门分享信息的行为。

头脑风暴是一种集体讨论的流程，通过所有群体成员自发性、不受约束地参与而产生大量不同的想法。

品牌化是指组织用于使自身与其他组织区分开来的综合营销概念。

宽带是一种使用大范围频率的高性能传输技术，可用于同时传输大量信息。

浏览器是用于在互联网上查找并浏览信息的软件程序。Firefox 和 Google Chrome 就是两款常用的浏览器。

业务分析是确定并阐明主要组织目标、目的或需求的过程。它也是 ATD 的人员绩效改进模型中的一个步骤，该模型专门研究影响组织战略要务的因素和与绩效相关的结果。

商业分析是利用技术、技能和最佳实践来不断检查过去的业务绩效，从而理解业务运作情况并预测未来绩效的实践方法。

商业意识是对于影响企业的各种关键因素的理解，如现状、行业或市场产生的影响以及影响企业成长的因素。具备商业意识对于激发高层管理团队的战略参与至关重要。

商业案例是对启动项目或任务的基本原理和理由的陈述。

商业智能是一个概括性术语，包括可通过访问和分析信息来优化决策和绩效的应用程序、基础架构、工具和最佳实践。

商业智能工具是指可通过检索、分析和报告数据以帮助组织做出更明智的战略决策或识别低效流程的系统。工具包括数据表到复杂的查询、数据挖掘或预测分析软件。

业务流程是指人、材料、方法、机器和环境如何结合为输入增加价值，从而产生产品或服务。这是为客户产生产品或服务（输出）的一系列结构化任务。

业务流程分析是一种结构化的方法，用于观察并记录相关流程和功能，揭示隐藏的效率低下问题或突出可加以利用以提高生产率的优势。

蝴蝶效应，与混沌理论有关，描述了一个微小的局部变化如何导致另一个地点产生不同。

蜂鸣小组是一种小规模的密集讨论小组，通常在学习活动过程中由两到三人对特定问题做出简短回应。

C

行动号召是一种书面行动计划，其中承认现状并表明具体目标和行动步骤、时间线和预期成果，可用于教练过程。

资本投资指提供给一个组织以资助其达成目标的特定金额的资金，也可以指组织收购长期资产，如楼宇、房地产或设备。

职业建议是针对职业决策提供的专业指导，可能包含所需的个人发展选择。

职业顾问是负责帮助个人成长和发展以为新工作做好准备的专业人士，也称职业教练。

职业发展是关于组织与个人之间有计划的互动过程，有助于员工在组织中成长。

职业模型和路径是指员工在组织内或在整个职业生涯中发展和进步的方法。

职业规划是指对员工的兴趣和能力进行评估，并鼓励他们通过有助于满足自身抱负以及组织需求的方式进行发展。

职业概况是概括介绍个人工作经历、技能和胜任力的概述。

案例研究是一种通过对真实或虚构情境进行问题分析和解决的学习方法。

因果推断是指根据影响发生的条件做出结论。换句话说，因为上文提到的条件产生了，所以改变发生了。

因果分析是一种有助于识别引起某个问题发生的所有可能原因的技巧，可使用鱼骨图（又名石川图）来实现数据的可视化。

集中趋势偏差描述在完成一项调查时，尽量避免选择量表的两端，而选择接近中间回应的趋势。

集中扫描是指关注环境中的特定组成部分，或提议可能对当前问题产生影响的假设。

证书是指对通过参加和完成课程而获得的知识或技能的证明文件，在取得证书的过程中不会对胜任力进行考核。

认证是通过学习、考核和实践应用提高技术能力的过程，认证也是为了取得某个公认的称号。

反应链模型主张成人参与学习项目并不是一种孤立行为，而是由于个人对于各种鼓励或阻碍学习的内外部变量做出的一系列复杂的个人反应而产生的结果，通过帕特里夏·克洛斯在 1981 年的推广而普及。

复杂性理论是在变革管理中被提及的一种概念模型，研究复杂系统如何产生简单行为。

混沌理论是在变革管理中被提及的一种概念模型，研究简单系统如何产生复杂行为。这是一种跨学科理论，它指出即便在具有明显随机性的混沌复杂系统中，深层模式、持续反馈循环、重复和自我组织仍然存在。

成人学员特征是由帕特里夏·克洛斯提出的一个框架，用于描述成人为何学习。克洛斯综合了针对成人学习动机和阻碍的各项研究结论，将成人教育学假设融入框架中，是一种顾及成人发展阶段变化的方法。

魅力型领导者通常言出必行，凭借自身的魅力和说服力来提升自己的影响力。

会计科目表是一份财务类别清单，用于表明在预算中不同科目的资金分配状况。

聊天室是在进行虚拟培训活动过程中使用的一种同步功能，学员和引导师可以通过聊天室实时发送文本或音频信息进行互动，类似于面对面培训课程中的分组讨论室。

大事记是一种信息管理形式，它按时间组织历史信息，以显示对特定主题的发展的理解。

分块（名词）是离散形式的内容，由若干个学习主题组合而成，用于提升学员对内容的理解和留存；（动词）教学设计师通过分解、分组或分块将大块信息划分为小的、易于处理的单元。

客户是指目标负责人，他发起某个项目，或指定人才发展专业人士提供支持来完成某个项目或改进绩效。

氛围指个人就某个组织是优秀还是糟糕工作场所的集体评价。

封闭式是一种提问形式，通过是/否回答或具体的内容回应来限制收集到的信息，用于确认理解程度或检验共识情况。

聚类在统计学中用于组织相似的数据点。

教练是一个常用术语，包含多种定义。国际教练联合会将教练定义为"合格教练与个人或团队之间的职业伙伴关系，基于个人或团队设定的目标，支持他们获得非凡成就。通过教练过程，个人关注成功取得个人相关成果所需的技能和行动"。教练不同于咨询、辅导、培训或提供建议。当更有经验的人（通常是主管）提供建设性建议和反馈以帮助发展或改进员工的绩效，也可以在工作中使用教练。

编译码器（编码器/译码器的缩写）用于对数据流或信号进行编码以供传输、存储或加密，或通过对其进行解码以供回播或编辑。编译码器常用于视频会议、流媒体和视频编辑应用程序。

认知是一种心理过程，在这一过程中运用五种感觉、思维和经验来获取知识和理解。该词最早出现于 15 世纪，是指思考和意识的意思。

认知失调理论指出当出现互相矛盾的信仰时，人类心智会发明新的想法或信仰或修改现有信仰以寻求一致性，并最大限度降低不同信仰之间的冲突程度。

认知共情是指理解他人观点的能力。

认知负荷是指在工作记忆中处理新信息所需的工作量，工作记忆的容量非常有限。人才发展专业人士需要对内容进行设计，避免其超过这一容量负荷。

认知主义是一种学习理论，该理论将学习过程归因于内在心理活动，试图回答人们如何学习、为什么学习（思考、问题解决、语言、概念形成和信息加工）以及信息如何加工、存储和检索的问题。

齿形阶梯是一种团队发展模型，包含五个阶段：礼貌、目的、争霸、绩效提升和协同。

协作是指两人或多人朝着共同目标努力的行为，每个人都有同等的机会来参与、交流和投入。在冲突情况下，双方可以通过协作来取得双赢解决方案。

协作学习是一种教学方法，在这种方法中，两名或多名学员通过面对面或在线方式共同合作以探索、学习、解决问题并分享信息。引导师可利用这种方法鼓励学员参与。

协作过载一词描述了一种工作情况，在这种情况下，员工将 80%的时间投入协作活动中，如参加会议、打电话和回复电子邮件。这样，他们不得不将个人工作带回家完成，继而影响个人绩效，因为他们需要面对大量要求他们提出建议、拜访接触、提供建议或参加会议的请求。

协作学习软件包括虚拟教室和会议空间以及协同工作平台。

舒适区是指一种心理状态，在这种状态下，员工感觉到安全轻松，认为事态在自己的掌控之中。

参与委员会和工作组是一种发展方案，这种方案可拓宽视野，提高对可能也适用于本组织的问题的认识。

沟通过程是指发送者将信息传达给接收者的过程。发送者使用一种媒介来发送消息，信息流经发送者和接收者各自的过滤器后，由接收者对信息进行解码。然后，接收者对信息的诠释将成为向发送者提供的反馈的一部分。沟通元素包括：

- **环境**：开展沟通过程的条件或情况；环境可能有助于促进沟通，也可能阻碍沟通。
- **信息**：作为沟通内容的信息。
- **发送者**：传达信息的人。
- **媒介**：用于传达信息的方法，如语音、报告或电子邮件。
- **接收者**：接收信息，并对信息进行解码或处理的人或设备。
- **过滤器**：阻碍信息在发送者和接收者之间流通的思维模式、成见或观点，通常基于以往的经历。
- **编码**：发送者编译信息的过程。
- **解码**：将信息转变为想法和理解的过程。
- **反馈**：向个人提供关于其之前沟通所产生效果的沟通。

沟通的 6C 法是发送信息或分享信息所必需的六个基本属性：

- **清晰（Clear）**：选择适合特定受众，恰当、准确的描述性词汇。
- **准确（Correct）**：选择准确的词汇，使用正确的语法，避免误用词汇。
- **完整（Complete）**：传达包含所有细节的全面信息。
- **简洁（Concise）**：选择简短、具体的句子和短语，避免冗长含糊的内容。
- **连贯（Coherent）**：保持一致性，选择简单的句子结构，通过容易理解的顺序呈现信息内容。
- **礼貌（Courteous）**：使用尊重、友好、积极、不分性别、敏感性语言，避免指责或责备。

实践社群是对于某种胜任力领域有着共同兴趣，并且互相分享各自实践经验的一群人。

补偿性反馈描述了一种情况，在这种情况下，善意的倡议或解决方案会引起系统的反应，但是这些反应抵消了上述倡议或解决方案带来的好处。

胜任力模型是一种企业行为，目的在于实现员工技能和知识与组织战略目标之间的一致。

基于胜任力的学习是一种教学方法，关注个人技能或成果，也就是胜任力（针对实现成功绩效所需的技能开展岗位分析，并以此为基础创建胜任力词典，其中对胜任力做出明确的定义）。这种方法关注于个人，一次解决一项胜任力。如果学员表现出精通某个学习模块中涉及的技能，则可以跳过该模块。基于胜任力的学习最适用于以技能为基础的学习。

完全随机设计是一种假设处理方式都是以完全随机的方式分配给实验单位的模型。

完全随机区组设计是指将学员分为多个实验组，也就是区组。每个区组将接受的处理组数与参与者人数相同，然后随机为每位成员安排一项不同的处理组数。每个处理组数只能看到每个区组一次。

复杂系统是一种由大量部件构成的结构，其进程并非线性，但是具有自我组织能力。研究整个结构内的网络能够产生有助于理解整个系统的模式。

复杂性理论将组织定义为一个复杂的自适应系统，该系统需要通过避免混乱、自我组织、不断重塑自我，对外部和内部环境做出反应。在复杂性理论中，未来是不可知的。

合规是法律、（政府）专门机构或不属于组织权限范围的政策强制规定的行动，通常随附培训课程要求。

全面扫描关注广泛环境，没有具体的假设，全面扫描后通常会决定通过一次或多次集中扫描来获得更深入的见解。

计算是指数学计算。

基于计算机的培训是指在教学的指导和管理过程中使用计算机的任何学习过程。事实上，对此并不存在一个普遍接受的单一定义，因为基于计算机的培训还涵盖大量其他术语，包括计算机辅助教学、计算机管理教学、基于计算机的教学等。

共时效度是指某种工具与大约同一时间内运用、衡量相似特性的其他工具产生的结果之间的一致程度。

置信区间是指预期某个数据集将所处的指定范围。

确认性评估是指在总结性评估和形成性评估已经完成一段时间之后实施的一项评估流程，目的在于确认相关教学活动在未来仍然能够继续发挥效果。

冲突管理是指制约由于意见不一致、争斗和不同观点和渴望带来的负面影响，并扩大其积极影响的能力。

利益冲突是指某担任要职人士的私人利益与工作职责之间存在冲突的情况，该人士可能通过特定行为获取个人利益。

混淆变量是一种未知或不可控的外界因素，会对实验设置产生意外影响。它是一种评估者无法确认或控制的独立因素，可用于解释一些相关关系。

建构效度是指某种工具再现其将衡量的变量（如某项技能）的程度。

建构主义是一种学习理论，指出人们通过自身的经历，以及对于此类经历的反思来构建对于世界的理解和认识。作为建构主义主要提倡者的瑞士发展心理学家让·皮亚杰指出，学员通过同化和顺应来构建知识。

咨询是一种短期、内部或外部既定流程，用于解决问题、帮助个人、团体或组织从现状转变至所需状态。

内容管理系统是一种计算机软件系统，支持多用户为组织的网页内容或数字资产进行数字文档和其他内容的创建、组织和修改。

内容效度是指工具合理再现方案内容的程度。

权变理论，指出不存在所谓正确的领导者类型，一些领导者关注与环境相关的特定变量。

连续变量是一种可量化的数据点或元素（如时间、速度或距离），可逐级分解为更小单元，能比照某种量表进行观察。

控制组是实验中的一组参与对象，除未接受实验处理、获益或培训外，其他各方面都与实验组完全相同。这个小组作为比较的参考点（如接受过培训的小组与未接受过培训的小组进行对比）。控制组类型包括：

- **单因素方差分析**。这种模式可用于比较若干个观测值组，所有组都是独立的，但是可能每个组有不同的平均值。其中最重要的一项检验就是所有平均值是否都相等。所有观测值都来自若干个组中的一个组（或者都披露于某项实验中多项处理中的一种）。这种方法根据单因素对数据进行分类——根据组别或处理方式。
- **双因素方差分析**。这种模型研究两种系数的独自效应（各自的主要效应）和联合效应（它们的互动效应）。

相关性是一种衡量两个或多个变量之间关系的标准，其中一个变量发生变化，其他变量也可能发生相应的变化。如果某种变化推动变量朝相同的方向变动，就是正相关。如果某种变化推动变量朝相反的方向变动，就是负相关。

相关分析是一种统计方法，用于确定两个变量之间是否存在关系，如果存在，关系有多强。

相关研究是一种非实验研究类型，对两个变量的衡量标准进行评估，以确认两者之间的统计关系（相关性）。

成本效益分析是一种投资回报分析，用于证明某项目能够收回成本或可能产生高于成本的更多财务收益。

咨询是指为个人提供专业协助或指导，目的在于评估并解决个人、社会和心理困难，并学习更富有成效的行为模式。

协变量是指存在多个自变量研究中的多个因变量。

创建和获取是一种知识管理元素，定义了知识是在哪里创建的，如何收集知识以便分享并再利用。知识地图就是它的一项技术。

创造性思维是指从全新的视角看待问题或情况，从而提出非传统解决方案的思考方式。可以通过非结构性流程（如头脑风暴）或结构性流程（如水平思考）来激发创造性思维。

创造力是形成原创想法的行为。

准则是一种作为判断或决策依据的度量、尺度、量表或标准。

效标效度是指评估预测或与外部概念一致的程度，通过观察工具与衡量标准之间的相互关系来确定。

标准参照是一种测验或评估，对照一系列预先决定的规范或标准对学员的绩效进行衡量。

关键路径法图表类似于计划评审技术图表，指明关键路径是共同完成时间最长的任务路径。

批判性思维是一种分析形式，有助于评估问题，形成一种符合逻辑并经过深思熟虑的判断。它不接受所有基于表面值得出的论点和结论。相反，它要求查看支持某项论点和结论的相关证据。构成批判性思维的技能包括分析性思维、开放性思维、问题解决和决策。

跨职能轮岗是指在不同时间内从事组织内不同部门不同岗位的工作，从而发展关系并掌握运营知识。

横断面研究利用在指定变量方面存在差异，但是又存在其他共同特征的人群（如社会经济地位、教育背景或种族）。

交叉表是一种多维度表格，记录具备每个单元格中指定特征的应答的频率。这些表格记录了关于所有变量之间关系的数据。

文化分析是一种组织性评估，用于确定组织的共同思维和行为（文化）与其他元素（人、结构、程序）之间的符合程度。

文化审计是一种用于检查当前实践、方案和流程，并从文化角度确定实践、方案和流程对于多文化或全球受众适用性的评估方法。

文化是根据更深入、相对持久，并且通常是无意识的价值观、规范和假设对组织进行的集体评估。

累积频率是指截至当前点某个种类的数据点或元素，以及位于当前点之下的所有数据点或元素的累积之和。

策展是选择、收集、组织和呈现内容、信息或资源的过程。

策展、充实和分享是一种知识管理元素，定义了如何确认知识元素的正确性、需要哪些额外情境以及哪里需要知识。

当前能力评估是衡量组织人才以及当前技能与组织目前及未来需求匹配程度的工具。

客户体验管理是通过有助于实现客户忠诚度的接触点，管理客户互动所需的行为。客户体验对于组织非常重要，因为它直接影响营收成果。

D

数据是指具体，但是并未通过任何方式进行组织的非结构性事实和数字。数据没有上下面，并且受直接体验或互动的限制。

数据分析是指发现并诠释数据之间的有意义联系，并概括实证结果的流程。

数据收集是指收集用于分析和评估的所有事实、数字、统计数据和其他信息的行为。数据收集方法或工具包括调查问卷、访谈和观察。

数据隔离是一种控制措施，用于确定一个操作对数据所做的更改何时以及如何对另一个操作可见，目的是同时完成大量交易，但是各项交易互不影响。

数据管理包括为满足所有商业应用的数据要求，实现持续访问并交付数据所需的实践、架构技巧和工具。

数据集市是数据仓库的专业版本，提供关于经营数据的相关信息（如趋势），使管理层能够完成战略决策。数据仓库保存关于大量主题的海量详细信息，而数据集市则保存关于单个主题的概括信息。

数据挖掘是通过仔细检查存储的数据，发现有意义的关联、模式和趋势的过程。

数据可视化是指描述数据的图形、图像或符号。

数据库管理系统是一种或一系列便于用户访问和操作数据的软件。

数据集是一组由独立元素组成的相关信息集的组合。计算机可以将每个数据集作为一个单位进行操作。

深度学习是一种机器学习类型，与传统的机器学习方法相比，可以处理更大范围的数据资源，需要人类对数据进行的预处理更少，并且通常可以产生更精确的结果。

定义、衡量、分析、改进和控制（DMAIC）方法论是一种五步数据推动型改进流程，通常用于减少次品，流程改进和提升客户满意度，同时也是六西格玛项目实施过程中的核心工具。

交付是指任何用于将内容迁移给学员的方法，包括讲师主导型学习、虚拟培训、光盘和书籍。

因变量是在实验过程中受到影响的变量，因为此类变量的结果是对自变量和协变量做出的反应。

描述性分析是对历史数据的总结，解释发生了什么，如评估得分、总结活动、意见、满意度和评估调研。

描述统计通过四种方式以数字或图形的形式对数据进行总结：频率、集中趋势、离散或方差，以及位置衡量。

设计是 ADDIE 的第二阶段，此时目标已经确定，策划已经开始。

设计思维是一种以人为中心的流程，提供了从多个角度定义问题、集体讨论可行的解决方案并制作这些方案的原型，然后通过测试和迭代优化以获得最佳策略的方法。它关注能够满足业务需求、用户需求和技术或环境约束的点。

渴望是指强烈想要获得某样东西。在人才发展中，指的是如果员工没有提高绩效的动机（渴望），培训就无法提高员工的绩效。

开发是获取知识、技能或态度，从而为接受新指令或新职责做好准备。开发也是 ADDIE 的第三阶段，在该阶段中需要根据培训目标挑选并编制培训材料和内容。

发展反馈是一个着眼于未来的教练术语，目的是改进绩效或为下一阶段的工作做好准备。

设备兼容性描述，为了相同的目的，将一个程序或设备与另一个程序或设备相连接时，前者能够与后者共同运作的能力。

唱反调的人是在决策或探讨不同的选择时，引入的一个角色。当一个人提出一个有争议的观点，由此引起争论或测试当前提议的力度时，就会引入这个角色。

诊断性分析是对数据进行检查，运用各种技巧，如数据挖掘和数据发现来确定为什么某些事会发生。这种分析能够提供相关性，可以关注某些事为什么按照预期或没有按照预期发生。

二分变量是属于两种分类中一种的可量化数据点或元素（如性别［男/女］）。人工二分变量是指出于分类目的，人为产生的二分变量。例如，年龄分为退休（>65 岁）或未退休（<65 岁）。

指示型领导通过阐明期望并指定或分配某些工作任务，以此来提供具体的建议并且确立基本规则和架构。

DiSC 人格特质是一种以威廉·莫尔顿·马斯顿的研究成果为基础的行为评估工具，提供了一种思维模式和四种风格：支配型、影响型、稳健型和谨慎型。

发现式学习是一种特定的学习过程，在这种学习过程中，学员在活动中遭遇问题、回应问题、识别在这一过程中获得的有用知识和技能、总结学习到的内容，然后规划如何实现所学知识的迁移。这一过程也称体验式学习或体验式学习活动。

离散变量是由一系列整数构成的衡量标准（如儿童人数、缺陷数量，不可以是分数）。

醒悟是一种对于改变产生的反应，主要特点是对于某件事物感到失望，认为它不再是美好的或值得的。在变革管理中，醒悟的员工可能变得消极或生气，并寻求支持。

解除是一种对于改变产生的反应，表现为员工认为自己丧失了身份，变得易受攻击。

迷茫是一种对于改变发生的反应，表现为员工感到迷失和困惑，不知道自己到底适合什么或自己到底有怎样的感觉。因为他们不确定优先性和方向，需要花大量时间决定到底应该做什么而不是应该怎么做。

远程学习是一种教育交付方法，讲师和学员在时间、地点或两方面同时处于分离的状态。远程学习可以采用同步或异步的方式。

提取是将信息整理成一种更简单的形式的行为，在这种行为中，只分享最重要或最相关的想法。

多样性是一个宽泛的术语，包括种族、民族、性取向、信仰、年龄和其他个人独特的因素。

双环学习是指随着决策的深入改变潜在价值观和假设，也称重构学习或改造性学习。

E

艾宾浩斯遗忘曲线是赫尔曼·艾宾浩斯在 19 世纪末提出的，该曲线指出如果不努力保留记忆的话，随着时间的流逝，记忆留存率会下降。

经济全球化即国家经济通过贸易、外国直接投资、资本流动、资本转移和技术传播等方式融入国际经济的趋势。

效应量是使用标准偏差量化两个群组之间差异的方法。例如，一个组（实验组）接受了实验处理，但是另一个组（控制组）没有接受处理实验，那么效应量就可以成为衡量两个组之间差异的标准。

发挥是一种刻意练习技巧，学员用自己的语言来表述内容，并将其与已有的记忆（如技能或知识）联系起来。

电子学习是一个涵盖大量应用和流程的术语，如基于网络的学习、基于计算机的学习、虚拟教室和数字协作。

电子公告牌是公共留言板的电脑版本，可将信息发布在公告板上，以供他人浏览和回应，也称主题讨论。

电子绩效支持系统是一种提供适时、所需的信息、指导、示例和分步对话框的软件，可在无须他人提供教练的情况下改进工作绩效。

电子文本是指通过电子方式传播文本。

升华是指通过在线发布的日常琐碎思考识别趋势或形成洞察为使命的策展。

情感共情是感受到他人感受的能力。当培养和教练他人、与利益相关者互动，以及读懂集体动态时，它非常有用。

情绪智力是一种准确识别并理解自己和他人的情绪和反应的潜在能力。它是加德纳提出的多元智能理论中的第八种智力，丹尼尔·戈尔曼在他出版的《情商》一书中普及了这一概念。

共情倾听是向讲话者确认你对于他们感受的直觉是否正确。

共情关怀是感受到某人想要从他人那里得到什么的能力。这种能力使得人才发展专业人士不仅感受到他人的感受，还能够感受到他们需要什么。

共情是指认识到他人的情感需求，并通过他们需要的方式为他们提供有效的支持。这是一种发现并理解他人的感受、需求和顾虑的能力，这种能力对于建立有效的人际交往关系十分关键。

员工体验，有时也称员工之旅，是员工对一个组织的看法，这种想法受其工作场所、沟通、工作生活平衡、与团队和主管的互动、使用的技术和工具以及工作中存在的其他接触点的影响。

过程目标规定了学员必须在学习活动过程中掌握的技能和知识，也称支持性目标，因为此类目标通过将结果目标分解为多个易于管理的区块，为结果目标的达成提供支持。

编码是创建新记忆的第一步，先将信息转换为相关概念，存储在大脑中以供后续检索。

敬业度是员工对于工作、组织、经理或同事产生的一种强烈的情感和智力联系，相应地，这种联系能够影响他们是否更加敬业努力地工作。

企业资源规划是一款企业管理软件，通常由一整套综合应用程序组成，这些应用程序可用于收集、存储、管理和诠释所有业务活动和部门产生的数据。

环境是指活动发生的状况或条件。这是一种能够影响人员绩效的因素，可以包括工具、设备、陈设、硬件和软件、物理条件，如照明、温度和通风。

环境分析是战略规划过程中决定组织优势和弱势（内部）以及机会和威胁（外部）的过程，也称 SWOT 分析。

环境扫描清单是一份关于影响组织运作方式的政治、经济、社会、文化、全球、技术和就业力因素的清单。

环境扫描是对可能影响一个组织的内部和外部事件和趋势进行有组织、有意识的研究和解释。通过监测尽早提供关于条件改变的警告，识别可能影响组织未来发展的威胁和机会。

平等就业机会委员会是负责实施与员工雇用、晋升以及培训指导相关法规的主管机构。

估算是指使用数据来近似计算数据并将其与较大的人口关联。

道德行为定义个人对是非的道德判断，以及他们的行为方式是否符合社会、组织和行业所认为展现出良好价值的标准。

评估是一种用于收集关于培训效果数据的多级别、系统性方法。衡量结果用于改进课程，决定学习目标是否达成，并评估培训对于组织的价值。

评价反馈是一个教练术语，关注过往表现，为绩效评分，如正式的绩效考核流程。

海外适应性培训是指员工前往国外工作之前，向其及家属交付的知识和技能，可能包含语言培训。

以体验为中心的教学是一种成人学习理论，这种理论关注学员在教学过程中的体验以及全新见解的产生。

体验式学习是一种特定的学习过程，学员在此过程中参与活动，回顾活动，确定通过这些活动获得的有用知识或技能，总结所学内容，并将所学内容迁移到工作场所中。

体验式学习活动是一种特定的学习过程，强调体验和反思，利用归纳式学习过程引导学员完成五个阶段：体验、发表、加工、推广和应用。学员参与活动，回顾活动，确定通过这些活动获得的有用知识或技能，总结所学内容，并将所学内容迁移到工作场所中。有时候也称体验式学习。

实验设计是一种研究方法，包括一项受控因素或小组，为了与常量组或控制组进行比较而被给予的特殊处理。

实验组是指处理组，该小组成员接受"纠正"或"指示"。

显性知识，有时称为事实知识，通常在信息系统中采集，存在于数据库、备忘录、笔记、文件等资料中，很容易识别、存储和检索。

现存数据是指档案或现有记录、报告和数据，包括组织内部或外部现存数据。具体的例子包括工作描述、胜任力模型、基准报告、年度报告、财务报表、战略计划、申诉、流失率和事故统计数据。

外部知识（可接触到的参考资料）是存储于执行者记忆以外的知识，如存储于系统或其他存储方案中。在特定的背景下，执行要求可能准许更多时间进行知识检索和访问。

额外变量是一种可能影响待衡量对象变量关系的混淆变量。

外联网是指一种可通过用户名和密码从外部进行受控访问的计算机网络，类似于内联网，但是没有防火墙。

F

表面效度是指从主观角度判定某项测验涵盖其需衡量概念的程度。例如，测试达到了预期目的吗？

引导通常是指削弱交付角色，以学员为中心，充当学习的催化剂。当培训师采用引导式的教学方法时，学员就会对自己的学习负有责任感。

事实调查是个人或集体用于发现并确定某个问题真相的流程。

正当使用是（美国版权法）的一项法律原则，允许在某些条件下，出于特定目的逐字摘录受版权保护材料中的简短内容，此类目的包括评论、新闻报道、教学和研究。在此情况下，使用者不需要获得版权持有人的许可或向其支付任何费用。

公平是指不存在偏见、在测验过程中受到平等对待、测验结果的公正以及平等学习机会。

反馈是指一个人向另一个人提供的关于某个事件、流程或行动有用性或成功性的建议或信息。在教练以及所有人才发展活动中，学员接受关于各自学习进度的反馈，帮助他们巩固学习内容，实现行为改变。

平面文件数据库是指所有数据都包含在一张表格中的数据库。

扁平化管理模型是一种权限从组织的顶层逐级传递至较低层级的模型。在每一个层级上，经理对于各自区域和员工享有特定的职权，而这些员工又对其他员工享有特定职权，以此类推。每位员工都向一位直接上司汇报工作。

流程图是流程步骤的视觉呈现，使用标准符号，用箭头连接表示各步骤之间的流程。

跟随技能是一种倾听技巧，有助于个人始终将注意力放在讲话者身上。

力场分析由库尔特·勒温提出，这是一种用于识别动力和阻力的工具，这两种力量形成一种抵抗变化的平衡。个人可以通过强化动力、削弱阻力来影响变化。

强迫选择是一种调研问题类型，要求回应者选择一种回应，不允许做出中立选择。

预测是指用于根据过往和当前数据来预测未来情况的流程。

正式学习是指有计划的学习课程，通过结构化的培训设置中的活动完成学习，包括讲师主导型教室课程、讲师主导型在线培训、认证课程、工作坊和大学课程，在预先确定的时间框架内安排一门课程、议程和目标。

形成性评估在任何人才发展解决方案的设计过程中发生。形成性评估的目的在于完善培训课程草案，并提升课程开发完成后实现其预期目标的可能性。例如，在绩效改进中，评估衡量贯穿于人员绩效改进模型的整个流程中，如客户的期望以及是否已经找出根本原因。人才发展专业人士应该在学习项目尚处于开发阶段时开展形成性评估，并运用评估得到的信息立即对培训进行修改，以提高其效果。形成性评估确保工作是可理解的、准确的、符合当前趋势并具有效果，可以包括试点测试、Beta 测试、与主题专家共同进行的技术审查、生产审查和利益相关者审查。

组建期是塔克曼模型的第一阶段，主要特点是团队成员依赖以往行为。成员表现出不确定性，向团队领导者寻求指导，尽量避免争议。

框架是指围绕某个问题确定的界限，用于定义、描述这个问题，并将问题呈现给听者。

频率描述某件事情每隔多久发生一次。

频数分布是指一份列表或图形，其中展示了样本中数字或项目的频率。频数分布展示属于每个频率范围的实际观察次数，并使用图形或数字进行总结。如果是百分比的累计，那么这种分布叫作相对频数分布。

功能情境描述了与实际工作环境相关的培训，并且以只有学员能够在各自实际工作站执行所学任务，培训才能获得成功这一信念为基础。例如，某学员能够在培训过程中诊断机械故障并按照逻辑顺序适时地完成一系列维修步骤，但是如果实际工作条件嘈杂并且混乱，就需要在培训过程中模拟这些条件。

G

加涅的九步教学法由教学设计领域的先驱者罗伯特·加涅提出。他提出的九步教学法有助于确保在学习活动的一开始就获取学员的注意力，并向学员告知关于评估表现、提升留存率和转化的教学目标。

游戏化是指将典型的游戏元素（得分、比赛、比赛规则）应用于发展计划的设计中。游戏化被看作最佳学习方法或一种鼓励学员参与的技巧。

甘特图，在项目管理中使用时，是一种条形图，以图形来表现进度表，从而可以策划、协调并跟踪项目任务和里程碑的达成进度。

差距是指期望与当前知识、技能和绩效水平之间的差异。

差距分析描述了期望结果与当前结果之间的差异。

霍华德·加德纳提出了多元智能理论，指出每个人都通过不同的方式思考和学习。加德纳提出了一份智力清单，定义了人们如何处理信息的方法：语言/口头、逻辑/数学、空间/视觉、身体/动觉、音乐、人际交往、自我沟通、自然主义、存在主义和情绪。

通用数据保护条例是一套指导方针，规定了如何合法收集和处理欧盟居民个人信息。

零工经济是一种临时工、独立劳动者和短期工成为常态的劳动力环境。

吉尔伯特的行为工程模型由心理学家托马斯·吉尔伯特提出，该模型指出了六种可能阻碍或促进工作场所绩效的因素：信息、资源、激励或结果、知识和技能、能力、动机。

金兹伯格理论将职业发展视为跨越人整个一生的过程，这个过程分为不同的阶段，通常从 18 岁开始。个人的职业探索过程朝着一系列不同的事件推进，包括教育专业化，朝着特定的职业路线前进，最终取得某项职业的成就。艾利·金兹伯格是早期职业发展领域的理论家。

全球化是指地方和区域现象转变为全球现象的变革过程。可以描述为一个融合或同质化的过程，全世界人类通过这一过程统一成一个社会和功能体。这一过程是经济、技术、社会、文化和政治力量融合的过程。

目标是指期望通过人的努力最终实现的状态或条件。

伟人理论认为领袖是天生的，而不是后天培养的。

群体思维是在决策过程中表现出来的一种不健康的群体行为，群体所有成员的想法都与群体共识一致。

成长思维是由卡罗尔·德韦克提出的一个概念，指出人们认为自己能够控制自身的能力，并能够学习、改进并发展这些能力。

H

黑客马拉松是一项最初始于技术领域的活动，在这一活动中，大量有着不同职业背景的专业人士聚集在一起，快速完成软件或硬件的开发。目前这一活动已经延伸至其他职业，大批人在一天或几天时间内聚集在一起，以小组的形式合作完成一个项目或创建一个新的方法或项目。

硬数据是客观、可量化的衡量标准，通常使用频率、百分比、比例或时间来表示。

哈利斯的前端分析模型是乔伊·哈利斯设计的一种诊断模型，用于确定绩效问题的原因。该模型的核心理念是原因应该构成解决方案的推动因素。

霍桑效应是以西部电气公司在芝加哥郊区开展的一项工业实验命名，该实验证明人们在被观察时会改变自己的行为。

热图是指数据的视觉表现，使用颜色来指明数据位置。

帮助台是一项支持服务，通常由 IT 部门或客户服务部门负责运作。

赫曼的全脑优势思维模型是由赫曼提出的一种性格测试方法，这种模型根据大脑功能，从思维偏好角度将学员分为四种模式：左脑，大脑；左脑，边缘；右脑，边缘；右脑，大脑。

霍兰德职业一致性模型由约翰·霍兰德提出，该模型通过涉及六种工作环境的访谈实现个人与各自最佳职业选择之间的匹配：

- 现实型（体力、运动协调、具体问题解决）。
- 研究型（意见和想法、智力活动）。
- 艺术型（较少的人际互动、自我表达）。
- 社交型（与他人互动）。
- 企业型（使用言语和社交技能）。
- 常规型（规则和规章）。

横向信息搜索通用性更广泛。这些搜索主题更广泛，通常会获得范围极广的大量结果。

人力资本是指组织内人员的集体知识、技能、胜任力和价值。

人员绩效改进是一种以结果为基础的系统性流程，用于确定绩效问题，分析根本原因，选择并设计行动，管理工作场所的解决方案，衡量结果并持续改进组织绩效。该流程以开放系统理论，或者将任何组织视为一种系统的观点为基础，这种系统会吸收环境输入，并将这些输入应用于变革性流程并产生输出。

人员绩效模型认为知识、技能、渴望、环境和机会（在精确术语中可能存在一些变化）是影响人员绩效的关键因素。

人力资源审计是继任计划系统的组成部分，以继任者确认为基础，解决各种岗位的员工流动问题。

人力资源发展是伦纳德·纳德勒创造的一个术语，用于描述雇主为改进员工绩效或推动个人成长而提供的有组织的培训、教育和发展学习体验。此外，该术语也是培训或培训及发展领域和职业的曾用名。

假设检验用于确定数据是否支持理论或假定。

J

破冰活动是指在培训课程开始时开展的活动，在此过程中学员互相自我介绍，也可能介绍课程内容，帮助学员更轻松地投入课程中。

习性是某人或某个群体所特有的行为。

沉浸式课堂是一种为期 4~10 天的课程，关注一个主题，提供深入知识。

影响分析是一种结构性流程，用于观察提议的变革项目，以尽可能确定该项目可能带来的负面效应。该工具有助于评估是否实施某项变革，并为应对变革实施过程中可能出现的问题做好准备。

实施是 ADDIE 的第四个阶段，在此阶段中通过面对面或虚拟方式进行课程交付。

包容是指将有着不同背景的个人完全融入工作场所中。

渐进式变革包括做出简单的改变，在改变过程中，组织本质上允许人们继续做目前正在做的事，但是要求他们用全新的方法去做。

发生费用是指组织由于获取产品或服务而支付的费用。

自变量是在实验过程中影响依赖因素或因变量的变量，具体的例子包括可能影响个人绩效（因变量）的年龄、资历、性别、教育程度和其他因素（自变量）。

间接报告结构，当任何部门与首席执行官或更高层领导之间不存在直接报告关系时，就会形成间接报告结构。

个人发展计划是一种针对个人当前职位改进或职位晋升而制定的计划。内容可能与绩效数据相关，但是通常情况下发展讨论与绩效考核讨论并非同时进行。

推论统计通过分析来推测出关于某个数据总体的推论，这个数据总体的规模比实际取样数据总体规模更大，同时演示数据内部的关系。

影响分析在绩效改进中是指确定导致无法取得预期绩效成果的根本原因。

非正式学习是指除结构性培训项目、培训计划或培训课程外开展的学习活动。这种学习是通过观察、反复实验以及与他人交谈和合作自然发生的，通常是自发的，可以包含教练、辅导、拓展任务或轮岗任务。它还包括看书和阅读博文、观看网上视频表演、听播客、上网搜索以及检索其他数字内容。

信息是指经语境化、分类、计算和浓缩的数据。具有相关性和目的性的数据可以揭示特定时期的趋势或预示业务模式。

信息架构是关于应该如何为信息做标记、如何组织信息，以便能够找到并合理使用信息的描述或设计规范，如在知识管理系统中的应用。

信息共享是一种组织通过协作、导师和社会化等形式，向人员提供信息，为非正式学习提供支持的一种流程。

创新是指将一种新方法、产品或想法转变为一种能够创造价值的服务或产品的行为。在组织中，创新的目的是满足客户的期望。

创新拥护者是积极鼓励组织内创造和创新的一名员工。而且，这个角色通常并不包含在这名员工的工作描述中。

输入、过程、输出是一种普遍用于各种流程改进的图表，其目的在于描述每个系统的运作方式。一组有着明确定义的数据、资源和材料以"输入"的形式进入系统，然后通过定义为"过程"的任务对数据进行改变，以形成产品和服务，也就是所谓的"输出"。组织内发生的每一件事都遵循输入、过程、输出模型。

探究技能是一个先提问、后反思并诠释回答的过程。

指导他人，作为发展机会使用时，可为他人提供知识，加深对于他人学习方法的理解和肯定。

教学包括传授的知识以及教学实践，用于满足学习需求。在工作场所，教学包括多种类型的内容，也可以通过多种正式和非正式方式完成交付。

教学设计师是指根据教学理论，应用系统性方法论以创建学习内容的人士。

教学方法是由教学设计师创造、由引导师实施的活动，目的在于向学员交付内容，也可以称为方法、活动、教学策略、设计策略、培训技巧或练习。具体的示例包括案例研究、体验式学习、游戏、模拟等。

教学系统是将诸如主题和资源的输入与诸如课程和材料的输出相结合，并通过相关流程加以处理以形成培训课程的过程。

教学系统设计或教学系统开发是一种创建学习体验的实践活动。这是一种将"如果培训能够向学员明确陈述培训结束后他们必须做到什么，以及将如何评估他们的绩效，那么这样的培训最有效果"作为基础理念而对任何教学体验进行分析、设计、开发、实施和评估的系统方法。

综合人才管理是一系列互相整合的人力资源流程，目的在于获得竞争优势。例如，综合人才管理可以归纳为通过整合人才获取、员工发展、员工保留和人员调配流程，从而构建组织文化、提升敬业度和能力。综合人才管理还有助于确保这些流程与组织目标之间的协调。它有时候也被描述为在合适的时间，将具备合适技能的合适的人才安排到合适的岗位上。

中期目标是关于最终目标和最终结果达成进度的指标。例如，最终目标是100%完成领导力发展课程的所有组成部分，那么中期目标可以是"到今年年底完成所有领导力发展课程组成部分的80%"。

交错是一种刻意实践技巧，在教学过程中交替讲解各个主题——在一个主题完成之前，开始讲解另一个主题。这种技巧将各主题交织在一起，并不断重复。

内化知识（习得参考）是存储在绩效者记忆中的知识，可即时访问所需信息。

国际教练联合会是一家非营利性的个人会员组织，面向全世界从事商业和个人教练业务的专业人士。

国际绩效改进协会的人员绩效改进模型是一种绩效改进模型，从运营分析开始，确定组织的愿景、使命、价值观、目标和战略。人员绩效改进模型的阶段包括绩效分析、原因分析、解决方案选择和设计、解决方案实施和评估。

关联图是一种亲和图跟进工具，用于描绘不同想法集合之间的因果关系。

等距变量是一种衡量方法，变量值间的数值差具备充分的意义，能够为这些项目进行排序，继而量化并比较各项目之间的差异量。

访谈计划是一种访谈过程中使用的指导工具，包括介绍、访谈目的陈述、一系列访谈问题（包括可供记录笔记的空间）、保密提醒或可供访谈者用于记住访谈重要步骤并确保访谈内容一致性的其他实践。

内联网是一种只有授权用户，如组织员工才可访问的计算机网络。

内部创业是一种员工在企业内部工作，但是希望他们运用企业家属性行事的情况。

J

工作辅助工具是一种可供员工使用的工具，提供关于何时、如何执行任务和相关步骤的指导信息。工作辅助工具有助于减少回忆相关信息所需的时间，最大限度减少可能产生的错误，包括检查清单、视频演示或音频说明等形式。

岗位分析确定某项工作职能或岗位的所有义务和工作职责以及每日、每周、每月或每年需要完成的任务。

岗位描述是一份解释某项工作一般职责的文档，但是并未涉及相关人员为履行职责必须完成的具体任务。

岗位职能是指项目或部门的主要职责，对于内部和外部客户都有明确的输出和成果。

工作见习是指员工与某一领域或部门的专业人员一起工作，在工作中直接遵守相关要求。

即时培训是指在需要的时间、场所提供教学活动，通常是在工作过程中。

K

KT 法是一种实践决策流程，将决策标准分为必须和想要两种。必须可以分为"不是/就是"两类。想要则属于非常重要，但是并没有是或非答案的标准。查尔斯·凯普纳和本杰明·特里戈在 1965 年出版了《理性过程技巧》（*Rational Process Technique*）一书。

关键绩效指标是一种可量化的衡量标准，用于评估组织是否成功达成其目标。

关键绩效者是指从事人力绩效改进项目中目标岗位工作的人员，他们的工作成果始终高于平均水平。

唐纳德·柯克帕特里克是培训评估领域的先驱者，在 20 世纪 50 年代首次提出了他开发的评估模型。该模型包括四个级别：反应、学习、行为和结果。

知识管理的自助是一个知识库或常见问题解答，可解答知识管理相关问题并提供支持。

知识意味着理解，理解是个人经验和教育的产物。其中包含了评估从环境中获得新输入时遵守的标准。

知识审计流程用于阐明员工所需的信息类型，并强调任何可能阻碍组织知识共享的因素。

知识库是指采集后存储在中央或分散电子环境中的数据和信息。

知识传播是一种嵌入式的知识管理流程和机制，用于传播信息，包括协作、实践社群和同行网络。

知识交流，也称知识交流网络，有助于组织内的不同群体分享文档和信息，在简单网页中创建链接清单并讨论共同利益问题。

知识管理是一种系统方法，通过创建、获取、整理、分享和管理组织的知识，确保在合适的时间向合适的人员提供合适的信息和知识，帮助组织达成目标。

知识地图是一种确定组织内知识和专门知识所处位置、其所有权、价值和使用情况，并将这些因素联系起来的一种流程。知识地图的例子包括网络图、专家黄页或关键流程相关知识矩阵。

知识获得是指成功检索信息和传播信息，可以通过不同的媒介获得信息，如互联网、内联网和外联网。

知识调研是一种用于确定员工已经掌握的信息类型，以及他们为了完成各自的工作所需要的信息类型的工具。

马尔科姆·诺尔斯被誉为成人学习理论之父。他提出了关于成人学习的六种假设，并在 1973 年出版了《成人学员：被忽视的群体》（*The Adult Learner: A Neglected Species*）一书。

克朗伯兹模型，即 DECIDES，是一种由七个步骤组成的决策流程：定义问题；制定行动计划；阐明价值；确定替代方案；发现可能的结果；从系统角度排除各种替代方案；开始行动。

KSA 根据使用者的不同，代表两种不同事物的缩写：

- 知识（认知）、技能（动作技能）和态度（情感）是本杰明·布鲁姆在 20 世纪 50 年代提出的学习的三个目标领域。教育和培训领域利用布鲁姆提出的学习目标分类确定教育流程的目标。
- 美国联邦政府和私人招聘机构使用的 KSA 表示知识、技能和能力，用于区分合格的候选人。

库伯勒-罗斯变化曲线是一种用于阐明在变化过程中，个人所经历的各个过渡阶段的模型和框架。五个阶段分别是拒绝、愤怒、商讨、沮丧和接受。

L

推论阶梯是一种思维过程模型，描述个人从事实到决策或行动所经历的各个阶段（通常无意识）。将思维阶段视为阶梯上的梯级，个人在梯级上选择事件的某些方面融入自身的思考、感觉和互动。

领导力评估是用于确定组织内所有层面上当前和未来领导者发展需求的工具。

领导力发展是任何有助于提升个人或组织领导能力的活动，包括诸如学习活动、辅导、教练、自学、工作轮调和用于培养开展领导工作所需的知识和技能的特殊任务。

精益方法是一种管理方法理论，关注提高质量的同时消除浪费，目标是通过提高业务效率以及对于市场的响应能力，削减成本。

学习是指通过研究、教学或体验来获取知识、理解或技能的过程。

学习敏锐度是从经历中学习，之后在新的或初次面对的条件下运用所学知识的能力和意愿。

学习内容管理系统是一种提供多用户环境的软件技术，开发者、作者、教学设计师和主题专家可以通过中央对象存储库创建、存储、重复使用、管理并交付电子学习内容。学习内容管理系统关注通过学习管理系统交付的内容的开发、管理和发布。

学习体验平台超越传统的学习管理系统，提供个性化的社交和在线学习机会。

学习信息系统是由用于创建、交付和管理学习的硬件和软件构成的互补性网络。学习管理系统和学习内容管理系统都属于此类工具。

学习管理系统是指用于向学员交付在线课程或培训的软件技术，此类技术通常还可执行学习管理功能。例如，创建课程目录，跟踪学员参与的所有类型培训的进度和表现，并生成报告。学习管理系统并非用于创建课程内容，课程内容的创建通常通过学习内容管理系统完成。

学习形式是指通过五种感官接收信息的方式：听觉、视觉、嗅觉、味觉和触觉。

学习目标是指关于学员在培训结束后必须表现出来的明确、可观察、可衡量的行为目标陈述，只有学员表现出此类行为才能认为培训取得成功。

学习主题是指学习内容管理系统使用的教学材料中的各个独立块，通常包含三个组成部分：绩效目标，为了达成该目标而必须掌握的学习内容，以及衡量目标是否达成的评估形式。

学习组织是"人们不断提升自身能力，创造出自己真正想要的结果；培养全新、广阔的思维模式；释放集体抱负；人们不断学习如何共同学习"的场所（Senge 2006）。

学习门户是一个内部网站，可通过该网站访问公司资源，通常用于发布预习作业、课程任务、讨论板，以及各种可供下载的培训课程工具。

学习策略对于个人和组织来说有所不同。对于个人来说，学习策略是如何有效发展自己的计划。对于组织来说，学习策略是为了达成整体业务价值并达成目标所需要了解和去做的事。

学习迁移评估用于衡量学员是否成功掌握将学习迁移至实际工作中的能力。

简短演讲是指篇幅较短的演讲。

教学计划是一系列有助于达成期望教学目标的连续活动。

反应是柯氏四级评估模型中的第 1 级，衡量学员对于培训课程的反应及满意度。

学习是柯氏四级评估模型中的第 2 级，衡量学员对于认知知识或行为技能的获取情况。

行为是柯氏四级评估模型中的第 3 级，衡量培训学员将在课程中学习到的知识迁移至工作场所行为的程度。

结果是柯氏四级评估模型中的第 4 级，衡量学习对于组织绩效产生的效果。

投资回报率是为由杰克·菲利普斯和帕特里夏·菲利普斯提出的评估方法所赋予的一个不太正确的名字。投资回报率并不是柯氏四级评估模型中的一部分。

终身学习是通过自我激励的方式，持续追求知识，以取得个人或职业发展的行为。

利克特量表是在数据收集过程中用于为陈述和态度评分的线性量表，回应者在 1~5 或 1~10 之间进行选择。

倾听是沟通过程中的接收端。它要求人们识别语音，并将其处理成有意义的信息。

倾听以获得澄清是指使用不同的措辞来复述评价和对话，从而加深对于先前评论和对话的理解。

倾听以获得知识是指先听事实和逻辑，然后在头脑中按顺序或模式列出各项事实，形成结论。

借调执行计划是指某人在另一个组织工作（如非营利性组织），同时仍然保持当前的雇佣关系，目的在于提升他们的领导技能，拓宽有关社群问题的知识，并建立地方业务往来关系。

纵向研究是指需要重复对相同变量进行观察的研究方法，如对人们进行短期或长期观察。

M

机器学习结合了由许多技术（包括深度学习、神经网络和自然语言处理）组成的算法，这些技术在现有信息的基础上运作。

梅杰和派普绩效问题分析模型是由罗伯特·梅杰和彼得·派普提出。这是一种用于解决绩效问题的常用问题解决模型，该模型先确定引起绩效问题的原因，然后找到切实可行并且经济的解决方案。整个流程中的一个重要步骤就是确定是否存在技能不足问题。

罗伯特·梅杰用三个元素定义行为学习目标：工人必须做什么（绩效），工作必须在怎样的条件下完成，以及判定绩效是否可接受的标准或规范。

管理或交易理论是一种领导力理论，关注主管所扮演的角色以及集体绩效。

管理培训课程是一种专为提高监督和管理技能的学习课程。

营销策略是一系列策略、战术、系统和流程，其目的在于识别产品，传达关于产品的关键信息，并帮助潜在用户选择自己所需的产品，令客户能够轻松地找到并获得这些产品。

混搭是指独特并经过精心策划的并置排列，通过合并现有内容来创建新观点。

马斯洛需求层次理论是亚伯拉罕·马斯洛于 1954 年在他所著的《动机与人格》（*Motivation and Personality*）一书中提出的一种动机理论。马斯洛指出人们有着复杂的需求，他们努力满足这些需求，而需求则随着时间的流逝不断改变和进化。他将这些需求分为生理、安全、社交/归属、尊重和自我实现多个层次。他认为必须先满足基本需求，然后才会开始关注自身的成长。

矩阵模型是一种组织结构，这种结构并不是以简单的命令链为基础的，个人可以向两个或更多老板汇报工作。复杂组织通常会使用这种模型来整合多元专业领域。

成熟的学习型组织，如果整个组织内的业务高管和员工都围绕持续学习共同努力，运用战略性人才发展工具，推行灵活、敏捷的结构，对流程、实践和课程进行充分优化，从而为随着时间推移而产生的各种发展需求提供支持，那么此时就会形成成熟的学习型组织。如果需要取得流程成熟度的最佳水平，就需要采取一个具备多个独特迭代发展阶段的转变流程。

平均值是指一组数字的平均数。

衡量标准是用于评估解决方案实施结果程度或质量的标准。

衡量定义或量化某项观察的特定属性。在研究中，衡量是一个量化评估数据并对某个问题或情况做出有效决策提供必要信息的过程。

集中趋势的测量包括三种统计均数：

- 平均值（一组数的平均数）。
- 中值（分布的中间位置，一半数字位于中值上方，另一半位于下方）。
- 众数（一组数中出现频率最高的数字）。

离散或方差衡量以间隔形式展示数据分布情况（范围或标准偏差）。它用来显示如何对数据分布进行比较。

频数衡量展示了某件事每隔多久发生一次或某个响应每隔多久给出一次（如计数、百分比或发生次数）。

位置衡量描述了数字之间的相互关系（如百分位数、四分位数或标准分数）。举例来说，该标准可用于将某个数字与预定义标准进行比较。

方差衡量可以是概率分布的性质，也可以是它们的样本估计。

中值是按照幅度排列分布的中间位置，一半数字位于中值上方，另一半位于下方。

辅导是一种发展机会，从经验丰富的人士那里获取宝贵信息、指导和反馈，从而理解组织文化和不成文的规则。

并购管理是在两个或更多组织整合时针对人才发展专业人士创建的一项任务。人才发展专业人士为由于整合而引起的组织结构和文化变革提供支持。

元分析研究是指将来自多项研究的数据组合起来的统计学程序。当某一次研究与下一次研究的效应量一致时，可以使用元分析来确定两者共同的效果。

元认知是指个人对自己知识的分析或意识，或用于评估并监督各自认知过程的流程。

衡量指标是通过标准化程序和计算方法产生的数字，每次测量都是不同的计算或测量技术的结果。

思维导图是一种创新的汇聚技术，围绕一个中心主题，以分支子类别的形式组织与该主题相关的各种观点和想法。

思维模式是一系列既定的态度、信念和想法，它们预先决定了个人如何诠释并应对情况、事件和评论。

使命定义了组织或职能运作的目的、存在的理由及其发展方向。使命还会列出交付的产品和服务、市场细分以及运营领域。

移动学习是指通过诸如智能手机、平板电脑或笔记本电脑之类的无线设备完成的学习。

众数是指在分布中出现频率最高的数字，也可以作为集中趋势的衡量指标。众数经常会受到样本波动的影响，因此不建议将其作为集中趋势的唯一测量标准。有些分布包含多个模式，也就是所谓的多模。

模型是一种用于描述想法、对象、流程或现象的陈述或示例。

建模运用数学方程式来描述两个或多个变量之间的关系。

模块（有时候称为课）是学习中最小的单元，以预先制定的学习目标为基础提供内容和练习。每个模块包含目标、促进学习的知识内容、任务内容、实践活动以及用于确定目标是否达成的评估机制。

动机是指理解有助于促进目标达成的情绪倾向的能力。如果一个人动机强烈，就会表现出一种发自内心的热情，投入精力下定决心达成目标。

动机理论的基础理念是当人们处于正确的工作环境时，就会获得激励而努力成长，并且融入这种环境。这种理论对于教练活动非常重要。

多维数据库通常由关系数据库生成，专门用于优化分析处理。

多媒体是一种将文字、图形、音频、动画和全活动视频任意组合的电脑应用程序。通过互动多媒体，用户可以对培训的各个方面实施控制，如内容顺序。

多元智能理论由霍华德·加德纳在《智能的结构》一书中提出，该理论描述了智力如何影响人们的信息处理偏好。加德纳认为大多数人能够熟练运用三到四种智力，并且会尽量避免运用其他智力。例如，对于不善于和他人打交道的学员，参加小组案例研究活动就可能影响他们处理新材料的能力。

多元回归分析是一种统计技巧，根据两个或更多变量（自变量）的已知值来预测变量的未知值。

多维评测反馈，也称 360 度反馈评估，利用该工具可以征求上司、直接下属、同事以及内部和外部客户对于员工在一些行为领域的反馈。

多感官学习通过使用不同的感官，有助于提升学员的参与度以及对于知识的留存。当大脑通过视觉方式接收信息时，大脑会采用不同于通过听力或其他感官获取信息的方式保存这些信息。因此越多感官参与学习，大脑的越多部位就会参与到信息的储存中。

多种技能是指为员工提供新的或相关工作领域的培训，以便能够更多地安排他们从事组织内不同领域的工作。

迈尔斯·布里格斯类型指标是一种可根据个人在外向或内向、直觉或感觉、思考或情感以及判断或知觉方面的偏好来确定性格类型的工具,用于职业发展和团队建设。

N

需求分析是收集并合成数据和信息,以确定当前状态与未来期望状态之间差异的系统流程。

需求评估是确定并衡量当前状态与期望状态之间差异的流程。

基于需求的方法是一种绩效改进解决方案,仅针对已经有明确绩效差距记录的员工实施。

神经可塑性描述了大脑在面临环境、行为、学习和情绪影响时,从生理和机能角度重塑自己的能力。

九盒模型是由拉姆勒和布拉奇开发的一种工具。在绩效改进中,使用这种模型定义三种绩效水平和三种绩效需求。

名义数据是用于为系统做标记或分类的数字或变量,如电话号码中的数字或足球运动员球衫上的号码。

团队列名法是一种用于识别问题、形成解决方案并做出决策来解决问题的群体流程。

正态分布是指观测值以特定形式聚集在某个值周围,而不是均匀分散在某个特定的值范围内。通常情况下,正态分布最适用于连续数据。从图形角度来看,钟形曲线最适合用于描述正态分布。

规范期是塔克曼模型的第二个阶段,团队在这一阶段开始融合为一个具有凝聚力的集体。更多的合作、更深入的理解,确定集体目标和目的,成员为达成这些目标而努力。

O

目标是指组成目的的具体目标。

以目标为中心描述了一种关注可观察、可衡量成果的教学理论。这种理论以行为主义为基础,行为主义的主要宗旨是心理学应该更关注人们和动物可观察的行为,而不是在思维过程中发生的不可观察的事件。

观察会在学员受到指示观看或见证某一事件,并且分享各自对于这一事件的反思、反应、数据或见解时发生。观察也是一种数据收集方法。

观察偏差是指观察者根据自己过往的经历和知识来观察他们期望看到的东西的倾向。为了避免这种倾向,观察应采取最自然的方式进行,最好安排多名观察者。观察者应该获得培训、检查清单来辅助他们的观察。霍桑效应就是一种会对研究观察产生负面影响的著名现象。

单因素方差分析可用于比较若干个小组的观测值,所有组都是独立的,但是可能每个组有不同的平均值。其中最重要的一项检验就是所有平均值是否都相等。所有观测值都来自若干个组中的一个组(或者都暴露于某项实验中多项处理中的一种)。这种方法根据单因素——组或处理方式对数据进行分类。

在线帮助是一种提供在线协助的计算机应用程序。

开放空间技术是一种针对普通会议、大型会议、研讨会等关注具体目的或任务，但是除总体目标或主题外没有任何正式议程的活动而实施的一种引导方法。开放空间会议确保人们提出的所有问题和想法都得以讨论。

开放系统是指不断与所处环境互动的系统。对于组织来说，基于员工在系统内的相互联系和相互依存关系，开放系统更有利于员工互相学习和影响。

开放系统理论是认为开放系统持续受到所处环境强烈影响的理念，也称生命或一般系统理论。这一理论将组织视为开放系统。

开放式问题是一种有助于激发讨论的提问类型。开放式问题并没有所谓的正确答案，这种问题鼓励人们将自身经验运用到当前情境或讨论中。

开场练习，也称开场活动，与破冰活动的区别在于，通常注重介绍当前正在教授的主题或与当前主题有关。开场活动为后续课程奠定基础，避免开头过于突兀，也能够帮助学员对即将开始的正式课程做好准备。开场活动还能够在茶歇和就餐后重新使学员群体进入学习状态，可作为课程第二天或第三天内容的启动环节。

营业费用是指组织在开展正常业务活动过程中产生的成本。

运营目标，或称项目目标，规定了在启动一项人才发展项目之前必须满足的目标，如在某个日期之前完成课程的实施。

机会在绩效改进领域是指员工是否能够或被允许做某项工作。如果员工深陷于琐碎的任务，他们可能就没有时间去做那些有助于组织目标达成的工作。

以机会为中心是一种将个人需求与适当的教学体验相匹配的教学理论。该理论以发展主义为基础，这是一种成人学习理论，也称转化性学习，通常在个人对于所处环境持批判态度时发生。他们通过强烈的反思转变自身的思想以及对于世界的看法。以机会为中心的教学有助于帮助员工适应工作环境变化。

次序变量是可按照最高到最低的顺序对重要性进行排序的数字或变量。

组织发展是推动组织发展，使组织能够更有效地达成业务目标。组织发展通过实施有计划的工作来发展组织内的系统、结构和流程，从而提升组织效力。

组织文化是指引导组织中人们的行为、态度和实践的价值观、假设和信念，并且以一种未言明的形式存在。

组织学习是指系统性地实施最佳实践，在机构或组织内创建、保留和传播知识，以确保实现组织的长期改进。

结果性目标以组织需求和高层领导的期望为基础，衡量某项倡议对组织目标产生的影响。

　　成果衡量标准是指某个学习课程或计划产生的数字结果或影响，如某项培训课程对营收产生的影响，或者领导力发展项目如何影响公司的继任计划。

　　成果是用于确认某项计划对组织目标和结果所产生影响的衡量标准。

　　离群值是指数据组中与其他数据相比，异常大或异常小的一个数据点。离群值可能由于测量误差引起，在这种情况下会导致数据诠释失真，并且对多个概括统计数据产生不恰当的影响。

　　培训外包是指通过利用组织外部的服务或产品满足组织学习要求的做法。

　　过度理由效应，如果内心已经认为做某件事能够给自己带来好处，此时如果再给予外部激励，就会导致内心对于开展这项活动的动机减少。

P

　　成对比较是一种决策工具，将每种方案与所有其他方案组合起来，以确定首选方案。当涉及许多相互竞争的方案时，这种工具最有效。

　　参与型领导会与自己的团队分享最多的信息，并与团队磋商，以做出决策。

　　参与理论认为理想风格包括来自他人提出的意见。

　　伙伴关系是指基于相互信任，以及每位搭档的专业知识为达到双方共同目标而建立的长期合作关系。

　　被动倾听描述了一个过程，在这个过程中，倾听者与讲话者没有互动，具体的示例包括听广播或播客。

　　教育学是指通常面向儿童的教学艺术或实践。教育学关注的是教师在传授知识过程中运用的技能，强调教师的职责。成人教育学的关注对象是具备自我指导能力，同时为了执行某项任务而具备学习动机的学员。

　　同伴教练是两人结对或以小群体形式开展的教练活动，通过互相支持、挑战和教练，发展个人或职业领导力，可以是正式培训的一部分、正式培训结束后的跟进活动、独立项目或为企业家或顾问安排的支持小组，通常称为智囊团。

　　同侪知识管理拥护者是指负责为知识管理问题提供疑难解答和支持的人员。

　　人员分析，也称人才分析，是指将统计数据、专业知识和技术应用到大量数据组，将信息和数据相结合做出更明智的组织决策。

　　百分比是指以占 100 份中相应分数的形式来表示一个指定值。

　　百分位数是一个统计值，占特定百分比值的观察值都位于该值下方。例如，第 80 百分位数的意思是，观察值中 80%的值都位于该值下方。

　　感知形式是由詹姆斯和加尔布雷思提出的一项理论，指出学员的主要感知形式和随之形成的偏好学习模式包括印刷资料、视觉、听觉、互动、触觉、动觉或嗅觉。

绩效描述工作的执行和完成情况，并不是描述工作本身的形容词。

绩效考核是对员工的工作成绩进行评估，也可能指绩效审核、绩效评估或员工考核。

绩效分析是绩效改进流程中的数据收集阶段，衡量员工当前绩效水平与组织期望员工达到的绩效水平之间的差距。

绩效差距分析是衡量、描述并比较员工当前绩效水平与未来期望水平的过程。

绩效管理是主管与员工之间的持续沟通过程，目的在于确立支持实现组织战略目标的期望，包括明确期望、设定目标、提供反馈和教练以及审查结果。

绩效支持在绩效者需要的时间和场合为他们提供充分的信息以帮助他们完成任务。这种支持融入日常工作流程中，并按使用方式进行组织，如地点、角色。

执行期是塔克曼模型的第四个阶段，团队身份在这一阶段确立，士气高涨。这一阶段的特征是高度信任。成员以高度灵活的方式自我安排，并尝试各种解决方案。

个人学习网络是一种非正式群体，成员致力于寻求或分享特定主题领域的知识。成员处于相同/不同的工作群体或组织，互相之间存在互惠关系。

自我超越是一门不断澄清和深化个人愿景、集中精力、培养耐心、客观看待现实的学科，具备高度自我超越能力的人士会认识到对自己最重要的结果。

个性量表是指一种用于衡量并定义个人性格或心理特质的调查问卷或标准化工具。

性格测试是个性量表在正式度和准确度方面都稍低的版本，其结果无法得到验证。

个人可识别信息是可用于识别个人身份的数据，如社保编号、银行账号、护照号、驾照号或电子邮件地址。

计划评审技术图表是一种管理策划和控制工具，项目经理可利用该工具分析任务持续时间，针对每项任务估测乐观、悲观或最有可能的持续时间。

PEST 分析是一种环境扫描工具，目的在于识别、评估并跟踪可能影响组织的因素，如政治、经济、社会和技术机遇以及威胁。

投资回报率模型，是杰克·菲利普斯和帕特里夏·菲利普斯开发的一种用于衡量培训课程投资回报率的模型。

试点测试是一种小规模的初步评估，旨在验证一个项目的可行性和准确性，并在全面实施之前确定缺陷和问题。

管道规划是一种主动填补特定工作类别或岗位族群当前或预期人员短缺的方法。

数据透视表是一种将数据表或数据库中的数据按行和列的形式进行总结的工具，通过组合并重新排列数据来展示不同的关系和视角。

插件是一种可为某种大型软件应用程序增加特定功能的软件组件，如 Web 浏览器的插件可用于播放视频、扫描病毒、显示新文件类型。

播客是一系列通过互联网分发的数字媒体文件，使用联合供稿源在门户媒体播放器和计算机上播放。播客一词类似于广播，既可以指一系列内容本身，也可以指供稿的方式，后者也称播客播放。这个词来源于 iPod 和广播（broadcast）。Apple iPod 是门户媒体播放器的品牌名，最早的播客脚本就是为这款播放器开发而成。

人口分析用于分析利益相关者的人口特征和特点，决定参与绩效解决方案的对象，确定需要考虑并解决的任何教育或经验因素、身体需求和文化影响。

积极重构是一种人才发展专业人士强调与某个问题相关的成功与优势的技术，因为这样能够让客户了解积极的贡献如何铸就积极的未来。

制作人是技术专家，在线直播课程中为引导师提供协助。他们可能只擅长技术协助，也可以与引导师一起共同引导课程。

产品是指有形或可见的物品，制造后投放市场，供消费者购买和使用。

专业协会或组织是从事同一职业的人士组成的一个群体，目的在于进一步提升对于职业的兴趣，推动成员发展。加入并参与协会、获取知识并学习最佳实践是典型的发展机会。

项目集通常由多个相关项目组合而成。

课程评估用于评估培训课程对于知识掌握的效果。

项目是指一项临时任务或工作，明确规定开始和结束时间，以及明确的范围和资源。这不是一种常规操作，而是为了达成某个目标而专门设计的一系列特定操作。

项目生命周期是指从项目开始到结束过程中发生的任何情况。

项目管理是指在达成特定目标和目的的限定期限内，开展的资源规划、组织、指导和控制活动。

项目管理团队是指负责完成相关任务，为项目经理达成项目目标提供支持的一组人员，需要通常不在一起工作的项目成员的协作。

项目经理是指担任项目管家，负责项目规划、组织和管理的人。

项目范围是项目计划的一部分，确定并记录了为了完成项目，需要达成的具体目的、目标以及完成的交付成果、流程和任务。

项目发起人是为项目提供资金，并负责确保达成项目目标的人。

引起争论的主张是指在欣赏式探询的设计阶段使用的一种陈述，建立起"是怎么样"和关于"可能怎么样"的假设之间的联系。引起争论的目的在于进一步延伸现状，质疑共同假设，针对组织未来期望的可能性提出建议。

空间关系是人类学家爱德华·霍尔创造的一个术语，定义了人与人之间空间关系的文化、行为和社会学方面因素。不同国家和文化对于空间距离合理性的认知各不相同。例如，美国人常用的四种空间类型：亲密（18英寸）、私人（18英寸~4英尺）、社交（4~12英尺）和公众（超过12英尺）。

心理动力理论是一种从童年经历形成的无意识和有意识想法角度解释性格的观点，可在职业发展过程中，根据哪些因素能够激励他们以及他们面临着哪些内部冲突来预测职业成功和选择。

拉动系统用于供应链管理和物流领域，以需定产以便及时完成工作来满足客户的要求。

Q

资质很重要，因为通过资质可以证明员工具备特定胜任力，只有具备这些胜任力才能确保员工掌握完成特定任务所必需的技能和知识。当确保安全是首要任务时，资质就特别重要，如医疗保健、化学品处理和电气系统。

定性衡量标准会产生软数据，更倾向于无形、轶事、个人、主观的数据，包括观点、态度、假设、感受、价值观和渴望。定性数据是指难以通过衡量指标或数字来表达的信息，因为通常是描述性分析。

定性分析是指对非可衡量数据，如个人意见、行为和品质或组织的形象、客户支持或声誉进行检查。

定性数据是指能够确定属性或特性的特征，但是无法对其进行量化衡量的信息。

定量法可以获得硬数据，硬数据是客观、可衡量的，可以使用频率、百分比、比例或时间来表述。人才发展专业人士可以使用定量数据从数字角度衡量问题或机会，并使用统计分析来验证假设。

定量分析是指对可量化数据或在情境或事件中存在的特定项目数量进行的检查。

四分位数是四个同等组中的一个，可以将一组数字分别划分至每个组中。

四分位数排位是四个同等组中的一个，可将总体分别划分至每个组中，排位分别是 1、2、3 或 4。

准实验研究设计，仅向两组的成员中随机分配的一组实施处理。

R

随机分派是指在某项研究中将参与者分派至不同小组或进行不同处理的过程，确保每位参与者都有相同的分派机会。

随机抽样是指从统计群体中选择一种选项（数据点、人、文档）的方法，确保每个选项都有明确的被选中概率。

随机选择是如何从群体中挑选人员参与某项研究的过程。

随机化是一种使用机会法（抛硬币、随机数字表）将主题分派给实验组的方法，从而将协变量分散在实验组和控制组内。

范围是指某个数字集的最大值和最小值。

快速分析是指可以在几小时或几天内完成的测量（传统数据挖掘通常需要几个月才能完成）。

快速教学设计是基于传统教学系统设计模型的一种灵活方法，运用各种策略快速制作教学包。

快速教学设计策略包括运用现有材料有效地使用模板和主题专家。

评分量表当用于绩效管理流程时，可用于表明员工的绩效水平。

反思技能是一种在沟通中使用的技能，倾听者努力理解信息，并反馈已正确理解信息的含义。

反思是指人们放慢或暂停自己的思考过程，更努力了解自己的态度、观点、看法和信仰是如何形成的，以及它们如何影响自己的行为。

回归线是指通过每一组具有相关关系的变量之间的最佳拟合直线。

演练是指想象从头到尾完成一项技能或任务，有时也称可视化。演练可以在脑海中完成，而不是真实的身体或口头练习。

关系数据库管理系统以表格形式存储数据，并且通过唯一标识符关联表格。

关系或转型理论关注领导者和跟随者之间形成的联系。

信度是指同一种衡量工具能够长期产生一致结果的能力。

替换计划是指确保关键领导岗位的延续性，以及组织人员职位稳定性的流程。与继任计划不同，替换计划假设组织结构图将保持不变，列出每个岗位的后备替补人员名单。

提案请求书是一份阐明某项产品或服务具体要求的文档，将该文档发送给供应商后，要求供应商提交标书或提案，阐明自己的产品或服务如何满足发送请求的潜在客户的需求。

研究方法是指用于收集数据或证据，以便通过分析来揭示新信息或更深入理解某个概念的技巧。不同类型的研究方法会使用不同的数据采集工具。

学习新技能是指培养个人获得新知识或新技能，从而使得他们能够担任新岗位或进入新职业。

资源分析是指在绩效改进解决方案选择阶段，对某项提议解决方案所需的人才、系统、设施、材料、设备和其他投入进行评估，也称制约因素分析。

结果是指衡量组织、部门、改进计划目标或员工设定目标的标准。

基于结果的方法以业务需求为推动力，确保绩效需求与业务需求一致。

留用率是一个组织保持现有劳动力的持续能力，通常用一个统计数据来表示。例如，留用率 75% 表示组织能够在指定时间段内（通常为一年）留住 75% 的员工。

提取练习是一种刻意技巧，学员通过直接从记忆中回忆起技能或知识来保留知识，而不是通过阅读文字或观看演示。

提取，有时也称回忆，是指大脑如何访问已编码和存储的信息的方式。

投资回报率是通过某项投资获得的收益或利润与该项投资成本之间的比例。例如，可将某项培训课程的货币收益与成本进行比较。投资回报率通常以百分比或效益成本比的形式表示。

合适描述了将新技术融入现有技术时的兼容性要求。

适当技能培训是指培训员工以满足组织的未来需求，无论他们当前能力水平如何。

风险是指对个人、群体或组织无法按照计划达成目标的潜在情况进行衡量的标准。

风险评估是一种用于帮助识别并衡量在按计划实施解决方案的过程中，发生错误或事故的可能性或威胁的工具。

风险管理是指应对风险的流程，包括识别、分析、制定方案、监控风险以及缓解潜在风险。

罗伊的职业理论将职业分为八个服务组和六个决策级别，可用于对个人进行评估，并根据他们的兴趣确定最适合的职业选择。

角色扮演是指学员为了实践技能或应用所学知识而以并非属于自己的角色、态度或行为开展的表演活动。观察者可为角色扮演者提供反馈。

拉姆勒-布拉奇九盒模型是一种用于绩效管理的矩阵方法，以三种绩效层面（组织、流程和绩效者）和三种绩效维度（目标、设计和管理）为基础。

S

休假是指带薪休假，个人可利用公休假学习，撰写文章或探索新的文化，以此作为个人发展的一部分。

样本是人口中具有代表性的一部分，在开展评估、实验或分析时，可通过样本收集数据。

取样是选择人口、决定观察次数以及收集供分析使用的数据方法的流程。

支架式教学是一种教学技巧，这种技巧将学习分为若干区块，每个区块随附特定的工具或结构，帮助学员不断强化，加深理解。

斯恩的职业锚理论是由爱德加·斯恩提出的一个概念，用于确定员工对于自身职业才华和能力、基本价值观、动机以及需求的自我概念。

范围延展是指随附项目完成了一些作品或交付成果，但是这些内容并不构成项目要求的组成部分，也并非通过正式变更流程附加于项目。

SCORM（可共享内容对象参考模型）定义一种构建学习管理系统和课程的方法，以便它们可以与其他兼容系统共享。

选择偏差是由于（群体、数据、个人）样本选择过程缺乏随机性，因此所使用的样本无法代表作为分析对象的整体群体，从而导致统计分析产生的误差或失真。

自主学习是一种由学员决定内容交付的节奏和时间的学习方式，可通过各种媒体、印刷材料或电子方式完成。

符号学是一门研究含义是如何被创造和传播从而形成一种文化的。

发送者-接收者模型定义了个人之间的交流方式，讲话者发出信息，聆听者接收信息。信息在传达过程中还会经过每个人自身的过滤器。

仆人型领导者开展领导工作的出发点是更好地为他人服务，而不是获得权力。他们把自己视为追随者的仆人。

服务器是用于管理中央资源或网络服务访问权限的计算机或计算机程序。之所以称为"服务器"，是因为它们为其他计算机提出的文件、邮件、打印、学习模块等请求提供"服务"。

服务是指可供消费者使用的无形（或不可见）物品。

显著性检验是指确定各次评估结果之间的差异是否由抽样误差引起。其目的是确定非显著性，并表明它们缺乏显著性。

在统计学中，**显著**是指也许是真的（并非偶然引起）。

简仓法强调了一个理念，那就是组织内的每个职能部门都是独立运作的。

西尔弗和汉森评估表由罗伯特·汉森（J. Robert Hanson）和哈维·西尔弗（Harvey F. Silver）在迈尔斯·布里格斯类型指标的基础上改编而成，指出四种不同的学习形式：感知-思维型（ST）、直觉-思维型（NT）、感知-感觉型（SF）和直觉-感觉型（NF）。

模拟是一种自我包含沉浸环境，学员可以在此类环境中通过互动完成学习或实践技能或知识，包括简单的现场练习以及复杂的计算机软件。分支故事就是一种常用的类型。

单环学习是一种知识获取方式，学员学习并使用新技能进行必要、渐进的改变。

情景型领导者会根据环境要求以及每个对象的发展水平来采取不同的风格。

情景理论与权变理论相关，领导者会根据实际情况选择最佳行动。

六西格玛方法论是一种用于改进业务流程，以数据为推动的严格方法，目标在于通过确定并解决引起缺陷的原因而提升输出质量。这种方法论的名字来源于一种统计模型，那就是在制造流程中，所有产品中 99.99966% 的产品都不存在任何瑕疵，也就是说，100 万件产品中最多会出现 3.4 件瑕疵品。

六顶思考帽是一种创意聚合方法，由爱德华·德博诺提出，用于从多个角度分析想法。

偏态是指样本数据值的非对称分布，位于分布一侧的值与中间位置的距离比另一侧的更远。

技能是指通过培训或体验而获得或培养出来的熟练度及灵巧性。

微笑表是讲师和培训课一级评估中使用的表格的通称。

滚雪球抽样，也称链式抽样或推荐抽样，是一种非概率抽样技巧，一个研究主题提及另一个主题，而该主题又涉及另一个主题。这是一种定位特定群体的低成本的有效方法，缺点在于缺少随机抽样程序。

社交网络理论是指人类、组织或群体如何与各自所在网络内的其他方互动。网络由行动者及其相互之间的关系形成，称为节点，可以是个人、组织或公司。

软数据指定性衡量标准，这种类型的衡量更倾向于无形、轶事、个人、主观，包括观点、态度、假设、感受、价值观和欲望，并不一定可衡量，但是通常有助于解释可衡量硬数据。

解决方案是一种将工具和技巧相结合来解决问题的方法。人才发展的每一方面都有各自的解决方案。

解决方案/比较表格是一种评估各种解决方案的优点，选择最适合某个问题的解决方案的方法。

人才发展专业人士可以通过**数据排序**确定信息的收集是否正确。

人才寻访是指未来员工的获取、招募和甄选。

间隔练习是一种刻意技巧，每次学习之间安排一定的间隔时间，每次实践之间也会安排间隔时间，学员在间隔期内可能遗忘部分学习内容。这种方法与艾宾浩斯遗忘曲线相关，与交错法相似。

分半信度是一种测验类型，这种类型的信度将测验分为两个部分，比较两个部分的得分。

发起人通常是指组织内拥有项目控制权，通常也会为项目提供财务资源的人。

可积累证书是指一系列证书的一部分，这些证书可以随着时间的推移积累起来，以建立个人的资质，并帮助他们沿着职业道路或职业阶梯向其他可以享受更高报酬的工作前进。

利益相关者可能是个人、群体或组织，他们对项目感兴趣，同时对项目的成功与否产生影响。

标准记分是指具有相同平均值和标准差的数字，用于比较特定人群的正常值。

标准偏差是一种用于量化某个数据值组内数据值变异量或离散（分散程度）的衡量标准或指标。

标准信息寻求模型是一种用于开展信息搜寻的六步流程，这种模型的应用非常广泛。

标准绩效者在人员绩效改进工作中是指从事岗位工作，以平均水平满足大部分绩效标准和期望要求的个人。

工作说明书是一种明确定义供应商在为客户执行指定工作时相关的工作活动、交付成果和时间线的正式文档，可能包含详细的要求和价格，以及标准监管和治理条款及条件。

留才面谈是指管理者和员工之间的面谈，目的在于了解哪些因素能够使员工想要继续留在组织内工作。

权宜措施是指在实施更好的解决方案之前使用的一种临时或短期应急措施。

存储是指大脑将新信息存入记忆的方法。

存储和提取是一种知识管理元素，定义了存储已获取知识的适当机制，包括 IT 系统。

激荡期是塔克曼模型的第二个阶段，冲突和竞争开始显现，有时会产生敌意或防御心理。随着团队开始努力合作，团队中可能出现关于目标和目的的分歧。

战略规划是指组织用于确定未来发展方向的流程。虽然并不存在一种绝对一致的流程，但大多数流程都包含未来展望、目标制定、结构和资源协调以及计划实施。

战略思维是一种分析形式，能够形成业务洞察和机会，帮助组织差异化，使其更具竞争力。战略思维可以是组织战略规划流程中的一部分，也可以是个人为了达成目标而运用的思维模式。

战略劳动力规划是指组织用于分析当前劳动力和未来人员安排需求的流程。

分层随机抽样是根据成员特性或特征（如年龄）将人群分为若干组，然后从每个组中随机挑选成员。这种方法产生的样本比随机样本更具代表性。例如，将人群分为多个年龄组（10~20 岁、21~30 岁、31~40 岁等），然后从每个年龄组随机抽选人员形成分层随机样本。

优势、弱势、机会和威胁分析是一种确定组织内部优势和弱势，以及潜在外部机会和威胁的流程。这种分析框架为编制计划提供输入。

拓展任务是一种发展机会，通过执行特定的任务或项目来发展常规事务之外的专业知识，同时拓展自己的经历，目的在于将学员置于非舒适情境中，鼓励他们在实时环境中培养能力。

结构化指导是一种受时间限制的流程，关注确保被辅导者基于特定的行为目标获取特定技能。

主题专家是指在某个特定主题领域有着丰富知识和技能的人士。

以主题为中心是一种基于教育学的教学方法，关注传授的内容而不是学员需要的知识。

主观信息以个人意见、诠释、观点、情绪和判断为基础，而不是以衡量标准和数字为基础。此类信息有时候可用于解释客观信息和数据。

继任计划是一种识别、评估并培养有潜力在领导或关键任务岗位现任者辞职、雇佣关系终止、调动、晋升或死亡后，可继任其岗位工作的人员的系统化流程。

总结性评估在人才发展解决方案交付后进行。这种评估关注解决方案产生的结果或影响，以提供关于项目价值的证据，可能包括衡量学员的反应、对业务目标的影响、计划实施成本以及利益相关者的期望。总结性评估衡量成果，可能包含标准化测试、学员反馈表、利益相关者满意度调研以及最终的投资回报率。

萨珀的发展框架是一种由萨珀提出的职业发展理论，该理论的核心理念是从儿童时期到成人时期，人的职业生涯包括五个阶段。

支持型领导者提倡在团队内建立良好的关系，敏锐地觉察员工的需求。

调研是一种数据收集工具，包括一系列问题或需要评分的陈述，可采用在线或书面形式，也称调查问卷、反馈表或民意调查。

同步培训是指引导师和学员同时参加培训，最常用于探讨可采用同步或异步方式的虚拟培训。

系统是由相互关联的各个部分构成的一个排列，表现出相互依存和相互联系的关系，同时也是构成一个可识别整体的一系列元素。

系统开发生命周期是一种组织流程，用于策划、创建、测试、维护和部署信息系统或软件。

系统测试是指对硬件或软件进行评估，以确保其满足指定要求。

系统思维以如果想要充分理解系统的各个组成部分，就需要审视各个部分之间以及与其他系统之间的关系，而不是孤立看待这一理念为基础。整体观对于变革计划很重要，因为对系统任何部分的微小改变都会影响到整个系统的互连程度。

T

数据制表是指对通过数据收集工具收集到的数据进行提取和分类。人才发展专业人士可以通过这一流程审核并了解数据。制表的目的在于在不改变数据含义的前提下，将其从原始状态缩减为某种类型的量化格式。

隐性知识的概念最初是由教育学家迈克尔·波兰尼提出的，有时也称诀窍。这种类型的知识主要以经验和直觉为基础，只存在于记忆和头脑中，因此很难定义和交流。它是最宝贵的知识来源，因为这种知识完全以成功经验和绩效为基础，不会广泛传播，并且通常不会分享给很多人，也不会有很多人理解。很多知识管理专家都将隐性知识视为最有可能引起组织突破的因素。甘布勒和布莱克威尔（2001）认为对隐性知识关注度不足会导致创新能力和持续竞争力降低。知识持有人（隐性知识的持有人）了解组织的文化信仰、价值观、态度、心智模式、技能、能力和专长。

人才招募是及时填补空缺职位的流程。

人才招募策略描述了用于定义应该通过什么方式、在哪里寻访候选人、目标受众是谁的系统和流程，重点在于及时填补空缺职位。

人才发展是指为了促进学习和员工发展，推动组织绩效、生产率提高并取得成功而付出的努力。

人才管理分析是用于描述对人才数据加以合理使用和总结，从而改善业务绩效的一个术语。例如，预测人员流失率，领导力发展项目产生的业务影响，用于改进取得理想绩效水平所需时间的入职课程的效力等。

人才细分策略确定了组织中存在差距的关键角色，并确定了填补这些特定角色差距的战略目标。

目标工作是绩效改进项目中的具体工作，是绩效改进工作的目标。

任务是指一个工作单位，通常一个人在半天时间内可以完成。项目由多个任务组成。

任务分析是指检查某项工作具体任务的过程，将这一任务分解为履行过程中的实际步骤。

任务评估指的是对所开展工作的必要项目的系统化鉴定，如技能、知识、工具、条件和要求。任务评估的复杂度和范围各不相同。例如，一个人可以通过对现任员工进行访谈准确记录一系列简单的任务。

分类学是一种秩序体系，是开展知识编纂工作的基础。例如，知识管理分类学关注如何在组织内实现有效的知识、信息和数据检索及分享。它以直观的形式，围绕工作流程和知识需求构建。

教学通常与教学流程相关，即在有限人数学员参与的情况下，传授并提供信息和知识。

团队建设是指通过各种体验式学习活动，包括数据审查、人际活动、探索问题和挑战、制定变革行动计划等，将无效或无法正常发挥职能的团队转变为有效、高效团队的过程。

团队动力是指影响团队的行为方向和绩效的无意识的心理力量，包括打造共同体验和保持良好的沟通。

电话会议是在位于两个或更多地点的两人、多人或群体之前即时交换音频、视频和文本。

结果目标是特定教学事件引起的最终行为成果，也称绩效目标，因为它定义了学员在参加学习活动后应该表现出来的最终、明确而可衡量的 KSA。结果目标可分解为多个过程目标。

X 理论是道格拉斯·麦格雷戈在 20 世纪 60 年代提出的一种人类动力理论。这种理论认为员工天生懒惰，不喜欢工作，尽可能逃避工作。如果信奉 X 理论，就会产生对员工实施密切监督和严格控制的管理理念。

Y 理论是道格拉斯·麦格雷戈提出的人类动力理论。与 X 理论相对，这种理论认为大多数员工自我激励、喜欢工作，并且会努力达成自己承诺的目标。如果信奉 Y 理论，就会产生信任员工将会对各自工作负责，不需要持续监督的管理理念。

全面薪酬体系包含薪水或工资、福利、工作生活弹性、绩效和表彰、成长和发展。

传统指导是一种职业发展实践，是指在特定时间段内，安排有经验的人士或群体与被指导者分享智慧和专业知识。有三种常见的指导类型：一对一、集体和虚拟。

培训师是指人才发展专业人士，通过在组织内以传统或虚拟教室、面对面或在职培训等形式引导学员，帮助个人改进绩效。

培训经理是指人才发展专业人士，主要负责确定培训需求，制定能够满足目标受众需求的培训战略，并确保提供满足这些需求所需的资源。

培训需求评估是一种系统化流程，通过收集并合成数据及信息来确定当前和未来期望绩效水平之间的差异，并确定培训是否合理的解决方案。

培训目标是关于人才发展专业人士希望通过培训活动能够取得哪些成果的陈述。

培训迁移评估用于衡量学员是否具备成功将所学知识迁移至工作中并实施的能力的流程。

特质理论认为有些人与生俱来就具备当领导的特质。

特质因素咨询是一种基于个人差异理论实施的认知型职业咨询方法，也称人才匹配法。这种方法假设每个人都有基于相对稳定的特质、兴趣、能力和特征构成的独特风格，可将这些信息作为个人的职业特征。这种方法起源于 20 世纪早期，与职业理论家弗兰克·帕森斯和威廉姆逊有着密切的联系。

事务型领导者关注从实践角度管理工作并根据员工绩效给予奖励，在危机和紧急情况下最为有效。

转型变革是难度最大的变革，通常需要通过外部力量来推动。这种变革可能转变行业发展方向，甚至可以令组织立于新模式的前沿。

转型领导者鼓励并激励员工遵循四个 I：激励性动机（inspirational motivation）、理想化影响（idealized influence）、个性化考虑（individualized consideration）和智力启发（intellectual stimulation）。

过渡型变革是指那些其他组织已经历过，并且可以借鉴它们的最佳实践来引导公司的复杂变革。

处理（实验）变量是研究员/统计员用于定义实验中操纵变量的术语。例如，在人才发展领域，参加培训课程就是操纵变量，而控制组可能不参加。

触发词是指刺激某人立即通过积极或消极的方式做出回应的语句。

三环学习（连同单环和双环学习）是一种能够帮助人才发展专业人士理解学习动态的模型，经常被称为"学会如何学习"。学员的反思对象不仅局限于他们学到了什么，还包括他们如何学习以及对于所学内容的看法，从而促使他们心甘情愿地改变自己对于自身和世界的信仰和价值观来实现转变。

塔克曼模型描述了团队成长的五个阶段：组建期、激荡期、规范期、执行期和修整期。

U

无意识成见是一种通过学习获得的模式化观念，这种观念会无意识地影响行为。这种成见通常根深蒂固，会自发地发挥作用。

单元测试是指对某项应用中的最小可测试部分进行独立审查，以确保不存在任何错误和缺陷的流程（通常在软件中）。

技能升级是指为了在现有技能基础上，掌握新技能或显著提升知识的培训。这种培训使得个人能够继续成功胜任同一职业或领域的工作。技能升级并不是指正式或持续的发展。

V

效度是指评估工具实际衡量的与预期要测量的一致。

价值主张是人才发展专业人士针对相关活动能够带来的价值和成果而向领导、利益相关者或客户做出的承诺。价值主张陈述了通过潜在项目、人才发展解决方案， 甚至人才发展职能本身可以取得的成果。

方差是指对于某个数据集中数字分散程度的衡量标准，特别是指每个数字与平均数之间的差异。

垂直信息搜索是有针对性的搜索，通常产生的结果数量较少，如搜索头脑风暴工具。

视频是一种实时或录制全活动视频的单向交付。

虚拟教室是一种在线学习空间，学员和引导师可以在空间中进行互动。

虚拟现实是一种计算机生成的模拟，使用头戴式显示屏使学员能够探索完全通过渲染产生的数字环境，并通过手持式控制器和语音命令来操控对象。学员可以利用这种强大的工具在真实生活环境的逼真模拟场景中运用技能。对于需要参加危险或难以复制环境培训（如紧急情况或重型设备模拟）的学员来说，虚拟现实特别有价值。

愿景是指对组织、部门或个人未来目标的负有抱负的描述。

W

基于想要的方法是在绩效改进环境中对客户做出的回应，通常根据客户想要什么、客户能够得到什么来实施。

Web 门户是将从各种来源收集到的信息以统一方式展示的网站，早期的门户包括 AOL、MSN 和雅虎。

基于 Web 的培训是指通过互联网、内联网或外联网，经由 Web 浏览器交付教学内容，更常见的叫法是虚拟学习。

WIIFM 是"这对于我来说意味着什么"（what's in it for me）的缩写。人才发展专业人士使用该词，提醒自己帮助学员认识到培训对于他们个人的价值。

维基是位于同一位置的一系列网页，拥有访问权限的任何人都可以发布或修改内容，有利于合作和数据整理。

词云（文字云）是一种数据可视化方法，计算某个词在陈述中出现的次数，然后以图形表现该词使用的频率。通常，单词的大小与频率成正比。

工作分解结构是一种以交付成果为导向，对项目或部门的任务进行分解的策略，常用于项目管理和系统工程。

劳动力计划是一种确定当前人才现状与未来技能和知识需求之间的差距，以及满足这些需求所需行动的计划。这项计划源于组织的战略计划，并为管理者提供以组织使命、战略计划、预算和期望实现的胜任力为基础的用人相关的决策框架。

劳动力规划是一种确定当前人才能力与未来人才需求之间差距的系统化流程。通常需要与战略计划相结合，该规划分析人才现状，确定技能差距，制定行动计划，实施计划，监督并评估实施进度。

工作生活平衡是一种合理确定"工作"（职业和抱负）与"生活方式"（健康、娱乐、休闲、家庭和精神发展/冥想）优先顺序的理念。

工作场所数字化是指以高阶形式运用技术，将人、空间与业务流程联系起来，提高工作效率，降低成本，动员劳动力参与和鼓励创新。

WYSIWYG（读音 wizzy-wig）是"所见即所得"（what you see is what you get）的缩写。在计算领域，在 WYSIWYG 编辑器系统中执行编辑操作时，屏幕上显示的内容将与打印或展示成品的外观基本一致。

X

xAPI 是一种体验应用程序编程接口，一种专门用于记录个人线上和线下学习体验的电子学习软件，也称 Tin Can API 或 experience API。

缩写

4-D	发现、梦想、设计和实现
ADA	《美国残疾人法案》
AI	欣赏式探询
AI	人工智能
AICC	航空工业计算机培训委员会
AR	增强现实
ATD	人才发展协会
cmi5	计算机管理指令，第五次尝试
ELA	体验式学习活动
ERP	企业资源规划
fMRI	功能性磁共振成像
GDRP	通用数据保护条例
IDP	个人发展计划
ISO	国际标准化组织
IT	信息技术
KM	知识管理
KPI	关键绩效指标
KSA	知识、技能和态度（布鲁姆）
LAN	局域网
LMS	学习管理系统
LXP	学习体验平台
M&A	合并和收购
OD	组织发展

PEST	政治、经济、社会、技术
PII	个人可识别信息
PMI	项目管理协会
RFI	信息征求书
RFP	提案征求书
ROI	投资回报率
SCORM	可共享内容对象参考模型
SLA	服务等级协议
SWOT	优势、弱势、机会和威胁
TA	人才招募
TD	人才发展
UI	用户界面
VR	虚拟现实
WAN	广域网
xAPI	体验应用程序编程接口

反侵权盗版声明

电子工业出版社依法对本作品享有专有出版权。任何未经权利人书面许可，复制、销售或通过信息网络传播本作品的行为；歪曲、篡改、剽窃本作品的行为，均违反《中华人民共和国著作权法》，其行为人应承担相应的民事责任和行政责任，构成犯罪的，将被依法追究刑事责任。

为了维护市场秩序，保护权利人的合法权益，我社将依法查处和打击侵权盗版的单位和个人。欢迎社会各界人士积极举报侵权盗版行为，本社将奖励举报有功人员，并保证举报人的信息不被泄露。

举报电话：（010）88254396；（010）88258888

传　　真：（010）88254397

E-mail：　dbqq@phei.com.cn

通信地址：北京市万寿路 173 信箱
　　　　　电子工业出版社总编办公室

邮　　编：100036